Anonymus

Jahresverzeichnis der an den deutschen Schulanstalten erschienenen Abhandlungen

Anonymus

Jahresverzeichnis der an den deutschen Schulanstalten erschienenen Abhandlungen

ISBN/EAN: 9783741179235

Manufactured in Europe, USA, Canada, Australia, Japa

Cover: Foto ©Thomas Meinert / pixelio.de

Manufactured and distributed by brebook publishing software (www.brebook.com)

Anonymus

Jahresverzeichnis der an den deutschen Schulanstalten erschienenen Abhandlungen

Jahres-Verzeichniss

der

an den Deutschen Schulanstalten erschienenen Abhandlungen

I

1889

BERLIN
Verlag von A. Asher & Co.
1890

Im Anschlusse an die bis jetzt in vier Jahrgängen vorliegenden Jahres-Verzeichnisse der an den Deutschen Universitäten erschienenen Schriften wird die Königliche Bibliothek von jetzt an jährlich in gleicher Weise im Monat Mai Jahres-Verzeichnisse der in den Schriften der Deutschen Schulanstalten enthaltenen wissenschaftlichen Abhandlungen herausgeben und alle zehn Jahre die Schulnachrichten in ähnlichen Verzeichnissen zusammenfassen.

Diese zunächst im Interesse der Bibliotheken — auch einseitig — gedruckten Verzeichnisse enthalten im Gegensatze zu den von der B. G. Teubner'schen Buchhandlung in Leipzig als Vorläufer der im Tauschverkehre zu versendenden Schulschriften herausgegebenen Programmen-Verzeichnissen die wirklich erschienenen Schulschriften und Abhandlungen, und sollen, wenn es möglich ist, nicht blos die am Tauschverkehre betheiligten, sondern alle Deutschen höheren Schulen, die derartige Nachrichten und Abhandlungen ausgeben, umfassen.

In dem vorliegenden ersten Jahrgange hat sich diese Absicht nur unvollkommen zur Ausführung bringen lassen und neben den im Tauschverkehre eingegangenen auf die kleine Anzahl von Schulschriften beschränkt werden müssen, die von den betreffenden Anstalten unmittelbar an die Königliche Bibliothek eingeschickt wurden. Zu Gunsten der Vollständigkeit, die erst ein volles Bild der auf diesem Gebiete in Deutschland erschienenen Litteratur gewähren kann, erlaubt die General-Verwaltung der Königlichen Bibliothek sich an alle höheren Schulanstalten, die ausserhalb des Tauschverkehrs stehen, die Bitte um geneigte Einsendung je eines Exemplares aller in diesen Bereich fallenden Veröffentlichungen zu richten, die sie gern durch die Gegengabe des Verzeichnisses beantworten wird.

Ueber die Fassung des Verzeichnisses ist das folgende zu bemerken. Die Titel sind auf Grund der Abhandlungen selbst mit bibliographischer Genauigkeit wiedergegeben und alphabetisch nach den Verfassern, bei anonymen Titeln nach dem ersten Hauptworte geordnet; zur Ergänzung ist ein Sachregister und ein Orts- und Anstaltenverzeichniss beigegeben. Die hinter der Jahreszahl stehende Zahl in runder Klammer bezeichnet die Nummer des Teubner'schen Verzeichnisses der Programme, welche im Jahre 1880 von den höheren Schulen Deutschlands veröffentlicht sind; an ihrer Stelle steht bei den Schriften der Bayerischen Anstalten ein Stern; zwei Sterne bezeichnen die dem Tauschverkehre nicht angehörenden Anstalten.

Nach der Zeit des Erscheinens sind die Schriften als Oster- oder Michaelis-Programme, einfach als Programme bezeichnet, wenn die Zeit des Erscheinens nicht angegeben war.

Für häufig wiederkehrende Bezeichnungen stehen folgende Abkürzungen:

A = Anstalt
B = Bürgerschule
G = Gymnasium
GwS = Gewerbeschule
h. = höhere
HB = Höhere Bürgerschule
K = Kollegium
k. = königlich
kais. = kaiserlich
L = Lyceum
LS = Lateinschule
MP = Michaelis-Programm
OP = Oster-Programm
OR = Ober-Realschule
P = Programm
Pd = Paedagogium
PG = Progymnasium
R = Realschule
RA = Real-Anstalt
RAk = Ritter-Akademie
RG = Real-Gymnasium
RPG = Real-Progymnasium
S = Schule
Sm = Seminar
st. = städtisch
StA = Studien-Anstalt
VS = Vorschule

Berlin, Königliche Bibliothek
15. Mai 1890

Der General-Direktor
Wilmanns

Abhandlungen

der

Deutschen Schulschriften

1889

1 **Adam, Berthold:** Ueber die Teilbarkeit der Zahlen. Clausthal, Druck v. C. Pieper's Offic., 1889; S. 1—10; 4°
Clausthal, k. G, OP 1889 (288)

2 **Ammer, Engelbert [Dr.]:** Über die Reihenfolge und Zeit der Abfassung des herodotischen Geschichtswerkes. Straubing, Cl. Attenkofersche Buchdr., 1889; 48 S. 8°
Straubing, k. StA, P 1889 *

3 **Ammon, Georgius:** De Dionysii Halicarnassensis librorum rhetoricorum fontibus. München, Druck v. H. Kutzner, 1889; 2 Bl., 113 S. 8°
München, k. Wilhelms-G, P 1889 *

4 **Anspach, Aug. Ed. [Dr.]:** Die Horazischen Oden des ersten Buches in Bezug auf Interpolation, Aufbau und Zeit der Abfassung. Teil II. Cleve, Koch'sche Buchdr., H. Stens, 1889; S. 1—40; 4°
Cleve, k. G, OP 1889 (402)

5 **Arendt, Stanislaus:** Pensées de M. de Montaigne en matière d'éducation d'enfants. Sagan, Druck v. P. Mertsching, 1889; S. 3—18; 4°
Sagan, k. kath. G, OP 1889 (186)

6 **Atzler, Felix [Oberl.]:** Qu in den germanischen Sprachen und sein Wechsel mit p. — Bruchstücke zur deutschen Etymologie. Barmen, Druck v. D. B. Wiemann, 1889; 11 S. 4°
Barmen, GwS, OP 1889 (442)

7 **Babucke, H. [Dir. Dr.]:** Zur Erinnerung an die Übersiedelung des Altstädtischen Gymnasiums zu Königsberg, Pr. in das neue Schulgebäude am 9. April 1889. Königsberg, Hartungsche Buchdr. (1889); 47 S. 4°
Königsberg, altst. G, OP 1889 (9)

8 Badke, Otto [Oberl. Dr.]: Abriss der Lehre vom französischen Verbum für den Unterricht an höheren Lehranstalten. I. Teil: Formenlehre. Stralsund, Druck d. k. Regierungs-Buchdr., 1889; S. 1–28; 4°
Stralsund, RG, OP 1889 (141)

9 Bärwinkel, Johannes [Oberl. Dr.]: Zur Odyssee. Sondershausen, gedr. i. d. Buchdr. des „Deutschen“, 1889; S. 1–24; 4°
Sondershausen, fürstl. G, OP 1889 (630)

10 Bahl, Christian: Beiträge zur Geschichte Limburgs in der Zeit der Dynasten . . . Limburg, G. A. Schlinck's Druckerei, 1889; S. 3–26; 4°
Limburg, RPG, OP 1889 (396)

11 Baltzer [Prof. Dr.]: Die Christologie des hl. Hilarius von Poitiers. Rottweil, M. Rothschild's Buchdr., 1889; S. 1–43; 4°
Rottweil, k. G, P 1889 (560)

12 Bangert, Friedrich [Rekt. Dr.]: Eine Oldesloer Urkunde aus dem Jahre 1389. Oldesloe, Druck v. J. Schütze, 1889; S. 3–10; 4°
Oldesloe, RPG, OP 1889 (283)

13 Bartels, Rudolf: Beziehungen zu Athen und seiner Geschichte in den Dramen des Euripides. Berlin, Druck v. C. Feicht, 1889; 1 Bl., 20 S. 4°
Berlin, k. Joachimsthalsches G, OP 1889 (57)

14 Barth [Dr.]: Beiträge zur elsässischen Sagenforschung I. Strassburg, Buchdr. v. C. Bauer, 1889; S. 3–28; 4°
Strassburg, bischöfl. G an St. Stephan, P 1890 (492)

15 Barth [Dr.]: Über das Einwirkungsprodukt von Ammoniak auf Methylaethylketon. Helmstedt, Druck v. J. C. Schmidt, 1889; 1 Bl., 28 S., 1 Bl. 4°
Marienberg, landw. S, OP 1889 (650)

16 Bauer, Jakob [Prof.]: Das Bild in der Sprache. II. Ansbach, Druck v. C. Brügel u. Sohn, 1889; 41 S. 8°
Ansbach, k. StA, P 1889 •

17 Baumann, Johann [Prof.]: Kritische und exegetische Bemerkungen zu Platos Phädo. Augsburg, Druck d. J. P. Himmer'schen Buchdr., 1889; 19 S. 8°
Augsburg, k. StA bei St. Anna, P 1889 •

18 **Baumgärtel**, Friedrich Hermann [Oberl.]: Die kirchlichen Zustände Bautzens im 16. und 17. Jahrhundert. *Bautzen* (1889); 64 S. 8°
Bautzen, R, OP 1889 (532)

19 **Bechstein**, Adolf: Aufgaben aus der astronomischen Geographie. Görlitz, Druck d. Görlitzer Nachrichten und Anzeiger, 1889; S. 3–13, 1 Taf. 4°
Rossleben, Kloster-S, OP 1889 (235)

20 **Beck**, Heinrich [Prof. Dr.]: Coburgische Dichter aus der Zeit des Herzogs Casimir. Coburg, Druck d. Dietz'schen Hofbuchdr. (1889); S. 3–40; 4°
Coburg, G Casimirianum, OP 1889 (660)

21 **Becker**, Heinrich [Dr.]: Die Brahmanen in der Alexandersage. Königsberg, Hartungsche Buchdr., 1889; S. 1–34; 4°
Königsberg, k. Friedrichs-K, OP 1889 (7)

22 **Beckhaus**, Hubert [Dir. Dr.]: Shakespeares Macbeth und die Schillersche Bearbeitung. Ostrowo, Th. Hoffmanns Buchdr. (1889); S. 1–25; 4°
Ostrowo, k. G, OP 1889 (150)

23 **Bellermann**, Gustav [Dr.]: Beweis aus der neueren Raumtheorie für die Realität von Zeit und Raum und für das Dasein Gottes. Berlin, R. Gaertners Verlagsbuchh. H. Heyfelder, 1889; 30 S. 1 Taf. 4°
Berlin. Königst. RG, OP 1889 (95)

24 **Belling**, Eduard [Oberl. Dr.]: Zum 30. Juni 1888. Auf Kaiser Friedrich. Bromberg, Buchdr. v. A. Dittmann, 1889; S. 13–14; 4°
Bromberg, k. G, OP 1889 (142)

25 **Belser** [Prof. Dr.]: Grammatisch-kritische Erklärung von Laktantius de mortibus persecutorum cap. 34: Toleranzedikt des Galerius. *Erlangen, Druck v. L. Weil* (1889); S. 7–30; 4°
Ellwangen, k. G, P 1889 (555)

26 **Berbig**, F. [Rekt. Dr.]: Urkunden der Lateinischen Schule zu Crossen. Erster Teil. Crossen a. O., Buchdr. v. R. Zeidler (1889); S. 3–25; 4°
Crossen a. O., RPG u. PG, OP 1889 (100)

27 **Beschreibung** des neuen Gymnasialgebäudes zu Neustadt a. d. Haardt. . . . Neustadt a. d. Haardt, J. H. Ziegler's Buch- u. Steindr., 1889; 11 S., 8 Taf. 8°
Neustadt a. d. Haardt, G, P 1889 •

28 **Betge**, Karl: Die Stellung der französischen Revolution zum Kultus und Unterricht. Neustettin, Druck v. R. G. Hertzberg, 1889; S. 1–8; 4°
Neustettin, k. G, OP 1889 (129)

29 **Beyer**, Carl [Dr.]: Die Händel der Stadt Erfurt mit den Langenfelds und dem Markgrafen Wilhelm von Meißen 1398–1401. Erfurt, Ohlenroth'sche Buchdr., 1889; 1 Bl., 16 S. 4°
Erfurt, k. RG, OP 1889 (258)

30 **Beyersdorff**, Robert [Oberl. Dr.]: Giordano Bruno und Shakespeare. Oldenburg, Druck v. G. Stalling, 1889; S. 1–46; 4°
Oldenburg, grossh. G, OP 1889 (630)

31 **Bindel**, Richard [Oberl.]: Die Erkenntnistheorie Hugos von St. Viktor. Ein Beitrag zur Geschichte der Theologie des zwölften Jahrhunderts. (Quakenbrück, Druck v. H. Buddenberg, 1889); S. 3–17; 4°
Quakenbrück, RG, OP 1889 (316)

32 **Bindseil**, Fritz [Oberl. Dr.]: Über den Einfluss des klassischen Unterrichtes auf die Ausbildung der Sprachfertigkeit im Deutschen. Berlin, Druck v. W. Pormetter, 1889; 19 S. 4°
Berlin, k. Luisen-G, OP 1889 (62)

33 **Binhack**, Franz: Die Äbte des Cistercienser-Stiftes Waldsassen von 1133–1506. Zweite Abteilung. Eichstätt, Druck v. M. Däntler, 1889; 101 S. 8°
Eichstätt, k. StA, P 1889 •

34 **Bischoff**, Albert [Prof. Dr.]: Beiträge zum Unterricht im Deutschen. Mit Beigabe exegetischer Miscellen. Landau, Buchdr. K. & A. Kaußler, 1889; 62 S. 8°
Landau, k. StA, P 1889 •

35 **Bissinger**, K.: Funde römischer Münzen im Grossherzogtum Baden. III. Donaueschingen, A. Willibald'sche Hofbuchdr., 1889; 1 Bl., S. 33–42; 4°
Donaueschingen, grossh. PG, P 1889 (571)

36 **Blasendorff**, K. [Oberl. Dr.]: Blücher als Gutsbesitzer. Pyritz, Druck d. Backe'schen Buchdr., 1889; S. 9–24; 4°
Pyritz, k. Bismarck-G, OP 1889 (131)

37 **Bob**, Nicolaus [Prof.]: Zur Kritik und Erklärung der Satiren Juvenals. Kaiserslautern, Buchdr. v. Ph. Rohr, 1889; 35 S. 8°
Kaiserslautern, k. StA, P 1889 •

38 **Bechmann**, Emil [Oberl. Dr.]: Zusammenhänge zwischen den Bevölkerungen des Obererzgebirges und des Oberharzes. Dresden, Druck v. B. G. Teubner, 1889; 29 S. 4°
Dresden-Neustadt, k. G, OP 1889 (510)

39 **Beechler**, Paul: Über einige Spuren des Altfranzösischen im Neufranzösischen. Aschersleben, lithogr. Anst., Buch- u. Steindr. v. K. Wedel, 1889; 1 Bl., 20 S. 4°
Aschersleben, RG u. G, OP 1889 (246)

40 **Bödige**, N.: Das elektrische und magnetische Feld. . . . Duderstadt, Druck v. Fr. Wagner, 1889; 22 S., 2 Taf. 4°
Duderstadt, k. PG u. RPG, OP 1889 (316)

41 **Böklen** [Dr.]: Entwicklungs-Geschichte der Real-Anstalt in den letzten 25 Jahren. Reutlingen, Buchdr. v. C. Rupp, 1889; S. 3—5; 4°
Reutlingen, k. RA, P 1889 (565)

42 **Börner** [Dir. Dr.]: Methodischer Leitfaden der Experimentalphysik für höhere Schulen (Mechanik, Akustik.) Elberfeld, gedr. bei S. Lucas (1889); 57 S. 8°
Elberfeld, RG, OP 1889 (451

43 **Boettcher**, H. [Oberl. Dr.]: Shakespeares „Julius Caesar". Graudenz, Druck v. G. Röthe, 1889; S. 3—28; 4°
Graudenz, k. ev. G, OP 1889 (29)

44 **Bohle**, Georg: Der vorbereitende geometrische Unterricht in Quinta. Crefeld; J. B. Klein'sche Buchdr., M. Buscher (1889): S. 3—23; 4°
Crefeld, R, OP 1889 (448)

45 **Borgmann**, Ferdinand: Über den Anfangsunterricht im Englischen in der Sexta. Geestemünde, Druck v. Schaefer & Co., 1889; 38 S. 8°
Geestemünde, PG u. HB, OP 1889 (321)

46 **Borowski**, F. W.: Fragen zur Erklärung der deutschen Gedichte unseres Kanons. I. Teil: Gedichte für Sexta, Quinta und Quarta. Danzig, A. Müller vorm. Wedel'sche Hofbuchdr., 1889; 14 S. 4°
Culm, k. kath. G, OP 1889 (27)

47 **Braun**, Richard [Oberl.]: Beitrag zur Reform des lateinischen Unterrichts. Nakel, Druck v. R. Giraud (1889); S. 1—25; 4°
Nakel, k. G, OP 1889 (149)

48 **von Breska**, Adolf [Dr.]: Quellenuntersuchungen im 21. bis 24. Buche des Livius. Berlin, R. Gaertners Verlagsbuchh. H. Heyfelder, 1889; 22 S. 4°

Berlin, Luisenst. OR, OP 1889 (90)

49 **Brencker**, Gustav [Dr.]: Zur Würdigung des Dichters Andreas Gryphius. Eine litterarhistorische Studie. Trarbach, Buchdr. v. Ph. Kopp, 1889; 20 S. 4°

Trarbach, k. PG, OP 1889 (438)

50 **Brock**, Leopold [Dr.]: Das brandenburgische Heer in den Kriegen von 1688 bis 1697. II. (Beiträge zur brandenburgisch-preussischen Heeresgeschichte.) Beuthen O.-S., Druck d. Wolff'schen Buchh., 1889; 30 S. 4°

Königshütte O.-S., k. G, OP 1889 (181)

51 **Brohm**, C. [Dr.]: Gedächtnisrede auf den Hochseligen Kaiser Wilhelm I. . . . Zeitz, Druck v. C. Brendel, 1889; S. 19—21; 4°

Zeitz, k. Stifts-G, OP 1889 (245)

52 **Brütt**, Maximilian [Dr.]: Der Positivismus, nach seiner ursprünglichen Fassung dargestellt und beurteilt. Hamburg, gedr. bei Lütcke & Wulff, 1889; 2 Bl., 61 S. 4°

Hamburg, RG des Johanneums, OP 1889 (690)

53 **Brunnemann** [Dir. Dr.]: Die Elbinger höhere Bürgerschule 1841—1845. Elbing, Wernich'sche Buchdr. (1889); S. III—X; 4°

Elbing, st. RG, OP 1889 (45)

54 **Buchholz**, Ernst [Oberl. Dr.]: Die Lieder des Minnesängers Bernger von Horheim nach Sprache, Versbau, Heimat und Zeit. Emden, Druck v. Th. Hahn Wwe, 1889; S. 3—22; 4°

Emden, k. Wilhelms-G, OP 1889 (290)

55 **Buckendahl**, August [Oberl. Dr.]: Die flüssige Kohlensäure, ihre Darstellung, Eigenschaften und Verwendung, namentlich beim Unterrichte. Düsseldorf, gedr. bei A. Bagel (1889); S. 3—15; 4°

Düsseldorf, HB, OP 1889 (465)

56 **Burhenne**, Fritz: Das mittelenglische Gedicht Stans Puer Ad Mensam und sein Verhältnis zu ähnlichen Erzeugnissen des 15. Jhrh. Hersfeld, Druck v. L. Funk's Buchdr. (1889); 1 Bl., 21 S. 4°

Hersfeld, k. G u. RPG, OP 1889 (367)

57 **Burmann**, K. [Oberl. Dr.]: Die Lehre von den Sakramenten der christlichen Kirche. — Ein Kapitel evangelischer Polemik gegen die römische und griechische Kirche. Königsberg i. d. N., Druck v. J. G. Striese, 1889; 32 S. 4°

Königsberg i. d. N., Friedrich-Wilhelms-G, OP 1889 (78)

58 **Betzer**, Heinrich: Der Jonicus a maiore. Frankfurt a. M., Druck v. A. Mahlau (Fa. Mahlau & Wahlschmidt), 1889; S. 3–26; 4°
Frankfurt a. M., Wöhler-S (RG), OP 1889 (378)

59 **Cammerer**, Clemens: Bemerkungen über den lateinischen Unterricht in der dritten Lateinklasse (Quarta). Burghausen, Druck d. L. Russy'schen Buchdr. (1889); 79 S. 8°
Burghausen, k. StA, P 1889 •

60 **Campe**, Viktor [Prof. Dr.]: Zum deutschen Unterricht in der Prima. Sprachproben und Stücke aus der Edda. Putbus, Druck v. A. Dose, 1889; 23 S. 4°
Putbus, k. Pd, OP 1889 (130)

61 **Capeller**, Gustav: Die wichtigsten aus dem Griechischen gebildeten Wörter (mots savants) der französischen und englischen Sprache, zusammengestellt und etymologisch erklärt. Teil I. Gumbinnen, gedr. bei W. Krauseneck, 1889; S. 1–24; 4°
Gumbinnen, st. RPG, OP 1889 (23)

62 **Carnuth**, Otto [Dir. Dr.]: Quellenstudien zum Etymologicum Gudianum II Teil. Danzig, Druck v. E. Groening, 1889; 16 S. 4°
Danzig, st. G, OP 1889 (29)

63 **Conrad** [Dr.]: Mark Aurels Markomanenkrieg. Neu-Ruppin, Dampf-Schnellpressendruck v. G. Kühn (1889); 21 S. 4°
Neu-Ruppin, Friedrich-Wilhelms-G, OP 1889 (61)

64 **Conradt**, F. [Oberl. Dr.]: Stufenmässige Anordnung des trigonometrischen Lehrstoffs der Gymnasien. Leipzig, Gustav Fock, 1889; 39 S., 1 Taf. 4°
Belgard, st. G, OP 1889 (121)

65 **Cornelssen**, Petrus: Epistularum Paulinarum codices graece et latine scriptos Augiensem Boernerianum Claromontanum examinavit inter se comparavit ad communem originem revocavit. Specimen alterum. *Jever*, typ. expr. H. Fiencke Killeusis, 1889; 2 Bl., 30 S. 4°
Jever, grossh. Marien-G, OP 1889 (620)

66 **Czerner**, Bartholomaeus: De difficultatibus quibusdam in Pindari carminibus explicandis. Gleiwitz, Neumann's Stadtbuchdr., 1889; 12 S. 4°
Gleiwitz, k. kath. G, OP 1889 (174)

67 **Dahm**, Wilhelm: Ludwig des Deutschen Kampf um sein Erbteil. (Umschl.-Tit.: … Erster Teil.) Brühl, Buchdr. v. K. Martini (1889); S. 3–14; 4°
Brühl, PG, OP 1889 (401)

68 **Darpe**, Franz: Geschichte der Stadt Bochum. III. Urkundenbuch. A. Mittelalter. Bochum, Druck v. W. Stumpf, 1889; 2 Bl., 109 S. 8°
Bochum, st. G, OP 1889 (323)

69 **Davin**, Carl: Beiträge zur Kritik der Quellen des ersten punischen Krieges. Schwerin, gedr. i. d. Bärensprungschen Hofbuchdr., 1889; 1 Bl., 41 S. 4°
Schwerin, grossh. G Fridericianum, OP 1889 (615)

70 **Debbe**, C. W. [Dir.]: Ein Rückblick auf 25 Jahre. — Gedenktage der „Realschule von C. W. Debbe." — Ziel und Aufgabe der „Realschule von C. W. Debbe." — Warum erreichen so viele Schüler ihr Schulziel nicht? — Verbotene Hilfe. — Licht- und Schattenseiten des Privatschulwesens. (Vortrag . . . am 22. Mai 1888.) — Aus der Denkschrift über das deutsche Privatschulwesen. Bremen, Druck v. H. M. Hauschild (1889); S. 8–37; 4°
Bremen, R von C. W. Debbe, OP 1889 (686)

71 **Dembowski**, Johannes [Dr. Oberl.]: Mitteilungen über Goethe und seinen Freundeskreis aus bisher unveröffentlichten Aufzeichnungen des Gräflich Egloffstein'schen Familien-Archivs zu Arklitten. Lyck, Druck v. A. Glanert (vorm. R. Siebert), 1889; 34 S. 4°
Lyck, k. G, OP 1889 (18)

72 **Denker**, Heinrich [Dr.]: Ein Beitrag zur litterarischen Würdigung Friedrichs von Logau. Hildesheim, Druck v. Gebr. Gerstenberg (1889); 1 Bl., 66 S. 8°
Hildesheim, k. Andreas-RG, OP 1889 (312)

73 **a Destinon**, Iustus [Dr.]: De Flavii Iosephi Bello Iudaico recensendo ad Benedictum Niese epistula critica. Kiliae, typ. Schmidt & Klaunig, 1889; 17 S. 4°
Kiel, Gelehrten-S, OP 1889 (269)

74 **Detlefsen**, D. [Dir.]: Gedächtnisrede auf Seine Majestät den Hochseligen Kaiser Friedrich. . . . Glückstadt, Druck v. J. J. Augustin, 1889; S. 1–12; 4°
Glückstadt, k. G, OP 1889 (266)

75 **Detlefsen**, D. [Dir.]: Liste der aus den oberen Klassen des Gymnasiums abgegangenen Schüler. 1786—1821. Glückstadt, Druck v. J. J. Augustin, 1889; S. 13–16; 4°
Glückstadt, k. G, OP 1889 (266)

76 **Deumling** [Regierungs-Baumeister]: Beschreibung des neuen Gymnasialgebäudes. Neuß, Buchdr. v. L. Schwann, 1889; S. 3–6; 4°
Neuß, k. G, OP 1889 (425)

77 **Deutschmann**, Carolus: De poesis Graecorum rhythmicae usu et origine. Coblenz, 1889; S. 3–29; 4°
Coblenz, k. G, OP 1889 (403)

78 **Diekmann**, Josef [Rekt. Dr.]: Zur Auflösung der dreigliederigen irrationalen Gleichungen mit beliebigen Radikanden. Viersen, Druck v. M. Steffels, 1889; S. 1–26; 4°
Viersen, RPG, OP 1889 (478)

79 **Dietrich** [Oberl. Dr.]: Die rechtlichen Grundlagen der Genossenschaften der römischen Staatspächter. I. Die rechtliche Natur der societas publicanorum. Meissen, gedr. bei C. E. Klinkicht & Sohn, 1889; S. 1–25; 4°
Meissen, Fürsten- u. Landes-S St.Afra, P 1889 (516)

80 **Diez**, Max [Prof. Dr.]: Friedrich Vischer und der ästhetische Formalismus. Stuttgart, Buchdr. d. Paulinenpflege, 1889; S. 3–68; 4°
Stuttgart, k. RA, P 1889 (567)

81 **Doehler**, Max: Beitrag zur Potentialtheorie. Die Green'sche Funktion für das Rotationsellipsoid, den unendlichen Kreiscylinder und Schalen, die von zwei konfokalen Rotationsellipsoiden resp. zwei koaxialen unendlichen Kreiscylindern begrenzt werden. Brandenburg a. d. Havel, Druck v. G. Matthes (1889): 1 Bl., 30 S. 4°
Brandenburg a. H., RAk, OP 1889 (68)

82 **Doerks**, Henry [Oberl. Dr.]: Bruder Wernher. Eine litterar-historische Untersuchung. Treptow a. R., Schnellpressendr. v. Fr. Lehfeldt, 1889 S. 1–18; 4°
Treptow a. R., k. Bugenhagen-G, OP 1889 (138)

83 **Dohmen**: Der lateinische Unterricht in Sexta und Quinta. Metz, Buchdr. v. Gebr. Lang, 1889; S. 3–19; 4°
Château-Salins, LS, MP 1889 (477)

84 **Dolega**, Silvius [Dr.]: Die Charakteristik als Schüleraufsatz. Rogasen, Druck v. Jonas Alexander's Wwe, 1889; S. 19–27; 4°
Rogasen, k. G, OP 1889 (153)

85 **Domke**, [Prorekt. Prof.]: Trauerrede auf den Tod Kaiser Friedrichs III.... Breslau, Druck v. Grass, Barth u. Comp. (W. Friedrich.), 1889; S. 6–8; 4°
Breslau, RG zum heiligen Geist, OP 1889 ([illegible])

86 **Duchâteau**, Otto [Dr.]: Der französische Unterricht nach Dr. O. Steinbart's Elementarbuch. Magdeburg, Druck v. E. Baensch jun., 1889; 1 Bl., 25 S. 4°
Magdeburg, Guericke-S (OR), OP 1889 ([illegible])

87 Dürr (Prof. Dr.): Das Heilbronner Gymnasium unter der Regierung des Königs Karl von Württemberg. Festvortrag. . . . Heilbronn, Druck v. C. Rembold's Buchdr., 1889; S. 1–21; 4°
Heilbronn, k. Karls-G, P 1889 (557)

88 Dütschke, Hans [Oberl. Dr.]: Goldonis Tasso. Burg, Druck v. A. Hopfer, 1889; S. 3–44; 4°
Burg, Viktoria-G, OP 1889 (217)

89 Eberhard, J. D. [Dir. Dr.]: Rede bei der Trauerfeier zum Gedächtnis Seiner Majestät des in Gott ruhenden Kaisers und Königs Wilhelm I. . . . Sigmaringen, M. Liehner'sche Hofbuchdr., 1889; S. 1–6; 4°
Sigmaringen, k. kath. G, OP 1889 (431)

90 Eckardt, Eugenius: De temporum ratione, quae Trachiniis fabulae Sophocleae subest, et de eiusdem fabulae parodi contextu. Salzwedel, A. Menzels Buchdr. (1889); 19 S. 4°
Salzwedel, k. G, OP 1889 (236)

91 Ehwald [Prof. Dr.]: Ad historiam carminum Ovidianorum recensionemque symbolae. Gotha, Druck d. Engelhard-Reyherschen Hofbuchdr., 1889; S. 1–20; 4°
Gotha, herz. G Ernestinum, OP 1889 (622)

92 Die Einweihung des neuen Gymnasialgebäudes (am 10.–12. Oktober 1888). (Goslar, Druck v. J. Jäger & Sohn, 1889); 19 S., 1 Taf. 4°
Goslar, RG u. G, OP 1889 (306)

93 Emmerich, A. [Dr.]: Der Brocardsche Winkel des Dreiecks. Eine geschichtliche Studie. Mülheim a. d. Ruhr, Buchdr. v. H. Blech, 1889; 24 S., 1 Bl. 4°
Mülheim a. d. Ruhr, RG, OP 1889 (455)

94 Engel, Jakob [Oberl. Dr.]: Isokrates, Machiavelli, Fichte. Ein Essay. Magdeburg, Druck v. E. Baensch jun., 1889; 1 Bl., 22 S. 4°
Magdeburg, RG, OP 1889 (252)

95 Estermaux, Paul: Die Komposition von Frontins Strategemata. Berlin, Druck v. A. Haack, 1889; 28 S. 4°
Berlin, französisches G, OP 1889 (52)

96 Ewald, Franz: Die neueren Sprachen als Bildungsmittel. Rüdesheim, Buch- u. Steindr. v. Fischer & Metz, 1889; S. 3–37; 4°
Geisenheim, RPG, OP 1889 (384)

97 Eufert, Anton [Oberl.]: Über die „Erziehung zur Freiheit". Montabaur, Buchdr. v. A. Sauerborn (1889); S. 3–17; 4°
Montabaur, Kaiser Wilhelms-G, OP 1889 (360)

98 **Fahland**, Bernhard [Oberl. Dr.]: Gereimte Übersetzungen einiger Stellen römischer und griechischer Dichter. Greifenberg i. Pomm., gedr. bei C. Lemcke (1889); S. 1–20; 4°
Greifenberg, Friedrich-Wilhelms-G, OP 1889 (126)

99 **Fassbaender**, Franz [Dr.]: Quaestiones grammaticae ad Polybium pertinentes . . . Crefeld, Druck v. Kramer & Baum (1889); S. 3–12; 4°
Crefeld, G, OP 1889 (408)

100 **Faust**, Richard [Oberl. Dr.]: Das erste englische Lustspiel in seiner Abhängigkeit vom *Moral-Play* und von der römischen Komödie. Dresden, Druck v. C. Heinrich (1889); S. 3–22; 4°
Dresden, neust. RG, OP 1889 (527)

101 **Fiebiger**, Ernst [Dr.]: Über die Selbstverleugnung bei den Hauptvertretern der deutschen Mystik des Mittelalters. I. Teil. *Brieg, Buchdr. E. Kirchner* (1889); S. 1–22; 4°
Brieg, k. G, OP 1889 (170)

102 **Fischer**, Karl [Hilfsl.]: Das Melde'sche Capillarbarometer. Marburg, Univ.-Buchdr. (R. Friedrich), 1889; 1 Bl., 22 S., 1 Taf. 4°
Marburg, k. G, OP 1889 (368)

103 **Fischer**, Karl [Dir. Prof. Dr.]: Ist eine Philosophie der Geschichte wissenschaftlich erforderlich bezw. möglich? Dillenburg, E. Weidenbach'sche Buchdr., 1889; 53 S., 1 Bl. 8°
Dillenburg, k. G, OP 1889 (361)

104 **Floeckner**, Carl [Prof. Dr.]: Kritik der Grundelemente des Gratry'schen Systems. Beuthen O.-S., Druck v. B. Wylezol & Comp. (R. Feist.), 1889; 1 Bl., 27 S. 4°
Beuthen O.-S., st. kath. G, OP 1889 (163)

105 **Franke**, A. [Prof. Dr.]: Übungsstücke zum Übersetzen aus dem Deutschen ins Lateinische für obere Gymnasialklassen. I. Neisse, Druck v. F. Bär, 1889; S. 1–14; 4°
Neisse, k. kath. G, OP 1889 (187)

106 **Franken**, A. [Oberl.]: Rumänische Volksdichtungen. *Danzig, Druck v. A. W. Kafemann*, 1889; 41 S. 8°
Danzig, RG zu St. Petri u. Pauli, OP 1889 (41)

107 **Frankenbach**, Friedrich Wilhelm [Dr.]: Das dem Dreieck einbeschriebene Quadrat. Liegnitz, Druck v. A. Niegisch, 1889; 20 S. 4°
Liegnitz, st. HB (Wilhelms-S), OP 1889 (214)

108 **Franssen**, Georg [Oberl. Dr.]: Zur Überbürdungsfrage. Hagen, Buchdr. v. G. Butz, 1889; 1 Bl., 11 S. 4°
Hagen, RG u. G, OP 1889 (349)

109 **Franziszi**, Franz: Horatius als Nachahmer griechischer Lyriker, (hauptsächlich mit Rücksicht auf das 1. Buch der Oden). Passau, F. W. Keppler'sche Buchdr., 1889; 28 S. 8°
Passau, k. StA, P 1889 •

110 **Frenzel**, C.: Anwendung der Weierstrass'schen Theorie der elliptischen Funktionen zur Bestimmung der Bewegung eines materiellen Punktes auf einem Kreise, einer Kettenlinie und einer Parabel. Danzig, Druck v. A. W. Kafemann, 1889; 38 S. 4°
Lauenburg i. P., PG, OP 1889 (128)

111 **Frenzel**, Jos.: Die Entwickelung des relativen Satzbaues im Griechischen. Wongrowitz, Druck v. P. Schwarz, 1889; 89 S. 8°
Wongrowitz, k. G, OP 1889 (158)

112 **Frey**, Joseph [Dir. Dr.]: Über die Schulordnung des Hochstifts Münster vom Jahre 1776. Münster, Druck d. Coppenrathschen Buchdr., 1889; S. 1—24; 4°
Münster, k. Paulinisches G, OP 1889 (340)

113 **Friderich** [Rekt. Dr.]: Die Schulverhältnisse Reutlingens zur Zeit der freien Reichsstadt. II. Teil. . . . Reutlingen, Buchdr. v. C. Rupp, 1889; S. 16—42; 4°
Reutlingen, k. G, P 1889 (559)

114 **Friedrich**, Gulielmus: Varietas lectionis codicis Vossiani LXX ad Ciceronis libros qui vulgo de inventione vocantur duos. Molhusis Thuringorum, in aed. C. Andreal, 1889; 38 S. 8°
Mühlhausen i. Thür., G u. RPG, OP 1889 (220)

115 **Friedrich**, P. [Oberl. Dr.]: Die Sträucher und Bäume unserer öffentlichen Anlagen, insbesondere der Wälle. Lübeck, Druck v. Gebr. Borchers, 1889; S. 1—64, 1 Kart. 4°
Lübeck, Katharineum, OP 1889 (686)

116 **Fritz**, Heinrich: Über die erste Grassmann'sche Erzeugungsweise der ebenen Kurven 3. Ordnung und deren Analogon im Raume. Darmstadt, C. F. Winter'sche Buchdr., 1889; S. 3—30; 4°
Darmstadt, Ludwig-Georgs-G, OP 1889 (596)

117 **Froehlich**, Henricus: De grammaticae latinae locis aliquot controversis. *Hagenau, F. Gilardone* (1889); 1 Bl., 21 S. 4°
Hagenau, G u. R, P 1889 (489)

118 **Fuchs**, Hugo: Ein Hexenprozess in Schleusingen aus dem Jahre 1653. Meiningen, Druck d. Keyssner'schen Hofbuchdr. (1889); S. III–XIII; 4°
Schleusingen, k. Pr. Hennebergisches G, OP 1889 (238)

119 **Fürle**, Hermann [Dr.]: Über die eindeutigen Lösungen einer Gruppe von Funktionalgleichungen. Berlin, R. Gaertners Verlagsbuchh. H. Heyfelder, 1889; 21 S. 4°
Berlin, IV. st. HB, OP 1889 (107)

120 **Füsslein**, Karl [Dr.]: Über Ciceros erste Rede gegen Catilina. Merseburg, Druck v. Hottenroth & Schneider (1889); 20 S. 4°
Merseburg, Dom-G, OP 1889 (228)

121 **Fuhrmann**, Wilhelm [Oberl. Prof.]: Der Brocardsche Winkel. . . . Königsberg i. Pr., Hartungsche Buchdr., 1889; 1 Bl., 28 S., 1 Taf. 4°
Königsberg i. Pr., k. RG auf der Burg, OP 1889 (19)

122 **Funcke**, Heinrich [Oberl. Dr.]: Von der Krümmung des Eisenbahngleises, der Gestalt des Laufkranzes und dem Lauf des Wagens in gerader Bahn. Potsdam, gedr. bei J. Großmann, 1889; S. 3–6; 4°
Potsdam, R. R, OP 1889 (116)

123 **Gaede**, R. [Dr.]: Die lateinischen Schulgrammatiken von Ellendt-Seyffert (30. Auflage) und von Stegmann (3. Auflage). Ein Vergleich. Danzig, A. Müller vormals Wedel'sche Hofbuchdr., 1889; 18 S. 4°
Danzig, k. G, OP 1889 (28)

124 **Galmer** [Rekt.]: Glückwunschadresse des Lehrerkollegiums. *Ellwangen, Druck v. L. Weil* (1889); S. 3–5; 4°
Ellwangen, k. G, P 1889 (555)

125 **Garthe**, Emil [Dr.]: Ueber die tägliche und jährliche Periode der Variationen der erdmagnetischen Kraft im Moltkehafen auf Süd-Georgien während der Polarexpeditionen von 1882 und 1883. Göttingen, Druck d. Univ.-Buchdr. v. W. Fr. Kästner, 1889; 34 S., 4 Taf. 4°
Eschwege, Friedrich-Wilhelms-R, OP 1889 (376)

126 **Gast**, E. R. [Prof.]: Vorlagen zu Lateinischen Extemporalien in Prima. Zerbst, Druck v. O. Schnee, 1889; 1 Bl., 29 S. 4°
Zerbst, herz. Francisceum, OP 1889 (644)

127 **Gawanka**, C. [Oberl. Dr.]: De summo bono quae fuerit Stoicorum sententia. Osterode Ostpr., Buchdr. v. C. F. Salewski, 1889; 14 S. 4°
Osterode, st. RG, OP 1889 (21)

128 Geiger, Godhard [P. O. S. B. Prof.]: C. Marius Victorinus Afer ein neuplatonischer Philosoph. (2. Teil.) Landshut, Druck d. J. Thomann'schen Buchdr. (1889); 1 Bl., S. 71–118; 8°
Metten, l. StA, P 1889.

129 Gelbe, Theodor [Dir. Dr.]: Stilübungen in den beiden oberen Klassen lateinloser höherer Schulen. Leipzig-Reudnitz, Druck v. Max Hoffmann, 1889; S. 3–29; 4°
Leipzig-Reudnitz, st. R mit PG, OP 1889 (518)

130 Gemoll, A. [Rekt. Dr.]: Das Recht von Gortyn. Striegau, Druck d. E. Gröger'schen Buchdr. (F. Breyther) (1889); 1 Bl., [illegible] S. 4°
Striegau, st. PG, OP 1889 (109)

131 Gemoll, Wilhelm: Beiträge zur Kritik und Erklärung von Xenophons Anabasis. II. Theil. Kreuzburg O.-S., Druck v. E. Thielmann (1889); 1 Bl., 38 S. 4°
Kreuzburg O.-S., G, OP 1889 ([illegible])

132 Glebe, Alfred: Biblisches Lectionarium . . . Naumburg a. S., Druck v. H. Sieling (1889); S. 1–42; 4°
Naumburg, Dom-G, OP 1889 (230)

133 Glänzer, Karl [Oberl. Dr.]: Die Gegenkurven der Kegelschnitte. Hamburg, gedr. bei Lütcke & Wulff, 1889; 1 Bl., 20 S., 2 Taf. 4°
Hamburg, Wilhelm-G, OP 1889 (680)

134 Glatzel, Paul [Oberl. Dr.]: Zur Methodik des physikalischen Unterrichts. Berlin, R. Gaertners Verlagsbuchh. H. Heyfelder, 1889; 26 S. 4°
Berlin, Friedrichs-RG, OP 1889 (94)

135 Glaw, Johannes Nicolaus: Die Elemente des alten Chorals. Allenstein, Druck v. A. Harich, 1889; S. 1–XXII; 4°
Allenstein, k. G, OP 1889 (1[illegible]

136 Gloël, Heinrich [Dr.]: Der deutsche Stil und seine Pflege auf den höheren Schulen. Wesel, Buchdr. v. C. Kühler, 1889; 58 S. 8°
Wesel, k. G, OP 1889 (436

137 Glückwunsch des Lehrercollegiums zum XXV-jährigen Regierungsjubiläum seiner Majestät des Königs Karl. Tübingen, L. Fr. Fues'sche Buchdr. (W. Armbruster & O. Riecker), 1889; S. 3–6; 4°
Maulbronn, ev.-theol. Sm, P 1889 (553)

138 Gneisse, Karl [Oberl. Dr.]: Untersuchungen zu Schillers Aufsätzen „Ueber den Grund des Vergnügens an tragischen Gegenständen", „Ueber die tragische Kunst" und „Vom Erhabenen" („Ueber das Pathetische"). — Ein Beitrag zur Kenntnis von Schillers Theorie der Tragödie. Weissenburg i. E., Druck v. C. Burckardt's Nachfolger, 1889; VIII, 87 S. 4°
Weissenburg i. E., G, P 1889 (494)

139 Goebel [Dir. Prof. Dr.]: Bemerkungen zu Aristoteles' Metaphysik. Soest, Nasse'sche Buchdr., 1889; S. 3—12; 4°
Soest, Archi-G, OP 1889 (344)

140 Görges, W. [Oberl.]: Das Turnwesen und die Pflege körperlicher Übungen am Johanneum. Lüneburg, Druck d. v. Sternschen Buchdr., 1888; S. 18—27; 4°
Lüneburg, Johanneum, OP 1889 (299)

141 Goldscheider, Franz: Das Reziprozitätsgesetz der achten Potenzreste. Berlin, R. Gaertners Verlagsbuchh. H. Heyfelder, 1889; 30 S. 4°
Berlin, Luisenst. RG, OP 1889 96

142 Goldscheider, Paul [Dr.]: Die Erklärung deutscher Schriftwerke in den oberen Klassen. Mülheim a. Rh., Druck v. C. G. Künstler Wwe, 1889; 16 S., 1 Bl. 4°
Mülheim a. Rh., RG, OP 1889 (451)

143 Gombert, Albert [Oberl. Prof. Dr.]: Weitere Beiträge zur Altersbestimmung neuhochdeutscher Wortformen. Gross-Strehlitz, Druck v. Marie verw. Hübner (1889); S. 1—24; 4°
Gross-Strehlitz, k. G, OP 1889 (186)

144 Graul, J. [Dr.]: Geologische Beschreibung der Umgebung von Rappoltsweiler. Rappoltsweiler, Buchdr. v. S. Braunschweig, 1889; S. 3—32; 4°
Rappoltsweiler, R, P 1889 (501)

145 Grautoff, B. [Dir. Dr.]: Rede zum Gedächtnis Sr. Majestät des hochseligen Kaisers Wilhelm ... Minden, gedr. bei J. C. C. Bruns, 1889; S. 3—6; 4°
Minden, I. ev. G u. RG, OP 1889 (339)

146 Greiner, H. [Dr.]: Verzeichnis der Schulbibliothek. A. Lehrerbibliothek. Weimar, Druck d. Hof-Buchdr., 1889; S. 3—23; 4°
Weimar, RG, OP 1889 (638)

147 Gremmelspacher, K. [Prof.]: Menschengeist und Thierseele. Bruchsal, Druck v. D. Weber, 1889; 1 Bl., 35 S. 4°
Bruchsal, grossh. G, P 1889 (570)

148 **Grimm**, K. R. [Oberl.]: Bedeutung und Methode des naturgeschichtlichen Unterrichtes. Frankenberg i. S., Druck v. C. G. Rossberg (1889); 1 Bl., 23 S. 4°
Frankenberg i. S., R mit PG, OP 1889 (530)

149 **Gropius**, Richard [Oberl.]: Isidor. Hispal. Etymol. XIII, 13 (de diversitate aquarum) als Handhabe zur Beurteilung von Isidorus-Handschriften. Weilburg, Druck v. A. Cramer (1889); S. 1–10; 4°
Weilburg, k. G, OP 1889 (371)

150 **Grosch**, Gustav [Dir.]: Rede zur Vorfeier des Geburtstages Sr. Majestät Kaiser Wilhelms II. . . . Nordhausen, Druck v. C. Kirchners Buchdr. (Inh.: F. C. Schmälling) (1889); S. 20–26; 4°
Nordhausen, G, OP 1889 (232)

151 **Gross**, Peter [Oberl. Dr.]: Philosophische Propädeutik für Gymnasien. IV. *Kempen, Buch- u. Steindr. v. A. Wefers* (1889); 24 S. 4°
Kempen, k. G Thomaeum, OP 1889 (419)

152 **Grosse**, Emil: Zur Erklärung von Schillers Gedichten „Das Ideal und das Leben" und „Würde der Frauen". Königsberg, Pr., Hartungsche Buchdr., 1889; 1 Bl., 28 S. 4°
Königsberg, Pr., k. Wilhelms-G, OP 1889 (8)

153 **Grosse**, Hermann [Dr.]: Beiträge zur Syntax des griechischen Mediums und Passivums. Dramburg, Druck v. Th. Kämpf, 1889; S. 3–15; 4°
Dramburg, k. G, OP 1889 (125)

154 **Grosser**, Richard [Dir. Prof. Dr.]: Statistischer Rückblick auf das zweite Decennium des Gymnasiums (das dritte der höheren Lehranstalt) zu Wittstock. (Wittstock, Otto Wessolly) 1889; S. 1–27; 4°
Wittstock, k. G, OP 1889 (88)

155 **Grühn** [Oberl. Dr.]: Das Klima von Meldorf nach den Beobachtungen der meteorologischen Station. Teil III. Meldorf, gedr. i. B. Bundies Buchdr. (O. Hager) (1889); S. 3–29; 4°
Meldorf, k. G, OP 1889 (270)

156 **Grupp**, Rudolf: Die deutschen Didaktiker und die Schulen des XII. und XIII. Jahrhunderts. Ein kulturhistorischer Versuch. Schluss. Brandenburg a. d. H., Buchdr. v. J. Wiesike, 1889; 1 Bl., 16 S. 4°
Brandenburg a. d. H., G, OP 1889 (67)

157 **Güssow**, Otto: Über Hilfsmittel für den Unterricht in der Naturbeschreibung und ihre Verwertung. Quedlinburg, Druck v. C. Voges, 1889; 1 Bl., 17 S. 4°
Quedlinburg, k. G, OP 1889 (234)

158 Guttmann, Wilh.: Zur Vorgeschichte des Königlichen Gymnasiums zu Bromberg. Bromberg, Buchdr. v. A. Dittmann, 1889; S. 14—16; 4°
Bromberg, k. G, OP 1889 (142)

159 Guttmann, Wilh.: Zum 22. März 1888. — Zum 30. Juni 1888. Bromberg, Buchdr. v. A. Dittmann, 1889; S. 8—11; 4°
Bromberg, k. G, OP 1889 (142)

160 Haacke, F. [Dr.]: Mysticismus und Pessimismus bei Schopenhauer. Bunzlau, C. A. Voigt's Buchdr. (G. Wolff), 1889; 1 Bl., 18 S. 4°
Bunzlau, k. Waisen- u. Schul-A, G, OP 1889 (171)

161 van Haag: Ewald Christian von Kleist als Idyllendichter. Rheydt, *Druck v. H. Leuchtenrath*, 1889; S. 6—17; 4°
Rheydt, R, OP 1889 (457)

162 Haage, R. [Dir.]: Beschreibung der Feier des fünfzigjährigen Dienstjubiläums des Rektors Dr. Kohlrausch. Lüneburg, Druck d. von Stern'schen Buchdr., 1889; S. 3—4; 4°
Lüneburg, Johanneum, OP 1889 (290)

163 Haage, R. [Dir.]: Über den Wert der Freundschaft nach der antiken und nach der christlichen Anschauung. Lüneburg, Druck d. v. Sternschen Buchdr., 1888; S. 3—12; 4°
Lüneburg, Johanneum, OP 1889 (290)

164 Haentzschel, Emil [Dr.]: Beitrag zur Theorie der Funktionen des elliptischen und des Kreiscylinders. Berlin, R. Gaertners Verlagsbuchh. H. Heyfelder, 1889; 18 S. 4°
Berlin, III. st. HB, OP 1889 (100)

165 Häussner, J. [Dr.]: Die handschriftliche Überlieferung des L. Iunius Moderatus Columella (de re rustica) mit einer kritischen Ausgabe des X. Buches. Karlsruhe, Druck d. G. Braun'schen Hofbuchdr., 1889; 38 S., 1 Taf. 4°
Karlsruhe, grossh. G, P 1889 (575)

166 Hahn [Dr.]: Johann Nikolaus Götz, die Winterburger Nachtigall. Ein Beitrag zur deutschen Literaturgeschichte. 1. Teil. Birkenfeld, Druck v. C. F. Kittsteiner, 1889; S. 8—29; 4°
Birkenfeld, Großh. G, OP 1889 (627)

167 Hahn, Hermann: Eulers Methode der Parameterdarstellung algebraischer Kurven. Berlin, R. Gaertners Verlagsbuchh. H. Heyfelder, 1889; 32 S. 4°
Berlin, Margarethen-S, OP 1889 ..

168 **Hahn**, Wilhelm [Oberl. Dr.]: Zeus in der Ilias. II. Stralsund, Druck d. k. Regierungs-Buchdr., 1889; S. 1–28; 4°
Stralsund, G, OP 1889 (137)

169 **Hampke**, H. [Dir. Prof. Dr.]: Rede . . . gehalten bei der Gedächtnisfeier für Kaiser Friedrich. Göttingen, Druck v. L. Hofer, 1889; S. 7–13; 4°
Göttingen, k. G u. RG, OP 1889 (280)

170 **Handel**, Otto [Oberl. Dr.]: Metrische Beziehungen an Tangentenfiguren der Kegelschnitte. *Breslau*, Breslauer Genoss.-Buchdr., E. G. (1889); 20 S., 4 Taf. 4°
Reichenbach, König Wilhelms-S, OP 1889 (200)

171 **Harder**, Franz [Dr.]: Über die Fragmente des Maecenas. Berlin, R. Gaertners Verlagsbuchh. H. Heyfelder, 1889; 28 S. 4°
Berlin, Luisenst. G, OP 1889 (63)

172 **Hartert**, Albert: Schulaufsätze, ein Beitrag zum deutschen Unterricht in den oberen Klassen. Gütersloh, gedr. bei C. Bertelsmann, 1889; 40 S. 4°
Gütersloh, ev. G, OP 1889 (337)

173 **Hartmann**, Thomas [Dr.]: Meleager in der griechisch-römischen Kunst, mit einer Einleitung über die Verwertung antiker Denkmäler bei der Lektüre von Schulautoren. Wohlau, Buchdr. „Schlesische Dorfzeitung". (Dr. Schulze), 1889; 15 S. 4°
Wohlau, k. G, OP 1889 (201)

174 **Hartwig** [Dir. Prof. Dr.]: Eröffnung des Gymnasiums. Frankfurt a. M., Druck v. A. Mahlau (Fa. Mahlau & Waldschmidt), 1889; S. 1–14, 2 Taf. 4°
Frankfurt a. M., k. Kaiser Friedrichs-G, OP 1889 (362)

175 **Hasper**, P. [Dir. Dr.]: Goethe als Dramatiker. Leipzig, G. Fock (1889); 24 S. 8°
Gr. Glogau, k. ev. G, OP 1889 (175)

176 **Hasse**, Ernst: Ueber den Dual bei Xenophon und Thucydides. Bartenstein, gedr. bei Gebr. Kraemer, 1889; 21 S. 4°
Bartenstein, k. G, OP 1889 (2)

177 **Haub**, Eduard [Oberl.]: Über die Auflösung von Differentialgleichungen, welche sich durch eine bestimmte Substitution aus einer linearen Differentialgleichung mit konstanten Koeffizienten ergeben. Rössel, Druck v. B. Kruttke (1889); S. I–XII; 4°
Rössel, k. G, OP 1889 (16)

178 **Haupt** [Dr.]: Über die deutsche Lyrik bis zu Walther von der Vogelweide. I. Teil. Annaberg, Druck v. C. E. Kästner, 1889; S. 1–32; 4°
Annaberg, k. RG nebst PG, OP 1889 (522)

179 **Haussding**, Friedrich [Oberl. Dr.]: Bemerkungen zur Atlasfrage. Breslau, Buchdr. Lindner (1889); XVIII S. 4°
Breslau, k. OR, OP 1889 (204)

180 **Hedicke**, Edmund: M. Tulli Ciceronis libellus de optimo genere oratorum. Soraviae Lusatorum, impr. J. D. Rauert, 1889; 8 S. 4°
Sorau, G, OP 1889 (85)

181 **Hehle** [Rekt. Dr.]: Kulturgeschichtliches aus Neuwürttemberg. Das ehemalige Zwiefalter Gymnasium und Kollegium zu Ehingen in seiner Erstlingsperiode (1686–1710). Stuttgart, Druck d. J. B. Metzlerschen Buchdr., 1889; 1 Bl, 32, 16 S. 4°
Ehingen, k. G, P 1889 (564)

182 **Helms**, Bruno: Über die Aneignung des Wortschatzes beim Unterricht in den neueren Sprachen nebst einem systematischen Vokabular für das Englische auf den Unterstufen. Bergedorf, gedr. i. E. Wagners Buchdr., 1889; S. 3–49; 4°
Bergedorf, Hansa-S, OP 1889 (687)

183 **Heinisch**, Max [Oberl.]: Beiträge zur Klimatologie von Leobschütz. I. Niederschlagsverhältnisse. . . . Leobschütz, Druck v. J. Gomolka (1889); S. 1–11; 4°
Leobschütz, k. kath. G, OP 1889 (184)

184 **Heinrich**, Reinhold [Hülfsl.]: Schleiermachers ethische Grundgedanken, nach den von ihm selbst veröffentlichten ethischen Werken dargestellt und in ihrem Zusammenhange mit der deutschen Romantik betrachtet. Kempen, gedr. i. P. Amslong's Buchdr. (1889); 21 S. 4°
Kempen, k. PG, OP 1889 (145)

185 **Heinzerling**, J. [Oberl. Dr.]: Fremdwörter unter deutschen und englischen Tiernamen. Siegen, Druck v. W. Vorländer, 1889; 30 S. 4°
Siegen, RG, OP 1889 (353)

186 **Heldmann** [Dir. Dr.]: Festrede gehalten am 25. Januar 1889 . . . zur Vorfeier des Allerhöchsten Geburtstages Sr. Majestät des Deutschen Kaisers Wilhelm II. Bückeburg, Druck d. Grimmeschen Hofbuchdr. A. Grimme (1889); S. 1–8; 4°
Bückeburg, fürstl. Adolfinum, G u. RPG, OP 1889 (671)

187 **Hellwig**, Paul [Dr.]: Über den Pleonasmus bei Cäsar. Berlin, R. Gaertners Verlagsbuchh. H. Heyfelder, 1889; 26 S. 4°
Berlin, Sophien-G, OP 1889 (64)

188 **Henke, Oskar** [Dir. Dr.]: Versuch eines methodischen Lehrbuches der deutschen Kurzschrift nebst einer Einleitung betreffend die Entwickelung der Kurzschrift in Deutschland, ihre heutige Gestaltung und die Anforderungen der Schule an dieselbe. Barmen, Steinborn & Co., 1889; 60, 25 S. 8°
Barmen, G, OP 1889 (388)

189 **Hense, Joseph** [Dir. Prof. Dr.]: Grundzüge der philosophischen Propädeutik. Warburg, Druck d. Fr. Quick'schen Buchdr., 1889; S. 3–20; 4°
Warburg, G, OP 1889 (345)

190 **Hentze, C.** [Prof. Dr.]: Die Parataxis bei Homer. II. Teil. Göttingen, Druck v. L. Hofer, 1889; S. 14–27; 4°
Göttingen, k. G u. RG, OP 1889 (290)

191 **Heraeus, Guilelmus** [Kand. Dr.]: Vindiciae Livianae. Part. I. Hanau, Waisenhaus-Buchdr. (1889); S. 1–16; 4°
Hanau, k. G, OP 1889 (366)

192 **Hermann, Ernst**: Über Dantes Göttliche Komödie. Baden-Baden, A. v. Hagen'sche Hof-Buchdr. (Weber & Kölblin), 1889; 38 S. 4°
Baden, grossh. G u. HB, P 1889 (569)

193 **Hermes, Emil** [Dr.]: Kritische Beiträge zu den Briefen des Philosophen L. Annaeus Seneca. Moers, Druck v. J. W. Spaarmann, 1889; 14 S., 1 Bl. 4°
Moers, G Adolfinum, OP 1889 (423)

194 **Hermes, Franz**: Neue Beiträge zur Kritik und Erklärung des Catull. Frankfurt a. O., k. Hofbuchdr. Trowitzsch & Sohn, 1889; 1 Bl., 16 S. 4°
Frankfurt a. O., k. Friedrichs-G, OP 1889 (72)

195 **Herwig, Christian** [Oberl. Dr.]: Das Wortspiel in Ciceros Reden. Siegen, Druck v. W. Vorländer, 1889; S. 3–10; 4°
Attendorn, G, OP 1889 (331)

196 **Heß, Georg** [Dir.]: Übersicht über die Geschichte des K. Christianeums zu Altona. Festschrift. . . . Altona, Druck v. P. Meyer, 1888; 1 Bl., 84 S., 1 Taf. 4°
Altona, k. Christianeum, OP 1889 (254)

197 **Hesselbarth** [Oberl. Dr.]: Aus der Geschichte des alten Lippstädter Gymnasiums. Lippstadt, Druck: C. Hegener (1889); S. 3–12; 4°
Lippstadt, RG, OP 1889 (350)

198 **Heubach, H.** [Dr.]: Quibus vocabulis artis criticae propriis usi sint Homeri (codicis Veneti A) scholiastae. Specimen. Eisenach, Hofbuchdr., 1889; S. 3–23; 4°
Eisenach, großh. RG, OP 1889 (635)

199 **Heyden, Heinrich** [Dr.]: Beiträge zur Geschichte des höheren Schulwesens in der Oberlausitz. Zittau, Druck v. R. Menzel, 1889; 1 Bl., 28 S. 4°
Zittau, G, OP 1889 (520)

200 **Hillebrand, Joseph** [Oberl. Prof.]: Zur Geschichte der Stadt und Herrschaft Limburg a. d. Lahn. III. Teil. Limburg a. d. Lahn, Druck v. Gebrüder Goerlach, 1889; S. 1–22, 1 Tab. 4°
Hadamar, k. G, OP 1889 (365)

201 **Hindrichson, Georg**: Zur geographischen Lage des älteren Hamburg. Hamburg, gedr. bei Lütcke & Wulff, 1889; 1 Bl., 11 S. 4°
Hamburg, neue HB, OP 1889 (602)

202 **Hirsch, Mendel** [Dir. Dr.]: Samson Raphael Hirsch. Frankfurt a. M., Buchdr. v. L. Golde, 1889; S. 3–10; 4°
Frankfurt a. M., R d. Israel. Religions-Gesellschaft, OP 1889 (381)

203 **Höger, Franz Christian** [Rekt.]: Kleine Beiträge zur Kritik und Erklärung der Monumenta Boica im Anschluss an den General-Index Teil II. zu Bd. XV–XXVII. Freising, Buchdr. v. Fr. P. Datterer, 1889; XI, 80 S. 8°
Freising, k. StA, P 1889 •

204 **Hoffmann, Max** [Dr.]: Der Codex Mediceus Pl. XXXIX N. 1 des Vergilius. Leipzig, Druck v. Breitkopf & Härtel, 1889; XX, 36 S. 4°
Pforta, k. Landes-S, OP 1889 (233)

205 **Hoffmann, O.** [Dr.]: Erklärungen zu Lykurgs Rede gegen Leokrates, für den Schulgebrauch bestimmt. II. Teil. cap. 18–37. Hamm, Grote'sche Buchdr. (Griebsch u. Müller), 1889; S. 3–18; 4°
Hamm, k. G, OP 1889 (338)

206 **Hoffmann, R.** [Oberl.]: Lessings Kunstgesetz und die Odysseebilder Prellers. Chemnitz, Druck v. J. C. F. Pickenhahn & Sohn, 1889; 32 S. 4°
Chemnitz, RG, OP 1889 524

207 **Hofmeister, Gustav** [Oberl.]: Bernhard von Clairvaux. Erster Teil. Berlin, R. Gaertners Verlagsbuchh. H. Heyfelder, 1889; 24 S. 4°
Berlin, Charlotten-S, OP 1889 ••

208 **Hohaus**, W. [Dr.]: Die Bedeutung Gregors des Grossen als liturgischer Schriftsteller. I. Teil. Primus Ordo Romanus. Glatz, Druck v. L. Schirmer, 1889; 21 S. 4°
Glatz, k. kath. G, OP 1889 (178)

209 **Hollenberg**, Joh. [Oberl.]: 1. Zur Methodik des biblischen Unterrichts in den oberen Gymnasialklassen. 2. Über Übungsbücher zum Übersetzen in das Lateinische für Tertia. Bielefeld, Druck v. Velhagen & Klasing, 1889; S. 3–20; 4°
Bielefeld, G u. RG, OP 1889 (332)

210 **Hollenberg**, Wilh. Ad. [Dir. Dr.]: Gegen einen Missbrauch abstrakter Rede. Kreuznach, Druck v. Fr. Wohlleben, 1889; S. 3–16; 8°
Kreuznach, k. G, OP 1889 (420)

211 **Homfeld**, August: Das Fadenpendel, eine erweiterte Darstellung der Pendelbewegung. Hofgeismar, Hof-Buch- u. Steindr. v. L. Keseberg, 1889; 35 S. 4°
Hofgeismar, RPG, OP 1889 (391)

212 **Hübbe**, Walter: Das Nibelungenlied in neuhochdeutscher Bearbeitung. Hamburg, gedr. bei Lütcke & Wulff, 1889; 1 Bl., 42 S. 4°
Hamburg, Gelehrten-S d. Johanneums, OP 1889 (688)

213 **Huebner**, L. [Oberl. Dr.]: Beitrag zur Entwickelungsgeschichte der Lehre von der Capillarität. Schweidnitz, Buchdr. v. O. Maisel (1889); S. 1–19; 4°
Schweidnitz, ev. G, OP 1889 (190)

214 **Hübschmann**, Hugo [Oberl.]: Die Ringfunktionen und ihre Anwendung auf die elektrostatischen Probleme des Ringes. Chemnitz, Druck v. J. C. F. Pickenhahn & Sohn, 1889; 27 S. 4°
Chemnitz, k. G, OP 1889 (503)

215 **Hüpeden**, Gustav: Die menschliche Freiheit und ihre Beziehung zum christlichen Glauben. Cassel, Druck v. L. Döll, 1889; S. 1–52; 4°
Cassel, k. Friedrichs-G, OP 1889 (358)

216 **Hüser** [Dir. Dr.]: Rede bei der Gedächtnisfeier für Seine Majestät den Kaiser und König Friedrich. Brilon, M. Friedländer's Buchdr., 1889; S. 3–8; 4°
Brilon, G Petrinum, OP 1889 (334)

217 **Hüter**, Ludwig: Konzentration des sprachlich-historischen und geographischen Unterrichts in der Unter-Tertia. (Giessen, Druck v. W. Keller, 1889); 31 S. 4°
Giessen, grossh. G, OP 1889 (596)

218 **Husmann**, Albert [Oberl. Dr.]: Zur Einführung in die Physik. (Schluß.) Brilon, M. Friedländer's Buchdr., 1889; S. 7–28; 4°
Brilon, G Petrinum, OP 1889 (334)

219 **Jackwitz**, E. [Oberl.]: Das Gleichgewicht des Dreirads beim Wenden auf der schiefen Ebene. Schrimm, Druck v. H. Schwantes (1889); 6 S., 1 Taf. 4°
Schrimm, k. G, OP 1889 (155)

220 **Jacob**, Heinrich: Materialien zur Einübung der lateinischen Syntax. 2. Teil. Schweinfurt, Druck v. Fr. J. Reichardt, 1889; 88 S. 8°
Münnerstadt, k. Stft, P 1889

221 **Jacobs**, Carl: Ein Fragment des Roman de Troie von Benoit de Ste.-More auf der Stadtbibliothek zu Bordeaux. (Msc. No. 674.) Hamburg, gedr. bei Lütcke & Wulff, 1889; 2 Bl., V, 48 S. 4°
Hamburg, HB, OP 1889 (691)

222 **Jäger**, Oskar [Dir. Dr.]: Gedächtnisreden zum 9. März und 18. Juni 1888. Köln, Druck v. J. S. Steven (1889); 2 Bl. 4°
Köln, k. Friedrich-Wilhelms-G, OP 1889 (408)

223 **Jahr**, Paul: De Iliadis libro decimo. Stettin, Druck v. Herrcke & Lebeling, 1889; S. 1–6; 4°
Stettin, Stadt-G, OP 1889 (134)

224 **Iber**, Heinrich [Oberl. Dr.]: Geschichte des Gymnasium Carolinum zu Osnabrück. Erster Teil. Osnabrück, Buchdr. v. A. Liesecke, 1889; S. 6–30; 4°
Osnabrück, k. G Carolinum, OP 1889 (302)

225 **Jentsch** [Oberl. Dr.]: Die prähistorischen Altertümer der Gymnasialsammlung zu Guben. Vierter Teil. Guben, Druck v. A. Koenig (1889); S. 1–22, 1 Taf. 4°
Guben, G u. RG, OP 1889 (77)

226 **Ihm**, Georg [Dr.]: Die Konzentrationsidee und ihre Bedeutung für die Ober-Tertia des Gymnasiums. Darmstadt, Druck v. H. Brill (1889); S. 3–16; 4°
Bensheim, grossh. G, P 1889 (593)

227 **Ilgen**, Hermann: Animadversiones ad L. Annaei Senecae philosophi scripta. Homburg v. d. Höhe, Buchdr. d. Taunusboten (G. Schudt), 1889; S. 3–20; 4°
Homburg v. d. Höhe, R u. PG, OP 1889 (384)

228 **Jahn,** Eduard [Prof.]: Plutarch und Shakspere. Ein Beitrag zur Behandlung von Shaksperes Julius Cäsar in der Schule. Erste Abteilung. Wertheim a. M., E. Bechstein's Buch- u. Steindr., 1889; 23 S. 4°
Wertheim, grossh. G, P 1889 (584)

229 **Ipfelkofer,** Adalbert [Dr.]: Die Rhetorik des Anaximenes unter den Werken des Aristoteles. Würzburg, k. Universitätsdr. v. H. Stürtz, 1889; 55 S. 8°
Würzburg, k. neues G, P 1889 *

230 **Irmscher,** Emil: Vergils Aeneide, III. Buch, in freien Stanzen übersetzt. Dresden-N., Lehmann'sche Buchdr. (1889); S. 3–11; 4°
Dresden, R v. Dr. Zeidler, OP 1889 (535)

231 **Jungck,** Max: Flora von Gleiwitz und Umgegend (I. Teil.) Einleitung und Kryptogamen. Gleiwitz, Neumann's Stadtbuchdr., 1889; 1 Bl., X, 50 S. 8°
Gleiwitz, k. OR, OP 1889 (206)

232 **Jurisch,** Reinhard [Oberl.]: Schiller als Weltbürger und Freund seines Vaterlandes. Breslau, Druck v. Graß, Barth u. Comp. (W. Friedrich.), 1889; 10 S. 4°
Breslau, RG am Zwinger, OP 1889 ([illegible])

233 **Kahl,** Wilhelm [Hilfsl. Dr.]: Democritstudien. I. Democrit in Ciceros philosophischen Schriften. Diedenhofen, Buchdr. v. F. Hollinger, 1889; 28 S. 4°
Diedenhofen, G, P 1889 (179)

234 **Kaiser,** L. [Dir. Dr.]: Dem Kaiser Friedrich III. zum Gedächtnis. (30. Juni 1888.) Wiesbaden, L. Schellenberg'sche Hof-Buchdr., 1889; S. 3–10; 4°
Wiesbaden, st. R, OP 1889 (386)

235 **Kalvoda,** Ludwig [Prof. Dr.]: Geschichte der Malonsäure. Dillingen, Druck v. L. Keller's Wwe (1889); 1 Bl., 44 S. 8°
Dillingen, k. StA, P 1889 *

236 **Karbaum,** Hermann [Dr.]: De origine exemplorum, quae ex Ciceronis scriptis a Charisio, Diomede, Arusiano Messio, Prisciano Caesariensi, aliis grammaticis Latinis allata sunt. Wernigerode, Druck v. B. Angerstein, 1889; 1 Bl., 18 S. 4°
Wernigerode, Gräflich Stolberg'sches G, OP 1889 (243)

237 **Karstens,** Johann [Dr.]: Die Stellung des altgermanischen Götterglaubens im Unterricht und die Verwertung der Edda. Memel gedr. bei F. W. Siebert, 1889; S. 3–28; 4°
Memel, k. G, OP 1889 (14)

238 Katalog der Lehrer-Bibliothek des K. Gymnasiums zu Erfurt. Erfurt, Druck v. Fr. Bartholomaeus, 1889; 26 Bl. 8°
Erfurt, k. G, OP 1889 (219)

239 Kehr, Joseph [Hilfsl. Dr.]: Die Erziehungsmethode des Michael von Montaigne . . . Eupen, Druck v. C. J. Mayer, 1889; S. 3–26; 4°
Eupen, PG, OP 1889 (416)

240 Keßler, August Otto: Zur Methode des französischen Unterrichts. Leipzig, G. Fock, 1889; 26 S. 4°
Rawitsch, k. RG, OP 1889 (162)

241 Kiessler, Reinhold [Dir. Dr.]: Beiträge zur Geschichte der ersten 25 Jahre des Realgymnasiums zu Gera. Gera, Druck v. Gerth & Oppenrieder, 1889; 44 S., 1 Bl. 4°
Gera, st. RG, OP 1889 (674)

242 Kipper, Julius: Die Satiren des Quintus Horatius Flaccus in das Deutsche übersetzt. Zweite Hälfte. Rostock, Druck v. Adlers Erben, 1889; 23 S. 4°
Rostock, G u. RG, OP 1889 (614)

243 *Kirschstein, H.* [Oberl.]: Katalog der Lehrer-Bibliothek. Marienburg, Druck v. L. Giesow (1889); 126 S. 8°
Marienburg, k. G, OP 1889 (33)

244 Klapp, Hermann [Dir. Dr.]: Das neue Schulgebäude. Wandsbeck, Druck v. Fr. Puvogel, 1889; S. I–XVIII, 1 Taf. 4°
Wandsbeck, G mit RPG, OP 1889 (276)

245 Kleber, Paul: Die Rhetorik bei Herodot. (Umschl.-Tit.: I. Teil.) Löwenberg i. Schl., Druck v. P. Müller, 1889; S. 3–27; 4°
Löwenberg i. Schl., RPG, OP 1889 (215)

246 Kleiber, Ludwig [Dr.]: Die handschriftliche Überlieferung der Lieder Ulrichs von Singenberg. Ein Beitrag zur Kritik der mittelhochdeutschen Liederhandschriften und zur Kenntnis Walthers von der Vogelweide. Berlin, Druck v. A. W. Hayns Erben. (C. Hayn, Hof-Buchdr.) (1889); S. 3–24; 4°
Berlin, k. Friedrich-Wilhelms-G u. k. VS, OP 1889 (56)

247 Klein, Hermann [Oberl. Prof. Dr.]: Deduktion des Prinzips der Erhaltung der Energie. Dresden, Druck v. B. G. Teubner, 1889; S. 3–47; 4°
Dresden, Vitzthumsches G, OP 1889 (506)

248 Kleinen, Wilhelm [Oberl.]: Die Einführung des Christentums in Köln und Umgegend. Teil II. Köln, Druck, J. A. Broder, 1889; S. 3–16; 4°
Köln, OR, OP 1889 (446)

249 Klemer [Hilfsl.]: Der Krieg Heinrichs IV. gegen Rudolf den Gegenkönig (1077–1080). Cüstrin, C. Nigmann's Buch- u. Steindr. (F. Koenig), 1889; S. 1–28; 4°
Cüstrin, Rats- u. Friedrichs-G, OP 1889 (70)

250 Klingberg: Beiträge zur Dioptrik der Augen einiger Haustiere. (Zweiter Teil.) Güstrow, Druck d. C. Waltenberg'schen Ratsbuchdr., 1889; 1 Bl., 20 S. 4°
Güstrow, Dom-S (G), OP 1889 (612)

251 Knaake, Emil [Oberl.]: Geschichte des Königlichen Realgymnasiums zu Tilsit von 1839–1889. . . . Tilsit, gedr. bei O. v. Mauderode (1889); 1 Bl., 112 S. 8°
Tilsit, k. RG, OP 1889 (22)

252 Knape, Eduard [Rekt. Dr.]: Zwei Gedächtnisreden, gehalten zum Andenken an Ihre Hochseligen Majestäten Kaiser Wilhelm I. und Friedrich III. Ratibor, Riedinger's Buch- u. Steindr., 1889; S. 3–8; 4°
Ratibor, RPG, OP 1889 (216)

253 Knapp, Theodor [Prof.]: Mitteilungen aus der Bibliothek des Heilbronner Gymnasiums. 2. Zwei ungedruckte Briefe Melanchthons. Heilbronn, Druck v. C. Rembold's Buchdr., 1889; S. 26–31; 4°
Heilbronn, k. Karls-G, P 1889 (567)

254 Knebusch [Dr.]: Die Politik König Wenzels, soweit sie mit dem Frankfurter September-Reichstage 1379 in Verbindung steht. Dortmund, Buchdr. v. C. L. Krüger, 1889; S. 3–27; 4°
Dortmund, st. GuS (HB), OP 1889 (355)

255 Koch, Konrad [Prof. Dr.]: Über Zweck und Ziel des deutschen Aufsatzes. Braunschweig, Druck v. J. H. Meyer, 1889; 24 S. 4°
Braunschweig, herz. G Martino-Katharineum, OP 1889 (649)

256 Koch, Max: Der Gebrauch der Präpositionen bei Isokrates. Erster Teil: Die einsilbigen Präpositionen mit Einschluss der Präpositionsadverbia. Berlin, R. Gaertners Verlagsbuchh. H. Heyfelder, 1889; 34 S., 1 Bl. 4°
Berlin, Lessing-G, OP 1889 (61)

257 Köhler, O. [Oberl.]: Das Kloster der Marienknechte in Bernburg. Ein Beitrag zur anhaltischen Geschichte. Bernburg, A. Meyer's Buchdr., 1889; 1 Bl., 21 S. 4°
Bernburg, herz. Karls-RG, OP 1889 (640)

258 Körner, Reinhold [Oberl. Dr.]: Das Bewegungsskelett der Wirbeltiere. Dresden, Rammingsche Buchdr. (1889); S. 3–20; 4°
Dresden-Friedrichstadt, R mit PG, OP 1889 (534)

259 Körnig, Franz [Hilfsl. Dr.]: Erklärungen einzelner Stellen zu Byron's Manfred, Act I und II. Ratibor, Riedinger's Buch- u. Steindr., 1889; 1 Bl., 25 S. 4°
Ratibor, k. G, OP 1889 (194)

260 Kokott, Paul: Über die konforme Abbildung der Polygone auf die positive Halbebene. Breslau, Druck v. R. Nischkowsky, 1889; 1 Bl., XI S. 4°
Breslau, k. kath. St. Matthias-G, OP 1889 (168)

261 Kolb, Chr. [Prof.]: Zur Geschichte des alten Haller Gymnasiums. Schw. Hall, Buchdr. v. E. Schwend (1889); S. 1–52, 1 Bl. 4°
Schw. Hall, k. G, P 1889 (556)

262 Korell, Adolf [Oberl. Dr.]: Zur analytisch-induktiven Methode des französischen Unterrichts. Frankfurt a. O., k. Hofbuchdr. Trowitzsch u. Sohn, 1889; S. 1–29; 4°
Frankfurt a. O., RG, OP 1889 (101)

263 Kramer, P. [Prof. Dr.]: Mathematische Lesestoffe für die Prima der Realgymnasien. Halle, Druck d. Buchdr. d. Waisenhauses, 1889; S. 11–24; 4°
Halle a. S., RG der Franckeschen Stiftungen, OP 1889 (250)

264 Kramm, Emil [Dr.]: Meister Eckehart im Lichte der Denifle'schen Funde. Bonn, Univ.-Buchdr. v. C. Georgi, 1889; S. 1–24; 4°
Bonn, k. G, OP 1889 (400)

265 Kraut, K. [Ephorus]: Übersetzung der ersten und zweiten olynthischen Rede des Demosthenes mit vergleichenden Proben und einigen Bemerkungen über die Art des Übersetzens. Blaubeuren, Druck d. Fr. Mangoldschen Buchh., 1889; 16 S. 4°
Blaubeuren, ev.-theol. Sm, P 1889 (552)

266 Kroes, Ferd. [Dr.]: Untersuchung von Kegelschnittsystemen mit Hülfe der projektivischen Drehung. Zweiter Teil. Münster, Druck d. Coppenrath'schen Buchdr., 1889; S. 3–24, 1 Taf. 4°
Münster i. W., RG, OP 1889 (351)

267 Krüger, August [Oberl.]: Über die schwache Bevölkerung einiger Gegenden Norddeutschlands und deren Ursachen. Wehlau, Druck v. Max Schlamm, 1889; 51 S. 8°
Wehlau, k. G, OP 1889 (18)

268 Krumbach [Oberl.]: Beiträge zur Methodik der deutschen Lese- und Sprechübungen in den unteren Klassen höherer Lehranstalten. Wurzen, Druck v. G. Jacob (1889); S. 3–36; 4°
Wurzen, k. G, OP 1889 (519)

269 Krumbholz, Paul: De Ctesia aliisque auctoribus in Plutarchi Artaxerxis vita adhibitis. Eisenach, Hofbuchdr. (1889); 26 S. 4°
Eisenach, Carl Friedrich-G, OP 1889 (684)

270 Krumbiegel, Fritz [Oberl.]: Zur Lage und Entwicklung der Stadt Freiberg mit besonderer Bezugnahme auf Bergbau und Industrie. Freiberg, Gerlach'sche Buchdr., 1889; 36 S. 4°
Freiberg, st. RG, OP 1889 (526)

271 Kramm, Hermann: Die Verwendung des Reimes in dem Blankverse des englischen Dramas zur Zeit Shakspere's (1561–1616). Teil I. Kiel, Druck v. A. F. Jensen, 1889; S. 1–22; 4°
Kiel, OR, OP 1889 (278)

272 Kruspe, H.: Beiträge zur Erfurter Kunstgeschichte. Erfurt, Druck v. F. Stenger, 1889; 20 S., 8 Taf. 4°
Erfurt, k. RG, OP 1889 (247)

273 Kübler, Otto [Dir. Prof. Dr.]: Zur homerischen Vers- und Formenlehre. Berlin, Buchdr. v. Trowitzsch & Sohn, 1889; S. 3–8; 4°
Berlin, k. Wilhelms-G, OP 1889 (65)

274 Kuenen, Eduard [Oberl.]: Die Bildung des Charakters durch die deutsche Lektüre. *Düsseldorf, Stahl'sche Buchdr.* (1889); 24 S. 4°
Düsseldorf, k. G, OP 1889 (411)

275 Kuhl, Ferdinand [Dr.]: Vier mittelalterliche Handschriften. Bockenheim, Druck d. Genoss.-Buchdr., 1889; S. 1–12; 4°
Bockenheim, st. R, OP 1889 (378)

276 Kuhl, Joseph [Rekt. Prof. Dr.]: Die Zeitenfolge im Lateinischen und Deutschen. Jülich, Druck v. J. Fischer, 1889; S. 1–18; 4°
Jülich, st. PG, OP 1889 (416)

277 Kummer, Theodor: De urbis Romae pontibus antiquis. Ein Beitrag zur Topographie der Stadt Rom. Schalke, Buchdr. v. M. Schaff, 1889; 40 S. 4°
Schalke, RG, OP 1889 (352)

278 Lammert, Edmund [Dr.]: Polybios und die römische Taktik. Leipzig, Druck v. A. Edelmann, 1889; S. 1–24; 4°
Leipzig, k. G, OP 1889 (518)

279 Lange, Julius [Dr.]: Heinrichs des Gleisseners Reinhart und der Roman de Renart in ihren Beziehungen zu einander (Zweiter Teil). Neumark, Druck v. J. Koepke, 1889; 89 S. 4°
Neumark Westpr., k. PG, OP 1889 (37)

280 Langer, P.: Zur Theorie der geschichteten elektrischen Entladung. Gotha, Druck d. Engelhard-Reyherschen Hofbuchdr., 1889; S. 3–7; 4°
Ohrdruf, gräfl. Gleichensches G, OP 1889 (668)

281 Lederer [Prof.]: Schulrede über die deutsche Vaterlandsliebe. Arnstadt, fürstl. Hofbuchdr. v. E. Frotscher (1889); S. 3–16; 4°
Arnstadt, fürstl. G, OP 1889 (678)

282 Die Lehrpläne für die verschiedenen Unterrichtsfächer an dem Realgymnasium zu Trier. Heft IV. . . . Trier, Fr. Lintz'sche Buchdr., 1889; 1 Bl., 67 S. 8°
Trier, K. RG, OP 1889 (460)

283 Der durchgesehene Lehrplan nebst einigen Beilagen. Jena, Druck v. G. Neuenhahn (1889); S. 3–91; 4°
Jena, G Carolo-Alexandrinum, OP 1889 (686)

284 Lehrplan für den französischen Unterricht. Marburg, Buchdr. Fr. Sömmering (1889); S. 3–14; 4°
Marburg, RPG, OP 1889 (394)

285 Leiber, Adalb. [Oberl. Dr.]: Über Äquipollenzen und ihre Anwendungen auf das ebene Dreieck. Magdeburg, Druck v. E. Baensch jun., 1889; 1 Bl., 18 S., 1 Taf. 4°
Magdeburg, st. König Wilhelms-G, OP 1889 (237)

286 Lektionsplan der Schule. II. Teil (Englisch . . . Turnen). Hechingen, Riblersche Hofbuchdr. v. R. Kleinmaier, 1889; S. 3–20; 4°
Hechingen, k. HB, OP 1889 (467)

287 Leonhardt, G. [Dr.]: Beiträge zur Kenntnis des Gay-Lussacschen Gesetzes. Dessau, Druck v. L. Reiter, Herzogl. Hofbuchdr., 1889; S. 1–31; 4°
Dessau, herz. Friedrichs-RG, OP 1889 (643)

288 Lessing, Karl: Studien zu den Scriptores historiae Augustae. Berlin, R. Gaertners Verlagsbuchh. H. Heyfelder, 1889; 39 S. 4°
Berlin, Friedrichs-G, OP 1889 (58)

289 Ley, Robert: Über die Schwingungen eines Massenpunktes auf einer unbegrenzten Geraden infolge der Anziehung durch eine gleichförmig mit Masse belegte Strecke. *Linz, Druck v. A. Ölpenich jr.* (1889); S. 3–16; 4°
Linz a. Rh., k. PG, OP 1889 (421)

290 Lichtenauer, Hugo [Oberl.]: Jean Vauquelin Sieur de la Fresnaie, der Schöpfer der klassischen Satire in Frankreich. Dresden, Lehmannsche Buchdr., 1889; S. III–XXII; 4°
Dresden, G zum heiligen Kreuz, OP 1889 (507)

291 Liebmann, Bruno [Oberl.]: Christian Trautmann und die erste meteorologische Station der Oberlausitz. Löbau i. S., Druck v. Th. Kessner, 1889; 22 S., 1 Bl. 4°
Löbau i. S., R, OP 1889 (542)

292 Liersemann, Karl Heinrich [Dir. Dr.]: Drei Kaiserreden. Leipzig, Druck v. G. Fock, 1889; 26 S. 4°
Rawitsch, k. RG, OP 1889 (169)

293 Liesenberg, Fr. [Dr]: Die Sprache des Ammianus Marcellinus. Kap. I. Der Wortschatz. Fortsetzung. Blankenburg a. H., Kirchers Wwe, 1889; S. 1–21; 4°
Blankenburg a. H., herz. G, OP 1889 (648)

294 Liessem, Hermann Joseph [Oberl. Dr.]: Bibliographisches Verzeichnis der Schriften Hermanns van dem Busche. III. Köln, gedr. bei J. P. Bachem, Verlagsbuchh. u. Buchdr., 1889; S. 23–38; 4°
Köln, Kaiser Wilhelm-G, OP 1889 (407)

295 Liman, Oskar [Dr.]: Unser Nationalbewußtsein. Rede ... Rogasen, Druck v. Jonas Alexander's Wwe, 1889; S. 3–11; 4°
Rogasen, k. G, OP 1889 (153)

296 Lindauer, Joseph [Dr.]: De Polybii vocabulis militaribus. München, akad. Buchdr. v. F. Straub, 1889; 54 S. 8°
München, k. Ludwigs-G, P 1889 •

297 Linke, Hugo [Dr.]: Studien zur Itala. Breslau, Druck v. Grass, Barth u. Comp. (W. Friedrich), 1889; 28 S. 4°
Breslau, st. G zu St. Elisabet, OP 1889 (164)

298 Linsenbarth, Oskar [Oberl. Dr.]: Die Örtlichkeit in Goethes Hermann und Dorothea. Kreuznach, Druck v. Fr. Wohlleben, 1889; S. 17–30; 8°
Kreuznach, k. G, OP 1889 (430)

299 **Lösche, Karl Hermann:** Ausgewählte Lieder und Sprüche von Walther von der Vogelweide ins Neuhochdeutsche übertragen. Stollberg, Druck v. E. F. Keller's Witwe (1889); 61 S. 8°
Stollberg, st. R mit PG, OP 1889 (550)

300 **Loewe:** Über Praepositionen A, De, Ex bei Ovid. Strehlen, Dr. Erler's Buchdr. (1889); 16 S. 4°
Strehlen, k. G, OP 1889 (107)

301 **Lohberg, Paul** [Dr.]: Über den inducierten Magnetismus eines unbegrenzten geraden Kreiscylinders und eines Rotationsparaboloids. Göttingen, Druck d. Univ.-Buchdr. v. W. Fr. Kästner, 1889; 60 S., 1 Bl. 4°
Höchst a. M., st. RPG, OP 1889 (392)

302 **Lohmann** [Dr.]: Analyse des Lucrezischen Gedichtes De rerum natura und Darlegung seines philosophischen Gehalts. Teil I. Helmstedt, Druck v. J. C. Schmidt, 1889; S. 1–36; 4°
Helmstedt, herz. G, OP 1889 (634)

303 **Lohmann, Bernhard:** Über das Nibelungenlied. Rheine, Druck v. J. Altmeppen, 1889; S. 3–17; 4°
Rheine, G Dionysianum, OP 1889 (343)

304 **Lowinski, A.** [Dir. Prof.]: Zur Kritik der Horazischen Satiren. Deutsch-Krone, Druck v. F. Garms, 1889; S. 3–18; 4°
Deutsch-Krone, k. kath. G, OP 1889 (98)

305 **Lübeck, Gustav** [Dr.]: Die Umformung einer elastischen Kugel durch Zusammendrücken zwischen zwei horizontalen und starren, glatten oder rauhen Ebenen. Berlin, R. Gaertners Verlagsbuchh. H. Heyfelder, 1889; 27 S. 4°
Berlin, Friedrichs-Werdersches G, OP 1889 (54)

306 **Lünzner** [Dir. Prof. Dr.]: Ansprache zum Gedächtnis weil. Sr. Majestät des hochseligen Kaisers und Königs Friedrich III. . . . Gütersloh, gedr. bei C. Bertelsmann, 1889; S. 3–9; 4°
Gütersloh, ev. G, OP 1889 (337)

307 **Macke, Reinhold:** Die römischen Eigennamen bei Tacitus. III. . . . Hadersleben, gedr. i. W. L. Schütze's Buchdr., 1889; 22 S. 4°
Hadersleben, k. G u. RPG, OP 1889 (257)

308 **Maake, Paul:** Die Familiennamen der Stadt Anklam. Zweiter Teil. Anklam, gedr. bei R. Poettcke (1889); 1 Bl., 20 S. 4°
Anklam, G, OP 1889 (120)

809 **Manns**, Otto [Oberl.]: Über die Jagd bei den Griechen. Dritter Teil. (Umschl.-Tit.: Abteilung II.) Cassel, Druck v. Baier & Lewalter, 1889; S. 8–80, 9 Taf. 4°
Cassel, k. Wilhelms-G, OP 1889 (359)

810 **Martin**, Paul [Oberl.]: Studien auf dem Gebiete des griechischen Sprichwortes. Plauen i. V., gedr. bei F. E. Neupert, 1889; 1 Bl., 34 S. 4°
Plauen i. V., G u. RG, OP 1889 (517)

811 **Martin**, Stephanus: Quatenus Hesiodeae rationis vestigia in carminibus Homericis reperiantur. I. De Odyssea et Theogonia. Speier, Jäger'sche Buchdr. (1889); 1 Bl., 71 S. 8°
Speier, k. StA, P 1889 •

812 ***Materkky**, Theodor [Oberl.]*: Nachtrag zum Katalog der Schüler-Bibliothek des K. Friedrich-Wilhelms-Gymnasiums zu Posen. Posen, Merzbach'sche Buchdr., 1889; 49 S. 8°
Posen, Friedrich-Wilhelms-G, OP 1889 (151)

813 **Matthaei**, Georg [Oberl. Dr.]: Die lombardische Politik Kaiser Friedrichs I. und die Gründung von Alessandria. Gross-Lichterfelde, Hofbuchdr. Gebr. Radetzki, Berlin, 1889; S. 3–87; 4°
Gross-Lichterfelde, PG, OP 1889 (76)

814 **Matthias**, Ad. [Dir. Dr.]: Die fünfzigjährige Jubelfeier des Realgymnasiums am 27., 28. und 29. Mai 1888. Düsseldorf, gedr. bei L. Voß & Cie., k. Hofbuchdr., 1889; S. 8–16; 4°
Düsseldorf, st. RG u. G, OP 1889 (450)

815 **Maurer**, Georg [Prof.]: Kosmologie I. Teil. Neuburg a. D., Griessmayersche Buchdr. (1889); 79 S. 8°
Neuburg a. D., k. StA, P 1889 •

816 **May**, Joseph [Dr.]: Zur Kritik mittelalterlicher Geschichtsquellen. Offenburg, Druck v. A. Reiff & Cie, 1889; 55 S. 4°
Offenburg, grossh. G, P 1889 (580)

817 **Mehlhse** [Oberl.]: Ueber die ΘΕΣ, ihre Bedeutung und ihre Ableitungen. Eine sprachwissenschaftliche Studie zu Homer. Eisleben, Druck v. E. Schneider, 1889; S. 1–27; 4°
Eisleben, k. G, OP 1889 (218)

818 **Mehner**, Karl Friedrich [Oberl.]: Dispositionen zu deutschen Arbeiten und logischen Übungen in Quinta, Quarta und Tertia. Zwickau, Druck v. R. Zückler, [illegible]; [illegible] Bl., [illegible] S. 4°
Zwickau, RG, OP 1889 (53[illegible])

319 **Meier**, Paul Jonas [Dr.]: Ausgewählte Elegieen des Albius Tibullus. Mit erklärenden Anmerkungen für den Gebrauch in der Schule herausgegeben. Braunschweig, C. A. Schwetschke u. Sohn (Appelhans & Pfenningstorff), 1889; IV, 54 S. 8°
Braunschweig, herz. neues G, OP 1889 (650)

320 **Menge**, Rudolf: Über das Relativum in der Sprache Cäsars. Grammatisch-kritische Abhandlung. Halle a. S., Druck d. Buchdr. d. Waisenhauses, 1889; 31 S. 4°
Halle a. S., lat. Haupt-S, OP 1889 (222)

321 **Mennicken**, Josef: Der Triumvir M. Licinius Crassus. Düren, Hamel'sche Buchdr., 1889; S. 7—40; 4°
Bedburg, Rheinische RAk, OP 1889 (820)

322 **Mertens**, Victor: Ueber eine Verallgemeinerung der Schroeter'schen Multiplicationsformeln für Thetareihen. Köln, Druck v. J. P. Bachem, Verlagsbuchh. u. Buchdr., 1889; S. 1—10; 4°
Köln, k. kath. G an Aposteln, OP 1889 (404)

323 **Meyer**, E. [Dr.]: Zur körperlichen Erziehung der Jugend. Doberan, Druck v. H. Rehse & Co., 1889; 48 S. 4°
Doberan, grossh. G Friderico-Francisceum, OP 1889 (611)

324 **Meyer**, Georg [Dr.]: Der gegenwärtige Stand der Thukydideischen Frage. Nordhausen, Druck v. C. Kirchner's Buchdr. (Inh.: F. C. Schmölling), 1889; S. 1—62; 4°
Ilfeld, k. Kloster-S, OP 1889 (297)

325 **Meyer**, Petrus [Dr.]: Quaestiones Platonicae. I. Leipzig, Druck v. B. G. Teubner, 1889; 25 S. 4°
M. Gladbach, G, OP 1889 (417)

326 **Miller**, Konrad [Prof. Dr.]: Reste aus römischer Zeit in Oberschwaben. . . . Stuttgart, k. Hofbuchdr. Zu Guttenberg. C. Grüninger, 1889; S. 1—50; 4°
Stuttgart, k. RG, P 1889 (580)

327 **Milz**, Heinrich [Dir. Prof. Dr.]: Geschichte des Gymnasiums an Marzellen zu Köln. Dritter und letzter Teil. Von 1794—1885. . . . Köln, Druck v. J. P. Bachem, Verlagsbuchh. u. Buchdr. (1889); S. 3—34; 4°
Köln, k. kath. G an Marzellen, OP 1889 (405)

328 **Möser**, Albert [Dr.]: Marius und die Cimbern. Dramatisches Gedicht von Pietro Cossa. Aus dem Italienischen übersetzt. Dresden, Remmingsche Buchdr., 1889; S. I—XXVIII; 4°
Dresden, Wettiner G, OP 1889 (500)

829 *Mollenhauer, Franz:* Katalog der Lehrer-Bibliothek des Königlichen Friedrich-Wilhelm-Gymnasiums zu Köln. Bonn, Univ.-Buchdr. v. C. Georgi, 1889; 2 Bl., 169 S. 8°
Köln, k. Friedrich-Wilhelms-G, OP 1889 (406)

830 Mollmann, Ernst [Oberl. Dr.]: Herodots Darstellung der Geschichte von Cyrene. Königsberg, Hartungsche Buchdr., 1889; S. 3-24; 4°
Königsberg, Kneiphöfisches Stadt-G, OP 1889 (10)

831 de Monsterberg-Münckenau, Sylvius [Dr.]: De concentu trium Aristotelis de voluptate commentationum prioris que Nicomacheorum fide. Breslau, Druck v. O. Gutsmann (1889); 1 Bl., 45 S. 8°
Breslau, k. König-Wilhelms-G, OP 1889 (169)

832 Moormeister, E. [Dir. Dr.]: Über volkswirtschaftliche Belehrungen im Unterrichte der höheren Schulen. Strassburg i. E., Buchdr. M. Du Mont-Schauberg, 1889; 44 S. 4°
Schlettstadt, G, P 1889 (480)

833 Müller, A.: Untersuchungen über die merkwürdigen Punkte und Linien des Dreiecks. Kempten, Buchdr. d. J. Kösel'schen Buchh., 1889; 50 S., 1 Taf. 8°
Kempten, k. StA, P 1889 •

834 Müller, Konrad [Dr.]: Über Anschauungsmittel für den naturkundlichen Unterricht. . . . Pless, Druck v. A. Krummer, 1889; 1 Bl., S. 1–12; 4°
Pless, ev. Fürsten-S, OP 1889 (188)

835 Müller, Ernst [Dir. Dr.]: Ciceros Rede de provinciis consularibus. Verdeutscht. Kattowitz, Druck v. L. Neumann, 1889; S. 3–18; 4°
Kattowitz, st. G, OP 1889 (180)

836 Müller, Gerh. Heinr. [Oberl. Prof.]: Beiträge zur Erklärung und Kritik des Horaz. Strassburg, Strassburger Druckerei u. Verlagsanst., vorm. R. Schultz & Cie, 1889; 22 S. 4°
Strassburg, L, P 1889 (490)

837 Müller, H.: Ueber den ersten planimetrischen Unterricht. Berlin, Druck v. Gebr. Unger, 1889; 1 Bl., 30 S. 4°
Charlottenburg, k. Kaiserin-Augusta-G, OP 1889 (68)

838 Müller, Hans [Dr.]: Bemerkungen zum Unterricht in der lateinischen Formenlehre. Stettin, Druck v. F. Hessenland, 1889; 16 S. 4°
Stettin, st. RG, OP 1889 (140)

839 Müller, Hermann: Grundlegung und Entwickelung des Charakters Richards III. bei Shakespeare. Dortmund, Druck v. F. Crüwell, 1889; S. 3–68; 4°
Dortmund, RG, OP 1889 (348)

340 **Müller**, Richard [Dr.]: Über die Kurven, deren Bogen einer Potenz der Abscisse proportional ist. Berlin, Druck v. A. W. Hayn's Erben. (C. Hayn, Hof-Buchdr.) (1889); S. 3–16; 4°
Berlin, k. R (RG), OP 1889 (90)

341 **Münscher**, F. M. [Protekt. Dr.]: Gedächtnißrede auf Se. hochselige Majestät Kaiser Friedrich III. Jauer, Druck d. Opitz'schen Buchdr. (H. Baillant), 1889; S. 9–16; 4°
Jauer, k. ev. G, OP 1889 (170)

342 **Muff**, Chr. [Dir. Prof. Dr.]: Beschreibung des Neubaus und Bericht über die Einweihungsfeier. Stettin, Druck v. Herrcke & Lebeling, 1889; S. 1–14, 2 Taf. 4°
Stettin, König-Wilhelms-G, OP 1889 (135)

343 **Muthreich**, K. [Oberl.]: Die wichtigsten Sätze der Mechanik, für den Unterricht in der Prima . . . Landeshut i. Schl., Druck v. Th. Schimoneck (1889); 49 S., 1 Taf. 8°
Landeshut, RG, OP 1889 (207)

344 **Nagel**, Heinrich [Dr.]: Sir Thomas Wyatt and Henry Howard, Earl of Surrey, eine litteratur- und sprachgeschichtliche Studie. I. Teil. Mengeringhausen, Druck d. Weigel'schen Hofbuchdr., 1889; S. 3–37; 4°
Arolsen, RPG, OP 1889 (387)

345 **Nather**, Ernst [Oberl. Dr.]: Etude sur l'étendue de l'influence classique dans la poésie de Mathurin Regnier. Breslau, Druck v. Graß, Barth u. Comp. (W. Friedrich), 1889; S. 3–29; 4°
Breslau, st. ev. G zu St. Maria-Magdalena, OP 1889 (167)

346 **Naumann**, Julius [Dir. Dr.]: Rede zum Gedächtnis Sr. hochseligen Majestät des Kaisers und Königs Friedrich III. Osterode a. H., gedr. bei Giebel & Oehlschlägel, 1889; S. 1–7; 4°
Osterode a. H., RG, OP 1889 (316)

347 **Nerrlich**, Paul [Oberl. Dr.]: Zu Jean Paul. Berlin, R. Gaertners Verlagsbuchh. H. Heyfelder, 1889; 24 S. 4°
Berlin, Askanisches G, OP 1889 (60)

348 **Neuber**, Heinrich [Oberl.]: Zur Schillerlektüre. Ein Beitrag zur Behandlung des Dichters auf der höheren Schule. Wetzlar, Druck v. F. Schnitzler, 1889; S. 1–35; 4°
Wetzlar, k. G, OP 1889 (437)

349 **Niemann**, Rudolf [Oberl.]: Röm. II, 11–III, 8, erläutert. Waren, Druck v. C. Quandt (1889); S. 1–17; 4°
Waren, st. G, OP 1889 (616)

850 **Noack**, Th. [Oberl. Prof. Dr.]: Der vierjährige Bürgerkrieg in Nordamerika von 1861—1865. Eine Skizze. Braunschweig, Druck v. J. H. Meyer, 1889; 1 Bl., 44 S., 1 Bl. 4°
Braunschweig, herz. RG, OP 1889 (651)

851 **Nöthe**, H. [Dr.]: Der delische Bund, seine Einrichtung und Verfassung. Magdeburg, k. Hofbuchdr. v. C. Friese, 1889; 3 Bl., 43 S. 4°
Magdeburg, k. Dom-G, OP 1889 (235)

852 **Nerroschewitz** [Oberl.]: Der Winsbeke und die Winsbekin, zwei mittelhochdeutsche Lehrgedichte. Döbeln, Druck v. J. W. Thallwitz, 1889; 1 Bl., S. I–XVI; 4°
Döbeln, k. RG, OP 1889 (525)

853 **Noß**, G. [Prof. Dr.]: Aufgaben zur Anwendung der Lehre von der Proportionalität der Linien und der Aehnlichkeit der Dreiecke. (Umschl.-Tit.: Zur Analysis planimetrischer Constructionen, welche die Anwendung der Proportionalität erfordern). Jauer, Druck d. Opitz'schen Buchdr. (H. Vaillant), 1889; 1 Bl., 16 S. 4°
Jauer, st. ev. G, OP 1889 (179)

854 **Oertel**, G. [Oberl.]: Ist die Sprachwissenschaft ein Zweig der Naturwissenschaft? *Altenburg* (1889); 15 S. 4°
Altenburg, herz. RPG, OP 1889 (646)

855 **Ohly**, Ferdinand [Dr.]: Königtum und Fürsten zur Zeit Heinrichs IV. nach der Darstellung gleichzeitiger Geschichtsschreiber I. Lemgo, Druck v. F. L. Wagener, 1889; 66 S. 8°
Lemgo, G, OP 1889 (670)

856 **Ohnesorge**, Adolf [Dr.]: Hyperelliptische Integrale und Anwendungen auf Probleme der Mechanik. Berlin, R. Gaertners Verlagsbuchh. H. Heyfelder, 1889; 24 S. 4°
Berlin, II. st. HB, OP 1889 (106)

857 **Ohnesorge**, Wilhelm [Dr.]: Die römische Provinz-Liste von 297, Teil I. . . . Duisburg, Druck v. M. Mendelssohn, 1889; 1 Bl., 60 S. 4°
Duisburg, st. RG, OP 1889 (449)

858 **Opitz**, Gustavus: Scholiorum Aeschineorum qui fontes fuerint quaeve origo conlatis glossographis Graecis exploratur. Pars altera. Dortmund, Druck v. W. Crüwell, 1889; S. 1–24; 4°
Dortmund, G, OP 1889 (336)

859 **Ostendorf**, Adolf [Rekt.]: Die häuslichen Arbeiten, ihre Begrenzung und ihre Art. Neumünster, R. Hieronymus Buchdr., 1889; S. 3–8; 4°
Neumünster, PG u. RPG, OP 1889 (271)

360 **Otto:** Eine Bestimmung der Deklination zu Eisleben. Eisleben, Druck v. E. Schneider, 1889; S. 23–27; 4°
Eisleben, k. G, OP 1889 (218)

361 **Pannenborg,** Albertus [Oberl. Dr.]: Rede gehalten bei der Gedächtnisfeier für Kaiser Wilhelm I. am 22. März 1888. Göttingen. Druck v. L. Hofer, 1889; S. 1–6; 4°
Göttingen, k. G u. RG, OP 1889 (290)

362 **Pappenheim,** Eugen [Prof. Dr.]: Der angebliche Heraklitismus des Skeptikers Ainesidemos. I. Teil. Berlin, R. Gaertners Verlagsbuchh. H. Heyfelder, 1889; 30 S. 4°
Berlin, Köllnisches G, OP 1889 (58)

363 **Pauly,** Joseph: Der erste Jahreskursus des planimetrischen Unterrichts. Andernach, K. Isbert'sche Buchdr., 1889; S. 3–17; 4°
Andernach, PG, OP 1889 (397)

364 **Pein,** August [Oberl. Dr.]: Aufstellung von n Königinnen auf einem Schachbrett von n^2 Feldern derart dass keine von einer andern geschlagen werden kann. (Von $n = 4$ bis $n = 10$). Leipzig, Druck v. B. G. Teubner, 1889; 2 Bl., 62 S., 7 Taf. 4°
Bochum, st. R, OP 1889 (347)

365 **Peters,** Heinrich [Dr.]: Beiträge zur Heilung der Überlieferung in Quintilians Institutio Oratoria. Cassel, Druck v. K. Gosewisch, 1889; S. 16–25; 4°
Cassel, st. RG, OP 1889 (371)

366 **Peters,** Richard [Dr.]: Begleitwort zum Lehrplan des Französischen. Gandersheim, Druck v. C. F. Hertel, 1889; S. 8–20; 4°
Gandersheim, RPG, OP 1889 (653)

367 **Petry,** Arthur [Dr.]: Die Vegetationsverhältnisse des Kyffhäuser Gebirges. Teil I. Nordhausen, Druck v. C. Kirchners Buchdr. (Inh.: F. C. Schmölling) (1889); S. 1–20; 4°
Nordhausen, G, OP 1889 (223)

368 **Pfeifer,** Martin: J. Albert Poysels Gedichte wider Ludwig XIV. und die Franzosen. Altenburg, Druck v. O. Bonde (1889); 1 Bl. S. 1–16; 4°
Altenburg, Friedrichs-G, OP 1889 (615)

369 **Pflug** [Oberl.]: Diodor und Livius als Quellen für den zweiten Samniterkrieg. Waldenburg i. Schl., P. Schmidt's Druckerei (H. Roedenbeck), 1889; S. 1–16; 4°
Waldenburg i. Schl., st. ev. G, OP 1889 (200)

370 **Pfuhl, Fritz** [Oberl. Dr.]: Der naturbeschreibende Unterricht am Gymnasium. Posen, Hofbuchdr. W. Decker & Co. (A. Röstel), 1889; 57 S. 4°
Posen, k. Marien-G, OP 1889 (159)

371 **Pichlmayr, Franz**: T. Flavius Domitianus. Ein Beitrag zur römischen Kaisergeschichte. Amberg, Druck v. H. Böes (vorm. J. Habbel), 1889; 100 S. 8°
Amberg, k. StA, P 1889 *

372 **Pieper, Anton**: Untersuchung der in rechtwinkligen Koordinaten gegebenen Kurve: $x^3 + axy^2 + by = c$. Paderborn, Schöninghsche Buchdr. (1889); S. 3–14, 1 Tab., 2 Taf. 4°
Rietberg, PG Nepomucenum, OP 1889 (343*)

373 **Pieper, Richard** [Dr.]: Über das Vorkommen von Spaltöffnungen auf Blumenblättern. Gumbinnen, 1889; S. 1–22; 4°
Gumbinnen, k. Friedrichs-G, OP 1889 (4)

374 **Pilgrim, Ludwig** [Prof. Dr.]: Über Säulenfestigkeit. Tübingen, Druck d. L. Fr. Fues'schen Buchdr. (W. Armbruster & O. Riecker), 1889; 86 S. 4°
Ravensburg, k. G, P 1889 (558)

375 **Pilz, Oskar** [Dr.]: Beiträge zur Kenntnis der altfranzösischen Fabliaux. I. Die Bedeutung des Wortes Fablel. Stettin, Druck v. R. Grassmann, 1889; 1 Bl., 24 S. 4°
Stettin, Friedrich-Wilhelms-S (RG), OP 1889 (139)

376 **Plattner, Ph.** [Dirig.]: Unsere Fremdwörter vom Standpunkte des französischen Unterrichts betrachtet. Strassburg i. E., Buchdr. M. Du Mont-Schauberg, 1889; 34 S. 4°
Wasselnheim i. E., R, P 1889 (504)

377 **Poeschel** [Oberl. Prof.]: A. Über Mag. Chr. Lehmanns Kriegschronik und eine teilweise Herausgabe der Handschrift. B. Mitteilungen über neuaufgefundene Lehmannsche Manuskripte. Grimma, Druck v. F. Bode (1889); IV, S. 1–48; 4°
Grimma, Fürsten- u. Landes-S, OP 1889 (512)

378 **Pohle, Robert** [Oberl. Dr.]: Welche Aufgaben hat der erdkundliche Unterricht an den höheren Lehranstalten zu erfüllen? Berlin, R. Gaertners Verlagsbuchh. H. Heyfelder, 1889; 40 S. 4°
Berlin, Leibniz-G, OP 1889 (60)

379 **Pelle, Alfred** [Dr.]: Ueber aromatische Bleiverbindungen. . . . *Aachen* (1889); S. I–XVI; 4°
Aachen, R, OP 1889 (440)

380 Praetorius, Ignaz [Prof. Dr.]: Zur Flora von Konitz. Phanerogamen und Gefässcryptogamen. Conitz, Buchdr. v. Fr. W. Gebauer, 1889; S. 3–62; 4°
Conitz, k. G, OP 1889 (33)

381 Preiß, Willibald: Adiectivum utro ordine apud optimos Romanorum scriptores coniunctum sit cum substantivo quaeritur. Bayreuth, gedr. bei Th. Burger, 1889; 48 S. 8°
Bayreuth, k. StA, P 1889 •

382 Preiss, H. [Dr.]: Vorgeschichte des neutestamentlichen Kanons. Königsberg in Pr., Buchdr. v. R. Leupold, 1889; S. 3–32; 4°
Königsberg in Pr., Löbenichtsche HB, OP 1889 (24)

383 Pressel [Rekt. Dr.]: Mitteilungen aus der Bibliothek des Heilbronner Gymnasiums. 1. Die Heilbronner St. Michaelskirche. Heilbronn, Druck v. C. Rembold's Buchdr., 1889; S. 21–35; 4°
Heilbronn, k. Karls-G, P 1889 (557)

384 Preuss, Theodor [Prof.]: Die Franken und ihr Verhältnis zu Rom im letzten Jahrhundert des Reiches. Tilsit, gedr. bei J. Reylaender & Sohn, 1889; 1 Bl., 16 S. 4°
Tilsit, k. G. OP 1889 (17)

385 (Procksch, A.) [Dir. Dr.]: Geschichte des Gymnasiums zu Eisenberg. Altenburg, Druck d. Pierer'schen Hofbuchdr. Stephan Geibel & Co. (1888); S. 47–125; 8°
Eisenberg, Christians-G, P 1889 (647)

386 (Procksch, A.) [Dir. Dr.]: Herzog Christian von Sachsen-Eisenberg. Ein Lebensbild. Altenburg, Druck d. Pierer'schen Hofbuchdr. Stephan Geibel & Co. (1888); S. 1–46; 8°
Eisenberg, herz. Christians-G, P 1889 (647)

387 Puls, Alfred [Dr.]: Ueber das Wesen der subjektlosen Sätze. Teil I: Weg und Methode der Untersuchung. II. Flensburg, gedr. i. d. Buchdr. v. L. P. H. Maaß, 1889; S. 37–49; 4°
Flensburg, k. G u. RG, OP 1889 (265)

388 Puschmann, Otto: Die Lieder Neidharts von Reuenthal. Eine kritische Untersuchung des Textes. Strasburg W.-Pr., Buchdr. v. A. Fuhrich (1889); 30 S., 1 Taf. 4°
Strasburg, W.-Pr., k. G, OP 1889 (41)

389 Quiehl, Karl [Oberl. Dr.]: Die Einführung in die französische Aussprache. Lautliche Schulung, Lautschrift und Sprechübungen im Klassenunterricht. Cassel, Druck v. L. Döll, 1889; S. 1–40; 4°
Cassel, st. R, OP 1889 (575)

890 **Rackwitz**, Richard [Dr.]: Geschichte und Urkunden des Nonnenklosters Bischoferode St. Nicolai bis zur Übersiedelung desselben nach Nordhausen. Nordhausen, Druck v. C. Kirchners Buchdr. (Inh.: F. C. Schmölling), 1889; S. 1–16, 1 Taf. 4°
Nordhausen, RG, OP 1889 (264)

891 **Rassow**, Johannes [Dr.]: Analecta Euripidea. Greifswald, Druck d. Buch- u. Steindr. v. F. W. Kunike (1889); S. 3–29; 4°
Greifswald, st. G u. RPG, OP 1889 (127)

892 **Rauch**: Gerundium und Gerundivum bei Curtius. Meiningen, Druck d. Keyßner'schen Hofbuchdr., 1889; S. 3–21; 4°
Meiningen, G Bernhardinum, OP 1889 (665)

893 **Reblin**, C. [Dr.]: Zur Basler und Strassburger Recension von Lamprechts Alexander. *Neubrandenburg* (1889); 42 S. 4°
Neubrandenburg, G, OP 1889 (623)

894 **Reddersen**, H. O.: Beiträge zur Geschichte des Schulturnens in Bremen. Erinnerungsblätter in Anlaß des 25jährigen Turnbetriebes in der Realschule in der Altstadt. Bremen, A. Guthe, Buchdr., 1889; S. 3–27; 4°
Bremen, R in der Altstadt, OP 1889 (685)

895 **Reeck**, Adolf [Dr.]: Beiträge zur Syntax des Catull. Bromberg, Buchdr. v. H. Lewinsohn, 1889; S. 1–18; 4°
Bromberg, k. RG, OP 1889 (159)

896 Aus einem Referate zum Unterrichte in der lateinischen Stilistik. Schwetz, gedr. bei G. Büchner, 1889; S. 3–6; 4°
Schwetz a. W., k. PG, OP 1889 (80)

897 **Rehmann** [Oberl. Dr.]: Gedächtnisrede auf Kaiser Wilhelm I. . . . Friedeberg Nm., Druck v. G. Eisermann (1889); S. 3–6; 4°
Friedeberg Nm., k. G, OP 1889 (74)

898 **Reibstein**, Ad. [Oberl.]: Zur Geschichte des Stader Gymnasiums. . . . Stade, Druck v. A. Pockwitz, 1888; 40 S., 4 Bl. 4°
Stade, k. G, OP 1889 (304)

899 **Reimann** [Dir. Prof. Dr.]: Trauerrede auf den Tod Kaiser Wilhelms I. . . . Breslau, Druck v. Grass, Barth u. Comp. (W. Friedrich.), 1889; S. 3–6; 4°
Breslau, RG zum heiligen Geist, OP 1889 (209)

400 **Reisert**, Karl [Dr.]: Die Attraktion der Relativsätze in der griechischen Prosa. — Ein Beitrag zur historischen Syntax der griechischen Sprache. 1. Teil. Allgemeines. Herodot. Neustadt a. d. Haardt, Aktien-Druckerei, 1889; 49 S. 8°
Neustadt a. d. Haardt, k. StA, P 1889 •

401 **Renn**, Emil [Dr.]: Die griechischen Eigennamen bei Martial. Grammatisch-kritische Untersuchung. Landshut, J. Thomann'sche Buchdr. (1889); 70 S., 1 Bl. 8°
Landshut, k. StA, P 1889 •

402 **Reuss**, K. [Prof. Dr.]: Die Stellung des Max Piccolomini in der Wallensteindichtung. *Pforzheim* (1889); 16 S. 4°
Pforzheim, G, P 1889 (581)

403 **Richter**, Otto [Dr.]: Die binnenländischen Wasserstrassen des deutschen Reiches. Eine volkswirtschaftliche Skizze. Eisleben, Druck v. E. Schneider (1889); S. 3—16; 4°
Eisleben, st. RPG, OP 1889 (267)

404 **Richter**, Richard [Dr.]: Kritische Bemerkungen zu Caesars Commentarius VII. de bello Gallico. Stargard i. Pomm., Buchdr. d. „Pommerschen Volks-Zeitung", Ed. Giese, 1889; 39 S. 4°
Stargard i. Pomm., k. u. Gröningsches G, OP 1889 (132)

405 **Riehm**, G. [Dr.]: Der Turnunterricht in den unteren Klassen höherer Lehranstalten. Halle a/S., Druck d. Heynemann'schen Buchdr. (F. Beyer), 1889; 1 Bl., 17 S. 4°
Halle a S., Stadt-G, OP 1889 (223)

406 **Riese**, Alexander [Prof. Dr.]: Forschungen zur Geschichte der Rheinlande in der Römerzeit. Frankfurt a. M., Druck v. A. Mahlau (Fa. Mahlau & Waldschmidt), 1889; S. 3—20; 4°
Frankfurt a. M., st. G, OP 1889 (303)

407 **Röckl**, S.: Quellenbeiträge zur Geschichte der kriegerischen Thätigkeit Pappenheims von der Schlacht bei Breitenfeld bis zur Schlacht bei Lützen. München, akad. Buchdr. v. F. Straub, 1889; 69 S. 8°
München, k. Maximilians-G, P 1889 •

408 **Rosbach**, Otto: Die Reichspolitik der Trierischen Erzbischöfe vom Ausgange der Regierung Friedrichs I. bis zum Ende des Interregnums. . . . Zweiter Teil. Erzbischof Johann I. (1189 — 1212). Trier, Fr. Lintz'sche Buchdr., 1889; S. 1—20; 4°
Trier, k. G, OP 1889 (434)

409 Rossberg, Konrad: Materialien zu einem Commentar über die Orestis tragoedia des Dracontius. (Schluss.) . . . Hildesheim, Druck v. Gebr. Gerstenberg, 1889; 1 Bl., S. 65—112; 8°
Hildesheim, k. G Andreanum, OP 1889 (295)

410 Rottenbach, H. [Prof.]: Zur Flora Thüringens, insbesondere des Meininger Landes. Achter Beitrag: Gramineen, Coniferen und Gefässkryptogamen. Meiningen, Druck d. Keyssnerschen Hofbuchdr., 1889; S. 3—16; 4°
Meiningen, herz. RG, OP 1889 (660)

411 Rubert, H. [Dr.]: Zwei Kapitel aus der griechischen Schulsyntax. Gera, Druck v. Th. Hofmann, 1889; 24 S. 4°
Gera, fürstl. G Rutheneum, OP 1889 (673)

412 Ruess, Ferd. [Dr.]: Die tironischen Endungen. München, Buchdr. v. J. B. Lindl (vorm. M. Wild), 1889; 2 Bl., 42 S. 8°
München, k. Luitpold-G, P 1889 *

413 Ruge, Max: Bemerkungen zu dem Vaticinium Lehninense. Berlin, R. Gaertners Verlagsbuchh. H. Heyfelder, 1889; 26 S. 4°
Berlin, G z. grauen Kloster, OP 1889 (51)

414 Ruhe, A. [Oberl. Dr.]: Schillers Einfluss auf die Entwickelung des deutschen Nationalgefühls. II. Teil. Meppen, Druck v. H. Wegener, 1889; S. 3—30; 4°
Meppen, k. G, OP 1889 (300)

415 Saarmann, Theodorus: Adnotationes in Oenomai fragmenta (Euseb. praep. evang. V 19—36 et VI 7). Dortmund, Druck v. W. Crüwell, 1889; S. 25—36; 4°
Dortmund, G, OP 1889 (336)

416 Salow, W.: Lothar III. und das Wendenland. Friedland i. Meckl. Druck v. W. Walther, 1889; S. 1—17; 4°
Friedland, G, OP 1889 (622)

417 Schaer [Dr.]: Lüneburger Chroniken der Reformationszeit, ihre Quellen und ihre Verwertung für die Geschichte Lüneburgs. Hannover, Hofbuchdr. d. Gebr. Jänecke (1889); 22 S. 4°
Hannover, k. Kaiser Wilhelms G, OP 1889 (292)

418 Schanzenbach, Otto [Prof. Dr.]: Ein Rousseaujünger im Hause Württemberg. Stuttgart, k. Hofbuchdr. C. Liebich, 1889; 1 Bl., 61 S. 4°
Stuttgart, Eberhard-Ludwigs-G, P 1889 (561)

419 Schaper, F. [Rekt. Dr.]: I. Sustine et abstine (Trag und entsag). II. Wünschen, wollen, sollen. (Umschl.-Tit.: Zwei Schulreden.) Nauen, Druck d. C. E. Freyhoff'schen Buchdr., 1889; S. 3—9; 4°
Nauen, RPG, OP 1889 (114)

420 Schaum, L.: De consecratione domus Ciceronianae. Mainz, Buchdr. v. H. Prickarts, 1889; S. 3—8; 4°
Mainz, grossh. G, P 1889 (598)

421 Scheck, Adolphus [P. O. S. B.]: De fontibus Clementis Alexandrini. Augustae Vindelicorum, typ. Pfeifferianis, 1889; 50 S., 1 Bl. 8°
Augsburg, StA bei St. Stephan, P 1889 •

422 Schepps, Georg [Dr.]: Conradi Hirsaugiensis dialogus super auctores sive didascalon. Würzburg, Druck d. k. Universitätsdr. v. H. Stürtz, 1889; 84 S. 8°
Würzburg, k. altes G, P 1889 •

423 Scherer, Fr. Jos. [Dir. Dr.]: Rede bei der Gedächtnisfeier für Seine Majestät den in Gott ruhenden Kaiser und König Wilhelm ... — Rede bei der Gedächtnisfeier für ... König Friedrich ... — Rede am Geburtstage Seiner Majestät des Kaisers und Königs Wilhelm ... (Umschl.-Tit.: Drei Schulreden.) Arnsberg, Druck v. F. W. Becker, 1889; S. I XVI; 4°
Arnsberg, k. Laurentianum, OP 1889 (330)

424 Schierlinger, Franz: Die unterordnende Satzverbindung bei dem Redner Antiphon. Schweinfurt, Druck v. Fr. J. Reichardt, 1889; 61 S. 8°
Schweinfurt, k. StA, P 1889 •

425 Schindler, Hermann [Oberl.]: Die Kreuzzüge in der altprovenzalischen und mittelhochdeutschen Lyrik. Dresden, Druck v. B. G. Teubner, 1889; S. 1—49; 4°
Dresden-Altstadt, Annen-S (RG), OP 1889 (525)

426 Schlenerer, Joh. Friedrich [Dr.]: Über Senecas Schrift an Marcia. *Hof*, Druck d. Mintzel'schen Buchdr. H. Hörmann, 1889; 19 S. 8°
Hof, k. StA, P 1889 •

427 Schleich, Gustav [Dr.]: Über das Verhältnis der mittelenglischen Romanze Ywain und Gawain zu ihrer altfranzösischen Quelle. Berlin, R. Gaertners Verlagsbuchh. H. Heyfelder, 1889; 32 S. 4°
Berlin, Andreas-RG, OP 1889 (91)

428 Schmerler [Oberl.]: Chips from English Literature. Borna, Druck v. R. Noske, 1889; S. 3—22; 4°
Borna, st. RG, OP 1889 (522)

429 **Schmidt**, Emil [Dr.]: Ein Beitrag zur Kenntnis der Hochblätter. Berlin, R. Gaertners Verlagsbuchh. H. Heyfelder, 1889; 28 S., 2 Taf. 4°
Berlin, Friedrichs-Werdersche OR, OP 1889 (98)

430 **Schmidt**, G. [Dir. Dr.]: Baurechnung des Halberstädter Doms von 1367. Halberstadt, Druck v. C. Doelle & Sohn (1889); S. 1–10; 4°
Halberstadt, k. Dom-G, OP 1889 (221)

431 **Schmidt**, Leonhard [Oberl. Prof.]: Zum 30. Juni 1888. San Remo. Bromberg, Buchdr. v. A. Dittmann, 1889; S. 11–18; 4°
Bromberg, k. G, OP 1889 (142)

432 **Schmidt**, Wilhelm: Analytische Untersuchungen über eine Ortsfläche vierter Ordnung mit reellem Doppelkegelschnitt. Lüdenscheid, Druck v. W. Crone jr., 1889; S. 3–16; 4°
Lüdenscheid, RPG, OP 1889 (356)

433 **Schmitz** [Dr.]: Die Gedichte des Prudentius und ihre Entstehungszeit. Erster Teil. Aachen, Druck v. A. Jacobi & Co., 1889; S. 1–38; 4°
Aachen, RG, OP 1889 (430)

434 **Schnaase**, Leopold: Die Optik Alhazens. Pr. Stargard, Druck d. A. Müller vormals Wedelschen Hofbuchdr., Danzig, 1889; XX S., 1 Taf. 4°
Pr. Stargard, k. Friedrichs-G, OP 1889 (40)

435 **Schneider**, F. [Dir.]: Gedächtnisrede auf Kaiser Friedrich III. . . Friedeberg Nm., Druck v. C. Eisermann (1889); S. 7–18; 4°
Friedeberg Nm., k. G, OP 1889 (74)

436 **Schneider**, Heinrich [Dr.]: Die Casus, Tempora und Modi bei Commodian. Nürnberg, Schärtel's Buchdr. (Fr. Walz), 1889; 55 S. 8°
Nürnberg, k. StA, P 1889 •

437 **Schneider**, Richard [Dir. Dr.]: I. Der Prometheus des Aeschylos. II. Die Medea des Euripides. III. Zwei Briefe des Horaz. (Umschl.-Tit.: Zwei bei der Entlassung der Abiturienten gehaltene Reden. Zwei Briefe des Horaz in deutscher Übersetzung.) Duisburg, Buchdr. v. J. Ewich, 1889; S. I–XXI; 4°
Duisburg, k. G, OP 1889 (400)

438 **Schöttler**, Bernhard: Über die Lage der geschichtlichen Orte Aduatuca Eburonum (Caes.), Ara Ubiorum (Tacit.) und Belgica (Itin. Anton.). Rheinbach, Druck v. J. Heuser, 1889; 31 S. 4°
Rheinbach, PG, OP 1889 (12)

439 *Scholle [Oberl. Dr.]:* Katalog der Lehrer-Bibliothek des Grossherzoglichen Friedrich-Franz-Gymnasiums zu Parchim. III. Abteilung. . . . Parchim, G. Gerlach's Buchdr., 1889; 48 S. 8°
Parchim, grossh. Friedrich-Franz-G u. RPG, OP 1889 (618)

440 Scholle, Franz: Der Stammbaum der altfranzösischen und altnordischen Überlieferungen des Rolandsliedes und der Wert der Oxforder Handschrift. Berlin, R. Gaertners Verlagsbuchh. H. Heyfelder, 1889; 24 S. 4°
Berlin, Falk-RG, OP 1889 (93)

441 Schrader, E. [Dr.]: Studien über die Struktur der Legierungen. I. Teil. Insterburg, Druck v. K. Wilhelmi, 1889; 30 S. 4°
Insterburg, k. G u. RG, OP 1889 (6)

442 Schraeder, Friedrich [Dr.]: Die subjektlosen Sätze. Gebweiler, Buchdr. v. J. Dreyfus, 1889; 18 S. 4°
Gebweiler, G, P 1889 (481)

443 Schräder, Richard [Dr.]: Die schalentragenden Landschnecken welche bei Naumburg a/S. am häufigsten vorkommen. . . . Naumburg, Druck v. H. Sieling (1889); 16 S. 8°
Naumburg a/S., RPG, OP 1889 (262)

444 Schubert, Anton [Dr.]: De temporis inter verbum finitum et participium aoristi aequalitate apud Graecorum poetas tragicos. Bamberg, W. Gärtner's Buchdr. (D. Siebenkees), 1889; 1 Bl., 53 S. 8°
Bamberg, k. StA, P 1889 •

445 Schulze, Ernestus Ricardus: Quaestiunculae grammaticae ad oratores Atticos spectantes. Bautzen, Druck v. E. M. Monse (1889); 31 S. 4°
Bautzen, k. G, OP 1889 (505)

446 Schulze, Ludwig [Dir. Dr.]: Die Lektüre von Ciceros philosophischen Schriften in Prima und die Aufgabe der philosophischen Propädeutik. Landsberg a. W., Druck v. R. Schneider & Sohn, 1889; 24 S. 4°
Landsberg a. W., k. G u. RG, OP 1889 (79)

447 Schwering, Karl [Oberl. Prof. Dr.]: Aufgabe und Anschauung, besonders in der Stereometrie. Coesfeld, Druck v. A. Otten (1889); S. 3–11; 4°
Coesfeld, k. G Nepomucenianum, OP 1889 (335)

448 Seeger, H. [Dir.]: Bemerkungen zu den Reformvorschlägen Kerns, betreffend den Unterricht in der deutschen Satzlehre. Güstrow, Druck d. C. Waltenberg'schen Ratsbuchdr. (1889); 43 S. 4°
Güstrow, RG, OP 1889 (616)

449 Seifert, W. [Oberl. Dr.]: Gemeinfaßliche Geschichte der elektrischen Fernverständigung. Metz, Buchdr. v. Gebr. Lang, 1889; 58 S. 4°
Metz, L, P 1889 (483)

450 Seitz [Rekt. Prof. Dr.]: Aktenstücke zur Geschichte der früheren lateinischen Schule zu Itzehoe II. Itzehoe, Druck v. G. J. Pfingsten, 1889; 64 S. 8°
Itzehoe, KPG, OP 1889 (290)

451 Seyler [Oberl.]: Aufgaben zum Uebersetzen ins Lateinische für Secunda. Breslau, Druck v. Grass, Barth u. Comp. (W. Friedrich), 1889; S. 3-22; 4°
Breslau, st. Johannes-G, OP 1889 (166)

452 Siebert, Wilhelm [Oberl. Dr.]: Entwurf eines Griechischen Lese- und Übungsbuches für die Untertertia der Gymnasien und Progymnasien im Anschluss an die Schulgrammatik von Koch. Erste Hälfte. Osterode Ostpr., gedr. i. d. F. Albrecht'schen Buchdr., 1889; 1 Bl., 80 S. 8°
Hohenstein i. Ostpr., k. G, OP 1889 (5)

453 Simon, Joh. Alphons [Hülfsl.]: Xenophon-Studien. Vierter Teil: Die Praepositionen σύν und περί c. gen. bei Xenophon. Düren, Hamel'sche Buchdr., 1889; S. 3–24; 4°
Düren, G, OP 1889 (410)

454 Sitzler, Johann [Lehramtspraktikant]: Über den Kasusgebrauch bei Varro. I. Teil. Genitiv und Dativ. Tauberbischofsheim, Druck d. J. Lang'schen Buchdr., 1889; 12 S. 4°
Tauberbischofsheim, grossh. G, P 1889 (583)

455 Sixt, G. [Prof. Dr.]: Die lyrischen Gedichte des Aurelius Prudentius Clemens. — Zur Charakteristik der christlich-lateinischen Poesie. Stuttgart, Hofbuchdr. C. Liebich, 1889; S. 1—44, 1 Bl. 4°
Stuttgart, Karls-G, P 1889 (562)

456 Sommer, A. [Oberl. Dr.]: Rede zur Schulfeier des Geburtstages Sr. Maj. des Kaisers Wilhelm II. Halle, Druck d. Buchdr. d. Waisenhauses, 1889; S. 1–10; 4°
Halle a. S., RG d. Franckeschen Stiftungen, OP 1889 (250)

457 Sorof, Gustav [Dir. Dr.]: Zwei Gedächtnisreden, gehalten zum Andenken an Se. Majestät Kaiser Wilhelm I. und Se. Majestät Kaiser Friedrich III. Cöslin, gedr. bei C. G. Hendess, 1889; 1 Bl., 18 S. 4°
Cöslin, k. G, OP 1889 (123)

458 **Speck, Oskar** [Oberl.]: Zur Geschichte der Stadt Pirna im dreißigjährigen Kriege. (Pirna, Druck v. F. J. Eberlein, 1889); 124 S. 8°
Pirna, st. R mit PG, OP 1889 (546)

459 **Spribille, Franz** [Oberl.]: „Verzeichnis der in den Kreisen Inowrazlaw und Strelno bisher beobachteten Gefäßpflanzen mit Standortsangaben" II. Inowrazlaw, Druck v. H. Olawski (1889); 1 Bl., 21 S. 4°
Inowrazlaw, k. G, OP 1889 (144)

460 **Sprotte, Franz** [Dr.]: Erinnerungen an meine Palästinareise. Oppeln, Druck v. E. Raabe, 1889; S. 3–18, 1 Bl. 4°
Oppeln, k. kath. G, OP 1889 (191)

461 **Stange, A.** [Dr.]: Rede zum Gedächtnis Sr. Majestät des Hochseligen Kaisers Friedrich ... Minden, gedr. bei J. C. C. Bruns, 1889 S. 7–12; 4°
Minden, k. ev. G u. RG, OP 1889 (339)

462 **Steffen, Georg**: Stichworte zu dem Unterrichte in der Geschichte des germanischen Altertums, des Mittelalters und der Neuzeit. 1. Heft. Leipzig, Druck v. O. Dürr, 1889; 128 S. 8°
Leipzig, Nicolai-G, OP 1889 (514)

463 **Stegemann**: Zur Methodik des Rechenunterrichts in höheren Schulen. Prenzlau, Druck v. A. Miecks Buchdr., 1889; S. 3–24; 4°
Prenzlau, G, OP 1889 (83)

464 **Stein, Ferdinand**: Lafontaines Einfluss auf die deutsche Fabeldichtung des achtzehnten Jahrhunderts. Aachen, Druck v. F. N. Palm (1889); S. 3–89; 4°
Aachen, Kaiser-Karls-G, OP 1889 (386)

465 **Steinberger, Alphons** [Dr.]: Ödipus. Tragödie von Lucius Annäus Seneka. Übersetzt und historisch-kritisch erörtert. Erster Teil. (Übersetzung.) Stadtamhof, Druck v. J. & K. Mayr (1889); 67 S. 8°
Regensburg, k. altes G, P 1889 •

466 **Stephan, Christoph** [Dr.]: Kritische Untersuchungen zur Geschichte der Westgothen von 372–400. I. Teil. Der Gothenkrieg unter Theodosius. Siegburg, Druck v. Gebr. Daniels (1889); S. 3–31; 4°
Siegburg, k. G, OP 1889 (430)

467 **Sternkopf, W.** [Dr.]: I. Ciceros Briefwechsel mit Attikus in den Jahren 68–65. II. Briefe aus dem Jahre 62. III. Briefe des Jahres 61. IV. Briefe des Jahres 60. (Umschl.-Tit.: Ciceros Korrespondenz aus den Jahren 68–60 v. Chr.) Elberfeld, gedr. bei Sam. Lucas, 1889; S. 3–24; 4°
Elberfeld, G, OP 1889 (412)

468 Stettiner, Paul [Dr.]: Friedrich der Grosse und Graf Schaffgotsch, Fürstbischof von Breslau. Königsberg, Hartungsche Buchdr., 1889; S. 1–34; 4°
Königsberg i. Pr., st. RG, OP 1889 (20)

469 Stille, W. [Oberl. Dr.]: Zur Geschichte der religiösen Duldung unter den Hohenzollern. Sondershausen, Hofbuchdr. v. Fr. Aug. Eupel, 1889; S. 3–31; 4°
Sondershausen, fürstl. R, OP 1889 (631)

470 Stiffer, Theodor [Dr.]: Nochmals die Katharsis in Aristoteles' Poetik. Norden, Druck v. D. Soltau, 1889; S. 1–18; 4°
Norden, k. Ulrichs-G, OP 1889 (301)

471 Stoltz, Carl [Oberl. Dr.]: Der abschliessende biologische Unterricht in Secunda. Ruhrort, Druck v. J. Brendow & Sohn, 1889; 18 S. 4°
Ruhrort, RG, OP 1889 (458)

472 Strackerjan, Karl [Dir.]: Zur Feier deutscher Dichter. Vierundzwanzigster Abend . . . Östreichische Dichter, II. Oldenburg, Druck v. G. Stalling, 1889; S. 8–10; 4°
Oldenburg, OR, OP 1889 (633)

473 Straub, L. W. [Prof. Dr.]: Der Natursinn der alten Griechen. Stuttgart, k. Hofbuchdr. C. Liebich, 1889; 58 S. 4°
Stuttgart, Eberhard-Ludwigs-G, P 1889 (561)

474 Straube, Joseph: Durch welche Mittel gelang es den Patriciern, in der zweiten Periode des Ständekampfes die Plebejer von der obersten Magistratur fernzuhalten? Patschkau, Druck v. Ed. Hertwig, 1889; S. 1–22; 4°
Patschkau, st. kath. G, OP 1889 (192)

475 Stüwcke, Ferdinand: Studien zu Shakespeares King John. Otterndorf, C. Bremer (1889); S. 8–10; 4°
Otterndorf, h. RPG, OP 1889 (297)

476 Stürenburg, Heinrich [Konrekt. Prof. Dr.]: Zu den Schlachtfeldern am Trasimenischen See und in den Caudinischen Pässen (mit Karte). Leipzig, Druck v. A. Edelmann, 1889; 1 Bl., 17 S., 1 Kart. 4°
Leipzig, Thomas-S, OP 1889 (515)

477 Stüve, Karl [Oberl. Dr.]: Über einige zu Anfang des 15. Jahrhunderts in Osnabrück cursierende fremde Münzen. Osnabrück, Druck v. J. G. Kisling, 1889; S. 1–17; 4°
Osnabrück, Rats-G, OP 1889 (303)

478 Sugg, Paul: Eine Reise nach Cairo. Gross-Glogau, Druck v. Ed. Mosche Nachf. (G. Binder), 1889; S. 3–14; 4°
Gross-Glogau, k. kath. G, OP 1889 (176)

479 Sauer, H. [Rekt.]: A. Das Wesen und der Lehrplan der höheren Bürgerschulen. B. Die Gründung und die beiden ersten Jahre der Kaiser-Friedrichs-Schule. C. Das neue Schulgebäude. Emden, Druck v. H. Tapper, 1889; S. 3–17, 2 Taf. 4°
Emden, Kaiser-Friedrichs-S (HB), OP 1889 (220)

480 Switalski, M.: Stereometrische Aufgaben über Maxima und Minima für elementare Lösung in Oberprima. Rastenburg, Druck v. W. Kowalski (1889); 50 S. 8°
Rastenburg, G, OP 1889 (16)

481 Tebbe, Heinrich: Bemerkungen zum griechischen Unterricht in der Tertia und Sekunda. Warendorf, gedr. i. d. J. Schnell'schen Buchdr., 1889; S. 1–24; 4°
Warendorf, k. G Laurentianum, OP 1889 (346)

482 Tenckhoff, Albert [Oberl. Dr.]: Zum zoologischen Unterrichte. Paderborn, Junfermannsche Buchdr., 1889; S. 3–22; 4°
Paderborn, k. G Theodorianum, OP 1889 (341)

483 Teuffel, Sigmund [Prof. Dr.]: Lebensabriss von Wilhelm Sigmund Teuffel. Ein Beitrag zur Geschichte des philologischen Studiums in Württemberg. Tübingen, Druck v. H. Laupp jr., 1889; 1 Bl., 47 S. 4°
Tübingen, k. G, P 1889 (565)

484 Thalheim [Dir.]: Quaestiones Demosthenicae. Schneidemühl, Druck v. G. Eichstädt, 1889; S. 1–13; 4°
Schneidemühl, k. G, OP 1889 (154)

485 Thamm, Max [Dr.]: Ergänzungen zu Herbsts historischem Hülfsbuch für die oberen Klassen der Gymnasien und Realschulen (II und III).... Lauban, Druck v. C. Goldammer, 1889; 1 Bl., 58 S. 4°
Lauban, st. ev. G, OP 1889 (189)

486 Theel, Emil [Oberl. Dr.]: Einleitung in die Trigonometrie als halbjähriges Pensum für Untersekunda. Berlin, R. Gaertners Verlagsbuchh. H. Heyfelder, 1889; 26 S. 4°
Berlin, Dorotheenst. RG, OP 1889 (92)

487 Thele, H. W. [Rekt.]: Ausgeführter Lehrplan des griechischen Unterrichts. Saarlouis, Buchdr. v. Fr. Stein, 1889; S. 3–28; 4°
Saarlouis, PG, OP 1889 (471)

488 **Thöldte**, Richard: Über die Verteilung gegebener Massen auf Kreisflächen. Dessau, Druck v. L. Reiter, Herzogl. Hofbuchdr., 1889; 24 S. 4°
Dessau, herz. Friedrichs-G, OP 1889 (642)

489 **Thyret**, H.: Ueber Umbildung und Einschränkung des gotischen und angelsächsischen Wortbegriffs im Neuenglischen und Neuhochdeutschen. Oberstein, Druck v. J. Hebner (1889); 18 S. 4°
Oberstein-Idar, R, OP 1889 (632)

490 **Tohte**, Th. [Oberl.]: Lucretius I, v. 483—634. Ein Beitrag zur Kritik und Erklärung des Dichters. Wilhelmshaven, Druck v. A. Heine (1889); 28 S. 4°
Wilhelmshaven, k. G, OP 1889 (306)

491 **Traut**, H. [Dr.]: Quaestionum Theocritearum particula II. Krotoschin, Druck v. F. A. Kosmäl (1889); 24 S. 4°
Krotoschin, k. Wilhelms-G, OP 1889 (146)

492 **Treu**, Maximilianus: Maximi monachi Planudis epistulae — particula quarta. Breslau, Druck v. O. Gutsmann (1889); 2 Bl., S. 145–208; 8°
Breslau, k. Friedrichs-G, OP 1889 (165)

493 **Tschirch**, Otto [Dr.]: Die Stiftung und die erste Blütezeit der Salderischen Schule. Brandenburg a. d. H., J. Wiesekes Buchdr., 1889; 1 Bl., 48 S. 4°
Brandenburg a. d. H., v. Saldernsches RG, OP 1889 (100)

494 **Tüchert**, Aloys: Racine und Heliodor. Zweibrücken, Buchdr. v. A. Kranzbühler, 1889; 51 S. 8°
Zweibrücken, k. StA, P 1889 •

495 **Tücking**, Karl [Dir. Dr.]: Jubiläum und Weihefest. Neuß, Buchdr. v. L. Schwann, 1889; S. 6–19; 4°
Neuß, k. G, OP 1889 (425)

496 **Tücking**, Karl [Dir. Dr.]: Geschichte des Gymnasiums zu Neuss, verbunden mit einer Übersicht über die Entwickelung der dortigen Stifts- und Stadtschulen. Neuss, Druck v. L. Schwann, 1888; 1 Bl., 212 S., 1 Bl. 8°
Neuss, k. G, OP 1889 (425)

497 **Ubbelohde**, Karl [Dir.]: Rede zur Trauerfeier für Kaiser Wilhelm I. . . . 22. März 1888. — Am 18. Oktober 1888. — Rede zur Vorfeier des Geburtstages Seiner Majestät Kaiser Wilhelms II, 26. Januar 1889. (Umschl.-Tit.: Drei Schulreden. . . .) Friedland i. Meckl., Druck v. W. Walther, 1889; S. 1–13; 4°
Friedland, G, OP 1889 (622)

498 Uhlig, O. [Dr.]: Fore, foret und forent bei Tacitus. Schneeberg, Druck v. C. M. Gärtner, 1889; 1 Bl., 9 S. 4°
Schneeberg, k. G, OP 1889 (518)

499 Urban, Karl [Propst, Dir. Prof.]: Das alte Rätien und die römischen Inschriften. Magdeburg, Druck v. E. Baensch jun., 1889; S. 1—36; 4°
Magdeburg, Pd zum Kloster Unser Lieben Frauen, OP 1889 (230)

500 Vasen [Oberl. Dr.]: 3 Dichtungen. Düren, Hamel'sche Buchdr., 1889; S. 3—6; 4°
Bedburg, Rheinische RAk, OP 1889 (430)

501 Veil [Konrekt. Dr.]: Bericht über die Feier des 350jährigen Bestehens des Protestantischen Gymnasiums zu Strassburg am 1., 2. und 3. August 1888. Strassburg, J. H. Ed. Heitz (Heitz & Mündel), 1889; S. 3—24; 4°
Strassburg, protest. G, P 1889 (491)

502 Velde, Wilhelm [Dr.]: Über einen Spezialfall der Bewegung eines Punktes, welcher von festen Centren angezogen wird. Berlin, R. Gaertners Verlagsbuchh. H. Heyfelder, 1889; 26 S. 4°
Berlin, I. st. HB, OP 1889 (104)

503 Vetter, M. H. [Prof. Dr.]: Über den Charakter des König Ödipus in der gleichnamigen Tragödie des Sophokles. II. Freiberg, Gerlach'sche Buchdr., 1889; 1 Bl., 32 S. 4°
Freiberg, G Albertinum, OP 1889 (511)

504 Wielaf, Gustav [Oberl.]: Zum französischen Rolandsliede. Komposition und Stil. Hirschberg, Druck v. P. Oertel (vorm. W. Pfund), 1889; S. 3—19; 4°
Hirschberg, k. G, OP 1889 (178)

505 Völcker, G. [Dr.]: I. In welcher Weise würde die Priorität des Französischen auf den deutschen Elementarunterricht einwirken? II. Werden die grammatischen Grundbegriffe besser an der lateinischen oder an der französischen Sprache erkannt? (Aus: N. Jahrb. f. Phil.) Schönebeck, Druck v. Th. Wulfert, 1889; 1 Bl., 54 S. 8°
Schönebeck a. E., RPG, OP 1889 (253)

506 Vogel, August [Rekt. Dr.]: Die Gründung und der Ausbau der höheren Schule der Stadt Luckenwalde. Luckenwalde, Druck v. G. Gutdeutsch (1889); S. 3—7; 4°
Luckenwalde, RPG, OP 1889 (118)

507 Voss, Eduard [Oberl. Prof.]: Die Natur in der Dichtung des Horaz. Bonn, Hauptmann'sche Buchdr., 1889; S. 3—26; 4°
Münstereifel, k. G, OP 1889 (424)

508 **Wächter**, Albert [Prof.]: Der evangelische Religionsunterricht in den mittleren und oberen Klassen eines deutschen Gymnasiums. Aphorismen. Rudolstadt, Druck d. Fürstlich priv. Hofbuchdr. F. Mitzlaff, 1889; 1 Bl., 24 S. 4°

Rudolstadt, fürstl. G u. RPG, OP 1889 (677)

509 **Waege**, Waldemar [Dr.]: Der krystallographische Unterricht in Ober-Tertia. Berlin, R. Gaertners Verlagsbuchh. H. Heyfelder, 1889; 26 S., 1 Taf. 4°

Berlin, Königst. G, OP 1889 (59)

510 **Wagner** [Prof.]: Der gegenwärtige Lautbestand des Schwäbischen in der Mundart von Reutlingen. Reutlingen, Buchdr. v. C. Rupp, 1889; S. 15—56, 2 Taf. 4°

Reutlingen, k. RA, P 1889 (565)

511 **Waldeck**, August [Oberl. Prof.]: Zur Frage der Probanden-Ausbildung. Mengeringhausen, Druck d. Weigel'schen Hofbuchdr., 1889; S. 3—16; 4°

Corbach, fürstl. Waldeckisches G, OP 1889 (360)

512 **Waldvogel**, Joh. [Prof.]: Übungen aus dem mathematischen Repetitionsstoffe der Obergymnasialklasse. Würzburg, k. Universitätsdr. v. H. Stürtz (1889); 76 S. 8°

Aschaffenburg, k. StA, P 1889 •

513 **Walter**, Emil [Oberl. Dr.]: Praehistorische Funde zwischen Oder und Rega. Stettin, Druck v. Herrcke & Lebeling, 1889; S. 1—28, 1 Kart. 4°

Stettin, k. Marienstifts-G, OP 1889 (133)

514 **Wattendorff**, Ludwig [Dr.]: Essay on the Influence which Shakespeare exercised on the French Romantic Tragedy. A literary Sketch. Second Part. Coblenz, Buchdr. v. H. L. Scheid, 1889; S. 3—14; 4°

Coblenz, k. RG (CSU), OP 1889 (444)

515 **Wegener**, Ph. [Dir. Dr.]: Zur Methodik des Horaz-Unterrichts in der Gymnasial-Prima. I. Teil. Neuhaldensleben, Druck v. A. Besser, 1889; 1 Bl., 37 S. 4°

Neuhaldensleben, G, OP 1889 (231)

516 **Weickert**, Johannes [Dr.]: Eine konstante Chromsäurebatterie für Unterrichtsversuche. Zittau, Druck v. Neboles & Böhme, 1889; S. 1—8, 1 Taf. 4°

Zittau, k. RG, OP 1889 (530)

517 Weinand, Johannes [Dr.]: Quelques remarques critiques sur les idées littéraires de M. Ch. A. Sainte-Beuve. (Umschl.-Tit.: ... Fortsetzung und Schluss der Gymnasialprogramme von Neuss 1877 und 1881.) Aachen, Druck v. C. H. Georgi, 1889; S. 3—17; 4°
Aachen, k. Kaiser-Wilhelms-G, OP 1889 (396)

518 Weissenborn, Edmund [Oberl. Dr.]: Festrede zur Vorfeier des Geburtstages Sr. Majestät des Kaisers und Königs Wilhelm's II. ... Mühlhausen i. Thür., E. W. Röblings Buch- u. Steindr. (1889); S. 1—7; 4°
Mühlhausen i. Thür., G u. RPG, OP 1889 (229)

519 Welter, F. J. [Dr.]: Über die Sprache Froissart's. I. Teil: Verschwundene Substantiva. Essen, Druck v. G. D. Baedeker, 1889; 30 S. 4°
Essen, RG u. HB, OP 1889 (453)

520 Wendt, Adolf: Die Behandlung des geographischen Unterrichts auf höheren Lehranstalten. Lennep, Druck v. H. Schumacher, 1889; 19 S. 4°
Lennep, RPG, OP 1889 (460)

521 Wendt, Georg [Dr.]: Die Germanisierung der Länder östlich der Elbe. Teil II. 1137—1181. Liegnitz, Druck v. O. Heinze, 1889; 77 S. 8°
Liegnitz, k. RAk, OP 1889 (186)

522 Wetzell, Carol: Lexici Antiphontei Specimen. Grünberg, Buchdr. v. H. Robert, 1889; S. III—IV, 1—18; 4°
Laubach, G Fridericianum, P 1889 (597)

523 Wehstein, O. [Dr.]: Die deutsche Geschichtschreibung zur Zeit der Reformation. II. Ein Beitrag zur Geschichte der Historiographie. Neustrelitz, Druck v. G. F. Spalding & Sohn, 1889; 29 S. 4°
Neustrelitz, R, OP 1889 (625)

524 Weyell: Der erste Unterricht in der Raumlehre. Alsfeld, Druck v. H. Düring, 1889; S. 6—10; 4°
Alsfeld, großh. R, OP 1889 (610)

525 Wichern, J. [Dir.]: Allgemeines über das Paulinum. Hamburg, gedr. bei Lütcke & Wulff, 1889; S. 1—12; 4°
Horn, Paulinum, OP 1889 (694)

526 Wiebasch [Dir. Prof. Dr.]: Rede bei der Gedächtnisfeier für Seine Majestät den Hochseligen Kaiser und König Friedrich ... Hannover, Druck v. W. Grimpe, 1889; S. III—VIII; 4°
Hannover, k. G & R II, OP 1889 (294)

527 **Wiepen, Eduard**: Die geographische Verbreitung der Cochenillezucht. (Mit einer Übersichtskarte). Köln, Druck v. J. B. Heimann & Zimmermann, 1889; S. 3–44, 1 Kart. 4°
Köln, HB, OP 1889 (462)

528 **Wilken, Ubbo** [Dr.]: An Historical and Metrical Introduction into the Study of Shakspeare's Works, with Particular Regard to his Julius Caesar. Part the Second. Biedenkopf, Druck d. Heinzerlingschen Buchdr., 1889; S. 1–12; 4°
Biedenkopf, k. RPG, OP 1889 (388)

529 **Wilsdorf**, Detlev [Oberl. Dr.]: Beiträge zur Geschichte von Marseille im Altertum. Zwickau, Druck v. R. Zückler, 1889; 1 Bl., 82 S. 4°
Zwickau, G, OP 1889 (521)

530 **Wimmer, Franz Paul**: Kaiserin Adelheid, Gemahlin Ottos I. des Grossen. Regensburg, Buchdr. M. Wasner, 1889; IV, 130 S. 8°
Regensburg, k. neues G, P 1889.

531 **Winckelmann, Joh.** [Rekt. Dr.]: Das Königlich Bayerische Realgymnasium in Augsburg von 1864–1889. . . . Augsburg, Druck d. Literar. Instituts v. Haas & Grabherr (1889); S. 1–11; 8°
Augsburg, k. RG, P 1889.

532 **Windel, Hans** [Oberl. Dr.]: Demosthenis esse orationem, quae *περὶ συντάξεως* inscribitur. Hameln, Buchdr. v. C. W. Niemeyer, 1889; S. 3–22; 4°
Hameln, st. G u. RPG, OP 1889 (291)

533 **Winneberger, Oskar** [Dr.]: Über das Handschriftenverhältnis des Altfranzösischen Guy de Warwick. Frankfurt a. M., Druck v. C. Adelmann, 1889; S. 1–46; 4°
Frankfurt a. M., Adlerflycht-S (R), OP 1889 (380)

534 **Wisser, Wilhelm** [Oberl. Dr.]: Das Verhältnis der Minneliederhandschriften B und C zu ihrer gemeinschaftlichen Quelle. Eutin, G. Struves Buchdr., 1889; 42 S. 4°
Eutin, grossh. G, OP 1889 (628)

535 **Witt, Helmuth**: Die Stellung des Apostels Paulus zum mosaischen Gesetz. Halle a. S., Druck d. Buchdr. d. Waisenhauses, 1889; S. 3–12; 4°
Seehausen i. Altm., G, OP 1889 (239)

536 **Wittich, Wilhelm** [Dir. Dr.]: Lehrplan für den Unterricht im Französischen am Realgymnasium zu Cassel . . . Cassel, Druck v. K. Gosewisch, 1889; S. 3–15; 4°
Cassel, st. RG, OP 1889 (374)

537 **Wörmann, Franz:** Der lateinische und griechische Memorierstoff . . . Recklinghausen, Druck v. J. Bauer (1889); 74 S., 1 Bl. 8°
Recklinghausen, G, OP 1889 (342)

538 **Wolf, August Wilhelm** [Oberl. Dr.]: Beiträge zur Theorie und Praxis der Invalidenversicherung. Leipzig, In Komm. d. J. C. Hinrichsschen Buchh., 1889; S. 3–40, 1 Tab. 4°
Leipzig, st. RG, OP 1889 (529)

539 **Wulsch, G.** [Dr.]: De verbis cum praepositione ‚per' compositis apud Livium. I. Barmen, Druck v. Steinborn & Co., 1889; 34 S. 8°
Barmen, RG, OP 1889 (441)

540 **Wunderer, C.** [Dr.]: Bruchstücke einer afrikanischen Bibelübersetzung in der pseudocyprianischen Schrift Exhortatio de paenitentia neu bearbeitet. Erlangen, Druck d. Univ.-Buchdr. v. E. Th. Jacob, 1889; 57 S. 8°
Erlangen, k. StA, P 1889 •

541 **Zelle, Friedr.** [Dr.]: Joh. Wolfg. Franck. Ein Beitrag zur Geschichte der ältesten deutschen Oper. Berlin, R. Gaertners Verlagsbuchh. H. Heyfelder, 1889; 24 S. 4°
Berlin, Humboldts-G, OP 1889 (56)

542 **Zimmermann, Eugenius:** Quaestionum Plautinarum et Terentianarum liber prior. — De verbi posse formis dissolutis. Lörrach, Buchdr. v. C. R. Gutsch, 1889; 24 S. 4°
Lörrach, grossh. G u. RPG, P 1889 (578)

543 **Zimmermann, J.:** Über die Vita S. Willelmi. Mannheim, Druck v. W. Beutel, 1889; 27 S. 4°
Mannheim, grossh. RG, P 1889 (591)

544 **Zimmermann, J.** [Oberl.]: Gedächtnisrede auf den Hochseligen Kaiser Friedrich III. . . . Zeitz, Druck v. C. Brendel, 1889; S. 25–30; 4°
Zeitz, k. Stifts-G, OP 1889 (245)

545 **Zimmermann, Julius** [Oberl.]: Freie Übertragung der Chorlieder aus dem König Ödipus, dem Ödipus auf Kolonos und der Antigone des Sophokles. Zeitz, Druck v. C. Brendel, 1889; S. 1–18; 4°
Zeitz, k. Stifts-G, OP 1889 (245)

546 **Zinzow, Adolf** [Dir. Dr.]: Kaiserrede über Kaisertum und Kaiserreich . . . Pyritz, Druck d. Backe'schen Buchdr., 1889; S. 1–8; 4°
Pyritz, k. Bismarck-G, OP 1889 (181)

547 **Zitscher, Ferdinand** [Rekt. Dr.]: Der Substanzbegriff. Ein Beitrag zur Geschichte und Kritik der philosophischen Grundvorstellungen. ... Forst i. L., Druck v. E. Hoene, 1889; S. 1—22; 4°
Forst i. L., RPG u. PG Georgianum, OP 1889 (110)

548 **Zachau, Hermann** [Dir. Dr.]: Die Entwickelung des höheren Schulwesens der Stadt Schwedt. Aus den Akten kurz dargestellt. Schwedt a. O., Druck v. F. Freyhoff, 1889; S. 3—14; 4°
Schwedt a. O., K. Hohenzollern-G, OP 1889 (84)

549 **Züge, Heinrich** [Oberl. Dr.]: Das Potential eines homogenen Ringkörpers mit elliptischem Querschnitt. Lingen, Druck v. R. van Acken, 1889; 17 S., 1 Taf. 4°
Lingen, K. G Georgianum, OP 1889 (298)

I. Sachregister

2. Orts- und Anstaltenverzeichniss

Aachen, Kaiser-Karls-G . . Nr. 464
k. Kaiser-Wilhelms-G . . . 617
RG 433
R 379
Allenstein, k. G 185
Alsfeld, grossh. R 524
Altenburg, Friedrichs-G . . . 365
herz. RPG 354
Altona, k. Christianeum . . . 196
Amberg, k. StA 371
Andernach, PG 363
Anklam, G 306
Annaberg, k. RG nebst PG . . 179
Ansbach, k. StA 16
Arnsberg, k. Laurentianum . . 425
Arnstadt, fürstl. G 281
Arolsen, RPG 344
Aschaffenburg, k. StA 512
Aschersleben, RG u. G 59
Attendorn, G 195
Augsburg, k. StA bei St. Anna . 17
StA bei St. Stephan 421
k. RG 631

Baden, grossh. G u. HB . . . 192
Bamberg, k. StA 444
Barmen, G 188
RG 539
GwS 6
Bartenstein, k. G 176
Bautzen, k. G 445
R 18
Bayreuth, k. StA 341
Bedburg, rheinische RAk . 221. 540
Belgard, st. G 64
Bensheim, grossh. G 236
Bergedorf, Hansa-S 182
Berlin, Askanisches G 347
französ. G 95
Friedrichs-G 288
Berlin, Friedrichs-Werdersches G . . . . Nr. 505
k. Friedrich-Wilhelms-G u. k. VS 246
Humboldts-G 541
Joachimsth. G 13
G z. grauen Kloster . . . 413
Köllnisches G 302
Königst. G 509
Leibniz-G 578
Lessing-G 256
k. Luisen-G 32
Luisenst. G 171
Sophien-G 187
k. Wilhelms-G 276
Andreas-RG 497
Dorotheenst. RG 496
Falk-RG 440
Friedrichs-RG 134
Königst. RG 23
Luisenst. RG 141
Friedrichs-Werdersche OR . 439
Luisenst. OR 48
k. R (RG) 340
I. st. HB 502
II. st. HB 556
III. st. HB 164
IV. st. HB 119
Charlotten-S 207
Margarethen-S 167
Bernburg, herz. Karls-RG . . . 257
Beuthen, st. kath. G 104
Biedenkopf, k. RPG 523
Bielefeld, G u. RG 209
Birkenfeld, grossh. G 166
Blankenburg a. H., herz. G . . 239
Blaubeuren, ev.-theol. Sm . . . 265
Bochum, st. G 68
st. R 364
Bockenheim, st. R 275

9

Minden, k. ev. G u. RG . . . Nr. 145. 461
Moers, G Adolfinum 188
Montabaur, Kaiser Wilhelms-G . 97
Mühlhausen i. Thür., G u. RPG 114. 518
Mülheim a. Rh. 142
Mülheim a. d. Ruhr, RG 99
München, k. Ludwigs-G 296
k. Luitpold-G 412
k. Maximilians-G 407
k. Wilhelms-G 3
M. Gladbach, G 325
Münnerstadt, k. StA 250
Münster, k. Paulinisches G . . 112
RG 266
Münstereifel, k. G 507

Nakel, k. G 47
Nauen, RPG 419
Naumburg a. S., Dom-G 152
RPG 443
Neisse, k. kath. G 106
Neubrandenburg, G 396
Neuburg a. D., k. StA 318
Neuhaldensleben, G 515
Neumark Westpr., k. PG 279
Neumünster, PG u. RPG 359
Neu-Ruppin, Friedrich-Wilhelms-G 65
Neuss, k. G 76. 495. 496
Neustadt a. d. Haardt, G 27
k. StA 400
Neustettin, k. G 93
Neustrelitz, R 523
Norden, k. Ulrichs-G 470
Nordhausen, G 150. 367
RG 390
Nürnberg, k. StA 436

Oberstein-Idar, R 469
Offenburg, grossh. G 316
Ohrdruf, gräfl. Gleichensches G 280
Oldenburg, grossh. G 80
OR 479
Oldesloe, RPG 12
Oppeln, k. kath. G 460
Osnabrück, k. G Carolinum . . 234
Rats-G 477
Osterode a. H., st. RG 127
Osterode a. H., RG . . . . . Nr. 346
Ostrowo, k. G 22
Otterndorf, k. RPG 475

Paderborn, k. G. Theodorianum 449
Parchim, grossh. Friedrich-Franz-G u. RPG 439
Passau, k. StA 109
Patschkau, st. kath. G 474
Pforta, k. Landes-S 204
Pforzheim, G 402
Pirna, st. R mit PG 458
Plauen i. V., G u. RG 310
Pless, ev. Fürsten-S 334
Posen, Friedrich-Wilhelms-G . 312
k. Marien-G 370
Potsdam, st. R 122
Prenzlau, G 465
Putbus, k. Pd 60
Pyritz, k. Bismarck-G 38. 346

Quakenbrück, RG 81
Quedlinburg, k. G 157

Rappoltsweiler, R 144
Rastenburg, G 450
Ratibor, k. G 259
RPG 259
Ravensburg, k. G 374
Rawitsch, k. RG 240. 252
Recklinghausen, G 527
Regensburg, k. altes G 465
k. neues G 530
Reichenbach, König Wilhelms-S 170
Reutlingen, k. G 113
k. RA 41. 510
Rheinbach, PG 488
Rheine, G Dionysianum 308
Rheydt, R 161
Rietberg, PG Nepomucenum . . 379
Rössel, k. G 177
Rogasen, k. G 84. 296
Rossleben, Kloster-S 19
Rostock, G u. RG 249
Rottweil, k. G 11
Rudolstadt, fürstl. G u. RPG . 308
Ruhrort, RG 471

Jahres-Verzeichniss

der

an den Deutschen Schulanstalten erschienenen Abhandlungen

II

1890

BERLIN
Verlag von A. Asher & Co.
1891

DRUCK VON H. S. HERMANN IN BERLIN

Abkürzungen

A = Anstalt
B = Bürgerschule
G = Gymnasium
GwS = Gewerbeschule
h. = höhere
HB = Höhere Bürgerschule
HM = Höhere Mädchenschule
HT = Höhere Töchterschule
K = Kollegium
k. = königlich
kais. = kaiserlich
L = Lyceum
LS = Lateinschule
MP = Michaelis-Programm
OP = Oster-Programm
OR = Ober-Realschule
P = Progamm
Pd = Paedagogium
PG = Progymnasium
R = Realschule
RA = Real-Anstalt
RAk = Ritter-Akademie
RG = Real-Gymnasium
RPG = Real-Progymnasium
S = Schule
Sm = Seminar
st. = städtisch
StA = Studien-Anstalt
VS = Vorschule

* ist den Programmen der bayerischen Anstalten,
** den nicht durch den Tauschverkehr eingegangenen Abhandlungen nachgesetzt.

Abhandlungen

der

Deutschen Schulschriften

1890

1 **Asbach,** *Caspar Wendelin Julius* [Rekt. Dr.]: Gliederung des Unterrichtsstoffes für die Geschichte der neuesten Zeit. Prüm, P. Plaum'sche Buchdr. (1890); S. I—VIII; 4°
Prüm, PG, P 1890 (448)

2 **Assmus,** Adolf [Dir. Dr.]: Zur Einführung in die Odyssee. Merseburg, Druck v. Hottenroth & Schneider (1890); 31 S. 4°
Merseburg, Dom-G, OP 1890 (234)

3 **Atzler,** Felix [Oberl.]: Qu in den germanischen Sprachen und sein Wechsel mit p. — Weitere Bruchstücke zur deutschen Etymologie. (Forts. d. P-Beil. 1889.) Barmen, Druck v. D. B. Wiemann, 1890; 11 S. 4°
Barmen, GwS, P 1890 (463)

4 **Babucke,** *Heinrich* [Dir. Dr.]: Der Umzug in das neue Schulgebäude. Königsberg, Hartungsche Buchdr., 1890; S. 20—23; 4°
Königsberg in Pr., Altstädtisches G, OP 1890 (9)

5 **Badke,** Otto [Oberl. Dr.]: Form und Bedeutung der Personalpronomina. Stralsund, Druck d. k. Regier.-Buchdr., 1890; S. 1—26; 4°
Stralsund, RG, OP 1890 (144)

6 **Baerwald,** (Hermann) [Dir. Dr.]: Veränderte Benennung der Schule. Frankfurt a. M., Druck v. Kumpf & Reis, 1890; S. 21—28; 4°
Frankfurt a. M., R d. israel. Gemeinde (Philantropin), OP 1890 (390)

7 **Baetgen,** Ludwig: Schriftliche Arbeiten im neusprachlichen Unterricht. Eisenach, Hofbuchdr., 1890; S. 3—34; 4°
Eisenach, großh. RG, OP 1890 (658)

8 **Bahl, Christian:** Beiträge zur Geschichte Limburgs in der Zeit der Dynasten, unter Benutzung der Archivalien des städtischen Archivs in Limburg. — II. Gerlach II. 1312—1355. (Forts. d. P-Beil. 1889.) Limburg, G. A. Schlinck's Druckerei, 1890; S. 3–51; 4°
Limburg, RPG u. PG, OP 1890 (411)

9 **Ball, Hermann:** Die Bekanntschaft römischer Schriftsteller mit Herodot. (Forts. ersch. im Laufe d. J.) Berlin, Druck v. M. Oldenbourg, 1890; 1 Bl., 24 S. 4°
Berlin, k. Joachimsthalsches G, P 1890 (59)

10 **Bandow, Karl** [Dr., Prof. u. Dir.]: Zur Geschichte der Luisenstädtischen Oberrealschule (Gewerbeschule) während der ersten fünfundzwanzig Jahre ihres Bestehens. Berlin, R. Gaertners Verlagsbuchh., 1890; 89 S. 4°
Berlin, Luisenst. OR, OP 1890 (101)

11 **Bangert, Friedrich** [Rekt. Dr.]: Ein Inventar der Oldesloer Kirchenkleinode vom Jahre 1480. Oldesloe, Druck v. J. Schütze, 1890; S. 3–11; 4°
Oldesloe, RPG, OP 1890 (289)

12 **Bartels, Paul** [Dr.]: Über geographische Grössenverhältnisse im Unterricht. Flensburg, gedr. in d. Buchdr. v. L. P. H. Maass, 1890; S. 15–32, 1 Taf. 8°
Flensburg, st. HM, OP 1890 **

13 **Barwinski, Bernhard** [Dr.]: Quaestiones ad Dracontium et Orestis tragoediam pertinentes. Pars III. De rationibus prosodiacis et metricis. (Quaestio I: Inaug.-Diss. Gött. 1887; II: P-Beil. 1888.) Deutsch-Krone, P. Garms'sche Buchdr., 1890; S. 3–10; 4°
Deutsch-Krone, k. kath. G, OP 1890 (27)

14 **Bauer,** *Otto Ludwig Karl Gottgetreu* [Dir.]: *Ansprache beim Gedenkfest der 800jähr. Regierung der Wettiner in den sächsischen Landen. Meerane, Druck v. J. Sievers* (1890); S. 27–35; 4°
Meerane i/S., R, OP 1890 (558)

15 **Baumann, Karl** [Prof.]: Römische Denksteine und Inschriften der Vereinigten Altertums-Sammlungen in Mannheim. Mannheim, Druck v. J. P. Walther, 1890; 65 S., 2 Taf. 4°
Mannheim, grossh. G, MP 1889 (579) [statt 1890 [illegible]]

16 **Baumann, Eduardus** [Lehramtspraktikant]: Quaestionum Terentianarum liber prior. — De Terentiano verbi substantivi usu ita agitur, ut generalis quae ad ellipsin huius verbi pertinet quaestio accurate tractetur. Mannheim, Druck v. Wendling Dr. Haas & Co., 1890; XLV S. 4°
Mannheim, gr. RG, MP 1890 (609)

17 Baumert, Paul [Dr.]: Ueber die ultraelliptischen Integrale der dritten Ordnung II. (Forts. d. P-Beil. 1887.) Striegau, Druck v. P. Tschörner (1890); 1 Bl., 20 S. 4°
Striegau, st. PG, OP 1890 (202)

18 Baunack, Johannes [Dr. Oberl.]: Aus Epidauros — Eine epigraphische Studie. (Ersch. vollst. im Verl. v. S. Hirzel.) Leipzig, Druck v. O. Dürr, 1890; 1 Bl., 20 S. 4°
Leipzig, Nicolai-G, OP 1890 (533)

19 Bech, Karl: Zur Verfassungsgeschichte des Rheinbunds. Mainz, Buchdr. v. H. Prickarts (1890); 48 S. 4°
Mainz, grossh. RG u. R, OP 1890 (627)

20 Becker, Joseph: Die Entwicklung der Dienerrolle bei Molière. Straßburg, Buchdr. v. E. Bauer, 1890; S. 3—17; 4°
Straßburg, bischöfl. G an St. Stephan, P 1890 (511)

21 Beckhaus, Hubert [Dir. Dr.]: Zu Schillers Jungfrau von Orleans. Ostrowo, T. Hoffmanns Buchdr. (1890); S. 3—27; 4°
Ostrowo, k. G, OP 1890 (153)

22 Beermann, Ernst [Dr.]: Studien zu Schleyers Weltsprache Volapük. Ratibor, Riedingers Buch- u. Steindr., 1890; 20 S. 4°
Ratibor, k. ev. G, OP 1890 (197)

23 Beiling, Eduard [Oberl. Dr.]: Die Versmasse in Goethes Pandora. Bromberg, Buchdr. v. A. Dittmann, 1890; S. 11—17; 4°
Bromberg, k. G, OP 1890 (145)

24 Berbig, Friedrich [Rekt. Dr.]: *Rede zur Weihe des neuen Schulbanners am Sedantage 1889.* Crossen a. O., Buchdr. v. R. Zeidler (1890); S. 14—15; 4°
Crossen a. O., RPG u. PG nebst VS-Klasse, OP 1890 (118)

25 Berndt, Theodor [Oberl. Dr.]: Kritische Bemerkungen zu Griechischen und Römischen Schriftstellern. (Herford, Buchdr. v. Gebr. Heidemann, 1890); S. 1—10; 8°
Herford, ev. Friedrichs-G, Festschr. 1890 [=1891 (347)] ••

26 Bernhard, Julius Adolf [Prof. Dr., Rekt.]: Über Ciceros Rede von den Konsularprovinzen. Dresden, Druck v. B. G. Teubner, 1890; S. 3—28; 4°
Dresden, Vitzthumsches G, OP 1890 (527)

27 Bernhardt, *Emanuel* [Dir.]: Zur Geschichte des Gymnasiums zu Weilburg in den letzten 50 Jahren. Festschrift... Wiesbaden, Druck v. K. Ritter, 1890; 67 S. 4°
Weilburg, k. G, Festschr. 1890 (387)

28 Berling, (Oscar) [Prof. Dr.]: (Lektionarium für das Schuljahr 1890/91.) Torgau, Druck v. F. Lebinsky, 1890; S. 27—28; 4°
Torgau, G, OP 1890 (247)

29 Beschreibung des neuen Schulgebäudes. (Aus d. städtischen Baubureau.) Königsberg, Hartungsche Buchdr., 1890; S. 34—35; 4°
Königsberg in Pr., Altstädtisches G, OP 1890 (9

30 Besser, Moritz: Ludwig der Bayer und Friedrich von Oesterreich im März und April 1325. Altenburg, Druck v. O. Bonde (1890); S. 1—15; 4°
Altenburg, Friedrichs-G, OP 1890 (669)

31 Bethge, Ricardus [Dr.]: De Septem adversus Thebas fabulae Aeschyleae episodio altero. Berlin, R. Gaertners Verlagsbuchh., 1890; 28 S. 4°
Berlin, IV. st. HB, OP 1890 (111)

32 Betle, Karl [Dr.]: Der hebräische Unterricht auf dem Gymnasium. Erster Teil: Berechtigung des Unterrichts und Methode desselben auf der unteren Stufe. Rheine, Druck v. J. Altmeppen, 1890; S. 3—24; 4°
Rheine, G Dionysianum, P 1890 (354)

33 Beyer, *Paul* [Dr.]: Krystallographische Untersuchungen von Terpenderivaten. Breslau, Druck v. Grass, Barth u. Comp. (1890); 28 S. 4°
Breslau, st. ev. G zu St. Elisabet, OP 1890 (167)

34 Bieler, Johannes: Über die Echtheit des Lucianischen Dialogs de Parasito. Hildesheim, Druck v. Gebr. Gerstenberg, 1890; S. 3—23; 4°
Hildesheim, k. G Andreanum, OP 1890 (301)

35 Biese, Alfred [Dr.]: Das Associationsprincip und der Anthropomorphismus in der Aesthetik. Ein Beitrag zur Aesthetik des Naturschönen. Kiel, Druck v. Schmidt & Klaunig, 1890; 34 S. 4°
Kiel, Gelehrten-S, OP 1890 (275)

36 Blade, Otto [Dr.]: Ein Blick in das römische Schulwesen. *Steglitz, Druck v. G. Loper* (1890); S. 23—37; 4°
Steglitz, PG, Festschr. 1890 ••

37 **Bindseil**, Theodor [Prof. Dr Dir.]: Von Agrigent nach Syrakus Reiseerinnerungen. Seehausen i. d. A., *Druck d. R. Schröterschen Buchdr.*, 1890; 27 S. 4°
Seehausen i. d. A., G, GP 1890 (245)

38 **Bindseil**, Theodor [Prof. Dr Dir.]: *Antrittsrede, geh. am 29. Apr. 1889.* Seehausen i. d. A., Druck d. R. Schröterschen Buchdr., 1890; S. 17—19. 4°
Seehausen i. d. A., G, GP 1890 (245)

39 **Binhack**, Franz: Die Gründung der Cisterzienser-Abtei Waldsassen nebst den Erzählungen aus dem Leben Waldsassener Mönche und der Geschichte der Dreifaltigkeitskirche nach gedruckten und ungedruckten Quellen. Eichstätt, Druck v. M. Däntler, 1890; 92 S. 8°
Eichstätt, k. StA, P 1890 *

40 **Blascke**, J. *Heinrich*: A few Steps to a complete Dictionary of English Dialects. Hamburg, gedr. bei Lütcke & Wulff, 1890; 1 Bl., VIII, 48 S. 4°
Hamburg, HB, OP 1890 (717)

41 **Bock** [Oberl.]: Probe einer Uebersetzung des Homer. Neu-Strelitz, Druck d. Hellwig'schen Hofbuchdr., 1890; 1 Bl., 30 S. 4°
Neu-Strelitz, G Carolinum, OP 1890 (648)

42 **Böhck**, *Albert* [Oberl.]: Über die Anfänge des englischen Dramas. Breslau, Druck v. Grass, Barth & Co., 1890; S. 8—17. 4°
Breslau, ev. HB I, OP 1890 (215) **

43 **Boetticher**, Gotthold [Dr., Oberl.]: Die Erfüllung der alttestamentlichen Weissagung in Christo als Gesichtspunkt für die Behandlung des Matthäusevangeliums auf der Oberstufe. Berlin, R. Gaertners Verlagsbuchh., 1890; 28 S. 4°
Berlin, Lessing-G, OP 1890 (63)

44 **Bohm**, Hermann [Oberl.]: Zur deutschen Metrik. Berlin, R. Gaertners Verlagsbuchh., 1890; 30 S. 4°
Berlin, II. st. HB, OP 1890 (100)

45 **Bonstedt**, Ernst [Dir. Dr.]: *Die Einweihung der neuen Klassenräume im Hauptgebäude am 11. Nov. 1889.* Danzig, Druck v. E. Groening, 1890; S. 16—17; 4°
Jenkau bei Danzig, RPG (v. Conradisches Prov.-Schul- u. Erz.-Inst.), OP 1890 (50)

46 **Borbeck**, Georg [Dr., Oberl.]: Aufgaben zum Übersetzen ins Griechische im Anschluß an Lysias. Leipzig, G. Fock (1890); 26 S. 8°
Groß-Glogau, k ev G, GP 1890 (179)

47 **Borgmann**, Ferdinand: Übungsstoff für den englischen Unterricht in Sexta. Geestemünde, Druck v. Schaefer & Co., 1890; 2 Bl., 67 S. 8°
Geestemünde, HB, PG u. VS, OP 1890 (326)

48 **Borowski**, *Friedrich Wilhelm* [Oberl.]: Fragen zur Erklärung der deutschen Gedichte unseres Kanons. II. Teil: Gedichte für Unter- und Obertertia. (Forts. d. P-Beil. 1889.) Danzig, A. Müller vorm. Wedel'sche Hofbuchdr., 1890; 16 S. 4°
Culm, k. kath. G, OP 1890 (29)

49 **Brägelmann** [Dr.]: Die Geschichte der Seeschiffahrt. (1. Teil.) (Umschl.-Tit.: . . . Fortsetzung der Abhandlung v. J. 1885 (: Die vom Mittelalter zur Neuzeit überleitenden Ereignisse . . . ; II.) Vechta, Druck v. C. H. Fauvel (1890); 43 S. 8°
Vechta, G, P 1890 (655)

50 **Brandenburg**, A. F. Otto [Bürgermeister]: Rede gehalten bei der Einführung des Gymnasialdirektors Dr. Rudolf Peppmüller am 25. April 1889. Stralsund, Druck d. k. Regier.-Buchdr., 1890; S. 1–5; 4°
Stralsund, G, OP 1890 (140)

51 **Brandt**, Paul [Dr.]: Zur Entwickelung der Platonischen Lehre von den Seelenteilen. Leipzig, Druck v. B. G. Teubner, 1890; 36 S. 4°
M. Gladbach, G m. Real-Parallel-Klassen, P 1890 (437)

52 **Breitenbach**, O. [Dr., Oberl.]: Das Land Lebus unter den Piasten. Teil I. (Die Forts. ersch. im Verl. von M. Geelhaar (B. Trebs) in Fürstenwalde a. Spree.) Fürstenwalde Spree, Druck v. H. Richter (1890); 45 S. 8°
Fürstenwalde, st. G, OP 1890 (77)

53 **Brenning**, Paul: Erklärendes Verzeichnis der dem Gräflich Stolberg'schen Gymnasium zu Wernigerode gehörenden Gipsabgüsse nach antiken Bildwerken. Wernigerode, Harz, Druck v. B. Angerstein (1890); 1 Bl., 19 S. 4°
Wernigerode, Gräflich Stolberg'sches G, OP 1890 (249)

54 **Breuer**, Peter Joseph [Rekt.]: Die Lehre von den Logarithmen, nach vorwiegend suchendem Lehrverfahren behandelt. Leipzig, Druck v. B. G. Teubner, 1890; V, 50 S. 4°
Wipperfürth, PG, P 1890 (459)

55 **Brocks**, Emil [Dir. Dr.]: Die sapphische Strofe und ihr Fortleben im lateinischen Kirchenliede des Mittelalters und in der neueren deutschen Dichtung. Marienwerder, Druck d. R. Kanter'schen Hofbuchdr., 1890; S. 1–37; 4°
Marienwerder, k. G, P 1890 (37)

56 **Bruchmann,** *Carl* F. H.: Beiträge zur Ephoros-Kritik. I. Breslau, Druck v. O. Gutsmann (1890); S. 3—17; 4°
Breslau, k. König-Wilhelms-G, P 1890 (172)

57 **Brunnemann,** *Karl Otto Martinus* [Dir. Dr.]: Die Elbinger höhere Bürgerschule 1845—1859. (Forts. d. P-Beil. 1888, 89.) Elbing, Wernich'sche Buchdr. (1890); S. III—XV; 4°
Elbing, st. RG, OP 1890 (46)

58 **Buchenau,** *Franz* [Dir. Prof. Dr.]: Zwei Abschnitte aus der Praxis des botanischen Unterrichtes. 1. Über den falschen Gebrauch der Hauptwörter in der Benennung der Blütenstände und Früchte. — 2. Das Linnésche System in den Schulen. Bremen, Druck v. A. Guthe, 1890; S. 3—24; 4°
Bremen, R beim Doventhor, OP 1890 (710

59 **Buchheim,** R. [Oberl.]: Zum deutschen Unterricht. Zittau, Druck v. Neholsa & Böhme, 1890; S. 1—22; 4°
Zittau, k. RG m. h. Handels-S, OP 1890 (549)

60 **Buchholz,** Robert [Dir.]: Bedenken über die Führung der Handlung in Lessings Lustspiele Minna von Barnhelm. Erster Teil: Die Exposition und die Haupthandlung. Rössel, Druck v. B. Kruttke (1890); S. I—XXIV; 4°
Rössel, k. G, P 1890 (16)

61 **Büchner,** Otto [Dr.]: Prof. Dr. Hugo von Ritgen. Ein Lebensbild. Gießen, C. v. Münchow, Univ.-Buch- u. Steindr., 1890; S. 3—8; 4°
Gießen, großh. RG u. R, OP 1890 (625)

62 **Büsch,** Theodor: Rede am Allerhöchsten Geburtstage Seiner Majestät des Kaisers und Königs. Malmedy, H. Scius-Stoose (1890); S. III—VIII; 4°
Malmedy, PG, OP 1890 (442

63 **Büttner-Wobst,** Theodorus [Oberl. Dr.]: Studia Byzantina. Particula I. Dresden, Lehmann'sche Buchdr., 1890; S. III—XXI; 4°
Dresden, G zum heiligen Kreuz, OP 1890 (526)

64 **Buka,** Felix [Dr., Oberl.]: Elemente der kinematischen Geometrie des zweigliedrigen ebenen Systems. Charlottenburg, *Druck v. W. Pormetter in Berlin*, 1890; IV, 27 S., 2 Taf. 4°
Charlottenburg, st. RG, OP 1890 (103)

65 **Bullmer,** *Johann Heinrich*: Lehrplan für den Betrieb der Leibesübungen am Realgymnasium zu Borna. Borna, Druck v. R. Noske, 1890; S. 3—31; 4°
Borna, st. RG, OP 1890 (542)

66 Busch, Friedrich [Oberl.]: Beobachtungen über die atmosphärische Polarisation. Arnsberg, Druck v. F. W. Becker, 1890; S. I—XXXXVIII, 1 Taf. 4°

Arnsberg, k. Laurentianum, OP 1890 (367)

67 Busche, E.: Grundzüge einer rechnenden Geometrie der Lage. Bergedorf bei Hamburg, gedr. in E. Wagners Buchdr., 1890; S. 3—19: 4°

Bergedorf bei Hamburg, Hansa-S, OP 1890 (713)

68 Butz, Wilhelm [Dir.]: Beiträge zur Geschichte der ersten 25 Jahre der Albinusschule (Realprogymnasium) zu Lauenburg a. d. Elbe. Lauenburg, Druck v. Gebr. Borchers, 1890; S. 5—48; 8°

Lauenburg a. d. Elbe, Albinus-S (RPG), Festschr. 1890 (287)

69 Callier, O.: Probe eines polnisch-deutschen Supplement-Wörterbuches zu den Wörterbüchern von Linde, Bandtke, Mrongovius und Trojański, zunächst aus den Werken des Mickiewicz. *Görlitz* (1889); 18 S. 4°

Görlitz, st. G u. RG, Festschr. 1889 [1890 (180)]

70 Capeller, Gustav: Die wichtigsten aus dem Griechischen gebildeten Wörter (mots savants) der französischen und englischen Sprache, zusammengestellt und etymologisch erklärt. II. Teil. (Forts. d. P-Beil. 1889.) Gumbinnen, gedr. bei W. Krauseneck, 1890; S. 25—44: 4°

Gumbinnen, st. RPG, OP 1890 (23)

71 Caspers [Oberl. Dr.]: *Rede zur Feier des Geburtstages Sr. Majestät des Kaisers Wilhelm II.* (Aus d. Hagenauer Zeitung.) Hagenau, F. Gilardone'sche Buchdr. (1890); S. 22—25; 4°

Hagenau, G u. R, MP 1890 (609)

72 Castendyck, *Wilhelm* [Oberl. Dr.]: Katalog der Lehrerbibliothek des Städtischen Realgymnasiums zu Elberfeld. Nach Fächern geordnet und zusammengestellt. Elberfeld, gedr. bei S. Lucas (1890); 6 Bl., 214 S. 8°

Elberfeld, RG, OP 1890 (479)

73 Chadzinski, A.: Tabellarische Übersicht über das Wachstum der Bevölkerung des Regierungsbezirks Marienwerder in den Jahren 1867—85. Strasburg W.-Pr., Buchdr. v. A. Fuhrich (1889); 41 S. 4°

Strasburg W.-Pr., k. G, P 1890 (42)

74 Conrads, *Friedrich* [Prof. Dr.]: *Festode zur Feier des 25jährigen Bestehens des Realgymnasiums in Essen am 12. Okt. 1889.* Leipzig, Druck v. Hesse & Becker, 1890; S. 60; 4°

Essen, k. G, P 1890 (434)

75 Coordes, G.: Geographische Länderwappen und Briefmarken. (Auch ein Beitrag zur gelegentlichen Belebung des geographischen Unterrichts.) Cassel, Druck v. H. Stöhr, 1890; S. 3–16; 4°
Cassel, st. HM, OP 1890 ••

76 Coordes, G.: Das Wappen der Stadt Cassel. Cassel, Druck v. H. Stöhr, 1890; S. 9; 4°
Cassel, st. HM, OP 1890 ••

77 Corssen, Peter: Die Altercatio Simonis Iudaei et Theophili Christiani auf ihre Quellen geprüft. Jever, Druck v. C. L. Mettcker & Söhne, 1890; 1 Bl., 24 S. 4°
Jever, grossh. Marien-G, P 1890 (658)

78 Cramer, Franz [Dr., Dir.]: Caesar und seine Zeit bis zum Beginn des Gallischen Krieges. (Zur Einführung in die Comment. de B. G.) Mülheim am Rhein, Druck v. C. G. Künstler Wwe., 1890; 29 S. 4°
Mülheim am Rhein, RG, P 1890 (475)

79 Craeger, Paul [Hülfsl.]: Die Bedingung des Druckmaximums für eine durch den Stoss einer strömenden Flüssigkeit in Kreisbahn fortbewegte Fläche und die Verwertung des Ergebnisses für die Konstruktion von Wind- bezw. Wasserrädern und Propellern. Stolp, F. W. Feige's Buchdr., 1890; 31 S., 2 Taf. 4°
Stolp, st. G u. RPG, P 1890 (139)

80 Curtze, M. [Prof.]: Kommentar zu dem „Tractatus de numeris datis" des Jordanus Nemorarius Buch I und II. (Buch 2 folgt im nächsten P.) Thorn, gedr. in d. Ratsbuchdr. v. E. Lambeck, 1890; S. 1–19; 4°
Thorn, k. G m. RG, P 1890 (48)

81 Daehne, Julius [Prof.]: Das Realprogymnasium (früher Realschule, ehemals Erste Bürgerschule) in Altenburg von 1850 bis 1890. *Altenburg, Pierer'sche Hofbuchdr. S. Geibel & Co.* (1890); 20 S. 4°
Altenburg, herz. RPG, OP 1890 (670)

82 Dangel, Max [Dir.]: Bericht über die Feier des fünfzigjährigen Jubiläums der Anstalt. Tilsit, gedr. bei J. Reylaender & Sohn, 1890; S. 8–23; 4°
Tilsit, k. RG, OP 1890 (22)

83 Darpe, Franz [Oberl. Prof. Dr.]: Geschichte der Stadt Bochum. III. Urkundenbuch. B. Neuzeit. (Forts. d. P-Beil. 1888 u. 1889.) Bochum, Druck v. W. Stumpf, 1890; 2 Bl., S. 103*–214*; 8°
Bochum, st. G, P 1890 (340)

84 Deecke, W. [Dr., Dir.]: Beiträge zur Auffassung der lateinischen Infinitiv-, Gerundial- und Supinum-Konstruktionen. Mülhausen i. E., Buchdr. v. Wenz & Peters, 1890; 50 S. 4°
Mülhausen im Elsaß, G, HP 1890 (504)

85 Denhan, Hermann: Kanon zum Erlernen der Geschichtszahlen. Bockenheim, Buchdr. F. Kaufmann & Co., 1890; S. 1–8; 4°
Bockenheim, st. R, P 1890 (389)

86 Detlefsen, *Detlef* [Dir. Prof. Dr.]: Geschichte des Königlichen Gymnasiums zu Glückstadt. 1. Von der Gründung der Stadt im Jahre 1617 bis zur Einsetzung des Collegium Scholasticum im Jahre 1747. Glückstadt, Druck v. J. J. Augustin, 1890; 24 S. 4°
Glückstadt, k. G, OP 1890 (272)

87 Deutelmoser [Kreisschulinspekt. Pfarrer]: *Ausschreiben über die Erziehung der Kinder zu sinniger Betrachtung der Natur.* Danzig, A. Müller vorm. Wedel'sche Hofbuchdr., 1890; S. 13–14; 4°
Culm, k. kath. G, OP 1890 (28)

88 Dietrich, Otto [Dr.]: Beiträge zur Geschichte Arnolfs von Kärnthen und Ludwigs des Kindes. Berlin, Druck v. A. Haack, 1890; 30 S. 4°
Berlin, Collège Royal Français, OP 1890 (64)

89 Dirichlet, Georg Lejeune [Dr.]: Der Philosoph Seneca als Quelle für die Beurteilung der ersten römischen Kaiser. Königsberg, Hartungsche Buchdr., 1890; S. 1–32; 4°
Königsberg in Pr., Kneiphöfisches Stadt-G, OP 1890 (10)

90 Dissel, Karl [Oberl. Dr.]: Philipp von Zesen und die Deutschgesinnte Genossenschaft. Hamburg, gedr. bei Lütcke & Wulff, 1890; 1 Bl., 66 S. 4°
Hamburg, Wilhelm-G, OP 1890 (718)

91 Dix, *Franz* [Dir. Dr.]: Aus dem Leben der Kaiserin Augusta. Rede zum Gedächtnis der Kaiserin Augusta, gehalten zur Feier des Geburtstags Sr. Majestät des Kaisers 1890 . . . Flensburg, gedr. in d. Buchdr. v. L. P. H. Maass, 1890; S. 3–14; 8°
Flensburg, st. HM, OP 1890 **

92 Draeger, *Anton* [Dir. Dr.]: Zur Lexikographie der lateinischen Sprache. Aurich, Druck v. H. W. H. Tapper & Sohn, 1890; 16 S. 8°
Aurich, k. G, OP 1890 (292)

93 Dräseke, Johannes [Oberl. Dr.]: Johann Rist als Kaiserlicher Hof- und Pfalzgraf. Wandsbeck, Druck v. F. Puvogel, 1890; S. I–XXII; 4°
Wandsbeck, G m. RPG, OP 1890 (282)

94 **Drewes**, *Ludwig* [Dir.]: Rede bei der Trauerfeier für den Oberlehrer A. Haspelmacher († 13. Aug.) am 16. Aug. 1890. Helmstedt, Druck v. J. C. Schmidt, 1890; S. 23—24; 4°
Helmstedt, herz. G, OP 1890 (679)

95 **Duchâteau**, Otto [Dr.]: Der französische Unterricht nach Dr. O. Steinbart's Elementarbuch. (Fortsetzung und Schluß.) (Forts. d. P-Beil. 1889.) Magdeburg, Druck v. C. Baensch jun., 1890; 1 Bl., 32 S. 4°
Magdeburg, Guericke-S (OR m. RG), OP 1890 (259)

96 **Dühr** [Dr.]: Zur Theorie der Stellung des französischen Adjektivs. Stendal, Druck v. Franzen & Grosse's Verl., 1890; 1 Bl., 18 S. 4°
Stendal, G, OP 1890 (246)

97 **Ebinger**, (Julius) [Dir. Dr.]: Über die neuesten Reformbestrebungen auf dem Gebiete des höheren Schulwesens, insbesondere über die Einheitsschule, ein Vortrag, gehalten am 18. November 1889 . . . Luckau, Druck d. Entleutner'schen Buchdr., 1890; S. 8—19; 4°
Luckau, L G, P 1890 (83)

98 **Edler**, Otto [Dr.]: Darstellung und Kritik der Ansicht Lessings über das Wesen der Fabel. Herford, Buchdr. v. Gebr. Heidemann, 1890; S. 1—23; 8°
Herford, ev. Friedrichs-G, Festschr. 1890 [= 1891 (347)] ••

99 **Ehrhardt**, Gustav [Dr.]: Über Interpolationen in Aristophanes' Wespen. Görlitz, Druck d. Görlitzer Nachrichten u. Anzeiger, 1890; S. 3—22; 4°
Rossleben, Kloster-S, P 1890 (241)

100 **Eichner**, Max [Dr.]: Über die lateinische Lektüre in Quarta. Meseritz, Buchdr. v. P. Matthias, 1890; 1 Bl., 22 S. 4°
Meseritz, k. G, OP 1890 (146 statt 151)

101 **Eickhoff**, *Hermann* [Dr., Oberl.]: Das neue Testament des Clemens Alexandrinus. Ein Beitrag zur Geschichte des neutestamentlichen Kanons. Schleswig, Druck d. Buchdr. d. Taubstummen-Anst., 1890; 1 Bl., 24 S. 4°
Schleswig, k. Dom-S (G m. RPG), OP 1890 (281)

102 **Eilker**, *Georg* [Rekt. Prof. Dr.]: Das neue Schulgebäude und dessen Einweihungsfeier. Geestemünde, Druck v. Remmler & v. Vangerow, 1890; S. III—VIII; 4°
Geestemünde, HB, PG u. VS, OP 1890 (298)

103 Die Einweihung des neuen Gymnasiums in Saarburg. (Aus: Straßburger Post. Nr. 213.) Saarburg, Druck v. Wwe. Morin, 1890; S. 16–17; 4°
Saarburg, G, MP 1890 (506)

104 Eitle [Prof.]: Grundlinien zu einer Theorie der Erkenntnis. Urach, Druck d. F. Bühler'schen Buchdr., 1890; S. 3–45; 4°
Urach, k. ev.-theol. Sm, P 1890 (572)

105 Eitner, Gustav [Dr., Dir.]: Aus: Goethes Frauengestalten. (Probe aus einer grösseren, noch nicht veröffentlichten Arbeit). *Görlitz* (1890); S. 3–23; 4°
Görlitz, st. G u. RG, Festschr. 1889 [1890 (180)]

106 An das Elternhaus. Essen, Druck v. G. D. Bädeker, 1890; S. 5–6; 8°
Essen, st. HT II, OP 1890 ••

107 Endemann [Dir. Prof. Dr.]: *Antrittsrede, geh. am 10. Okt. 1889.* Celle, Druck v. W. Grossgebauer, 1890; S. 12–14; 4°
Celle, st. RG, OP 1890 (314)

108 Engelmann, Heinrich: Die Unregelmäßigkeiten des lateinischen Nomens. (Bingen a. Rh., Druck v. O. Boryszewski, 1890); S. 19–30; 4°
Bingen a. Rhein, großh. R, P 1890 (628)

109 Engels, Karl Hubert [kommissar. Lehrer]: Über die Einwirkung von gasförmigem Phosphorwasserstoff auf Aldehyde, Ketone und Ketonsäuren. Aachen, Druck v. A. Jacobi & Co., 1890; S. I–XXV; 4°
Aachen, st. RG, OP 1890 (460)

110 Eusert, Otto: Bueves de Commarchis, chanson de geste par Adenes le Roi. Königsberg in Pr., Buchdr. v. R. Leupold, 1890; S. 3–16; 4°
Königsberg in Pr., Löbenichtsche HB, OP 1890 (24)

111 Faber, Johannes [Hülfsl. Dr.]: Adnotationes ad Thuc. l. III, cap. 82 et 83 spectantes. Warburg, Druck d. M. Schilpschen Buchdr., 1890; S. 3–19; 4°
Warburg, G, P 1890 (357)

112 Feit, Bruno [Dr.]: Das Ohm'sche Gesetz in der Schule. Northeim, gedr. bei W. A. Röhrs, 1890; S. 3–12; 4°
Northeim, RPG, OP 1890 (338)

113 Fick, Joseph: Kritische und sprachliche Untersuchungen zu Lukan. Straubing, C. Attenkofersche Buchdr., 1890; 55 S. 8°
Straubing, k. Stdl, P 1890 •

114 **Fiebiger**, Ernst [Dr.]: Über die Selbstverleugnung bei den Hauptvertretern der deutschen Mystik des Mittelalters. (Umschl.-Tit.: . . . 2. Teil.) (Forts. d. P-Beil. 1889.) *Brieg, Buchdr. E. Kirchner* (1890); S. 3–40; 4°
Brieg, k. G, P 1890 (173)

115 **Finsterbusch**, Johannes [Oberl.]: Beitrag zur synthetischen Geometrie ebener Kreissysteme und damit im Zusammenhange stehender höherer Kurven. (Fortsetzung des Programms No. 548 vom J. 1888.) I. Abschnitt. Die Kreisverwandtschaft in perspektivischer Lage. II. Inversion (Fortsetzung) mit besonderer Berücksichtigung der selbstinversen Kurven und Enveloppen der Kreisbüschel. *Werdau, Druck v. J. Boock & Comp.* (1890); 2 Bl., S. 41–83; 8°
Werdau, R, P 1890 (570

116 **Fischer**, F. H. G.: Ausgewählte Abschnitte aus einer Synthetischen Geometrie der Kegelschnitte. Leipzig, Druck v. C. G. Naumann (1890); 1 Bl., 88 S., 1 Taf. 4°
Leipzig, st. R, OP 1890 (559)

117 **Fleck**, Felix: Zusammenstellung der Lehrbücher und Lehrpläne der Geographie der höheren Lehranstalten der Provinz Hessen-Nassau und des Fürstentums Waldeck. Fulda, J. L. Uth's Hofbuchdr., 1890; S. 23–43; 4°
Fulda, RPG, OP 1890 (408)

118 **Flierle**, Joseph: Ueber Nachahmungen des Demosthenes, Thucydides und Xenophon in den Reden der Römischen Archäologie des Dionysius von Halicarnass. München, akad. Buchdr. v. F. Straub, 1890; 85 S. 8°
München, k. Ludwigs-G, P 1890

119 **Floeckner**, Carl [Prof. Dr. theol.]: Der Triumphgesang am Schilfmeer (Exod. 15) ausgelegt und kritisch untersucht. Beuthen O.-S., Druck v. B. Wylezol & Co., 1890; 1 Bl., 24 S. 4°
Beuthen O.-S., k. G, OP 1890 (166)

120 **Förster**, Paul [Oberl. Dr.]: Der Einfluss der Inquisition auf das geistige Leben und die Litteratur der Spanier. Berlin, Druck v. A. W. Hayn's Erben (1890): S. 3–24; 4°
Berlin, k. R (RG), OP 1890 (92)

121 **Föste**, Karl [Oberl. Dr.]: Zur Theologie des Berthold von Regensburg. Zwickau, Druck v. R. Zückler, 1890; 1 Bl., 27 S. 4°
Zwickau, G, OP 1890 (540)

122 **Follmann, M. F.** [Oberl.]: Die Mundart der Deutsch-Lothringer und Luxemburger. II. Teil: Vocalismus. (Forts. d. P-Beil. 1886.) Metz, Buchdr. P. Even, 1890; 23 S. 4°

Metz, R, MP 1890 (517)

123 **Frahnert, W.** [Dr, Oberl.]: Demonstratio nova theorematis omnem functionem algebraicam rationalem integram unius variabilis in factores reales primi vel secundi gradus resolvi posse. Quam ... philosophorum ordini Academiae [sic!] Iuliae Carolinae exhibuit Carolus Fridericus Gauss. Helmstadii apud C. G. Fleckeisen MDCCLXXXXIX. Übersetzt. *Görlitz* (1889); 25 S., 1 Taf. 4°

Görlitz, st. G u. RG, Festschr. 1889 [1890 (180)]

124 **Franke, Constantin**: Anschauung in der Trigonometrie. Waldenburg i. Schlesien, P. Schmidt's Druckerei (1890); 10 S., 1 Taf. 8°

Waldenburg in Schlesien, st. ev. G, OP 1890 (208)

125 **Franz, Gerhard** [Dr.]: Über den Bedeutungswandel lateinischer Wörter im Französischen. Dresden, Rammingsche Buchdr., 1890; S. 1–30; 4°

Dresden, Wettiner G, OP 1890 (528)

126 **Freericks, Hermann** [Dr.]: Der Kehrreim in der mittelhochdeutschen Dichtung. Paderborn, Junfermannsche Buchdr., 1890; S. 3–34; 4°

Paderborn, k. G Theodorianum, P 1890 (352)

127 **Frese, Franz**: C. Valerius Catullus, eine biographische Skizze mit neuen Übersetzungsproben. Salzwedel, A. Menzels Buchdr. (1890); 20 S. 4°

Salzwedel, k. G, OP 1890 (236 statt 242)

128 **Freybe, Albert** [Oberl. Dr.]: Comedia Von dem frommen, Gottfrüchtigen vnd gehorsamen Isaac. Aller frommen Kinder vnd Schöler Speygel, ... durch Jochim Schlue, Börger vnd Burgerlahr in Rostock. 1606. Vorwort, Text und Abhandlung. Norden, Druck v. D. Soltau, 1890; VIII, 88, *39 S. 8°

Parchim, großh. Friedrich-Franz-G u. RPG, Festschr. 1890 (630)

129 **Friedeberg** [k. Reg.-Baumeister]: *Beschreibung des neuen Alumnatsgebäudes.* Hannover, Druck v. C. Küster, 1890; S. 3–5, 3 Taf. 4°

Seesen am Harz, Jacobson-S, OP 1890 (682)

130 **Friedel, Otto** [Dir. Dr.]: Beiträge zur Statistik des Gymnasiums. Stendal, Druck v. Franzen & Grosse, 1888; S. 98–102, 1 Tab. 4°

Stendal, G, Festschr. 1888 [1890 (246)]

131 **Friedel**, Otto [Dir. Dr.]: Einige Horazstunden in Prima. Stendal, Druck v. Franzen & Grosse, 1888; S. 29—44; 4°
Stendal, G, Festschr. 1888 [1890 (240)]

132 **Friedrich**, P. [Oberl. Dr.]: Die Sträucher und Bäume unserer öffentlichen Anlagen, insbesondere der Wälle. Zweiter Teil. (Forts. d. P-Beil. 1889.) Lübeck, Druck v. Gebr. Borchers, 1890; S. 1—64, 1 Kart. 4°
Lübeck, Katharineum, OP 1890 (722)

133 **Fries**, Theophil: Nachruf auf den verstorbenen Direktor Herrn Gustav Wiegand. Bockenheim, Buchdr. F. Kaufmann & Co., 1890; S. 9—12; 4°
Bockenheim, st. R, P 1890 (369)

134 **Fritsch**, Hugo [Prof.]: Beiträge zur Mechanik. Königsberg, Hartungsche Buchdr., 1890; S. 1—20; 4°
Königsberg i. Pr., st. RG, OP 1890 (20)

135 **Frühe**, *Fr. X.* [Dir.]: *Prof. Eduard Eisen, gest. am 25. Sept. 1889.* Baden-Baden, A. v. Hagen'sche Hofbuchdr., 1890; S. 3—4; 4°
Baden, grossh. G u. HB, MP 1890 (588)

136 **Fey**, (Christoph) [Oberl. Dr.]: Das algebraische Rechnen für Secunda. Strehlen, T. Erler's Buchdr. (1890); 22 S. 4°
Strehlen, k. G, OP 1890 (210)

137 **Führer**, Anton [Rekt. Dr.]: Die Entwicklung der Anstalt seit 1878 und die Einführung des neuen Rektors. Wattenscheid, Druck v. C. Busch (1890); S. 3—10; 4°
Wattenscheid, RPG, P 1890 (378)

138 **Führer**, Joseph [Dr.]: Ein Beitrag zur Lösung der Felicitas-Frage. Freising, *G. Schuh & Cie., München*, 1890; 1 Bl., 109 S., 1 Bl. 8°
Freising, k. L. u. k. G, P 1890 •

139 **Fulda**, Curt: Der zweite Kommos der Elektra des Sophokles. (Herford, Buchdr. v. Gebr. Heidemann, 1890); S. 3—32; 4°
Herford, ev. Friedrichs-G, OP 1890 (348)

140 **Funk**, Emil [Dr.]: De Thebanorum ab an. 378 usque ad an. 362 actis. Berlin, R. Gaertners Verlagsbuchh., 1890; 15 S. 4°
Berlin, Margarethen-S, OP 1890 ••

141 **Gärtner**, Theodor [Oberl. Dr.]: Berthold von Regensburg über die Zustände des deutschen Volks im 13. Jahrhundert. Zittau, Druck v. R. Menzel, 1890; 1 Bl., 28 S. 4°
Zittau, G, OP 1890 (589)

142 Gauß, Friedrich [Prof.]: Ueber Kurven, welche die Eigenschaft haben, daß je zwei Tangenten aus einer gegebenen Geraden eine Strecke ausschneiden, welche zu dem von den Berührungspunkten begrenzten Bogen in einem gegebenen Verhältnisse stehen [sic!]. Bunzlau, C. A. Voigt's Buchdr., 1890; 1 Bl., 28 S., 1 Taf. 4°
Bunzlau, k. Waisen- u. Schul-A, G, OP 1890 (174)

143 Gebler, Heinrich: Die Bibliothek der Domkirche zu Ratzeburg. Ratzeburg, H. H. C. Freystatzky's Buchdr., 1890; S. 3–20; 4°
Ratzeburg, G, OP 1890 (279)

144 Zum Gedächtnis des Direktors C. F. Schneegans (1822–90) und des Professors Dr. E. Heitz (1825–90). Strassburg, J. H. E. Heitz Buchdr. d. Prot. Gymn., 1890; S. 8–14; 4°
Strassburg, prot. G, MP 1890 (510)

145 (Aus dem Gedenkblatt zum 50jähr. Jubiläum des Herrn Musikdir. Karl Amand Mangold.) (Aus: Darmstädter Zeitung. 1889. Nr. 43 u. 44.) Darmstadt, C. F. Winter'sche Buchdr., 1890; S. 60–61; 4°
Darmstadt, Ludwig-Georgs-G, OP 1890 (615)

146 Geist, Hermann [Dir. Dr.]: Gedächtnisfeier für die verstorbenen beiden ersten Oberlehrer der Anstalt Professor Dr. Albrecht Wagener, Maximilian von Stablewski. Posen, Buchdr. A. Förster, 1890; S. 3–6; 4°
Posen, k. RG, P 1890 (164)

147 Gemoll, Friedrich Wilhelm Karl [Dr. Dir.]: Kritische Bemerkungen zu lateinischen Schriftstellern. Liegnitz, Druck v. W. London (1890); 20 S. 4°
Liegnitz, st. ev. G, P 1890 (186)

148 Gensicke, H. [Oberl.]: Zweiter Sklavenkrieg auf Sicilien. Ein Beitrag zur Sittengeschichte Rom's in der Zeit des beginnenden Verfalls. Bernburg, A. Meyer's Buchdr., 1890; 1 Bl., 19 S. 4°
Bernburg, herz. Karls-RG u. RS d. Carolinums, OP 1890 (668)

149 Gerber: Zum Geburtstage Kaiser Wilhelms II. Düsseldorf, gedr. bei A. Bagel (1890); S. 15; 4°
Düsseldorf, HG, OP 1890 (486)

150 Gerigk, Johann [Dr.]: Das Leben des Petrus Martyr, vorzüglich nach seinem Opus Epistolarum. Erster Teil. Posen, Merzbach'sche Buchdr., 1890; 33 S. 4°
Posen, k. Marien-G, P 1890 (156)

151 Gerlach [Prof. Dr.]: *Adresse beim Einzuge Sr. Hoheit d. Erbprinzen Friedrich von Anhalt und Höchstdessen Gemahlin am 6. Juli 1889.* Dessau, Druck v. L. Reiter, 1890; S. 12–13; 4°
Dessau, herz. Friedrichs-RG u. VS d. Fridericianum, P 1890 (667)

152 Geschäfts-Ordnung für das Kuratorium der Hansa-Schule zu Bergedorf. Bergedorf bei Hamburg, gedr. in E. Wagners Buchdr., 1890; S. 53–55; 4°
Bergedorf bei Hamburg, Hansa-S, OP 1890 (718)

153 Geuer, F. [Oberl. Dr.]: Der Kampf um die essendische Vogtei. Essen, Druck v. G. D. Baedeker, 1889; S. 60–99; 8°
Essen, RG u. HB, Festschr. 1889 [1890 (474)]

154 Geyer, Paulus: Kritische Bemerkungen zu S. Silviae Aquitanae peregrinatio ad loca sancta. Augsburg, Druck v. P. J. Pfeiffer, 1890; 60 S. 8°
Augsburg, k. StG bei St. Anna, P 1890 *

155 Glaser, Rudolf [Dr.]: Klytämnestra in der griechischen Dichtung. Büdingen, A. Heller'sche Hofbuchdr., 1890; S. 3–28; 4°
Büdingen, großh. G, OP 1890 (614)

156 Glaw, Johannes Nicolaus: Die Elemente des alten Chorals. II. Teil. II. Die Tonarten und ihre Eigentümlichkeiten. (Forts. d. P-Beil. 1889.) Allenstein, Druck v. A. Harich, 1890; S. I–XVI; 4°
Allenstein, k. G, P 1890 (1)

157 Goldmann, Theodor [Dr.]: Zum Geschichtsunterricht des Gymnasiums. Darmstadt, G. F. Winter'sche Buchdr., 1890; S. 3–48; 4°
Darmstadt, Ludwig-Georgs-G, OP 1890 (615)

158 Graefe, Wilhelm: Bemerkungen zum lateinischen Unterricht in den unteren Klassen. Rheydt, Druck v. H. Leuchtenrath, 1890; S. 3–18; 4°
Rheydt, G, OP 1890 (477)

159 Greiner, H. [Dr.]: Verzeichnis der Schulbibliothek. B. Schülerbibliothek. (Forts. d. P-Beil. 1889.) Weimar, Druck d. Hof-Buchdr., 1890; S. 3–18; 4°
Weimar, RG, OP 1890 (661)

160 Gröbl, Joh. Nep.: Die ältesten Hypotheseis zu Aristophanes. Dillingen, Druck v. J. Keller (1890); 64 S. 8°
Dillingen, k. StG, P 1890 *

161 Grössler, Hermann [Prof. Dr.]: Das Werder- und Acht-Buch der Stadt Eisleben aus der ersten Hälfte des 15. Jahrhunderts. Nach der Urschrift herausgegeben. Eisleben, Druck v. E. Schneider, 1890; 1 Bl., VIII, 78 S. 8°
Eisleben, k. G, OP 1890 (294)

162 Grosch, Gustav [Dir. Dr.]: *Rede zum Gedächtnis des Oberl. u. Konrekt. Prof. Dr. Wilhelm Tell, gest. am 20. Jan. 1890.* Nordhausen, Druck v. C. Kirchner's Buchdr. (1890); S. [illegible]–42; 4°
Nordhausen, k. G, OP 1890 (258)

163 Grosse, Emil [Prof. Dr., Dir.]: *Rede am Geburtstage des Hochseligen Kaisers Wilhelm I. nach Vollendung der Ausschmückung der Aula.* Königsberg i. Pr., Hartungsche Buchdr., 1890; S. 22–27; 4°
Königsberg i. Pr., k. Wilhelms-G, P 1890 (8)

164 Grosse, Ernst [Oberl. Dr.]: Über die Naturanschauung der alten griechischen und römischen Dichter. Aschersleben, lithogr. Anst. v. K. Wedel (1890); 1 Bl. 18 S. 4°
Aschersleben, G m. RPG, OP 1890 (252)

165 Graber, Hugo: Über die Anatomie des Holzes von Pinus Larix, Picea excelsa und Pinus silvestris. Bartenstein, gedr. bei Gebr. Kraemer, 1890; 31 S. 4°
Bartenstein, k. G, OP 1890 (3)

166 Grachet, *Hermann* [Dir.]: Zur Geschichte der Braunsberger Buchdruckerei. Braunsberg, Heyne'sche Buchdr. (1890); S. 3–28; 4°
Braunsberg, k. G, OP 1890 (5)

167 Grähn, (Philipp Albert) [Oberl. Dr.]: Das Klima von Meldorf nach den Beobachtungen der meteorologischen Station. Teil IV. (Forts. d. P.-Beil. 1884. Nr. 89.) Meldorf, gedr. in B. Bandies Buchdr. (1890); S. 3–22; 4°
Meldorf, k. G, OP 1890 (276)

168 Grünberg, Albert [Oberl.]: Kritische Bemerkungen zu Sophokles. Ploen, S. W. Hirt's Buchdr. (1890); S. 1–27, 1 Taf. 4°
Ploen, k. G, OP 1890 (278)

169 Gramme, Albertus [Dr. Dir.]: Wie ist die pädagogische und didaktische Vorbildung der Kandidaten des höheren Schulamts am zweckmäßigsten zu gestalten? (Umschl.-Tit.: Commentatio de candidatorum muneris scholastici institutione.) Gerae, ex typogr. Hofmanniana, 1890; S. 3–19; 8°
Gera, fürstl. G Rutheneum u. RE, Einladungsschr. 1890 ••

170 Gühne, *Bernhard* [Oberl. Dr.]: Abriss der Geschichte der Elektrizität. Dresden, Druck v. C. Heinrich (1890); S. 3–[illegible]; 4°
Dresden, Neustädter RG, OP 1890 (546)

171 Günther, Carl: Zur Kulturgeschichte Lauenburgs im sechzehnten Jahrhundert. Lauenburg, Druck v. Gebr. Borchers, 1890; S. 49–70; 8°
Lauenburg a. d. Elbe, Albinus-S(RPG), Festschr. 1890 (287)

172 Gärschlag, Moriz: Die Argonautenfahrt von C. Valerius Flaccus. Übersetzungsprobe mit kritischen Nachweisen. Ansbach, Druck v. C. Brügel & Sohn, 1890; 22 S. 8°
Ansbach, k. StA, P 1890 •

173 Gerlitt, Ludwig [Dr.]: Zur Weihe. *Steglitz, Druck v. G. Löper* (1890); S. 3–4; 4°
Steglitz, PG, Festschr. 1890 ••

174 Guttmann, Karl [Dr.]: Sogenanntes Instrumentales ab bei Ovid. Dortmund, Druck v. C. L. Krüger, 1890; 38 S. 4°
Dortmund, G, P 1890 (345)

175 Haage, *Rudolf* [Dir.]: Rede, gehalten am 22. März 1889. Lüneburg, Druck d. v. Stern'schen Buchdr., 1890; S. 3–8; 4°
Lüneburg, Johanneum, OP 1890 (306)

176 Hänsel, Hugo [kommissar. Dirigent Oberl. Dr.]: Beschreibung des neuen Gymnasiums in Linden. (Umschl.-Tit.: . . . nach Mitteilungen des k. Regierungs-Baumeisters Herrn Rob. Schulzé.) Linden, Druck v. Gebr. Wengler (1890); S. 5–10, 5 Taf. 4°
Linden, k. Kaiserin Auguste Victoria-G, P 1890 (304)

177 Haerter, Eduard [Prof.]: Übersetzung und Disposition der Rede des Demosthenes: „Ueber die Angelegenheiten im Chersones." Stendal, Druck v. Franzen & Grosse, 1888; S. 45–63; 4°
Stendal, G, Festschr. 1888 [1890 (246)]

178 Hagemann, Carolus: Quaestiones criticae in Trachiniarum Sophocleae parodum. (Herford, Buchdr. v. Gebr. Heidemann, 1890); S. 1–16; 8°
Herford, ev. Friedrichs-G, Festschr. 1890 [= 1891 (347)] ••

179 Hahn, August: Materialien zum geographischen Unterricht. A. Oberitalien. Stettin, Druck v. Herrcke & Lebeling, 1890; S. 1–15: 4°
Stettin, König-Wilhelms-G, OP 1890 (138)

180 Haller, Alfred: Zum Anfangsunterricht im Französischen. (Bingen a. Rh., Druck v. D. Borgszewski, 1890); S. 13–16; 4°
Bingen a. Rhein, großh. R, P 1890 (622)

181 Haller, Alfred: Einübung des Vortrags eines Gedichts in der Klasse. (Bingen a. Rh., Druck v. D. Borgszewski, 1890); S. 11–13; 4°
Bingen a. Rhein, großh. R, P 1890 (622)

182 Hamdorff, G. [Oberl.]: Zur Stellung des naturwissenschaftlichen Unterrichts in den höheren Lehranstalten. (Schluß d. P-Beil. 1888.) Malchin, Druck v. C. H. Hesse, 1890; S. 3–21; 4°
Malchin, RG, OP 1890 (644

183 **Hammelbeck**, W. [Hülfsl.]: Die rhythmischen Verhältnisse in den lyrischen und chorischen Dichtungen der Griechen. I. Teil. Die rhythmischen Verhältnisse in den daktylischen Partieen der Chorlieder des Aischylos. Strassburg i. E., Buchdr. v. M. Dumont-Schauberg (1890); 48 S. 4°
Oberehnheim, PG, MP 1890 (508)

184 **Hampke**, *Ernst Hermann* [Dir. Prof. Dr.]: *Einführungsrede, geh. am 2. Dez. 1889.* Meseritz, Buchdr. v. P. Matthias, 1890; S. XIV—XVI; 4°
Meseritz, k. G, OP 1890 (151)

185 **Haekel**, Fritz [Oberl. Dr.]: Die Ernennung und die soziale Stellung der römischen Kriegstribunen. Ein Beitrag zur Geschichte des römischen Kriegswesens. Dresden, Druck v. B. G. Teubner, 1890; 34 S. 4°
Dresden-Neustadt, k. G, OP 1890 (529)

186 **Hanow**, Karl: Über Kerfabsonderungen und ihre Benutzung im eigenen Haushalte. Delitzsch, Reyner & Sohn (1890); S. 3—22; 4°
Delitzsch, RPG, P 1890 (261)

187 **Harder**, Christian: Historiae Primatium ecclesiae Nestorianorum ab 'Amro filio Matthaei Arabice scriptae versionis specimen. Neumünster, R. Hieronymus Buchdr., 1890; S. 3—12; 4°
Neumünster, PG u. RPG, OP 1890 (277)

188 **Hartmann**, Frdr.: Musterbeispiele zu stereometrischen Aufgaben. (Für Schüler der oberen Gymnasial-Klassen.) Hagen, Buchdr. v. G. Butz, 1890; 1 Bl., 19 S., 3 Taf. 4°
Hagen, RG u. G, P 1890 (361)

189 **Hasenstab**, *Benedikt*: Studien zu Ennodius. Ein Beitrag zur Geschichte der Völkerwanderung. München, Buchdr. v. J. B. Lindl, 1890; 66 S., 1 Bl. 8°
München, k. Luitpold-G, P 1890 *

190 **Hassebrauk**, Gustav: Kaiser Septimius Severus. (Erster Teil.) Holzminden, Druck v. J. H. Stocks Buchdr., 1890; 1 Bl., 26 S. 4°
Holzminden, herz. G, P 1890 (660)

191 **Haupt**, Carl [Oberl.]: Über die Verwertung des Livius im Geschichtsunterricht. I. Teil. Wittenberg, *Druck v. C. H. Schulze & Co. in Gräfenhainichen*, 1890; S. 3—62; 4°
Wittenberg, G, OP 1890 (250)

192 **Heeger**, Georg [Dr.]: Über die Trojanersagen der Franken und Normannen. Landau, Buchdr. K. & A. Kaussler, 1890; 38 S., 1 Bl. 8°
Landau, k. StA, P 1890 *

193 Heidhues, Bernhard: Das Gedicht des Simonides in Platons Protagoras. *Bonn, Univ.-Buchdr. v. C. Georgi* (1890); 14 S. 4°
Köln, k. Friedrich-Wilhelms-G, P 1890 (425)

194 Heidingsfeld, Max [Dr.]: Quomodo Plutarchus Thucydide usus sit in componenda Niciae vita. Liegnitz, Druck v. O. Heinze (1890); 32 S. 4°
Liegnitz, k. RAk, OP 1890 (189)

195 Hellermann, *Hermann* [Dir. Dr.]: *Zur* Geschichte des Realgymnasiums und der höheren Bürgerschule. Essen, Druck v. G. D. Baedeker, 1890; S. 5–94, 5 Taf. 8°
Essen, RG u. HB, Festschr. 1889 [1890 (471)]

196 Hellermann, *Hermann* [Dir. Dr.]: Quadratur des Hyperbelsektors. Essen, Druck v. G. D. Baedeker, 1890; S. 100–105; 8°
Essen, RG u. HB, Festschr. 1889 [1890 (474)]

197 Helm, Julius [Dr.]: Zur Vorgeschichte des südöstlichen Thüringer Waldes und seines fränkischen Vorlandes. (Umschl.-Tit.: Beiträge zur Vorgeschichte des Herzogtums Coburg und des Meininger Oberlandes.) Coburg, Druck d. Dietz'schen Hofbuchdr. (1890); S. 1–21; 4°
Coburg, herz. Ernestinum (RS), OP 1890 (697)

198 Heller, Karl [Oberl. Dr.]: Beitrag zum Unterrichte in der mathematischen Geographie. Halberstadt, Druck v. C. Doelle & Sohn (1890); S. 1–10; 4°
Halberstadt, RG, P 1890 (254)

199 Hellwig, Paul [Dr., Dir.]: Gründung und Eröffnung der Höheren Bürgerschule. Cöthen, Druck v. P. Schettlers Erben (1890); S. 40–45; 4°
Cöthen, herz. HB nebst VS, OP 1890 (675)

200 Henke, Oskar [Dr., Dir.]: Chronik des Gymnasiums zu Barmen. Eine Festschrift … 1. Teil. Geschichte und Entwicklung der Schule. Barmen, Steinborn & Co., 1890; 140 S. 8°
Barmen, G, Festschr. 1890 (417

201 Henke, *Oskar* [Dir. Dr.]: Dr. Karl Gillert, gest. den 8. Dezember 1889. Barmen, Druck v. Steinborn & Co., 1890; S. 5–6; 4°
Barmen, G, P 1890 (417)

202 Henke, *Oskar* [Dir. Dr.]: Oberlehrer Dr. Wolfgang Koerber, gest. am 2. Februar 1890. Barmen, Druck v. Steinborn & Co., 1890; S. 3–4; 4°
Barmen, G, P 1890 (417)

203 Henrici, Emil [Oberl. Dr.]: Die Nachahmer von Hartmanns Iwein. Berlin, R. Gaertners Verlagsbuchh., 1890; 24 S. 4°
Berlin, Luisenst. RG, OP 1890 (98)

204 Herding, Wilhelm [Dr., Prof.]: Ein Gang durch die Geschichte der Pädagogik von Montaigne bis Rousseau (Einleitung). Erlangen, Druck d. k. b. Hof- u. Univ.-Buchdr. v. F. Junge, 1890; 32 S. 8°
Erlangen, k. StA, P 1890 •

205 Hergesell, W.: Über die Formel von G. G. Stokes zur Berechnung regionaler Abweichungen des Geoids vom Normalsphäroid. Ein Beitrag zu den neueren Untersuchungen über die Gestalt der Erdoberfläche. Strassburg i. E., Druck v. M. DuMont-Schauberg, 1890; 21 S., 1 Taf. 4°
Buchsweiler (Unt.-Els.), G, MP 1890 (496)

206 Hertel, G.: Unsere Flotte. Bromberg, Buchdr. v. A. Dittmann, 1890; S. 16; 4°
Bromberg, k. RG, OP 1890 (162)

207 Hertzsch, G. [Dr.]: Die Hauptursachen der Verwelschung Elsass-Lothringens. Rede, gehalten bei der Sedanfeier 1887. Greiz, Druck v. Löffler & Co., 1890; S. 1—9; 4°
Greiz, st. G m. Realabteilung u. VS, OP 1890 (694)

208 Herweg, Otto [Oberl.]: Kleinigkeiten aus dem mathematischen Unterricht. (II. Teil. Konstruieren.) (Forts. d. P Beil. Kulm 1885.) Neustadt WPr., Druck v. E. H. Brandenburg & Co., 1890; 14 S., 9 Taf. 4°
Neustadt in WPr., k. G, OP 1890 (39)

209 Hesselbarth, (Hermann) [Oberl. Dr.]: Aus der Geschichte Lippstadts im 17. und 18. Jahrhundert. Lippstadt, Druck: C. Hegener (1890); S. 3—16; 4°
Lippstadt, RG, OP 1890 (263)

210 Hetzel, *Joseph* [Prof.]: Beiträge zur Erklärung des Propertius. Dillenburg, Druck v. E. Weidenbach, 1890; 45 S. 8°
Dillenburg, k. G, P 1890 (377)

211 Heuwes, *Joseph* [Dr.]: Beiträge zur Würdigung der Opitzschen Übersetzung der Sophokleischen Antigone. Erster Teil. Warendorf, J. Schnell'sche Buchdr., 1890; S. 1—21; 4°
Warendorf, k. G Laurentianum, P 1890 (358)

212 v. d. Heyden, *Heinrich* [Oberl. Prof. Dr.]: Der immerwährende Kalender. Essen, Druck v. G. D. Baedeker, 1889; S. 117—130; 8°
Essen, RG u. HB, Festschr. 1889 [1890 (474)]

213 von der Heyden, Heinrich [Oberl. Prof. Dr.]: Zur Lehre von den Kennzeichen der Teilbarkeit der Zahlen. Essen, Druck v. G. D. Baedeker, 1890; S. 106–116; 8°
Essen, RG u. HB, Festschr. 1890 [1890 (474)]

214 Heyse, Max: Beiträge zur Geschichte Biebrich-Mosbachs. Biebrich, Lewalter'sche Buchdr., 1890; S. 23–46; 4°
Biebrich am Rhein, RPG, OP 1890 (406) ••

215 Hennisch [Dr.]: Der Conjunctiv im Alexanderlied des Pfaffen Lamprecht. Meiningen, Druck d. Keyßner'schen Hofbuchdr., 1890; S. 3–29; 4°
Meiningen, G Bernhardinum, OP 1890 (691)

216 Hilburg [Dr.]: Nachtrag V. *des Katalogs der Schulbibliothek.* (Forts. d. P-Beil. 1883, verf. v. Dr. Lemkes.) Köln, Druck v. J. P. Bachem, 1890; S. 24–26; 4°
Köln, RG u. VS, P 1890 (466)

217 Hinze, Wilhelm [Oberl. Dr.]: Zum altenglischen gedicht „Andreas." Erster teil. Berlin, R. Gaertners Verlagsbuchh., 1890; 40 S. 4°
Berlin, Königst. RG, OP 1890 (97)

218 Hirschwälder, *Bruno* [Oberl. Dr.]: Beiträge zu einem Commentar der unter Lucians Namen überlieferten Schrift: „Lob der Heimat." Breslau, Druck v. Grass, Barth u. Comp., 1890; S. 3–14; 4°
Breslau, st. Johannes-G, OP 1890 (169)

219 Hirt, Paul [Dr.]: Über die Substantivierung des Adjektivums bei Quintilian. Berlin, R. Gaertners Verlagsbuchh., 1890; 28 S. 4°
Berlin, Sophien-G, OP 1890 (66)

220 Hochheim, *Adolf* [Prof. Dr., Dir.]: Bericht über die dritte Säkularfeier der Salderischen Schule . . . Brandenburg a. d. H., J. Wiesikes Buchdr., 1890; 1 Bl., 86 S., 1 Bl. 8°
Brandenburg a. d. H., v. Saldernsches RG, OP 1890 (102)

221 Höbel, Ernst [Oberl. Dr.]: Zur Reform des planimetrischen Unterrichts mit besonderer Rücksicht auf Realschulen. Cassel, Druck v. L. Doll, 1890; S. 1–10; 4°
Cassel, neue R, P 1890 (392)

222 Höfler, Franz [Dr.]: Das geographische Pensum der Sexta an höheren Schulen in Bezug auf Inhalt und Methode. Vorbegrifflicher Teil. *Frankfurt a. M., Druck v. A. Mahlau* (1890); 61 S. 4°
Frankfurt am Main, Muster-S (RG), OP 1890 (394)

223 **Hoehler**, Gvilelmvs [Dir.]: Scholia Ivvenaliana inedita. II. (Forts. d. P-Beil. Kenzingen 1889.) Ettenheimi, typ. F. X. Leiboldi, 1890; 38 S. 4°
Ettenheim, grossh. RPG, P 1890 (604)

224 **Hölscher**, Franz: Katalog der Münzsammlung des Gymnasiums zu Attendorn. Siegen, Druck v. W. Vorländer, 1890; 34 S. 4°
Attendorn, G, P 1890 (338)

225 **Hölscher**, Ludwig [Prof. Dr., Oberl. a. D.]: Jahrbücher der Geschichte des Gymnasiums zu Herford seit 1840. Herford, Buchdr. v. Gebr. Heidemann, 1890; S. 1–69; 8°
Herford, ev. Friedrichs-G, Festschr. 1890 [=1891 (347)] **

226 **Hölscher**, Uvo [Dr., Oberl.]: Die Verwaltung der römischen Provinzen zur Zeit der Republik. I. Die Provinz Sizilien. Goslar, Buchdr. v. J. Jäger & Sohn, 1890; 16 S. 4°
Goslar, RG u. G, OP 1890 (315)

227 **Höpken**, Julius [Hülfsl. Dr.]: Zwei Stellen aus Xenophons Anabasis. Emden, Druck v. C. Zorn, 1890; S. 3–10, 1 Taf. 4°
Emden, k. Wilhelms-G, P 1890 (296)

228 **Hoff**, Ludwig [Dr., Dir.]: Die Kenntnis Germaniens im Altertum bis zum zweiten Jahrhundert nach Chr. Coesfeld, Druck v. J. Fleissig, 1890; 36 S. 8°
Coesfeld, k. G Nepomucenianum, P 1890 (348)

229 **Hoffmann**, Bernhard [Dr.]: Über die Behandlung der mathematischen Geographie in den unteren und mittleren Klassen. Nordhausen, Druck v. C. Kirchner's Buchdr., 1890; S. 1–16; 4°
Nordhausen, k. RG, OP 1890 (260)

230 **Hoffmann**, Eduard [Dr.]: Ueber das kürzeste Verbindungssystem zwischen vier Punkten der Ebene. Wetzlar, Druck v. F. Schnitzler, 1890; S. 1–18, 1 Taf. 4°
Wetzlar, k. G, OP 1890 (458)

231 **Hoffmann**, *Walter* [Oberl. Dr.]: Ueber Wasseraufnahme von Gesteinen. Wurzen, Druck v. G. Jacob (1890); S. 3–15, 1 Taf. 4°
Wurzen, k. G, OP 1890 (538)

232 **Hofmann**, *Michael Joseph*: Kritische und exegetische Bemerkungen zu den Satiren Juvenals. München, Druck v. H. Kutzner, 1890; 38 S. 8°
München, k. Wilhelms-G, P 1890 *

233 **Hofmeister**, Gustav [Oberl.]: Bernhard von Clairvaux. Zweiter Teil. (Forts. d. P-Beil. 1889.) Berlin, R. Gaertners Verlagsbuchh., 1890; 28 S. 4°
Berlin, Charlotten-S, OP 1890 ..

234 **Holfeld** [Oberl. Dr.]: Die Merkmale des Überganges vom Althochdeutschen zum Mittelhochdeutschen in der Deklination Willirams. Guben, Druck v. A. Koenig (1890); S. 1–20; 4°
Guben, G, RG u. VS, OP 1890 (79)

235 **v. Holly und Ponientzietz**, Richard [Rekt. Dr.]: Ansprache, gehalten bei der Einführung ins Amt am ... 1. Februar 1888. Marne, Druck v. L. Altmüller, 1890; S. 3–8; 4°
Marne, RPG, P 1890 (298)

236 **Holtz**, C. A. E. [Oberl.]: Die Provinz Westpreussen. (Umschl.-Tit.: ..., ein Beispiel der Behandlung der Heimatprovinz im geographischen Unterricht der mittleren Klassen höherer Lehranstalten.) Dirschau, Druck v. W. Becker, 1890; S. 3–29; 4°
Dirschau, RPG, OP 1890 (48)

237 **Holzer**, Ernst *Constantin* [Prof.]: Varroniana. (Sep.-Abdr. m. d. Tit.: Varro über Musik. I.) Ulm, Wagnersche Buchdr., 1890; 1 Bl., 19 S. 4°
Ulm, k. G, P 1890 (569)

238 **Hüser**, Balthasar [Dir. Dr.]: 1. Die Antrigge. 2. Der Gudenu. (Umschl.-Tit.: Ueber den Namen eines Baches und eines Berges in der Umgegend der Stadt Brilon.) Brilon, M. Friedländer's Buchdr., 1890; S. 3–11; 4°
Brilon, G Petrinum, P 1890 (341)

239 **Hüttemann**, *Ferdinand* [Dir. Dr.]: *Prolog zur Feier des Geburtstages Sr. Majestät des Kaisers Wilhelm II.* (Aus d. Hagenauer Zeitung.) Hagenau, F. Gilardone'sche Buchdr. (1890); S. 20–21; 4°
Hagenau, G u. R, MP 1890 (502)

240 **Hüttig**, Heinrich [Prof.]: II. Beitrag zur Flora von Zeitz. (Forts. d. P-Beil. 1885.) Zeitz, Druck v. C. Brendel, 1890; S. 1–31; 4°
Zeitz, k. Stifts-G, P 1890 (251)

241 **Humbert**, Claus [Prof. Dr., Oberl.]: Nochmals das e muet und der Vortrag französischer Verse. Zur Vervollständigung, zur Aufklärung und zur Abwehr. (Forts. d. P-Beil. 1888: Die Gesetze d. franz. Verses, ...) Bielefeld, Druck v. Velhagen u. Klasing, 1890; 31 S. 8°
Bielefeld, G u. RG, P 1890 (329)

242 Handl, Rudolf: In welchem Umfange kann die Geschichte der französischen Sprache auf dem Gymnasium behandelt werden? Dramburg, Druck v. T. Kämpf, 1890; S. 3—10; 4°
Dramburg, k. G., P 1890 (128)

243 Jacobs, Carl: Zur Kritik und Sprache des auf der Stadtbibliothek zu Bordeaux befindlichen Fragments des Roman de Troie von Benoit de St.-More. (Msc. No. 674.) Hamburg, gedr. bei Lütcke & Wulff, 1890; 1 Bl., 16 S. 4°
Hamburg, neue HB, P 1890 (716)

244 Jacobsen, Heinrich: Welche Bedeutung hat Pestalozzi für den Lehrer der höheren Unterrichtsanstalten? *Steglitz, Druck v. G. Löper* (1890); S. 9—27; 4°
Steglitz, PG, Festschr. 1890 **

245 Jäger, Herman: Einige Gesichtspunkte für den zoologischen Unterricht. (Bingen a. Rh., Druck v. L. Borgözewski, 1890); S. 8–9; 4°
Bingen a. Rhein, großh. R, P 1890 (622)

246 Jäger, Herman: Schülerexperimente als Repetitionsmittel. (Bingen a. Rh., Druck v. L. Borgözewski, 1890); S. 7—8; 4°
Bingen a. Rhein, großh. R, P 1890 (622)

247 von Jan, *Carl* [Oberl. Prof. Dr.]: Die Eisagoge des Bacchius. 1. Text, kritischer Apparat und deutsche Uebersetzung. (2. Erklärung folgt als Beil. z. Progr. 1891.) Strassburg, Strassburger Druckerei u. Verlagsanst., 1890; 2 Bl., 39 S. 4°
Strassburg im Elsass, L, P 1890 (509)

248 Jansen, W. [Dr.]: Die Warnung. Gedicht des XIII. Jahrhunderts. Essen, Druck v. G. D. Baedeker, 1889; S. 35—59; 8°
Essen, RG u. HB, Festschr. 1889 [1890 (471)]

249 Ibrügger, Christoph [Oberl. Dr.]: Ueber die Anziehung eines homogenen Kugelabschnitts. Greifenberg i. Pomm., gedr. bei C. Lemcke (1890); S. 1—10; 4°
Greifenberg in Pommern, Friedrich-Wilhelms-G, OP 1890 (129)

250 Jecht, R. [Dr]: Satzungen der Goerlitzer Boetcherinnung [sic!] aus dem 15. Jahrhunderte. Herausgegeben. *Görlitz* (1890); 12 S. 4°
Görlitz, st. G u. RG, Festschr. 1890 [1890 (180)]

251 Ilgen, Paul [Dr.]: Katalog der sogen. Kirchenbibliothek zu Sorau (3. Teil). (Fortſ. d. P-Beil. 1885. 86.) (Sorau N.-L., F. T. Rauert, 1890); 16 S. 4°
Sorau, k. G, OP 1890 (87)

252 **Imme**, Theodor [Oberl. Dr.]: Mustersätze zur Einübung der griechischen Syntax. Leipzig, Druck v. Hesse & Becker, 1890; S. III–IV, 1–27; 4°
Essen, k. G, P 1890 (434)

253 **Ingenbleek**, Theodor [Dr.]: In welchem Zusammenhang steht Platons Lehre von der ἀνάμνησις mit seiner Ideentheorie? Für das Verständnis der oberen Gymnasialklassen dargestellt. Sigmaringen, M. Liehner'sche Hofbuchdr., 1890; S. 1–9; 4°
Sigmaringen, k. kath. G, P 1890 (452)

254 **John**, Eduard [Prof.]: Plutarch und Shakspere. Ein Beitrag zur Behandlung von Shaksperes Julius Cäsar in der Schule. Zweite Abteilung. (Forts. d. P-Beil. 1889.) Wertheim a. M., E. Bechstein's Buch- u. Steindr., 1890; 33 S. 4°
Wertheim am Main, grossh. G, MP 1890 (603)

255 **Jordan**, Albrecht [Dir. Dr.]: Die Subscription des Clarkianus 39. (Umschl.-Tit.: Die zweite Subscr. . . .) Lemgo, Druck v. F. L. Wagener, 1890; S. 3–4; 4°
Lemgo, G, P 1890 (590)

256 **Irmscher**, Emil: Vergils Aeneide, Buch V. In freien Stanzen übersetzt. (Forts. d. P-Beil. 1887–89.) Dresden-N., Lehmannsche Buchdr. (1890); S. 9–10; 4°
Dresden, R v. Dr. Zeidler, früher Albani, OP 1890 (554)

257 **Isensee**, Otto [Prof. Dr., Rekt.]: Vorbemerkungen über Charakter und amtliche Stellung der Schule. Gardelegen, Druck v. A. Keller (1890); S. 3–4; 4°
Gardelegen, RPG, OP 1890 (206)

258 **Jung**, August [Dir. Dr.]: Geschichte des Gymnasiums zu Neustadt O.-S. bis zu seiner Übernahme auf den Staat. Neustadt O.-S., Druck v. H. Raupach (1890); S. 3–17; 4°
Neustadt Ob.-Schl., k. G, OP 1890 (191)

259 **Jungck**, Max [Dr.]: Flora von Gleiwitz und Umgegend (II. Teil.) (Forts. d. P-Beil. 1889.) Gleiwitz, Neumann's Stadtbuchdr., 1890; 1 Bl., S. 51–108; 8°
Gleiwitz O.-S., k. OR u. techn. Fach-S, OP 1890 (208)

260 **Junghahn**, Emil August [Prof. Dr.]: Agos-Sühne als politische Forderung bei Thukydides I 126–139. Berlin, R. Gaertners Verlagsbuchh., 1890; 34 S. 4°
Berlin, Luisenst. G, OP 1890 (65)

261 **Kaiser**, Paul [Dr.]: Die fossilen Laubhölzer. I. Nachweise und Beläge. Schönebeck (Elbe), Druck v. C. Hirschfelder, 1890; 48 S. 4°
Schönebeck a. E., RPG, OP 1890 (289)

262 **Kalephy**, Felix [Dr.]: Warum und auf welche Weise werden in der höheren Mädchenschule fremde Sprachen gelehrt? Rede . . . am 27. Januar 1890. Kiel, Druck v. A. F. Jensen, 1890; S. 3–12; 4°
Kiel, st. HM, P 1890 ••

263 **Kammer**, Eduard [Prof. Dr., Dir.]: Zur Schulreformfrage. Lyck, Druck v. R. Glauert, 1890; 1 Bl., 18 S. 4°
Lyck, k. G, P 1890 (18)

264 **Kanon** der zu lernenden Jahreszahlen. Wiesbaden, Druck v. R. Bechtold & Comp., 1890; S. 9–18; 4°
Wiesbaden, st. R. OP 1890 (408)

265 **Kanon** der in den Klassen Sexta bis Tertia zu memorierenden Kirchenlieder. — Kanon der . . . zu behandelnden deutschen Gedichte. Halle a. S., Druck d. Buchdr. d. Waisenhauses, 1890; S. 16; 4°
Halle, lat. Haupt-S, P 1890 (228)

266 *Kanon der Lektüre für die klassischen Sprachen.* Frankfurt a. O., k. Hofbuchdr. Trowitzsch & Sohn, 1890; S. 11–12; 4°
Frankfurt an der Oder, k. Friedrichs-G, OP 1890 (74)

267 A. **Kanon** für die christliche Religionslehre. — B. Kanon der zu lernenden Gedichte aus Hopf und Paulsiek. — C. Kanon der zu lernenden Geschichtszahlen. — D. Kanon der Vorschule. Stettin, Druck v. Herrcke & Lebeling, 1890; S. 33–40; 4°
Stettin, Stadt-G, OP 1890 (137)

268 **Kappes**, *Karl* [Dir.]: *Berichtigung der Chronik von Karlsruhe zur Geschichte des Realgymnasiums.* Karlsruhe, Buchdr. v. Malsch & Vogel, 1890; S. 5–7; 4°
Karlsruhe, RG, MP 1890 (617)

269 **Kerram**, Johannes [Oberl. Dr.]: Zur Stellung und Methode des physikalischen Unterrichts, insbesondere auf dem Gymnasium. Kattowitz, Druck v. L. Neumann, 1890; S. 3–17; 4°
Kattowitz, st. G, OP 1890 (183)

270 Nachtrag zum **Katalog** der Anstalts-Bibliothek. (Forts. d. P-Beil. 1879 ff.) Karlsruhe, Buchdr. v. Malsch & Vogel, 1890; S. 39–40; 4°
Karlsruhe, R m. Fachkl. f. Kaufleute u. Techniker, MP 1890 (608)

271 **Katalog** der Lehrer-Bibliothek. Siebenzehnter Nachtrag. (Forts. d. P-Beil. 1873 ff.) Barmen, Buchdr. v. W. Wandt, 1890; S. 29; 4°
Barmen-Wupperfeld, R, P 1890 (464)

272 **Kemmer**, Karl [Dr.]: Trigonometrische Messungen. (Bingen a. Rh., Druck v. D. Borzyzewski, 1890); S. 10–11; 4°
Bingen a. Rhein, großh. R, P 1890 (622)

273 **Kemnitz**, A.: Zur Lehrweise des Französischen an lateinlosen Realschulen. Apolda, Druck v. R. Birkner (1890); S. 3–12; 4°
Apolda, großh. W. & v. Zimmermann's R, OP 1890 **

274 **Kiel**, August [Dr.]: Geschichte der absoluten Masseinheiten. Bonn, Univ.-Buchdr. v. C. Georgi, 1890; S. 1–24; 4°
Bonn, k. G, P 1890 (410)

275 **Kiessler**, Reinhold [Dir. Dr.]: *Die Feier des 25jähr. Bestehens des Realgymnasiums am 11. April 1889.* Gera, Druck v. Gerth & Oppenrieder, 1890; S. 17–20; 4°
Gera, st. RG m. VS, OP 1890 (700)

276 **Kipper**, Julius [Dr.]: Die Epistel an die Pisonen (Über die Dichtkunst) des Quintus Horatius Flaccus in das Deutsche übersetzt. (Forts. d. P-Beil. 1881. 89.) Rostock. Druck v. Adlers Erben, 1890; 14 S. 4°
Rostock, G, RG u. VS, OP 1890 (637)

277 **Kirchberg** [Gymnasiallehrer Pastor]: Worte zum Gedächtnis der entschlafenen Amtsgenossen Professor Karl Spengler und Gymnasiallehrer Dr. Friedrich Spehr. Gesprochen . . . am 26. Januar 1890. Braunschweig, Druck v. J. H. Meyer, 1890; S. 29–32; 4°
Braunschweig, herz. neues G, OP 1890 (674)

278 **Kirchner**, Joannes E. [Dr.]: Prosopographiae Atticae specimen. Berlin, Druck v. A. W. Hayns Erben (1890); S. 3–41; 4°
Berlin, k. Friedrich-Wilhelms-G u. k. VS, OP 1890 (56 statt 57)

279 **Klaus**, Hermann: Über eine besondere Gattung hydrodynamischer Probleme. I. Teil. Königsberg i. Pr., Hartungsche Buchdr. (1890); 16 S. 4°
Lötzen, st. PG, OP 1890 (12)

280 **Klau**, Joseph: Über die Behandlung der Himmelskunde am Gymnasium. Wiesbaden, L. Schellenberg'sche Hof-Buchdr., 1890; S. 3–20; 4°
Wiesbaden, k. G, OP 1890 (388)

281 **Kieber, Paul:** De genere dicendi Herodoteo quaestiones selectae. Löwenberg i. Schl., Druck v. P. Müller, 1890; S. 3-25; 4°
Löwenberg i. Schl., RPG, OP 1890 (221)

282 **Klein, Johannes** [Dir. Dr.]: Die Mythopöie des Sophokles in seinen Thebanischen Tragödien. (Umschl.-Tit.: . . . I. Teil: König Oedipus.) Eberswalde, C. Müllers Buchdr., 1890; S. 1—35; 4°
Eberswalde, Wilhelms-G, OP 1890 (73)

283 **Klingbeil, Albert** [Hilfsl.]: Die Temperamente in ihrer Abhängigkeit vom Körper mit einigen Folgerungen daraus für Erziehung Danzig, Druck v. E. Groening, 1890; 28 S. 8°
Jenkau bei Danzig, RPG (v. Conradisches Prov.-Schul- u. Erz.-Inst.), OP 1890 (50)

284 **Klinghardt, Hermann** [Oberl. Dr.]: Realien zur Macaulaylektüre. (Erster Teil.) Reichenbach, Druck v. A. F. Pape (1890); 33 S., 1 Taf. 4°
Reichenbach in Schlesien, König Wilhelms-S (k. RG u. VS), OP 1890 (212)

285 **Knabe, Karl A. F.** [Dr.]: Über den direkten Beweis. *Cassel* (1890); 25 S. 4°
Cassel, st. R (Hedwigstrasse), OP 1890 (391)

286 **Knauff, H.** [Dr.]: Polbahnen, deren Roulette ein Kreis ist. Leipzig, Druck v. B. G. Teubner, 1890; 1 Bl., 34 S. 8°
Schönberg, grossh. R, OP 1890 (650)

287 **Knoke,** *Karl Ludw. Friedrich* [Prof. Dr.]: Über den Gebrauch von plures bei Tacitus. Zerbst, Druck v. O. Schnee, 1890; S. 1—16; 4°
Zerbst, herz. Francisceum, OP 1890 (668)

288 **Knoll, Ernst** [Dr., Gymnasialassistent]: Studien zur ältesten Kunst in Griechenland. Bamberg, W. Gärtner's Buchdr., 1890; 83 S., 1 Bl. 8°
Bamberg, k. StA, P 1890

289 **Knoop, Otto** [Oberl.]: Plattdeutsches aus Hinterpommern (Forts. s. d. folg. Nr.) Posen, Hofbuchdr. W. Decker & Co., 1890; S. 3—25; 4°
Gnesen, k. G, OP 1890 (146)

290 **Knoop, Otto** [Oberl.]: Plattdeutsches aus Hinterpommern. — Zweite Sammlung: Fremdsprachliches im hinterpommerschen Platt, nebst einer Anzahl von Fischerausdrücken und Ekelnamen. (Forts. d. vorh. Nr.) Rogasen, Druck v. J. Alexander's Wwe., 1890; 28 S. 4°
Rogasen, k. G, OP 1890 (156)

291 **Knott, Otto:** Verzeichnis der Oberstlieutenant F. W. Schmidt'schen antiken Münzsammlung des Wilhelm-Ernst-Gymnasiums nach der Handschrift des Majors *Ernst Gottlob* Schmidt herausgegeben. (Mit Vorwort von Dr. *Ludwig* Weniger.) Weimar, Druck der Voigtschen Buchdr., 1890; 2 Bl., 116 S., 1 Bl. 4°
Weimar, Wilhelm-Ernstisches G, OP 1890 (660) **

292 **Knuth, Oscar** [Dr.]: Recherches étymologiques et historiques sur les principaux termes de la psychologie empirique. *Steglitz, Druck v. G. Löper* (1890); S. 44—55; 4°
Steglitz, PG, Festschr. 1890 **

293 **von Kobilinski, Georg** [Dr.]: Vorwort zu einer neuen Zusammenstellung der gebräuchlichsten lateinischen Synonyma für den Schulgebrauch. Königsberg i. Pr., Hartungsche Buchdr., 1890; S. 1—12; 4°
Königsberg i. Pr., k. Wilhelms-G, P 1890 (8)

294 **Koch, Gottfried** [Dr.]: Bolingbrokes politische Ansichten und die Squirarchie. Berlin, R. Gaertners Verlagsbuchh., 1890; 14 S. 4°
Berlin, III. st. HB, OP 1890 (110)

295 **Köhler, Albrecht** [Dr.]: Über die Sprache der Briefe des P. Cornelius Lentulus Spinther (Cicero ep. ad fam. XII, 14 u. 15). Nürnberg, Druck d. F. Walz'schen Offic., 1890; 48 S. 8°
Nürnberg, k. altes G, P 1890 *

296 **Koehne, Emil:** Die Gattungen der Pomaceen. Berlin, R. Gaertners Verlagsbuchh., 1890; 33 S., 2 Taf. 4°
Berlin, Falk-RG, OP 1890 (95)

297 **Köpcke, Alfred** [Dr.]: Über empirische und idealisierende Raumauffassung. Ottensen, Druck v. C. Adolff (1890); S. 8—10; 4°
Altona-Ottensen, R, OP 1890 (285)

298 **Kötting, Georg:** Studien über altfranzösische Bearbeitungen der Alexiuslegende mit Berücksichtigung deutscher und englischer Alexiuslieder. Trier, F. Lintz'sche Buchdr., 1890; 44 S. 8°
Trier, st. RG, OP 1890 (460)

299 **Kohl, Horst** [Dr., Oberl.]: Beiträge zur Kritik Rahewins. I. Die Entlehnungen aus fremden Autoren. Chemnitz, Druck v. J. C. F. Pickenhahn & Sohn, 1890; 24 S. 4°
Chemnitz, k. G, OP 1890 (523)

300 **Koldewey, Fridericvs** [Brvnsvicensis]: Carmina Brvnsvigae, typ. J. H. Meyer, 1890; 23 S. 4°
Braunschweig, herz. RG, OP 1890 (675)

801 **Koen**, Peter: Der physikalische Unterricht in der Gymnasial-Sekunda. Düsseldorf, Buchdr. v. L. Schwann, 1890; S. 3–24; 4°
Bedburg, Rheinische RAk, P 1889 [statt 1890 (418)]

802 **Kopietz**, *Johannes* [Oberl. Dr.]: Die geographischen Verhältnisse Schlesiens im Altertum. Breslau, Druck v. R. Nischkowsky, 1890; 15 S. 4°
Frankenstein i/Schl., st. kath. PG, OP 1890 (175)

803 **Koppehel**, (W.) [Kollaborator]: (Aus der Festrede zum Geburtsfeste des Landesfürsten.) Arnstadt, fürstl. Hofbuchdr. v. E. Bußjaeger, 1890; S. 5–7; 4°
Arnstadt, fürstl. R, OP 1890 (706)

804 **Kramer**, Paul [Prof. Dr., Inspektor]: Die darstellende Geometrie im Realgymnasium. Halle a. S., Druck d. Buchdr. d. Waisenhauses, 1890; 30 S., 1 Taf. 4°
Halle a. S., RG d. Franckeschen Stiftungen, P 1890 (256)

805 **Kraus**, Fredericus: Utrum Sophoclis an Euripidis Electra aetate prior sit quaeritur. Passaviae, typ. expr. Passaviae consortium, 1890; 66 S. 8°
Passau, G, P 1890 *

806 **Krause**, Arnold [Dr.]: Bemerkungen zu den Gedichten des Baudouin und des Jean de Condé. Berlin, R. Gaertners Verlagsbuchh., 1890; 28 S. 4°
Berlin, Friedrichs-Werdersches G, OP 1890 (56)

807 **Krause**, Emil [stellvertret. Dirigent]: Zur Erinnerung an Karl Strackerjan. Oldenburg, Druck v. G. Stalling, 1890; S. 25–30; 4°
Oldenburg, st. OR u. VS, P 1890 (656)

808 **Krauße**, Oskar [Oberl.]: Bemerkungen zu einigen Stellen der Aeneide. Rudolstadt, Druck d. fürstl. priv. Hofbuchdr. F. Mitzlaff, 1890; 27 S. 4°
Rudolstadt, fürstl. G u. RPG, OP 1890 (708)

809 **Krausse**, Rudolfus: De Panyassidis aetate quid statuerint veteres explicare conatus est. Hannover, Hofbuchdr. d. Gebr. Jänecke, 1890; 10 S. 4°
Hannover, k. Kaiser Wilhelms G, P 1890 (298)

810 **Krebs**, Julius [Oberl. Dr.]: Die Politik der evangelischen Union im Jahre 1618. I. Rückblick auf die Entwickelung des Bundes. Breslau Druck v. Grass, Barth u. Comp., 1890; S. 3–11; 4°
Breslau, RG am Zwinger, OP 1890 (205)

311 **Kremp**, Heinr. [Dir. Dr.]: Charakter der Anstalt. Helmstedt, Druck v. J. C. Schmidt, 1890; S. 3–4; 4°
Helmstedt, landwirtschaftl. S Marienberg, OP 1890 (681)

312 **Kreutzberg**, *Peter* [Oberl.]: Die Grammatik Malherbe's nach dem „Commentaire sur Desportes". Neisse, Druck v. F. Bär, 1890; 29 S. 8°
Neisse, RG, OP 1890 (211)

313 **Krick**, *Franz* Josef [Dr., Oberl.]: J. Racine's Verhältnis zu Euripides. Ein Beitrag zur Vergleichung der klassisch-griechischen und klassisch-französischen Tragödie. Zweiter Teil. Racine's „Andromaque" im Verhältnis zur Ἀνδρομάχη des Euripides. (Forts. d. P-Beil. 1881.) Aachen, Druck v. C. H. Georgi, 1890; S. 3–46; 4°
Aachen, k. Kaiser-Wilhelms-G, P 1890 (416)

314 **Kroschel**, *S.* [Schulrat Dr., Dir.]: Die Gräfliche Erziehungsanstalt im Barfüsserkloster zu Arnstadt und Arnstädter Abiturienten des 16. und 17. Jahrhunderts. Arnstadt, fürstl. Hofbuchdr. v. E. Frotscher (1890); S. 3–21; 4°
Arnstadt, fürstl. G, OP 1890 (704)

315 **Krüger**, G.: Über den lautlichen Unterricht im Französischen. (Umschl.-Tit.: *Zur* Reform des neusprachlichen Unterrichts. . . .) Schwerin, G. Hilb's Buchdr., 1890; S. 3–16; 4°
Schwerin, grossh. RG, OP 1890 (645)

316 **Kühne**, W. [Dr., Dir.]: Bericht über das Gymnasialgebäude. Doberan, Druck v. H. Rehse & Co., 1890; S. 10–14; 4°
Doberan, grossh. G Friderico-Francisceum, OP 1890 (634)

317 **Kühnemann**, Friedrich: Ein Beitrag zum Unterricht in der Physik auf dem Gymnasium. Memel, gedr. bei F. W. Siebert, 1890; S. 3–25; 4°
Memel, k. G, OP 1890 (14)

318 **Kuntze**, Otto: Beiträge zu einem englisch-deutschen Wörterbuche, bes. aus den Dichtungen des Keats. (Th. 1.) Stettin, Druck v. F. Hessenland, 1890; 30 S. 4°
Stettin, st. RG in d. Schillerstraße, OP 1890 (148)

319 **Kuthe** [Dr.]: 1. Nachtrag zum (1889 erschienenen) Katalog der Bibliothek. Wismar, Eberhardt'sche Hof- u. Ratsbuchdr., 1890; S. 13–16; 4°
Wismar, grosse Stadt-S (G u. R), OP 1890 (640)

320 **Lang**, C.: (Proben aus einer) Musik zu Sophokles' Antigone. Loerrach, Buch- u. Steindr. v. C. R. Gutsch, 1890; V, 18 S. fol.
Lörrach, grossh. G u. RPG, MP 1890 (597)

821 **Langer, P.**: Das Utilitätsprinzip in der Entwickelung des gelehrten Unterrichts. Gotha, Druck d. Engelhard-Reyherschen Hofbuchdr., 1890; S. 3—15; 4°
Ohrdruf, Gräflich Gleichensches G (R m. PG), OP 1890 (659)

822 **Langstroff, Christian** [Dr.]: Aus dem englischen Anfangsunterricht. (Bingen a. Rh., Druck v. D. Borgszewski, 1890); S. 16—19; 4°
Bingen a. Rhein, großh. R, P 1890 (622)

823 **Latendorf, Friedrich** [Oberl. Dr.]: Theodor Körner in Mecklenburg. Schwerin, gedr. in d. Bärensprungschen Hofbuchdr., 1890; 1 Bl., 80 S. 4°
Schwerin i. M., grossh. G Fridericianum, OP 1890 (638)

824 **Laubert, Karl** [Dr., Dir.]: (Oberlehrer Dr. Adolf Korell, gest. am 6. Juni 1890.) Frankfurt a. O., k. Hofbuchdr. Trowitzsch u. Sohn, 1890; S. 18—19; 4°
Frankfurt an der Oder, Ober-S (RG), OP 1890 (104)

825 **Laubert, Karl** [Dir. Dr.]: Pädagogische Skizzen aus Frankreich I. Frankfurt a. O., k. Hofbuchdr. Trowitzsch u. Sohn (1890); 1 Bl., 50 S. 4°
Frankfurt an der Oder, Ober-S (RG), OP 1890 (104)

826 **Lechner, Maximilianus** [Rect.]: De pleonasmis Homericis. Pars III. (Forts. d. P-Beil. Ansbach 1882. 83.) Norimbergae, *Onoldi typ. curav. C. Bruegel et filius*, 1890; 22 S. 8°
Nürnberg, neues G, MP 1890 •

827 **Lektionarium** für das Schuljahr 1889—90. (Sonderburg, Druck v. C. F. la Motte jr., 1890); S. 12—17; 4°
Sonderburg, k. RPG, OP 1890 (291)

828 **Lehmann, Adolf** [Oberl. Prof. Dr.]: Bemerkungen zu dem Betriebe des deutschen Unterrichts in Prima. Leobschütz, Druck v. J. Gomolka (1890); S. I—XII; 4°
Leobschütz, k. kath. G, OP 1890 (187)

829 **Lehmann, Karl** [Dr.]: Die Lage der Brennpunkte bei Linsen. *Steglitz, Druck v. G. Löper* (1890); S. 66—77; 4°
Steglitz, PG, Festschr. 1890 ••

830 **Lehmann, Ernst** [Dr.]: Aus den Sectiones conicae des De la Hire. (Umschl.-Tit.: De la Hire und seine Sectiones conicae II. Teil.) (Forts. d. P-Beil. 1888.) Leipzig, Druck v. A. Edelmann, 1890; S. 1—26; 4°
Leipzig, k. G, OP 1890 (522)

331 Lehrplan für den Religionsunterricht des Fürstlichen Gymnasiums Adolfinum. Bückeburg, Druck d. Grimmeschen Hofbuchdr. (1890); S. 1–18; 4°
Bückeburg, fürstl. Adolfinum (G u. RPG), P 1890 (667)

332 Lehrplan für den Unterricht in der Geschichte. Wiesbaden, Druck v. R. Bechtold & Comp., 1890; S. 1–8; 4°
Wiesbaden, st. R, OP 1890 (408)

333 Leidich [Reg.-Baumeister]: *Bericht über den Umbau der Adjunktur.* Naumburg a. S., Druck v. H. Sieling, 1890; S. XVI–XVIII; 4°
Pforta, k. Landes-S, P 1890 (239)

334 Lenk, Bernhard [Dr.]: Addison und der Spectator. Stade, Druck v. A. Pockwitz (1890); S. 3–40; 4°
Stade, k. G u. RPG, OP 1890 (311)

335 Lentz, *Franz Friedrich Uffo* Hermann [Dir. Prof. Dr.]: Ansprache . . . bei seiner Einführung. Holzminden, Druck v. J. H. Stocks Buchdr., 1890; S. 3–7; 4°
Holzminden, herz. G, P 1890 (680)

336 Lickleder, Max [P., O. S. B.]: Die Moosflora der Umgegend von Metten. (I. Abteilung.) Landshut, Druck d. J. Thomann'schen Buchdr. (1890); [illegible] S., 1 Taf. 4°
Metten, StA, P 1890*

337 Liebold, K. [Oberl.]: Die Ansichten über die Entstehung und das Wesen der gentes patriciae in Rom seit der Zeit der Humanisten bis auf unsere Tage. Eine literar-historische Untersuchung. (I. II.) (Teil III folgt.) *Meerane, Druck v. J. Sievers* (1890); S. 1–24; 4°
Meerane i. S., R, OP 1890 (563)

338 Liesenberg, Fr. [Dr.]: Die Sprache des Ammianus Marcellinus. II. Kap. Syntax und Stil (1. Teil). (Forts. d. P-Beil. 1888. 89.) Blankenburg a. H., Kirchers Wwe., 1890; S. 1–17; 4°
Blankenburg am Harz, herz. G, OP 1890 (672)

339 Lincke, Karolus [Dr.]: De Xenophontis libris Socraticis. Jena, Druck v. G. Neuenhahn (1890); 15 S. 4°
Jena, G Carolo-Alexandrinum, OP 1890 (659)

340 Lindner, Paul [Oberl.]: Über begrenzte Ableitungen mit komplexem Zeiger. (Th. 1.) Cöslin, gedr. bei C. G. Hendess, 1890; 22 S. 4°
Cöslin, k. G, OP 1890 (125)

341 **Littig**, Friedrich [Dr.]: Andronikos von Rhodos. I. Teil: Das Leben des Andronikos und seine Anordnung der aristotelischen Schriften. München, akad. Buchdr. v. F. Straub, 1890; IV, 68 S. 8°
München, k. Maximilians-G, P 1890 •

342 **Lebedanz**, E. [Dr.]: Über den Unterricht in Lektüre und Grammatik, besonders im Französischen. (Umschl.-Tit.: Zur Reform des neusprachlichen Unterrichts....) Schwerin, G. Hilb's Buchdr., 1890; S. 17—55: 4°
Schwerin, grossh. RG, OP 1890 (646)

343 **Lörch**, Ph. *Jakob*: Die Flora des Hohenzollern und seiner nächsten Umgebung. I. Teil. Hechingen, Ribler'sche Hofbuchdr. (1890); 1 Bl., 68 S. 8°
Hechingen, k. HB, P 1890 (487)

344 **Lohsee**, Ernestus [Oberl. Dr.]: Tulliana. Berlin, R. Gaertners Verlagsbuchh., 1890; 18 S. 4°
Berlin, Leibniz-G, OP 1890 (62)

345 **Lommer**, Franz Xaver: Geschichte der oberpfälzischen Grenzstadt Waldmünchen. II. Teil: Innere Geschichte, 1. Hälfte. (Forts. d. P-Beil. 1888.) Amberg, E. Pohl'sche Buchdr., 1890; 1 Bl., 69 S., 1 Taf. 8°
Amberg, k. StG, P 1890 •

346 **Luebeck**, Emil [Oberl. Dr.]: Das Seewesen der Griechen und Römer. Hamburg, gedr. bei Lütcke & Wulff, 1890; 1 Bl., VIII, 55 S., 1 Taf. 4°
Hamburg, Gelehrten-S d. Johanneums, P 1890 (714)

347 **Lück**, *Robert* [Rekt. Dr.]: Die bisherige Entwicklung und der gegenwärtige Bestand des Progymnasiums. (And. Tit.: Nachrichten über d. Progymn. zu Steglitz und über d. neue Schulgebäude. Von ... Techow u. ... . Lück.) *Steglitz, Druck v. G. Löper* (1890); S. 5—6; 4°
Steglitz, PG, Festschr. 1890 ••

348 **Lückerath**, Wilh. [Rekt.]: Die Herren von Heinsberg. 2. Fortsetzung. (Forts. d. P-Beil. 1889. 89; Schluss folgt.) Heinsberg, Druck v. W. Joppen (1890); S. 6—11; 4°
Heinsberg, h. Stadt-S, OP 1890 ••

349 **Lüdeke**, Oscar [Dr.]: Über angewandtes Turnen. *Steglitz, Druck v. G. Löper* (1890); S. 77—85; 4°
Steglitz, PG, Festschr. 1890 ••

350 **Lüke**, Heinrich: Die Aussprache des Englischen in tabellarischer Übersicht. (Forts. folgt 1891.) Conitz, Buchdr. v. F. W. Gebauer, 1890; S. 3–28; 4°
Conitz, k. G, P 1890 (34)

351 **Lathe**, Werner [Oberl. Dr.]: Die Erkenntnislehre der Stoiker. Leipzig, Druck v. B. G. Teubner, 1890; 46 S. 4°
Emmerich, k. G, P 1890 (432)

352 **Lyon**, Otto [Oberl. Dr.]: Historische und gesetzgebende Grammatik. Dresden, Druck v. B. G. Teubner, 1890; S. 1–32; 4°
Dresden-Altstadt, Annen-S (RG), OP 1890 (545)

353 **Mädge**, *Friedrich* [Dr.]: Über den Unterricht in der Insektenkunde in Tertia. Elberfeld, Druck v. A. Martini & Grüttefien (1890); S. 3–18; 4°
Elberfeld, OR, P 1889 [statt 1890] (473)

354 **Mahn**, Paul [Rekt.]: Kurzer Bericht über die Feierlichkeit bei Einführung des neuen Rektors und Antrittsrede desselben gehalten am 7. Januar 1890 im Rathaussaale. Kempen, gedr. in P. Amulong's Buchdr. (1890); S. 3–12; 4°
Kempen, Reg.-Bez. Posen, k. PG, OP 1890 (148)

355 **Manke**, Paul: Die Familiennamen der Stadt Anklam. Dritter Teil. (Forts. d. P-Beil. 1887. 89.) Anklam, gedr. bei R. Poettcke (1890); 1 Bl., 16 S. 4°
Anklam, G, OP 1890 (128)

356 **Manns**, Otto [Oberl.]: Über die Jagd bei den Griechen. Dritter Teil. Die Ausübung der Jagd. (Forts. u. Schluss d. P-Beil. 1888. 89.) Cassel, Druck v. Baier & Lewalter, 1890; S. 3–21, 1 Taf. 4°
Cassel, k. Wilhelms-G, OP 1890 (375)

357 **Marold**, Karl [Dr.]: Stichometrie und Leseabschnitte in den gotischen Episteltexten. Königsberg, Hartungsche Buchdr., 1890; S. 1–18; 4°
Königsberg i. Pr., k. Friedrichs-K, OP 1890 (7)

358 **Marquardt** [Dr.]: Alphabetisches Verzeichnis der Mecklenburgica der Domschulbibliothek zu Güstrow. I. Theil. Güstrow, Druck d. Ratsbuchdr. (1890); S. 1–28; 4°
Güstrow, Dom-S, OP 1890 (635)

359 **Marseille**, Gotthold: Beschreibung der ägyptischen Altertümer des Bismarck-Gymnasiums. Pyritz, Druck d. Backe'schen Buchdr., 1890; S. 1–14, 1 Taf. 4°
Pyritz, k. Bismarck-G, OP 1890 (134)

360 **Martini, August** [Dr.]: Die Politik des älteren Dionys. (Coblenz, Buchdr. v. H. L. Scheid, 1890); S. 3–31; 4°
Coblenz, st. KG, P 1890 (465)

361 **Matthaei, Adelbert** [Dr.]: Der Zeichenunterricht am humanistischen Gymnasium und sein Verhältnis zu den übrigen Unterrichtsfächern. (Gießen, Druck v. W. Keller, 1890); 17 S. 4°
Gießen, großh. G, OP 1890 (597 statt 616)

362 **Maurer, Georg** [Prof.]: Kosmologie 2. Teil. (Forts. d. P.-Beil. 1889.) Neuburg a. D., Griessmayersche Buchdr. (1890); 108 S., 1 Kart. 8°
Neuburg a. D., k. StA, P 1890 •

363 **Meisel, Georg** [Prof.]: Beiträge zur Erklärung Pindars. Kempten, Buchdr. d. J. Kösel'schen Buchh., 1890; 33 S. 8°
Kempten, k. StA, P 1890 •

364 **Meissel, Ernst** [Dr., Tit.]: Über die Bessel'schen Funktionen J^0_x und J^1_x. Kiel, Druck v. A. F. Jensen, 1890; S. 1–9; 4°
Kiel, OR, OP 1890 (284)

365 **Mellmann, Paul** [Dr.]: Die geographische Verbreitung der Schweizer Staphylinini. Berlin, R. Gaertners Verlagsbuchh., 1890; 34 S. 4°
Berlin, erste st. HB, OP 1890 (108)

366 **Melzer, Paul** *Friedrich* [Oberl.]: De Hercule Oetaeo Annaeana. Chemnitz, Druck v. J. C. F. Pickenhahn & Sohn, 1890; 37 S. 4°
Chemnitz, RG m. R-Klassen, OP 1890 (543)

367 **Menze, Gotthold** [Dr.]: Camões Studien. I. Teil: Camões als Epiker. A. Allgemeiner Teil. Cöthen, Druck v. P. Schettlers Erben (1890); S. 3–25; 4°
Cöthen, herz. RB nebst VS, OP 1890 (666)

368 **Merschberger** [Prof. Dr.]: Die Anfänge Shakespeares auf der Hamburger Bühne. Hamburg, gedr. bei Lütcke & Wulff, 1890; 2 Bl., 44 S. 4°
Hamburg, RG d. Johanneums, OP 1890 (716)

369 **Mettlich, Jos.** [Hilfsl.]: Bemerkungen zu dem anglo-normannischen Lied vom wackern Ritter Horn. Münster, Druck d. Coppenrathschen Buchdr., 1890; 24 S. 4°
Münster i. W., k. Paulinisches G, P 1890 (321 statt 351)

370 **Mewes, Karl**: Ist Platons Kriton auch in philosophischer Hinsicht ein wichtiger Dialog? Magdeburg, Druck v. E. Baensch jun., 1890; 1 Bl., 29 S. 8°
Magdeburg, RG, OP 1890 (258)

371 **Meyer,** Alfred *Gustav* [Dr., Rekt.]: Deutsche Prosalektüre in den Mittelklassen höherer Lehranstalten. Berlin, R. Gaertners Verlagsbuchh., 1890; 28 S. 4°
Berlin, V. st. HB, OP 1890 (118)

372 **Meyer,** *Paul* [Oberl. Dr.]: Straboniana. Grimma, Druck v. F. Bode (1890); S. 1–34; 4°
Grimma, Fürsten- u. Landes-S, P 1890 (531)

373 **Meyer,** Theodor [Dr.]: Über das sphärische Polarsystem und seine Anwendung auf das Tetraeder. Saarbrücken, Druck v. Gebr. Hofer, 1890; S. 3–9; 4°
Saarbrücken, k. GwS u. GwVS, OP 1890 (479)

374 **Miller,** Ant. [Rekt.]: Vorlagen zum Übersetzen ins Lateinische für Abiturienten bayerischer Gymnasien. Würzburg, Druck d. k. Universitätsdr. v. H. Stürtz, 1890; 43 S. 8°
Würzburg, k. altes G, P 1890 •

375 **Miller,** Otto: Gregorii Cyprii declamatio inedita. (Umschl.-Tit.: ... Pars prior. Ex apographo codicis Leidensis edidit paucisque illustravit.) Oels, herz. Hofbuchdr. v. A. Ludwig, 1890; S. 1–8; 4°
Oels, k. G, P 1890 (192)

376 **Milz,** Gustav [Oberl. Dr.]: Zur Geschichte der Cäsartragödien. Friedeberg Nm., Druck v. E. Eisermann (1890); 1 Bl., 16 S. 4°
Friedeberg Nm., k. G, OP 1890 (76)

377 **Möller,** Friedrich [Oberl.]: Remarks on the first regular Comedy of English literature and its author. Altona, Druck v. P. Meyer (1890); S. I–XXI; 4°
Altona, k. Christianeum, OP 1890 (270)

378 **Möller,** Wilhelm [Dr., Hilfsl.]: Einfacher Schulversuch zur Bestimmung der Wellenlänge des Lichts. Hadersleben, W. L. Schütze, Buchdr., 1890; 15 S., 1 Taf. 4°
Hadersleben, k. G u. RPG, P 1890 (273)

379 **Möser,** Ludwig [Dr., Oberl.]: Französische Synonyma. Zusammengestellt. (Herford, Buchdr. v. Gebr. Heidemann, 1890); S. 1–28; 8°
Herford, ev. Friedrichs-G, Festschr. 1890 [= 1891 (347)] ••

380 **Morgenstern,** Otto: Die alten Drucke der Gymnasialbibliothek. III. Die Sebersche Bibliothek. (Forts. d. v. Herm. Wagner veröffentl. P-Beil. 1879. 1883.) Meiningen, Druck d. Keyssnerschen Hofbuchdr. (1890); S. 3–14; 4°
Schleusingen, k. Hennebergisches G, P 1890 (244)

381 **Moroff**, August [Prof.]: Das Winkelfeld und die anderen ebenen Felder. Hof, Druck d. Mintzel'schen Buchdr., 1890; 21 S. 8°
Hof, k. StA, P 1890 •

382 **Muche**, Eugen [Oberl. Dr.]: Aus den Erinnerungen der Herzogin Sophie von Hannover. Schneidemühl, Druck v. O. Eichstädt, 1890; S. 1–26; 4°
Schneidemühl, k. G, OP 1890 (157)

383 **Müller**, Albert [Dir. Dr.]: Kaiser Friedrich II. als König beider Sicilien. (Umschl.-Tit.: Rede zur Vorfeier des Geburtstages Sr. Majestät des Kaisers und Königs . . . am 26. Januar 1890.) Flensburg, gedr. in d. Buchdr. v. L. P. H. Maaß, 1890; S. 1–12; 4°
Flensburg, k. G u. RG, P 1890 (271)

384 **Müller**, O. [Prof.]: Die Phraseologie des Sallust. II. (Forts. d. P-Beil. 1888.) Cöthen, Druck v. P. Schettler's Erben (1890); S. 3–22; 4°
Cöthen, herz. Ludwigs-G, OP 1890 (664)

385 **Müller**, *Heinrich:* Ueber den ersten planimetrischen Unterricht. (Teil II. Fortsetzung d. P-Beil. 1889.) Berlin, Druck v. Gebr. Unger, 1890; 2 Bl., 27 S. 4°
Charlottenburg, k. Kaiserin-Augusta-G, OP 1890 (70)

386 **Müller**, Moritz [Oberl. Dr.]: Zur Kritik und zum Sprachgebrauch des Livius. Stendal, Druck v. Franzen & Grosse, 1888; S. 15–28; 4°
Stendal, G, Festschr. 1888 [1890 (246)]

387 **Münch**, Peter [Dr., Dir.]: Geschichtliche Nachrichten über das Dominikanerkloster zu Münster i. W. Münster, Druck d. Coppenrathschen Buchdr., 1890; 30 S., 1 Taf. 4°
Münster i. W., RG, OP 1890 (364)

388 **Münnich**, *Franz* [Dir. Dr.]: Nachwort. (Enth.: Die Stellung der Gymnasien in Deutschland.) Schwerin, gedr. in d. Bärensprungschen Hofbuchdr., 1890; S. 25–26; 4°
Schwerin i. M., grossh. G Fridericianum, OP 1890 (639)

389 **Muther**, Heinrich [Dir. Schulrat Dr.]: Über die Teiresiasscene in Sophokles' König Odipus [sic!]. Coburg, Druck d. Dietz'schen Hofbuchdr. (1890); S. 3–24; 4°
Coburg, G Casimirianum, OP 1890 (640)

390 **Nawrath**, Hilarius [Oberl.]: Das Mittendreieck. Neisse, Druck v. F. Bär, 1890; S. 1–19, 3 Taf. 4°
Neisse, k. kath. G, OP 1890 (190)

391 **Neckel** [Dr.]: Das Ekkyklema. Friedland i. Meckl., Druck v. W. Walther, 1889 [sic!]; S. 1–22; 4°
Friedland, G, P 1890 (646)

392 **Neff**, Joseph [Prof.]: Udalricus Zasius. Ein Beitrag zur Geschichte des Humanismus am Oberrhein. I. Theil. Freiburg i. B., Univ.-Buchdr. v. C. Lehmann, 1890; 35 S. 4°
Freiburg i. B., grossh. G, MP 1890 (593)

393 **Nehb**, Georg: Der Anschauungsunterricht in der Elementarklasse der zweiklassigen Vorschule. (Bingen a. Rh., Druck v. D. Boryszewski, 1890); S. 23–34; 4°
Bingen a. Rhein, grossh. R, P 1890 (622)

394 **Nehring**, Karl [Oberl.]: Der lateinische Aufsatz. Berlin, R. Gaertners Verlagsbuchh., 1890; 17 S. 4°
Berlin, Königst. G, OP 1890 (61)

395 **Nehry**, *Julius* [Rekt.]: Aus der Weltliteratur. Aschersleben, Druck v. F. Hofmann (1890); S. 3–27; 8°
Aschersleben, st. HM, OP 1890 **

396 **Neide**, Siegfried [Dr.]: Wilhelm von Humboldt als Richter und Ratgeber bei Schillers lyrischen Gedichten. (Umschl.-Tit.: . . . I.) Landsberg a. W., Buch- u. Steindr. v. B. Schneider & Sohn (1890); S. 3–25; 4°
Landsberg a. W., k. G u. RG, OP 1890 (81)

397 **Neumann**, Franz [Prof. Dr., Oberl.]: Exegetische Studien zu Caesar und Tacitus im Anschluss an die Frage vom Wesen der ältesten deutschen Staatenbildung. Lissa, Buchdr. v. O. Ludwig, 1890; 28 S. 4°
Lissa i. P., k. G, OP 1890 (150)

398 **Neubert**, Rudolf [Dr., Oberl.]: Spuren selbständiger Thätigkeit bei Diodor. Bautzen, Druck v. E. M. Monse (1890); 1 Bl., 26 S. 4°
Bautzen, G, OP 1890 (504)

399 **Nöthe**, Heinrich [Dr.]: Bundesrat, Bundessteuer und Kriegsdienst der delischen Bündner. Magdeburg, k. Hofbuchdr. v. C. Friese, 1890; 1 Bl., 18 S. 4°
Magdeburg, k. Dom-G, OP 1890 (231)

400 **Noß**, G. [Prof. Dr.]: Zur Analysis planimetrischer Constructionen, welche die Anwendung der Proportionalität erfordern. (Schluß der Abhandlung von 1889 [statt 1890].) Jauer, Druck v. Opitz'schen Buchdr., 1890; S. 1–10; 4°
Jauer, k. ev. G, OP 1890 (189)

401 **Nüßlein**, Theodor [Gymnasialassistent]: Über Kegelschnittpaare, von denen der eine Kegelschnitt einem Vierecke umgeschrieben, der andere demselben Vierecke eingeschrieben ist. Schweinfurt, Druck v. F. J. Reichardt, 1890; 53 S. 8°
Münnerstadt, k. StA, P 1890 •

402 **Oehler**, *Georg Wilhelm* [Oberl.]: Über die Anwendung der Neumann'schen Flächenorte zur Darstellung der Formen des regelmässigen Systems. Freiberg, Gerlach'sche Buchdr., 1890; 10 S., 8 Taf. 4°
Freiberg, G Albertinum, OP 1890 (530)

403 **Oertel**, Hans: Die Lehre des Aristoteles von der Tyrannis. Kaiserslautern, *Druck d. Univ.-Buchdr. v. E. T. Jacob in Erlangen*, 1890; 49 S. 8°
Kaiserslautern, k. StA, P 1890 •

404 **Oetling**, Wilhelm [*Dr.*, Rekt.]: Mitteilungen an die Eltern. (Enth.: 1. Die Absolvierung aller 7 Jahreskurse des Realprogymn. 2. Die gymnasiale Nachprüfung.) Lüdenscheid, Druck v. W. Crone jr., 1890; S. 18–21; 4°
Lüdenscheid, RPG, OP 1890 (371)

405 **Olzscha**, K.: Der muttersprachliche und der lateinische Unterricht in den Petites Écoles von Port-Royal. Annaberg, Druck v. C. E. Kästner, 1890; S. 1–34; 4°
Annaberg, k. RG nebst PG, OP 1890 (541)

406 **Ordnung** für die Abgangsprüfung an der Landwirtschaftsschule. Helmstedt, Druck v. J. C. Schmidt, 1890; S. 20–27; 4°
Helmstedt, landwirtschaftl. S Marienberg, OP 1890 (681)

407 **Ortner**, Heinrich [Dr.]: Der Übungsstoff zu deutschen Aufsätzen in den drei unteren Lateinklassen methodisch geordnet. Regensburg, Buchdr. M. Wasner, 1890; VI S., 1 Bl., 146 S. 8°
Regensburg, k. neues G, P 1890 •

408 **Oster**, *Hermann Emil* [Dir. Dr.]: Gymnasiumsdirektor August Scherm, Geheimer Hofrat, Ritter des Ordens vom Zähringer Löwen. Ein Lebensbild. Rastatt, Buchdr. v. J. G. Vogel, 1890; 16 S. 4°
Rastatt, grossh. G, MP 1890 (601)

409 **Otten**, Georg [Dr.]: The Language of the Rushworth Gloss to the Gospel of St. Matthew. Part I: Vowels. Nordhausen, Druck v. C. Kirchner's Buchdr. (1890); S. 1–21; 4°
Nordhausen, k. G, OP 1890 (265)

410 Ottmann, Rich. Eduard [Dr.]: Die reduplicierten Präterita in den germanischen Sprachen. Alzey, Druck v. A. Meschett, 1890; S. 1–12; 4°
Alzey, grossh. R u. PG (m. VS), OP 1890 (631)

411 Otto, *August* [Dr.]: Die geflügelten Worte bei den Römern. Breslau, Druck v. R. Nischkowsky, 1890; 1 Bl., XIV S. 4°
Breslau, k. kath. St. Matthias-G, OP 1890 (171)

412 Parow, Walter [Dr. Oberl.]: Die Seeschlacht bei Trafalgar. Berlin, R. Gaertners Verlagsbuchh., 1890; 32 S., 1 Taf. 4°
Berlin, Friedrichs-Werdersche GwS (OR), OP 1890 (100)

413 Patzig, Edwin [Oberl. Dr.]: De Nonnianis in IV orationes Gregorii Nazianzeni commentariis. Leipzig, Druck v. A. Edelmann, 1890; 1 Bl., 30 S. 4°
Leipzig, Thomas-S, OP 1890 (534)

414 Peppmüller, Rudolf [Dir. Dr.]: Antrittsrede. Stralsund, Druck d. k. Regier.-Buchdr., 1890; S. 6–18; 4°
Stralsund, G, OP 1890 (140)

415 Peppmüller, Rudolf [Dr., Dir.]: *Rede zur Erinnerung an den ord. Lehrer Paul Sauder, gest. am 12. Juli 1889.* Stralsund, Druck d. k. Regier.-Buchdr., 1890; S. 12; 4°
Stralsund, G, OP 1890 (140)

416 Perlewitz, Paul [Oberl. Dr.]: Die Fusspunktlinien des umbeschriebenen Kreises eines Dreiecks, elementar behandelt. Berlin, R. Gaertners Verlagsbuchh., 1890; 16 S., 8 Taf. 4°
Berlin, Sophien-RG, OP 1890 (99)

417 Peters, Emil [Dr. Oberl.]: Heinrich der Vogler, der verfasser von Dietrichs flucht und der Rabenschlacht. Berlin, R. Gaertners Verlagsbuchh., 1890; 21 S. 4°
Berlin, Dorotheenst. RG, OP 1890 (94)

418 Peters, Wilhelm [Dr.]: Zur Geschichte der Wolfschen Prolegomena zu Homer. Mitteilungen aus ungedruckten Briefen von Friedrich August Wolf an Karl August Böttiger. Frankfurt a. M., Druck v. Enz & Rudolph, 1890; 48 S. 4°
Frankfurt a. M., k. Kaiser-Friedrichs-G, OP 1890 (378)

419 Petri, Hermann [Adjunct u. 2. Geistlicher]: Das Verbum mit Suffixen im Hebräischen. II. Teil: In den כתובים נביאים. (Der 1., 3. u. 4. Teil folgt an anderer Stelle.) Leipzig, Druck v. W. Drugulin, 1890; 27 S. 4°
Pforta, k. Landes-S, P 1890 (230)

420 **Pfundheller**, Emil [Dir. Dr.]: Uber [sic!] die Erziehung des Willens. (Antrittsrede.) Barmen, Druck v. Steinborn & Co. (1890); S. 3–18; 4°
Barmen, RG, P 1890 (462)

421 **Philippson**, Emil [Dir. Dr.]: Das neue Alumnatsgebäude. Hannover, Druck v. C. Küster, 1890; S. 3–7, 3 Taf. 4°
Seesen am Harz, Jacobson-S, OP 1890 (626)

422 **Philippson**, Robert [Dr.]: Die ästhetische Erziehung. Ein Beitrag zur Lehre Kants, Schillers und Herbarts. Magdeburg, Druck v. E. Baensch jun., 1890; 1 Bl., 64 S. 4°
Magdeburg, (st.) König Wilhelms-G, OP 1890 (233)

423 **Pilling**, Karl [Dr.]: Zur Heraklidensage. Naumburg a. S., Druck v. H. Sieling (1890); S. 1–20; 4°
Naumburg a. S., Dom-G, OP 1890 (236)

424 **Pilz**, Oskar [D$^{R.}$, Hilfsl.]: Beiträge zur Kenntnis der altfranzösischen Fableaux. 2. Die Verfasser der Fableaux. I. (Forts. d. P-Beil. Stettin 1889 = Inaug.-Diss. Marburg 1889.) *Görlitz*, 1890; 20 S. 4°
Görlitz, st. G u. RG, Festschr. 1890 [1890 (180)]

425 **Plattner**, (Philipp) [Dirigent]: Alphabetische Uebersicht über sämtliche Schüler, welche der Realschule seit Gründung derselben angehört haben . . . Straßburg, Druck v. M. DuMont-Schauberg, 1890; S. 18–28; 4°
Wasselnheim i. E., R, DP 1890 (528)

426 **Plaumann**, Emil [Oberl.]: Die deutsche Lindenpoesie. Danzig, A. Müller vorm. Wedel'sche Hofbuchdr., 1890; 47 S. 4°
Danzig, k. G, OP 1890 (29)

427 **Pohlmey** [Oberl. Dr.]: Rede zur Feier des Geburtstags Sr. Majestät des Kaisers und Königs. Gütersloh, gedr. bei C. Bertelsmann, 1890; S. 3–9; 4°
Gütersloh, ev. G, P 1890 (348)

428 **Polster**, Ludovicus: Quaestionum Statianarum particula IV. (Forts. d. P-Beil. Wongrowitz 1878. Ostrowo 1879. 1881.) Inowrazlaw, Druck v. H. Olawski (1890); 1 Bl., 16 S. 4°
Inowrazlaw, k. G, OP 1890 (147)

429 **Pontani**, Bernhard [Oberl. Dr.]: Schülerverzeichnis und vergleichende Zusammenstellungen. Eschwege, Druck v. A. Rossbachs Buchdr. (1890); S. 101–109, 1 Bl. 8°
Eschwege, Friedrich-Wilhelms-R (RPG u. PG), Festschr. 1890 • •

430 **Prahl**, Karl [Dr.]: Philipp von Zesen. Ein Beitrag zur Geschichte der Sprachreinigung im Deutschen. Danzig, Druck v. E. Groening, 1890; S. 1–24; 4°
Danzig, st. G, OP 1890 (30)

431 **Pratje**, Heinrich [stellvertret. Leiter Dr.]: Der altepische Kasus mit dem Suffixe *φι* syntaktisch dargestellt. Göttingen, Druck v. L. Hofer, 1890; 19 S. 4°
Sobernheim, PG, P 1890 (458)

432 **Pretzsch**, Bernhard [Dr.]: Zur Stilistik des Cornelius Nepos. *Spandau, Hopf'sche Buchdr.* (1890); 47 S. 8°
Spandau, st. G u. VS, P 1890 (88)

433 **Prohasel**, Paul: Q. Curtii Rufi codicum memoriae emendandae leges et proponuntur et adhibentur. Sagan, Druck v. P. Mertsching, 1890; S. 3–22; 4°
Sagan, k. kath. G, OP 1890 (189 statt 198)

434 **Quade**, Ferdinand Theodor [Oberl.]: Gemüt und Charakter. Rawitsch, Druck v. R. F. Frank, 1890; 26 S. 4°
Rawitsch, k. RG, OP 1890 (168)

435 **Rademacher**, Hugo [Dr., Rekt.]: Gesundheitspflege in Haus und Schule. Gumbinnen, Druck v. W. Krauseneck (1890); S. 3–9; 4°
Gumbinnen, st. HT, P 1890 **

436 **Rademachers** [stellvertret. Rekt.]: Festrede zur Feier des Geburtstages Sr. Majestät des Kaisers und Königs. — Schule und Vaterland. Saarlouis, Druck v. F. Stein Nachf., 1890; S. 3–13; 4°
Saarlouis, PG, OP 1890 (491)

437 **Radke**, Georg [Dr.]: Die epische Formel im Nibelungenliede. Fraustadt, L. S. Pucher's Buchdr., 1890; 62 S. 4°
Fraustadt, k. RG, OP 1890 (163)

438 **Rambeau**, Theodor [Oberl.]: Bemerkungen zur Behandlung der Apostelgeschichte. Burg, Druck v. A. Hopfer, 1890; S. 3–18; 4°
Burg, k. Victoria-G, P 1890 (228)

439 **Ramisch**, August [kommissar. Lehrer]: Versuch einer neuen Theorie der excentrischen Zug- und Druckbelastung. *Aachen* (1890); S. III–XXII, 1 Taf. 4°
Aachen, R m. Fachklassen (früh. k. GwS), OP 1890 (461)

440 **Raschig**, Max [Oberl.]: *Erkenntnistheoretische Einleitung in die Geometrie.* Schneeberg, Druck v. C. M. Gärtner, 1890; S. 1—88, 1 Taf. 4°
Schneeberg, k. G m. Realklassen, OP 1890 (537)

441 **Rauschen**, Gerh. [Dr.]: Der Unterricht in der alten Geschichte auf den oberen Klassen des Gymnasiums. (Erster Theil.) Andernach, k. Iobert'sche Buchdr., 1890; S. 3—15; 4°
Andernach, PG, P 1890 (416)

442 **Rautenberg**, *Ernst* [Dir.]: Haus- und Hof-Ordnung. Hamburg, gedr. bei Lütcke & Wulff, 1890; S. 29—30; 4°
Hamburg, neue HB, P 1890 (718)

443 **Rautenberg**, *Ernst* [Dir.]: *Über die Organisation der Neuen Höheren Bürgerschule, ihre Lehrziele und die dadurch erreichten Vorteile.* Hamburg, gedr. bei Lütcke & Wulff, 1890; S. 31—32; 4°
Hamburg, neue HB, P 1890 (718)

444 Die Neue **Realschule** zu Strassburg. (Umschl.-Tit.: 1. Beschreibung des neuen Schulgebäudes. 2. Die Einweihungsfeier.) Strassburg, Druck v. M. DuMont-Schauberg, 1890; S. 3—19; 4°
Strassburg, neue R, MP 1890 (522)

445 **Rée**, *Anton:* Geschichtliches über die Schule und ihre Tendenzen. Hamburg, gedr. bei Lütcke & Wulff, 1890; S. 1—12; 4°
Hamburg, Stiftungs-S von 1815, P 1890 (720)

446 **Rehdans**, *J.* [Oberl. Dr.]: Aufgaben aus der Statik und Dynamik mit Beispielen, welche . . . in der Entlassungsprüfung bearbeitet worden sind. Graudenz, Druck v. G. Röthe, 1890; 1 Bl., 31 S. 8°
Graudenz, k. ev. G, OP 1890 (22 statt 33)

447 **Reimann**, Eugen [Prof. Dr.]: Beiträge zur Bestimmung der Gestalt des scheinbaren Himmelsgewölbes. Hirschberg i. Schl., Druck v. Geisler & Ilc, 1890; S. 1—14; 4°
Hirschberg i. Schl., k. G, OP 1890 (181)

448 **Reinhardt**, Curt [Oberl. Dr.]: Einleitung in die Theorie der Polyeder. Meissen, gedr. bei C. E. Klinkicht & Sohn, 1890; S. 1—31; 4°
Meissen, Fürsten- u. Landes-S St. Afra, MP 1890 (536)

449 **Reisert**, Karl [Dr.]: Zur Attraktion der Relativsätze in der griechischen Prosa. Ein Beitrag zur historischen Syntax der griechischen Sprache. 2. Teil. Thucydides. (Fortsetzung des Progr. v. 1888/89.) Neustadt a. d. Haardt, Akt.-Druckerei, 1890; 1 Bl., S. 51—78, 1 Bl. 8°
Neustadt an der Haardt, k. StA, P 1890

450 **Renn**, Emil [Dr.]: Verzeichnis der Programme & Gelegenheitsschriften welche an den Kgl. Bayer. Lyzeen, human. Gymnasien und Lateinschulen vom Schuljahre 1823/24 an erschienen sind. Ein Beitrag zur Schul- und Literaturgeschichte Bayerns begonnen von Dr. J. Gutenäcker . . . IV. Abteilung: Die Schuljahre 1884/85 bis 1888/89. (I. u. II. v. Gutenäcker, Bamberg 1861—62; II. u. III. v. J. G. Zeiss, P-Beil. Landsh. 1874 u. 1885.) Landshut, J. Thomann'sche Buchdr., 1890; 62 S., 1 Bl. 8°
Landshut, k. StA, P 1890 •

451 **Renn**, August [Oberl. Prof. Dr.]: Die Behandlung der geraden regelmässig vierseitigen Säule im Anschauungsunterricht. Ein Beitrag zur Klärung des vorbereitenden geometrischen Unterrichts in Quinta. Barmen, Buchdr. v. W. Wandt, 1890; 11 S. 4°
Barmen-Wupperfeld, R, P 1890 (464)

452 **Ribbeck**, Woldemar [Prof. Dr. Dir.]: Übersetzungsproben. Berlin, R. Gaertners Verlagsbuchh., 1890; 26 S. 4°
Berlin, Askanisches G, OP 1890 (52

453 **Richter**, J. W. Otto [Prof. Dr. Rekt.]: Auszug aus der Schulordnung. Eisleben, Druck v. E. Schneider (1890); S. 85—90; 4°
Eisleben, st. RPG, OP 1890 (263)

454 **Richter**, J. W. Otto [Prof. Dr. Rekt.]: Die geographische Lage des deutschen Reiches. Eine vergleichende Betrachtung. (Forts. ersch. m. d. Tit.: Das Deutsche Reich in der Kulturwelt. . . .) Eisleben, Druck v. E. Schneider (1890); S. 3—10; 4°
Eisleben, st. RPG, OP 1890 (263)

455 **Richter**, Oscar Clemens Theodul [Oberl. Cand. rev. min.]: Wizo und Bruun, zwei Gelehrte im Zeitalter Karls des Grossen, und die ihren gemeinsamen Namen „Candidus" tragenden Schriften. Leipzig, in Komm. d. J. C. Hinrichsschen Buchh., 1890; S. 3—89; 4°
Leipzig, st. RG, OP 1890 (518)

456 **Rieder** [Prof. Dr.]: *Zum Andenken an Ihre Maj. die Kaiserin Augusta.* Gumbinnen, 1890; 1 Bl. 4°
Gumbinnen, k. Friedrichs-G, OP 1890 (4)

457 **Ritter**, O. [Oberl.]: *Rede zur Weihe der Schulfahne am 6. Juni 1889.* Döbeln, Druck v. J. W. Thallwitz, 1890; S. 2—3; 4°
Döbeln, k. RG u. Landwirtschafts-S, OP 1890 (544)

458 **Röhricht**, *Johannes Alexander* [P.]: Gedanken zum Thema des Römerbriefs (Röm. 1, 16. 17). Hamburg, gedr. bei Lütcke & Wulff, 1890; S. 1—15; 4°
Horn bei Hamburg, Paulinum (PG u. HB), P 1890 (721)

459 **Röhricht**, Reinhold [Oberl. Prof. Dr.]: Kleine Studien zur Geschichte der Kreuzzüge. Berlin, R. Gaertners Verlagsbuchh., 1890; 28 S. 4°
Berlin, Humboldts-G, OP 1890 (58)

460 **Reuse**, F. [Oberl.]: Das höhere Schulwesen Schwedens. Wismar, Druck d. Hinstorff'schen Ratsbuchdr., 1890; 21 S. 4°
Wismar, grosse Stadt-S (G u. R), OP 1890 (640)

461 **Roesener**, Bruno: Bemerkungen über die dem Andronikos von Rhodos mit Unrecht zugewiesenen Schriften. (Der 2. Teil folgt 1891.) Schweidnitz, Buchdr. v. C. Boy, 1890; 20 S. 4°
Schweidnitz, ev. G, OP 1890 (199)

462 **von Rohden**, Paul [Dr.]: Publius Quinctilius Varus. *Steglitz, Druck von G. Löper* (1890); S. 37–44; 4°
Steglitz, PG, Festschr. 1890 **

463 **Rose**, Herm. [Dr., Prof.]: Über das Verhältnis der Schrift von Helvétius: De l'Esprit zu La Rochefoucauld's Maximes. Lahr, Druck v. J. H. Geiger, 1890; 16 S. 4°
Lahr, grossh. G, MP 1890 (596)

464 **Rosenthal**, Max: Quamnam curam Athenienses post expeditionem illam a. 415 in Siciliam factam rerum Siciliensium habuerint, quaeratur (Umschl.-Tit.: . . . quaeritur). Gross-Strehlitz, Druck v. M. verw. Hübner (1890); S. 1–14; 4°
Gross-Strehlitz, k. G, OP 1890 (201)

465 **Roth**, Friedrich: Beiträge zur Stereometrie. Buxtehude, Druck v. J. Vetterli (1890); 26 S., 1 Bl., 5 Taf. 4°
Buxtehude, RPG, OP 1890 (324)

466 **Rudolph**, Konrad [Dr.]: Über die geeignetste Form einer Nibelungenübersetzung. Berlin, R. Gaertners Verlagsbuchh., 1890; 24 S. 4°
Berlin, Köllnisches G, OP 1890 (60)

467 **Rühlmann**, *Moritz* Richard [Prof. Dr., Rekt.]: *Antrittsrede, geh. am 7. Okt. 1889.* Döbeln, Druck v. J. W. Thallwitz, 1890; S. 6–8; 4°
Döbeln, h. RG u. Landwirtschafts-S, OP 1890 (541)

468 **Rüthnick**, Otto [Dr., Oberl.]: Sammlung von Aufgaben aus der Stereometrie zum Gebrauche in I. — Darstellung der Entwicklung der Gesetze des Stosses von Cartesius an. Brandenburg a. d. Havel, Druck v. G. Matthes (1890); 1 Bl., 12, 11 S. 4°
Brandenburg, RAk, OP 1890 (69)

469 **Rüthning**, Gustav [Dr.]: Tilly in Oldenburg und Mansfelds Abzug aus Ostfriesland. Nach den Quellen des Grossherzoglich oldenburgischen Haus- und Centralarchivs. Mit einem Plan der Festung Oldenburg zur Zeit des Grafen Anton Günther. Oldenburg, Druck v. G. Stalling, 1890; S. 1—24, 1 Plan; 4°
Oldenburg, st. OR u. VS, P 1890 (656)

470 **Rychlicki**, Stanislaus: Physikalische Aufgaben aus der Mechanik nebst Auflösungen für die Prima höherer Lehranstalten. Wongrowitz, Druck v. P. Schwarz, 1890; 47 S. 8°
Wongrowitz, k. G, OP 1890 (161)

471 **Saltzmann**, Hugo: Der historisch-mythologische Hintergrund und das System der Sage im Cyklus des Guillaume d'Orange und in den mit ihm verwandten Sagenkreisen. Königsberg i. Pr., Hartungsche Buchdr. (1890); S. 1—30; 4°
Pillau, st. RPG, OP 1890 (25)

472 **Sauter** [Prof.]: Ueber Kugelblitze. I. Teil: Theorie der Kugelblitze. Ulm, gedr. bei Gebr. Nübling, 1890; 1 Bl., 16 S., 1 Bl. 4°
Ulm, k. RG u. k. RA, P 1890 (587)

473 **Schädel**, Ludwig [Prof. Dr., Dir.]: Das epische Thema der Odyssee und die Tiresiasweissagung. Offenbach a. M., Buchdr. v. C. Forger, 1890; 1 Bl., 26 S. 4°
Offenbach a. M., grossh. RG u. R, OP 1890 (629)

474 **Schaller**, Michael: Marco Polo und die Texte seiner „Reisen". Burghausen, Druck d. L. Russy'schen Buchdr. (1890); 57 S. 8°
Burghausen, k. StA, P 1890 •

475 **Schatte**, Ernst: Über eine transscendente Curve von gegebener Bogenlänge. (Herford, Buchdr. v. Gebr. Heidemann, 1890); S. 1—39; 8°
Herford, ev. Friedrichs-G, Festschr. 1890 [= 1891 (347)] • •

476 **Schau**, Robert [Dr.]: De formulis, quas poetae Graeci in conclusione orationis directae posuerunt. (= Inaug.-Diss. Königsberg 1890.) Tilsit, gedr. bei J. Reylaender & Sohn, 1890; 1 Bl., 68 S. 4°
Tilsit, k. G, P 1890 (17)

477 **Schaubach**, (Ernst): Eucharius Eyering und seine Sprichwörtersammlung, Teil I. Hildburghausen, herz. Hofbuchdr. v. F. W. Gadow & Sohn, 1890; S. 1—32; 4°
Hildburghausen, G Georgianum, OP 1890 (690)

478 **Schaube**, Paul: Rede zur Sedanfeier 1889. Bromberg, Buchdr. v. A. Dittmann, 1890; S. 3—15; 4°
Bromberg, st. RG, OP 1890 (152)

470 Scheibe, *Ludwig* [Dir. Prof.]: *Aus der Gedächtnisrede auf Prof. Dr. Wilhelm Crecelius, gest. am 13. Dez. 1889.* Elberfeld, gedr. bei S. Lucas, 1890; S. 29—32; 4°
Elberfeld, G, P 1890 (431)

480 Scheller, G.: Die erste Bearbeitung witterungskundlicher Beobachtungen. Zugleich ein Beitrag zur Feststellung der klimatischen Verhältnisse von Eisenach. Eisenach, Hofbuchdr., 1890; S. 3—15, 24 Tab., 2 Taf. 4°
Eisenach, Schullehrer-Sem, OP 1890 • •

481 Schenk [Dr.]: Zum 24. Juni 1890. Rede zur Feier des Geburtstages Sr. Königl. Hoheit des Grossherzogs Carl Alexander. Jena, Druck v. G. Neuenhahn, 1890; S. 1—7; 4°
Jena, Pfeiffer'sche Lehr- u. Erz.-A, OP 1890 • •

482 Schiewelbein, Karl: Die für die Schule wichtigen französischen Synonyma. Königsberg i. Pr., Hartungsche Buchdr., 1890; 1 Bl., 17 S. 4°
Königsberg in Pr., k. RG auf der Burg, OP 1890 (19)

483 Schirmer, Karl [Dir. Dr.]: Die Friedrich-Wilhelms-Schule in ihrer gegenwärtigen Gestalt. Ein Wort zur Verständigung. Eschwege, Druck v. A. Rossbachs Buchdr. (1890); S. 91—100; 8°
Eschwege, Friedrich-Wilhelms-S (RPG u. PG), Festschr. 1890 • •

484 Schlag, Hermann [Dr.]: Die Lehre von den Satzzeichen systematisch dargestellt. Siegen, Druck v. W. Vorländer, 1890; 28 S. 8°
Siegen, RG, P 1890 (366)

485 Schleicher, K. [Dr.]: Darstellung und Umkehrung von Thetaquotienten, deren Charakteristiken aus Dritteln ganzer Zahlen gebildet sind. Bayreuth, gedr. bei T. Burger, 1890; 20 S. 8°
Bayreuth, k. StA. P 1890 •

486 Schlenger [Prof.]: Erklärende Bemerkungen und Verbesserungsvorschläge zu einigen Stellen unserer Schulklassiker. . . . Mainz, Buchdr. v. H. Prickarts, 1890; S. 3—19; 4°
Mainz, grossh. G. P 1890 (618)

487 Schlenser, Guilielmus: Carmen sollemne ad diem festum celebrandum quo novum gymnasii aedificium aperitur ac schola renata iam quinque lustra viget compositum. Barmen, Steinborn & Co., 1890; S. 5—7; 8°
Barmen, G, Festschr. 1890 (417)

488 Schmalz, J. H. [Dir.]: Erläuterungen zu meiner lateinischen Schulgrammatik. Tauberbischofsheim, Druck v. J. Lang's Buchdr., 1890; 1 Bl., 20 S. 4°
Tauberbischofsheim, grossh. G, MP 1890 (622)

489 **Schmidt**, August [Oberl.]: Über den Einfluss der Temperatur auf die galvanischen Elemente. Wiesbaden, Buchdr. v. O. Ritter, 1890; 1 Bl., 47 S., 1 Taf. 4°
Wiesbaden, k. RG, OP 1890 (402)

490 **Schmidt**, Justus J. H.: Die eingeschleppten und verwilderten Pflanzen der Hamburger Flora. Zusammengestellt. Hamburg, *Druck v. C. Reese Nachf.*, 1890; S. 1–30; 4°
Hamburg, Unterrichtsanstalten d. Klosters St. Johannis, OP 1890 **

491 **Schmidt**, Rudolf [Dr.]: Ein Kalvinist als kaiserlicher Feldmarschall im dreissigjährigen Kriege. (I. Theil.) Berlin, R. Gaertners Verlagsbuchh., 1890; 41 S. 4°
Berlin, Sophien-S, OP 1890 **

492 **Schmidt**, Traugott [Prof.]: Florilegium Palatinum sententias continens ex poetis graecis collectas edidit. Lipsiae, typ. B. G. Teubneri, 1890; 80 S. 4°
Heidelberg, G, MP 1890 (603)

493 **Schmitt**, *Johann Joseph Hermann* [Subrekt. Dr.]: Rede, gehalten … am 30. Juni 1890 vor dem Standbilde weiland Seiner Majestät des Königs Ludwig I. von Bayern auf dem Marktplatze zu Edenkoben. Edenkoben, Buchdr. v. H. Mietens, 1890; S. 21–30; 8°
Edenkoben in der Pfalz, k. LS, P 1890 **

494 **Schmolke**, Hermann: Regeln über die deutsche Aussprache. Berlin, R. Gaertners Verlagsbuchh., 1890; 44 S. 4°
Berlin, Friedrichs-RG, OP 1890 (96)

495 **Schmuck**, Emanuel: Welche Stellung gebührt dem Turnunterricht an höheren Schulen? (Bingen a. Rh., Druck v. D. Borychewski, 1890); S. 20–22; 4°
Bingen a. Rhein, großh. R, P 1890 (622)

496 **Schneege**, Gerhard [Dr., Hilfsl.]: Goethes Verhältnis zu Spinoza und seine philosophische Weltanschauung. Pless, Druck v. A. Krummer, 1890; 1 Bl., S. 1–21; 4°
Pless, ev. Fürsten-S, P 1890 (106)

497 **Schneider**, Georg [Dr., Oberl.]: De aliquot libris Diodori Siculi manu scriptis. Berlin, Druck v. W. Pormetter, 1890; 26 S. 4°
Berlin, k. Luisen-G, OP 1890 (64)

498 **Schneider**, Hans [Dr.]: Über die Handschriften des Vaticinium Lehninense. (Erster Teil.) (Schluss folgt an anderer Stelle.) Berlin, R. Gaertners Verlagsbuchh., 1890; 37 S. 4°
Berlin, Berlinisches G zum grauen Kloster, OP 1890 (53)

499 **Schneider,** (Otto) [Dir. Dr.]: (Antrittsrede, geh. am 24. Juni 1890.) (Aus d. „Landskrone".) Oppenheim am Rhein, Druck v. W. Traumüller, 1890; S. 3—9; 4°
Oppenheim, großh. R, P 1890 (690)

500 **Schnütgen,** *Emil* [Rekt. Dr.]: Geschichte der höheren Lehranstalt zu Eupen. Ein Rückblick auf die 80jährige Vergangenheit der Schule aus Anlass des 25jährigen Jubiläums ihrer staatlichen Anerkennung. Eupen, Druck v. C. J. Mayer, 1890; S. 3—51; 4°
Eupen, PG m. Realparallelklassen, P 1890 (425)

501 **Scholim,** *Paul* [Dr.]: Stereometrische Örter und Konstruktions-Aufgaben. I. Teil. Kreuzburg O.-S., Druck v. E. Thielmann (1890); S. 1—21; 4°
Kreuzburg O.-S., G, OP 1890 (185)

502 **Schrader,** Karl [Dr.]: Miscellen zur Varusschlacht. Düren, Hamel'sche Buchdr., 1890; S. 3—40; 4°
Düren, G, P 1890 (429)

503 **Schrader,** Ernst [Dr.]: Studien über die Struktur der Legierungen. II. Teil. (Forts. d. P-Beil. 1889.) Insterburg, Druck v. K. Wilhelmi, 1890; 31 S. 4°
Insterburg, k. G u. RG, OP 1890 (6)

504 **Schröder,** Richard [Rekt. Dr.]: Aufgabe und amtliche Stellung des Real-Progymnasiums. Naumburg a/S., Druck d. G. Pätz'schen Buchdr. (1890); S. 3—4; 4°
Naumburg a/S., st. RPG u. VS, OP 1890 (268)

505 **Schröder,** Richard [Rekt. Dr.]: Die in der Saale bei Naumburg lebenden Unioniden. Für die Naumburger Schüler bearbeitet. (Forts. d. P-Beil. 1889: Die schalentragenden Landschnecken . . . bei Naumburg a/S. . . .) Naumburg a/S., Druck d. G. Pätz'schen Buchdr., 1890; 12 S. 8°
Naumburg a/S., st. RPG u. VS, OP 1890 (268)

506 **Schroeder,** W(ilhelm) [Oberl. Dr.]: Die älteste Verfassung der Stadt Minden. Minden, gedr. bei J. C. C. Bruns, 1890; S. 3—33; 4°
Minden, k. ev. G u. RG, OP 1890 (350)

507 **Schuberth,** G(ustav) [bes. Dir., Dr.]: Gvozdec = Großenhain ein Beitrag zur ältesten Geschichte des Hauses Wettin und der Mark Meißen. Herausgegeben im Jubiläumsjahre 1889. Großenhain, Druck u. Verl. v. H. Starke (1889); 1 Bildertit., 1 Bl., II, 84 S., 1 Bl. 8°
Großenhain, R u. PG, OP 1890 (508)

508 Schoberth, Gustav [Dr., Dir. des.]: Zweck und Einrichtung der Schule. Grossenhain, Druck v. H. Starke, 1890; S. 3–4; 4°
Grossenhain, R m. PG, OP 1890 (558)

509 Schülke, *Albert* [Dr.]: Electricität und Magnetismus nach den neueren Anschauungen für höhere Schulen dargestellt. I. Teil. Osterode Ostpr., Buchdr. v. C. E. Salewski, 1890; 30 S., 1 Taf. 4°
Osterode in Ostpreussen, st. RG, OP 1890 (91)

510 Schüller, Johann [Oberl. Dr.]: Versuche über die Spannkraft der Dämpfe einiger Salzlösungen. (Umschl.-Tit.: . . . I. Teil.) Aachen, Druck v. F. N. Palm (1890); S. 3–24; 4°
Aachen, Kaiser-Karls-G, P 1890 (414)

511 Schul-Ordnung des Stadt-Gymnasiums zu Halle a. S. Halle a/S., Druck d. Heynemannschen Buchdr., 1890; S. 29–34; 4°
Halle a/S., Stadt-G, OP 1890 (229)

512 Schultz, Ferdinand [Dr., Dir.]: Zum Andenken an Ihre Majestät die Kaiserin Augusta. Berlin, Druck v. Gebr. Unger, 1890; 1 Bl. 4°
Charlottenburg, k. Kaiserin-Augusta-G, OP 1890 (70)

513 Schulz, *Alfred* [Prof. Dr.]: Gedächtnisrede auf Karl August Regel . . . am 6. Juli 1889 gehalten. Gotha, Druck d. Engelhard-Reyherschen Hofbuchdr., 1890; S. 3–11; 4°
Gotha, herz. G Ernestinum, OP 1890 (688)

514 Schulze, Emil [Dr.]: Die vierte Rechenstufe. Berlin, R. Gaertners Verlagsbuchh., 1890; 31 S., 1 Taf. 4°
Berlin, Friedrichs-G, OP 1890 (55)

515 Schulze, Ernst [Dr., Dir.]: Über Verschmelzung lateinischer Adjektiva mit nachfolgenden Substantiven zu einem Gesamtbegriffe. Homburg v. d. Höhe, Schudt's Buchdr. d. Taunusboten, 1890; S. 3–16; 4°
Homburg vor der Höhe, R u. PG, OP 1890 (401)

516 Schulze, Heinrich: Die lebenden Schnecken und Muscheln von Cüstrin und Umgegend. *Cüstrin* (1890); 67 S. 8°
Cüstrin, Rats- u. Friedrichs-G m. VS, OP 1890 (73)

517 Schwalbach, Franz [Dir.]: Kommentar zum ersten Buche von Miltons Paradise Lost. Harburg, Druck d. G. Lühmann'schen Buchdr., 1890; 86 S. 8°
Harburg, RG, OP 1890 (318)

518 **Schwarz**, Adolph [Oberl. Dr.]: Mailands Lage und Bedeutung als Handelsstadt. I. Teil: Mailands Lage als Handelsstadt. Köln, Buchdr. v. J. B. Heimann, 1890; S. 7–28, 2 Kart. 4°
Köln, HB, OP 1890 (462)

519 **Schweppe**, Karl [Dr.]: Die Lehrbücher der französischen Sprache an den höheren Unterrichtsanstalten mit besonderer Berücksichtigung des Gymnasiums. Stettin, Druck v. Herrcke & Lebeling, 1890; S. 1–18, 1 Tab. 4°
Stettin, Stadt-G, OP 1890 (137)

520 **Schwidtal**, Albrecht: Die Darstellung aller Zahlen durch die Zahl 3. Beuthen O.-S., Haenel & Stratmann (1890); 22 S. 8°
Königshütte O.-S., k. G, OP 1890 (184)

521 **Schwieder**, Adolphe [Oberl. Dr.]: Le discours indirect dans Crestien de Troyes. Berlin, R. Gaertners Verlagsbuchh., 1890; 29 S. 4°
Berlin, Andreas-RG, OP 1890 (98)

522 **Seeger**, Fr. [Dr.]: Geschichtliche Darstellung der Zahlen und der sieben ersten Rechnungsarten. (Umschl.-Tit.: . . . I. Teil.) Oldenburg, Druck v. G. Stalling, 1890; S. 1–24, 2 Taf. 4°
Oldenburg, grossh. G, OP 1890 (654)

523 **Seeger**, *Heinrich* [Dir.]: Bemerkungen zu den Schriften der Herren Dr. Karl Kühn und Max Walter betreffend die Reform des französischen Unterrichts. Güstrow, Druck d. Ratsbuchdr. v. C. Michael & A. Schuster (1890); 34 S. 4°
Güstrow, RG, OP 1890 (642)

524 **Seiffert**, B.: Urkunden und Nachrichten zur Geschichte der Stadt Strausberg. (I. Theil.) Strausberg, Buchdr. v. A. Kobisch, 1890; S. 3–62; 4°
Strausberg, RPG, P 1890 (121)

525 **Zeller**, Friedrich [Prof. Dr.]: Die Behandlung des sittlichen Problems in Schillers „Kampf mit dem Drachen", der Erzählung bei Livius VIII, 7, Kleist's „Prinz von Homburg" und Sophokles' „Antigone". Eisenberg, P. Kaltenbach, 1890; 26 S. 4°
Eisenberg, herz. Christians-G, OP 1890 (671)

526 **Zeiß**, K(arl) [Prof. Dr., Rekt.]: Aktenstücke zur Geschichte der früheren lateinischen Schule zu Itzehoe III. (Forts. d. P-Beil. 1889. 80.) Itzehoe Druck v. G. J. Pfingsten, 1890; 64 S. 8°
Itzehoe, kl. RPG, OP 1890 ([illegible])

527 Seitz, Fridericus [Dr.]: De fixis poetarum latinorum epithetis. Part. I. Elberfeldae, typ. expr. S. Lucas, 1890; 30 S. 8°
Elberfeld, G, P 1890 (461)

528 Siebert, Hermann [Oberl. Dr.]: Rede zur Gedächtnis-Feier am 18. Oktober 1888. Cassel, Druck v. K. Gosewisch, 1890; S. 3–9; 4°
Cassel, st. RG, OP 1890 (390)

529 Siebert, Wilhelm [Dr. Oberl.]: Entwurf eines Griechischen Lese- und Übungsbuches für die Untertertia der Gymnasien und Progymnasien im Anschluss an die Schulgrammatik von Koch. Zweite Hälfte. (Forts. d. P-Beil. 1889. Dass. mit Anh. u. Wörterverz. VII, 249 S. Osterode 1890.) Osterode Ostpr., gedr. in d. F. Albrecht'schen Buchdr., 1890; 1 Bl., S. 81–186, 1 Bl. 8°
Hohenstein in Ostpreussen, k. G. OP 1890 (5)

530 Siebourg, Max [Dr.]: Kants Lehre von der Causalität nach seiner zweiten Analogie der Erfahrung. Crefeld, Druck v. Kramer & Baum (1890); S. 3–19; 4°
Crefeld, G, OP 1890 (427)

531 Siemon, Paul: Über die Integrale einer nicht homogenen Differentialgleichung zweiter Ordnung. Berlin, R. Gaertners Verlagsbuchh., 1890; 29 S. 4°
Berlin, Luisen-S, OP 1890 ••

532 Soldan, Friedrich [Prof.]: Beiträge zur Geschichte der Stadt Worms. Worms, Buchdr. v. E. Kranzbühler, 1890; 1 Bl., 39 S. 8°
Worms, großh. G u. R, OP 1890 (619)

533 Sommer, M. J. [Rekt. Dr.]: Über das sog. ontologische Argument. Opladen, Druck v. J. Beck, 1890; S. 3–22; 4°
Opladen, h. B u. erzbischöfl. Aloysianum, OP 1890 ••

534 Sonntag, Max [Oberl.]: Bemerkungen zu Caesar de b. G. IV, 17. Frankfurt a. O., k. Hofbuchdr. Trowitzsch & Sohn, 1890; 1 Bl., S. 1–9; 4°
Frankfurt an der Oder, k. Friedrichs G, OP 1890 (74)

535 Sonntag, Richard [Oberl.]: Der Richter Simson. (Umschl.-Tit.: … Ein historisch-mythologischer Versuch.) Duisburg, Buchdr. v. J. Ewich, 1890; S. I–XXX; 4°
Duisburg, k. G u. VS, P 1890 (428)

536 Spalding, A.: Der König der Tiere bei den alten Germanen. Teil 1. Verehrung des Bären. Neumark, Druck v. J. Koepke, 1890; 20 S. 4°
Neumark Westpr., k. PG u. (st.) VS, P 1890 (33)

537 Spangenberg, Ernst [Dr.]: Die Entwicklung des physikalischen Kraftbegriffs. Stendal, Druck v. Franzen & Grosse, 1888; S. 65—81; 4°
Stendal, G, Festschr. 1888 [1890 (246)]

538 *Professor a. D. Karl Sprengler, gest. am 14. Januar 1890.* Braunschweig, Druck v. J. H. Meyer, 1890; S. 17—18; 4°
Braunschweig, herz. G Martino-Katharineum, P 1890 (678)

539 Stade, (Paul) [Oberl.]: Vorschläge für eine wünschenswerte Reform des Zeichenunterrichts an unseren höheren Lehranstalten. Sondershausen, gedr. in d. Buchdr. d. „Deutschen“, 1890; S. 1—13; 4°
Sondershausen, fürstl. R, OP 1890 (707)

540 Stange, Ernst [Oberl.]: De archaismis Terentianis. (I. Th.) Wehlau, Druck v. M. Schlamm, 1890; 84 S. 8°
Wehlau, k. G, OP 1890 (18)

541 Stapfer, Aug.: Kritische Studien zu Aristoteles' Schrift von der Seele. Landshut, Druck d. J. Thomann'schen Buchdr. (1890); 84 S. 8°
Landshut, k. StA, P 1890 •

542 Statut für die Lessing-Stiftung des Askanischen Gymnasiums. Berlin, Druck v. W. Pormetter, 1890; S. 19—21; 4°
Berlin, Askanisches G, OP 1890 (59)

543 Statuten der Witwen- und Waisenkasse der Hansa-Schule zu Bergedorf. Bergedorf bei Hamburg, gedr. in E. Wagners Buchdr., 1890; S. 56—59; 4°
Bergedorf bei Hamburg, Hansa-S, OP 1890 (713)

544 Steffen, W.: Katalog der Lehrerbibliothek der städt. Realschule i. U. zu Remscheid. Remscheid, Druck v. H. Krumm (1890); 2 Bl., 60 S. 8°
Remscheid, st. R i. U., OP 1890 (476)

545 Steiger, Karl [Oberl. Dr.]: De versuum paeoniorum et dochmiacorum apud poetas Graecos usu ac ratione. Particula IV. (Part. I—III. P-Beil. Wiesbaden 1886-88.) Rinteln, Druck v. C. Bösendahl, 1890; S. 1—XX; 4°
Rinteln, k. G, OP 1890 (386)

546 Stein, Heinrich Konrad [Prof. Dr., Dir.]: Topographie des alten Sparta nebst Bemerkungen über einige lakedaimonische Gottheiten. Glatz, Druck v. L. Schirmer, 1890; 30 S., 1 Plan; 4°
Glatz, k. kath. G, OP 1890 (170)

547 **Stein**, Lambert [Prof.]: Ueber die Behandlung der deutschen Litteratur in den obersten Klassen des Gymnasiums. Köln am Rhein, Druck v. J. P. Bachem, Verlagsbuchh. (1890); S. 1—18; 4°
Köln, k. kath. G an Marzellen, P 1890 (434)

548 **Steinbrück** [Prorekt. Prof.]: (Gedächtnisrede auf den Direktor Wilh. Jul. Ferd. Schmeckebier, gest. am 10. Juli 1889.) Demmin, gedr. bei W. Gesellius, 1890; S. 13—14; 4°
Demmin, k. G, OP 1890 (137)

549 **Steinhausen**, Fritz [Dir. Dr.]: *Rede am Sedantage 1889.* Greifswald, Druck d. Buch- u. Steindr. v. F. W. Kunike (1890); S. 27—33; 4°
Greifswald, st. G u. RPG, P 1890 (130)

550 **Steiner**, K. [Prof.]: Über Zeugnisse, Rangordnung und Versetzung. Eine Konferenzvorlage. *Pforzheim* (1890); 16 S. 4°
Pforzheim, G, MP 1890 (600)

551 **Stendell**, Edward: Geschichte der Friedrich-Wilhelms-Schule zu Eschwege. 1840—1890. Eschwege, Druck v. A. Rossbachs Buchdr. (1890); 1 Bl., S. 1—90; 8°
Eschwege, Friedrich-Wilhelms-R (RPG u. PG), Festschr. 1890 **

552 **Steyer**, Karl: Ein Beitrag zur Behandlung der messianischen Weissagung im Unterrichte. Stendal, Druck v. Franzen & Grosse, 1888; S. 1—13; 4°
Stendal, G, Festschr. 1888 (1890 (246))

553 **Stich**, Hans [Dr.]: Die Chrysostomus. Drei Reden des Dio Chrysostomus zum ersten mal ins Deutsche übertragen und erläutert. Zweibrücken, Buchdr. v. A. Kranzbühler, 1890; 79 S. 8°
Zweibrücken, k. StA, P 1890 *

554 **Stiehler**, *Ernst Otto:* Streifzüge auf dem Gebiete der neusprachlichen Reformbewegung. Döbeln, Druck v. J. W. Thallwitz, 1890; 1 Bl., XXIX S. 4°
Döbeln, k. RG u. Landwirtschafts-S, OP 1890 (544)

555 **Stier**, *Gott.* [Dir.] und **Krause**, *K.* [Prof. Dr.]: Franciscoum Serveatanum Anhaltinum principi juventutis conjugique molo nuptae celsissimis salutem dicit deditissimum. Zerbst, Druck v. O. Schnee, 1890; S. 84; 4°
Zerbst, herz. Franciscoum, OP 1890 (668)

556 **Stoll**, Adolf [Oberl.]: Friedrich Karl von Savignys Sächsische Studienreise 1799 und 1800. Cassel, Druck v. L. Döll, 1890; S. 1—49; 4°
Cassel, k. Friedrichs-G, OP 1890 (374)

557 **Struve**, Otto [Dr.]: Die Entstehung der Städte in der Mark Brandenburg. *Steglitz, Druck v. G. Löper* (1890); S. 55–65; 4°
Steglitz, PG, Festschr. 1890 **

558 **Sturmfels**, August [Dr.]: Ueber den Aufenthalt der Neuphilologen in England. Gießen, C. v. Münchow, Univ.-Buch- u. Steindr., 1890; S. 9–18; 4°
Gießen, großh. RG u. R, OP 1890 (626)

559 **Sturtevant**, Hans [Oberl.]: Beitrag zum methodischen Zeichnen an unseren höheren Schulen. Breslau, Buchdr. Lindner (1890); XIII S. 4°
Breslau, k. OR u. Baugewerk-S, OP 1890 (207)

560 **Suhle**, H. [Dir. Prof. Dr.]: Beiträge zur Geschichte der Fürstlichen Schule zu Dessau. II. (Forts. d. P-Beil. 1888.) Dessau, Druck v. L. Reiter, herz. Hofbuchdr., 1890; S. 1–29; 4°
Dessau, herz. Friedrichs-RG u. VS d. Fridericianum, P 1890 (607)

561 **Suur**, Hemmo [Rekt.]: Die Einweihung des neuen Schulgebäudes. Emden, Druck v. T. Hahn Wwe., 1890; S. 3–14; 4°
Emden, Kaiser-Friedrichs-S (HS), OP 1890 (327)

562 **Tänzer**, *Johann August Karl* [Oberl.]: Die Natur unserer Sprachlaute mit Berücksichtigung des Französischen und Englischen. Zwickau, Druck v. R. Zückler, 1890; 1 Bl., 41 S. 4°
Zwickau, RG, OP 1890 (550)

563 **Tafelmacher**, *August* [Dr.]: Zu dem dritten Gauss'schen Beweise des Reciprocitäts-Satzes für die quadratischen Reste gehörende Untersuchungen. Osnabrück, 1890; 1 Bl., 24 S. 4°
Osnabrück, k. RG, OP 1890 (321)

564 **Tank**, Franz [Dr.]: Die Behandlung des Wortschatzes im fremdsprachlichen Unterricht. (Umschl.-Tit.: . . . Erster Teil.) Treptow a. R., Schnellpressendr. v. F. Lehfeldt, 1890; S. 1–26; 4°
Treptow a. R., k. Bugenhagen-G, P 1890 (141)

565 **Taubert**, Otto [Musikdir. Dr.]: Zweiter Nachtrag zur Geschichte der Pflege der Musik in Torgau. Das Datum der ersten deutschen Oper und Nachträge zur Schilderung der betreffenden festlichen Tage. — Zwei ehemalige Schüler des Torgauer Gymnasiums: Johann Gottlob Friedrich Wieck und Karl Friedrich Böhmert. (Forts. d. P-Beil. 1868. 70. 79.) Torgau, Druck v. F. Lebinsky, 1890; S. 3–17; 4°
Torgau, G, OP 1890 (247)

566 **Techow**, O. [Landes-Bauinspektor]: Baubeschreibung des neuen Klassengebäudes und der zugehörigen Baulichkeiten. (Aud. Tit.: Nachrichten über das Progymn. zu Steglitz und über das neue Schulgebäude. Von ... Techow u. ... Lück.) *Steglitz, Druck v. G. Löper* (1890); S. 6–6, 5 Taf. 4°
Steglitz, PG, Festschr. 1890 • •

567 **Teusch**, Jakob [Dr.]: Zur Geschichte der schwäbischen und elsässischen Reichs-Landvogteien im dreizehnten Jahrhundert. — Erster Teil. Köln, Druck v. J. P. Bachem, Verlagsbuchh., 1890; S. 1–17; 4°
Köln, k. kath. G an Aposteln, P 1890 (423)

568 **Thiel**, Richard: A Critical Analysis of Edward Young's Night Thoughts. Berent, Druck v. A. Schueler, 1890; 10 S. 4°
Berent, k. PG, OP 1890 (20)

569 **Thomé**, Otto Wilhelm [Rekt. Prof. Dr.]: Die Handelsklasse der Stadt Köln. (Umschl.-Tit.: Aufgabe und Lehrplan der Ostern 1890 zu errichtenden und mit der höheren Bürgerschule zu verbindenden Handelsklasse.) Köln, Buchdr. v. J. B. Heimann, 1890; S. 3–6; 4°
Köln, HB, OP 1890 (489)

570 **Thum**, *Rudolf* [Dir. Prof. Dr.]: *Rede bei der Entlassung der abgehenden Schüler.* Reichenbach i. V., Buchdr. v. Haun & Sohn, 1890; S. 8–12; 4°
Reichenbach i. V., R m. PG, P 1890 (567)

571 **Thum**, *Rudolf* [Dir. Prof. Dr.]: Die Wettinfeier. Reichenbach i. V., Buchdr. v. Haun & Sohn, 1890; S. 12–15; 4°
Reichenbach i. V., R m. PG, P 1890 (567)

572 **Thurnhuber**, Maurus [P., O. S. B.]: Die vorzüglichsten Glaubenslehren in den Schriften des hl. Bischofes und Martyrers Cyprianus von Carthago. Eine patristische Studie. Erste Hälfte. Augsburg, Druck v. P. J. Pfeiffer, 1890; 66 S. 8°
Augsburg, k. kath. Stift St. Stephan, P 1890 •

573 **Tiede**, Gustav [Oberl.]: Zu Matthaeus 5, 17–20. Ein Beitrag zur Exegese der Bergpredigt. Sprottau, Druck v. L. Wildner (1890); S. 3–8; 4°
Sprottau, RG, OP 1890 (213)

574 **Toeppen**, Max [Dr., Dir.]: Elbinga a Gedanensibus oppugnata 1577. Autore G. Coy, secretario Elbingensi. Herausgegeben. Elbing, Buchdr. R. Kühn, 1890; S. 3–21; 4°
Elbing, k. G, OP 1890 (30 statt 31)

575 **Traut**, Hugo [Dr.]: Quaestionum Theocritearum pars tertia. (Forts. d. P-Beil. 1888. 89.) Krotoschin, Druck v. F. A. Kosmal (1890); 22 S. 4°
Krotoschin, k. Wilhelms-G, OP 1890 (149)

576 **Treu**, Maximilianus: Maximi monachi Planudis epistulae — particula quinta . . . (Forts. d. P-Beil. 1886—89.) Breslau, Druck v. O. Gutsmann (1890); 2 Bl., S. 207—275; 8°
Breslau, k. Friedrichs-G, P 1890 (168)

577 **Trumpp**, Paul: Sailer als Pädagog. Schweinfurt, Druck v. F. J. Reichardt, 1890; 46 S. 8°
Schweinfurt, k. StA, P 1890•

578 **Tschepp**, E.: Die symbolische Methode zur Auflösung von Differentialgleichungen. Mülhausen, Druck v. Wwe. Bader & Cie, 1890; 20 S. 4°
Mülhausen, OwS, P 1890 (519)

579 **Tücking**, Karl [Dr., Dir.]: Geschichte der kirchlichen Einrichtungen in der Stadt Neuss. (Schluss d. P-Beil. 1886—88.) Neuss, Buchdr. v. L. Schwann, 1890; S. 275—334, 1 Bl. 8°
Neuss, k. G, P 1890 (445)

580 **Tüselmann**, Otto: Zur handschriftlichen Überlieferung von Oppians Kynegetika. Nordhausen, Druck v. C. Kirchner's Buchdr., 1890; S. 1—30; 4°
Ilfeld, k. Kloster-S, OP 1890 (303)

581 **Uebereinkommen** der deutschen Staatsregierungen, betreffend die gegenseitige Anerkennung der von den Gymnasien bezw. Realgymnasien (Realschulen 1. O.) ausgestellten Reifezeugnisse. Dortmund, Druck v. C. L. Krüger, 1890; S. 3—4; 4°
Dortmund, RG, P 1890 (360)

582 **Uellner** [Dr.]: Welche Mittel besitzt die höhere Mädchenschule, um Zucht und gute Sitte unter ihren Schülerinnen zu pflegen? Vortrag . . . Düsseldorf, gedr. bei L. Voß & Cie., 1890; S. 9—22; 8°
Düsseldorf, Luisen- u. Friedrichs-S (st. HM), P 1890 ••

583 **Ulbrich**, Oskar [Rekt. Dr.]: *Rede zum Gedächtnis an Karl Bartsch, geh. am 1. Febr. 1890.* Berlin, Druck v. Dobrzynski & Müllner, 1890; S. 15—16; 4°
Berlin, II. st. HB, P 1890 (10)

584 Ullmann, *Carl Theodor* [Prof.]: Proprietates sermonis Aeschylei quatenus in diverbio perspectae sunt enumeravit et indicavit. Altera pars. (Forts. d. P-Beil. Baden 1881.) Tübingen, Druck v. H. Laupp jr., 1890; 16 S. 4°
Donaueschingen, grossh. PG, MP 1890 (580

585 Unterrichtsplan der höheren Bürgerschule zu Erfurt. Erfurt, Ohlenroth'sche Buchdr., 1890; 23 S. 4°
Erfurt, st. HB, P 1890 (264)

586 Venzke, Paul: Zur Lehre vom französischen Konjunktiv. Stargard, Buchdr. d. „Pommerschen Volks-Zeitung", C. Giese, 1890; 88 S. 4°
Stargard in Pommern, k. u. Gröningsches G, P 1890 (135)

587 Vielau, *Hermann* [Dr.]: Katalog der Lehrer-Bibliothek verf. u. hrsg. I. Theil. Bonn, Hauptmann'sche Buchdr., 1890; 24 S. 8°
Münstereifel, k. G, OP 1890 (445)

588 Vogel, O(tto) [Dir.]: (Über Disputierübungen in der Schule.) Perleberg, Druck v. F. Jacobson, 1890; S. 23—24; 4°
Perleberg, st. RG, OP 1890 (105)

589 Vogel, O(tto) [Dir.]: Ueber Klassenunterricht. (Umschl.-Tit.: . . . Ein Kapitel aus der allgemeinen Schuldidaktik.) Perleberg, Druck v. F. Jacobson, 1890; S. 1—11; 4°
Perleberg, st. RG, OP 1890 (105)

590 Vogel, Theodor [Prof. Dr., Rekt.]: Festrede zur Feier des Wettinfestes, gehalten am 17. Juni 1889 . . . Dresden, Druck v. C. Heinrich (1890); S. 30—34; 4°
Dresden, Neustädter RG, OP 1890 (546)

591 Vogeler, Adolf [Dr.]: Grundriß der Allgemeinen Geographie für die oberen und mittleren Klassen höherer Lehranstalten. Hildesheim, Druck v. Gebr. Gerstenberg, 1890; 31 S., 1 Taf. 8°
Hildesheim, k. Andreas-RG, OP 1890 (319)

592 Vogeler, Eduard: Geschichte des Soester Archigymnasiums. IV. Teil. Vom Jahre 1678 bis zur zweiten Säkularfeier der Augsburgischen Konfession und bis zum Tode des Rektors Rumpäus, † 1730. (Forts. d. P-Beil. 1883. 85. 87.) Soest, Nasse'sche Buchdr., 1890; S. 3—32; 4°
Soest, Archi-G, OP 1890 (356)

593 Vogt, Eduard: Aufgaben aus der mathematischen Geographie. Speier a. Rh., J. Kranzbühler & Cie., 1890; 1 Bl., 63 S., 2 Taf. 8°
Speier, k. StA, P 1890 •

594 **Vogt**, Paul [Prof. Dr. Oberl.]: Die Ortsnamen im Engersgau. Eine Untersuchung. Neuwied, Strüder'sche Buchdr., 1890; 2 Bl., 61 S. 8°
Neuwied, k. G m. RPG, OP 1890 (447)

595 **Volkmann**, R(ichard) [Dir. Dr.]: Urkundliche Beiträge zur Geschichte des Franziskanerklosters in Jauer. Jauer, Druck d. Opitz'schen Buchdr., 1890; S. 11—22; 4°
Jauer, st. ev. G, OP 1890 (189)

596 **Volkmann**, Walther [Dr.]: Quaestionum de Diogene Laertio cap. I: De Diogene Laertio et Suida. Breslau, Druck v. Grass, Barth u. Comp. (1890); S. 3—18; 4°
Breslau, st. ev. G zu St. Maria-Magdalena, OP 1890 (170)

597 **Vollmann**, Franz [Dr.]: Über das Verhältnis der späteren Stoa zur Sklaverei im römischen Reiche. Stadtamhof, Druck v. J. & K. Mayr, 1890; 98 S. 8°
Regensburg, k. altes G, P 1890 *

598 **Volz**, Heinrich [Oberl.]: Ueber die historische Skepsis des 17. und 18. Jahrhunderts in Frankreich und über ihre Bedeutung für die fortschreitende Entwickelung der historischen Kritik. Köln, Druck, J. A. Brocker, 1890; S. 3—10; 4°
Köln, OR sowie Fortbildungs-S, P 1890 (467)

599 **Wachendorf**, Hugo [Prof. Dr.]: Observationes criticae in nonnullos locos Plutarchi. Düsseldorf, Druck d. Stahl'schen Buchdr. (1890); S. 1—6; 4°
Düsseldorf, k. G, P 1890 (430)

600 **Wagner**, *Heinrich*: Des Sextaners Gruss zu Kaisers Geburtstag. Hagenau, F. Gilardone'sche Buchdr. (1890); S. 21; 4°
Hagenau, G u. R, MP 1890 (502)

601 **Wagner**, Hermann [Dr.]: Über gleiche Peripheriewinkel auf ungleichen Sehnen. Eine Verallgemeinerung einer planimetrischen Aufgabe. Hamburg, gedr. bei Lütcke & Wulff, 1890; 1 Bl., 30 S., 2 Taf. 4°
Hamburg, neue HB, P 1890 (718)

602 **Wagner**, (Martin) [Oberl.]: Das Verhältnis des Natürlichen zum Göttlichen im alten Testament. Sondershausen, Hofbuchdr. v. F. A. Eupel, 1890; S. 3—20; 4°
Sondershausen, fürstl. G, OP 1890 (706)

603 **Wahle**, Hermann [Dr.]: Die Syntax in den franco-italienischen Dichtungen des Nicolas von Verona. Magdeburg, Druck v. E. Baensch jun., 1890; S. 1—28; 4°
Magdeburg, Pd zum Kloster Unser Lieben Frauen, OP 1890 ([illegible])

604 Wahner, Ernst [Oberl. Prof. Dr.]: Zur Geschichte der Stadt Oppeln. Oppeln, Druck v. E. Raabe, 1890; S. 1–19; 4°
Oppeln, k. kath. G, OP 1890 (194)

605 Waldeyer, Karl Jos.: Walram von Jülich, Erzbischof von Köln, und seine Reichspolitik. I. Teil. *Bonn, Univ.-Buchdr. v. C. Georgi* (1890); 21 S. 4°
Bonn, RPG, OP 1890 (481)

606 Waldvogel, Joh. [Prof.]: Übungen aus dem mathematischen Repetitionsstoffe der Obergymnasialklasse. (Fortsetzung der vorjährigen Beilage.) Würzburg, k. Universitätsdr. v. H. Stürtz (1890); 1 Bl., S. 77–122, 1 Bl. 8°
Aschaffenburg, k. GN, P 1890 •

607 Walter, Arwed [Dr., Oberl.]: Über einige neuere Ansichten auf dem Gebiete der physikalischen Chemie. Tarnowitz, C. Reimanns Buchdr. (1890); XXXIII S. 4°
Tarnowitz, RG, OP 1890 (214)

608 Walter, Theodor [Dir. Dr.]: Eine zweckmäßige Darstellung der Rentenrechnung für die Schule. (Bingen a. Rh., Druck v. D. Bornszewski, 1890); S. 5–6; 4°
Bingen a. Rhein, großh. R, P 1890 (622)

609 Walther [kais. Ober-Postdir.]: *Über den Eintritt in den Postdienst.* Reichenbach i. V., Buchdr. v. Haun & Sohn, 1890; S. 29; 4°
Reichenbach i. V., R m. PG, P 1890 (567)

610 Weber, Hugo [Dir.]: Quaestiones Catullianae (Vollst. erschienen i. Verl. v. Perthes, Gotha 1890; VIII, 172 S.) Gothae, in aed. F. A. Perthesii, 1890; 2 Bl., 25 S. 8°
Eisenach, Carl Friedrich-G, OP 1890 (657)

611 Weck, Ferdinand [Oberl.]: Die epische Zerdehnung — Ein neuer Versuch, diese noch ungelöste Frage zu lösen. Metz, Druckerei d. Lothringer Zeitung (1890); 1 Bl., 48 S. 4°
Metz, L, MP 1890 (503)

612 Wegener, Philipp [Dir. Dr.]: Zur Methodik des Horaz-Unterrichts in der Gymnasial-Prima. II. Teil. (Forts. d. P-Beil. 1889.) Neuhaldensleben, Druck v. C. A. Eyraud, 1890; S. 1–28; 4°
Neuhaldensleben, G, P 1890 (237)

613 Wegener, Philipp [Dir. Dr.]: Prolog und verbindende Dichtung zu den Declamationen bei der Feier des Geburtstages Seiner Majestät des Kaisers 1890. Neuhaldensleben, Druck v. C. A. Eyraud, 1890; S. 29–36; 4°
Neuhaldensleben, G, P 1890 (237)

614 *Wehrmann, Karl* [*Dr.*]: John Stuart Mill's Lehre von der Erziehung. Kreuznach, *Druck v. R. Voigtländer* (1890); 43 S. 8°
Kreuznach, k. G, OP 1890 (440)

615 Weise, Karl [Hilfsl.]: Beiträge zur Flora von Stendal. Stendal, Druck v. Franzen & Grosse, 1888; S. 83–92; 4°
Stendal, G, Festschr. 1888 [1890 (240)]

616 Weise, Hermann [Oberl. Dr.]: Über die erste Rede des Antiphon. Stettin, Druck v. Herrcke & Lebeling, 1890; S. 1–14; 4°
Stettin, k. Marienstifts-G, OP 1890 (130)

617 Weissflog, Hugo [Dr.]: Der Rechenunterricht an höheren Lehranstalten. Crefeld, J. B. Klein'sche Buchdr. (1890); S. 3–20; 4°
Crefeld, R, P 1890 (460)

618 Weiske, Alexander [Prof. Dr.]: Proben aus einem deutsch-griechischen Wörterbuche. Halle a. S., Druck d. Buchdr. d. Waisenhauses, 1890; 20 S. 4°
Halle, lat. Haupt-S, OP 1890 (228)

619 Weisker, Gustav [Rekt.]: Slavische Sprachreste, insbesondere Ortsnamen, aus dem Havellande und den angrenzenden Gebieten. I. Teil. Rathenow, Druck u. Verl. v. M. Babenzien, 1890; 2 Bl., 44 S. 8°
Rathenow, RPG, OP 1890 (119)

620 Weissenborn, Edmund [Dr.]: Achilleis und Ilias. Mühlhausen i/Thür., Druck v. C. Andres, 1890; 80 S. 8°
Mühlhausen i. Thür., G u. RPG, OP 1890 (235)

621 Weisweiler, Joseph [Dr.]: Der finale Genetivus gerundii. Ein Beitrag zur lateinischen Kasuslehre. Köln, gedr. bei J. P. Bachem, 1890; S. 1–23; 4°
Köln, k. Kaiser Wilhelm-G, OP 1890 (420)

622 Wellmann, Ullrich [Oberl. Dr.]: Anwendung der Reihen auf Zinseszins und Rentenrechnung. (Umschl.-Tit.: Einige wichtigere Reihen und ihre Anwendung.) Colberg, Druck v. R. Knobloch, 1890; S. 1–11; 4°
Colberg, k. Dom-G u. k. RG, P 1890 (125)

623 Welter, Frz. [Dr.]: Verzeichnisse A. der Abiturienten der Realschule II. Ordnung, des Realgymnasiums und der höheren Bürgerschule, sowie B. derjenigen Schüler, die mit dem Zeugnis für den einjährigen Dienst die Realschule . . . und das Realgymnasium verlassen haben. Essen, Druck v. G. D. Baedeker, 1889; S. 25–34; 8°
Essen, RG u. HB, Festschr. 1889 [1890 (474)]

624 Werther, Theodor [Dir. Prof. Dr.]: Zur Entstehung von Goethes Hermann und Dorothea. Eutin, G. Struve's Buchdr., 1890; 24 S. 4°
Eutin, grossh. G, OP 1890 (652)

625 Wichern, J. [Dir.]: Allgemeines über das Paulinum. Hamburg, gedr. bei Lücke & Wulff, 1890; S. 1–9; 4°
Horn bei Hamburg, Paulinum (PG u. HB), P 1890 (731)

626 Wiechmann, G. [Dr.]: Das Nilquellengebiet, ein Teil der ostafrikanischen Seenregion, nach dem gegenwärtigen Umfange der Erforschung. Ludwigslust, Buchdr. v. C. Kober, 1890; 1 Bl., 91 S. 4°
Ludwigslust, großh. RG, OP 1890 (648)

627 Wilke, Wilhelm [Dr.]: Die πίστις als subjektive Grundlage der Rechtfertigung. Lauban, Schnellpressendr. v. A. Ludwig, 1890; S. 1–15; 4°
Lauban, st. ev. G, OP 1890 (186)

628 Winckelmann, Johann [Dr., Rekt.]: Bestimmung und Einrichtung der königlich bayerischen Realgymnasien. Augsburg, Druck d. literar. Inst. v. Haas & Grabherr (1890); S. 3–7; 8°
Augsburg, k. RG, P 1890 •

629 Wittich, Wilhelm [Dir. Dr.]: Inhalts-Angabe von Torquato Tassos Befreitem Jerusalem. Cassel, Druck v. K. Gosewisch, 1890; S. 10–24; 4°
Cassel, st. RG, OP 1890 (390)

630 Witting, Peter [Oberl. Dr.]: Die Entwickelung der Taufgnade durch das Wort Gottes bei der religiösen Erziehung der Jugend. Bromberg, Buchdr. v. A. Dittmann, 1890; S. 1–10; 4°
Bromberg, k. G, OP 1890 (145)

631 Wolf, F. Franz [Dr., Oberl.]: Die klimatischen Verhältnisse der Stadt Meissen. Meissen, Druck v. C. E. Klinkicht & Sohn (1890); 1 Bl., II, 124 S. 8°
Meissen, R m. PG, OP 1890 (564)

632 Wossidlo, Richard [Hülfsl.]: Imperativische Bildungen im Niederdeutschen. Erster Teil. Waren, Druck v. C. Quandt (1890); S. I–II. 1–17; 4°
Waren, st. G, P 1890 (639)

633 Zange, F. [Dir. Prof. Dr.]: Lehrplan für den evangelischen Religions-Unterricht I. in Sexta. Erfurt, Druck v. F. Bartholomäus, 1890; 1 Bl., 20 S. 4°
Erfurt, k. RG, P 1890 (253)

634 **Zehme**, Walther [Dir. Dr.]: *Charakter der Schule.* Barmen, gedr. bei D. B. Wiemann, 1890; S. 1–8; 4°
Barmen, GwS, P 1890 (468)

635 **Zeller**, Alwin [Dr., cand. rev. min., Oberl.]: Das Pferd, der Esel und der Hund in der heiligen Schrift. Ein Beitrag zur biblischen Archäologie. Plauen i. V., gedr. bei M. Wieprecht, 1890; 1 Bl., 29 S. 4°
Plauen i. V., k. G u. R, OP 1890 (538)

636 **Zimmermann**, Aemilius: De epistulari Temporum usu Ciceroniano quaestiones grammaticae. III. (Forts. d. P-Beil. 1886, 87.) Rastenburgae, typ. expr. W. Kowalski (1890); 32 S. 4°
Rastenburg, k. G, OP 1890 (15)

637 **Zistl**, Max [Gymnasialassistent]: Über Verwandlung, Übertragung und Aufspeicherung der Energie. Würzburg, k. bayer. Hofbuchdr. v. Bonitas-Bauer, 1890; 83 S. 8°
Würzburg, k. neuen G, P 1890 •

638 **Zopf**, Wilhelm: Der 2. und 3. (Quinta- und Quarta-)Cursus in meinem naturwissenschaftlichen und geographischen Gesamt-Unterrichte. (Forts. d. P-Beil. 1888. — Der 3. Cursus folgt 1891.) Breslau, Druck v. Graß, Barth u. Comp. (1890); 1 Bl., 38 S. 8°
Breslau, RG zum heiligen Geist, P 1890 (206)

639 **Zülch**, Georg: Beiträge zur Geschichte von Oberlahnstein. Oberlahnstein, Druck u. Verl. v. F. Schickel, 1890; S. 1–16; 4°
Oberlahnstein, st. RPG, OP 1890 (413)

640 Zuwachs der Bibliothek in den Jahren 1888 u. 1889. Eisenach, Hofbuchdr., 1890; S. 20–27; 8°
Eisenach, Schullehrer-Sem, OP 1890 ••

1. Sachregister

Ableitungen m. complexem Zeiger Nr. 340
Addison 384
Adenés li Rois 110
Adjectiv, französisches 96
lateinisches 515
Aeschylus 31. 188. 584
Aesthetik 85. 429
Agos-Sühne bei Thucydides . . 260
Aldehyde 100
Alexinslegende 298
Algebra 54. 60. 128. 186. 213. 520. 522. 563. 608. 628
Altercatio Simonis Iudaei et Theophili Christiani . . . 77
Alterthümer, ägyptische, in Pyritz 369
Alterthum, klassisches, u. Christenthum 414
Ammianus Marcellinus 388
Amrus filius Matthaei 167
Analysis . 17. 340. 402. 514. 581. 576
Andreas, altenglisches Gedicht 317
Andronicus v. Rhodus . . 541. 461
Anfangsunterricht, engl. 521
im Französischen 160
Anklam, Familiennamen . . . 368
Anschauungsunterricht 124. 398. 451
Antiphon 616
Arbeiten, schriftliche, neusprachl. 7
Argument, ontologisches . . . 583
Aristophanes 89. 160
Aristoteles 403. 541
Arnobius 147
Arnstadt, Barfüsserkloster . . 314
Arnulf v. Kärnthen 68
Associationsprincip in der Aesth. 35
Astronomie 240. 417
Athen u. Sicilien 464
Attraction d. Relativsätze . . . 449
Aufgaben aus d. math. Geogr. Nr. 506
aus d. Mechanik 470
aus d. Statik u. Dynamik . 446
stereometrische . . 188. 465. 501
Aufsatz, deutscher 407
lateinischer 394
Augusta, Kaiserin . . . 91. 456. 512
Augustinus 147
Aussprache, deutsche 494
d. Englischen 350

Bacchius 347
Bär, Verehrung bei d. Germ. . 586
Barmen, GwS 634
Bartsch, K. 583
Bedeutungswandel lateinischer Wörter im Französischen . 196
Benennung d. Blüthenstände . 58
Benoit de St.-More 348
Beobachtungen, witterungskundliche, in Eisenach 490
Bergedorf, Hansa-S 162. 543
Bernhard v. Clairvaux 283
Berthold v. Regensburg . 121. 141
Bessel's Functionen 354
Bevölkerung v. Marienwerder . 78
Beweis, directer 385
Bibliotheken:
Barmen-Wupperfeld, R . . . 371
Eisenach, Schullehrer-Sm . 640
Elberfeld, RG 79
Güstrow, Dom-S 359
Karlsruhe, R 370
Köln, RG 316
Münstereifel, G 567
Ratzeburg, Domkirche . . . 148
Remscheid, R 544
Schleusingen, G 380
Sorau, Kirchenbibliothek . 251
Weimar, RG 159

9*

2. Orts- und Anstaltenverzeichniss

Harburg, RG . . . . Nr. 517
Hechingen, h. HB 543
Heidelberg, G 492
Heinsberg, h. Stadt-S 548
Helmstedt, herz. G 94
landw. S Marienberg . 311. 406
Herford, ev. Friedrichs-G 25. 94. 139
178. 225. 379. 475
Hildburghausen, G Georgianum 477
Hildesheim, k. G Andreanum . 84
k. Andreas-RG 591
Hirschberg, k. G 447
Hof, k. StA 381
Hohenstein, k. G 529
Holzminden, herz. G 101. 135
Homburg v. d. H., R u. PG . . 516
Horn, Paulinum 454. 625

Jauer, st. ev. G 400. 595
Jena, G Carolo-Alexandrinum . 539
Pfeiffer'sche Lehr- u. Erz.-A 481
Jenkau, RPG (v. Conradisches Inst.) 45. 283
Jever, grossh. Marien-G 77
Ilfeld, k. Kloster-S 560
Inowrazlaw, k. G 429
Insterburg, k. G u. RG 508
Itzehoe, st. RPG 626

Kaiserslautern, k. StA 408
Karlsruhe, RG 368
R m. Fachkl. f. Kaufleute . 370
Kattowitz, st. G 289
Kempen i. P., st. PG 354
Kempten, k. StA 362
Kiel, Gelehrten-S 85
OR 364
st. HM 262
Köln, k. kath. G an Aposteln . 567
k. Friedrich-Wilhelms-G . . 193
k. kath. G an Marzellen . . 647
k. Kaiser Wilhelm-G . . . 621
RG 216
OR u. Fortbildungs-S . . . 596
HB 518. 569
Königsberg i. Pr., Altst. G . 4. 29
k. Friedrichs-K 657
Kneiphöfisches Stadt-G . . . 69
Königsberg, k. Wilhelms-G Nr. 168. 396
st. RG 184
k. RG auf der Burg 482
Löbenichtsche HB 110
Königshütte, k. G 580
Kreuzburg O.-S., G 601
Kreuznach, k. G 614
Krotoschin, k. Wilhelms-G . . 575

Lahr, grossh. G 463
Landau, k. StA 192
Landsberg a. d. W., k. G u. RG 390
Landshut, k. StA 460. 541
Lauban, st. ev. G 627
Lauenburg a. d. E., Albinus-S 68. 171
Leipzig, k. G 380
Nicolai-G 18
Thomas-S 418
st. RG 455
st. R 116
Lemgo, G 256
Leobschütz, k. kath. G 394
Liegnitz, st. ev. G 147
k. RAk 194
Limburg, RPG u. PG 8
Linden, k. Kaiserin Auguste Victoria-G 176
Lippstadt, RG 200
Lissa i. P., k. G 397
Lörrach, grossh. G u. RPG . . 390
Lötzen, st. PG 279
Löwenberg i. Schl., RPG . . . 281
Luckau, k. G 97
Ludwigslust, grossh. RG . . . 626
Lübeck, Katharineum 182
Lüdenscheid, RPG 404
Lüneburg, Johanneum 175
Lyck, k. G 265

Magdeburg, k. Dom-G 599
Pd z. Kloster U. L. Frauen 608
st. König Wilhelms-G . . . 422
RG 370
Guericke-S 96
Mainz, grossh. G 486
grossh. RG u. R 19
Malchin, RG 182
Malmedy, PG 62

Jahres-Verzeichniss

der

an den Deutschen Schulanstalten erschienenen Abhandlungen

III

1891

BERLIN
Verlag von A. Asher & Co.
1892

Abkürzungen

A = Anstalt
G = Gymnasium
GwS = Gewerbeschule
h. = höhere
HB = Höhere Bürgerschule
HM = Höhere Mädchenschule
HT = Höhere Töchterschule
K = Kollegium
k = königlich
kais. = kaiserlich
L = Lyceum
LS = Lateinschule
MP = Michaelis-Programm
OP = Oster-Programm
OR = Ober-Realschule
P = Progamm
Pd = Paedagogium
PG = Progymnasium
R = Realschule
RA = Real-Anstalt
RAk = Ritter-Akademie
RG = Real-Gymnasium
RPG = Real-Progymnasium
S = Schule
Sm = Seminar
st. = städtisch
StA = Studien-Anstalt
VS = Vorschule

* ist den Programmen der bayerischen Anstalten,

** den nicht durch den Tauschverkehr eingegangenen Abhandlungen nachgesetzt.

[𝔉.] oder [𝔉. u. Ant.] ist den in Fractur bezw. in Fractur und Antiqua gedruckten Titeln vorgesetzt.

Abhandlungen

der

Deutschen Schulschriften

1891

1 [J. u. Ant.] **Adam, Berthold**: Das Rationalmachen der Bruchnenner. Clausthal, Druck v. E. Pieper, 1891; S. 3–15; 4°
Clausthal, k. G, OP 1891 (288)

2 **Albrecht, Reinhard** *Jonathan* [Oberl. Dr.]: Tito Vespasiano Strozza. Ein Beitr. z. Geschichte d. Humanismus in Ferrara. Dresden, Druck v. B. G. Teubner, 1891; 48 S. 4°
Dresden-Neustadt, k. G, OP 1891 (532)

3 **Altenburg, Oskar** [Dr., Dir.]: Zur Lehrplanorganisation für die Prima des humanistischen Gymnasiums. Wohlau, Buchdr. „Schles. Dorfzeitung", 1891; 22 S. 4°
Wohlau, k. G, P 1891 (207)

4 [J.] **Amelungk, W.** [Rekt.]: Über Entwickelung und Stellung, Aufgabe und Ziel der Mädchen-Mittelschulen. Cassel, Druck v. Drewfs & Schönhoven, 1891; S. 3–18; 4°
Cassel, st. Mädchen-Mittel-S, P 1891 • •

5 **Amersbach, Karl** [Prof.]: Aberglaube, Sage und Märchen bei Grimmelshausen. I. Tl. Baden-Baden, A. v. Hagen'sche Hof-Buchdr., 1891; 39 S. 4°
Baden, grossh. G u. HB. MP 1891 (583)

6 **Anders, Wilhelm**: Die Symmetrie der Krystalle. Ein Beitr. z. Methodik d. mineralog. Anfangsunterrichts.... Berlin, R. Gaertner, 1891; 17 S., 2 Taf. 4°
Berlin, Lessing-G, OP 1891 (62)

7 [J.] **Andrä**, Emil [Oberl.]: Die Stadt Crimmitschau während des grossen Krieges. *Crimmitschau, Druck v. R. Raab, 1891;* 116 S. 8°
Crimmitschau, R. OP 1891 (555)

8 **Anger**, *Siegfried* [Dir. Dr.]: Rückblick auf die ersten fünfundzwanzig Jahre des Bestehens der Anstalt. Graudenz, Druck v. G. Röthe, 1891; S. 16–27; 4°
Graudenz, k. ev. G, OP 1891 (32)

9 **Anz**, Heinrich [Prof.]: Kritische Bemerkungen zu Ciceros Cato maior Paradoxa Somnium. Quedlinburg, Druck v. C. Voges, 1890; 24 S. 4°
Quedlinburg, k. G, *Festschr.* 1890 **

10 **Arendt**, *Gustav:* Die Dirichlet'sche Lösung des allgemeinen Problems der Bewegung elastischer Flüssigkeiten. . . . Berlin, Druck v. A. Haack, 1890; S. 49–79, 1 Taf. 8°
Berlin, Collège royal franç., Festschr. 1890 **

11 **Aschenberg**, *Heinrich:* Sir David Lyndesays (Umschl.-Tit.: Lindesays) Leben und Werke. I. Sein Leben. M. Gladbach, Druck v. E. Schellmann, *1891;* 85 S. 8°
M. Gladbach, st. HB, P 1891 (400)

12 [J.] **Ast**, *Richard* [Oberl.]: Paulus und Petrus in Antiochia (Gal. 2, 11–21) Inowraslaw, Buchdr. v. H. Olawski, *1891;* S. 1–10; 4°
Inowraslaw, k. G, OP 1891 (150)

13 **Ast**, Otto [Prof. Dr.]: Zur Gründungssage von Zankle-Messana. (Nachtr. z. P-Beil. 1887: Topogr. v. Rhegion u. Messana.) Leipzig, Druck v. O. Leiner, 1891; S. 51–59; 4°
Grimma, Fürsten- u. Landes-S. Festschr. 1891 (534) **

14 **Bachmann**, *Friedrich:* Die beiden metrischen Versionen des mittelenglischen Canticum de creatione. (= Inaug.-Diss. Rostock 1891; 49 S.) Hamburg, gedr. bei Lütcke & Wulff, 1891; 2 Bl., 45 S. 4°
Hamburg, HB vor d. Holstenthore. OP 1891 (724)

15 [J.] **Back**, Friedrich [Dir.]: Römische Spuren und Überreste im oberen Nahegebiete. I. Abt. (Th. I.) Birkenfeld, Druck v. W. M. Hoestermann, 1891; 1 Bl., 91 S. 8°
Birkenfeld. grossh. G m. Realabt., OP 1891 (658)

16 **Backs**, Hermann: Zur Erklärung der Dialoge Hippias minor und Hippias maior. Burg. Druck v. A. Hopfer, 1891; S. 3–18; 4°
Burg, k. Viktoria-G, P 1891 (224)

17 **Badke,** Otto [Oberl. Dr.]: **Beiträge zur Lehre von den französischen Fürwörtern.** Stralsund, Druck d. k. Reg.-Buchdr., 1891; S. 1—25; 4°
Stralsund, RG, OP 1891 (147)

18 [J.] **Barlen,** *Karl* [Dr., Rekt.]: **Ausführlicher Lehrplan für das Gerätturnen, zugleich Leitfaden f. Vorturner.** Neuwied, L. Heusers Buchdr., *1891*; 47 S. 8°
Trarbach, k. PG, OP 1891 (458)

19 [J.] **Bartenstein,** Lorenz: **Zur Beurteilung des Kaisers Julianus.** Bayreuth, gedr. bei Th. Burger, 1891; 1 Bl., 53 S. 8°
Bayreuth, k. StA, P 1891 *

20 **Baur,** Karl: **Homerische Gleichnisse in Vergils Aeneide. (I. Tl.)** Freising, Buchdr. v. Dr. F. P. Datterer, 1891; S. 37—67; 8°
Freising, StA, P 1891 *

21 **Baur,** Friedrich [Dir. Dr.]: **Zusammenstellung der hauptsächlichsten Berechtigungen, welche durch den Besuch des Gymnasiums und der Realschule erworben werden können.** Colmar, Buchdr. Decker, 1891; S. 31—39; 4°
Colmar, L, MP 1891 (501)

22 **Becher,** *Ferdinand* [Dr., Dir.]: **Zum 10. Buch des Quintilian.** Aurich, Druck v. H. W. H. Tapper & Sohn, *1891;* S. 3—28; 4°
Aurich, k. G, OP 1891 (291)

23 **Bechert,** Malwin [Dr.]: **De M. Manilio Astronomicorum Poeta.** Leipzig, Druck v. A. Edelmann, 1891; S. 1—20; 4°
Leipzig, k. G, OP 1891 (535)

24 [J.] **Bechler: Heimatskundliche Ausflüge in die Umgebung von Weimar.** Weimar, Druck d. Hof-Buchdr., 1891; S. 3—30, 2 Ktn; 8°
Weimar, Schullehrer-Sem, OP 1891 **

25 **Becker,** Johann: **Die Ueberarbeitung des ursprünglichen Oedipus von Sophokles.** Cleve, Druck v. H. Stens, 1891; 26 S. 4°
Cleve, k. G, OP 1891 (424)

26 [J.] **Becker,** Wilhelm [Dir.]: ***Abschiedsrede, geh. am 27. Sept. 1890.*** Michelstadt, Buchdr. v. G. D. Trautner, 1891; S. 11—12; 4°
Michelstadt, grossh. R, P 1891 (636)

27 **Beckmann,** *Emil* [Prof. Dr.]: **Bemerkungen zur Förderung des guten Gebrauches der deutschen Sprache in Altona.** Altona, Druck v. P. Meyer, *1891;* 1 Bl., XXVIII S. 4°
Altona, RG u. R, OP 1891 (292)

28 **Behringer**, Edmund: Zur Würdigung des Heliand. Würzburg, Druck d. k. Universitätsdr. v. H. Stürtz, 1891; 85 S. 8°
Aschaffenburg, k. StA, P 1891 •

29 **Benolt**, Paul [Oberl.]: Über Differentialgleichungen, welche durch doppeltperiodische Funktionen zweiter Gattung erfüllt werden. Berlin, R. Gaertner, 1891; 19 S. 4°
Berlin, Dorotheenst. RG, OP 1891 (94)

30 **Berger**, Friedrich [Oberl. Dr.]: Dantes Lehre vom Gemeinwesen. Berlin, R. Gaertner, 1891; 15 S. 4°
Berlin, Erste st. HB, OP 1891 (108)

31 **Bergmann**, *Ludwig August Hermann* Ernst: Zur Geschichte des Romzuges Ruprechts von der Pfalz. Erster Teil. Das Verhältnis d. Königs z. Kurie. Braunschweig, Druck v. J. H. Meyer, 1891; 31 S. 4°
Braunschweig, herz. Neues G, OP 1891 (682)

32 **Bernhardt**, *Emanuel* [Dir.]: Bericht über die Feier des 350jährigen Bestehens des Gymnasiums. Weilburg, Druck v. A. Cramer, *1891*; S. 17–21; 4°
Weilburg, k. G, P 1891 (390)

33 **Bernhardt**, *Emanuel* [Dir.]: Festrede *bei der Feier des 350jährigen Bestehens des Gymnasiums.* (Ergänzt z. Th. d. Festschr. 1890.) Weilburg, Druck v. A. Cramer, *1891;* S. 21–28; 4°
Weilburg, k. G, P 1891 (390)

34 [J.] **Bertling**, *Oscar* [Prof. Dr.]: Lektionarium für das Schuljahr 1891/92. Torgau, Druck v. F. Lebinsky, 1891; S. 10–12; 4°
Torgau, G, OP 1891 (248)

35 **Besler**, M. [Oberl.]: Die Ortsnamen des lothringischen Kreises Forbach. II. Tl. (Forts. d. P-Beil. 1888.) Forbach, Buchdr. v. R. Hupfer, 1891; 2 Bl., 49 S. 4°
Forbach (Lothr.), PG, P 1891 (503)

36 **Bestimmungen** für die Benutzung der Bibliothek der Ober-Realschule. Oldenburg, Druck v. G. Stalling, 1891; S. 45; 4°
Oldenburg, st. OR u. VS, P 1891 (664)

37 **Bethge**, Oskar: Das Klima Arabiens. *Cassel, Druck v. Gebr. Gotthelft, 1891;* 37 S. 4°
Cassel, R in d. Hedwigstr., OP 1891 (294)

38 **Beyer, Rudolf:** Beiträge zur Flora der Thäler Grisanche und Rhêmes in den grajischen Alpen. Berlin, R. Gaertner, 1891; 30 S. 4°
Berlin, Andreas-RG, OP 1891 (93)

39 **Beyer, Theodor** [Oberl.]: Geschichte des Königl. Gymnasiums zu Neustettin während der Jahre 1640—1890. Neustettin, Druck v. R. G. Hertzberg, 1890; 1 Bl., 92 S. 8°
Neustettin, k. Fürstin-Hedwig-G, Festschr. 1890 [1891 (138)]

40 **Bibliothek-Ordnung** der Hansa-Schule. Bergedorf bei Hamburg, gedr. in E. Wagners Buchdr., 1891; S. 53—54; 4°
Bergedorf bei Hamburg, Hansa-S, OP 1891 (710)

41 **Bieler, Johannes:** Über die Echtheit des Lucianischen Dialogs Cynicus. Hildesheim, Druck v. Gebr. Gerstenberg, 1891; S. 3—16; 4°
Hildesheim, k. G Andreanum, OP 1891 (300)

42 **Bilfinger,** Gustav [Prof. Dr.]: Die Sterntafeln in den ägyptischen Königsgräbern von Bibân el Molûk. Stuttgart, k. Hofbuchdr. K. Liebich, 1891; S. 1—60; 4°
Stuttgart, Eberhard-Ludwigs-G, P 1891 (585)

43 [J.] **Binhack, Franz** *Xaver:* Geschichte der Cisterzienser-Abtei und des Stiftes Waldsassen von 1507 bis 1648 nach gedruckten und ungedruckten Quellen. (Forts. d. P 1890.) Eichstätt, Druck v. M. Däntler, 1891; 91 S. 8°
Eichstätt, k. StA, P 1891 •

44 **Blücher,** *Georg:* Livret de Paul-Louis, vigneron, pendant son séjour à Paris, en mars 1823. Berlin, Druck v. Gebr. Unger, 1891; 1 Bl., 20 S. 4°
Charlottenburg, k. Kaiserin-Augusta-G, OP 1891 (70)

45 **Blumenthal,** Friedrich: Lord Byron's mystery "Cain" and its relation to Milton's "Paradise Lost" and Gessner's "Death of Abel." Oldenburg, Druck v. G. Stalling, 1891; 1 Bl., 12 S. 4°
Oldenburg, st. OR u. VS, OP 1891 (664)

46 **Bodenstein,** Max: Das evangelische Kirchenlied und seine Behandlung auf den höheren Schulen. Greifenberg i. P., gedr. bei C. Lemcke, *1891;* S. 1—21; 4°
Greifenberg i. P., Friedrich-Wilhelms-G, OP 1891 (132)

47 **Böhme,** Lothar *Richard* [Dr. Oberl.]: Schillerstudien. I. Freiberg, Gerlach'sche Buchdr., 1891; 1 Bl., 32 S. 4°
Freiberg, G Albertinum, OP 1891 (533)

48 **Böttger**, Hermann [Dr.]: Das Subconrektorat der Wriezener Schule 1706—1793. Nach Akten d. hiesigen Rathauses. Wriezen, Druck v. A. Settekorn, *1891;* S. III–X; 4°
Wriezen, RPG, OP 1891 (125)

49 **Böttger**, Moritz [Prorekt. Dr.]: Beiträge zur Syntax der griechischen Sprache für den Gebrauch beim Übersetzen ins Deutsche. Königsberg Nm., Druck v. J. G. Striese, 1891; 68 S. 8°
Königsberg i. d. N., Friedrich-Wilhelms-G, OP 1891 (80)

50 **Born**, *Bruno:* Bemerkungen zu einigen Oden des Horaz mit besonderer Berücksichtigung der Wortstellung. Magdeburg, k. Hofbuchdr. v. C. Friese, 1891; 1 Bl., 40 S. 4°
Magdeburg, k. Dom-G, OP 1891 (232)

51 [J.] **Both**, *Julius:* Einführung in die Planimetrie. Jever, Druck v. C. L. Mettcker & Söhne, 1891; 19 S., 1 Taf. 4°
Jever, grossh. Marien-G. P 1891 (660)

52 [J.] **Brägelmann**, *B.* [Dr.]: Die von dem Mittelalter zur Neuzeit überleitenden Ereignisse, betrachtet in ihren weiter umgestaltenden Wirkungen. II. Die Seeschiffahrt. (Enth.: 1. Tl. 2. Abschn. u. 2. Tl. — Forts. d. P-Beil. 1885. 90.) Vechta, Druck v. C. H. Fauvel, *1891;* S. 45–158; 8°
Vechta, G, P 1891 (662

53 **Brandes**, Wilhelm [Oberl. Dr.]: Des Rusticius Helpidius Gedicht de Christi Jesu beneficiis. Krit. Text u. Kommentar. Braunschweig, Druck v. J. H. Meyer, 1890; 15 S. 4°
Braunschweig, herz. G Martino-Katharineum, OP 1890 [1891 (681)]

54 **Brandt**, Samuel [Prof. Dr.]: Über das in dem patristischen Excerptencodex F. 60. sup. der Ambrosiana enthaltene Fragment des Lactantius de motibus animi. Leipzig, Druck v. B. G. Teubner, 1891; 16 S. 4°
Heidelberg, G, MP 1891 (586)

55 **Bratke**, Eduard [Lic. Dr., Prof. d. Theol. an d. Univ. Bonn]: Das Monogramm Christi auf dem Labarum Constantins des Grossen. Jauer, P. Guercke, 1890; S. 73–91; 8°
Jauer, k. G, Festschr. 1890 **

56 **Braumann**, *Gustav* [stellv. Dir.]: *Zur Übersiedelung des Gymnasiums in sein neues Heim.* Berlin, Druck v. A. W. Hayns Erben, *1891;* S. 68–71. 4°
Berlin, k. Friedrich-Wilhelms-G u. k. VS, OP 1891 (56)

57 [J.] **Breitsprecher,** *Karl August Julius* [Dr., Rekt.]: Dem Gedächtnis des ersten Rektors unserer Anstalt, Herrn Professor William Kauffmann, geweiht. Breslau, Druck v. Grass, Barth u. Co., 1891; S. 7—8; 4°

Breslau, st. ev. HB II, OP 1891 ••

58 **Brennecke,** Paul [Rekt. Dr.]: Urkunden der Stadt Pr. Friedland. (Forts. d. P-Beil. 1885. 86.) Pr. Friedland, *F. W. Gebauer's Buchdr. in Konitz.* 1891; S. 3—20; 4°

Pr. Friedland, k. PG, P 1891 (81)

59 [J. u. Ant.] **van der Briele,** *Constantin* [Dir. Dr.]: Aus der Antrittsrede des Direktors. „Wo haben wir die wichtigsten Faktoren für Unterricht und Erziehung auf der höheren Mädchenschule zu suchen?" Halberstadt, Druck v. C. Doelle & Sohn, *1889;* S. 8—9; 4°

Halberstadt, st. HT, OP 1890 ••

60 [J.] **v. d. Briele,** *Constantin* [Dir. Dr.]: Die Dramen Ernst von Wildenbruchs. Beiträge z. Würdigung derselben. (Th. I.) Halberstadt, Druck v. C. Doelle & Sohn, *1890;* S. 3—9; 4°

Halberstadt, st. HT, OP 1890 ••

61 [J.] **v. d. Briele,** *Constantin* [Dir. Dr.]: Kulturgeschichtliches aus dem deutschen Frauenleben in vorchristlicher Zeit. (Vortrag, geh.... am 23. Febr. 1891.) Halberstadt, Druck v. C. Doelle & Sohn, *1891;* S. 3—15; 4°

Halberstadt, st. HT, OP 1891 ••

62 **Brisker,** K. [Dr.]: Wie weit ist der Wortschatz in Caesars b. gall. I—VII und den gelesenen Biographieen des Nepos im lateinischen Lesebuch der unteren Klassen zu verwerten? Bemerkungen z. lat. Formenlehre. Schwerin, G. Hilb's Buchdr., 1891; 37 S. 4°

Schwerin, grossh. RG, OP 1891 (652)

63 **Brock,** Leopold [Dir. Dr.]: Das brandenburgische Heer in den Kriegen von 1688 bis 1697. III. (Beiträge z. brandenb.-preuss. Heeresgeschichte.) (Forts. d. P-Beil. 1888. 90.) Beuthen O.-S., Druck v. Haenel & Stratmann, 1891; 40 S. 4°

Königshütte O.-S., k. G, OP 1891 (187)

64 [Ant. u. J.] **Brunnemann,** *Carl Otto Martinus* [Dr. Dir.]: Jeremias Ferrier. Excurs zu H. Th. Buckle: History of Civilisation in England Chapter 8. Elbing, Wernich'sche Buchdr., *1891;* 1 Bl., 7 S. 8°

Elbing, st. RG, OP 1891 (45)

65 **Buchholz**, Heinrich: Verbesserungsvorschläge zum Dialogus de oratoribus des Tacitus. Hof, Druck d. Mintzel'schen Buchdr., 1891; 26 S. 8°
Hof, k. StA, P 1891 *

66 **Buchner**, *Wilhelm* [Dr.]: Beiträge zur Erläuterung von Goethes Tasso. Crefeld, Druck v. G. Kühler, *1891;* S. 3—38; 4°
Crefeld, st. HM, OP 1891 * *

67 **Büchel**, Karl [Dr.]: Über Methodik des chemischen Unterrichts an den höheren Bürgerschulen. Hamburg, gedr. bei Lütcke & Wulff, 1891; 1 Bl., 10 S. 4°
Hamburg, HB vor d. Lübeckerthore, P 1891 (725)

68 **Burckhardt**, Johannes [Dr.]: Die Volksdichte des Elsass. Leipzig-Reudnitz, Druck v. M. Hoffmann, 1891; S. 3—68, 1 Kte; 4°
Leipzig-Reudnitz, st. R m. PG, OP 1891 (564)

69 **Busche**, E.: Grundzüge einer rechnenden Geometrie der Lage. (II.) (Forts. d. P-Beil. 1890.) Bergedorf bei Hamburg, gedr. in E. Wagners Buchdr., 1891; S. 3—10; 4°
Bergedorf bei Hamburg, Hansa-S, OP 1891 (719)

70 [J.] **Buschmann**, August [Oberl. Prof. Dr.]: Bericht über die Teilnahme an dem ersten archäologischen Ferienkurse in Bonn und Trier und über die dadurch angeregte Sammlung von Münzen und Altertümern. Warendorf, gedr. in d. J. Schnell'schen Buchdr., 1891; S. 1—36, 1 Taf. 4°
Warendorf, k. G Laurentianum, P 1891 (357)

71 **Buschmann**, Jos. [Dir. Dr.]: Zur Geschichte des Bonner Gymnasiums. Erster Teil. Das Gymn. in d. kurfürstl. Zeit. Bonn, Univ.-Buchdr. v. C. Georgi, 1891; S. 1—40, 1 Taf. 4°
Bonn, K. G, P 1891 (422)

72 [J. u. Ant.] **Butz**, *Wilhelm* [Dir.]: *Bericht über die Feier des 25-jährigen Bestehens der Albinusschule.* Lauenburg, Druck v. Gebr. Borchers, 1891; S. 16—16; 4°
Lauenburg a. d. E., Albinus-S (RPG), OP 1891 (298)

73 **Capeller**, Gustav: Die wichtigsten aus dem Griechischen gebildeten Wörter (mots savants) der französischen und englischen Sprache, zusammengest. u. etymologisch erkl. Tl III. (Forts. d. P-Beil. 1889. 90.) Gumbinnen, gedr. bei W. Krauseneck, 1891; S. 45—64; 4°
Gumbinnen, st. RPG, OP 1891 (29)

74 **Caro, Josef** [Dr.]: Richelieu und das französische Drama. Frankfurt a. M., Buchdr. v. L. Golde, 1891; S. 3–25; 4°
Frankfurt a. M., R d. Isr. Relig.-Ges., OP 1891 (400)

75 **Cascorbi, Paul** [Dr.]: Die Rufnamen der Mündener Schuljugend im Jahre 1890. Zusammengest. Münden, Buchdr. v. W. Klugkist, 1891; S. 1–11; 4°
Münden i. H., RPG u. PG, OP 1891 (330)

76 **Chambalu, August** [Dr.]: Die holländisch-ostindische Gesellschaft (1602–1798) kein Vorbild für unsere Kolonisationsgesellschaften. Köln, Druck v. J. P. Bachem, 1891; S. 1–28; 4°
Köln, k. kath. G an Aposteln, P 1891 (426)

77 [N.] **Christ** [Dr.]: Die meteorologische Beobachtungsstation. Wiesbaden, Druck v. R. Bechtold & Co., 1891; S. 76–84; 4°
Geisenheim a. Rh., k. Lehr-A f. Obst- u. Weinbau (h. Gärtnerlehr-A), P 1890 * *

78 **Chun**, *August* [Rekt.]: Englische Sprechübungen im Anschluss an W. Pfeiffers zwölf Wandbilder. *Diez, 1891;* 13 S. 4°
Diez, RPG, OP 1891 (408) * *

79 **Clar, Matthias**: De Agesilao vere Xenophonteo. (Th. I.) Aachen, Druck v. F. N. Palm, *1891;* S. 8–18; 4°
Aachen, Kaiser-Karls-G, P 1891 (417)

80 **Clasen, Christian** [Dr.]: Die Geschichtswissenschaft. Limburg a. d. Lahn, Druck v. Gebr. Goerlach, 1891; 29 S. 4°
Hadamar, k. G, P 1891 (341)

81 **Clemen, August** [Prof. Lic. Dr.]: Ueber den Gebrauch des Alten Testaments im Neuen Testamente und speciell in den Reden Jesu. (Th. I.) Leipzig, Druck v. O. Leiner, 1891; S. 7–23; 4°
Grimma, Fürsten- u. Landes-S, Festschr. 1891 (534) * *

82 **Clemen, August** [stellv. Rekt. Prof. Lic. Dr.]: *Rede bei der Trauerfeier für Prof. Dr. Carl Julius Rössler, gest. d. 6. März 1891.* Grimma, Druck v. F. Bode, 1891; S. 26–30; 4°
Grimma, Fürsten- u. Landes-S, P 1891 (534)

83 **Clemen, August** [stellv. Rekt. Prof. Lic. Dr.]: *Rede bei der Trauerfeier für den Rektor Prof. Dr. Karl Schaelle, gest. d. 18. Dez. 1890.* Grimma, Druck v. F. Bode, 1891; S. 25–26; 4°
Grimma, Fürsten- u. Landes-S, P 1891 (534)

84 Comnick, *Ernst:* Zur Behandlung der lateinischen Syntax auf dem Gymnasium. Bunzlau, C. A. Voigt's Buchdr., 1891; 1 Bl., 20 S. 4°
Bunzlau, k. Waisen- u. Schul-A, OP 1891 (177)

85 Conrady, Leopold [Dir. Dr.]: Die Historiographie der Conquista, vornehmlich im 16. und 17. Jahrhundert. I. Cieza de Leon u. Garcilaso de la Vega. Leipzig, Druck v. Hesse & Becker, 1891; S. 1–48; 4°
Essen, k. G, P 1891 (487)

86 Cornean, Arthur [Hülfsl.]: Beiträge zum deutschen Unterrichte. Geestemünde, Druck v. Remmler & v. Vangerow, 1891; 66 S. 8°
Geestemünde, HB, PG u. VS, OP 1891 (327)

87 [Ant. u. ℑ.] Curtius, Carl [Oberl. Dr.]: Beschreibung einer Reise durch das nordwestliche Deutschland nach den Niederlanden und England im Jahre 1683 von Jakob v. Melle und Christian Henrich Postel. Herausgegeben. (Umschl.-Tit.: Heinrich Christian Postel's und . . . Melle's Reise . . . Aus e. Handschr. d. Lübeckischen Stadtbibliothek hrsg.) Lübeck, Druck v. Gebr. Borchers, 1891; S. 1–48; 4°
Lübeck, Katharineum, OP 1891 (730)

88 [ℑ.] Darpe, Franz [Oberl. Prof. Dr.]: Geschichte der Stadt Bochum. II. Bochum in d. Neuzeit. A. 1517–1618 . . . (I. B. im Mittelalter: P-Beil. 1888; III. Urkundenbuch: P-Beil. 1889. 90.) Bochum, Druck v. W. Stumpf, 1891; 2 Bl., S. 117–228, 1 Taf. 8°
Bochum, st. G, P 1891 (339)

89 Dehner, Sebastian [Dr.]: Hadriani laudatio Matidiae. Herausgegeben. Neuwied, Strüder'sche Buchdr., *1891*; S. 3–10; 4°
Neuwied, k. G m. RPG, OP 1891 (450)

90 [ℑ.] Deike, *Wilhelm* [Dr.]: Schillers Ansichten über die tragische Kunst verglichen mit denen des Aristoteles. (= Inaug.-Diss. Jena 1891.) Helmstedt, Druck v. J. C. Schmidt, 1891; S. 1–34; 4°
Helmstedt, herz. G, OP 1891 (646)

91 Dembowski, *Heinrich* [Dir.]: Zur Geschichte des Königl. Waisenhauses zu Königsberg i. Pr. XI. (Forts. d. P-Beil. 1879. 81–89.) Königsberg i. Pr., Ostpr. Zeitungs- u. Verl.-Druckerei, 1890; S. 3–20; 4°
Königsberg in Pr., PG d. K. Waisenhauses, P 1890 (11) **

92 Denecke, Arthur *Gotthold Theodor* [Oberl. Dr.]: Beiträge zur Entwicklungsgeschichte des gesellschaftlichen Anstandsgefühls in Deutschland. Dresden, Lehmannsche Buchdr., 1891; S. III–XXXIII; 4°
Dresden, G z. heiligen Kreuz, OP 1891 (529)

93 [J.] **Denkwürdigkeiten** des Königl. Friedrich-Wilhelms-Gymnasiums. *Berlin, gedr. in d. K. Hofbuchdr. v. E. S. Mittler & Sohn, 1890;* S. 2—8; fol.

Berlin, k. Friedrich-Wilhelms-G u. k. VS, Festzeitung 1890 • •

94 [J.] **Dersch,** *Otto* [Dr.]: Das neue Gebäude der Grossherzogl. Real- und Landwirtschaftsschule. — Lehrmittel der Anstalt. *Gross-Umstadt, G. Lindauer, 1891:* S. III—VIII; 4°

Gross-Umstadt, grossh. R u. VS, fak. Lat. u. Griech., sowie grossh. Landwirtschafts-S, OP 1891 (639)

95 **Detlefsen,** *Detlef* [Dir. Prof. Dr.]: Geschichte des Königl. Gymnasiums zu Glückstadt. 2. Von d. Einsetzung d. Collegium Scholasticum im J. 1747 bis z. Neuen Glückstädtischen Schulreglement 1786. 3. Von da bis z. Rektorate Germars 1802. (Forts. d. P-Beil. 1880.) Glückstadt, Druck v. J. J. Augustin, 1891; 24 S. 4°

Glückstadt, k. G, OP 1891 (271)

96 **Dickmann,** *Otto Emil August* [Dir.]: *Antrittsrede.* Oldenburg, Druck v. G. Stalling, 1891; S. 3—7; 4°

Oldenburg, st. OR u. VS, P 1891 (664)

97 **Dickmann,** *Otto Emil August* [Dir.]: *Rede bei der Gedächtnisfeier für den Dir. Karl Strackerjan.* Oldenburg, Druck v. G. Stalling, 1891; S. 9—10; 4°

Oldenburg, st. OR u. VS, P 1891 (664)

98 [J.] **Dieckmann,** August [Dr.]: Die Lehre von der Rechtfertigung aus dem Glauben, vom ethischen Gesichtspunkte aus dargestellt. Worms, Druck v. E. Kranzbühler, 1891; S. 3—30; 4°

Worms, grossh. G u. R, OP 1891 (626)

99 [J.] **Diederichs** [Prof. Dr.]: Die Rektifikation des Kreises in der Schule. Halberstadt, Druck v. C. Doelle & Sohn, *1891;* S. 1—8; 4°

Halberstadt, k. Dom-G, OP 1891 (228)

100 **Dihle,** August [Dir. Dr.]: Verzeichnis der Lehrer und der Abiturienten des königl. Gymnasiums zu Quedlinburg aus den Jahren 1840—1890. Quedlinburg, Druck v. C. Voges, 1890; 19 S. 4°

Quedlinburg, k. G. Festschr. 1890 • •

Dittmer, Arthur Frh. v. Mantey-
s. **Mantey**

101 **Doeberl,** *Michael* [Dr.]: Zum Rechtfertigungsschreiben Gregors VII. an die deutsche Nation vom Sommer 1076. München, Druck d. Akad. Buchdr. v. F. Straub, 1891; S. 23—61; 8°

München, k. Ludwigs-G, P 1891 •

102 **Döll,** Matthäus [Dr.]: Studien zur Geographie des alten Makedoniens. (= Inaug.-Diss. Würzburg 1891.) Stadtamhof, Druck v. J. & K. Mayr, 1891; 68 S. 8°
Regensburg, k. altes G, P 1891 •

103 [J.] **Dörholt,** Karl [Dr.]: Die Enveloppe der Axen der einem Dreieck eingeschriebenen Parabeln. Rheine, Druck v. J. Altmeppen, 1891; S. 9–66, 1 Taf. 4°
Rheine, G Dionysianum, P 1891 (350)

104 [J. u. Ant.] **Drewes,** *Ludwig* [Dir.]: Rede bei der Trauerfeier für den Oberlehrer Prof. *Edmund* Knittel am 20. Nov. 1890. Helmstedt, Druck v. J. C. Schmidt, 1891; S. 41–42; 4°
Helmstedt, herz. G, OP 1891 (650)

105 **Dreysen,** Hans [Dr.]: Zu Aristoteles' *Ἀθηναίων πολιτεία*. Vorläufige Bemerkungen. Berlin, R. Gaertner, 1891; 22 S. 4°
Berlin, Königst. G, OP 1891 (60)

106 **Düning,** Adalbert [Dr.]: Geschichte des Gymnasiums zu Quedlinburg. Quedlinburg, Druck v. C. Voges, 1890; 48 S. 4°
Quedlinburg, k. G, Festschr. 1890 • •

107 **Dyroff,** Karl: Über einige Quellen des Iliasdiaskeuasten. Würzburg, Druck d. k. Universitätsdr. v. H. Stürtz, 1891; 45 S. 8°
Würzburg, k. altes G, P 1891 •

108 [J.] **Eberl,** Friedrich [Dr.]: Studien zur Geschichte der Karolinger in Bayern. Straubing, C. Attenkofersche Buchdr., 1891; 2 Bl., 68 S. 8°
Straubing, k. StA, P 1891 •

109 **Ebers,** Georg [Geh. Hofrat Prof. Dr.]: Atys und Adrast. Zum Aktus 1857 gedichtet u. vorgetragen v. d. Abiturienten . . . Georg Ebers. — Dem Quedlinb. Gymn. z. Jubelfeier . . . gewidmet. Quedlinburg, Druck v. C. Voges, 1890; 7 S. 4°
Quedlinburg, k. G, Festschr. 1890 • •

110 **Egen,** Alfons [Dr.]: Quaestiones Florianae. (Forts. d. Inaug.-Diss.: 'De Floro . . . elocutionis Taciteae imitatore' Münster 1882.) Münster, Druck d. Coppenrathschen Buchdr., 1891; S. 1–17; 4°
Münster i. W., k. Paulinisches G, P 1891 (350)

111 **Ehrenthal,** Ludwig [Dr.]: Studien zu den Liedern der Vaganten. Bromberg, Gruenauer'sche Buchdr., 1891; 1 Bl., 19 S. 4°
Bromberg, k. G, OP 1891 (148)

112 [J. u. Aut.] **Ehrhard,** *Marie Auguste Léon* [Dr.]: Sources historiques des Maximes de La Rochefoucauld. (= Inaug.-Diss. Heidelberg 1891; 74 S.) Strassburg, Buchdr. v. E. Bauer, 1891; S. 3–64; 4°
Strassburg, bischöfl. G an St. Stephan, P 1891 (514)

113 **Ehrich,** Heinrich: Dem Kaiser. (Lied.) Hamburg, gedr. bei Lütcke & Wulff, 1891; S. 13; 4°
Hamburg, RG d. Johanneums, OP 1891 (723)

114 **Elster,** J. [Oberl.] und **Geitel,** H. [Oberl.]: Ueber einige Ziele und Methoden luftelektrischer Untersuchungen. . . . Wolfenbüttel, Druck d. Hecknerschen Druckerei, 1891; 34 S. 4°
Wolfenbüttel, herz. G, OP 1891 (690)

115 **Engel,** *Moritz Robert:* Biblische Lesestücke am Anfang und Schluss der Wochen von Ostern 1890 bis dahin 1891. Greiz, Druck d. Fürstl. Hofbuchdr. v. O. Henning, 1891; S. 7; 4°
Greiz, st. G m. Realabt. u. VS, OP 1891 (704)

116 [F.] **Engelhard,** *Robert* [Dr.]: Beiträge zur Kunstgeschichte Niedersachsens. . . . (Th. I.) Duderstadt, Druck v. F. Wagner, 1891; 41 S., 1 Bl. 4°
Duderstadt, k. PG u. RPG, OP 1891 (294)

117 **Erdmann,** *Martin* [Dr.]: Lysiaca. (Nachtr. zu: Pseudolysiae oratio funebr. ed. Lipsiae 1881.) Strassburg, J. H. E. Heitz, 1891; S. 3–20; 4°
Strassburg, Prot. G, MP 1891 (518)

118 [F.] **Falkenroth** [Stadtbaumstr.]: Beschreibung des neuen Schulgebäudes für das Realprogymnasium zu Lüdenscheid. Lüdenscheid, Druck v. W. Crone jr., 1891; S. 18–23, 2 Taf. 4°
Lüdenscheid, RPG, OP 1891 (370)

119 **Fauth,** *Franz* [Prof. Dr.]: Zum alttestamentlichen Religionsunterricht. Höxter, Druck v. C. D. Flotho, 1891; S. 3–8; 4°
Höxter a. d. W., König Wilhelms-G, OP 1891 (348)

120 [F.] **Feist,** Sigmund [Dr.]: Die phonetische Schulung im französischen Anfangsunterricht. *Bingen, Druck v. A. J. Pennrich, 1891;* S. 14–18; 4°
Bingen a. Rh., grossh. G, P 1891 (625)

Festbericht über die 350j. Jubelfeier des K. Gymnasiums zu Quedlinburg . . . Quedlinburg 1890
s. **Kleemann,** Selmar [Verf.]

121 **Flager, F.** [Dr., Oberl.]: Die Erklärung der Isomerie chemischer Verbindungen nach den heutigen Ansichten. Leipzig, Druck v. B. G. Teubner, 1891; S. 1–44; 4°
Rappoltsweiler, R, MP 1891 ([illegible])

122 [*J.*] **Fink, *August*** [Dir.]: Die Idee des Gymnasiums und ihre Verwirklichung. (Umschl.-Tit.: . . . III. Tl.) (Forts. d. P-Beil. Meldorf 1887. 88.) Ploen, S. W. Hirt's Buchdr., *1891*; S. 1–94; 4°
Ploen, k. G, OP 1891 (277)

123 **Fischer, *August*:** Aberglaube unter den Angel-Sachsen. Meiningen, Druck d. Keyssnerschen Hofbuchdr., 1891; S. 5–42; 4°
Meiningen, herz. HG, OP 1891 (698)

124 [*J.*] **Fischer, Karl** [Prof. Dr., Dir.]: Robert Boyle. Ein christlicher Natur- u. Schriftforscher. Dillenburg, *Druck v. E. Weidenbach*, 1891; 77 S., 1 Bl. 8°
Dillenburg, k. G, P 1891 (376)

125 **Fischer, Ernst:** Die Versteinerungs- und Vererzungsmittel. Berlin, R. Gaertner, 1891; 26 S. 4°
Berlin, V. st. HB, OP 1891 (112)

126 [*J.*] **Fischer, Franz** [Dr.]: Über Ottos I. Zug in die Lombardei vom Jahre 951. Eisenberg, P. Kaltenbach, 1891; 22 S. 4°
Eisenberg, herz. Christians-G, OP 1891 (679)

127 **Fischer, Hermann** [Oberl.]: Materialien zum Unterricht in der Heimatkunde am Gymnasium zu Wernigerode a H. Wernigerode a. H., Druck v. B. Angerstein, *1891*; 37 S. 8°
Wernigerode, Fürstlich Stolberg'sches G, OP 1891 (250)

128 **Fischer, Wilhelm** [Oberl. Prof. Dr.]: Erweiterung des Satzes von der Sichel des Archimedes und Verbindung desselben mit dem Satze von den Möndchen des Hippokrates; Schwerpunkte, Rotationskörper. (Erweitert aus: Arch. d. Math. u. Phys. Tl LXVI., p. 897 f.) Kempen, Buch- u. Steindr. v. A. Wefers, *1891*; S. 3–20; 4°
Kempen (Rhein), k. G Thomaeum, OP 1891 (413)

129 **Fleischmann, Johann Karl** [Dr., Prof.]: Quintus Curtius Rufus als Schullektüre. (z. Th. in: Verh. d. 41. Vers. d. Philol. u. Schulm. in München.) Bamberg, F. Humann'sche Buchdr., 1891; 13 S. 8°
Bamberg, neues G, P 1891 •

130 **Förster,** Gustav Hugo [Oberl. Dr.]: Die Sieger in den olympischen Spielen bis zum Ende des I. Jahrh. v. Chr. (Schluss folgt 1892.) Zwickau, Druck v. R. Zückler, 1891; S. 1–30; 4°
Zwickau, G, OP 1891 (548)

131 [F.] **Foertsch,** Richard [Oberl.]: Ein Beitrag zu der französischen Wiedergabe unserer Fremdwörter. (And. Tit.: Zusammenstellung solcher der latein. Sprache entlehnten deutschen Fremdwörter, deren Wiedergabe im Französischen e. ganz andere Ausdrucksweise erfordert, als d. latein. Stammwort vermuten lässt.) (Aus d. 2. Th. v.: „Die Fremdwörter d. deutschen Sprache . . . Braunschweig 1889".) Cassel, Druck v. L. Döll, 1891; 23 S. 4°
Cassel, Neue R, OP 1891 (395)

132 **Fokke,** Arnold [Oberl.]: Über Hans Herrig. Wilhelmshaven, Druck v. Th. Süss, 1891; 1 Bl., 40 S. 8°
Wilhelmshaven, k. G, OP 1891 (312)

133 **Follmann,** Otto [Dr.]: Über die unterdevonischen Schichten bei Coblenz. Coblenz, *Univ.-Buchdr. v. C. Georgi in Bonn*, 1891; S. 3–38; 4°
Coblenz, k. G, P 1891 (425)

134 [F.] **Forck,** Hermann: Verzeichnis der in der Umgegend von Attendorn wachsenden Phanerogamen und Gefässkryptogamen nebst Angabe ihrer Standorte. Siegen, Druck v. W. Vorländer, 1891; 64 S. 8°
Attendorn, G, P 1891 (337)

135 **Forcke,** Ulrich [Oberl.]: Kurven auf der Kugeloberfläche. Hameln, Buchdr. v. C. W. Niemeyer, 1891; S. 3–16; 4°
Hameln, st. G u. RPG, OP 1891 (296)

136 **Frankenbach,** Friedrich Wilhelm [Dr. Rekt.]: Die dem Dreieck einbeschriebenen Kreise. Liegnitz, Druck v. C. Seyffarth, 1891; 28 S. 8°
Liegnitz, st. HB (Wilhelms-S), P 1891 (220)

137 **Frankhauser,** Karl [Oberprimaner]: *Festgedicht zur Feier des Geburtsfestes Sr. Maj. des Kaisers.* Hagenau, F. Gilardone'sche Buchdr., *1891;* S. 23–24; 4°
Hagenau, G u. R, MP 1891 (506)

138 **Frantz,** Richard [Dr.]: Über die Bewegung eines materiellen Punktes auf Rotationsflächen. Magdeburg, Druck v. E. Baensch jun., 1891; S. 1–24, 4 Taf. 4°
Magdeburg, Pd z. Kloster Unser Lieben Frauen, OP 1891 (233)

139 **Franz,** Heinrich: Peter von Amiens. Ein Bild aus d. ersten Kreuzzuge. Hofgeismar, Druck d. Hof-Buchdr. v. L. Keseberg, 1891; S. 3–6; 4°
Hofgeismar, RPG, OP 1891 (413)

140 [𝔉.] **Frech,** *Franz:* Integration einiger bestimmten Integrale auf complexem Wege. Deutsch-Krone, Druck v. F. Garms, 1891; S. 3–16. 1 Taf. 4°
Deutsch Krone, k. G, P 1891 (28)

141 **Freund,** Hermann: Stoechiometrische Aufgaben für höhere Bürgerschulen. Erfurt, Ohlenroth'sche Buchdr., 1891; 91 S. 8°
Erfurt, st. HB, P 1891 (203)

142 **Freyer,** *Hermann* Theodor [Dr., Oberl.]: Kleinigkeiten zum deutschen Unterricht auf der unteren Stufe. Löbau i. S., Druck v. Th. Kessner, 1891; 1 Bl., 47 S. 4°
Löbau i. S., R, OP 1891 (566)

143 **Fricke,** Gustav [Dr.]: Der bayerische Feldmarschall Alessandro Marchese Maffei. Ein Beitr. z. Geschichtsschreibung u. z. Geschichte d. Türkenkriege u. d. spanischen Erbfolgekrieges. Berlin, Druck v. A. W. Hayns Erben, *1891;* S. 3–34; 4°
Berlin, k. Friedrich-Wilhelms-G u. k. VS, OP 1891 (56)

144 [𝔉.] **Friedrich,** *Hermann* [Oberl. Dr.]: Hohenzollern-Dramen. Potsdam, Krämersche Buchdr., 1891; S. 1–16; 4°
Potsdam, RG, P 1891 (106)

145 **Fritsche,** Hermann [Dir.]: Geschichte der Friedrich-Wilhelms-Schule zu Stettin während der ersten 50 Jahre ihres Bestehens 1840–1890. Stettin, Druck v. R. Grassmann, 1890; 4 Bl., 74, 16 S., 1 Bl. 4°
Stettin, Friedrich-Wilhelms-S (RG nebst VS), Festschr. 1890 [1891 146)]

146 **Fritsche,** *Hermann* [Dr., Dir.]: Das 50jährige Jubiläum der Friedrich-Wilhelms-Schule. Stettin, Druck v. R. Grassmann, 1891; S. 9–24; 4°
Stettin, Friedrich-Wilhelms-S (RG nebst VS), OP 1891 (146)

147 **Fritzsche,** *Adolf* Richard [Dr.]: Zur Geschichte der mythologischen Wissenschaft. (Ersch. vollst. an andrer Stelle.) Schneeberg, Druck v. C. M. Gärtner, 1891; S. 1–10; 4°
Schneeberg, k. G m. Realkl., Festschr. 1891 (540)

Funk, Paul: Lehrplan für den evangelischen Religionsunterricht in den unteren Klassen
In: Lehrpläne f. d. verschied. Unterrichtsfächer an d. Realgymn. zu Trier. Heft V. Trier 1891

148 [F.] Gädcke, Karl: Salzwedel im dreissigjährigen Kriege. I. Tl (1618—1626). Salzwedel, A. Menzel's Buchdr., *1891;* 18 S. 4°
Salzwedel, k. G, OP 1891 (243)

von Gaertringen, Frhr. Hiller
s. Hiller

Gedächtnisreden nebst e. Beigabe rhetor. Schulübungen. Schweinfurt 1891
s. Schneeberger, Hieronymus [Verf.]

149 Geisenheyner, Ludwig: Wirbeltierfauna von Kreuznach unter Berücksichtigung des ganzen Nahegebietes. II. Tl: Säugetiere. (Forts. d. P-Beil. 1888.) Kreuznach, Buchdr. R. Voigtländer, 1891; VI, 52 S. 8°
Kreuznach, k. G, OP 1891 (442)

150 [F.] Geist, Hermann [Dr., Dir.]: Was bieten die antiken Historiker der modernen Jugend? Posen, Buchdr. A. Förster, 1891; 1 Bl., 153 S. 8°
Posen, k. Berger-RG, P 1891 (167)

Geitel, H. [Oberl.]: Ueber einige Ziele . . . luftelektrischer Untersuchungen
s. Elster, J., u. H. Geitel: Ueber . . . Wolfenbüttel 1891

151 Gemoll, *Albert* [Rekt. Dr.]: Das Gymnasium und der Kampf gegen die Socialdemokratie. Striegau, Druck d. E. Gröger'schen Buchdr., *1891;* 1 Bl., 20 S. 4°
Striegau, st. PG, OP 1891 (206)

152 [F.] Gensichen, Otto Franz: Festlied *zur Einweihung des neuen Schulgebäudes. Berlin, gedr. in d. K. Hofbuchdr. v. E. S. Mittler & Sohn, 1890;* S. 16; fol.
Berlin, k. Friedrich-Wilhelms-G u. k. VS, Festzeitung 1890 **

153 [Ant. u. F.] Genther, Ludwig [Oberl.]: Über Theokrit XXV und Moschos IV. Luckau, Druck d. Entleutner'schen Buchdr., 1891; S. 1—14; 4°
Luckau, k. G, P 1891 (82)

154 Georgii, Adolf: Sinn- und Sittensprüche aus Dichtern des griechischen Altertums, gesammelt u. geordnet. Erster Teil. Neustadt a. d. H., Buchdr. v. W. Kranzbühler, 1891; 47 S. 8°
Neustadt a. d. H., k. StA, P 1891 *

155 **Germann,** *Karl* [Dir. Dr.]: Geschichte der Grossherzogl. Realschule und des Progymnasiums (mit Vorschule) zu Alzey während der ersten 50 Jahre ihres Bestehens. Erster Teil: [illegible]. *Giessen, Druck v. E. Ottmann, 1891;* S. 1–20; 4°
Alzey, grossh. R u. PG (m. VS), Festschr. 1891 (628)

Geschichte des Realgymn. zu Sprottau. Sprottau 1891
s. Jäckel, Rudolf [Verf.]

156 **Geschoesser,** Otto [Dr.]: Über die Anziehung von Massen, die gleichförmig über gerade Linien oder ebene Flächen verteilt sind. (= Inaug.-Diss. Rostock 1890.) Oels, Druck v. A. Ludwig, 1891; 27 S. 4°
Oels, k. G, P 1891 (186)

157 **Gesell,** *Carl August Julius* [Dir.]: *Ansprache bei der Eröffnungsfeier am 15. Apr. 1890.* Grimma, Druck v. F. Bode, 1891; S. 2–6; 4°
Grimma, R u. PG, OP 1891 (561)

158 **Gessner,** Emil: Das Vorbild des Don Quijote. Berlin, Druck v. A. Haack, 1890; S. 1–47; 8°
Berlin, Collège royal franç., Festschr. 1890 **

159 **Geyer,** *Moritz* [Dr.]: Verzeichnis der bis zum Jahre 1517 einschliesslich gedruckten Werke der Gymnasialbibliothek. Altenburg, Druck v. O. Bonde, *1891;* 1 Bl., S. 1–80; 4°
Altenburg, Friedrichs-G, OP 1891 (677)

160 **Giesing,** Friedrich [Oberl. Dr.]: Die Entwicklung der römischen Manipular-Taktik. Dresden, Druck v. B. G. Teubner, 1891; S. 3–30; 4°
Dresden, Vitzthumsches G, OP 1891 (530)

161 **Gilbert,** *Walther* [Prof. Dr.]: Abgerissene Bemerkungen über den ethischen Gehalt der Oden des Horaz. Schneeberg, Druck v. C. M. Gärtner, 1891; S. 73–79; 4°
Schneeberg, k. G. m. Realkl., Festschr. 1891 (540)

162 **Gilbert,** Gualtherus [rect.]: *Carmen sollemne ad diem festum quo novum gymnasii aedificium aperitur celebrandum conditum.* Schneeberg, Druck v. C. M. Gärtner, 1891; S. I–II; 4°
Schneeberg, k. G. m. Realkl., Festschr. 1891 (540)

163 **Gilbert,** Walther [Prof. Dr., Rekt.]: Kurzer Ueberblick über die Begründung und Entwickelung des Königl. Gymnasiums zu Schneeberg nebst einer (von Dr. *Eduard Karl Heinrich* **Heydenreich** geschriebenen) kurzen Geschichte des Schneeberger Lyceums. (Letztere sep. ersch. u. d. T.: Ein Gang durch die Geschichte des . . .) Schneeberg, Druck v. C. M. Gärtner, 1891; S. III–X; 4°
Schneeberg, k. G m. Realkl., Festschr. 1891 (540)

164 **Gille**, *Albert* [Dr.]: Aufgaben und Methode der Pädagogik als Wissenschaft. Halle a. S., Druck d. Buchdr. d. Waisenhauses, 1891; 36 S. 4°
Halle. Latein. Haupt-S, OP 1891 (229)

165 **Gittermann**, Franz [herz. Regierungsbaumstr.]: Der Bau des Herzogl. Neuen Gymnasiums zu Braunschweig. Braunschweig, Druck v. J. H. Meyer, 1891; 8 S., 4 Taf. 4°
Braunschweig, herz. Neues G, OP 1891 (682)

166 **Glöckner**, Georg [Oberl.]: Rodolphe Töpffer, sein Leben und seine Werke. Zerbst, Druck v. O. Schnee, 1891; 1 Bl., 39 S. 4°
Zerbst, herz. Francisceum, OP 1891 (676)

167 [F.] **Godt**, *Christian* [Dr.]: Untersuchungen über die Anfänge des Herzogtums Schleswig. Tl I. Altona, Druck v. P. Meyer, *1891;* S. I—XXIV; 4°
Altona, k. Christianeum. OP 1891 (259)

168 **Goebel**, *Karl* [Dir. Prof. Dr.]: Weitere kritische Bemerkungen über Aristoteles' Metaphysik. (Forts. d. P-Beil. 1889.) Soest, Nasse'sche Buchdr., 1891; S. 9—25: 4°
Soest, Archi-G, OP 1891 (355)

169 **Goebel**, *Eduard* [Dr., Dir.]: Homerische Blätter. Lexilogische, krit. u. exeget. Beitr. zu Homer. Paderborn, Druck v. F. Schöningh, 1891; 1 Bl., 24 S. 4°
Fulda, k. G, OP 1891 (390)

170 **Goerlitzer**, Max [Dr.]: Der hussitische Einfall in die Mark im Jahre 1432 und die „Hussitenschlacht" bei Bernau. Erster Teil. Berlin, R. Gaertner, 1891; 21 S. 4°
Berlin, Luisen-S, OP 1891 * *

171 [F.] **Goethe**, R. [k. Oeconomierath]: Thätigkeit der Anstalt nach Innen. (A. Obstbau. B. Versuchsstation f. Obstverwerthung. C. Weinbau. D. Gartenbau.) Wiesbaden, Druck v. R. Bechtold & Co., 1891; S. 21—69; 8°
Geisenheim a. Rh., k. Lehr-A f. Obst- u. Weinbau (h. Gärtnerlehr-A), P 1890 * *

172 **Götze**, Richardus: Quaestiones Eumenianae. Leer, gedr. bei D. H. Zopfs & Sohn, *1891;* 49 S. 8°
Leer, k. RG m. G, OP 1891 (319)

173 **Goldschmidt**, *Joseph* [Dir. Dr.]: Die deutsche Ballade. Hamburg, Druck v. S. Nissensohn, 1891; S. 3—44; 4°
Hamburg, Talmud Tora (HB), P 1891 (728)

174 **Gottheld**, Christian [Oberl. Dr.]: Die Schweden in Frankfurt am Main. III. Bis zu Gustav Adolfs Anwesenheit in dieser Stadt, 20. Jan. 1632. (Forts. d. P-Beil. 1886. 88.) Frankfurt a. M., Druck v. Krebs-Schmitt Nachf., 1891; S. 1—48; 4°
Frankfurt a. M., Klinger-S (OR), OP 1891 (398)

175 **Gräfe**, Hermann Gustav [Oberl.]: Zum religiösen Lehr- und Lernstoffe in Klasse VI, V und IV der sächsischen Realschulen. . . . Stollberg, Druck v. E. F. Keller's Wwe., *1891*; S. 3—46; 4°
Stollberg i. E., st. R m. PG, OP 1891 (574)

176 **Gravenhorst**, *Heinrich*: Die Perser. Eine Tragödie v. Äschylos. In freier deutscher Nachbildung. Holzminden, Druck v. J. H. Stocks Buchdr., 1891; S. 1—18; 4°
Holzminden, herz. G, P 1891 (667)

177 **Groll**, J. [Prof.]: Ein Distanzmesser ohne Latte. Amberg, Druck v. H. Böes, 1891; 17 S., 1 Taf. 8°
Amberg, k. StA, P 1891 •

178 **Gross**, Theodor [Oberl.]: Zur Methodik des griechischen Unterrichts. (Th. I.) Neisse, Druck v. F. Bär, 1891; S. 1—12; 4°
Neisse, k. kath. G, OP 1891 (189)

179 [Ant. u. F.] **Grosse**, Hermann [Dr.]: Beiträge zur Syntax des griechischen Mediums und Passivums. Forts. (d. P-Beil. 1889). Dramburg, Druck v. Th. Kämpf, 1891; S. 3—22; 4°
Dramburg, k. G, P 1891 (151)

180 **Gruchot**, *Hermann* [Dir.]: Zur Geschichte des Gymnasiums während der letzten fünfundzwanzig Jahre. (Vgl. Festprogr. 1865.) Braunsberg, Heyne'sche Buchdr., *1891*; S. 21—44; 4°
Braunsberg, k. G, OP 1891 (8)

181 **Grünwald**, Eugen: Die Dichter, insbesondere Homer, im Platonischen Staat. Berlin, Druck v. A. Haack, 1890; S. 107—130; 8°
Berlin, Collège royal franç., Festschr. 1890 ••

182 [F. u. Ant.] **Gramme**, Albertus [Dr. Dir.]: Die wichtigeren Beschlüsse der Berliner Schulkonferenz von 1890 nebst ein paar kurzen Betrachtungen über d. Reform d. höheren Schulwesens. (Umschl.-Tit.: Commentatio de gravioribus consilii scholastici Berolinensis placitis deque ea quae jam exspectatur scholarum superiorum nova institutione.) (Vollst. ersch. 1891; 30 S.) Gerae, ex typogr. Hofmanniana, 1891; 16 S. 8°
Gera, fürstl. G Rutheneum u. VS, Einladungsschr. 1891 ••

183 Grandl, Bela [Dr. P.]: De interpolationibus ex Sancti Iustini philosophi et martyris Apologia secunda expungendis. (= Inaug.-Diss. Würzburg 1891.) Augustae Vindelicorum, typ. Ph. J. Pfeifferi, 1891; 75 S. 8°
Augsburg, k. kath. StA St. Stephan, P 1891 ••

184 Gruppe, Otto: De Cadmi fabula. Berlin, R. Gaertner, 1891; 27 S. 4°
Berlin, Askanisches G, OP 1891 (51)

185 Guerrier [Obersekundaner]: Winterfrost. (Gedicht z. Weihnachtsvorfeier.) Hagenau, F. Gilardone'sche Buchdr., *1891;* S. 21; 4°
Hagenau, G u. R, MP 1891 (505)

186 Guhrauer, *Carl Berthold Heinrich* [Dir.]: Bemerkungen zum Kunstunterricht auf dem Gymnasium. Wittenberg, Buchdr. v. F. Wattrodt, 1891; S. 3–16; 4°
Wittenberg, G, OP 1891 (261)

187 Guhrauer, *Carl Berthold* Heinrich [Dir.]: *Rede bei der Trauerfeier für den Direktor Albert Rhode, gest. d. 30. Juni 1890.* Wittenberg, Buchdr. v. F. Wattrodt, 1891; S. 31–35; 4°
Wittenberg, G, OP 1891 (261)

188 Gusserow, Carl [Dr., Oberl.]: Stereometrische Untersuchungen. . . . Berlin, R. Gaertner, 1891; 20 S. 4°
Berlin, Leibniz-G, OP 1891 (61)

189 Guthmann, Wilhelm: Über eine Art unwilliger Fragen im Lateinischen. Nürnberg, Druck d. F. Walz'schen Offiz., 1891; 39 S. 8°
Nürnberg, k. Altes G, P 1891 •

190 [J.] Das neue Gymnasialgebäude. *Berlin, gedr. in d. K. Hofbuchdr. v. E. S. Mittler & Sohn, 1890;* S. 9–11; fol.
Berlin, k. Friedrich-Wilhelms-G u. k. VS, Festzeitung 1890 ••

191 [J.] Haastert, H. Fr.: Die französische Synonymik auf den höheren Schulen. (Ein Beitr. z. Methode d. französ. Unterrichts.) Hagen, Buchdr. v. G. Butz, 1891; 1 Bl., 16 S. 4°
Hagen, RG u. G, P 1891 (360)

192 [F.] Haberland, Maximilian: Die Mittelwerte aus zehnjährigen meteorologischen Beobachtungen der Station Neustrelitz. Neustrelitz, Druck v. G. F. Spalding & Sohn, *1891;* S. 3–17; 4°
Neustrelitz, grossh. R, OP 1891 (656)

193 **Häbler,** Theodor [Prof. Dr.]: Die Ableitung der ebenen Trigonometrie aus drei Grundgleichungen. Leipzig, Druck v. O. Leiner, 1891; S. 61—80; 4°
Grimma, Fürsten- u. Landes-S, Festschr. 1891 (554) ••

194 **Häbnel,** *Ernst Friedrich Julius* [Oberl. Cand. rev. min.]: Verhältnis des Glaubens zum Wissen bei Augustin. (= Inaug.-Diss. Leipzig 1891; 8°) Chemnitz, Druck v. J. C. F. Pickenhahn & Sohn, 1891; 24 S. 4°
Chemnitz, RG m. Realschulkl., OP 1891 (548)

195 **Häsel,** Hugo [Dirig. Oberl. Dr.]: Feier bei der Einweihung des neuen Klassengebäudes. Linden, Druck v. Gebr. Wengler, *1891*: S. 3—8; 4°
Linden, h. Kaiserin Auguste Victoria-G, P 1891 (308)

196 [F. u. Ant.] **Hävemeier,** Rud*olf*: Das himilriche, ein bairisches Gedicht aus dem 12. Jahrhundert. (= Inaug.-Diss. Göttingen 1890.) Bückeburg, Druck d. Grimme'schen Hofbuchdr., *1891*; 1 Bl., 32 S. 4°
Bückeburg, fürstl. Adolfinum (G u. RPG), P 1891 (708)

197 **Hahn,** August: Materialien zum geographischen Unterricht. B. Die Niederlande. (Forts. d. P-Beil. 1890.) Stettin, Druck v. Herrcke & Lebeling, 1891; S. 1—14; 4°
Stettin, König-Wilhelms-G, OP 1891 (141)

198 **Hahn,** Hermann [Oberl. Dr.]: *Prolog zur Vorfeier des Geburtstages Sr. Maj. des Kaisers.* Hamburg, gedr. bei Lütcke & Wulff, 1891; S. 11—18; 4°
Hamburg, RG d. Johanneums, OP 1891 (723)

199 [F. u. Ant.] **Hamann,** Karl [Oberl. Lic. Dr.]: Bildnisse einiger berühmter Persönlichkeiten des dreissigjährigen Krieges auf Münzen und Medaillen teils im Hamburger Münz-Kabinett teils in eigener Sammlung. Herausgegeben . . . Hamburg, gedr. bei Lütcke & Wulff, 1891; 1 Bl., 11 S., 2 Taf. 4°
Hamburg, RG d. Johanneums, OP 1891 (723)

200 **Hamann,** Carolus [Oberl. Lic. Dr.]: De psalterio triplici Cusano. Hamburg, gedr. bei Lütcke & Wulff, 1891; 1 Bl., 15 S. 4°
Hamburg, RG d. Johanneums, OP 1891 (723)

201 **Harnisch,** Albert [Dr.]: Badghis, Land und Leute. Nach d. geograph. Ergebnissen d. Afghanischen Grenzkommission v. 1884—1886. Berlin, R. Gaertner, 1891; 30 S. 4°
Berlin, II. st. HB, OP 1891 (109)

302 **Harwardt,** Emil Max [Dr.]: De Aristophanis irrisionibus earumque vi et usu. Particula II. (P. I: Inaug.-Diss. Königsberg 1888; P. III folgt später.) Allenstein, Druck v. A. Harich, 1891; S. I–XVI; 4°
Allenstein, k. G, P 1891 (1)

303 [Ȝ.] **Hasenclever,** *Karl Adolf* [Pastor Dr.]: Trauerreden bei der Leichenfeier des Gymnasialdirektors Prof. Albrecht geb. am 15. Apr. 1891. Braunschweig, Druck v. J. H. Meyer, 1891; 11 S. 8°
Braunschweig, herz. G Martino-Katharineum, P 1891 (681) ••

304 **Hasse,** Ernst: Ueber den Dual bei den attischen Dramatikern. Bartenstein, gedr. bei Gebr. Kraemer, 1891; 26 S. 4°
Bartenstein, k. G, OP 1891 (2)

305 **Hassebrauk,** Gustav: Kaiser Septimius Severus. (Zweiter Teil.) (Forts. d. P-Beil. 1890.) Holzminden, Druck v. J. H. Stocks Buchdr., 1891; 34 S. 4°
Holzminden, herz. G, P 1891 (687)

306 **Haury,** Jakob [D[r]]: Procopiana. Augsburg, Druck d. Litt. Inst. v. Haas & Grabherr, *1891;* 27 S. 8°
Augsburg, k. RG, P 1891 •

307 **Haus- und Klassenordnung** für die Ober-Real- und Vorschule zu Oldenburg. Oldenburg, Druck v. G. Stalling, 1891; S. 43–45; 4°
Oldenburg, st. OR u. VS, P 1891 (664)

308 **Hedrich,** Albin Richard [Oberl.]: Die Laute der Mundart von Schöneck im Vogtlande. Leisnig, Druck v. H. Ulrich, *1891;* S. 1–30; 4°
Leisnig, R m. PG, OP 1891 (535)

309 **Heidrich,** R. [Prof.]: Dr. Johannes Richter, Direktor des Königl. Gymnasiums zu Nakel. Sein Leben u. Wirken. Nakel, *Druck v. B. Giraud*, 1891; 8 S. 4°
Nakel, k. G, OP 1891 (155)

310 **Heine,** Otto [Dir. Prof. Dr., Domherr]: *Rede bei der Trauerfeier für den Kurator der Ritterakademie Hans Wilhelm von Rochow, gest. d. 18. Jan. 1891.* Brandenburg a. d. H., Druck v. G. Matthes, *1891;* S. 16–19; 4°
Brandenburg a. H., RAk, OP 1891 (65)

311 **Heinemann,** Emil [Oberl.]: Ueber thermische Nachwirkungen von Zinkstäben. Lyck, gedr. in A. Glauert's Buchdr., 1891; 26 S. 4°
Lyck, k. G, OP 1891 (13)

212 [F.] **Heinzerling**, Jakob [Dr.]: Probe eines Wörterbuches der Siegerländer Mundart. (Vgl.: Über Vokalism. u. Konsonantism. d. Sieg. M. Inaug.-Diss. Marburg 1871.) Siegen, Druck v. W. Vorländer, 1891; 59 S. 8°
Siegen, RG, P 1891 (365)

213 **Heitmann**, Joseph [Dr.]: Die Pronomina in dem altfranzösischen Epos „Karls des Grossen Reise nach Jerusalem und Konstantinopel". Crefeld, J. B. Klein'sche Buchdr., *1891*; S. 3—28; 4°
Crefeld, R, P 1891 (478)

214 **Hempel**, Otto [Rekt. Dr.]: Jahrbuch der höheren Lehranstalt während des ersten Jahrzehnts ihres Bestehens (1881—1891). Berlin, Hofbuchdr. Gebr. Radetzki, *1891*; S. 21—81; 4°
Gross-Lichterfelde, PG, P 1891 (78)

215 **Henke**, *Oskar* [Dir. Dr.]: Einweihungsfeier des neuen Gymnasialgebäudes. Barmen, Druck v. Steinborn & Co., 1891; S. 30—89; 4°
Barmen, G, P 1891 (420)

216 **Henke**, *Oskar* [Dir. Dr.]: Vorwort. — Festreden zur Einweihung des neuen Gymnasiums. Barmen, Druck v. Steinborn & Co., 1891; S. 3—31; 4°
Barmen, G, P 1891 (420)

217 **Henniger**, *Carl Anton* [Dr.]: Anleitung zu praktischen Arbeiten im chemischen Laboratorium höherer Lehranstalten, zugleich e. Hilfsbuch f. d. chem. Unterricht. *(Charlottenburg, Druck v. C. J. Nesbitt, 1891*; 2 Bl., 60 S., 1 Bl. 4°
Charlottenburg, st. RG, OP 1891 (108)

218 [F.] **Henoumont**, E. [Hauptmann a. D.]: Unser Kaiser. (Gedicht.) Düsseldorf, gedr. bei A. Bagel, *1891*; S. 48; 4°
Düsseldorf, HR, OP 1891 (489)

219 [F. u. Ant.] **Hense**, Joseph [Dir. Prof. Dr.]: Das dreihundertjährige Jubiläum der Warburger Schützen, ein Beitr. z. Geschichte Warburgs. ● Warburg, Druck d. F. Quickschen Buchdr., 1891; S. 3—18, 1 Taf. 4°
Warburg, G, P 1891 (356)

220 **Hentze**, *Carl* [Prof. Dr.]: Die Parataxis bei Homer. III. (Forts. d. P-Beil. 1888. 89.) Göttingen, Druck d. Dieterich'schen Univ.-Buchdr., 1891; 1 Bl., 18 S. 4°
Göttingen, k. G u. RG, OP 1891 (285)

221 **Hergt,** *Bernhard:* Lehrplan der Botanik für die vier unteren Klassen des Realgymnasiums. Weimar, Druck d. Hof-Buchdr., 1891; S. 1—17; 4°
Weimar, RG, OP 1891 (669)

222 **Herr** [Oberl. Dr.]: Leitfaden der Krystallographie für die Sekunda des Realgymnasiums zu Harburg. Harburg, G. Lühmann's Buchdr., 1891; 15 S. 8°
Harburg, RG, OP 1891 (317) • •

223 **Hertel,** Engelbert: Katalog der Lehrer-Bibliothek. Bromberg, Druck v. A. Dittmann, 1891; 92 S. 8°
Bromberg, k. RG, OP 1891 (165)

224 **Herweg,** Otto [Oberl.]: Kleinigkeiten aus dem mathematischen Unterricht. (II. Tl. Konstruieren. Zweite Hälfte.) (Forts. d. P-Beil. Culm 1886. Neustadt 1890.) Neustadt Wpr., Druck v. E. H. Brandenburg & Co., 1891; 19 S., 1 Taf. 4°
Neustadt in WPr., k. G, OP 1891 (38)

225 [J.] **Heuer,** W.: Ueber die Interpunktion in der französischen und englischen Sprache. Referat. Duisburg, Druck v. J. Ewich, *1891;* S. III—XV; 8°
Duisburg a. Rh., st. HT, OP 1891 • •

226 **Hessel,** Friedrich: Statistik des Schülerbestandes der Grossherzogl. Realschule und des Progymnasiums (mit Vorschule) zu Alzey vom 1. Febr. 1841 bis Ostern 1891. Nach amtl. Quellen bearb. *Giessen, Druck v. E. Ottmann, 1891;* S. 21—48; 4°
Alzey, grossh. R u. PG (m. VS), Festschr. 1891 (638)

227 **Heydenreich,** *Eduard Karl Heinrich* [Dr.]: Ein Gang durch die Geschichte des Schneeberger Lyceums. (Aus: W. Gilbert, Kurzer Ueberblick über d. Begründung . . . d. K. Gymn. . . .) *Schneeberg, Druck v. C. M. Gärtner, 1891;* S. III—IX; 4°
Schneeberg, k. G m. Realkl., Festschr. 1891 (540) • •

228 **Heydenreich,** *Eduard Karl Heinrich* [Dr.]: Mitteilungen aus den Handschriften der alten Schneeberger Lyceumsbibliothek. Schneeberg, Druck v. C. M. Gärtner, 1891; S. 40—48; 4°
Schneeberg, k. G m. Realkl., Festschr. 1891 (540)

229 [J.] **Heyne,** Paul: Abschiedsgruss an das alte Friedrich-Wilhelms-Gymnasium. *Berlin, gedr. in d. K. Hofbuchdr. v. E. S. Mittler & Sohn, 1890;* S. 1; fol.
Berlin, k. Friedrich-Wilhelms-G u. k. VS, Festzeitung 1890 • •

230 **Hilburg** [Dr.]: Nachtrag VI zum *Katalog der Schulbibliothek*. (Nachtr. z. P-Beil. 1888, verf. v. Dr. Lemkes.) Köln, Druck v. J. P. Bachem, 1891; S. 21—24; 4°
Köln, RG u. VS, P 1891 (470)

231 **Hiller von Gaertringen**, Friedrich [Dr.]: Zur arkadischen Königsliste des Pausanias. Jauer, P. Guercke, 1890; S 63—71; 8°
Jauer, k. G., Festschr. 1890 **

232 **Himstedt**, A. [Dr.]: Über Singularitäten algebraischer Kurven. Löbau Wpr., Druck v. M. Hoffmann, 1891; 24 S., 2 Taf. 8°
Löbau Wpr., k. PG, OP 1891 (34)

233 **Hinneschiedt**, Dominik: Die Politik König Wenzels gegenüber Fürsten und Städten im Südwesten des Reiches. I. Tl. Von seiner Wahl bis z. Vertrag zu Heidelberg (1384). Darmstadt, Druck v. H. Brill, 1891; 1 Bl., 82 S. 4°
Darmstadt, grossh. RG, OP 1891 (631)

234 **Hintzmann**, Ernst [Rect. Dr.]: Wesen und Aufgabe der höheren Bürgerschule. Magdeburg, Druck v. E. Baensch jun., 1891; 1 Bl., 20 S. 4°
Magdeburg, st. HB, OP 1891 (266)

235 **Hoefer**, Udalricus [dr.]: De Cimmeriis. Belgard, Druck v. G. Klemp, *1891;* 15 S. 4°
Belgard, st. G, P 1891 (127)

236 **Höger**, Franz Christian [Rekt.]: Aus der Schule. Kleine Beiträge zur Erklärung des Horaz . . . Freising, Buchdr. v. Dr. F. P. Datterer, 1891; S. 69—85; 8°
Freising, StA, P 1891 *

237 **Höhl**, Heinrich [Dr., Assist.]: Studien über Probleme der theoretischen Photometrie in der Physik und Astronomie. München, J. G. Weiss'sche Buchdr., 1891; 61 S., 2 Taf. 8°
München, k. RG, P 1891 *

238 **Höhler**, *Wilhelm* [Dir.]: *Bericht über die Feier des 50jährigen Bestehens der Anstalt.* Ettenheim, Druck v. F. X. Leibold, 1891; S. 4—7; 4°
Ettenheim, grossh. RPG, P 1891 (609)

239 [J.] **Höhler**, Wilhelm [Dir.]: Geschichte des Realprogymnasiums zu Ettenheim. Ettenheim, Druck v. F. X. Leibold, 1891; 1 Bl., 50 S., 3 Taf. 8°
Ettenheim, grossh. RPG, Festschr. 1891 (609)

240 [K.] Höke, August [Zeichenlehrer]: Zur Methodik des Körperzeichnens an höheren Lehranstalten. Lippstadt, Druck: A. Staats, *1891;* S. 1—16; 4°
Lippstadt, RG, OP 1891 (352)

241 v. **Hörsten,** *Carl* [Dir.]: Ein Wort an die Eltern unserer Schüler *über den Besuch einer höheren Bürgerschule.* Wolfenbüttel, Druck d. Hecknerschen Druckerei, 1891; S. 20—22; 4°
Wolfenbüttel, st. HB, OP 1891 (691)

242 **Hoeveler,** Johann Joseph [Dr.]: Mitteilungen über den in den Pfingstferien 1890 in Bonn und Trier stattgehabten archäologischen Kursus. Köln, gedr. bei J. P. Bachem, 1891; S. 1—24, 1 Taf. 4°
Köln, k. Kaiser Wilhelm-G, OP 1891 (429)

243 **Hoffmann,** Friedrich [Dr.]: Über die Entwicklung des Begriffs der Grammatik bei den Alten. Königsberg, Hartungsche Buchdr., 1891; S. 1—16; 4°
Königsberg i. Pr., k. Friedrichs-K, P 1891 (7)

244 **Hosius,** Karl: Bemerkungen zu Juvenal. Wesel, Buchdr. v. C. Kühler, 1891; S. 3—10; 4°
Wesel, k. G, P 1891 (481)

245 **Hofmann,** Theodor [Prof.]: Die korachitischen Psalmen aus Saadias arabischer Übersetzung und Erklärung der Psalmen. Stuttgart, Druck d. J. B. Metzlerschen Buchdr., 1891: S. 15—30, 1—8; 4°
Ehingen, k. G, P 1891 (576)

246 **Hollaender,** *Eugen* [Dr.]: Ueber flächentreue Abbildung. (= Inaug.-Diss. Halle 1891.) Mülheim a. d. R., Buchdr. v. E. Marks, 1891; 35 S. 4°
Mülheim (Ruhr), G m. Realkl., P 1891 (447)

247 **Holler,** Adolf [Rect.]: Bau und Einrichtung der Lechenicher Hofburg. Lechenich, Druck v. B. Lenz, *1891;* 12 S. 4°
Lechenich, h. S, OP 1891 ••

248 **Hornstein,** Ferd. Friedrich [Oberl. Prof. Dr.]: Helgoland. Rede z. Feier d. 80. Geburtsfestes Sr. Maj. d. Kaisers Wilhelm, geb. . . . am 22. März 1877. Cassel, Druck v. K. Gosewisch, 1891; S. 19—31; 4°
Cassel, st. RG, OP 1891 (386)

249 **Hossenfelder,** Emil [Oberl.]: Über die Reihenfolge gewisser Grenzoperationen in der Integralrechnung. Leipzig, Druck v. B. G. Teubner, 1891; 27 S. 4°
Strasburg W.-Pr., k. G, P 1891 (41)

250 Haebeer, Eduard [Oberl.]: Über die Umformung unendlicher Reihen und Produkte mit Beziehung auf die Theorie der elliptischen Funktionen. (Th. I.) Königsberg, Hartungsche Buchdr., 1891; S. 1–41; 4°
Königsberg in Pr., Kneiphöfisches Stadt-G, OP 1891 (10)

251 [J. u. Ant.] Hüser, Balthasar [Dir. Dr.]: Zwei Ansprachen. Brilon, M. Friedländer's Buchdr., 1891; S. 3–6; 4°
Brilon, G Petrinum, P 1891 (340)

252 Hüttig, Clemens [Oberl. Dr.]: Zur Frage nach der Naivetät Homers. Züllichau, Druck v. H. Hampel, 1891; XV S. 4°
Züllichau, k. Pd u. Waisenhaus (Steinbartsche Erz.- u. Unt.-A., OP 1891 (91)

253 [J.] Hulsgen, Franz Hubert [Dr.]: Geschichte der Untersuchungen und Theorieen über die durch die Schwerkraft hervorgerufenen Bewegungserscheinungen der Pflanzenteile. Köln, Druck, Gebr. Brocker, 1891; S. 3–19; 4°
Köln, OR u. VS sowie Fortbildungs-S, P 1891 (471)

254 [Ant. u. J.] Huth, Ernst [Oberl. Dr.]: Clavis Riviniana, Schlüssel zu den Kupferwerken des A. Q. Rivinus. Frankfurt a. O., k. Hofbuchdr. Trowitzsch u. Sohn, 1891; S. 1–28; 4°
Frankfurt a. d. O., Ober-S (RG), OP 1891 (104)

255 [J.] Huyskens, Viktor [Dr.]: Zur Frage über die sogenannte Arkandisziplin. Eine litterargesch. Erörterung. Münster, Druck d. Coppenrathschen Buchdr., 1891; S. 3–34; 4°
Münster i. W., RG, P 1891 (353)

256 Hyaltarsch, Adolf [Prof.]: Bemerkungen zu der Parabel von den drei Ringen in Lessings Nathan dem Weisen. Quedlinburg, Druck v. C. Voges, 1890; 7 S. 4°
Quedlinburg, k. G, Festschr. 1890 **

257 *Jäckel, Rudolf [Dr.]:* Geschichte des Realgymnasiums zu Sprottau (1840–1891). Sprottau, Druck v. L. Wildner, *1891;* S. 3–40; 4°
Sprottau, RG, OP 1891 (216)

258 [J.] Jäger, Herman: Ueber den Unterricht in der systematischen Botanik. *Bingen, Druck v. A. J. Pennrich, 1891;* S. 7–9; 4°
Bingen a. Rh., grossh. R, P 1891 (589)

259 von Jan, Karl [Prof. Dr.]: Die Eisagoge des Bacchius. Erklärung. (Forts. d. P-Beil. 1890.) Strassburg, Strassb. Druckerei u. Verlagsanst., 1891; S. 1–28; 4°
Strassburg i. E., L. P 1891 (518)

260 Jaske, Albert [Dr.]: Über Schulhygiene. Cöslin, gedr. bei C. G. Hendess, 1891; S. 1–24; 4°
Cöslin, k. G, OP 1891 (1??)

261 [J.] Iber, Heinrich [Oberl. Dr.]: Geschichte des Gymnasium Carolinum zu Osnabrück. Zweiter Teil. 1779–1890. (Forts. d. P-Beil. 1889.) Osnabrück, Buchdr. v. A. Liesecke, 1891; S. 3–28; 4°
Osnabrück, k. G Carolinum, OP 1891 (308)

262 [J.] Jecht, Richard [Dr.]: Über das älteste Görlitzische Stadtbuch von 1305 ff. Görlitz, Druck d. Görlitzer Nachr. u. Anzeiger, 1891; 19 S. 4°
Görlitz, st. G u. RG, OP 1891 (183)

263 Ilg [Prof. Dr.]: Über die homerische Kritik seit F. A. Wolf. I. Tl: Die Wolf-Lachmann'sche Richtung. Ravensburg, Buchdr. v. Dr. B. Kah, *1891*; 24 S. 4°
Ravensburg, k. G, P 1891 (582)

264 Jösten [Dr., Oberl.]: Der Zusammenbruch der römisch-italischen Weltherrschaft im III. Jahrhundert nach Christi. Metz, Druckerei d. Lothr. Zeitung, *1891*; 1 Bl., 35 S. 4°
Metz, L, MP 1891 (504 statt 501)

265 [J.] Irmscher, Emil: Vergils Aeneide, Buch VII. (Umschl.-Tit.: ... in freien Stanzen übs.) (Forts. d. P-Beil. 1887–90.) Dresden, Druck v. P. Gutsmann, *1891*; S. 2–10; 4°
Dresden, R m. Gymn.- u. Elem.-Kl. v. Dr. Zeidler, OP 1891 (556)

266 [J.] Irmscher, Emil: Festgedicht, gesprochen zur Feier des Geburtstages Sr. Maj. des Königs am 23. Apr. 1890. Dresden, Druck v. P. Gutsmann, *1891*; S. 10–12; 4°
Dresden, R m. Gymn.- u. Elem.-Kl. v. Dr. Zeidler, OP 1891 (556)

267 [J.] Iseler, Fr.: Ein in den höheren Schulen nur wenig gewürdigter Unterrichtsgegenstand. Oldenburg, Schulzesche Hof-Buchdr., 1891; S. 1–54; 8°
Oldenburg, Cäcilien-S, P 1891 **

268 Jungck, Max [Dr.]: Flora von Gleiwitz und Umgegend (III. Tl.) (Forts. d. P-Beil. 1889. 90.) Gleiwitz, Neumann's Stadtbuchdr., 1891; 1 Bl., S. 109–142; 8°
Gleiwitz O.-S., k. OR u. techn. Fach-S, OP 1891 (211)

269 Kabisch, Otto: Marie de Rabutin-Chantal, Marquise de Sévigné. Ein deutsches Charakterbild. Berlin, R. Gaertner, 1891; 38 S. 4°
Berlin, Luisenst. O, OP 1891 (164)

270 [J.] Kämmerer, *Max* [Oberl.]: Zur Theorie des Negativen und Imaginären. Sondershausen, Hofbuchdr. v. F. A. Eupel, 1891; S. 3–17; 4°
Sondershausen, fürstl. R, OP 1891 (718)

271 [J.] Kästner, Emil [Oberl.]: Rochlitz und seine Umgebung. Beiträge f. d. Unterricht in d. Heimatskunde. ... Rochlitz, Druck v. M. Bode, *1891*; 67 S., 1 Kte; 8°
Rochlitz, R m. PG, OP 1891 (578)

272 Kaiser, Friedrich [Dir. Prof. Dr.]: Die Erziehung der Jugend zur Wahrheit. Ein Wort an d. Eltern unserer Schüler. Barmen, W. Wandt, 1891; 10 S. 8°
Barmen-Wupperfeld, R, P 1891 (468)

Kaiser, *Joh.* Phil. [Oberl.]: Lehrplan für den katholischen Religionsunterricht
in: Lehrpläne f. d. verschied. Unterrichtsfächer an d. Realgymn. zu Trier. Heft V. Trier 1891

273 Kaiser, *Julius*: Zwei patriotische Gesänge für gemischten Chor z. Gebrauch f. höh. Schulen an vaterländ. Festen komponiert. Lüneburg, Druck d. v. Stern'schen Buchdr., 1891; S. 11–14: 4°
Lüneburg, Johanneum, OP 1891 (305)

274 Kalepky, Theodor [Dr.]: Von der Negation im Provenzalischen. (Th. I.) (= Inaug.-Diss. Berlin 1891.) Berlin, R. Gaertner, 1891; 26 S. 4°
Berlin, VI. st. HB, OP 1891 (118)

275 Kallenberg, Hermann [Oberl. Dr.]: Studien über den griechischen Artikel. II. (I in: Philologus XLIX (N. F. III), S.) Berlin, R. Gaertner, 1891; 26 S. 4°
Berlin, Friedrichs-Werdersches G, OP 1891 (55)

276 Kanon der von den Schülern des Königl. Realgymnasiums zu Osnabrück auswendig zu lernenden Geschichtszahlen. Osnabrück, Druck v. J. G. Kisling, 1891; 16 S. 8°
Osnabrück, k. RG, OP 1891 (321 statt 320)

277 Kaszow, *Friedrich Karl* Georg [Dir.]: *Ansprache bei der Einführung am 14. Apr. 1890.* Gumbinnen, 1891; S. 39–44; 4°
Gumbinnen, k. Friedrichs-G, OP 1891 (4)

278 Kappes, *Karl* [Dir.]: Rückblick zur Schulfrage. Karlsruhe, Buchdr. v. Malsch & Vogel, 1891; S. 3–20: 4°
Karlsruhe, RG, MP 1891 (612)

279 Karll, Erich: Über die Theorie der gleichzeitigen Schwingungen zweier gedämpften Magnete. Neuwied, L. Heuser's Buchdr., 1891; 18 S. 4°
Trarbach, k. PG, P 1891 (458)

280 Nachtrag zum Katalog der Anstalts-Bibliothek. (Forts. d. P-Beil. 1879 ff.) Karlsruhe, Buchdr. v. Malsch & Vogel, 1891; S. 33–40; 4°
Karlsruhe, R m. Fachkl. f. Kaufleute u. Techniker, MP 1891 (613)

281 [F.] Katalog der Bibliothek des Königl. Gymnasiums zu Lissa. (Umschl.-Tit.: Katalog d. Lehrerbibl.) Lissa, Druck v. A. Schmädicke, 1891; 96 S. 8°
Lissa i. P., k. G, OP 1891 (152)

282 Katalog der Lehrer-Bibliothek. Achtzehnter Nachtr. (Forts. d. P-Beil. 1873 ff.) Barmen, Buchdr. v. W. Wandt, *1891;* S. 23–24; 4°
Barmen-Wupperfeld, R, P 1891 (464)

283 Katalog der Lehrer-Bibliothek des königl. Gymnasiums zu Erfurt. Zweite Abt. (Forts. d. P-Beil. 1890.) Erfurt, Druck v. F. Bartholomaeus, 1891; 10 Bl. 8°
Erfurt, k. G, OP 1891 (219 statt 226)

284 Katalog der Lehrer-Bibliothek des städtischen Progymnasiums zu Weissenfels. I. Tl. Weissenfels, Buchdr. v. L. Kell, 1891; 1 Bl., 33 S. 8°
Weissenfels, PG, OP 1891 (249) ••

Katalog der Schüler-Bibliothek. Lübben, 1891
s. Werner, Oskar [Verf.]

285 [F. u. Ant.] Katter, *Friedrich* [Dr., Oberl.]: Lernstoff für den ersten englischen Unterricht in der Tertia des Gymnasiums. Putbus, Druck v. A. Dose, 1891; 48 S. 8°
Putbus, k. Pd, OP 1891 (136)

286 Keim, Friedrich [Prof.]: Zur Homerlektüre. Karlsruhe, Druck d. G. Braun'schen Hofbuchdr., 1891; 37 S. 4°
Karlsruhe, grossh. G, MP 1891 (595)

287 Keiper, Philipp [Dr. Prof.]: Französische Familiennamen in der Pfalz und Französisches im Pfälzer Volksmund. (Dass. 2. Aufl. Kaiserslautern 1891; 84 S. — Th. I umgearb. aus: „Pfälzisches Museum" I u. II. 1884 u. 85; II ersch. ausführlicher an anderem Orte.) Zweibrücken, Buchdr. v. A. Kranzbühler, 1891; 76 S. 8°
Zweibrücken, k. StA, P 1891 •

288 [J.] **Kemmer, Karl** [Dr.]: Der Wisperwind. *Bingen, Druck v. A. Pennrich, 1891;* S. 9 11; 4°
Bingen a. Rh., grossh. R, P 1891 (629)

289 **Kern, Franz** [Prof. u. Dir.]: Schulreden bei der Entlassung von Abiturienten (Mich. 1867 – Mich. 1890). Berlin, R. Gaertner, 1891; 24 S. 4°
Berlin, Köllnisches G, OP 1891 (58)

290 **Kettner, Emil** [Dr.]: Untersuchungen über Alpharts Tod. Mühlhausen i. Th., Druck v. C. Andres, *1891;* 52 S. 8°
Mühlhausen i. Th., G u. RPG, OP 1891 (236)

291 [J. u. Ant.] **Kippenberg, K.**: Ueber Goethes „Claudine von Villa Bella". Bremen, A. Guthe, Buchdr., 1891; S. 3–27; 4°
Bremen, R in d. Altstadt, OP 1891 (717)

292 [J. u. Ant.] **Kirschstein, Louis**: Grammatisches Repetitorium der französischen Sprache für Obersekundaner, enthaltend deutsche Sätze u. Übungsstücke m. nebenstehender französ. Übersetzung. (Consecutio temporum.) Wehlau, Druck v. M. Schlamm, 1891; 31 S. 8°
Wehlau, k. G, OP 1891 (18

293 **Klaembt, Gustav**: Dem Andenken Ludwig Zürns. Gedächtnisrede, geh. . . . am 5. Juni 1890. Berlin, R. Gaertner, 1891; 11 S. 4°
Berlin, Margarethen-S, OP 1891 **

294 **Klapp, Hermann** [Dr., Dir.]: Matthias Claudius-Feier. Wandsbek, Druck v. F. Puvogel, 1891; S. 20–28; 4°
Wandsbek, Matthias Claudius-G m. RPG, OP 1891 (281)

295 [J.] *Kleemann, Selmar [Dr.]:* Festbericht über die 350jährige Jubelfeier des Königl. Gymnasiums zu Quedlinburg vom 24. bis 26. Juni 1890. Quedlinburg, C. Voges, 1890; 71 S. 8°
Quedlinburg, k. G, Festschr. 1890 **

296 **Kleineidam, Josef** [Oberl.]: Neustadt O.-Schl. bis zum dreissigjährigen Kriege. Neustadt Ob.-Schl., Druck v. H. Raupach's Nachf., *1891;* S. 3–10; 4°
Neustadt Ob.-Schl., k. G, OP 1891 (194

297 **Klimek, Paul** [Dr.]: Kritische Bemerkungen zum Texte der prosaischen Schriften des Synesius. Breslau, Druck v. O. Gutsmann, *1891;* S. 3–16; 4°
Breslau, k. König-Wilhelms-G, P 1891 (175)

28 **Klinghardt,** *Hermann* [Oberl. Dr.]: Realien zur Macaulaylektüre (Forts. d. P-Beil. 1890). Reichenbach, Druck v. A. E. Pape, *1891;* IV, 24 S. 4°
Reichenbach i. Schl., König Wilhelms-S (k. RG u. VS), OP 1891 (215)

29 **Klinkenberg,** Joseph [Dr.]: *Die römisch-christlichen Grabinschriften Kölns.* Köln a. Rh., Druck v. J. P. Bachem, 1891; S. 1–17, 1 Taf. 4°
Köln, k. kath. G an Marzellen, P 1891 (427)

30 **Kleinsch,** *Theodor Bernhard Albert* [Prof. Dr., Rekt.]: Der Lehrgang des französischen Unterrichts in Quinta. Eine Lehrprobe. Borna, Druck v. R. Noske, 1891; S. III–VII, 1–41; 4°
Borna, st. RG, OP 1891 (545)

31 [Ä.] **Kluge,** *Carl* [Dir.; Dr.]: Zur Geschichte des höheren Mädchenschulwesens in Essen. Essen, Druck v. G. D. Bädeker, 1891; S. 3–30; 4°
Essen a. d. R., vereinigte st. HT, P 1891 ••

32 **Koch:** *Festrede am Geburtstage Sr. Maj. des Kaisers.* Danzig, Druck v. E. Groening, 1891; S. 16–19; 4°
Jenkau bei Danzig, RPG (v. Conradisches Prov.-Schul- u. Erz.-Inst.), OP 1891 (49)

33 **Knoop,** Otto [Oberl.]: Plattdeutsches aus Hinterpommern. Zweite Sammlung: Fremdsprachliches im hinterpommerschen Platt, nebst e. Anzahl v. Fischerausdrücken u. Ekelnamen. Forts. d. P-Beil. Gnesen 1890. Rogasen 1890.) Rogasen, Druck v. J. Alexander's Wwe., 1891; 18 S. 4°
Rogasen, k. G, OP 1891 (158)

34 **von Kobilinski,** Georg [Dr.]: Die gebräuchlichsten lateinischen Synonyma zusammengest. Königsberg i. Pr., Hartungsche Buchdr., *1891;* 38 S. 8°
Königsberg i. Pr., k. Wilhelms-G, OP 1891 (8)

35 [Ä. u. Ant.] **Koeberlin,** Karl [Dr.]: Eine Würzburger Evangelienhandschrift. (Mp. th. f. 61 s. VIII.) Besprochen. (Zugl. Inaug.-Diss. Erlangen 1890.) Augsburg, Druck v. Ph. J. Pfeiffer, 1891; 95 S. 8°
Augsburg, k. StA bei St. Anna, P 1891 •

36 [Ä. u. Ant.] **Köhler,** O. [Prof.]: Die Marienkirche zu Bernburg. Ein Beitr. z. Anhaltischen Geschichte u. Altertumskunde. Bernburg, A. Meyer's Buchdr., 1891; 1 Bl., 23 S. 4°
Bernburg, herz. Karls-RG u. VS d. Carolinums, OP 1891 (671)

307 [ℌ.] **Körber**, Johann [Dr.]: System des Dekalogs, an d. Hand d. hl. Väter u. besonders d. hl. Thomas von Aquin dargest. Bamberg, kath. Genoss.-Druckerei, 1891; 99 S. 8°
Bamberg, k. alten G, P 1891 •

308 [ℌ.] **Körholz**: Der Hohenzollern segensreiche Thätigkeit für das Volkswohl. Rede, geh. z. Feier d. Geburtstages Sr. Maj. d. Kaisers Wilhelm II. Düsseldorf, gedr. bei L. Voss & Cie., 1891; S. 3—24; 8°
Düsseldorf, Luisen- u. Friedrichs-S (st. HM), P 1891 • •

Kötting, Georg: Lehrplan für den französischen Unterricht am Realgymn. zu Trier
in: Lehrpläne f. d. verschied. Unterrichtsfächer an d. Realgymn. zu Trier. Heft V. Trier 1891

309 **Kohlmann**, Rudolf [Oberl. Dr.]: I. Ueber die Bedeutung des „Injunktive" im Altindischen. II. Quedlinburgensia. Quedlinburg, Druck v. C. Voges, 1890; 15 S. 4°
Quedlinburg, k. G, Festschr. 1890 • •

310 [ℌ. u. Ant.]: **Kolbe**, Alexander [Dr.]: Beiträge zur Würdigung der deutschen Bibel und des kleinen Katechismus Dr. Martin Luthers. Treptow a. R., Druck v. R. Marg, *1891*; 1 Bl., 16 S. 4°
Treptow a. R., k. Bugenhagen-G, OP 1891 (144)

311 **Kollhoff**, *Wilhelm* [Dr.]: *Festrede am 90. Geburtstage des Generalfeldmarschalls Grafen Moltke, Ehrenbürgers der Stadt.* Hamburg, gedr. bei Lutcke & Wulff, 1891; S. 2—11; 4°
Hamburg, HB vor d. Holstenthore, OP 1891 (731)

312 **Konelt** [Dr.]: Über die Ursachen der täglichen Oscillation des Barometers. *Annaberg, Druck v. C. E. Kästner, 1891*; 24 S. 4°
Annaberg, k. RG nebst PG, OP 1891 (541)

313 **Korten**, *Max* [Dr.]: Spezifische Brechung, Volum- und Refraktions-Äquivalente einiger Flüssigkeiten. Köln, Druck v. J. P. Bachem, *1891*; 44 S., 5 Bl. 8°
Köln, RG u. VS, P 1891 (470)

314 **Kraenkel**, *Franz H.* [Dir.]: Der Unterricht in der philosophischen Propädeutik. Ein Referat, welches in d. Lehrerkonferenz d. Gymn.... im J. 1890 erstattet wurde. Lahr, Druck v. J. H. Geiger, 1891; 20 S., 1 Bl. 4°
Lahr, grossh. G, MP 1891 (601)

315 **Krankenhagen**, *Friedrich* [Dr.]: Chrono-Isothermen für Stettin. Eine Darstellung d. täglichen u. jährlichen Ganges d. Temperatur durch e. einziges Kurvensystem unter Benutzung 50jähriger Beobachtungen. *Stettin, Druck v. F. Hessenland, 1891;* 11 S., 1 Taf. 4°
Stettin, Schiller-RG, OP 1891 (146)

316 **Krause**, Aurel [Dr., Oberl.]: Die Ostrakoden der silurischen Diluvialgeschiebe. Berlin, R. Gaertner, 1891; 24 S. 4°
Berlin, Luisenst. OR. OP 1891 (101)

317 (Ⅎ.) **Krebs**, Julius [Oberl. Dr.]: Die Politik der evangelischen Union im Jahre 1618. II. Der Unionstag v. Heilbronn (20. Apr. bis 8. Mai). (Forts. d. P-Beil. 1890. – Der Schluss ersch. an anderem Orte.) Breslau, Druck v. Grass, Barth u. Co., 1891; S. 3–18; 4°
Breslau, RG am Zwinger, OP 1891 (208)

318 **Kreuslin**, Christian [Oberl. Prof. Dr.]: Über die Verwendung des geschichtlichen Elements im physikalischen Unterrichte der höheren Lehranstalten. Nordhausen, Druck v. C. Kirchner's Buchdr., 1891; S. 1–16; 4°
Nordhausen, h. RG, P 1891 (280)

319 **Kretschmann**, H. [Dir. Dr.]: Lateinische Musteraufsätze. Ein Beitr. z. Ehrenrettung d. lat. Aufsatzes. Danzig, A. Müller, 1891; 32 S. 4°
Danzig, k. G, OP 1891 (28)

320 **Kretz**, C. [Lehramtsprakt.]: De Luciani dialogo Toxaride. Offenburg, Druck v. A. Reiff & Cie., 1891; 10 S. 4°
Offenburg, grossh. G, MP 1891 (604)

321 **Kreuser**, Anton [Dr.]: Die Briefsammlung des jüngeren Plinius als Schullektüre. Prüm, P. Plaum'sche Buchdr., *1891;* S. 3–15; 4°
Prüm, PG, P 1891 (461)

322 **Kreutzer**, Johannes [Dr.]: Die Thronfolgeordnung im Principat. *Bonn, Univ.-Buchdr. v. C. Georgi, 1891;* 28 S. 4°
Köln, k. Friedrich-Wilhelms-G, P 1891 (428)

323 **Kroschel**, *Sam.* [Schulrat Dr., Dir.]: Beiträge zur Geschichte des Arnstädter Schulwesens und Verzeichnis der Primaner von 1765 bis 1890. (Forts. d. P-Beil. 1885, 90.) Arnstadt, fürstl. Hofbuchdr. v. E. Frotscher, *1891;* S. 3–35; 4°
Arnstadt, fürstl. G, OP 1891 (710)

824 **Krueger**, Gustav [Dr.]: Eigennamen als Gattungsnamen. Berlin, Druck v. A. W. Hayn's Erben, *1891;* S. 3—19; 4°
Berlin, k. B (RG), OP 1891 (89)

825 **Krumbholz**, Paul: De discriptione regni Achaemenidarum. Eisenach, Hofbuchdr., *1891;* 20 S. 4°
Eisenach, Carl Friedrich-G, OP 1891 (675)

826 [J.] **Krummacher**, Martin [Dir.: Dr.]: Aus dem „Verlassenen Dorf" von Goldsmith, V. 118—136; 193—430 (Schluss). Ergänzung d. früher (1886, 1887) . . . mitgeteilten Abschnitte. Cassel, Druck v. K. Gosewisch, 1891; S. 3—10; 4°
Cassel, st. HM, OP 1891 • •

827 [Ant. u. K.]: **Krummacher**, Martin [Dir.: Dr.]: Lines of James Thomson, the Poet of Nature. (Inschr. im Park zu Richmond.) Cassel, Druck v. K. Gosewisch, 1891; S. 10; 4°
Cassel, st. HM, OP 1891 • •

828 [J.] **Kuhl**, *Joseph* [Prof. Dr., Rekt.]: Geschichte des früheren Gymnasiums zu Jülich. Zugleich e. Beitr. z. Ortsgeschichte. (Umschl.-Tit.: . . . I. Die Particularschule. 1571—1664.) Jülich, J. Fischer, 1890 (Umschl.-Tit.: 1891); 236 S., 1 Portr. 8°
Jülich, st. PG m. K. Kompatronat, P 1891 (441) • •

829 **Kuhn**, Adolf: Beiträge zur Geschichte der Seleukiden vom Tode Antiochos' VII. Sidetes bis auf Antiochos XIII. Asiatikos 129—64 v. C. (= Inaug.-Diss. Strassburg 1891.) Altkirch i. E., Buchdr. E. Masson, 1891; 49 S. 4°
Altkirch, G, MP 1891 (497

830 [J.] **Kulisch**, P. [Dr., Chemiker]: Bericht über die Thätigkeit des chemischen Laboratoriums. Wiesbaden, Druck v. R. Bechtold & Co., 1891; S. 64—76; 8°
Geisenheim a. Rh., k. Lehr-A f. Obst- u. Weinbau (h. Gärtnerlehr-A), P 1890 • •

831 **Kuttner**, *Otto* [Dr.]: Eine neue Religionsphilosophie (D. L. W. E. Rauwenhoffs) und der zweifelhafte Wert der Religionsphilosophie als Wissenschaft. Posen, Hofbuchdr. W. Decker & Co., 1891; 67 S. 4°
Gnesen, k. G, OP 1891 (149)

832 **Lachmann**, Julius [Dr., Oberl.]: Albert Guth. Gedächtnisrede geh. . . . am 22. Febr. 1890. Berlin, R. Gaertner, 1891: 17 S. 4°
Berlin, Falk-RG, OP 1891 (96)

333 **Lahmeyer**, Ludwig [Oberl. Dr.]: Die Alliteration in Ciceros Rede de imperio Cn. Pompei. (Umschl.-Tit.: Studien z. lat. Grammatik. I. . . .) Görlitz, Druck d. Görlitzer Nachr. u. Anzeiger, 1891; S. 3—14; 4°

Rossleben, Kloster-S, P 1891 (242)

334 **Lamprecht**, Robert [Oberl.]: Zur Theorie der Elektrodynamik. Zittau, Druck v. R. Menzel, 1891; 1 Bl., 32 S. 4°

Zittau, G, OP 1891 (542)

335 **Landgraf**, Gustav [Dr.]: Das Bellum Alexandrinum und der Codex Ashburnhamensis. (Forts. v.: Comment. Wölfflinianae, Leipzig 1891, S. 15—21.) München, Druck v. H. Kutzner, 1891; S. 1—28; 8°

München, k. Wilhelms-G, P 1891 •

336 **Langemann**, L. [Dr.]: Beitrag zur Umgestaltung des naturkundlichen Unterrichts, m. d. Entwurfe e. Lehrplans f. d. Naturkunde an d. höh. Mädchenschule. Kiel, Druck v. L. Handorff, 1891; S. 1—22; 4°

Kiel, st. HM, P 1891 ••

337 **Langenberg**, Hermann: Aus der Zoologie des Albertus Magnus. Elberfeld, Druck v. R. L. Friderichs & Co., *1891*; 1 Bl., 40 S. 4°

Elberfeld, R. P 1891 (477)

338 **Langer**, Otto [Dr., Oberl.]: Sklaverei in Europa während der letzten Jahrhunderte des Mittelalters. Bautzen, Druck v. E. M. Monse, *1891*; 46 S. 4°

Bautzen, G, OP 1891 (527)

339 [J.] **Langstroff**, Christian [Dr.]: Aus der französischen Verslehre. *Bingen, Druck v. A. J. Pennrich, 1891*; S. 11—13; 4°

Bingen a. Rh., grossh. R, P 1891 (629)

340 **Lehmann**, Georg [Oberl. Dr.]: Über Temperatur-Umkehrungen auf dem Thüringerwalde. Rudolstadt, Druck d. Fürstl. priv. Hofbuchdr., 1891; 44 S. 4°

Rudolstadt, fürstl. G u. RPG, OP 1891 (710)

341 [J.] Die **Lehrpläne** für die verschiedenen Unterrichtsfächer an dem Realgymnasium zu Trier. Heft V. Inh.: Kathol. Religionslehre, v. Oberl. *Joh.* Phil. **Kaiser**. Evangel. Religionslehre, v. Pastor Fr. **Mayer**, Dr. *J. G.* Aug. **Ozé** u. Paul **Funk**. Französisch, v. Georg **Kötting**. (Forts. d. P-Beil. 1877. 79. 80. 89.) Trier, F. Lintz'sche Buchdr., 1891; 1 Bl., 49 S. 8°

Trier, st. RG, OP 1891 (451)

342 **Leipold**, Heinrich: Über die Sprache des Juristen Aemilius Papinianus. Passau, Druck v. A. Liesecke, 1891; 1 Bl., 80 S., 1 Bl. 8°
Passau, k. StA, P 1891 •

343 **Leisering**, Hermann [Prof.]: Das dritte Buch der Oden des Horaz in freier Nachbildung. (Forts. d. P-Beil. 1885.) Berlin, R. Gaertner, 1891; 24 S. 4°
Berlin, Sophien-RG, OP 1891 (99)

344 **Leithaeuser**, *Julius:* Gallicismen in niederrheinischen Mundarten. I. Barmen, Druck v. Steinborn & Co., *1891;* S. 3—32; 4°
Barmen, RG, P 1891 (466)

345 **Lenz**, Gustav: English Schools. Experiences and Impressions of English School-Life. (= Inaug.-Diss. Giessen 1891.) Darmstadt, Druck d. L. C. Wittich'schen Hofbuchdr., 1891; S. 1—47: 4°
Darmstadt, grossh. Neues G, P 1891 (628)

346 **Lerch**, Friedrich: Über Dreiecke, welche einem Kegelschnitt umschrieben und einem anderen eingeschrieben sind. Breslau, Druck v. O. Gutsmann, *1891;* 1 Bl., 39 S. 8°
Breslau, k. Friedrichs-G, P 1891 (171)

347 [J.] **Lickleder**, Max [P., O.S.B.]: Die Moosflora der Umgegend von Metten. (II. Abt.) (Forts. d. P-Beil. 1890.) Landshut, Druck d. J. Thomann'schen Buchdr., *1891;* 1 Bl., S. 65—128, 1 Bl. 8°
Metten, StA, P 1891 •

348 **Liesen**, *Bernhard* [Dr.]: Zur Klostergeschichte Emmerichs bei Beginn des XVI. Jahrhunderts. Emmerich, J. L. Romen'sche Buch- u. Steindr., *1891;* 1 Bl., XIII, 14 S. 4°
Emmerich, k. G, OP 1891 (435)

349 **Linse**, E. [Dr.]: De P. Ovidio Nasone vocabulorum inventore. Tremoniae, typ. W. Crüwell, 1891; 1 Bl., 58 S. 8°
Dortmund, RG, P 1891 (359)

350 [J.] **Littig**, Friedrich [Dr., Assist.]: Die *Φιλοσοφία* des Georgios Pachymeres. München, Druck d. Akad. Buchdr. v. F. Straub, 1891; S. 87—98: 8°
München, k. Maximilians-G, P 1891 •

351 **Lörch**, Ph. *Jakob:* Die Flora des Hohenzollern und seiner nächsten Umgebung. II. Tl. (Forts. d. P-Beil. 1890.) Hechingen, Ribler'sche Hofbuchdr., 1891; 1 Bl., S. 69—118: 8°
Hechingen, k. HB, P 1891 (481

352 *Lohmeyer, G. [Prof.], Kühle, Panten, Emil [Dir. Dr.]:* Wie ist der Unterricht in der Geschichte auf den höheren Lehranstalten zu handhaben und seinem Stoffe nach auf die einzelnen Klassen zu verteilen, damit die Geschichte der neuesten Zeit und die Kulturgeschichte in ausreichendem Maße Berücksichtigung finden? Drei Gutachten. Danzig, A. Müller, 1891; 18 S. 4°
Danzig, RG zu St. Johann, OP 1891 (18)

353 Lohse, *Gottfried* [Dr., Oberl.]: Die Häupter des patrizischen Claudiergeschlechts. Chemnitz, Druck v. J. C. F. Pickenhahn & Sohn, 1891; 27 S. 4°
Chemnitz, k. G, OP 1891 (528)

354 Lorenz, *Bernhard* [Oberl.]: Die Holzpflanzen der Südlausitz und des nördlichsten Böhmens, m. Berücks. d. Ziergehölze in d. Anlagen v. Zittau. I. Tl. Tabelle d. Gattungen u. die an d. Gymnospermen, apetalen u. sympetalen Dikotyledonen gehörigen Arten. Zittau, Druck v. Neboisa & Böhme, 1891; 1 Bl., 91 S. 4°
Zittau, k. RG m. h. Handels-S, OP 1891 (552)

355 Lorenz, Rudolf [Oberl. Dr.]: Luthers Einfluss auf die Entwickelung des evangelischen Kirchenregimentes in Deutschland. Einleitender Teil: Luther u. d. röm. Kirchenregiment. Gumbinnen, 1891; S. 1—37; 4°
Gumbinnen, k. Friedrichs-G, OP 1891 (4)

356 {J. u. Ant.} Lorenz, *Wilhelm* [Dir.]: Geschichte des Königl. Gymnasiums zu Meldorf bis zum Jahre 1777. Aus d. Akten. Meldorf, Druck v. P. Bandies Nachf., 1891; 80 S. 8°
Meldorf, k. G, Festschr. 1891 (275)

357 Lubarsch, Oskar [*Dr.*]: Über Methodik und Umfang des chemisch-mineralogischen Unterrichts auf Realgymnasien. Berlin, R. Gaertner, 1891; 30 S. 4°
Berlin, Friedrichs-RG, OP 1891 (90)

358 Luebeck, Emil [Oberl. Dr.]: Das Seewesen der Griechen und Römer. II. Tl. (Forts. d. P-Beil. 1890.) Hamburg, gedr. bei Lütcke & Wulff, 1891; 1 Bl., 48 S., 3 Taf. 4°
Hamburg, Gelehrten-S d. Johanneums, P 1891 (721)

359 Lück, *Robert* [Dr., Rekt.]: Das neue Schulgebäude und seine Einweihung. (Abschn. 1 ist erweit. Abdr. d. in d. Festschr. 1890 veröffentl. Baubeschreibung v. Techow.) Steglitz, Druck v. G. Loper, 1891; S. 1—9, 3 Taf. 4°
Steglitz, PG, P 1891 (96)

360 [J.] Lücke, Otto [Dr., Oberl.]: Bürgers Homerübersetzung. Norden, Druck v. D. Soltau, 1891; 39 S. 4°
Norden, k. Ulrichs-G, OP 1891 (307)

361 Lückerath, Wilh. [Rect.]: Die Herren von Heinsberg. (Schluss d. P-Beil. 1888–90.) *Heinsberg, Druck v. W. Joppen, 1891;* S. 3–17: 4°
Heinsberg, h. Stadt-S, OP 1891 **

362 Lüke, Heinrich: Die Aussprache des Englischen in tabellarischer Übersicht. Zweiter Teil: Unregelmässigkeiten u. Eigentümlichkeiten in d. Aussprache. (Forts. d. P-Beil. 1890.) Conitz, Buchdr. v. F. W. Gebauer, 1891; S. 3–28; 4°
Conitz, k. G, P 1891 (33)

363 [J.] Lüttge, Adolph [Dr., Oberl.]: Proben aus dem Englischen Übungsbuche für die drei oberen Gymnasialklassen nebst einleit. Bemerkungen. (Aus: Engl. Übungsbuch . . . 1. Heft. Braunschw. 1890.) Braunschweig, Druck v. J. H. Meyer, 1891; 30 S. 4°
Braunschweig, herz. G Martino-Katharineum, P 1891 (681)

364 Lüttich, Selmar [Oberl.]: Über bedeutungsvolle Zahlen, eine kulturgeschichtl. Betrachtung. Naumburg a. S., Druck v. H. Sieling, *1891;* S. 1–47: 4°
Naumburg a. S., Dom-G, OP 1891 (237)

365 Lutz, Leonhard [Dr.]: Die Casus-Adverbien bei den attischen Rednern. Ein Beitr. z. histor. Grammatik d. griech. Sprache. (Forts. v.: Die Präpos. bei d. att. Redn. P-Beil. Neustadt a. H. 1887. – Vgl. Allg. Beob. üb. d. Präp. . . . Inaug.-Diss. Würzburg 1883.) Würzburg, k. b. Hofbuchdr. v. Bonitas-Bauer, 1891; 40 S. 8°
Würzburg, k. neues G, P 1891 *

366 [J.] Maass, Karl *Johann Albert* [Dr.]: Über Metapher und Allegorie im deutschen Sprichwort. Ein Gang vom Begriffsbild z. Gedankenbild. Dresden, Rammingsche Buchdr., 1891; S. 1–22; 4°
Dresden, Wettiner G, OP 1891 (531)

367 *Prof. Andreas Maier, † 17. Febr. 1891. Ein Lebensbild, nach seinen eigenen Aufzeichnungen.* Karlsruhe, Buchdr. v. Malsch & Vogel, 1891; S. 22: 4°
Karlsruhe, RG, MP 1891 (612)

368 [J.] v. Mantey-Dittmer, Arthur Frh. [Prof.]: Angewandte Aufgaben zum Unterricht in der Mathematik. Kempten, Buchdr. d. J. Kösel'schen Buchh., 1891; IV, 44 S. 8°
Kempten, k. StA, P 1891 *

369 *Μαρτίνυ, 'Ρ: 'Ωιδὴ ἐπιτάφιος. Berlin, gedr. in d. K. Hofbuchdr. v. E. S. Mittler & Sohn, 1890;* S. 17; fol.
Berlin, k. Friedrich-Wilhelms-G u. k. VS, Festzeitung 1890 **

370 [J.] **Matthes, K.** [Dr., Oberl. u. stellv. Dir.]: Direktor Dr. Karl Zerlang . . . Geb. d. 18. Nov. 1810; gest. d. 1. Jan. 1891. Witten, Druck v. C. L. Krüger, 1891; S. 19–20; 4°
Witten, RG, P 1891 (366)

371 **Matthias, Karl** [Dr.]: Die Erwerbung der Königskrone durch Friedrich I. und die preussische Politik in den ersten Jahren des spanischen Erbfolgekrieges. Schlawe, Druck v. H. Moldenhauer & Sohn, 1891; S. 3–25; 4°
Schlawe, st. PG, P 1891 **

372 **Maurer, Karl** [Dr.]: Die Fabeln des Phaedrus in der Quarta des Gymnasiums innerhalb der Konzentration. *Giefsen, Druck v. W. Keller, 1891;* 10 S. 4°
Giessen, grossh. G, OP 1891 (628)

Mayer, Fr. [Pastor]: Lehrpensa für den evangelischen Religionsunterricht in den oberen Klassen
in: Lehrpläne f. d. verschied. Unterrichtsfächer an d. Realgymn. zu Trier. Heft V. Trier 1891

373 **Mayer, Friedrich** [Prof.]: Verstärkung, Umschreibung und Entwertung der Komparationsgrade in der älteren Gräcität. Landau, Buchdr. K. & A. Kaussler, 1891; 36 S. 8°
Landau, k. StA, P 1891 *

374 **Mehlis** [Oberl.]: Ueber die Bedeutung von ΑΙΔΩΣ bei Homer. Eisleben, Druck v. E. Schneider, 1891; S. 1–20; 4°
Eisleben, k. G. OP 1891 (225)

375 [J.] **Mehner,** *Hermann* Bruno [Dr., Oberl.]: Die geologischen Verhältnisse der Umgebung von Freiberg im Anschluss an den Unterricht in der allgemeinen Geologie. 1. Tl. Freiberg, Gerlachsche Buchdr., *1891;* 2 Bl., 41 S. 4°
Freiburg, st. RG, OP 1891 (520)

376 **Meichelt,** *Heinrich* [Prof.]: Zu Moltkes Ehrentage. (Gedicht.) Pforzheim, Druck v. C. A. Weindel, 1891; S. 4; 4°
Pforzheim, G, MP 1891 (606)

377 **Meier,** Ulrich: Ueber P. Corneilles Erstlingsdrama „Mélite" nebst e. Beitr. z. Leben Jean de Mairets. Schneeberg, Druck v. C. M. Gärtner, 1891; S. 54–78; 4°
Schneeberg, k. G m. Realkl., Festschr. 1891 (540)

378 **Meisner,** Heinrich [Dr., Custos an d. K. Bibl. zu Berlin]: Die Herzogin Maria Anna von Bayern und der preussische Reichstagsgesandte von Schwarzenau. Ein Beitr. z. Geschichte d. preuss. Diplomatie in d. J. 1778 bis 1785. Jauer, P. Guercke, 1890; S. 1–34; 8°
Jauer, k. G, Festschr. 1890 * *

379 [J.] **Meissel,** Ernst [Dr., Dir.]: Beitrag zur Pell'schen Gleichung höherer Grade. Kiel, Druck v. A. F. Jensen, 1891; S. 1–11; 4°
Kiel, OR, OP 1891 (293)

380 [J.] **Meissner,** Joh.: Das Lesebuch als Ausgangspunkt des französischen Unterrichts und die induktive Behandlung der Grammatik. Wollin, Dampfschnellpressendr. v. L. Lipski, 1891; S. 3–19; 4°
Wollin i. P., st. RPG u. HT, P 1891 * *

381 [J. u. Ant.] **Melber,** J. [Dr.]: Der Bericht des Dio Cassius über die gallischen Kriege Cäsars. I. Die Kriege m. d. Helvetiern u. gegen Ariovist. München, Druck d. Akad. Buchdr. v. F. Straub, 1891; S. 58–86; 8°
München, k. Maximilians-G, P 1891 *

382 **Mering,** Ferdinandus: De alliteratione Luciliana. Wattenscheid, Druck v. C. Busch, 1891; S. 3–12; 4°
Wattenscheid, RPG, P 1891 (372)

383 **Meves,** *Ernst* [Oberl. Dr.]: Zwei Reden gehalten zur Schulfeier des 27. Jan. und des 2. Sept. 1890. Gross-Glogau, Druck v. Glogauer Druckerei-Ver., *1891;* 21 S. 4°
Gross-Glogau, k. Ev. G, OP 1891 (181)

384 **Meyer,** *Karl* Albert: Ein Beitrag zu dem Rechenunterricht an höheren Lehranstalten. Grossenhain, Druck v. Starke & Sachse, *1891;* 1 Bl., 49 S. 8°
Grossenhain, R m. PG, OP 1891 (562)

385 **Meyer,** Friedrich [Oberl.]: Mitteilungen aus dem mathematischen Lehrplan des Stadtgymnasiums zu Halle a. S. *Halle a. S., Druck v. E. Karras, 1891;* 36 S., 1 Taf. 4°
Halle a. S., Stadt-G, OP 1891 (230)

386 **Meyer,** Paul [Dr.]: Der Triumphzug des Germanicus. Leipzig, Druck v. O. Leiner, 1891; S. 85—99; 4°
Grimma, Fürsten- u. Landes-S, Festschr. 1891 (534) • •

387 **Miehlke,** Adolf: Die Geschichte unserer Sprachlaute und Orthographie in kurzem Abriss dargestellt. Graudenz, Druck v. G. Röthe, 1891; 1 Bl., S. 1—30; 4°
Graudenz, HB, OP 1891 (49 statt 48)

388 **Miller,** Max [Prof.]: Oppian's des Jüngeren Gedicht von der Jagd. In vier Büchern. II. Buch [1—377] metrisch übs. u. m. erkl. Bemerkungen vers. (Buch I: Progr. Amberg 1885; IV: ebd. 1886.) München, Buchdr. v. J. B. Lindl, 1891; 1 Bl., 49 S. 8°
München. k. Luitpold-G, P 1891 •

389 **Modritzki,** Karl: Die atomistische Philosophie des Demokritos in ihrem Zusammenhange mit früheren philosophischen Systemen. Stettin, Druck v. Herrcke & Lebeling, 1891; S. 1—8; 4°
Stettin, Stadt-G, OP 1891 (140)

390 **Moecke,** Eugen: Über zweiachsig-symmetrische Kurven 4. O. mit zwei Doppelpunkten. (Schluss folgt 1892.) Gross-Strehlitz, Druck v. M. verw. Hübner, *1891*; S. 1—20, 1 Taf. 4°
Gross-Strehlitz, k. G, OP 1891 (204)

391 [J.] **Moll,** Ed. [Dr., Oberl.]: Ciceros Aratea. Eine Studie üb. d. Wert d. Übersetzens aus Fremdsprachen. Strassburg i. E., Buchdr. M. DuMont-Schauberg, *1891*; 25 S. 4°
Schlettstadt, G, P 1891 (511)

392 **Muchau,** Hermann [Dr., Hilfsl.]: Zur Etymologie griechischer Städtenamen. Brandenburg a. d. H., Buchdr. v. J. Wiesike, 1891; 1 Bl., 16 S. 4°
Brandenburg, vereinigtes Alt- u. Neustädtisches G, OP 1891 (69)

393 **Mühlmann,** Johannes [Oberl. Dr.]: Zur Frage der makkabäischen Psalmen. Berlin, Buchdr. v. Trowitzsch & Sohn, 1891; S. 3—19; 4°
Berlin, k. Wilhelms-G, P 1891 (65

394 **Müller,** Adolf [Obl. Dr.]: Bemerkungen zur englischen und französischen Lektüre in Mädchenschulen. Berlin, Druck v. A. W. Hayn's Erben, 1891; S. 3—10; 4°
Berlin, k. Elisabeth-S. OP 1891 • •

395 **Müller,** Anton [Kand. Dr.]: Die Theaterdichter Zacharias Liebholdt aus Silberberg und Hieronymus Lingk aus Glatz. Ein Beitr. z. Kulturgesch. Schlesiens im XVI. Jahrh. I. Tl. Strehlen, T. Erler's Buchdr., *1891*; 36 S. 8°
Strehlen, k. G, P 1891 (208)

396 **Müller,** Friedrich C. G. [Oberl. Dr.]: Einführung in die Chemie. Brandenburg a. d. H., J. Wiesikes Buchdr., 1891; 1 Bl., 18 S. 8°
Brandenburg a. d. H., v. Saldernsches RG, OP 1891 (102)

397 **Mushacke,** Wilhelm [Dr.]: Beiträge zur Geschichte des Elfenreiches in Sage und Dichtung. Crefeld, Druck v. Kramer & Baum, *1891*; S. 3—30; 4°
Crefeld, G, OP 1891 (430)

398 **Naumann,** Franz [cand. prob.]: De verborum cum praepositionibus compositorum usu Ammiani Marcellini. (Ersch. vollst. an anderem Orte.) Stendal, Druck v. Franzen & Grosse, 1891; 30 S. 4°
Stendal, G, OP 1891 (247)

399 **Nebe,** August [Hilfsl. Dr.]: Vives, Alsted, Comenius in ihrem Verhältnis zu einander. Elberfeld, gedr. bei S. Lucas, 1891; S. 3—35; 4°
Elberfeld, G, P 1891 (434)

400 **Neff,** Karl [Dr.]: De Paulo Diacono Festi epitomatore. (= Inaug.-Diss. Leipzig 1891.) Kaiserslautern, *Druck d. Univ.-Buchdr. v. E. Th. Jacob in Erlangen*, 1891; 1 Bl., 54 S. 8°
Kaiserslautern, k. St.A, P 1891 •

401 **Neff,** Joseph [Prof.]: Udalricus Zasius. Ein Beitr. z. Geschichte d. Humanismus am Oberrhein. II. Tl. (Forts. d. P-Beil. 1890.) Freiburg i. B., Univ.-Buchdr. v. Ch. Lehmann, 1891; 35 S. 4°
Freiburg i. B., grossh. G, MP 1891 (587)

402 [J.] **Nebb,** Georg: Die Elemente der Heimatskunde als Grundlage des gesamten geographischen Unterrichts. *Bingen, Druck v. A. J. Pennrich, 1891*; S. 18—30; 4°
Bingen a. Rh., grossh. R, P 1891 (629)

403 **Nebry,** *Julius* [Rekt.]: Aus der Kunstgeschichte. Aschersleben, Druck v. F. Hofmann, *1891*; S. 3—31; 8°
Aschersleben, st. HM, OP 1891 ••

404 [J. u. Ant.] **Neide,** Siegfried [Oberl. Dr.]: Wilhelm von Humboldt als Richter und Ratgeber bei Schillers lyrischen Gedichten. I. (Schluss u. II. (Forts. d. P-Beil. 1890.) Frankfurt a. d. O., Druck d. K. Hofbuchdr. Trowitzsch u. Sohn, 1891; S. 1—23; 4°
Landsberg a. d. W., k. G u. RG, OP 1891 (89 statt 81)

405 **Neuhaus,** Otto [Oberl.]: Die Quellen des Trogus Pompejus in der persischen Geschichte, IV. Tl. (Forts. d. P-Beil. 1882. 84. 86.) Osterode Ostpr., gedr. in d. F. Albrecht'schen Buchdr., 1891; 1 Bl., 25 S. 4°
Hohenstein in Ostpr., k. G, P 1891 (5)

406 **Neuss,** Jos. [Dir. Dr.]: Der deutsche Aufsatz am Realgymnasium. Aachen, Druck v. A. Jacobi & Co., 1891; 35 S. 4°
Aachen, st. RG, OP 1891 (464)

407 **Niemöller,** Friedrich [Dr.]: Anwendung der linealen Ausdehnungslehre von Grassmann auf die Theorie der Determinanten. Osnabrück, Druck v. J. G. Kisling, 1891; 1 Bl., 22 S. 4°
Osnabrück, Rats-G, OP 1891 (309)

408 **Nieschke,** *August:* De figurarum, quae vocantur *σχήματα Γοργίεια,* apud Herodotum usu. (Th. I.) Münden, Buchdr. v. W. Klugkist, 1891; S. 12—44; 8°
Münden i. H., RPG u. PG, OP 1891 (330)

409 **Nietsche,** Benno: Die lateinische Schule des Cistercienser-Klosters Rauden 1744—1816, eine Vorläuferin des katholischen Gymnasiums zu Gleiwitz (I. Tl). Gleiwitz, Neumann's Stadtbuchdr., *1891;* S. 3—74; 4°
Gleiwitz, k. kath. G, Festschr. 1891 (180)

410 **Nikel,** Johann [Dr. theol.]: Die religiöse Duldung bei den heidnischen Kulturvölkern des Altertums. Leobschütz, Druck v. J. Gomolka, *1891;* S. I—XII; 4°
Leobschütz, k. kath. G, OP 1891 (190)

411 [J.] **Nitzsch,** *Otto* [Dir.]: Übersetzung des Sophokleischen Philoktet, Tl I. Bielefeld, Druck v. Velhagen & Klasing, 1891; S. 3—16; 4°
Bielefeld, G u. RG, P 1891 (338)

412 **Noël,** Gustav: Der Frieden von San Germano 1230. Berlin, R. Gaertner, 1891; 22 S. 4°
Berlin, III. st. HB, OP 1891 (110)

413 **Noellner,** Alexander [Oberl. Dr.]: *Das krystallographische Zeichnen auf der Schule. . . .* Zwickau, Druck v. R. Zückler, 1891; 1 Bl., 20 S., 8 Taf. 4°
Zwickau, RG, OP 1891 (558)

414 **Noll,** J. [Hülfsl.]: Helfrich Bernhard Hundeshagen und seine Stellung zur Romantik. Frankfurt a. M., Druck v. Enz & Rudolph, 1891; S. 3—45; 4°
Frankfurt a. M., k. Kaiser-Friedrichs-G, OP 1891 (378)

115 **Oberdick**, Johannes [Dir. Dr.]: Studien zur lateinischen Orthographie. III. (Forts. d. P-Beil. Münster 1879. Breslau 1884.) Breslau, Druck v. R. Nischkowsky, 1891; S. I—IV; 4°
Breslau, k. kath. St. Matthias-G, OP 1891 (174)

116 **Ohly**, Ferdinand [Dr.]: Königtum und Fürsten zur Zeit Heinrichs IV. nach der Darstellung gleichzeitiger Geschichtsschreiber. II. (Forts. d. P-Beil. 1889.) Lemgo, Druck v. F. L. Wagener, 1891; 50 S. 8°
Lemgo, G, P 1891 (702)

117 **Oppel**, Alwin *E. G.* [Dr.]: Terra incognita. Eine kurzgef. Darstellung d. stufenweisen Entwickelung d. Erdkenntnis vom Ausgange d. Mittelalters bis z. Gegenwart u. der derzeitigen Ausdehnung d. unerforschten Gebiete. . . . Bremen, Druck v. A. Guthe, 1891; 2 Bl., 68 S., 5 Ktn; 8°
Bremen, Handels-S (RG) (Abt. d. Haupt-S), OP 1891 (714b statt 713)

118 [J.] **Ostendorf**, Adolf [Dir.]: Die Schulreform, ihre Gründe und ihr Ziel. Hadersleben, W. L. Schütze, Buchdr., 1891; S. 3–7; 4°
Hadersleben, k. G u. RPG, OP 1891 (272)

119 **Otten**, Georg [Dr.]: The Language of the Rushworth Gloss to the Gospel of St. Matthew. Pars II. (Forts. d. P-Beil. 1890.) Nordhausen, Druck v. C. Kirchner's Buchdr., *1891*; S. 25–48; 8°
Nordhausen, k. G, P 1891 (229)

Oxé, *J. G.* Aug. [Dr.]: Der evangelische Religionsunterricht in Unter- und Obertertia
in: **Lehrpläne** f. d. verschied. Unterrichtsfächer an d. Realgymn. zu Trier. Heft V. Trier 1891

120 **Paetzolt**, Fridericus [Dr., Oberl. an d. K. RAk in Liegnitz]: De nonnullis glossematis, maxime Galenianis, commentatio. Jauer, P. Guercke, 1890; S. 93–101; 8°
Jauer, k. G, Festschr. 1890 **

Panten, E.: Wie ist der Unterricht in der Geschichte . . . zu verteilen . . .?
s. **Lohmeyer**, G.: Wie . . . Danzig 1891

121 **Patzig**, Edwin [Oberl. Dr.]: Unerkannt und unbekannt gebliebene Malalas-Fragmente. Leipzig, Druck v. A. Edelmann, 1891; 1 Bl., 28 S. 4°
Leipzig, Thomas-S, OP 1891 (537)

422 **Patzig**, Hermann [Dr.]: Zur Geschichte der Herzmäre. Berlin, R. Gaertner, 1891; 22 S. 4°

Berlin, Friedrichs-G, OP 1891 (54)

423 [J.] **Paulsiek**, Karl [Dir.]: Verzeichnis sämtlicher Schüler, welche an der ehemaligen höheren Gewerb- u. Handelsschule in Magdeburg . . . (1828 . . . -1858) sowie an der ehemaligen Realschule I. Ordnung (1861—1881) und dem gegenwärtigen Realgymnasium (1882—1890) . . . die Reifeprüfung bestanden haben. Nebst Mitteilungen üb. d. Nationale u. d. späteren Lebensstellungen . . . Magdeburg, Druck v. E. Baensch jun., 1891; S. 1–14; 4°

Magdeburg, RG, OP 1891 (25[illegible])

424 **Peter**, Hermannus [Dr., Rekt. u. 1. Prof.]: Georgii Fabricii ad Andream fratrem epistolae ex autographis primum editae. (Umschl.-Tit.: . . . Pars prior.) Meissen, gedr. bei C. E. Klinkicht & Sohn, 1891; S. 1–89; 4°

Meissen, Fürsten- u. Landes-S St. Afra, MP 1891 (538)

425 [J.] **Peters**, Bernhard: Beiträge zur Jugendgeschichte Oktavians. I. Oktavian vom Tode Cäsars bis z. Schlacht bei Mutina. Brilon, M. Friedländer's Buchdr., 1891; S. 7–35; 4°

Brilon, G Petrinum, P 1891 (340)

426 [J.] **Petersen**, Hans: Beitrag zur Flora von Alsen. *Sonderburg, Druck v. C. F. la Motte jr., 1891;* 50 S. 4°

Sonderburg, k. RPG, OP 1891 (290)

427 **Peveling**, Joseph [komm. Lehrer]: Geschichte der Gesetze von der Erhaltung der Materie und Energie. *Aachen, 1891;* S. III–XL; 4°

Aachen, R m. Fachkl. (früh. k. GwS), OP 1891 (465)

428 [J.] **Pfau** [Dr.]: *Festrede am Geburtstage Sr. Maj. des Königs Albert am 23. Apr. 1890.* Rochlitz, Druck v. M. Bode, *1891;* S. 4–[illegible]; 4°

Rochlitz, R m. PG, OP 1891 (573)

429 **Pfenninger**, Max [Dr., Oberl.]: Kaiser Konrads II. Beziehungen zu Aribo von Mainz, Pilgrim von Köln und Aribert von Mailand. Quellenmässig beleuchtet. (Th. I.) *Breslau, Buchdr. Lindner, 1891;* 1 Bl., XLIII S. 4°

Breslau, k. OR u. Baugewerk-S, OP 1891 (210)

430 **Pfudel**, Ernst [Oberl. Dr. Prof.]: Die Wiederholungen bei Homer. I. Beabsichtigte Wiederholungen. (Umschl.-Tit.: Die Wiederh. bei H. u. ihre Bedeutung f. d. Kritik.) Liegnitz, Druck v. O. Heinze, *1891;* 88 S. 4°

Liegnitz, k. RAk, OP 1891 (1[illegible]2)

431 **Pichlmayr**, Franz *Xaver* [Dr.]: Zu den Caesaren des Sextus Aurelius Victor. München, Druck d. Akad. Buchdr. v. F. Straub, 1891; S. 11–22; 8°
München, k. Ludwigs-G, P 1891 •

432 [J. u. Ant.] **Pietsch**, Paul: Beiträge zur Geschichte der Stadt Kempen in Posen. Erster Teil. *Kempen, gedr. in P. Amsburg's Buchdr.*, 1891; 23 S. 4°
Kempen (Posen), st. PG, OP 1891 (151)

433 [J.] **Plattner**, *Philipp* [Dir.]: Französische Schülergrammatik für die ersten Unterrichtsjahre. Ein Versuch den Schüler zu befähigen, seine Gramm. sich selbst zusammenzustellen. Strassburg, Druck v. M. DuMont-Schauberg, 1891; 6 S., 4 Tab. 4°
Wasselnheim i. E., R, MP 1891 (568) ••

434 **Plochmann**, Friedrich: Caesars Sprachgebrauch in Bezug auf die Syntax der Casus. Schweinfurt, Druck v. F. J. Reichardt, 1891; 45 S. 8°
Schweinfurt, k. StA, P 1891 •

435 **Poeschel**, Johannes [Dr.]: Die sogenannte Inversion nach und. Anregung zu e. sprachgeschichtl. Untersuchung. (Th. I.) Leipzig. Druck v. O. Leiner, 1891; S. 71–63; 4°
Grimma, Fürsten- u. Landes-S, Festschr. 1891 (531) ••

436 **Poppelreuter**, Hans: Zur Psychologie des Aristoteles, Theophrast, Strato. Leipzig, Druck v. B. G. Teubner, 1891; 52 S. 8°
Saarbrücken, k. G u. VS, OP 1891 (458)

437 [Ant. u. J.] **Poppelreuter**, P. Hubert [Dr.]: Die Erkenntnislehre der Stoiker Zenon und Kleanthes. Nach d. Quellen dargest. Coblenz, Buchdr. v. H. L. Scheid, 1891; S. 3–20; 4°
Coblenz, st. RG, P 1891 (460)

438 **Preuss**, *Karl Friedr. August* [Oberl.]: *Rede am Sedantage über die Entwickelung des deutschen Nationalbewusstseins.* Schneeberg, Druck v. C. M. Gärtner, 1891; S. 17–18; 4°
Schneeberg, k. G m. Realkl., OP 1891 (540)

439 [J.] **Radeck**, J. [Prof., Dir.]: Einweihung des neuen Schulgebäudes am 31. Okt. 1890. Hannover, Druck v. A. Grimpe, 1891; S. V–XII; 4°
Hannover, st. G I. H. an d. Goethestr., OP 1891 (290)

440 [F. u. Ant.] **Radecke**, R. [Rekt., Dr.]: In wieweit kann der pädagogische Satz: „Aller Unterricht muss von der Anschauung ausgehen", auf den fremdsprachlichen Unterricht an höheren Schulen Anwendung finden? (Umschl.-Tit.: In wieweit kann d. Prinzip d. Anschauung auf den . . .) Simmern, Druck v. E. Peltz, 1891; S. 3—15; 4°

Simmern, h. Stadt-S, OP 1891 • •

441 **Raeder**, *Hans* [Dir. Dr.]: Über die behauptete Identität der Metaphern und Gleichnisse in Bacon's und Shakespeare's Werken. Ein Beitr. z. Bacon-Shakespeare-Frage. Grünberg i. Schl., Druck v. W. Levysohn, 1891; 1 Bl., 20 S. 4°

Grünberg i. Schl., Friedrich-Wilhelms-RG u. VS, OP 1891 (212)

442 **Raschig**, Max: Zum Euler'schen Theorem der Polyedrometrie. Schneeberg, Druck v. C. M. Gärtner, 1891; S. 10—24; 4°

Schneeberg, k. G m. Realkl., Festschr. 1891 (540)

443 [F.] **Rausch**, A. [Dr.]: Schillers „Geschichte des dreissigjährigen Krieges" im deutschen Unterrichte der Obertertia. (Aud. Tit.: Ausführungen zum Lehrplan. 2 . . .) Jena, Druck v. G. Neuenhahn, *1891*; S. 24—28; 4°

Jena, G Carolo-Alexandrinum, OP 1891 (667)

444 **Reden** gehalten am 10. Okt. 1890 in der Aula des Nicolaigymnasiums zu Leipzig *bei der Einführung des Rektors Prof. Dr. Karl Heinrich Otto Kaemmel.* Leipzig, Druck v. O. Dürr, 1891; S. I—XV; 4°

Leipzig, Nicolai-G, OP 1891 (536)

445 **Rehdans**, *J.* [Oberl. Dr.]: Aufgaben aus der Statik und Dynamik mit Beispielen, welche . . . in d. Entlassungsprüfung bearbeitet worden sind. (Forts. d. P-Beil. 1890.) Graudenz, Druck v. G. Röthe, 1891; 24 S. 8°

Graudenz, k. ev. G, OP 1891 (32)

446 **Reich**, Heinrich *Wilhelm* [Dr.]: Die Frage der sogenannten zweiten Redaktion der Reden vom Kranze. München, Druck v. H. Kutzner, 1891; S. 1—51; 8°

München, k. Wilhelms-G, P 1891 •

447 [F.] **Reichau**, Heinrich [Dr., Oberl.]: Der Ursprung der Schule. Magdeburg, Druck v. E. Baensch jun., 1891; 1 Bl., 24 S. 4°

Magdeburg, Guericke-S (OR u. RG), OP 1891 (250)

448 [Ant. u. F.] **Reichenberger**, Silvan [Dr.]: Hauptregeln der griechischen Syntax. Landshut, Druck d. J. Thomann'schen Buchdr., 1891; 1 Bl., 120 S. 8°

Landshut, k. StA, P 1891 •

449 [Ant. u. F.] **Reimann**, Eugen [Prof. Dr.]: Weitere Beiträge zur Bestimmung der Gestalt des scheinbaren Himmelsgewölbes. (Forts. d. P-Beil. 1890.) Hirschberg i. Schl., Druck v. Geisler & Ike, 1891; S. 1–16; 4°
Hirschberg i. Schl., k. G, OP 1891 (184)

450 **Reimann**, P. [Dr.]: Die altniederdeutschen Präpositionen. Danzig, Druck v. A. W. Kafemann, 1891; S. 3–20; 4°
Danzig, RG zu St. Petri u. Pauli, OP 1891 (44)

451 **Reinhardt**, Karl [Dir. Dr.]: M. Henrici Hirtzwigii Rectoris de Gymnasii Moeno-Francofurtani ratione et statu ad Balthasarem Mentzerum epistola. Mit Einleitung u. Übersetzung. Frankfurt a. M., Druck v. Enz & Rudolph, 1891; S. 3–45; 4°
Frankfurt a. M., st. G, OP 1891 (379)

452 **Reinhardtus**, Reinholdus: De infinitivi cum articulo coniuncti usu Thucydideo. Oldenburg, Druck v. G. Stalling, 1891; S. 1–22; 4°
Oldenburg, grossh. G, OP 1891 (601)

453 **Reissert**, Oswald [Dr.]: Otto mit dem Barte. Eine deutsche Sage. Zur Aufführung in d. Schule bearb. Hannover, Hofbuchdr. d. Gebr. Jänecke, 1891; 1 Bl., IV, 21 S. 4°
Hannover, k. Kaiser Wilhelms G. P 1891 (297)

454 v. **Renesse**, *Emil: 'Η διδαχὴ τῶν δώδεκα ἀποστόλων.* (Th. I.) Leipzig, G. Fock, 1891; S. 3–25; 4°
Lauban, st. ev. G, OP 1891 (189)

455 **Richter**, Albert [Oberl. Dr.]: Die Mathematik ist auf den höheren Lehranstalten als Hülfswissenschaft der Naturwissenschaft zu behandeln. Wandsbek, Druck v. F. Puvogel, 1891; S. I–XXII; 4°
Wandsbek, Matthias Claudius-G m. RPG, OP 1891 (281)

456 [F.] **Richter**, *Gustav* [Dir. Dr.]: Das Gymnasialseminar zu Jena. Ein Gutachten. Jena, Druck v. G. Neuenhahn, *1891*; S. 3–13; 4°
Jena, G Carolo-Alexandrinum, OP 1891 (667

457 [F.] *Richter, Gustav [Dir. Dr.]:* Systematische Zusammenordnung der verwandten Unterrichtsstoffe der Sexta und Quinta. (And. Tit.: Ausführungen zum Lehrplan. 1. . . .) Jena, Druck v. G. Neuenhahn, *1891*; S. 14–24; 4°
Jena, G Carolo-Alexandrinum, OP 1891 (667)

458 Richter, J. W. Otto [Prof. Dr.]: Die mineralischen Schätze des deutschen Reiches und ihre Ausbeutung. Eine kurze vergleich. Betrachtung. Eisleben, Druck v. E. Schneider, *1891;* S. 3--16; 4°
Eisleben, st. RPG, OP 1891 (262)

459 Richter, Johannes [Dir. Dr.]: Festrede bei der Moltke-Feier, den 26. Okt. 1890. Nakel, *Druck v. R. Giroud*, 1891; S. 7–8; 4°
Nakel, k. G, OP 1891 (155)

460 Richter, Otto: Die älteste Wohnstätte des Römischen Volkes. Berlin, Druck v. A. W. Hayns Erben, 1891; 13 S., 1 Plan; 8°
Schöneberg-Berlin W., k. G, P 1891 (67)

461 Richter, *Paul* [Oberl.]: Die Tragödien des Äschylus nach Inhalt und Wirkung beleuchtet. Zugleich e. Wort d. Kritik üb. d. Werk v. G. Günther: Grundzüge d. tragischen Kunst. 1. Tl. Breslau, Druck v. Grass, Barth & Co., 1891; S. 3–19; 4°
Breslau, st. Johannes-G, OP 1891 (179)

462 Rick, Hubert: Neue Untersuchungen über den platonischen Theätet. (Th. I.) *Mülheim a. Rh., 1891;* 17 S. 4°
Mülheim a. Rh., RG, P 1891 (479)

463 Riedel, Ernst [Oberl.]: Über die elektrische Verteilung auf der Reciprocitätsfläche eines Rotationsellipsoides. Leipzig, Druck v. O. Dürr, 1891; 1 Bl., 20 S. 4°
Leipzig, Nicolai-G, OP 1891 (536)

464 [J.] Riemann, *Franz* [Prof. Dr.]: Die Ortsnamen des Herzogtums Coburg. (Th. I.) Coburg, Druck d. Dietz'schen Hofbuchdr., *1891;* S. 1–46; 4°
Coburg, G Casimirianum, OP 1891 (636)

465 Robel, Ernst [Dr., Oberl.]: Die Sirenen. Ein Beitr. z. Entwickelungsgesch. d. Akustik. Tl I. Berlin, R. Gaertner, 1891; 29 S. 4°
Berlin, Luisenst. RG, OP 1891 (98)

466 [J.] Röckl, *Sebastian*: Quellenbeiträge zur Geschichte der kriegerischen Thätigkeit Pappenheims von 1619 bis 1626. II. Tl. (I: . . . v. d. Schlacht bei Breitenfeld bis . . . Lützen: P-Beil. 1889.) München, Druck d. Akad. Buchdr. v. F. Straub, 1891; S. III VIII, 1- 69; 8°
München, k. Maximilians-G, P 1891 •

467 Roehr, Emil [Oberl.]: Methodologisch-mathematische Aphorismen. (Umschl.-Tit.: . . . III. Tl.) (I: 1886. II: 1887.) Oppeln, Druck v. E. Raabe, 1891; S. 3–16; 4°
Oppeln, k. kath. G, OP 1891 (167)

468 **Röhricht,** *Johannes Alexander* [P.]: Einiges aus dem Alumnatsleben im Paulinum. Hamburg, gedr. bei Lütcke & Wulff, 1891; S. 1—4; 4°
Horn bei Hamburg, Paulinum (PG u. HB), P 1891 (720)

469 **Roesener,** Bruno: Bemerkungen über die dem Andronikos von Rhodos mit Unrecht zugewiesenen Schriften, II. Tl. (Forts. d. P-Beil. 1890.) Schweidnitz, Buchdr. v. A. Schreyer, 1891; 28 S. 4°
Schweidnitz, ev. G, OP 1891 (222)

470 **Rössler,** Carl *Julius* [weil. Prof. Dr.]: Schulnachrichten aus der Zeit von Adam Siber. (Aus: Gesch. d. K. S. Fürsten- u. Landesschule Grimma ... Leipzig 1891.) Leipzig, Druck v. O. Leiner, 1891; S. 1-5; 4°
Grimma, Fürsten- u. Landes-S, Festschr. 1891 (534) • •

471 **Roske,** Wilhelm [Dir.]: Die letzten 25 Jahre des Gymnasiums zu Gleiwitz als Beitr. zu e. Geschichte d. Anstalt. (Forts. v.: Carl Nieberding, Gesch. d. Gründung u. Entw. d. Gymn. . . . Festschr. 1866.) Gleiwitz, Neumann's Stadtbuchdr., *1891;* S. 1—41; 4°
Gleiwitz, k. kath. G, Festschr. 1891 (180)

472 **Rosenow,** Hugo [Dr., Oberl.]: Über die Anzahl von Klassen bilinearer Formen. Berlin, R. Gaertner, 1891; 18 S. 4°
Berlin, IV. st. HB, OP 1891 (111)

473 [J. u. Ant.] **Rosenstiel,** F. [Oberl. Dr.]: Über die eigenartige Darstellungsform in Xenophons Cynegeticus. (Umschl.-Tit.: . . . Eine Vergleichung d. Schrift m. verwandten Schr. d. Verf.) Sondershausen, gedr. in d. Buchdr. d. „Deutschen", 1891; S. 1—24; 4°
Sondershausen, fürstl. G, OP 1891 (719)

474 **Rosikat,** August: Über das Wesen der Schicksalstragödie. (Umschl.-Tit.: . . . I. Tl.) Königsberg, Hartungsche Buchdr., 1891; S. 3—26; 4°
Königsberg i. Pr., st. RG, OP 1891 (20)

475 **Roth,** Albert: Analogiebildungen auf dem Gebiete der Nominalflexion in den arischen Sprachen. Dortmund, Buchdr. v. F. Crüwell, 1891; S. 3—15; 4°
Dortmund, st. GwS (HB), P 1891 (369)

476 **Roth,** F. W. [Oberl.]: Über die Grundrente. Döbeln, Druck v. J. W. Thallwitz, 1891; S. I—XXXVIII; 4°
Döbeln, k. RG u. Landwirtschafts-S, OP 1891 (547)

477 Rethe, *Carl:* Die Bedeutung der Wiederholungen für die Homerische Frage. Berlin, Druck v. A. Haack, 1890; S. 121—168; 8°
Berlin, Collège royal franç., Festschr. 1890 • •

478 [J.] Rewald [Stadtbauinsp.]: Beschreibung des neuen Schulgebäudes. Hannover, Druck v. A. Grimpe, 1891; S. III–IV, 1 Taf. 4°
Hannover, st. O L II. an d. Goethestr., OP 1891 (290)

479 [J.] Rückeldt, *Karl* [Dr.]: Der gerade Kreiskegel und die Ebene. Eisenach, Hofbuchdr., 1891; S. 1—13; 4°
Eisenach, grossh. RG, OP 1891 (668)

Rühle: Wie ist der Unterricht in der Geschichte ... zu verteilen ...? s. Lehmeyer, G.: Wie ... Danzig 1891

480 [Ant. u. J.] Rühlemann, Otto [Dr.]: Zur Behandlung der Lektüre im Französischen. Halle a. S., Druck d. Buchdr. d. Waisenhauses, 1891; S. 1—20; 4°
Halle a. S., RG d. Franckeschen Stiftungen, P 1891 (256)

481 Rummler, Emil [Oberl. Dr.]: Die Schulzen der deutschrechtlichen Dörfer Grosspolens im 13. und 14. Jahrhundert. (Umschl.-Tit.: ... I.) Posen, Merzbach'sche Buchdr., 1891; S. 3—16; 4°
Posen, k. Friedrich-Wilhelms-G, OP 1891 (157)

482 Russner, Johannes [Dr.]: Ueber Kondensation in Dampfleitungen und Wärmeschutzmittel. Chemnitz, Druck v. J. C. F. Pickenhahn & Sohn, *1891;* S. 5—39, 3 Taf. 4°
Chemnitz, techn. Staatslehr-A, OP 1891 • •

483 Säuberlich, R.: Über den lateinischen Unterricht in der Sexta. Frankenhausen, Druck v. F. Krebs, *1891;* 15 S. 4°
Frankenhausen, st. RPG, OP 1891 (70)

484 Sagawe, Konrad [Dr.]: Ueber den Gebrauch des Pronomens ἑαυτοῦ bei Herodot. (Th. I.) Breslau, Druck v. Grass, Barth u. Co., *1891;* S. 3—17; 4°
Breslau, st. ev. G zu St. Maria-Magdalena, OP 1891 (173)

485 Sampe, Heinrich Albin [Oberl.]: Der Indiculus superstitionum et paganiarum, ein Verzeichnis heidn. u. abergläub. Gebräuche u. Meinungen aus d. Zeit Karls d. Grofsen, aus zumeist gleichzeit. Schriften erl. Leipzig, in Komm. d. J. C. Hinrichsschen Buchh., 1891; S. 3—34; 4°
Leipzig, st. RG, OP 1891 (551)

486 **Schaarschmidt,** *Ulrich Konstantin* [Dir. Dr.]: *Bericht über die Einführung als Direktor.* Glauchau, Druck v. R. Dulce, *1891;* S. 7--11; 4°
Glauchau, R m. PG, OP 1891 (560)

487 **Schaarschmidt,** *Ulrich Konstantin* [Dir. Dr.]: *Bericht über den Rücktritt des Direktors Prof. Acker.* (Nach d. Glauchauer Tagebl.) Glauchau, Druck v. R. Dulce, *1891;* S. 4—6; 4°
Glauchau, R m. PG, OP 1891 (560)

488 [J.] **Schädel,** *Otto:* Ein Beitrag zur Don Juan-Litteratur. *Bensheim, G. Beger, Buchdr., 1891;* 20 S. 4°
Bensheim, grossh. G. OP 1891 (619)

489 **Schaube,** Adolf [Oberl.]: Neue Beiträge zur Geschichte des Konsulats des Meeres. (Nachtr. zu: „Das Kons. d. Meeres in Pisa" in: Schmoller's Staats- u. sozialwiss. Forsch. Jahrg. VIII, Heft 2. 1888.) *Brieg, Buchdr. E. Kirchner, 1891;* S. 3—23; 4°
Brieg, k. G, P 1891 (176)

490 [J.] **Scheibler,** Gustav [Dr.]: Zur Methodik des geographischen Unterrichts, besonders in den oberen Klassen höherer Lehranstalten. Magdeburg, Druck v. E. Baensch jun., 1891; 1 Bl., 19 S. 4°
Magdeburg, RG, OP 1891 (266)

491 **Schelle,** *Ernst Emil* [Oberl. Dr.]: Beiträge zur Geschichte des Todeskampfes der römischen Republik. Dresden, Druck v. B. G. Teubner, 1891; S. 1—29; 4°
Dresden-Altstadt, Annen-S (RG), OP 1891 (542)

492 **Schenk,** Richard [Dr.]: Observationes criticae in fabulas Aristophaneas, praecipue in posteriores. Neu-Ruppin, Druck v. E. Buchbinder, *1891;* 1 Bl., 18 S. 4°
Neu-Ruppin, st. Friedrich-Wilhelms-G, P 1891 (83)

493 **Schleck,** *Oskar:* Zur Erinnerung an Ludwig Kunze. Weimar, Druck d. Hof-Buchdr., 1891; S. 6—7; 4°
Weimar, Wilhelm-Ernstisches G, OP 1891 (668)

494 **Schimberg,** Adolf [Dr.]: Zur handschriftlichen Ueberlieferung der scholia Didymi. II. Th. (Th. I in: Philologus XLIX. N. F. III, 3. 1891.) Göttingen, Druck d. Dieterich'schen Univ.-Buchdr., 1891; 41 S. 8°
Ratibor, k. Ev. G, OP 1891 (200)

495 **Schirlitz,** Carl [Dr., Dir.]: Beiträge zur Erklärung der Rede des Sokrates in Platons Symposion. Neustettin, Druck v. F. Hessenland in Stettin, 1890; 1 Bl., 61 S. 8°
Neustettin, k. Fürstin-Hedwig-G, Festschr. 1890 [1891 (135)]

496 **Schirlitz,** Carl [Dir. Dr.]: Bericht über die Feier des zweihundertfünfzigjährigen Bestehens des Königl. Fürstin-Hedwig-Gymnasiums zu Neustettin. Neustettin, Druck v. R. G. Hertzberg, 1891; S. 1—48; 4°
Neustettin, k. Fürstin-Hedwig-G, OP 1891 (135)

497 **Schirmer,** Karl [Dir. Prof. Dr.]: Bericht über die 50-jährige Jubelfeier. Eschwege, Druck v. A. Rossbachs Buchdr., 1891; S. 3—94; 4°
Eschwege, Friedrich-Wilhelms-S (PG u. RPG), P 1891 (377)

498 **Schlemmer,** *Carl* [Dr.]: Historische Erinnerungen an Rügen. Colberg, Druck v. R. Knobloch, 1891; S. 3—18; 4°
Colberg, k. Dom-G u. k. RG, P 1891 (129)

499 **Schlüter,** Heinrich: Katalog der Schüler-Bibliothek des Realprogymnasiums zu Buxtehude, zusammengest. u. m. e. Vorworte vers. Buxtehude, Druck v. J. Vetterli, 1891; 22 S., 1 Bl. 4°
Buxtehude, RPG, OP 1891 (323)

500 **Schmid,** Paul [Prof. Dr.]: Erklärung einiger schwieriger Stellen in Corneille's Horace. Leipzig, Druck v. O. Leiner, 1891; S. 36—42; 4°
Grimma, Fürsten- u. Landes-S, Festschr. 1891 (534) • •

501 **Schmidt,** Ernst [Dr.]: De Pindari carmine Nemeorum tertio. Seehausen i. d. A., Druck d. H. Schröterschen Buchdr., 1891; S. 3—27; 4°
Seehausen i. d. A., G, OP 1891 (246)

502 **Schmidt,** Johannes: Der Sklave bei Euripides. (Th. I.) Leipzig, Druck v. O. Leiner, 1891; S. 93—100; 4°
Grimma, Fürsten- u. Landes-S, Festschr. 1891 (534) • •

503 **Schmidt,** Philipp: Die Syntax des Historikers Herodian. Ein Beitr. z. griech. Grammatik. Erster Teil. Die Präpositionen. Gütersloh, gedr. bei C. Bertelsmann, 1891; 49 S., 1 Bl. 4°
Gütersloh, ev. G, P 1891 (345)

504 **Schmidt,** Rudolf [Dr.]: Ein Kalvinist als kaiserlicher Feldmarschall im dreifsigjährigen Kriege. (Forts. d. P-Beil. d. Sophien-S 1890.) Berlin, R. Gaertner, 1891; 30 S. 4°
Berlin, Charlotten-S, OP 1891 • •

505 [G.] **Schmidt-Cabanis,** Richard: Abschied vom alten Schulhaus. Dem Gedenken d. Friedr.-Wilh.-Gymn. zu Berlin gewidm. *Berlin, gedr. in d. K. Hofbuchdr. v. E. S. Mittler & Sohn, 1890;* S. 19; fol.
Berlin, k. Friedrich-Wilhelms-G u. k. VS, Festzeitung 1890 • •

506 [J.] Schmuck, Emmanuel: Das Spiel im Stundenplan. *Bingen, Druck v. A. J. Pennrich, 1891;* S. 10–18; 4°
Bingen a. Rh., grossh. R, P 1891 (620)

507 Schmücking, Otto: Considérations sur l'emploi de l'Indicatif et du Subjonctif. Meiningen, Druck d. Keyssnerschen Hofbuchdr., *1891;* S. 3–19; 4°
Schleusingen, k. Hennebergisches G, OP 1891 (245)

508 Schnarrenberger, Wilhelm [Prof.]: Die Pfahlbauten des Bodensees. Konstanz, Druck v. F. Stadler, 1891; 46 S., 4 Taf. 4°
Konstanz, grossh. G, P 1891 (600)

509 [J.] *Schneeberger, Hieronymus [P., Prof.]:* Gedächtnisreden nebst e. Beigabe rhetor. Schulübungen. (Die 1. Rede aus d. Progr. 1888.) Schweinfurt, Druck v. F. J. Reichardt, 1891; 32 S. 8°
Münnerstadt, k. G, P 1891

510 Schneider, Maximilianus [Dr.]: Curae criticae in epicos Graecos (Numenium, Aratum, Claudianum). Gotha, Druck d. Engelhard-Reyherschen Hofbuchdr., 1891; S. 1–20; 4°
Gotha, herz. G Ernestinum, OP 1891 (695)

511 Schneider, Otto [Dr., Oberl.]: Lehrbuch der mathematischen Geographie zum Gebrauche für die Prima höherer Schulen. Elbing, 1891; 40 S., 2 Taf. 8°
Elbing, st. RG, OP 1891 (45)

512 Schoepke, *Anton Otto* [dirig. Oberl. Dr.]: Zweck der Realschule. Dresden-Johannstadt, Druck v. G. Nössler, *1891;* S. 7–9; 4°
Dresden-Johannstadt, st. R, OP 1891 (558)

513 Scholim, *Paul* [Dr.]: Stereometrische Örter und Konstruktions-Aufgaben. II. Tl. Forts. d. P-Beil. 1890. — Ersch. umgearb. u. vollst. in Buchform. Kreuzburg O.-S., Druck v. E. Thielmann, *1891;* S. 1–10; 4°
Kreuzburg O.-S. G, OP 1891 (188)

514 Schott, Hermannus: De septem orbis spectaculis quaestiones. Ansbach, Druck v. C. Brügel u. Sohn, 1891; 42, IV S., 1 Tab. 8°
Ansbach, k. StA, P 1891 *

515 Schotten, Heinrich [Dr.]: ... Gedanken über das Wesen der Bildung. *Schmalkalden, Druck: F. Wilisch, 1891;* 1 Bl., 12 S., 1 Bl. 4°
Schmalkalden, RPG, OP 1891 (416)

516 v. **Schubert**, Hans [Dr.]: Ein pädagogisches Schriftstück aus der Reformationszeit. Hamburg, gedr. bei Lütcke & Wulff, 1891; S. 1–7; 4°
Horn bei Hamburg, Paulinum (PG u. HB), P 1891 (720)

517 **Schühlein**, Franz: Zu Posidonius Rhodius. (Prüfung d. Ueberlieferung bei Suidas. Allgem. Untersuchungen üb. d. Werke *περὶ ὠκεανοῦ* u. *ἱστορίαι.*) (Forts. d. Progr. 1890.) Freising, Buchdr. v. Dr. F. P. Datterer, 1891; S. 1–35; 8°
Freising, StA, P 1891 •

518 **Schülke**, *Albert* [Dr.]: Electricität und Magnetismus nach den neueren Anschauungen für höhere Schulen dargest. II. Tl. Electrische Ströme. (Forts. d. P-Beil. 1890.) Osterode Ostpr., Buchdr. v. C. E. Solewski, 1891; 16 S., 1 Taf. 4°
Osterode in Ostpr., st. HG, OP 1891 (21)

519 Allgemeine **Schulordnung** für die höheren Lehranstalten der Rheinprovinz. Rheydt, H. Leuchtenrath, 1891; S. 3–6; 4°
Rheydt, R, OP 1891 (481)

520 **Schulordnung** des Stadtgymnasiums. Stettin, Druck v. Herrcke & Lebeling, 1891; S. 21–25; 4°
Stettin, Stadt-G, OP 1891 (140)

521 **Schultefs**, Karl [Oberl. Dr.]: Papst Silvester II. (Gerbert) als Lehrer und Staatsmann. Hamburg, gedr. bei Lütcke & Wulff, 1891; 1 Bl., 55 S. 4°
Hamburg, Wilhelm-G, OP 1891 (722)

522 **Schultefs**, *Friedrich* [Dir.]: (I.) Veränderungen im Bestande des Lehrer-Kollegiums von 1860—1890. –(II.) *Die Wohnungsverhältnisse der Schüler 1840/41 im Vergleich zu den heutigen.* Hamburg, gedr. bei Lütcke & Wulff, 1891; S. 7–12, 19–22; 4°
Hamburg, Gelehrten-S d. Johanneums, P 1891 (721)

523 **Schultze**, Wilh. Hermann [Dr.]: Über das elektrisch-thermische Leitungsvermögen der Dielektrika. Cöthen, Druck v. P. Schettlers Erben, *1891;* S 3–25; 4°
Cöthen, herz. HB nebst VS, OP 1891 (673)

524 **Schulz**, Fritz [Dr.]: Die für die Schule wichtigen Englischen Synonyma, zusammengest. Königsberg, Hartungsche Buchdr., *1891;* 45 S. 8°
Königsberg in Pr., k. HG auf d. Burg, OP 1891 (19)

525 [J. u. Aut.] **Schulz**, Georg: *Bericht über die Ferienkolonie während der Sommerferien 1890.* Berlin, Druck v. C. H. Müller, 1891; S. 13–16; 4°
Berlin, Falk-RG, P 1891 (98)

526 **Schulze**, Ernst [Dr., Dir.]: *Rede zur Feier des 25jährigen Bestehens der Schule.* Homburg v. d. H., Schudt's Buchdr. d. Taunusboten, 1891; S. 18–22; 4°
Homburg v. d. H., RPG u. PG, OP 1891 (395)

527 **Schulze**, *Georg* [Dr. Dir.]: *Le 200e anniversaire de la fondation du Collège.* Berlin, impr. A. Haack, *1891;* S. 21–28; 4°
Berlin, Collège royal franç., P 1891 (68)

528 **Schulze**, *Georg:* Bericht über das Königl. Französische Gymnasium in den Jahren 1689—1889. Berlin, Druck v. A. Haack, 1890; 1 Bl. S. 1–134, 4 Taf. 8°
Berlin, Collège royal franç., Festschr. 1890 • •

529 **Schulze**, Georg [Oberl. Dr.]: Die Entwickelung der Lehre von den Mineral-Pseudomorphosen. Dresden, Druck v. C. Heinrich, *1891;* S. 1–23; 4°
Dresden, Neustädter RG. OP 1891 (349)

530 **Schulze**, *Theodor* Paul [Dr.]: Bemerkungen zu Lucians philosophischen Schriften. Dessau, Druck v. L. Reiter, Herz. Hofbuchdr., 1891; 10 S. 4°
Dessau, herz. Friedrichs-G. OP 1891 (674)

531 [J.] **Schunck**, Egon: Goethes „Iphigenie auf Tauris" und das gleichnamige Euripideische Stück. Erster Teil. Paderborn, Junfermannsche Buchdr., 1891; S. 3–28; 4°
Paderborn, k. G Theodorianum, P 1891 (351)

532 **Schunck**, Egon [Oberl. Prof. Dr.]: Bemerkungen über das pronomen indefinitum. (Umschl.-Tit.: Bem. üb. d. pronomina indef.: si quis — si quisquam (ullus) — si aliquis.) Sigmaringen, M. Liehner'sche Hofbuchdr., 1891; S. 1–29; 4°
Sigmaringen, k. kath. G, P 1891 (456)

533 **Schwannecke**, Edmund [Dr., Oberl.]: Physikalische Schülerversuche. . . . Berlin, R. Gaertner, 1891; 20 S., 1 Taf. 4°
Berlin, Königst. RG, OP 1891 (97)

534 **Schwartz**, Eduard [Dr.]: De numerorum usu Euripideo capita selecta. Pars prior. Kiliae, typ. Schmidt & Klaunig, 1891; 24 S. 4°
Kiel, Gelehrten-S, OP 1891 (274)

535 **Schwarz**, Adolph [Oberl. Dr.]: Mailands Lage und Bedeutung als Handelsstadt. II. Tl: Mailands Bedeutung als Handelsstadt. (Forts. d. P-Beil. 1890.) Köln, Buchdr. v. J. B. Heimann, 1891; S. 3—59; 4°
Köln, HB u. Handelskl., OP 1891 (486)

536 **Schwarze**, Rudolf [Prof.]: Verzeichnis der Schüler-Bibliothek des Königl. Friedrichs-Gymnasiums zu Frankfurt a. Oder. Nach ihrem Bestande zu Ostern 1891 aufgenommen. Frankfurt a. O., k. Hofbuchdr. Trowitzsch & Sohn, 1891; 2 Bl., 47 S. 8°
Frankfurt a. d. O., k. Friedrichs-G, OP 1891 (74)

537 **Schweikert**, Ernst [Dr., Dir.]: Spezielle Lehrpläne. M. Gladbach, Druck v. F. van Oberger, 1891; S. 3—13; 4°
M. Gladbach, G m. Real-Parallel-Kl., P 1891 (1440 statt 440)

538 [J.] **Seché**, Carl: Das Tote Meer und die Hypothesen seiner Entstehung. Düsseldorf, gedr. bei A. Bagel, *1891;* S. 3—34, 1 Kte; 4°
Düsseldorf, HB, OP 1891 (489)

539 **Seeger**, *Heinrich* [Dir.]: Über die Stellung des hiesigen Realgymnasiums zu einem Beschlusse der letzten Berliner Schulkonferenz. Güstrow, Druck d. Ratsbuchdr., *1891;* 2 Bl., 52 S. 8°
Güstrow, RG, OP 1891 (649)

540 **Seibel**, Max [Dr.]: Zu Aristoteles *περὶ ποιητικῆς*. München, Druck d. Akad. Buchdr. v. F. Straub, 1891; S. 1—9; 8°
München, k. Ludwigs-G, P 1891 •

541 **Seidel**, Heinrich [Dr.]: Über römische Grabinschriften. I. Tl. Sagan, Druck v. P. Mertsching, 1891; S. 3—22; 4°
Sagan, k. kath. G, OP 1891 (201)

542 **Seiwert**, Joseph [komm. Lehr.]: Über einige basaltische Laven und Tuffe der Eifel. Trier, F. Lintz'sche Buchdr., 1891; S. 1—18; 4°
Trier, k. G, P 1891 (469)

543 **Siemering**, Franz [Dr.]: Die Behandlung der Mythen und des Götterglaubens bei Lukrez. Tilsit, gedr. bei H. Post, 1891; S. 3—18; 4°
Tilsit, k. RG, OP 1891 (2[illegible])

544 **Siereka**, Otto [Dr., Dir.]: Das Vaterländisch-Fraiheitliche in Heinrich von Kleists „Prinzen Friedrich von Homburg." Rede . . . am . . . Geburtstage Sr. Maj. d. Kaisers . . . Allenstein, Druck v. A. Harich, 1891; S. 3—8; 4°
Allenstein, k. G, P 1891 (1)

545 [J.] Sievert, Heinrich [Dr.]: Über Thetafunktionen, deren Charakteristiken aus Fünfteln ganzer Zahlen bestehen. Nürnberg, Buchdr. v. J. L. Stich, 1891; 31 S. 8°
Nürnberg, k. Neues G, P 1891 •

546 Simon, Max [Prof. Dr.]: Zu den Grundlagen der nicht-euklidischen Geometrie. Strassburg, Strassb. Druckerei u. Verlagsanst., 1891; S. 1—32, 1 Taf. 4°
Strassburg i. E., L, P 1891 (519)

547 Sommerfeld, Otto [Dr., Oberl.]: Hülfsbuch zur Lektüre der Ilias. Gross-Glogau, Druck v. Glogauer Druckerei-Ver., *1891*; 1 Bl., 42 S. 8°
Gross-Glogau, k. Kath. G, OP 1891 (179 statt 182)

548 Sonntag, Richard [Oberl.]: Ueber die alttestamentlichen Ausdrücke: leviathan, tannin, rahab. Duisburg, Buchdr. v. J. Ewich, 1891; S. I—XXI; 4°
Duisburg, k. G u. VS, P 1891 (431)

549 Spies, Joseph [Dr.]: Otway's Titus and Berenice and Racine's Bérénice, a parallel. Wetzlar, Druck v. F. Schnitzler, 1891; S. 1—11; 4°
Wetzlar, k. G, OP 1891 (408)

550 [Anz. u. J.] Sprenger, Robert [Dr.]: Bemerkungen zu Dramen Shakespeares. Northeim, gedr. bei W. A. Röhrs, 1891; S. 3—20; 4°
Northeim, RPG, OP 1891 (329)

551 Sprotte, Joseph [Oberl.]: Die Syntax des Infinitivs bei Sophokles. Ein Beitr. z. histor. Gramm. d. griech. Sprache. Tl II. Die Weiterentwickelung d. Infinitivs auf verbalem Gebiete. (Forts. d. P-Beil. 1887.) Glatz, Schnellpressendr. v. L. Schirmer, 1891; 29 S. 4°
Glatz, k. Kath. G, OP 1891 (179)

552 Stade, Theodor [Oberl. Dr.]: Zur Geschichte der Stadt Gera in den Jahren 1806—1813. Gera, Druck v. Th. Hofmann, 1891; S. 3—28; 4°
Gera, st. RG m. VS, OP 1891 (706)

553 Stadler, *Hermann* [Dr.]: Die Quellen des Plinius im 19. Buche der naturalis historia. (= Inaug.-Diss. München 1891.) Neuburg a. D., Griessmayersche Buchdr., *1891*; 104 S. 8°
Neuburg a. D., k. StA, P 1891 •

554 Staigmüller, H. [Prof. Dr.]: Dürer als Mathematiker. Stuttgart, Druck d. K. Hofbuchdr. Zu Guttenberg, 1891; S. 3—69; 4°
Stuttgart, k. RG, P 1891 (580)

555 **Stamm,** Georg **August Philipp** [Dr.]: Über das Alter der roten Konglomerate zwischen Frankenberg und Lollar. (= Inaug.-Diss. Marburg 1891.) Hersfeld, Druck v. E. Hoehl's Buchdr., 1891; 18 S., 1 Taf. 4°

Hersfeld, k. G u. RPG, OP 1891 (383)

556 **Stangl,** Thomas: Virgiliana. Die grammat. Schriften d. Galliers Virgilius Maro auf Grund e. erstmaligen Vergleichung d. Handschrift v. Amiens u. e. erneuten d. Handschriften v. Paris u. Neapel textkritisch unters. München, Buchdr. v. J. B. Lindl, 1891; 136 S., 1 Bl. 8°

München, k. Luitpold-G, P 1891 *

557 [Ant. u. J.] **Steffler,** Gustav: The Sege of Jerusalem. Nach d. Bodl. Ms. Laud. F. 22 (656) hrsg. Emden, Druck v. C. Zorn, 1891; S. 1–16; 4°

Emden, Kaiser-Friedrichs-S (HB), OP 1891 (328)

558 [Ant. u. J.] **Steiger,** Karl [Oberl. Dr.]: De versuum paeonicorum et dochmiacorum apud poetas Graecos usu ac ratione. Particula V. (Forts. d. P-Beil. Wiesbaden 1886. 87. 89. Rinteln 1890.) Rinteln, Druck v. C. Bösendahl, 1891; S. I–XX; 4°

Rinteln, k. G, OP 1891 (389)

559 **Stein,** Paul [Dr.]: Über Piraterie im Altertume. I. Zur Geschichte d. Piraterie bis auf d. Begründung d. Röm. Weltherrschaft. (Umschl.-Tit.: ... A. Bis z. J. 227.) Cöthen, Druck v. P. Schettlers Erben, *1891;* S. 3–34; 4°

Cöthen, herz. Ludwigs-G, OP 1891 (672)

560 **Stern,** Wilhelm [Prof.]: Diodor und Theopompos. (Forts. v.: Comment. in hon. G. Studemund, Strassburg 1889), S. 147–162. — Schluss folgt an anderem Orte.) Durlach, *Druck v. Dr. F. P. Datterer, Freising, 1891;* 1 Bl., 23 S., 1 Bl. 4°

Durlach, grossh. PG u. RG, MP 1891 (596)

561 **Sternkopf,** *Wilhelm* [Dr.]: Zur Chronologie und Erklärung der Briefe Ciceros aus den Jahren 48 und 47. Dortmund, Druck v. H. Meyer, 1891; 60 S. 4°

Dortmund, G, OP 1891 (311)

562 [J. u. Ant.] **Steusloff,** *Bernhard* [Dir. Dr.]: *Die Jubelfeier des 350jährigen Bestehens des Friedrichsgymnasiums. Herford, Buchdr. v. Gebr. Heidemann, 1891;* S. 11–19; 4°

Herford, ev. Friedrichs-G, OP 1891 (317)

563 **Stichert, August:** Nikolaus II. von Werle. Erster Teil. Rostock, Druck v. Adlers Erben, 1891; 30 S. 4°
Rostock, G u. RG, OP 1891 (644)

564 **Stiegler** [Unterprimaner]: Dem neunzigjährigen Feldherrn. (Gedicht z. Geburtstagsfeier d. Gen.-Feldmarsch. Grf. v. Moltke.) Hagenau, F. Gilardone'sche Buchdr., *1891;* S. 20; 4°
Hagenau, G u. R, MP 1891 (505)

565 **Stier,** *Gott.* [Dir.]: Heligolands salve. (Gedicht.) Zerbst, Druck v. O. Schnee, 1891; S. XV; 4°
Zerbst, herz. Francisceum, OP 1891 (676)

566 **Stiller, Otto:** Goethes Entwürfe zum Faust. Berlin, R. Gaertner, 1891; 48 S. 4°
Berlin, G z. grauen Kloster, OP 1891 (59)

567 **Stix, J.** [Prof.]: Zum Sprachgebrauch des hl. Hilarius von Poitiers in seiner Schrift de trinitate. Rottweil, M. Rothschild's Buchdruckerei [sic!], 1891; 2 Bl., S. 1—18, 1 Bl. 4°
Rottweil, k. G, P 1891 (594)

568 [J.] **Stötzer,** *Oskar Glorius* [Oberl. Dr.]: Uebersicht der Berechtigungen, welche mit der Absolvierung der einzelnen Klassen eines Realgymnasiums gesetzlich verknüpft sind. (Nach d. gegenwärtig (März 1891) geltenden Bestimmungen zusammengest.) Bützow, Druck d. Ratsbuchdr. v. C. Buhr, *1891;* S. 21—23; 4°
Bützow, RG, OP 1891 (648)

569 **Stoewer, Rudolf** [Dr.]: Das Ziel des evangelischen Religionsunterrichtes am Gymnasium und Realgymnasium, mit besond. Eingehen auf d. bibl. Lektüre besprochen. Berent, gedr. in d. Buchdr. v. A. Schueler, 1891; S. 1—25; 4°
Berent, k. PG, OP 1891 (25)

570 **Stoewer, W.** [Dr.]: Das Kulturhistorische im „Meier Helmbrecht" von Wernher dem Gartner. Bochum, Druck v. W. Stumpf, 1891; 1 Bl., 25 S. 4°
Bochum, st. R, P 1891 (35?)

571 **Stoppel, Paulus** [Dr.]: Lexici Euripidei specimen novum quo continentur literae *H* vocabula ἠ—ἠιών. (Th. I in: Festschr. f. . . . Dir. Nolting. Wismar 1886.) Wismariae, typ. L. Eberhardti, 1891; IV, 24 S. 4°
Wismar, Grosze Stadt-S (G u. R), OP 1891 (647)

572 **Storch**, Oswald [Oberl. Dr.]: Aus der Praxis der Germanismen im Schülerlatein, e. prophylakt. Versuch. (Th. I.) Waldenburg i. Schl., P. Schmidt's Druckerei, 1891; 1 Bl., 16 S. 4°
Waldenburg in Schl., st. ev. G, OP 1891 (216)

573 [J.] **Strauss**, Emil: Aus Galileis Dialog über die beiden hauptsächlichsten Weltsysteme. Frankfurt a. M., Druck v. Kumpf & Reis, 1891; 28 S. 4°
Frankfurt a. M., R d. isr. Gem. (Philanthropin), OP 1891 (401)

574 **Strenge**, Julius [Dr. Dir.]: Beschreibung des neuerbauten Gymnasiums zu Parchim. Parchim, G. Gerlach's Buchdr., 1891; S. 3–8, 2 Taf. 4°
Parchim, grossh. Friedrich-Franz-G u. RPG, OP 1891 (648)

575 **Ströse**, *Karl* [Oberl.]: Mitteilung über das Diatomeenlager bei Klieken in Anhalt (II). (Forts. d. Festschr. 1884.) Dessau, Druck v. L. Reiter, Herz. Hofbuchdr., 1891; S. 1–7; 4°
Dessau, Friedrichs-RG u. VS d. Fridericianum, P 1891 (676)

576 **Stroux** [Unterprimaner]: Deutschlands Ostertag 1890. (Gedicht z. Kaisergeburtstagsfeier.) Hagenau, F. Gilardone'sche Buchdr., *1891;* S. 22–23; 4°
Hagenau, G u. R, MP 1891 (505)

577 [Aut. u. J.] **Stuhl**, K.: Neue Pfade auf dem Gebiete der indogermanischen Sprachforschung. Vergleichende Studien im Anschl. an griech. u. deutsche Orts- u. Personen-Namen. Burghausen, Druck d. L. Russy'schen Buchdr., *1891;* 1 Bl., 49 S. 8°
Burghausen, k. StA, P 1891 *

578 **Sturm**, *Johann Baptist* [Dr.]: Über iterative Satzgefüge im Lateinischen. Speier, Jäger'sche Buchdr., *1891;* 27 S. 8°
Speier, k. StA, P 1891 *

579 **Sündermann**, *Alfred:* Aus Molières Dichtung. Berlin, Druck v. M. Oldenbourg, 1891; 1 Bl., 34 S. 4°
Berlin, k. Joachimsthalsches G, P 1891 (58)

580 **Tetzner**, *Robert* [Dr.]: Der Gebrauch des Infinitivs in Xenophons Anabasis. Doberan, Druck v. H. Rehse & Co., 1891; 21 S. 4°
Doberan, grossh. G Friderico-Francisceum, OP 1891 (641)

581 *Thorbecke [Oberl. Prof. Dr.]: Die Bibliothek des Gymnasiums, II. Hälfte.* (Forts. d. P-Beil. 1890.) *Detmold, 1891;* S. 33–71; 8°
Detmold, G Leopoldinum u. RPG, P 1891 (701)

582 **Thum,** *Rudolf* [Prof. Dr., Dir.]: *Rede bei der Entlassung der abgehenden Schüler, den 28. März 1890.* Reichenbach i. V., Buchdr. v. J. G. Koch, 1891; S. 9—14; 4°
Reichenbach i. V., R m. PG, P 1891 (579)

583 **Tiebe,** Albrecht: Die Angriffe Trendelenburgs gegen Kants Lehre von der ausschliessenden Subjektivität des Raumes und der Zeit. Stettin, Druck v. Herrcke & Lebeling, 1890; 1 Bl., 14 S. 4°
Stettin, k. Marienstifts-G, Festschr. 1890 [1891 (139)]

584 [J.] **Tobien,** Wilhelm [komm. Rekt. Dr.]: Eduard Köttgen, Rektor . . . gest. am 8. Aug. 1890. Schwelm, Druck v. M. Scherz, 1891; S. 13—16; 4°
Schwelm, RPG, OP 1891 (371)

585 [J.] **Tobien,** Wilhelm [komm. Rekt. Dr.]: Urkundliche Mitteilungen zur Geschichte der lateinischen Schule in Schwelm vom Ende d. dreissigj. Krieges bis z. Feststellung d. Schul-Ordnung v. 24. Sept. 1720. (Forts. d. Mitteil. im Osterprogr. 1888.) Schwelm, Druck v. M. Scherz, 1891; S. 1—11; 4°
Schwelm, RPG, OP 1891 (371)

586 **Toeppen,** *Max* [Dr., Dir.]: Die preussischen Landtage während der Regentschaft der brandenburgischen Kurfürsten Joachim Friedrich und Johann Sigismund 1603—1619. Nach d. Landtagsacten dargest. (Th. I.) Elbing, Buchdr. R. Kühn, 1891; 1 Bl., 38 S. 4°
Elbing, k. G, OP 1891 (30)

587 **Treuding,** *Albert:* Barbarossa's Erwachen. Ein Festspiel. Lüneburg, Druck d. v. Stern'schen Buchdr., 1891; S. 3—9; 4°
Lüneburg, Johanneum, OP 1891 (305)

588 **Tschiersch,** Otto [Dr. Dir.]: Viro . . . doctissimo Guilelmo Erler Zullichoviensi Gymnasii Zull. praeceptori supremo . . . ao. MDCCCXCI Kal. Apr. muneris suscepti sollemnia semisaecularia celebranti . . . gratulatur. Custrini, typ. expr. C. Nigmann, *1891;* 7 S. 4°
Cüstrin, k. G m. st. VS, P 1891 (72)

589 **Tücking,** Karl [Dr. Dir.]: Das Römerkastell Novaesium, der fränkische Salhof und die Stadt Neufs. (Th. I: bis 1174. — Vollst. ersch. u. d. T.: Gesch. d. Stadt N. Düsseldorf 1891.) Neufs, Buchdr. v. L. Schwann, 1891; 61 S. 8°
Neufs, k. G, P 1891 (449)

590 **Ubbelohde,** Karl [Dir.]: Fünf Schulreden. 1. Centralisation und Partikularismus. 2. Bescheidenheit. 3. Leichtsinn. 4. Treue. 5. Die Herren der Welt. Friedland i. M., Druck v. W. Walther, 1891; S. 1—27; 4°
Friedland (i. M.), G, P 1891 (653)

591 Uhlemann, Emil [Dr.]: Grammatische Eigentümlichkeiten in P. Corneilles Prosaschriften. Nordhausen, Druck v. C. Kirchner's Buchdr., 1891; S. 1—46; 4°
Ilfeld, k. Kloster-S, OP 1891 (302)

592 Uhlich, Ernst [Prof.]: Reihensummation auf geometrischem Wege. Leipzig, Druck v. O. Leiner, 1891; S. 43—49; 4°
Grimma, Fürsten- u. Landes-S, Festschr. 1891 (534) ••

593 Uhlig, *Louis* Oskar [Dr.]: Die consecutio temp. im indirekten Fragesatz bei Tacitus. Schneeberg, Druck v. C. M. Gärtner, 1891; S. 49—54; 4°
Schneeberg, k. G m. Realkl., Festschr. 1891 (540)

594 Ullmann, *Carolus Theodorus* [Prof.]: Proprietates sermonis Aeschylei quatenus e diverbio perspectae sunt enumeravit et iudicavit. Tertia pars. (Forts. d. P-Beil. Baden 1881. Donaueschingen 1884.) Tübingen, Druck v. H. Laupp jr., 1891; 17 S. 4°
Donaueschingen, grossh. PG, MP 1891 (505)

595 Ullrich, Edward [Dr., Prof.]: Das Rechnen mit Duodecimalzahlen. Heidelberg, C. Winter's Universitätsbuchh., 1891; 30 S. 4°
Heidelberg, R, MP 1891 (611)

596 Unruh, Ferd.: Das patriotische Drama im heutigen Frankreich. Königsberg, Hartungsche Buchdr., 1891; S. 1—20; 4°
Königsberg in Pr., Altstädtisches G, OP 1891 (9)

597 Uppenkamp, August [Dir. Dr.]: Der Begriff der Scheidung nach seiner Entwickelung in semitischen und indogermanischen Sprachen. Bonn, Univ.-Buchdr. v. C. Georgi, 1891; 39 S. 4°
Düsseldorf, k. G, P 1891 (423)

598 Varges, Willi [Dr.]: Der Lauf der Elbe im norddeutschen Flachlande. (Erster Teil.) Ruhrort, Druck v. J. Brendow & Sohn, 1891; 22 S., 1 Bl. 4°
Ruhrort, RG, OP 1891 (482)

599 [J.] Velten, Gottfr. [Dir.]: Geschichte des Königl. Lehrerseminars zu Kempen. . . . Düsseldorf, L. Schwann, 1890; VI, 167 S., 1 Taf., 8 Pläne; 8°
Kempen, k. Lehrer-Sm, Festschr. 1890 ••

600 [J.] Verfügung der Königl. Regierung zu Potsdam betr. die Gesundheitspflege in der Schule (Vfg. v. 3. Febr. 1890). *Wittstock, Druck v. O. Wessoly, 1891:* S. 32—31; 4°
Wittstock, k. G, P 1891 (90

601 Vielau, Hermann [Dir.]: Katalog der Lehrer-Bibliothek. 2. Tl. (Forts. d. P-Beil. 1890.) Bonn, Hauptmann'sche Buchdr., 1891; S. 25–48; 8°
Münstereifel, k. G, P 1891 (448)

602 [J. u. Anl.] Völcker, *Gustav* [Dir. Dr.]: I. Zum spätern Beginn des lateinischen Unterrichts. II. Der neueste Kampf um das Latein. (I aus: N. Jahrb. f. Philol. u. Päd. Jan. 1891. II aus: Pädag. Arch. 1. Heft 1891.) Schönebeck, Druck v. Th. Wulfert, *1891;* 1 Bl., 74 S. 8°
Schönebeck a. E., RPG, OP 1891 (268)

603 Voerkel [k. Kreisbauinsp.]: Beschreibung des neuen städtischen Progymnasial-Gebäudes zu Lötzen. . . . Lötzen, Druck v. J. van Riesen, *1891;* S. III–VIII, 2 Taf. 4°
Lötzen, st. PG, OP 1891 (19)

604 Vogel, Paul *Johannes* [Dr.]: Kritische und exegetische Bemerkungen zu Ovids Tristien. Schneeberg, Druck v. C. M. Gärtner, 1891; S. 24–40; 4°
Schneeberg, k. G m. Realkl., Festschr. 1891 (540)

605 Vogels, Johann [Oberl. Dr.]: Handschriftliche Untersuchungen über die englische Version Mandeville's. (Vgl. Festschr. 1882 u. P-Beil. 1886. — Die „Unters." sowie d. Ausg. ersch. später gesondert.) Crefeld, Druck v. G. Kübler, *1891;* S. 3–62; 4°
Crefeld, RG, P 1891 (472)

606 Vogt, Paul [Prof. Dr., Dir.]: Nachträge zur Programm-Abhandlung des vorigen Jahres über die Ortsnamen im Engersgau. Neuwied, Strüder'sche Buchdr., *1891;* S. 11–18; 4°
Neuwied, k. G m. RPG, OP 1891 (450)

607 Volkmann, Lothar [Dr., Lehrer am G u. RG zu Düsseldorf]: Die tragische Hamartia bei Lessing. Jauer, P. Guercke, 1890; S. 85–59; 8°
Jauer, k. G, Festschr. 1890 **

608 [J.] Volkmann, Richard [Dir. Dr.]: *Bericht über die Feier des 25-jährigen Bestehens der Anstalt.* Jauer, Druck d. Opitz'schen Buchdr., 1891; S. 10–20; 4°
Jauer, k. G, OP 1891 (186)

609 Volkmann, Walther [Dr., Lehrer am G zu S. Maria-Magd. in Bresl.]: Untersuchungen zu Diogenes Laertius. (I. Sosicrates. II. Die Schriften des Timon v. Phlius.) Jauer, P. Guercke, 1890; S. 108–130; 8°
Jauer, k. G, Festschr. 1890 **

610 **Volkmann,** Wolfgangus [Dr., Hülfsl. am k. Friedr.-G in Bresl.]: De encomio Demosthenis inter Luciani scripta perperam relato. Jauer, P. Guercke, 1890; S. 191–197; 8°
Jauer, k. G, Festschr. 1890 ••

611 **Volkmar,** A. [Dr.]: *Zur* Erinnerung an Schulrat W. Volkmar. Blankenburg a. H., W. Kirchers Wwe., 1891; S. 1–3; 4°
Blankenburg a. H., herz. G, OP 1891 (620)

612 **Vorwtzsch,** Max [Dr.]: Altenburg zur Zeit des Kaisers Friedrich Barbarossa. Festrede z. Feier d. Geburtstages Sr. Maj. Kaiser Wilhelm II . . . 1890 . . . Beigegeben sind 7 Urkunden. Altenburg i. S.-A., Pierer'sche Hofbuchdr., 1891; 97 S. 4°
Altenburg, herz. RPG, OP 1891 (678)

613 **Wähdel,** Hermann *Theodor Andreas* [Prof. Dr.]: Zur Geschichte des Stralsunder Gymnasiums. Siebenter Beitr. Die Zeit v. 1860–1891 (Forts. d. Gesch. d. Gymn. v. Prof. Zober. 1–6. 1839–1860.) Stralsund, Druck d. k. Regierungsbuchdr., 1891; S. 1–26; 4°
Stralsund, G, OP 1891 (149)

614 **Wagler,** *Paul* [Dr.]: Die Eiche in alter und neuer Zeit. Eine mytholog.-kulturhistor. Studie. I. Tl. (Th. II = Berliner Stud. f. class. Philol. u. Arch. 13. Bd. 2 Heft. 1891.) Wurzen, Druck v. G. Jacob, *1891;* S. 3–41; 4°
Wurzen i. S., k. G, OP 1891 (541)

615 **Wagner** [Prof.]: Der gegenwärtige Lautbestand des Schwäbischen in der Mundart von Reutlingen. II. Tl. (Der I. Tl ersch. 1889 als Festschr. . . .) *Reutlingen, Buchdr. v. C. Rupp, 1891;* 1 Bl., S. 97–169, 7 Taf. 4°
Reutlingen, k. Real-A, P 1891 (589)

616 [F.] **Wagner,** Balthasar [Oberl. Dr.]: Methodischer Lehrplan für den Unterricht in der Mathematik und im Rechnen. Fulda, J. L. Uth's Hofbuchdr., 1891; S. 3–19; 4°
Fulda, RPG, OP 1891 (411)

617 **Wagner,** Richard [Dr.]: Der Gebrauch des imperativischen Infinitivs im Griechischen. *Leipzig, Druck v. Hesse & Becker, 1891;* 52 S. 8°
Schwerin i. M., grossh. G Fridericianum, OP 1891 (645)

618 **Waldeyer,** Carl Jos.: Walram von Jülich, Erzbischof von Köln, und seine Reichspolitik. II. Tl. (Forts. d. P-Beil. 1890.) *Bonn, Univ.-Buchdr. v. C. Georgi, 1891;* 21 S. 4°
Bonn, RPG, OP 1891 (435)

9*

619 [J.] **Waldmann**, Michael [Dr.]: Die wichtigsten französischen Synonyma z. Gebr. f. Schüler höh. Lehranstalten zusammengest. Regensburg, Druck v. M. Wasner, 1891; IV, 168 S. 8°
Regensburg, k. neues G, P 1891 *

620 **Wallies**, Max [Dr.]: Die griechischen Ausleger der Aristotelischen Topik. Berlin, R. Gaertner, 1891; 27 S. 4°
Berlin, Sophien-G. OP 1891 (66)

621 **Walter**, Max [Dir.]: Einführung des Direktors. Bockenheim. Druck v. F. Kaufmann & Co., 1891; S. 1–12; 4°
Bockenheim, st. R. P 1891 (392)

622 [J.] **Walter**, Theodor [Dir. Dr.]: Muster zur analytischen Methode der Schulalgebra. *Bingen, Druck v. A. J. Pennrich, 1891;* S. 5–7; 4°
Bingen a. Rh., grossh. R, P 1891 (620)

623 **Wapenhensch**, Wilhelm [Dir.]: Antrittsrede. Pr. Stargard, Druck d. A. Müller'schen Hofbuchdr., Danzig, 1891; S. 3–10; 4°
Pr. Stargard, k. Friedrichs-G, OP 1891 (40)

624 **Wartenberg**, Wilhelm: Bemerkungen zur Rhythmik und Metrik m. besond. Rücksicht auf d. Schulunterricht. Eupen, Druck v. C. J. Mayer, 1891; S. 3–18; 4°
Eupen, PG m. Realparallelkl., P 1891 (438)

625 **Weber**, *Ernst:* Les Manifestes littéraires de Victor Hugo. Berlin, Druck v. A. Haack, 1890; S. 103–106; 8°
Berlin, Collège royal franç., Festschr. 1890 **

626 **Weber**, Ludwig [Dr., Oberl.]: Die poetische Lektüre auf den Gymnasien. (I. Tl.) Berlin, Druck v. W. Pormetter, 1891; 24 S. 4°
Berlin, k. Luisen-G, OP 1891 (62)

627 **Weddigen**, Otto [Dr.]: Zur Geschichte des deutschen Meistergesanges. Wiesbaden, Buchdr. v. C. Ritter, 1891; 1 Bl., 18 S. 4°
Wiesbaden, k. RG, OP 1891 (109)

628 [J.] **Weihrich**, G. [Dir.]: Beiträge zur Geschichte des chemischen Unterrichtes an der Universität Giessen. Giessen, C. v. Münchow, Univ.-Buchdr., 1891; S. 3–20, 1 Taf. 4°
Giessen, grossh. RG u. R, OP 1891 (634)

629 **Weinbeck**, Wilhelm: Der geograph. Unterricht in der Sekunda u. Prima des Gymnasiums. Düsseldorf, Buchdr. v. L. Schwann, 1891; S. 3--21; 4°
Bedburg, Rheinische RAk, P 1891 (421)

630 **Weinert**, Albert: Zeittafeln für den Unterricht in der Geschichte an höheren Lehranstalten. Demmin, gedr. bei W. Gesellius, 1891; 49 S. 8°
Demmin, k. G, OP 1891 (150)

631 **Weinhold**, *Alfred:* Bemerkungen zu Q. Curtius Rufus. Leipzig, Druck v. O. Leiner, 1891; S. 25—39; 4°
Grimma, Fürsten- u. Landes-S, Festschr. 1891 (534) ••

632 **Weismantel**, Otto: Die Erdbeben des vorderen Kleinasiens in geschichtlicher Zeit. (= Inaug.-Diss. Marburg 1891.) Wiesbaden, L. Schellenberg'sche Hof-Buchdr., 1891; S. 5—29, 1 Kte; 4°
Wiesbaden, k. G, OP 1891 (391)

633 **Weissenfels**, *Oskar:* De Platonicae et Stoicae doctrinae affinitate. Berlin, Druck v. A. Haack, 1890; S. 61—120; 8°
Berlin, Collège royal franç., Festschr. 1890 ••

634 **Wentzlau**, Hermann [Oberl. Dr.]: Unsere höheren Schulen. Magdeburg, Druck v. E. Baensch jun., 1891; 1 Bl., 18 S. 4°
Magdeburg, (st.) König Wilhelms-G, OP 1891 (234)

635 **Wenzel**, *G.* [Dr.]: John Wilson als Dramatiker. Vegesacker Buchdr., *1891;* S. 3—27; 4°
Vegesack, RG, P 1891 (718a)

636 *Werner, Oskar:* Katalog der Schüler-Bibliothek. Lübben, Buchdr. v. F. Driemel & Sohn, 1891; 72 S. 8°
Lübben i. d. L., RPG, OP 1891 (119)

637 [J.] **Wernicke**, *Adolf* [Dir.]: *Die feierliche Entlassung des bish. ord. Lehrers Anton Ullmann.* Gleiwitz, Neumann's Stadtbuchdr., *1891;* S. 26—29; 4°
Gleiwitz O.-S., k. OR u. techn. Fach-S, OP 1891 (211)

638 [J.] **Wernicke**, *Adolf* [Dir.]: Ubersicht [sic!] über die den Ober-Realschülern zugänglichen Berufsarten. Gleiwitz, Neumann's Stadtbuchdr., *1891;* S. 35—36; 4°
Gleiwitz O.-S., k. OR u. techn. Fach-S, OP 1891 (211)

639 **Westphal**, *Friedrich* [Dr.]: Die Präpositionen bei Xenophon. (Forts. d. P-Beil. 1888.) Freienwalde a. O., Buchdr. v. J. Linke, 1891; S. 1—19; 4°

Freienwalde a. O., k. G, OP 1891 (75)

640 **Weyland**, *Paul* [Oberl. Dr.]: Vergils Beschreibung des libyschen Hafens. Aen. I v. 159 — v. 169. Gartz a. O., Druck v. E. Forche, *1891*; S. 3—11; 4°

Gartz a. O., st. G, OP 1891 **

641 [F.] **Wickenhagen**, *Hermann*: Antike und moderne Gymnastik. Vergleich. Betrachtungen u. Vorschläge. Rendsburg, Druck v. D. J. Carstens, 1891; S. 1—45; 4°

Rendsburg, G u. RG, OP 1891 (279)

Wie ist der Unterricht in der Geschichte auf den höheren Lehranstalten zu handhaben . . . ? Danzig 1891

s. Lohmeyer, G., Rühle u. E. Panten [Verf.]

642 **Wiesner**, *Karl* [Oberl.]: Die deutschen Helden von 1870/71 (Umschl.-Tit.: . . . eine patriot. Dichtung.) Pless, Druck v. A. Krummer, 1891; S. 1—7; 4°

Pless, ev. Fürsten-S, P 1891 (189)

643 **Wiesner**, *Karl* [Oberl.]: Horazische Oden des 3. u. 4. Buches in freier Nachdichtung. (Vgl. P-Beil. 1885.) Pless, Druck v. A. Krummer, 1891; S. 8—29; 4°

Pless, ev. Fürsten-S, P 1891 (189)

644 **Wiessner**, *Carl* [Prof. Dr.]: Über einige deutsche Rechtsaltertümer in Willems Gedicht van den vos Reinaerde. Breslau, Druck v. Grass, Barth & Co., *1891*; 28 S. 8°

Breslau, st. ev. G zu St. Elisabet, OP 1891 (170)

645 [F. u. Ant.] **Winckler**, *K. A. Th. Wilhelm* [Dr., Dir.]: Erfordernisse für die Erteilung des Zeugnisses der Reife. Bützow, Druck d. Ratsbuchdr. v. C. Buhr, *1891*; S. 16—18; 4°

Bützow, RG, OP 1891 (618)

646 **Witte**, *Ferdinand*: Geschichte des Domgymnasiums zu Merseburg. III. Tl, 1. Hälfte. Die Stiftsschule am Dom zu Merseburg zu Kursächs. Zeit. 1738—1815. (Forts. d. Festschr. 1875 u. 1876.) Merseburg, Druck v. F. Stollberg, 1891; 51 S. 4°

Merseburg, Dom-G, OP 1891 (235)

647 Witte, Fr. [Oberl.]: Vorlagen zu lateinischen Stilübungen im Anschluss an die Lektüre. Marienburg, Druck v. L. Giesow, *1891;* 30 S. 8°
Marienburg, k. G, OP 1891 (35)

648 [Ꝫ.] Wittenbrinck, *Gustav:* Zur Kritik und Rhythmik des altenglischen Lais von Havelok dem Dänen. Burgsteinfurt, Druck v. H. Schultz, *1891;* 46 S. 8°
Burgsteinfurt, Fürstlich Bentheimsches G Arnoldinum m. Realkl., OP 1891 (341)

649 Wittich, Wilhelm [Dir.: Dr.]: Einleitung und Kapitelüberschriften zu einer Schulausgabe von Sallusts Catilina. Cassel, Druck v. K. Gosewisch, *1891;* S. 5—18; 4°
Cassel, st. RG, OP 1891 (393)

650 Wogau, Theodor: Bewegung zweier materieller Punkte, welche durch einen gewichtslosen Faden miteinander verbunden sind, im Raume und in der Ebene unter Einwirkung der Schwerkraft und beliebig gegebener Anfangsgeschwindigkeiten. Memel, gedr. bei F. W. Siebert, 1891; S. 3—30; 4°
Memel, k. G, P 1891 (14)

651 Wolff, Christoph: Das Princip der reziproken Radien. Erlangen, Druck d. Univ.-Buchdr. v. E. Th. Jacob, 1891; 2 Bl., 39 S., 2 Taf. 8°
Erlangen, k. StA, P 1891 •

652 Wolff, Eduard [Dr.]: Des Cornelius Tacitus Gespräch über die Redner übs. u. erkl. Frankfurt a. M., Druck v. Mahlau & Waldschmidt, 1891; S. 3—44; 4°
Frankfurt a. M., Wöhler-S (RG nebst Handels-S), OP 1891 (397)

653 Wossidlo, Paul [Dr., Dir.]: Das Tarnowitzer Plateau nach seinen geographischen und naturwissenschaftlichen Beziehungen. I. Tl nebst e. Anh. Die Entstehung d. norddeutschen Diluviums. Tarnowitz, Ch. Heimann's Buchdr., 1891; 62 S. 8°
Tarnowitz, RG, OP 1891 (217)

654 [Ꝫ.] Zange, F. [Dir. Prof. Dr.]: Lehrplan für den evangelischen Religions-Unterricht 2. in Quinta u. 3. in Quarta. (Forts. d. P-Beil. 1890.) Erfurt, Druck v. F. Bartholomäus, 1891; 1 Bl., 24 S. 4°
Erfurt, k. RG, P 1891 (253)

655 [Ꝫ.] Zelle, Friedrich [Dr.]: J. Theile und N. A. Strungk. Zweiter Beitr. z. Geschichte d. ältesten deutschen Oper. (Forts. d. P-Beil. 1889.) Berlin, R. Gaertner, 1891; 24 S. 4°
Berlin, Humboldts-G, OP 1891 (57)

656 **Zerbst,** Friedrich [Oberl.]: Einige Entwickelungen aus dem Unterricht in der allgemeinen Arithmetik. Schneidemühl, Druck v. G. Eichstädt, *1891;* S. 8–14; 4°
Schneidemühl, k. G. OP 1891 ([illegible])

657 **Zeuner,** Rudolf [Dr.]: Wortschatz des sogenannten Kentischen Psalters. Erstes Stück. Gera, *Druck v. E. Karras in Halle a. S.,* 1891; IV, 10 S. 4°
Gera, fürstl. G Rutheneum u. VS, OP 1891 (705)

658 **Ziegler,** Bened. [Prof. Dr.]: Zur Geschichte des Schulwesens in der ehemal. freien Reichsstadt Überlingen. Überlingen, Buchdr. A. Feyel, 1891; 23 S. 4°
Überlingen. HB (m. fak. Lat.), MP 1891 (618)

659 **Zimmermann,** August [Prof., Oberl.]: (I.) Etymologische Versuche. – (II.) Dispositionen zu deutschen Aufsätzen. (I: berichtigte Aufsätze aus d. Arch. f. lat. Lexikogr. u. d. Rhein. Mus. 1887–90.) Posen, Merzbach'sche Buchdr., 1891; 24 S. 4°
Posen, k. Marien-G, P 1891 (158)

660 **Zimmermann,** Aemilius: De epistulari Temporum usu Ciceroniano quaestiones grammaticae. IV. (Forts. d. P-Beil. 1886. 87. 90.) Rastenburgae, typ. expr. W. Kowalski, *1891;* 23 S. 4°
Rastenburg, k. G, OP 1891 (18)

661 [F.] **Zimmermann,** Julius [Oberl.]: Ilias I–VIII (nach der Auswahl von Kammer) übs. in gereimten trochäischen Tetrametern. Zeitz, Druck v. C. Brendel, 1891; 40 S. 8°
Zeitz. k. Stifts-G, OP 1891 (252)

662 [F. u. Ant.] **Zinzow,** Adolf [Dir. Dr.]: Die erst sächsisch-fränkische, dann normannische Mirmannsage nach Inhalt, Deutung und Ursprung. Pyritz, Druck d. Backe'schen Buchdr., 1891; S. 1–20; 4°
Pyritz, k. Bismarck-G, OP 1891 (137)

663 **Zitscher,** Ferdinand [Rekt. Dr.]: Rede zur Feier des neunzigsten Geburtstages des General-Feldmarschalls Grafen von Moltke am 26. Okt. 1890 . . . geh. Forst i. L., Druck v. E. Hoene, 1891; S. 3–8; 4°
Forst i. L., RPG u. PG Georgianum, OP 1891 (117)

664 **Zitscher,** Ferdinand [Dr., Rekt.]: *Rede zur Weihe der neuen Schulfahne am Sedantage 1890.* Forst i. L., Druck v. E. Hoene, 1891; S. 17–19; 4°
Forst i. L., RPG u. PG Georgianum, OP 1891 (117)

665 [J.] **Zepf,** Wilhelm [Oberl.]: Darstellung des 3. (Quarta-)Cursus in meinem naturwissenschaftlichen und geographischen Gesamt-Unterrichts. (Schluss d. P-Beil. 1888. 90.) Breslau, Druck v. Grass, Barth u. Co., *1891;* 1 Bl., 36 S. 8°
Breslau, RG z. heiligen Geist, P 1891 (209)

666 [J.] **Zschäck,** *Eduard* [Schulrat Dr. Dir.]: Die Errichtung der Höheren Bürgerschule zu Gotha. (Ein Beitr. z. Geschichte d. Schulwesens d. Stadt Gotha.) Gotha, Stollbergsche Buchdr., 1891; S. I—XVI; 4°
Gotha, st. HB, OP 1891 (695 b)

667 [J. u. Ant.] **Zechau,** Hermann [Dir. Dr.]: Über Horat. carmin. IV, 8. Schwedt a. O., Druck v. F. Freyhoff, 1891; S. 3-19; 4°
Schwedt a. O., st. Hohenzollern-G, P 1891 (86)

668 **Zschommler,** Max [Dr., Oberl.]: Beiträge zu Julius Mosens Erinnerungen. Plauen i. V., gedr. bei M. Wieprecht, 1891; 1 Bl., 34 S. 4°
Plauen i. V., k. G, OP 1891 (529)

669 **Zühlke,** Franz [Dr.]: Mommsen und Willems in ihrer Auffassung der Sonderstellung der Patricier in dem Senat, resp. — einem engeren, ausschliesslich patricischen Senat zur Zeit der römischen Republik. Insterburg, Druck v. K. Wilhelmi, 1891; 43 S. 8°
Insterburg, k. G u. RG, OP 1891 (6)

670 **Zürn,** L. [Prof.]: Die Lektüre der Hamburgischen Dramaturgie Lessings in der Oberprima. III. Tl. (Forts. d. P-Beil. 1884. 85.) Rastatt, Buchdr. v. J. G. Vogel, 1891; 21 S. 4°
Rastatt, grossh. G, MP 1891 (606)

Systematische Zusammenstellung der verwandten Unterrichtsstoffe der Sexta u. Quinta
s. **Richter,** Gustav [Verf.]

671 **Zutt,** *Gerhard* [Prof.]: Die Rede des Andokides *περὶ τῶν μυστηρίων* und die Rede des Lysias *κατ' Ἀνδοκίδου.* I. Tl. Leipzig, Druck v. B. G. Teubner, 1891; 32 S. 4°
Mannheim, grossh. G, MP 1891 (608)

672 **Zwerg,** G.: Übersichten zur Chronik des Königl. Gymnasiums zu Marienwerder. 3. Forts. Von 1883 bis 1890. (Forts. d. P-Beil. 1848. 51. 62: Geschichtl. Nachr. üb. d. Gymn. v. Aug. Lehmann.) Marienwerder, Druck d. R. Kanter'schen Hofbuchdr., 1891; S. 1—20, 2 Tab., 1 Taf. 4°
Marienwerder, k. G, P 1891 (30)

I. Sachregister

Abbildung, flaechentreue . . Nr. 246
Achaemenidenreich 325
Acker, Prof. 487
Aeschines 448
Aeschylus 176. 461. 594
Albert, Koenig v. Sachsen . . 266
Albertus Magnus 537
Albrecht, Dir. 218
Algebra . . 1. 378. 407. 472. 596. 652
Alpharts Tod 290
Alsen, Flora 426
Alsted, Joh. Hnr. 339
Altenburg, Geschichte 612
Altona, deutsche Sprache . . . 97
Ammianus Marcellinus 589
Analogiebildungen d. arischen Sprachen 475
Analysis 140. 249. 270. 592
Andocides 671
Andronicus v. Rhodus 469
Anfangsunterricht, franzoes. . . 130
Angelsachsen, Aberglaube . . . 128
Anschauungsprincip im fremdsprachl. Unterricht 440
Anstandsgefuehl, gesellschaftl. . 92
Anziehung v. Massen 166
Aphorismen, mathematische . . 467
Arabien, Klima 57
Aratus Solensis 510
Arbeiten, praktische, im Laborat. 217
Arcandisciplin 256
Archaeologie, Feriencurs . . 70. 242
Aribert v. Mailand 429
Aribo v. Mainz 429
Aristophanes 204. 492
Aristoteles . . 80. 105. 158. 436. 540
    Commentatoren 680
Arnstadt, Schulwesen 328
Artikel, griechischer 275
Astronomie . . . . Nr. 42. 449
Attendorn, Phanerogamen . . . 184
Atys u. Adrast 109
Aufgaben aus d. Mathematik . 389
    aus d. Statik u. Dynamik . 445
    stoechiometrische 141
Aufsatz, deutscher 416
    lateinischer 819
Augustinus 194
Aussprache d. Englischen . . . 362

Bacchius senior 259
Bacon 441
Badghis, Land u. Leute . . . 201
Ballade, deutsche 173
Barbarossa's Erwachen 567
Basalte d. Eifel 549
Baumer, Joh. Wilh. 658
Beobachtungen, meteorologische, in Neustrelitz 182
Beobachtungsstation, meteorologische, zu Geisenheim . . . 77
Berechtigungen d. hoeh. Schulen 21 568. 638
Bernburg, Marienkirche . . . 306
Bescheidenheit 590
Bewegung elastischer Fluessigk. 10
    materieller Punkte . . 188. 650
Bewegungserscheinungen d. Pflanzentheile 253
Bibliotheken:
    Altenburg, G 169
    Barmen-Wupperfeld, R . . 282
    Bromberg, RG 253
    Buxtehude, RPG 499
    Detmold, G 561
    Erfurt, G 253
    Frankfurt a. O., G 525
    Karlsruhe, R 280

Musteraufsaetze, lateinische Nr. 319
Mythologie 147

Nachwirkung, thermische . . . 211
Nahgebiet, roemische Spuren . 15
Nationalbewusstsein, deutsches 439
Negation im Provenzalischen . 274
Negatives u. Imaginaeres . . . 270
Nepos 62
Neuss, Geschichte 589
Neustadt O.-Schl., Geschichte . 296
Neuzeit, einleitende Ereignisse . 62
Nicolaus II. von Werle 563
Niederlande im geogr. Unt. . . 197
Niedersachsen, Kunstgeschichte 116
Nominalflexion d. arischen
Sprachen 475
Novaesium 589
Numenius Heracleota 510

Obstbau zu Geisenheim . . . 171
Octavian 425
Oerter, mereometrische 518
Oper, aelteste deutsche 655
Oppian 548
Orthographie, lateinische . . . 415
Ortsnamen v. Coburg 464
im Engersgau 606
v. Forbach i. L. 85
Orts- u. Personennamen, griech.
u. deutsche 577
Oscillation d. Barometers . . . 312
Ostrakoden 316
Otto mit d. Barte 459
Otto I., Kaiser 128
Otway, Thom. 549
Ovid 549. 604

Paedagogik 4. 96. 122. 151. 157. 182
216. 272. 277. 278. 399. 418. 444
456. 457. 508. 512. 516. 559. 609
623. 626. 634; siehe auch Lehrplaene, Unterricht
als Wissenschaft 164
Palaeontologie . . 125. 168. 316. 575
Papinian 542
Pappenheim 406
Parabeln, dem Dreieck eingeschriebene . . . . . . Nr. 108
Patricier, Stellung im Senat . . 669
Paul-Louis — s. Courier
Paulus, Apostel 12
Diaconus 400
Pausanias 231
Pell'sche Gleichung 379
Peter von Amiens 129
Pfalz, frank. Familiennamen . . 297
Pfeiffer, W. 78
Pflanzentheile 253
Phaedrus 372
Phanerogamen v. Attendorn . . 184
Philosophie 231. 359. 436. 437. 563. 633
Photometrie 197
Physik 237. 270. 312. 427. 465. 516; siehe auch Elektricitaet
Pilgrim von Koeln 439
Pindar 601
Piraterie im Alterthum 589
Planimetrie, Einfuehrung . . . 51
Plato 16. 181. 462. 495. 629
Plattdeutsches aus Hinterpomm. 308
Plinius d. Aeltere 558
d. Juengere 320
Polen, deutschrechtl. Schulzen . 481
Polyedrometrie 442
Posidonius Rhodius 517
Postel, Chrn. Henr. 87
Praepositionen, altniederdt. . . 450
Procop 206
Pronomen indefinitum 532
Psalmen, makkabaeische . . . 393
Psalter, Kentischer 657
Psalterium triplex Cusanum . . 200
Pseudomorphosen 529

Quedlinburgensia 309
Quintilian 22

Racine 549
Radien, reciproke 651
Rahab im A. Test. 548
Rauden, Cistercienserkloster . 400
Rauwenhoff, Lod. Will. Ernst . 581
Realschulen 96. 512
Rechenunterricht 394

2. Orts- und Anstaltenverzeichniss

Jahres-Verzeichniss

der

an den Deutschen Schulanstalten erschienenen Abhandlungen

IV

1892

BERLIN
Verlag von A. Asher & Co.
1893

Druck von A. Hopfer in Burg b. Magdeburg

Abkürzungen

A = Anstalt
G = Gymnasium
GwS = Gewerbeschule
h. = höhere
HB = Höhere Bürgerschule
HM = Höhere Mädchenschule
HT = Höhere Töchterschule
K = Kollegium
k. = königlich
kais. = kaiserlich
L = Lyceum
LS = Lateinschule
MP = Michaelis-Programm
OP = Oster-Programm
OR = Ober-Realschule
P = Programm
Pd = Paedagogium
PG = Progymnasium
R = Realschule
RA = Real-Anstalt
RAk = Ritter-Akademie
RG = Real-Gymnasium
RPG = Real-Progymnasium
S = Schule
Sm = Seminar
st. = städtisch
StA = Studien-Anstalt
VS = Vorschule

* ist den Programmen der bayerischen Anstalten,

** den nicht durch den Tauschverkehr eingegangenen Abhandlungen nachgesetzt.

[F.] oder [F. u. Ant.] ist den in Fractur bezw. in Fractur und Antiqua gedruckten Titeln vorgesetzt.

Abhandlungen

der

Deutschen Schulschriften

1892

Ackermann, *Hermann* [Dr.]: Ueber die räumlichen Schranken der tribunizischen Gewalt. Rostock, Druck v. Adler's Erben, 1892; 28 S. 4.

Rostock, G u. RG, OP 1892 (648)

Altenburg, Oskar [Dr., Dir.]: Winke zur Schulauslegung der Germania des Tacitus. Wohlau, Buchdr. „Schles. Dorfztg", 1892; 21 S. 4.

Wohlau, k. G, P 1892 (200)

Amoneit, Hermann [Dr.]: Untersuchungen zur alten Kirchengeschichte. 1. Die Apostellehre in ihrem Verhältnis zu verwandten Schriften. Wehlau, Druck v. M. Schlamm, 1892; 15 S. 4.

Wehlau, k. G, OP 1892 (17)

Andresen, Georgius: De codicibus Mediceis Annalium Taciti. Berlin, R. Gaertner, 1892; 21 S. 4.

Berlin, Askanisches G, OP 1892 (51)

Anger, *Siegfried* [Dir. Dr.]: Bericht über die Feier des fünfundzwanzigjährigen Jubiläums der Anstalt. Graudenz, Druck v. G. Röthe's Buchdr., 1892; 9—13 S. 4.

Graudenz, k. ev. G, OP 1892 (32)

[F.] **Armbrust,** *Wilhelm:* „Der Geist des 16. Jahrhunderts auf deutschem Boden" ... Barmen, Druck v. D. B. Wiemann, *1892;* 1—18 S. 8.

Ober-Barmen, st. HM, OP 1892**

Atzler, Felix [Oberl.]: Qu in den germanischen Sprachen und sein Wechsel mit p. Weitere Bruchstücke '(Nr. 3)' z. deutschen Etymologie. (Forts. d. P-Beil. 1889. 90. — Forts. folgt an and. Stelle.) Barmen, Druck v. D. B. Wiemann, 1892; 11 S. 4.

Barmen, GwS, P 1892 (470)

8 **Babucke,** *Heinrich* [Dr., Dir.]: *Prof. Dr. Georg Bujack, gest. am 18. März 1891.* Königsberg, Hartungsche Buchdr., 1891; 25—26 S. 4.
Königsberg in Pr., Altstädt. G, OP 1892 (9)

9 **Bachmann,** Ewald [Dr., Oberl.]: Der Thallus der Kalkflechten. Plauen i.V., Druck v. F. E. Neupert, 1892; 1 Bl., 25 S., 1 Taf. 4.
Plauen i. V., st. R, OP 1892 (574)

10 **Bachmann,** *Friedrich* [Oberl. Prof. Dr.]: Zur Reform des Rechenunterrichts an der Mädchenschule. Berlin, Druck v. A. W. Hayn's Erben, 1892; 3—11 S. 4.
Berlin, k. Elisabeth-S, OP 1892**

11 **Bähnisch,** Alfred: Ist eine Schulbibel notwendig und wie muss sie beschaffen sein? (Umschlagt.: Geschichte und gegenwärtiger Stand der Schulbibelfrage.) Glogau, Glog. Druckerei-Ver., *1892*; 32 S. 8.
Gross-Glogau, k. Ev. G, OP 1892 (182 [vielm. 183])

12 [J.] **Baer,** Karl [Oberl. Dr.]: Die Verteilung der Elektricität auf der Fusspunktfläche einer Kugel. '(M. e. Figurentaf.)' Frankfurt a. O., k. Hofbuchdr. Trowitzsch & Sohn, 1892; 1—44 S., 1 Taf. 4.
Frankfurt a. d. O., Ober-S '(RG)', OP 1892 (104)

13 [J.] **Baerwald,** *Hermann* [Dir. Dr.]: Lateinlehrende und lateinlose Schulen. Frankfurt a. M., Druck v. Kumpf & Reis, 1892; 60—61 S. 4.
Frankfurt a. M., R d. isr. Gem. '(Philanthropin)', OP 1892 (400)

14 [J.] **Baerwald,** *Hermann* [Dir. Dr.]: Emil Strauss geb. am 3. Mai 1859 — gest. am 6. Febr. 1892. Frankfurt a. M., Druck v. Kumpf & Reis, 1892; 47—49 S. 4.
Frankfurt a. M., R d. isr. Gem. '(Philanthropin)', OP 1892 (400)

15 [J.] **Bärwinkel,** Johannes [Prof. Dr.]: Vom ersten italienischen Kursus des Kaiserlich Deutschen Archäologischen Instituts 1891. Sondershausen, Hofbuchdr. v. F. A. Eupel, 1892; 3—27 S. 4.
Sondershausen, fürstl. G, OP 1892 (719)

16 **Bahlsen,** Leo [Dr.]: Der französische Unterricht nach den Grundsätzen der Reformer. Dargest. unter Berücks. d. neuesten ministeriellen Verfüggn. (Umschlagt.: Der . . . Reformer. Erfahrgn aus d. Praxis bei Zugrundelegg d. Ulbrich'schen Lehrbücher.) Berlin, R. Gaertner, 1892; 36 S. 4.
Berlin, VI. st. HB, OP 1892 (113)

17 **Bahnsch,** *Friedrich* [Prof. Dr.]: Deutsche Musteraufsätze für die Prima. Danzig, A. Müller, 1892; 25 S. 4.
Danzig, k. G, OP 1892 (28)

18 **Bahrdt,** *Heinrich August* [Rekt. Prof. Dr.]: *Kurzer Rückblick auf die bisherige Entwicklung der Anstalt.* Münden, Buchdr. v. W. Klugkist, 1892; 22—23 S. 4.
Münden i. H., RPG u. PG, OP 1892 (338)

19 **Bardt,** *Carl* [Dir. Dr.]: Gedenktafel der Verstorbenen. II. 1891/92. (Herm. Aug. Frdr. Heller u. A.) (I: P 1890.) Berlin, Druck v. M. Oldenbourg, 1892; 3 ungez. S. 4.
Berlin, k. Joachimsthalsches G, P 1892 (58)

20 **Bartels,** Erich [Dr., Oberl.]: Der Niederbarnim unter den Anhaltinern. (Einl. zu e. ausführl. Gesch. d. Niederbarnim.) Berlin, Druck v. W. Pormetter, 1892; 30 S. 4.
Berlin, k. Luisen-G, OP 1892 (63)

21 **Bauch,** Gustav [Oberl. Dr.]: Rudolphus Agricola Junior. E. Beitr. z. Gesch. d. Humanismus im deutsch-polnisch-ungar. Osten. Breslau, Druck v. Grass, Barth & C., *1892;* 38 S. 8.
Breslau, st. ev. HB II, OP 1892 (221)

22 **Beck,** Emil [Oberl.]: Handschriften und Wiegendrucke der Gymnasial-Bibliothek in Glatz. I. Tl. Glatz, Druck v. L. Schirmer, 1892; 31 S. 4.
Glatz, k. Kath. G, OP 1892 (181)

23 [H.] **Becker,** *Adalbert* [Dir. Dr.]: *Dr. Ferdinand Bender, gest. am 10. Apr. 1891.* Darmstadt, C. F. Winter'sche Buchdr. 1892; 18—19 S. 4.
Darmstadt, Ludwig-Georgs-G, OP 1892 (624)

24 **Beckhaus,** Hubert [Dir. Dr.]: Zu Schillers Wallenstein. *Ostrowo, Th. Hoffmanns Buchdr., 1892;* 31 S. 4.
Ostrowo, k. G, OP 1892 (150)

25 **Bednara,** Georg [Dr.]: De syntaxi Boethii. P. I. (Forts. d. Bresl. Inaug.-Diss. 1883.) Striegau, Druck v. Ph. Tschörner, *1892;* 1 Bl., 16 S. 4.
Striegau, st. PG, OP 1892 (207)

26 **Begemann,** Heinrich [Dr., Dir.]: Die vorgeschichtlichen Altertümer des Zietenschen Museums. '(Histor. Ver. f. d. Grafsch. Ruppin. III.)' Neu-Ruppin, Druck v. E. Buchbinder, *1892;* 26 S., 5 Taf. 4.
Neu-Ruppin, st. Friedrich-Wilhelms-G, P 1892 (83)

27 **Behse,** *Wilhelm Hermann* [Rekt. Dr.]: *Bericht über die Feier des 25jährigen Bestehens der Anstalt.* Dortmund, Druck v. F. Crüwell, 1892; 18—29 S. 4.
Dortmund, st. GwS '(HB)', P 1892 (377)

28 **Bellermann,** Ludwig [Dir. Dr.]: *Rede bei der Gedächtnisfeier für Oberl. Prof. Dr. Ernst Fischer, gest. am 21. Sept. 1891.* Berlin, Druck v. M. Driesner, *1892;* 21—23 S. 4.
Berlin, Königst. G, OP 1892 (60)

29 **Berent,** Gustav: Die Wasser- und Eisverhältnisse der Memel bei Tilsit. Tilsit, gedr. bei O. v. Mauderode, 1892; 3—14 S., 1 Taf. 4.
Tilsit, k. RG, OP 1892 (22 [vielm. 21])

Berlit, Georg [Vorr.]
s. **Koch,** Karl Heinrich: Kleine Beiträge z. deutsch. Sprachgesch.

30 **Bernhardi,** *Kurt* [Rekt. Prof. Dr.]: *Bericht über die Einweihungsfeier des neuen Schulgebäudes.* Grimma, Druck v. J. Schiertz, 1892; 14—26 S. 4.
Grimma, Fürsten- u. Landes-S, P 1892 (536)

31 [J.] **Bertling,** *Oscar* [Prof. Dr.]: Lektionarium für das Schuljahr 1892/93. Torgau, Druck d. F. Lebinsky'schen Buchdr., 1892; 11—12 S. 4.
Torgau, G, OP 1892 (253)

32 **Bertrand,** *Léon Louis Claude Franç.* [Prof.]: Sur les idiomes et les dialectes de la France. II. Tl. (Forts. d. P-Beil. 1888.) Stuttgart, Buchdr. d. Paulinenpflege, 1891; 36 S. 4.
Stuttgart, k. RA, P 1891 (501)

33 **Beyer,** Albert [Dr.]: Die Philosophie Friedrich Heinrich Jacobis nach seiner Schrift: David Hume über den Glauben oder Idealismus und Realismus. Bremen, Druck v. A. Guthe, 1892; 3—22 S. 4.
Bremen, R beim Doventhor, OP 1892 (723)

34 [J.] **Beyer,** Otto: Der Abfall und die Belagerung von Parma im Jahre 1247. Fraustadt, L. S. Pucher's Buchdr., 1892; 16 S. 4.
Fraustadt, k. G. '(m. RG)', OP 1892 (151)

35 [J.] **Bindel,** Karl [Prof.]: Judas Makkabäus. Dramatische Dichtg v. Henry Wadsworth Longfellow. Deutsch. Schalke, Druck v. M. Schaff, 1892; 17—32 S. 4.
Schalke, RG, OP 1892 (373)

36 **Bindseil,** Theodor [Prof. Dr., Dir.]: Mitteilungen aus den neuen Lehrplänen und Prüfungsordnungen. Seehausen i. d. A., Druck d. R. Schröterschen Buchdr., 1892; 22—31 S. 4.
Seehausen i. d. A., G, OP 1892 (251)

37 **Bintz** †, *Julius* [Prof. Dr., Dir.]: Der Einfluss der ars poetica des Horaz auf die deutsche Litteratur des XVIII. Jahrhunderts. (Hrsg. v. Prof. Dr. *August* Paul. · Vorbemerkg v. *Adolf* Metz.) Hamburg, gedr. bei Lütcke & Wulff, 1892; VII, 37 S. 4.
Hamburg, Wilhelm-G, OP 1892 (730)

38 **Bischoff,** Wilhelm: Über den botanischen Anfangsunterricht. Rudolstadt, Druck d. Fürstl. priv. Hofbuchdr., 1892; 16 S. 4.
Rudolstadt, fürstl. G u. RPG, OP 1892 (716)

39 **Böhme,** Lothar Richard [Dr. Oberl.]: Schillerstudien. II. (Forts. d. P-Beil. 1891.) Freiberg, Gerlach'sche Buchdr., 1892; 1 Bl., 32 S. 4.
Freiberg, G Albertinum, OP 1892 (535)

40 **Böhmel,** Otto: Der principielle Gegensatz in den pädagogischen Anschauungen Kants und Herbarts. Marburg, Universitätsbuchdr. v. J. A. Koch, *1891;* 1 Bl., 31 S. 4.
Marburg, RPG, OP 1891 (414)

41 **Bolle,** *Ludwig* [Dr. Dir.]: Geschichte der Grossen Stadtschule zu Wismar. Wismar, Eberhardt'sche Hof- u. Ratsbuchdr., 1892; 3—64 S., 3 Pl., 1 Taf. 4.
Wismar, Grosse Stadt-S(G u. R), OP 1892 (651)

42 v. **Borries,** *Emil* [Dr., Oberl.]: Die Alamannenschlacht des Jahres 357 n. Chr. und ihre Örtlichkeit ... Strassburg, Druck v. M. Du Mont-Schauberg, 1892; 3—28 S., 1 Kt. 4.
Strassburg, neue R, MP 1892 (527)

43 [Ȝ.] **Braasch,** Karl [Oberl.]: Lateinische Personennamen, nach ihrer Bedeutung zusammengestellt. Zeitz, Druck v. C. Brendel, 1892; 1—36 S. 4.
Zeitz, k. Stifts-G, P 1892 (257)

44 **Braitmaier,** *Friedrich Jacob* [Prof. Dr.]: Göthekult und Göthephilologie. Tübingen, Druck v. H. Laupp jr., 1892; 2 Bl., 118 S., 1 Bl. 8.
Tübingen, k. G, P 1892 (587 [vielm. 590])

45 **Brandes,** Ernst [Dr.]: Beiträge zu Uhland. Marienburg, Druck v. L. Giesow, *1892;* 36 S. 8.
Marienburg, k. G, OP 1892 (35)

46 **Brandis,** Eduard: Zur Lautlehre der Erfurter Mundart. I. Erfurt, Druck v. F. Bartholomäus, 1892; 18 S. 4.
Erfurt, k. G, OP 1892 (231)

47 **Brasack,** Friedr. [Prof. Dr.]: Die Praxis im chemischen Schullaboratorium. Aschersleben, Buch- u. Steindr. v. K. Wedel, *1892;* 3—24 S. 4.
Aschersleben, G m. RPG, P 1892 (228)

48 **Bratring** [Stadtbaurat]: *Mittheilungen über das neue Schulgebäude.* Charlottenburg, Druck v. A. Gertz, 1892; 17—19 S., 1 Taf., 2 Pl. 4.
Charlottenburg, st. HB, P 1892 (116)

49 **Breslich,** Wilhelm [Dr.]: Die Hygiene als Teil des naturwissenschaftlichen Unterrichts. Berlin, R. Gaertner, 1892; 34 S. 4.
Berlin, Luisenst. RG, OP 1892 (98)

50 **Breuker,** Carl [Dir.]: Die Einweihungsfeier des neuen Gymnasiums. Saarbrücken, Druck v. Gebr. Hofer, 1892; 6—17 S. 4.
Saarbrücken, k. G u. VS, P 1892 (456)

51 **Brennig,** *Hermann* [Prof.]: Die Laute der Mundart von Buchen und seiner Umgebung. Tauberbischofsheim, Druck v. J. Lang's Buchdr., 1891; 36 S. 4.
Tauberbischofsheim, grossh. G, MP 1891 (607)

52 **Brock,** Leopold [Dir. Dr.]: Das brandenburgische Heer in den Kriegen von 1688 bis 1697. IV. '(Schluss.)' '(Beiträge z. brandenb.-preuss. Heeresgesch.)' (I–III: P-Beil. 1888. 89. 91.) Beuthen O.-S., Druck v. Haenel & Stratmann, 1892; 27 S. 4.
Königshütte O.-S., k. G, P 1892 (189)

53 **Brückner,** Johannes Max [Oberl. Dr.]: Das Ottajanosche Problem. (E. mathem.-histor. Studie.) Zwickau, Druck v. R. Zückler, 1892; 1 Bl., 25 S., 2 Taf. 4.
Zwickau, RG, OP 1892 (555)

54 **Bruais,** *H.* [Oberl. Dr.]: The First Poems of Shakespeare considered as Descriptive Poems. Köln, Köln. Verl.-Anst. u. Druckerei, A.-G., 1892; 3–9 S. 4.
Köln, HM u. Lehrerinnen-Bildgs-A, P 1892**

55 [J.] **Brusskern,** *Johann Christoph* [Dr., Dir.]: Verzeichnis der in den einzelnen Klassen für die Deklamation zu lernenden deutschen Gedichte. Siegen, Druck v. W. Vorländer, 1892; 11–12 S. 4.
Attendorn, G, P 1892 (345)

56 **Buchenau,** Franz [Dir. Prof. Dr.]: Die Beseitigung der sog. „deutschen" Schreib- und Druckschrift. Bremen, Druck v. A. Guthe, 1892; 23–27 S. 4.
Bremen, R beim Doventhor, OP 1892 (723)

57 **Bucherer,** Fritz [Dr.]: Kritische Beiträge zu Damascius' Leben des Isidorus. Leipzig, Druck v. B. G. Teubner, 1892; 22 S. 4.
Wertheim a. M., grossh. G, MP 1892 (611)

58 **Buchholz,** Robert [Dir.]: Zur Geschichte des ersten Vierteljahrhunderts der höheren Lehranstalt zu Rössel als eines vollen Kgl. Gymnasiums. '(25. Sept. 1865 bis Ostern 1891.)' Rössel, Buchdr. v. B. Kruttke, 1892; 3–26 S. 4.
Rössel, k. G, OP 1892 (15)

59 **Buchwald,** *Ferdinand* [Dr.]: Über den Sprachgebrauch Xenophons in den Hellenika u. s. Verwertg im grammat. Unterricht d. Mittelstufe. T. 1. Görlitz, Druck v. H. Gretsel, 1892; 1 Bl., IV, 18 S. 4.
Görlitz, st. G u. RG, P 1892 (184 [vielm. 185])

60 **Bücking,** *Ferdinand* [Dr.]: Die Winkelgegenpunkte des Dreiecks. E. Specialfall d. involutorischen Verwandtschaft (2ten Grades). (Zum Theil = Inaug.-Diss. v. Tübingen 1892.) Metz, Druckerei d. Lothringer Ztg, 1892; 1 Bl., 31 S., 4 Taf. 4.
Metz, R, MP 1892 (522)

61 [J.] **Bühring,** *Johannes K. L.* [Dr.]: Die Alteburg bei Arnstadt, eine Wallburg der Vorzeit. Arnstadt, fürstl. Hofbuchdr. v. E. Frotscher, *1892*; 3–18 S., 1 Kt. 4.
Arnstadt, fürstl. G, OP 1892 (717)

62 **Bürchner,** Ludwig [Dr.]: Das ionische Samos. T. 1. '(M. e. Ktchen d. Insel)'. Amberg, gedr. in J. B. Lindl's Buchdr. in München, 1892; 48 S., 1 Kt. 8.
Amberg, k. Humanist. G, P 1892*

63 **Büsch,** Theodor: Zur deutschen Rechtschreibung. Malmedy, H. Scius-Stouse, *1892;* XII S. 4.
Malmedy, PG, OP 1892 (448)

64 **Burger,** Friedrich [Dr.]: Stichometrische Untersuchungen zu Demosthenes und Herodot. E. Beitr. z. Kenntn. d. antik. Buchwesens. (= Inaug.-Diss. Erlangen 1892.) München, Buchdr. v. J. B. Lindl, 1892; 42 S. 8.
München, k. Luitpold-G, P 1892*

65 [F.] **Busch,** Julius [Dr.]: Vorbereitender physikalischer Lehrgang. Tl 1. Nach d. Bestimmgn d. neuen Lehrpläne. (Th. 2 erscheint im Sommer.) *Mühlheim '(Ruhr)', Druck v. H. Blech, 1892;* 24 S. 8.
Mühlheim '(Ruhr)', G u. R, P 1892 (450)

66 **Buschmann,** *Josef* [Dir. Dr.]: Die Feier der Einweihung des neuen Schulgebäudes am 15. Oktober 1891. Bonn, Univ.-Buchdr. v. C. Georgi, 1892; 4—17 S. 4.
Bonn, k. G, P 1892 (425)

67 **Busse,** Adolf [Dr.]: Die neuplatonischen Ausleger der Isagoge des Porphyrius. Berlin, R. Gaertner, 1892; 23 S. 4.
Berlin, Friedrichs-G, OP 1892 (54)

68 [Umschlagt.:] **Capeller,** Gustav: Die wichtigsten aus dem Griechischen gebildeten Wörter '(mots savants)' der französischen und englischen Sprache, zsgest. u. etymolog. erkl. Tl IV. (Forts. d. P-Beil. 1889—91.) Gumbinnen, gedr. bei W. Krauseneck, 1892; 65—83 S. 4.
Gumbinnen, st. RPG, OP 1892 (24 [vielm. 22])

69 **Caspari,** *Peter:* Der mathematische Lehrstoff der Sekunda an unvollständigen Anstalten und seine Behandlung. Oberlahnstein, F. Schickel, 1892; 1—25 S. 4.
Oberlahnstein, st. RPG, OP 1892 (418)

70 **Chambalu,** August [Dr.]: Die Stromveränderungen des Niederrheins seit der vorrömischen Zeit. E. Beitr. z. Erdkunde u. z. Altertumsforschg. Stromtechn. Tl. M. e. Taf. in Steindr. Köln, Druck v. J. P. Bachem, 1892; 1—28 S., 2 Bl., 1 Kt. 4.
Köln, k. kath. G an Aposteln, P 1892 (420)

71 [F.] **Charitius,** Franz [Dr.]: Das Übersetzen aus dem Deutschen in das Lateinische. Frankfurt a. d. O., Druck d. Kgl. Hofbuchdr. Trowitzsch & Sohn, 1892; 20 S. 4.
Landsberg a. d. W., k. G u. RG, OP 1892 (83 [vielm. 81])

72 **Corssen,** Peter: Der Cyprianische Text der Acta apostolorum. Berlin, Druck v. A. W. Hayn's Erben, 1892; 26 S. 4.
Schöneberg-Berlin W., k. G '(k. West-G)', P 1892 (67)

73 **Cramer,** Franz [Dr., Dir.]: Kriegswesen und Geographie zur Zeit Caesars '(Einleitgn in d. Comment. de B. G.)'. (Vgl. P-Beil. 1886. 88. 90.) Mülheim a. Rh., Druck v. C. G. Künstler Wwe, *1892;* 30 S., 1 Bl. 4.
Mülheim a. Rh., RG, P 1892 (482)

74 [J.] **Cron,** *Joseph* [Dr.]: Die Stellung des attributiven Adjektivs im Altfranzösischen und Spätlateinischen. (Ausz. aus d. Strassburger Inaug.-Diss. 1891.) Strassburg, Buchdr. v. E. Bauer, 1892; 3—52 S. 4.
Strassburg, bischöfl. G an St. Stephan, P 1892 (516)

75 **Curtius,** Andreas Wilhelm [Dr.]: Das Stiersymbol des Dionysos. '(M. 18 Abb. auf 3 Taf.)' Köln, gedr. bei J. P. Bachem, 1892; 1—22 S., 3 Taf. 4.
Köln, k. Kaiser Wilhelm-G, OP 1892 (432)

76 **Curtze,** Maximilian [Prof., Oberl.]: Katalog der Bibliothek des Kgl. Gymnasiums zu Thorn. II. Nachtr.: 1883—1891. (I. Nachtr.: 1871—1882, P-Beil. 1883.) Thorn, Druck d. Rathsbuchdr. v. E. Lambeck, 1892; IV, 38 S. 8.
Thorn, k. G m. RG, OP 1892 (42)

77 **Dähn,** Hans [Oberl. Dr.]: Scenische Untersuchungen. Tl 1. Danzig, Druck v. E. Groening, 1892; 1—19 S. 4.
Danzig, st. G, OP 1892 (20)

78 [J.] **Dauber,** *Adolf* [Prof. Dr.]: Flora der Umgegend von Helmstedt. Helmstedt, Druck v. J. C. Schmidt, 1892; 1—18 S. 4.
Helmstedt, herz. G, OP 1892 (692)

79 **Debbe,** C. W. [Dir.]: Altes und Neues. Bremen, Druck v. H. M. Hauschild, *1892;* 3—14 S. 4.
Bremen, R v. C. W. Debbe, P 1892 (725)

80 **Debbe,** C. W. [Dir.]: Das 25 jährige Jubiläum der Schule. Bremen, Druck v. H. M. Hauschild, *1892;* 34—42 S. 4.
Bremen, R v. C. W. Debbe, P 1892 (725)

81 **Debbe,** C. W. [Dir.]: Aus der Schulgeschichte. Moderne Bestrebgn im Schulleben. Bremen, Druck v. H. M. Hauschild, *1892;* 28—29 S. 4.
Bremen, R v. C. W. Debbe, P 1892 (725)

82 **Debbe,** C. W. [Dir.]: Ziel und Aufgabe der „Realschule von C. W. Debbe". Bremen, Druck v. H. M. Hauschild, *1892;* 14—15 S. 4.
Bremen, R v. C. W. Debbe, P 1892 (725)

83 **Debo,** Felix [Dr., Prof.]: Humanistische Bildung oder nationale Erziehung? Karlsruhe, Buchdr. v. Malsch & Vogel, 1892; 24 S. 4.
Karlsruhe, R m. Fachkl. f. Kaufleute, MP 1892 (616)

84 **Dehnike,** Otto: Goethe und die Fremdwörter. Lüneburg, Druck d. v. Stern'schen Buchdr., 1892; 3—12 S. 4.
Lüneburg, Johanneum, OP 1892 (311)

85 **Deiter,** *Heinrich* [Oberl. Dr.]: Vergleichung des Amsterdamer Codex Nr. 80 zu Cicero de finibus bonorum et malorum und Academica posteriora. Aurich, Druck v. H. W. H. Tapper & Sohn, *1892*: 3—21 S. 4.
Aurich, k. G, OP 1892 (207)

86 **Detlefsen,** *Detlef* [Dir. Prof. Dr.]: Geschichte des Kgl. Gymnasiums zu Glückstadt. 3. Vom Neuen Glückstädt. Schulreglement 1786 bis z. Rektorate Germars 1802. '(Schlufs.)' 4. Vom Rektorate Germars 1802 bis z. Trenng d. Gelehrtenschule v. d. Bürgerschule 1821. (Forts. d. P-Beil. 1890. 91.) Glückstadt, Druck v. J. J. Augustin, 1892; 28 S. 4.
Glückstadt, k. G, OP 1892 (277)

87 **Deubner,** Friedrich [Oberl.]: Quelques remarques sur „Werther„ de Goethe et „Ultime Lettere di Jacopo Ortis„ de Foscolo. Wiesbaden, Buchdr. v. K. Schwab, 1892; 3—10 S. 4.
Wiesbaden, st. R, P 1892 (417 [vielm. 412])

88 [Ant. u. Tit.] **Devantier,** Franz [Dir.]: Προπαιδεία seu Modus Docendi tractandique lectiones in schola praecipue Regismontana, pro optanda et obtinenda facilitate ac felicitate a M. Matthia Gaedenio Pastore ... Propositus Anno 1624 nebst and. Mitteilgn aus d. Gymnasial-Archiv. Königsberg Nm., Druck v. J. G. Striese, 1892; 20 S. 4.
Königsberg i. d. N., Friedrich-Wilhelms-G, OP 1892 (80)

89 **Dickmann,** *Otto E. A.* [Dir.]: *Über Schulaufsicht. — Über den neuen Lehrplan.* Oldenburg i. Gr., Druck v. A. Littmann, 1892; 4—7 u. 16—21 S. 4.
Oldenburg, st. OR u. VS, P 1892 (660)

90 [Umschlagt.:] **Diehl,** Josef August [Dir. Dr.] u. **Vasen,** *Jakob* [Oberl. Dr.]: Festgedichte (z. Feier d. 50jähr. Bestehens d. Anst.) Düsseldorf, Buchdr. v. L. Schwann, 1892; 3—10 S. 4.
Bedburg, Rheinische RAk, P 1892 (424)

91 **Disselnkötter,** Heinrich [Dr.]: Das Erziehungsideal Friedrichs des Grossen. Wesel, Buchdr. v. C. Kühler, 1892; 3—25 S. 4.
Wesel, k. G, P 1892 (464)

92 **Dittmar,** Hermannus [Dr.]: Horati libri II satiram VI interpretatus est. P. 1. Magdeburg, Druck v. E. Baensch Jun., 1892; 1 Bl., 26 S. 4.
Magdeburg, '(st.)' König Wilhelms-G, OP 1892 (239)

93 **Dittmar,** Otto [Dr.]: Neue Permutationsverfahren und Determinantenberechnungen. Wimpfen, Buchdr. v. S. Dohany, 1892; 19 S. 4.
Wimpfen a. N., grossh. R, OP 1892 (644)

94 [Kopft.:] **Dorfeld,** Karl [Dr.]: Beiträge zur Geschichte des französischen Unterrichts in Deutschland. *Giessen, Druck v. W. Keller, 1892*: 29 S. 4.
Giessen, grossh. G, OP 1892 (626)

95 **Dressler,** *Friedrich Reinhold* [Prof. Dr.]: Triton und die Tritonen in der Litteratur und Kunst der Griechen und Römer. I. Tl. Wurzen, Druck v. G. Jacob, *1892;* 2 Bl., 1—33 S. 4.
Wurzen i. S., k. G, OP 1892 (543)

96 **Dröscher,** *Wilhelm* [Dr.]: Beiträge zur Biologie des Schweriner Sees. Schwerin, G. Hilb's Buchdr., 1892; 15 S. 4.
Schwerin, grossh. RG, OP 1892 (675 [vielmehr 657])

97 [J.] **Dronke,** Adolf [Dir. Dr.]: Mitteilungen über die Burg Schönecken. Trier, F. Lintz'sche Buchdr., 1892; 24 S., 1 Tab. 8.
Trier, st. RG, OP 1892 (487)

98 **Eberl,** Georg: Die Fischkonserven der Alten. Stadtamhof, Druck v. J. & K. Mayr, 1892; 34 S. 8.
Regensburg, k. altes G, P 1892*

99 [J. u. Ant.] **Eggers,** Heinrich [Oberl. Dr.]: Essai sur l'art poétique de Boileau. Analyse, appréciation, comparaison avec l'ars poetica d'Horace. (Umschlagt.: ... Moitié 1.) Warendorf, gedr. in d. J. Schnell'schen Buchdr., 1892; 1—35 S. 4.
Warendorf, k. G Laurentianum, P 1892 (395)

100 **Ehrich,** *Heinrich:* Dem Kaiser. (Lied z. Feier d. Geburtst. Sr. Maj. d. Kaisers.) Hamburg, gedr. bei Lütcke & Wulff, 1892; 11—12 S. 4.
Hamburg, RG d. Johanneums, OP 1892 (731)

101 [J.] **Ehrlich,** Franz: Mittelitalien, Land und Leute, in der Äneide Vergils. Eichstätt, Druck v. M. Däntler, 1892; 1 Bl., 83 S. 8.
Eichstätt, k. G, P 1892*

102 **Ehwald,** *Rudolf* [Prof. Dr.]: Ad historiam carminum Ovidianorum recensionemque symbolae. (II. III.—Forts. d. P-Beil. 1889.) Gotha, Druck d. Engelhard-Reyherschen Hofbuchdr., 1892; 1—22 S. 4.
Gotha, herz. G Ernestinum, OP 1892 (701)

103 [J.] **Eichhorn:** Reinfriedstudien. II. Tl. Meiningen, Druck d. Keyssner'schen Hofbuchdr., 1892; 3—20 S. 4.
Meiningen, G Bernhardinum, OP 1892 (704)

104 [J.] **Eichinger,** Ferdinand [P.]: Die Chariten von Orchomenos. Augsburg, Druck v. Ph. J. Pfeiffer, 1892; 2 Bl., 69 S. 8.
Augsburg, k. humanist. G St. Stephan, P 1892*

105 [J.] **Eickhoff,** Richard [Oberl.]: Lateinische Formenlehre zum wörtlichen Auswendiglernen. Remscheid, Druck v. H. Krumm, 1892; 2 Bl., 69 S. 8.
Remscheid, st. R i. U., OP 1892 (483)

106 [J. u. Ant.] **Eismann,** Paul: De participii temporum usu Thucydideo, p. I. Inowrazlaw, Buchdr. v. H. Olawski, *1892;* 1—26 S. 4.
Inowrazlaw, k. G, OP 1892 (153)

107 **Ellendt,** *Georg Albrecht Bernhard* [Prof. Dr., Dir.]: *Ansprache an die Schüler beim Abgange des Direktors Albert Lehnerdt.* Königsberg, Hartungsche Buchdr., 1892; 18—19 S. 4.
Königsberg i. Pr., k. Friedrichs-K, P 1892 (7)

108 **Emans,** Otto [Dr.]: Ueber das Verbe Pronominal. *Bonn, Univ.-Buchdr. v. C. Georgi, 1892*; 10 S. 4.
Köln, k. Friedrich-Wilhelms-G, OP 1892 (431)

109 **Englert,** Sebastian [Dr.]: Heinrichs Buch oder Der Junker und der treue Heinrich. E. Rittermärchen. Nach e. Dillinger Hs. m. Einl. hrsg. Dillingen, J. Keller'sche Buchdr., 1892; XVII, 66 S., 1 Bl. 8.
Dillingen, k. humanist. G, P 1892*

110 **Enoch,** Wilhelm [Dr.]: Naturalismus und Humanismus in der Jugendbildung. Diedenhofen, Buchdr. v. G. Hollinger, 1892; 32 S. 4.
Diedenhofen, G, MP 1892 (504)

111 **Entwurf** zu einem Lehrplan für das Königstädtische Realgymnasium in Berlin. Tl I. Berlin, R. Gaertner, 1892; 38 S. 4.
Berlin, Königst. RG, OP 1892 (97)

112 [Hj.] **Erb,** Rudolf [Dr.]: Der Schulgarten des Realgymnasiums und der Realschule zu Giessen. — Bemerkungen über den naturbeschreibenden Unterricht an Realgymnasien und Realschulen im allgemeinen. (M. e. Plan.) Giessen, C. v. Münchow, Univ.-Buchdr., 1892; 3—17 S., 1 Pl. 4.
Giessen, grossh. RG u. R, OP 1892 (637)

113 **Erdmann,** *Julius* [Rekt.]: Katalog der Schüler-Bibliothek der Löbenichtschen höheren Bürgerschule zu Königsberg in Pr. nach Klassen u. Wissenschaften geordn. Königsberg in Pr., Buchdr. v. R. Leupold, 1892; 56 S. 8.
Königsberg i. Pr., Löbenichtsche HB, OP 1892 (23)

114 Zur **Erinnerung** an die Enthüllung des Denkmals zu Stendal für den Generalkonsul Dr. Gustav Nachtigal am 28. Juni 1891. Stendal, Druck v. Franzen & Grosses Verl., 1892; 1 Bl. 4.
Stendal, G, OP 1892 (252)

115 **Erythropel,** Eberhard [wiss. Hilfsl.]: Beiträge zur Geschichte der Weserpolitik Bremens im XIII. und XIV. Jahrhundert. Geestemünde, Druck d. Nordsee-Ztg, 1892; 47 S. 8.
Geestemünde, HB, OP 1892 (333)

116 **Esser,** *Peter* [wiss. Hülfsl. Dr.]: Das Pflanzenmaterial für den botanischen Unterricht. Seine Anzucht u. d. an demselb. anzustell. Beobachtgn in biolog., anatom. u. physiolog. Hinsicht. (I. Tl. — Erschien vollst. Köln 1892.) Köln, Druck v. J. P. Bachem, *1892*; 2 Bl., 80 S. 8.
Köln, RG u. VS, P 1892 (473)

117 **Euling,** Karl [Dr.]: Über Sprache und Verskunst Heinrich Kaufringers. (Aus: Kaufringers Gedichte hrsg. v. Euling. Tübingen 1888.) Lingen, Druck v. J. L. v. d. Velde Veldmann, 1892; 16 S. 4.
Lingen, k. G Georgianum, OP 1892 (310)

118 **Evers,** Heinrich: Über neuere magnetische Forschungen. Danzig, Druck v. A. W. Kafemann, 1892; 23 S., 1 Taf. 4.
Danzig, RG u. HB zu St. Petri u. Pauli, OP 1892 (14)

119 **Exner,** Franz [Oberl. Dr.]: Die Milch, ihre Verfälschung und deren Nachweis. Neustadt O.-S., Raupach'sche Buchdr., *1892;* 3—17 S. 4.
Neustadt Ob.-Schl., k. G, OP 1892 (166)

120 [Ant. u. J.] **Faltermayer,** Heinrich [Prof.]: Geschichte des Studienwesens in Burghausen m. Rücks. auf d. Gesammtentwickelg d. Mittelschulwesens in Bayern, v. d. Mitte d. 16. Jahrh. bis z. Gegenwart. Burghausen, Druck d. L. Russyschen Buchdr., *1893;* VI, 68 S. 8.
Burghausen, k. humanist. G, P 1892*

121 [J.] *Die **Feier** des 50jährigen Lehrerjubiläums des Oberl. Prof. Dr. Wilhelm Erler.* Züllichau, Druck v. H. Hampel, 1892; 14—16 S. 4.
Züllichau, k. Pd u. Waisenhaus (Steinbartsche Erz.- u. Unt.-A.), OP 1892 (91)

122 [J.] **Feist,** *August* [Dr.]: Verzeichnis der naturgeschichtlichen Sammlung des Herzogl. Realgymnasiums zu Braunschweig. 1. Tl: Die höheren Tiere ... nebst e. Vorw. v. Prof. Dr. *Eduard* Steinacker. Braunschweig, Druck v. J. H. Meyer, 1892; VII, 44 S. 8.
Braunschweig, herz. RG, OP 1892 (688)

123 **Fichte,** Emil [Dr.]: Über politische Karikaturen. E. Beitr. z. Ästhetik. Berlin, R. Gaertner, 1892; 18 S. 4.
Berlin, Berlinisches G z. grauen Kloster, OP 1892 (52)

124 **Fickelscherer,** Martin [Dr., Oberl.]: Paolo Manutio, der venetianische Buchdrucker und Gelehrte. Chemnitz, Druck v. J. C. F. Pickenhahn & Sohn, 1892; 35 S. 4.
Chemnitz, k. G, OP 1892 (530)

125 **Finck,** Max: Zum vierhundertjährigen Jubiläum der Entdeckung Amerikas. Eupen, Druck v. C. J. Mayer, 1892; 3—24 S. 4.
Eupen, PG m. Realparallelkl., P 1892 (341)

126 **Fischer,** Karl [Prof. Dr., Dir.]: Staats-, Wirtschafts- und Sozialpolitik auf höheren Lehranstalten. E. Entwurf. Wiesbaden, Buchdr. v. K. Ritter, 1892; 94 S. 8.
Wiesbaden, k. RG, P 1892 (411)

127 [J.] **Fischer,** *Ernst Johann August* [Prof.]: Bemerkungen über die Berücksichtigung der bildenden Kunst im Gymnasialunterricht. Forts. (d. P-Beil. 1881.) Moers, Druck v. J. W. Spaarmann, 1892; 18 S. 4.
Mörs, G Adolfinum, P 1892 (436)

128 **Fischer,** Paul: Gottsched und sein Kampf mit den Schweizern. Greifenberg i. Pomm., gedr. b. C. Lemcke, *1892;* 1—20 S. 4.
Greifenberg i. P., k. Friedrich-Wilhelms-G, OP 1892 (134)

129 **Fischer,** Paul: Der Projektionsapparat. Seine prakt. Einrichtg, Handhabg u. Verwertg f. d. Unterricht. Culm, Druck v. C. Brandt, 1892; 3—13 S. 4.
Culm, k. RPG, OP 1892 (40)

130 [F.] **Flade,** Rud.: Die Sorge des Fürsten Georg Friedrich zu Waldeck und Pyrmont um die Sicherung des territorialen Bestandes der Waldeckischen Besitzungen. 1. Mengeringhausen. Druck d. Weigel'schen Hofbuchdr., 1892; 3—16 S. 4.
Arolsen, RPG, OP 1892 (413)

131 **Flemming,** *Gustav* [Prof., Dir.]: Besondere Lehrpläne für die einzelnen Unterrichtsgegenstände des Realprogymnasiums (u. d. Vorschule.) Altenburg, Pierer'sche Hofbuchdr., *1892;* 6—19 S. 4.
Altenburg, herz. RPG, OP 1892 (683)

132 **Flöckher,** Adolf: Die naturwissenschaftlichen Ferien-Kurse in Berlin und Jena. Hildesheim, Druck v. Gebr. Gerstenberg, 1892; 3—14 S. 4.
Hildesheim, k. Andreas-RG, OP 1892 (324)

133 **Förster,** *Bruno* [Oberl. Dr.]: Geologischer Führer für die Umgebung von Mülhausen i. E. m. 1 geolog. Kt. u. 9 Taf. in Lichtdr. Strassburg i E., Strassb. Druckerei u. Verlagsanst., 1892; 2 Bl., 111 S., 1 Kt., 9 Taf. m. je 1 Erl.-Bl., 1 Bl. 8.
Mülhausen i. E., G, MP 1892 (500)

134 **Förster,** Gustav Hugo [Oberl. Dr.]: Die Sieger in den olympischen Spielen '(II. Tl)'. (Schluss d. P-Beil. 1891.) Zwickau, Druck v. R. Zückler, 1892; 1—32 S. 4.
Zwickau, G, OP 1892 (545)

Franke, Herman [Mitarb.]
s. **Geyer,** Moritz: Geschichte des Friedrichsgymnasiums zu Altenburg seit 1789.

135 **Franz,** *Paul* [Dr.]: Der sächsische Prinzenraub im Drama des sechzehnten Jahrhunderts. Essen, Druck v. G. D. Baedeker, 1892; 36 S. 4.
Essen, RG u. HB, OP 1892 (481)

136 [F.] **Franz,** Rudolf [Dir. Dr.]: Gesichtspunkte und Materialien zur Behandlung von Schillers Demetrius in Prima. (Th. 1.) Halberstadt, Druck v. C. Doelle & Sohn, *1892;* 3—20 S. 4.
Halberstadt, RG, P 1892 (250)

137 **Fransen,** Mathias: Ueber den Sprachgebrauch Jean Rotrou's. (= Inaug.-Diss. Leipzig 1892.) Rheinbach, Druck v. J. Heuser, 1892; 41 S. 4.
Rheinbach, st. PG, P 1892 (455)

138 **Freidhof,** *Heinrich* [Prof., Oberl.]: Die sogenannten Gigantensäulen. Metz, Druckerei d. Lothr. Ztg, *1892;* 30 S., 4 Taf. 4.
Metz, L, MP 1892 (508)

139 **Frerichs,** Henricus: Quaestiones Lucretianae. Oldenburg, Druck v. G. Stalling, 1892; 3—16 S. 4.
Oldenburg, grossh. G, OP 1892 (666)

140 **Friedel,** Otto [Dir. Dr.]: Materialien zum Ovid-Unterricht. I. *Wernigerode, Druck v. B. Angerstein, 1892;* 24 S. 4.
Wernigerode, Fürstlich Stolberg'sches G, P 1892 (255)

141 **Friesenhahn,** Joseph: Worin stimmen die pädagogischen Anforderungen des Comenius mit den Anschauungen der Baconischen Philosophie überein? Euskirchen, Druck v. H. A. Degen, *1892;* 3—14 S. 4.
Euskirchen, PG, OP 1892 (442)

142 **Fritzsch,** Karl: Das elliptische Integral dritter Gattung für verschiedene Werte von Argument und Parameter. Leipzig, Druck v. B. G. Teubner, 1892; 1 Bl., 84 S. 4.
Stade, k. G m. RPG, P 1892 (316)

143 **Fröhlich,** Henricus: De grammaticae latinae locis aliquot controversis. P. II. (Forts. d. P-Beil. 1889.) *Hagenau, Buchdr. F. Gilardone, 1891;* 1 Bl., 36 S. 4.
Hagenau, G u. R, MP 1891 (505)

144 **Frühe,** *Franz Xaver* [Dir.]: Rede zur Feier des 40jährigen Regierungsjubiläums unseres Grossherzogs Friedrich geh. in d. Aula d. Gymn. zu Baden am 29. Apr. 1892. (Umschlagt.: Zwei Schulreden. [2]) Baden-Baden, E. Kölblin, 1892; 13—18 S. 4.
Baden, grossh. G u. HB, MP 1892 (590)

145 [J.] **Gädcke,** Karl: Salzwedel im dreissigjährigen Kriege. II. Tl '(1626—1627)'. (Forts. d. P-Beil. 1891.) Salzwedel, A. Menzel's Buchdr., *1892;* 12 S. 4.
Salzwedel, k. G, OP 1892 (248)

146 **Gärtner,** Gustav [Dr., Oberl.]: Über Friedrichs des Grossen Schrift: „De la littérature allemande; des défauts qu'on peut lui reprocher; quelles en sont les causes; et par quels moyens on peut les corriger." — Berlin 1780. *Breslau, Buchdr. M. Kornicker, 1892;* 1 Bl., XXVII S. 4.
Breslau, k. OR u. Baugewerk-S, OP 1892 (212)

147 **Gallert,** *Friedrich* [Dr.]: Das höhere Schulwesen in England. (Umschlagt.: ... e. pädagog. Skizze nach d. Beobachtgn auf e. Studienreise im Sommer 1891.) Stralsund, Druck d. kgl. Reg.-Buchdr., 1892; 1—36 S. 4.
Stralsund, RG, OP 1892 (148 [vielm. 149])

148 **Gallien,** *Karl Wilhelm* [Dir.]: Statistisches über das Realgymnasium für die Zeit 1882—92. (Forts. d. Gesch. d. Realschule in d. Festschr. 1882.) Neisse, Druck v. F. Bär, 1892; 3—6 S. 4.
Neisse, RG, OP 1892 (210)

149 [J.] **Gallien**, *Karl Wilhelm* [Dir.]: Mathematischer Unterrichtsstoff der Stereometrie und Trigonometrie für die Untersekunda des Realgymnasiums zsgest. Neisse, Druck v. F. Bär, 1892; 14 S. 8.
Neisse, RG, OP 1892 (216)**

150 [J.] **Gantner**, Max: Französische Konversation im Anschluss an die Grammatik. E. Konvers.-, Lese- u. Übersetzgsb. f. Gymnasien. Schweinfurt, Druck v. Fr. J. Reichardt, 1892; x, 155 S. 8.
Münnerstadt, k. humanist. G, P 1892*

151 [J.] Zu Theodor Körners hundertjährigem **Geburtstage**. '(23. Sept. 1891.)' (V. einem Primaner gedichtet.) Berlin, Druck v. C. H. Müller, 1892; S. 16. 4.
Berlin, Falk-RG, P 1892 (95)

152 **Gellert**, Bruno Fürchtegott [Oberl.]: Caesarius von Arelate. (Umschlagt.: ... 1. Tl.) Leipzig, in Komm. d. J. C. Hinrichsschen Buchh., 1892; 3—48 S. 4.
Leipzig, st. RG, OP 1892 (553)

Genast, Merian-
s. **Merian**.

153 **Genniges**, Emil [Dr.]: Neidhart von Reuenthal. Prüm, P. Plaum'sche Buchdr., 1892; 21 S. 4.
Prüm, PG, OP 1892 (454)

154 **Georgii**, Adolf: Sinn- und Sittensprüche aus Dichtern des griechischen Altertums, gesamm. u. geordn. Tl 2. (Forts. d. P-Beil. 1891.) Neustadt a. d. H., Buchdr. v. W. Kranzbühler, 1892; 1 Bl., 51—106 S. 8.
Neustadt a. d. H., k. StA, P 1892*

155 **Germann**, Karl [Dir. Dr.]: Bericht über die fünfzigjährige Jubelfeier der Grossh. Realschule und des Progymnasiums zu Alzey. Alzey, E. & J. Preetorius, 1892; 9—13 S. 4.
Alzey, grossh. R u. PG '(m. VS)', OP 1892 (631)

156 **Germann**, *Karl* [Dir. Dr.]: Geschichte der Grossherzogl. Realschule und des Progymnasiums '(mit Vorschule)' zu Alzey während der ersten 50 Jahre ihres Bestehens. Tl 2: 1866—1891. (Umschlagt.: ... Personalverz. v. 1841—1891. Zsstellg d. Programmabhandlgn.) (Forts. d. P-Beil. 1891.) *Giessen, Druck v. E. Ottmann, 1892;* 23 S. 4.
Alzey, grossh. R u. PG '(m. VS)', OP 1892 (631)

157 **Gerstenberg**, Carl [Dr.]: Über die Reden bei Sallust. Berlin, R. Gaertner, 1892; 30 S. 4.
Berlin, Andreas-RG, OP 1892 (93)

158 **Gerwig**, Ludwig [Dr.]: Das Verhältnis der Schlussrelation des venetianischen Botschafters Alvice Mocenigo zu seinen Tagesdepeschen über den Donaufeldzug im schmalkaldischen Kriege v. J. 1546. Heidelberg, Buchdr. v. G. Geisendörfer, 1892; 40 S., 1 Kt. 4.
Heidelberg, R, MP 1892 (613)

159 [J.] **Geyer,** *Moritz* [Dr.]: Geschichte des Friedrichsgymnasiums zu Altenburg seit 1789. Festschr. z. Erinnerg an d. 1. Nov. 1841, d. Tag d. Einzugs in d. Josephinum, in Verbindg m. d. Koll. Prof. Dr. *Herman* Franke, Dr. *Heinrich* Peine, *Gustav* Kraft, *Martin* Pfeifer, Dr. *Gustav* Plaehn u. Dr. *Oskar* Schultz bearb. (Forts. v.: Chr. Heinr. Lorenz, Gesch. d. Gymnasii u. d. Schule zu Altenburg. Altenb. 1789.) Altenburg, Druck v. O. Bonde, 1891; IV S., 1 Bl., 105 S. 8.
Altenburg, Friedrichs-G, Festschr. 1891 [1892 (682)]

160 [J.] *Geyer, Moritz [Dr.]:* Verzeichnis der Abiturienten des Herzogl. Friedrichsgymnasiums zu Altenburg von 1808 an. Veröffentl. zu d. Feier d. 1. Nov. 1891. (Vgl. No 400.) Altenburg, Druck v. O. Bonde, *1891;* 32 S. 8.
Altenburg, Friedrichs-G, Festschr. 1891**

161 [Ant. u. J.] **Geyer,** Paulus [Dr.]: Kritische und sprachliche Erläuterungen zu Antonini Placentini Itinerarium. (= Inaug.-Diss. Erlangen 1892.) Augsburg, Druck v. Ph. J. Pfeiffer, 1892; 2 Bl., XIV S., 1 Bl., 76 S. 8.
Augsburg, k. Humanist. G samt K bei St. Anna, P 1892*

162 **Gidionsen,** Wilhelm [Dr., Dir.]: Ciceros Briefe als Schullektüre ... Schleswig, Buchdr. d. Taubstummen-Anst., 1892; 13 S. 4.
Schleswig, k. Dom-S '(G m. RPG)', OP 1892 (286)

163 Rektor Prof. Dr. **Giesel** † *d. 11. März 1892.* (Unterzeichnet: Das Lehrerkollegium ...) Leipzig, in Komm. d. J. C. Hinrichsschen Buchh., 1892; 83—88 S. 4.
Leipzig, st. RG, OP 1892 (553)

164 **Giesing,** *Karl Julius* [Dr., Dir.]: *Antrittsrede über das Ziel der Realschule und die Mittel zur Erreichung desselben.* Löbau, Druck v. Hohlfeld & Witte, 1892; 3—10 S. 4.
Löbau i. S., R, OP 1892 (500)

165 **Giesse,** *Adolf:* Etude sur le Venceslas de Rotrou '(1647)'. (Umschlagt.: ... tragédie de Rotrou.) Homburg v. d. H., Schudt's Buchdr., 1892; 3—12 S. 4.
Homburg v. d. H., RPG u. PG, OP 1892 (393)

166 **Gilbert,** Walther [Rekt. Prof. Dr.]: Ansprache an die ersten Abiturienten des Schneeberger Gymnasiums *über das akademische Studium.* Schneeberg, Druck v. C. M. Gärtner, 1892; 21—24 S. 4.
Schneeberg, k. G m. Realkl., OP 1892 (540 [vielm. 542])

167 **Gilbert,** Walther [Rekt. Prof. Dr.]: Bericht über die Einweihungsfeier *des neuen Schulgebäudes.* Schneeberg, Druck v. C. M. Gärtner, 1892; 1—15 S. 4.
Schneeberg, k. G m. Realkl., OP 1892 (540 [vielm. 542])

168 **Gimm,** Julius [Dr.]: De adiectivis Plautinis. Altkirch i. E., Buchdr. E. Masson, 1892; 31 S. 4.
Altkirch, G, MP 1892 (500)

169 [J.] **Gleichmann,** *August* [Dir. Prof.]: Ansprachen bei verschiedenen Schulfeierlichkeiten. Eisenach, Hofbuchdr., 1892; 3—26 S. 8.
Eisenach, Schullehrer-Sm, OP 1892**

170 [J.] **Godt,** *Christian* [Dr.]: Untersuchungen über die Anfänge des Herzogtums Schleswig. Tl II. (Forts. d. P-Beil. 1891.) Altona, Druck v. P. Meyer, *1892*; I—XVIII S. 4.
Altona, k. Christianeum, P 1892 (275)

171 **Goebel,** *Karl* [Dir. Prof. Dr.]: Kritische Bemerkungen über Aristoteles' Metaphysik. (Umschlagt.: ... III.) (Forts. d. P-Beil. 1889. 91.) Soest, Nasse'sche Buchdr., 1892; 3—9 S. 4.
Soest, Archi-G, OP 1892 (363)

172 **Göpfert,** *Ernst* [Dr., Oberl.]: Katalog der Lehrer-Bibliothek des Kgl. Realgymnasiums und Progymnasiums zu Annaberg. Annaberg, Druck v. C. E. Kästner, 1892; 3 Bl., 101 S. 8.
Annaberg, k. RG nebst PG, OP 1892 (546)

173 **Goerlitzer,** Max [Dr.]: Der husitische Einfall in die Mark im Jahre 1432 und die „Husitenschlacht" bei Bernau. Tl 2. (Schluss d. P-Beil. 1891.) Berlin, R. Gaertner, 1892; 15 S. 4.
Berlin, Luisen-S, OP 1892**

174 [Ant. u. J.] **Goette,** August: De L. Accio et M. Pacuvio veteribus Romanorum poetis tragicis. Rheine, Druck v. J. Altmeppen, 1892; 3—24 S. 4.
Rheine, G Dionysianum, P 1892 (361)

175 **Gottlöber,** *Friedrich Walter* [Oberl.]: Die Stollberger Handfertigkeitsschule. Stollberg, Druck v. E. F. Kellers Wwe, 1892; 22—23 S. 4.
Stollberg i. E., st. R m. PG, P 1892 (577)

176 [Umschlagt.:] **Greeven,** Hermann [Oberl. Dr.]: Die Predigtweise des Franziskaners Berthold von Regensburg. *Rheydt, 1892*; 23 S. 4.
Rheydt, R, OP 1892 (484)

177 **Griessbach,** Johannes: Die geschichtliche Entwicklung des altklassischen und deutschen Unterrichts an den Gymnasien im Königreich Bayern. Hof, Druck d. Mintzel'schen Buchdr., 1892; 2 Bl., 72 S., 1 Tab. 8.
Hof, k. humanist. G, P 1892 u. 1893*

178 [J.] [Kopft.:] **Gropius,** Richard [Oberl.]: Zusammenhängende Lesestücke zur Einübung der regelmässigen Formenlehre des attischen Dialekts. *Berlin, Druck v. W. Pormetter, 1892*; 20 S. 8.
Weilburg, k. G, P 1892 (398)

179 **Grosch,** Gustav [Dir. Dr.]: Zur Erinnerung an den Umzug des Gymnasiums im Sommer 1891. (Umschlagt.: ... '(Bericht und Reden).') Nordhausen, Druck v. C. Kirchner's Buchdr., *1892*; 1—27 S. 4.
Nordhausen, k. G, OP 1892 (244)

180 [J. u. Ant.] **Grosse,** *Bernhard* [Prof. Dr. am Gymn. in Arnstadt]: *Carmen gratulatorium* (z. 50jähr. Gedenkfeier d. Erhebg d. Gelehrtensch. in Sondershausen z. Gymn.) Sondershausen, Hofbuchdr. v. Fr. A. Eupel, 1892; S. 29. 4.
Sondershausen, fürstl. G, OP 1892 (719)

181 **Grosse,** Emil [Prof. Dr., Dir.]: Zur Erklärung von Goethes Gedicht Das Göttliche '(und Dauer im Wechsel)'. Königsberg i. Pr., Hartungsche Buchdr., 1892; 20 S. 4.
Königsberg i. Pr., k. Wilhelms-G, P 1892 (8)

182 **Grossmann,** *Adolf:* Das erziehende Zusammenwirken der Schule und der Familie. Berent, gedr. in d. Buchdr. v. A. Schueler, 1892; 3—16 S. 4.
Berent, k. PG, OP 1892 (25)

183 [Ant. u. J.] **Grumme,** Albertus [Dr. Dir.]: Einige Bemerkungen über die neuen preussischen Lehrpläne für den Unterricht des Gymnasiums in den alten Sprachen und der alten Geschichte. (Umschlagt.: Commentatio de pensis gymnasiorum borussicorum nuper nova ratione descriptis.) (Th. 1.) Gerae, ex typogr. Hofmanniana, 1892; 16 S. 8.
Gera, fürstl. G Rutheneum u. VS, Einladungsschr. 1892**

184 **Grupe,** Eduard [Oberl. Dr.]: Zur Sprache des Apollinaris Sidonius. Zabern, Buchdr. A. Fuchs, 1892; 1 Bl., 15 S. 4.
Zabern, G, MP 1892 (516)

185 **Günther,** Berthold [Prof. Dr.]: Kgl. Wilhelms-Gymn. zu Krotoschin. Verzeichnis der Bücher der Lehrerbibliothek. Tl 1. Krotoschin, Druck v. F. A. Kosmäl, *1892*; 1 Bl., 32 S. 8.
Krotoschin, k. Wilhelms-G, OP 1892 (155)

186 **Gürthofer,** *Georg:* Sammlung praktischer Beispiele zu den wichtigsten Regeln der griechischen Grammatik. I. Tl: Kasuslehre. Freising, Buchdr. v. A. Fellerer, 1892; 25 S. 8.
Freising, G, P 1892*

187 **Gützlaff,** Vict. [Prof. Dr.]: Die Grundbegriffe der Ethik. Elbing, Buchdr. R. Kühn, *1892*; 32 S. 4.
Elbing, st. RG, OP 1892 (45)

188 [J.] [Umschlagt.:] **Gumpert,** Ferd. [Dr.]: „Über Friedr. Roth's Leben und Schriften". Buxtehude, Druck v. J. Vetterli, 1892; 15—19 S. 4.
Buxtehude, RPG, OP 1892 (320)

189 [Umschlagt.:] **Gutsche,** *Wilhelm Oscar* [Dir. Prof. Dr.]: Mitteilungen aus den neuen Lehrplänen und Prüfungsordnungen. Stendal, Druck v. Franzen & Grosses Verl., 1892; III—VIII S. 4.
Stendal, G, OP 1892 (252)

190 [Ant. u. J.] **Haches**, Karl [Dr.]: Lukrez als Dichter. Eutin, G. Struve's Buchdr., 1892; 24 S. 4.
Eutin, grossh. G, OP 1892 (664)

191 [J.] **Haferkorn**, Max [Dr.]: Die Hauptprediger der Ligue in den französischen Religionskriegen 1576—1594. Dresden, Rammingsche Buchdr., 1892; 3—33 S. 4.
Dresden, Wettiner G, OP 1892 (533)

192 **Haggenmüller**, Hans [Dr.]: Über den Fünfkampf der Hellenen. (= Inaug.-Diss. Würzburg 1892.) München, Druck v. H. Kutzner, 1892; 2 Bl., 62 S., 1 Bl., 1 Taf. 8.
München, k. Wilhelms-G, P 1892*

193 **Hahn**, Jos. [Dr.]: Beiträge zur Geometrie des Dreiecks. Leipzig, Druck v. B. G. Teubner, 1892; 16 S. 4.
Heppenheim a. d. Bergstr., grossh. R, OP 1892 (638)

194 **Halfmann**, Hermann [Dr.]: Beiträge zur Syntax der hebräischen Sprache. 2. Stück. (1: P-Beil. 1888.) Leipzig, Druck v. W. Drugulin, 1892; VII, 25 S. 4.
Wittenberg, G, OP 1892 (256)

195 **Harth**, Heinrich [Dr.]: Katalog der Lehrer- und der Schüler-Bibliothek der Schule. Köln, Buchdr. v. J. B. Heimann, 1892; 1 Bl., 71 S. 8.
Köln, HB u. Handelskl., OP 1892 (480)**

196 **Hausen**, Fridericus [Dr.]: De Antiphontis tetralogiis. Berlin, R. Gaertner, 1892; 31 S. 4.
Berlin, VIII. st. HB, OP 1892 (115)

197 **Hausknecht**, Otto [Prof. Dr.]: Ein Gang durch die elektrische Ausstellung in Frankfurt a. M. 1891. (Zwei Vortr., geh. am 2. u. 11. Dez. 1891 im Gewerbe-Ver. zu Gleiwitz.) Gleiwitz, Neumann's Stadtbuchdr., *1892*; 31 S. 4.
Gleiwitz O.S., k. OR u. techn. Fach-S, OP 1892 (213)

198 **Hecht**, Rudolf [Dr.]: Die Darstellung fremder Nationalitäten im Drama der Griechen. Königsberg i. Pr., Hartungsche Buchdr., 1892; 16 S. 4.
Königsberg in Pr., k. RG auf d. Burg, OP 1892 (18)

199 [J.] **Heidrich**, *Rudolf* [Prof., Dir.]: Lehrplan für den evangelischen Religionsunterricht in den höheren Schulen. Nakel, Druck v. R. Giroud, *1892*; 16 S. 8.
Nakel, k. G, OP 1892 (158)

200 **Heiligenstädt**, Richard [Dr.]: De finalium enuntiatorum usu Herodoteo cum Homerico comparato. P. II. (P. I: Inaug.-Diss. Halle 1883.) Görlitz, Druck d. Act.-Ges. Görl. Nachr. u. Anzeiger, 1892; 3—29 S. 4.
Rossleben, Kloster-S, P 1892 (237)

201 [J.] **Heine**, Wilhelm [Rekt. Prof. Dr.]: *Bericht über die Feier des 50jährigen Jubiläums des Realprogymnasiums zu Solingen.* Solingen, Druck v. R. Koch, 1892; 13—16 S. 4.
Solingen, st. RPG, OP 1892 (498)

202 [F.] **Heine,** Wilhelm [Prof. Dr., Rekt.]: Geschichte des städtischen Real-Progymnasiums '(höhere Bürgerschule)' zu Solingen. 1841—1891. Solingen, Druck v. R. Koch, 1892; 25 S. 4.
Solingen, st. RPG, OP 1892 (405 [vielm. 408])

203 **Heinisch,** Max [Oberl. Prof.]: Beiträge zur Klimatologie der Stadt Leobschütz. Tl II: Gewitterverhältnisse. (I: P-Beil. 1889.) Leobschütz, Druck v. W. Witke, *1892;* 1—9 S. 4.
Leobschütz, k. kath. G, OP 1892 (192)

204 **Heins,** Johann [Dr.]: Hohenzollern während des dreissigjährigen Krieges. (Umschlagt.: Die Hohenzollernschen Lande ...) Sigmaringen, M. Liehner'sche Hofbuchdr., 1892; 1—28 S. 4.
Sigmaringen, k. kath. G, P 1892 (150)

205 [F. u. Ant.] **Heling,** Jonathan [Oberl.]: Die Wahl des römischen Königs Matthias. 1. Tl. Belgard, Druck v. G. Klemp, *1892;* 16 S. 4.
Belgard, st. G, P 1892 (120)

206 **Hempel,** Otto [Rekt. Dr.]: Die Ostern 1892 in Kraft tretende neue Lehrverfassung der Anstalt. Berlin, Hofbuchdr. Gebr. Radetzki, *1892;* III—XXXVIII S. 4.
Gross-Lichterfelde, PG, OP 1892 (78)

207 [F.] **Hempfing,** *Christoph Jakob* [Rekt. Dr.]: Rückblick auf das 25 jährige Bestehen des Realprogymnasiums zu Marburg, welchem eine Geschichte der früheren Realschule vorausgeht. Marburg, Univ.-Buchdr., *1892;* 1—46 S. 4.
Marburg, RPG, Festschr. 1892 (417)

208 **Henke,** Oskar [Dr., Dir.]: Die Lehrpläne des Gymnasiums in Barmen, hrsg. 1. Tl. Homer. Barmen, Steinborn & C., 1892; 43 S. 8.
Barmen, G, P 1892 (423)

209 **Henke,** *Oskar* [Dir. Dr.]: Die Lehrpläne und Prüfungsordnungen vom 6. Januar 1892. Barmen, Druck v. Steinborn & C., 1892; 3—9 S. 4.
Barmen, G, P 1892 (423)

210 [F.] **Henriol,** *August:* Verteilung des botanischen und zoologischen Lehrstoffes am Hagener Realgymnasium und Gymnasium auf Grund der amtlichen Lehrpläne vom Januar 1892. Hagen, Buchdr. v. G. Butz, 1892; 1 Bl., 12 S. 4.
Hagen, RG u. G, P 1892 (360)

211 **Henschel,** *Albert* [Dr.]: Versuch einer räumlichen Darstellung komplexer ebener Gebilde. (= Inaug.-Diss. Jena 1892.) Weimar, Druck d. Hof-Buchdr., 1892; 3—15 S. 4.
Weimar, RG, OP 1892 (674)

212 **Heraeus,** Guilelmus [Dr.]: Vindiciae Livianae. P. II. (I: P-Beil. d. G zu Hanau 1889.) Offenbach a. M., C. Forger's Druckerei, 1892; 1 Bl., 15 S. 4.
Offenbach a. M., grossh. RG u. R, OP 1892 (641)

213 [F.] **Herbst,** Hermann [Dr., Oberl.]: Bestimmung der erdmagnetischen Deklination und Inklination von Magdeburg. Magdeburg, Druck v. E. Baensch jun., 1892; 1 Bl., 14 S., 1 Taf. 4.
Magdeburg, Guericke-S (OR u. RG)', OP 1892 (264)

214 **Herchner,** Hans [Dr.]: Die Cyropädie in Wielands Werken. Berlin, R. Gaertner, 1892; 28 S. 4.
Berlin, Humboldt-G, OP 1892 (57)

215 **Hergt,** Max [Dr.]: Die Irrfahrten des Menelaos mit Bemerkungen über die Komposition der Telemachie. München, Druck d. Akadem. Buchdr. v. F. Straub, 1892; 41 S. 8.
München, k. Maximilians-G, P 1892*

216 [F.] **Herlet,** Bruno [Dr.]: Beiträge zur Geschichte der äsopischen Fabel im Mittelalter. Bamberg, W. Gärtner's Buchdr., 1892; 113 S. 8.
Bamberg, k. altes G, P 1892*

217 **Hermann,** *Ernst* [Prof.]: Zur Charakteristik Kaiser Wilhelms I. Rede z. Vorfeier v. Kaisers Geburtst., am 26. Jan. 1892 in d. Aula d. Gymn. zu Baden geh. (Umschlagt.: Zwei Schulreden. [1]) Baden-Baden, E. Kölblin, 1892; 3—11 S. 4.
Baden, grossh. G u. HB, MP 1892 (596)

218 **Hermes,** *Johann* [Oberl. Dr.]: Der Flächeninhalt der Dreiecke, Vierecke und Kreise in der Farey'schen Ebene. Königsberg, Ostpreuss. Ztgs- u. Verl.-Druckerei, 1891; 1—47 S., 1 Taf. 4.
Königsberg in Pr., PG d. K. Waisenhauses, P 1891**

219 **Hertel,** *Ludwig* [Dr.]: Ueber den Wert mundartlicher Untersuchungen. Greiz, Druck v. Löffler & C., 1892; 1—11 S. 4.
Greiz, st. G m. Realabt. u. VS, OP 1892 (711)

220 [F.] **Herwig,** Christian [Oberl. Dr.]: Bemerkungen zur Methode des lateinischen Unterrichts, angeknüpft an die „Lehrpläne und Lehraufgaben für die höheren Schulen". Siegen, Druck v. W. Vorländer, 1892; 18 S. 4.
Attendorn, G, P 1892 (345)

221 **Herwig,** *Martin Adam* [Dr.]: Zur Auswahl, Verteilung und Darbietung des Lesestoffs aus Cäsars Gallischem Kriege unter Berücks. d. neuen Lehrpläne f. d. höh. Schulen. Eisleben, Druck v. E. Schneider, *1892*; 1—20 S. 4.
Eisleben, st. RPG (künftige R)', OP 1892 (268)

222 **Hesse,** Ernst [Dr.]: Thüringen unter der Regierung Heinrichs IV. 1. Tl: Thüringen im Zehntenstreit. Magdeburg, kgl. Hofbuchdr. v. C. Friese, 1892; 1 Bl., 22 S. 4.
Magdeburg, k. Dom-G, OP 1892 (237)

223 **Heun,** Karl [Dr.]: Untersuchungen über die Gaufssche Quadraturmethode. Berlin, R. Gaertner, 1892; 19 S. 4.
Berlin, Erste st. HB, OP 1892 (108)

224 [F.] [Kopft.:] **Heuser,** Julius: Warum ist Schiller populärer als Goethe? *Cassel, 1892;* 1—8 S. 4.
Cassel, R in d. Hedwigstr., OP 1892 (402)

225 **Heufsner,** Friedrich [Dir. Dr.]: Freytags Ingo und Ingraban im Unterrichte der Prima. (Umschlagt.: ... Abt. 1.) Cassel, Druck v. Baier & Lewalter, 1892; 3—27 S. 4.
Cassel, k. Wilhelms-G, OP 1892 (382)

226 **Heyden,** Raphael [Oberl.]: Elementare Einführung in die Lehre von den harmonischen Bewegungen. M. 4 Fig. (Umschlagt.: Demonstrationen und Probleme aus der Physik.) (Th. 1.) Berlin, R. Gaertner, 1892; 26 S. 4.
Berlin, Luisenst. OR, OP 1892 (101)

227 **Heynacher,** Max [Prof. Dr., Oberl.]: Beiträge zur zeitgemäfsen Behandlung der lateinischen Grammatik auf statistischer Grundlage. Norden, Druck v. D. Soltau, 1892; 52 S. 8.
Norden, k. Ulrichs-G, OP 1892 (313)

228 **Hicketier,** Fritz [wiss. Hülfsl. Dr.]: Zur Betonung des Lateinischen auf der Schule. Cüstrin, C. Nigmann's Buch- u. Steindr., 1892; 1—12 S. 4.
Cüstrin, k. G m. st. VS, P 1892 (72)

229 **Hildebrandt,** Richard: Bemerkungen zum lateinischen Pensum der Sexta. Magdeburg, Druck v. E. Baensch jun., 1892; 1—50 S. 4.
Magdeburg, Pd z. Kloster Unser Lieben Frauen, OP 1892 (238)

230 **Hille,** Hugo: Über die platonische Lehre vom Eros. Welche ethischen Anfordergn stellt Plato in dieser Lehre an d. Philosophen? In wie weit hat d. Persönlichkeit Platos diesen Anfordergn entsprochen? Liegnitz, Druck v. O. Heinze, *1892;* 45 S. 4.
Liegnitz, k. RAk, OP 1892 (104)

231 **Hillger,** *Friedrich* [Dr.]: *Festrede am Geburtstage Sr. Maj. des Kaisers 1892 üb. d. wichtigsten sozial-polit. Reformen der Hohenzollern.* Danzig, Druck v. E. Groening, 1892; 17—20 S. 4.
Jenkau b. Danzig, RPG (v. Conradisches Prov.-Schul- u. Erz.-Inst.), OP 1892 (40)

232 **Hochdanz,** Franz [Oberl. Dr.]: Bemerkungen zur Topographie des alten Rom. Cöslin, gedr. bei C. G. Hendess, 1892; 1—22 S. 4.
Cöslin, k. G, OP 1892 (130)

233 **Höhler,** *Wilhelm* [Dir.]: Die Lateinschule zu Mahlberg. 1804—1850. Ettenheim, Druck v. F. X. Leibold, 1892; 28 S. 4.
Ettenheim, grossh. RPG, P 1892 (612)

234 **Hoess,** Guilelmus [Dr.]: De vbertate et abvndantia sermonis Isocratei observationvm capita selecta. (= Inaug.-Diss. Freiburg 1891.) Fribvrgi Brisigaviae, ex offic. C. A. Wagneri, 1892; 2 Bl., 36 S. 8.
Pforzheim, G, MP 1892 (608)

235 **Hoff,** Ludwig [Dr., Dir]: Gedichtkanon für die einzelnen Klassen. Coesfeld, Buchdr. v. J. Fleissig, *1892*; 12—13 S. 4.
Coesfeld, k. G Nepomucenianum, OP 1892 (350)

236 **Hoffmann,** Gustav [Dr.]: Schimpfwörter der Griechen und Römer. Berlin, R. Gaertner, 1892; 33 S. 4.
Berlin, Friedrichs-RG, OP 1892 (96)

237 **Holleck,** Heinrich [Oberl. Dr.]: Der harpalische Prozess des Demosthenes. Beuthen O.-S., Druck v. B. Wylezol & C., 1892; 1 Bl., 20 S. 4.
Beuthen O.-S., k. G, OP 1892 (171)

238 [J. u. Ant.] **Holtermann,** Karl [Dr.]: Vergleichung der Schlegelschen und Vossschen Übersetzung von Shakespeares „Romeo and Juliet". Münster, Druck d. Coppenrathschen Buchdr., 1892; 3—30 S. 4.
Münster i. W., RG, P 1892 (372)

Holtswart, Israel-
s. **Israel.**

239 **Hoppe,** Adolf [Dr.]: Beiträge zur Beantwortung der Frage: Wie sind die Schüler der Untersekunda zur Aufsatzbildung anzuleiten? Stettin, Druck v. Herrcke & Lebeling, 1892; 1—15 S. 4.
Stettin, k. Marienstift-G, OP 1892 (141)

240 [J.] **Hossaeus,** *Arwed* [Prof. Dr.]: Einige in der Umgebung von Eisenach beobachtete Krankheiten der Bäume. Eisenach, Hofbuchdr., 1892; 1—14 S. 4.
Eisenach, grossh. RG, OP 1892 (671)

241 [J.] **Huot,** Paul [Dr. Dir.]: Ein Rückblick auf die Errichtung der Victoriaschule und ihr 25jähriges Bestehen. Berlin, R. Gaertner, 1892; 47 S. 4.
Berlin, Victoria-S, OP 1892**

242 [J. u. Ant.] **Hutt,** *Eduard* [Dr. Dir.]: Zur Vorbereitung auf das höhere Lehramt. Bernburg, A. Meyer's Buchdr., 1892; 1 Bl., 16 S. 4.
Bernburg, herz. Karls-RG u. VS d. Carolinums, OP 1892 (676)

243 [J.] **Jäcklein,** Anton: M. Andreas Presson, Nachahmer der Trutz-Nachtigall. Bamberg, Fr. Humann'sche Buchdr., 1892; 68 S. 8.
Bamberg, neues G, P 1892*

244 **Jellinghaus,** *Hermann* [Rekt. Dr.]: Kanon der zu lernenden Gesänge und Gedichte. Segeberg, Druck v. C. H. Wäser, 1892; 10—11 S. 4.
Segeberg, RPG "(Wilhelms-S)", P 1892 (205)

245 [Ant. u. 𝔍.] **Jentsch,** *Hugo* [Oberl. Prof. Dr.]: Die prähistorischen Altertümer der Gymnasialsammlung zu Guben. Tl 5. (Umschlagt.: Die Sammlungen der Anstalt: 1. Vorgeschichtl. Altertümer. Tl 5 '(Schluss)'.) (Forts. d. P-Beil. 1883. 85. 86. 89.) Guben, Druck v. A. Koenig, *1892;* 1—24 S., 1 Taf. 4.
Guben, G, RG u. VS, OP 1892 (79)

246 **Jerxsen,** Carl [Dr.]: Bemerkungen zu Horazens Epistel an die Pisonen '(Forts.)'. (Tl. 1 in: Jahrb. d. Pädagog. z. Kloster U. L. Fr. in Magdeburg 1882 — P-Beil. 1882.) Verden, H. Söhl's Buchdr., 1892; 16 S. 4.
Verden, k. Dom-G, OP 1892 (317)

247 **Imhæuser,** Heinrich: Die alttestamentliche Messiaserwartung und ihre neutestamentliche Erfüllung. Tl 1 histor.-krit. dargest. Trarbach, Buchdr. G. Balmer, 1892; 24 S. 4.
Trarbach, k. PG, P 1892 (401)

248 **Joachim,** Carl: Landshuter Geschlechtsnamen. 1. Tl. Landshut, Druck d. J. Thomannischen Buchdr., *1892;* V S., 1 Bl., 38 S. 8.
Landshut, k. Humanist. G, P 1892*

249 [𝔍.] **Jörss,** Paul [Dr.]: Über den Genuswechsel lateinischer Maskulina und Feminina im Französischen. Ratzeburg, H. H. C. Freystatzky's Buchdr., 1892; 3—32 S. 4.
Ratzeburg, G, OP 1892 (284)

250 [𝔍.] **John,** *Alfred* [Oberl.]: *Abschiedsrede, geh. am 3. Aug. 1891.* (Bete u. arbeite.) Arnstadt, Druck d. Bussjaeger'schen Hofbuchdr., 1892; 5—8 S. 4.
Arnstadt, fürstl. R, OP 1892 (718)

251 [𝔍.] **John,** *Constantin* [Rekt. Dr.]: Des Cornelius Tacitus „Gespräch über die Redner." (Umschlagt.: Tacitus, Dial. de orat., cap. XXVIII bis Schluss, übs. u. krit.-exeget. erl.) (Schluss d. P-Beil. Urach 1886.) Schwäb. Hall, Buchdr. v. E. Schwend, 1892; 1 Bl., 1—21 S. 4.
Schwäb. Hall, k. G, P 1892 (583)

252 **Jonas,** Victor [Hilfsl. Dr.]: Induktive Heimatkunde als Grundlage des geographischen Unterrichts. M. Berücks. d. preuss. Lehrpläne v. 1892 erl. am Beispiele Oppeln. Oppeln, Druck v. E. Raabe, 1892; 1—31 S. 4.
Oppeln, k. kath. G, OP 1892 (190)

253 [𝔍.] **Irmscher,** Emil: Vergils Aeneide. Buch II. Stanze 1—139. (Umschlagt.: ... in freien Stanzen übs.) (Forts. d. P-Beil. 1887—91.) Dresden, Druck v. P. Gutzmann, *1892;* 2—9 S. 4.
Dresden, R m. Gymn.- u. Elem.-Kl. v. Dr. Zeidler, OP 1892 (556)

254 **Ispert,** Rudolf: Der französische Unterricht an der Höheren Bürgerschule. Magdeburg, Druck v. E. Baensch jun., 1892; 1 Bl., 15 S. 4.
Magdeburg, st. HB, OP 1892 (272)

255 **Israel-Holtzwart,** Karl [Oberl. Dr.]: Das System der attischen Zeitrechnung auf neuer Grundlage. Frankfurt a. M., Druck v. Mahlau & Waldschmidt, 1892; 1 Bl., 34 S. 4.
Frankfurt a. M., Muster-S '(RG)', OP 1892 (404)

256 **Junker,** Josef [Dr.]: Geometrische Untersuchungen über bicentrische Vierecke. Crefeld, J. B. Klein'sche Buchdr., *1892;* 3—20 S., 2 Taf. 4.
Crefeld, R, P 1892 (476)

257 **Kaemmel,** Otto [Prof. Dr., Rekt.]: Abschiedsworte, gesprochen am Sarge d. Herrn Oberl. K. H. Koch am 10. Juni 1891. Leipzig, Druck v. O. Dürr, 1892; S. VIII. 4.
Leipzig, Nicolai-G, OP 1892 (538)

258 **Kahnis,** *Heinrich* [Oberl.]: Rede zum Gedächtnis des Herrn Oberl. K. H. Koch, geh. in d. Aula d. Nicolaigymn. am 15. Juni 1891. Leipzig, Druck v. O. Dürr, 1892; I VII S. 4.
Leipzig, Nicolai-G, OP 1892 (538)

259 Zum vierten **Kaiserfest.** (Festgedicht z. Feier d. Geburtst. Sr. Maj. d. Kaisers 1892.) Hagenau, F. Gilardone'sche Buchdr., *1892;* 20—21 S. 4.
Hagenau, G u. R, MP 1892 (507)

260 **Kappe,** Friedrich [Dr. Oberl.]: Der Bekkersche Paraphrast der Ilias und seine Bedeutung für die Textkritik. (Th. 1.) Liegnitz, Druck v. C. Seyffarth, 1892; 16 S. 4.
Liegnitz, st. ev. G, P 1892 (193)

261 **Kayser,** *Erwin* [stellv. Dir. Prof. Dr.]: *Der Abschied des Direktors Gottlieb Leuchtenberger.* Erfurt, Druck v. F. Bartholomäus, 1892; 17—18 S. 4.
Erfurt, k. G, OP 1892 (231)

262 **Keferstein,** Hans [Dr.]: Die philosophischen Grundlagen der Physik nach Kant's „Metaphysischen Anfangsgründen der Naturwissenschaft" und dem Manuscript „Übergang von den Metaphysischen Anfangsgründen der Naturwissenschaft zur Physik." Hamburg, gedr. bei Lütcke & Wulff, 1892; 1 Bl., 42 S. 4.
Hamburg, HB vor d. Lübeckerthore, P 1892 (733)

263 [**J.**] **Keiper,** Philipp [Dr. Prof.]: Neue urkundliche Beiträge zur Geschichte des gelehrten Schulwesens im früheren Herzogtum Zweibrücken insbes. d. Zweibrücker Gymnasiums. 1. Tl. Zweibrücken, Buchdr. v. A. Kranzbühler, 1892; 67 S. 8.
Zweibrücken, k. StA, P 1892*

264 **Keller,** Hermann [Oberl. Dr.]: Die Behandlung des Nibelungenliedes im Unterricht der höheren Schulen. Charlottenburg, Buchdr. v. A. Gertz, 1892; 24 S. 4.
Charlottenburg, st. RG, OP 1892 (103)

265 **Keller,** Julius [Prof.]: Die Grenzen der Übersetzungskunst krit. unters. m. Berucks. [!] d. Sprachunterr. am Gymn. Karlsruhe, Druck d. G. Braun'schen Hofbuchdr., 1892; 43 S. 4.
Karlsruhe, grossh. G, MP 1892 (602)

266 **Killmann,** Max [Rekt.]: Zu den algebraischen Gleichungen. Dirschau, Buchdr. v. Kriesel & Monath, *1892*; 3—12 S. 4.
Dirschau, RPG, OP 1892 (47)

267 **Kirchner,** Franz: Arbeitsteilung, Anpassung und Kampf ums Dasein im Pflanzenleben. '(Im Anschl. an d. Lehrstoff.)' Crefeld, Druck v. G. Kühler, *1892*: 3—36 S. 4.
Crefeld, RG, P 1892 (473)

268 **Kirchner,** Friedrich [Oberl. Lic. Dr.]: Über das Gedächtnis. (Umschlagt.: ... E. psycholog.-pädagog. Studie.) Berlin, Druck v. A. W. Hayn's Erben, *1892*; 3—31 S. 4.
Berlin, k. RG, OP 1892 (92)

269 **Kirchner,** Hans [Oberl. Dr.]: Die verschiedenen Auffassungen des platonischen Dialoges Kratylus ... (Umschlagt.: ... 1. D. Sprachphilosophie vor Plato.) *Brieg, Buchdr. E. Kirchner, 1892*: 3—18 S. 4.
Brieg, k. G, P 1892 (178)

270 [R.] **Kist,** Gustav: Ueber die wissenschaftlichen Grundlagen des Freihand-Zeichenunterrichts. Köln, Druck, Gebr. Brocker, 1892; 3—19 S., 3 Taf. 4.
Köln, OR u. VS sowie Fortbildg-S. P 1892 (174)

271 **Klapperich,** Josef [Dr.]: Zur Sprache des Lustspieldichters Richard Brinsley Sheridan. Elberfeld, gedr. bei S. Lucas, *1892*; 24 S. 4.
Elberfeld, R, P 1892 (480)

272 **Klimke,** Karl [Oberl. Dr.]: Beiträge zur Geschichte der Gracchen. Tl 1. Die Überlieferg d. Gesetze im Ausz. d. Livius m. bes. Berücks. d. Gesetzgebg d. Gracchen. Sagan, Druck v. P. Mertsching, 1892; 3—16 S. 4.
Sagan, k. kath. G, OP 1892 (203)

273 **Klippert,** Arwed [Oberl. Prof. Dr.]: Zwei Abschnitte aus der ebenen Trigonometrie. Hersfeld, Druck v. E. Hoehl, 1892: 1 Bl., 30 S. 4.
Hersfeld, k. G u. RPG, OP 1892 (383 [viehm. 391])

274 **Klussmann,** Maximilianus: Excerpta Tertullianea in Isidori Hispalensis Etymologiis colleg. et explan. (= Curar. Tertull. part. IV. — I—III: Gotha 1887.) Hamburgi, typ. express. Lütcke et Wulff, 1892; 1 Bl., 38 S. 4.
Hamburg, Gelehrten-S d. Johanneums, P 1892 (720)

275 **Kneschke,** Richard [Oberl.]: Zur Geschichte der niederländischen Kriege und Kämpfe am Ausgange des XV. Jahrhunderts. Zittau, Druck v. M. Böhme, 1892; 1—28 S. 4.
Zittau, k. RG m. h. Handels-S, OP 1892 (554)

276 **Kniffler,** Gustav [Oberl.]: Das Jesuiten-Gymnasium zu Düsseldorf. E. Beitr. z. Gesch. d. Kgl. Gymn. zu Düsseldorf. Düsseldorf, Buchdr. v. G. Jockwer, 1892; 52 S. 4.
Düsseldorf, k. G, P 1892 (436)

277 [J.] **Knigge,** *Friedrich* [Dr.]: Bemerkungen zum französischen Unterricht am Gymnasium. Jever, Druck v. C. L. Mettcker & Söhne, 1892; 8 S. 4.
Jever, grossh. Marien-G, P 1892 (663)

278 **Knoch,** Eduard: Über den Zahlbegriff und den ersten Unterricht in der Arithmetik. Danzig, Druck v. E. Groening, 1892; 34 S. 8.
Jenkau b. Danzig, RPG (v. Conradisches Prov.-Schul- u. Erz.-Inst.), OP 1892 (40)

279 **Knod,** Gustav C. [Dr., Oberl.]: Die Stiftsherren von St. Thomas zu Strassburg '(1518–1548)'. E. Beitr. z. Strassb. Kirchen- u. Schulgesch. (Umschlagt.: … v. Auftreten Capito's bis z. Interim '(1520—1548)'.) Strassburg, Strassb. Druckerei u. Verlagsanst., 1892; 2 Bl., 59 S. 4.
Strassburg i. E., L, P 1892 (514)

280 **Knop,** Henricus: De enuntiatorum apud Isaeum condicionalium et finalium formis et usu. (= Inaug.-Diss. Erlangen 1892.) Celle, Druck v. W. Grossgebauer, 1892; 3—35 S. 4.
Celle, k. G, OP 1892 (298)

281 **Koch** [kgl. Baurat]: Das neue Gymnasium. (Umschlagt.: D. neue Gymnasialgebäude.) Saarbrücken, Druck v. Gebr. Hofer, 1892; 3—6 S. 4.
Saarbrücken, k. G u. VS, P 1892 (456)

282 **Koch,** Karl *Heinrich* [weil. Oberl.]: Kleine Beiträge zur deutschen Sprachgeschichte und zum deutschen Unterricht. (M. e. Vorbemerkg v. Georg Berlit.) Leipzig, Druck v. O. Dürr, 1892; 2 Bl., 32 S. 4.
Leipzig, Nicolai-G, OP 1892 (538)

283 [J.] **Koch,** Konrad [Prof. Dr.]: Platos Gorgias als Schullektüre. Braunschweig, Druck v. J. H. Meyer, 1892; 22 S. 4.
Braunschweig, herz. G Martino-Katharineum, OP 1892 (686)

284 **Koch,** Hans [Dr.]: Quaestionum de proverbiis apud Aeschylum Sophoclem Euripidem caput II. (Forts. d. Inaug.-Diss. Königsb. 1887.) Bartenstein, gedr. bei Gebr. Kraemer, 1892; 27 S. 4.
Bartenstein, k. G, OP 1892 (2)

285 **Koch,** *Johannes Jacobus* [wiss. Hülfsl. Dr.]: De carminibus Prisciani grammatici nomine inscriptis. (= Inaug.-Diss. Marburg 1892.) Frankfurt a. M., Druck v. Enz & Rudolph, 1892; 3—23 S. 4.
Frankfurt a. M., k. Kaiser-Friedrichs-G, OP 1892 (380)

286 [ʒ.] **Kölsch,** *Eugen:* Der kirchengeschichtliche Unterricht im Gymnasium ... Büdingen, A. Heller'sche Hofbuchdr., 1892; 3—29 S. 4.
Büdingen, grossh. G, OP 1892 (623)

287 **König,** Clemens [Oberl.]: Die Zahl der im Königreiche Sachsen heimischen und angebauten Blütenpflanzen. (E. Beitr. z. Floristik d. Königr. Sachsen.) Dresden, Druck v. B. G. Teubner, 1892; 38 S., 1 Taf. 4.
Dresden-Neustadt, k. G, OP 1892 (534)

288 **Kohl,** Otto [Prof. Dr.]: Ueber die Verwendung römischer Münzen im Unterricht. Kreuznach, Buchdr. R. Voigtländer, 1892; 2 Bl., 69 S. 8.
Kreuznach, k. G, OP 1892 (446)

289 [ʒ.] **Kolligs,** Hans [Dr.]: Des Cartesius Ansicht über den Ursprung unserer Vorstellungen m. bes. Berücks. d. eingeborenen Vorstellgn. Siegburg, Druck v. Gebr. Daemisch, *1892*; 3—19 S. 4.
Siegburg, k. G, P 1892 (458)

290 [ʒ.] **Korndörfer,** *Georg Heinrich Ludwig* [Dr.]: Die Fläche 4ter Ordnung mit 2 sich nicht schneidenden Doppelgeraden. Neumünster, R. Hieronymus Buchdr., 1892; 3—8 S. 4.
Neumünster, PG u. RPG, OP 1892 (282)

291 [ʒ.] **Kossenhaschen,** A.: Unsere Spiele. Jever, Druck v. C. L. Mettcker & Söhne, 1892; 13—16 S. 4.
Jever, grossh. Marien-G, P 1892 (665)

292 [ʒ.] **Kracauer,** Isidor [Dr.]: Die Schicksale der Juden zu Frankfurt a. M. während des Fettmilchschen Aufstandes. Frankfurt a. M., Druck v. Kumpf & Reis, 1892; 3—27 S. 4.
Frankfurt a. M., R. d. isr. Gem. '(Philanthropin)', OP 1892 (409)

Kraft, Gustav [Mitarb.]
s. **Geyer,** Moritz: Geschichte des Friedrichsgymnasiums zu Altenburg seit 1789.

293 **Kraft,** Philipp *Wilhelm:* Konjugationswechsel im Neufranzösischen von 1500 bis 1800 nach Zeugnissen von Grammatiken. (= Inaug.-Diss. Marburg 1892.) Hamburg, gedr. bei Lütcke & Wulff, 1892; 2 Bl., 51 S. 4.
Hamburg, RG d. Johanneums, OP 1892 (731)

294 [ʒ.] **Krause,** Bernhard: Über die Bewegung eines veränderlichen, ebenen Vierecks um einen seiner Eckpunkte. Magdeburg, Druck v. E. Baensch jun., 1892; 1 Bl., 14 S. 4.
Magdeburg, RG, OP 1892 (263)

295 **Krauth,** Karl [wiss. Hülfsl. Dr.]: Babylonien nach der Schilderung Herodots. Meiningen, Druck d. Keyssnerschen Hofbuchdr., *1892*; 1—13 S. 4.
Schleusingen, k. Hennebergisches G, OP 1892 (250)

296 [J.] **Kremp,** *Heinrich* [Dir. Dr.]: *Bericht über die Feier der Grundsteinlegung für das neue Schulgebäude.* Helmstedt, Druck v. J. C. Schmidt, 1892; 7—10 S. 4.
Helmstedt, landwirtschaftl. S Marienberg, OP 1892 (604)

297 [J. u. Ant.] **Kromayer,** *Karl* [Dir. Dr.]: Das Gymnasium zu Weissenburg im zweiten Jahrzehente seines Bestehens, m. bes. Berücks. d. Entwicklg d. gesamten Gymnasialwesens in Elsass-Lothringen. (Forts. d. P-Beil. 1882.) Weissenburg i. E., Druck v. C. Burckardt's Nachf., 1892; 1 Bl., 31 S. 4.
Weissenburg i. E., G, MP 1892 (518)

298 **Krüger,** Heinrich [Dr.]: Das Spiegelbild eines leuchtenden Punktes in bewegtem Wasser. Pless, Druck v. A. Krummer, 1892; 1 Bl., 1—16 S., 1 Taf. 4.
Pless, ev. Fürsten-S, P 1892 (201)

299 [J.] **Krüger,** Theodor [Oberl.]: Die Rechtfertigung nach dem Lehrbegriff des Römerbriefes. (Th. 1.) Bromberg, Gruenauersche Buchdr., 1892; 1—34 S. 4.
Bromberg, k. RG, OP 1892 (168)

300 [J.] **Krummacher,** *Martin* [Dr., Dir.]: Bettina von Arnim und ihr Königsbuch. Festrede am 27. Jan. 1892. Cassel, Druck v. J. Has, 1892; 3—9 S. 4.
Cassel, st. HM, OP 1892**

301 **Kübler,** *Otto* [Dir. Prof. Dr.]: Zur Methodik des lateinischen Unterrichts. E. Bericht. Berlin, Buchdr. v. Trowitzsch & Sohn, Druck v. 1892; 1—11 S. 4.
Berlin, k. Wilhelms-G, OP 1892 (66)

302 **Kükelhan,** Ludwig [Rekt. Dr.]: Beiträge zur Geschichte des Kgl. Realprogymnasiums zu Otterndorf. Festschr. z. Einweihg d. neuen Schulgebäudes am 6. Jan. 1892. Otterndorf, in Comm. bei C. Bremer, 1892; 2 Bl., 109 S. 8.
Otterndorf, k. RPG, Festschr. 1892 (341)

303 **Küsel,** Eduard [Dr., Dir.]: Bericht über die Feier der Einweihung des neuen Gymnasial-Gebäudes. (Umschlagt.: . . . am 9., 10. u. 11. April 1891.) Memel, gedr. bei F. W. Siebert, 1892; 3—25 S. 4.
Memel, k. Luisen-G, P 1892 (13)

304 [J. u. Ant.]: **Kurschat,** Alexander: Verzeichnis der Schüler-Bibliothek des Kgl. Gymnasiums zu Tilsit. Nach ihrem Bestande zu Ostern 1892 aufgen. Tilsit, Druck v. H. Post, 1892; 127 S. 8.
Tilsit, k. G, P 1892 (10)

305 [J.] **Kurth,** Otto: Beitrag zur Erklärung der Farben von Krystallplatten im polarisierten Licht. (Th. 1.) Jauer, Druck d. Opitz'schen Buchdr., 1892; 1 Bl., 15 S., 1 Taf. 4.
Jauer, k. G, OP 1892 (187)

306 **Kurze,** Friedrich [Dr.]: Die Hersfelder und die grösseren Hildesheimer Jahrbücher bis 984. Stralsund, Druck d. kgl. Reg.-Buchdr., 1892; 1—25 S. 4.
Stralsund, G, OP 1892 (144 [vielm. 145])

307 **Kuthe,** *Anton* [Dr.]: III. Nachtrag zum [1888 erschienenen] Katalog der Bibliothek. (I. Nachtr.: P 1890 S. 13—15, II. Nachtr.: 1891 S. 12—13.) Wismar, Eberhardt'sche Hof- u. Ratsbuchdr., 1892; 70—71 S. 4.
Wismar, Grosse Stadt-S (R u. G), OP 1892 (651)

308 **Laeger,** Otto [Dr.]: Die Lebensbeschreibungen des heiligen Leudegar. Nordhausen, Druck v. C. Kirchners Buchdr., 1892; 1—28 S. 4.
Nordhausen, k. RG, OP 1892 (265)

309 **Lahm,** *Wilhelm* [Dr.]: Der naturgeschichtliche Unterricht. Grünberg, Buchdr. v. H. Robert, 1892; 3—14 S. 4.
Laubach, grossh. G Fridericianum, P 1892 (627)

310 [J.] **Lang,** Robert [Prof.]: Das Ohm'sche Gesetz als Grundgesetz des Elektromagnetismus. (Forts. folgt an and. Stelle.) Heilbronn, Druck v. Brok & Feierabend, 1892; 1—30 S., 1 Taf. 4.
Heilbronn, k. Karls-G, P 1892 (584)

311 **Latendorf,** *Friedrich* [Oberl. Dr.]: Nekrologium für den Zeitraum vom 15. März 1888 bis dahin 1892. (Ersch. in d. Schulnachr. 1854—1872 v. Carl Chrn Schiller, 1873—1888 v. Latendorf.) Schwerin, gedr. in d. Bärensprungschen Hofbuchdr., 1892; 8—11 S. 4.
Schwerin i. M., grossh. G Fridericianum, OP 1892 (640)

312 [J.] **Laufenberg** [Oberl. Dr.]: Über die Gestaltung des geschichtlichen Unterrichts m. bes. Berücks. s. erziehl. Bedeutg u. im Anschl. an die dens. betreffende Kgl. Ordre v. J. 1889. Essen, Druck v. G. D. Bädeker, 1892; 3—13 S. 4.
Essen a. d. R., vereinigte st. HT, P 1892**

313 **Laurent** [Stadtbaumstr]: Beschreibung des neuen Schulgebäudes. Aachen, Druck v. A. Jacobi & C., 1892; 12—16 S., 1 Pl., 2 Taf. 4.
Aachen, st. RG, OP 1892 (467)

314 **Laurentius,** Joh. [k. Reg.-Baumstr]: Beschreibung des neuen Gymnasialgebäudes. Bonn, Univ.-Buchdr. v. C. Georgi, 1892; 1—4 S., 2 Pl. 4.
Bonn, k. G, P 1892 (425)

315 **Leeder,** Maximilian [Dr.]: Der italienische Cursus des Kaiserlich Deutschen Archäologischen Instituts zu Rom. 1891. Grünberg i. Schl., F. Weiss Nachf., 1892; 1 Bl., 24 S. 4.
Grünberg i. Schl., Friedrich-Wilhelms-RG u. VS, OP 1892 (214)

316 **Leers,** Rudolf [Dr]: Burchard II., Bischof von Halberstadt. 1059—1088. (Th. 1.) Eisleben, Druck v. E. Schneider, 1892; 1—35 S. 4.
Eisleben, k. G, OP 1892 (230)

317 **Lehmann,** F. W. Paul [Dir. Dr.]: Was können uns die Gedichte Friedrichs des Grossen sein? Stettin, Druck v. F. Hessenland, 1892; 1—16 S. 4.
Stettin, Schiller-RG, OP 1892 (148)

318 **Lehmann,** Rudolf [Dr.]: Schopenhauer und die Entwickelung der monistischen Weltanschauung. Berlin, R. Gaertner, 1892; 25 S. 4.
Berlin, Luisenst. G, OP 1892 (64)

319 Die **Lehrpläne.** (Umschlagt.: D. neuen Lehrpläne.) Dirschau, Buchdr. v. Kriesel & Monath, *1892*; 13—20 S. 4.
Dirschau, RPG, OP 1892 (47)

320 **Leimbach,** Carl [Dir. Lic. Dr.]: Der neue Lehrplan, auf Grund d. normativen Lehrpläne v. 6. Jan. 1892 ausgearb. (Umschlagt.: D. neue Lehrpl. f. 1892/93.) Goslar, Druck v. O. Bonde in Altenburg, 1892; 15—24 S. 4.
Goslar, RG u. G, OP 1892 (320)

321 **Leimbach,** Carl [Dir. Lic. Dr.]: Die Schülerbibliotheken unserer Anstalt. Goslar, Druck v. O. Bonde in Altenburg, 1892; 3—14 S. 4.
Goslar, RG u. G, OP 1892 (320)

322 **Lell,** Franz [Dr]: Der absolute Accusativ im Griechischen bis zu Aristoteles. E. Beitr. z. histor. Gramm. d. griech. Spr. (= Inaug.-Diss. Würzb. 1892.) Würzburg, k. bayer. Hofbuchdr. v. Bonitas-Bauer, 1892; 63 S. 8.
Würzburg, k. neues G, P 1892*

323 **Lenz,** Philipp [Dr.]: Der Handschuhsheimer Dialekt. Nachtr. z. Wörterverz. v. 1887. (Forts. d. P-Beil. Konstanz 1887.) Darmstadt, G. Otto's Hof-Buchdr., 1892; IV, 20 S. 4.
Heidelberg, G, MP 1892 (601)

324 **Lerche,** Ernst [Past.]: Die Behandlung der Kirchengeschichte in höheren Schulen. *Braunschweig, Buchdr. v. H. Sievers & C. Nachf.*, *1892*; 20 S. 4.
Braunschweig, st. OR, OP 1892 (680)

325 **Leyendecker,** *Franz* [stellvertr. Dir. Prof.]: Nachrichten über das Leben des am 6. Februar 1892 verstorbenen Gymnasialdirektors Professor Dr. *Emanuel* Bernhardt. Weilburg, Druck v. A. Cramer, *1892*; 19—22 S. 4.
Weilburg, k. G, P 1892 (398)

326 [F.] **Liebich,** Robert: Die Bilder des göttlichen Strafgerichtes im Jesajah-Buche. Kap. 1—39. Oels, Druck v. A. Ludwig, 1892; 38 S. 4.
Oels, k. G, P 1892 (107)

327 [J.] **Liepert** *Josef* [Rekt.]: Shakspeares „Hamlet.“ Straubing, C. Attenkofersche Buchdr., 1892; 34 S. 8.
Straubing, k. G, P 1892*

328 **Linderbauer**, Benno [P. O. S. B., Prof.]: De verborum mutuatorum et peregrinorum apud Ciceronem usu et compensatione. P. 1. *Metten, 1892;* 67 S. 8.
Metten, humanist. G, P 1892*

329 **Litter**, J*odokus* [Oberl.]: Zur Geschichte und Statistik der Rheinischen Ritter-Akademie. Düsseldorf, Buchdr. v. L. Schwann, 1892; 11—41 S. 4.
Bedburg, Rheinische RAk, P 1892 (424)

330 **Lobeck**, Otto [Oberl. Dr.]: Des Flavius Blondus Abhandlung De militia et iurisprudentia. Z. ersten Mal hrsg. Dresden, Lehmannsche Buchdr., 1892; III—XXII S. 4.
Dresden, G z. heiligen Kreuz, OP 1892 (531)

331 **Lökle**, F*erd. Otto* [Prof.]: Untersuchungen aus der synthetischen Geometrie. Stuttgart, k. Hofbuchdr. C. Liebich, 1892; 1—79 S. 4.
Stuttgart, Karls-G, P 1892 (580)

332 **Lörch**, Ph. J*akob*: Die Flora des Hohenzollers und seiner nächsten Umgebung. III. Tl. (Schluss d. P-Beil. 1890. 91.) Hechingen, Ribler'sche Hofbuchdr., 1892; 1 Bl., 119—166 S. 8.
Hechingen, k. R '(HB)', P 1892 (404)

333 [J.] **Loesch**, Karl: Sprachliche und erläuternde Bemerkungen zu Appian. Nürnberg, Buchdr. v. J. L. Stich, 1892; 41 S., 1 Bl. 8.
Nürnberg, k. Neues G, P 1892*

334 [Umschlagt.:] **Lorenz**, Karl [Oberl. Dr.]: Klopstocks und Goethes Lyrik. E. Beitr. z. Behandlg d. Klassenlektüre. Tl 1: Klopstock. Kreuzburg O.-S., Druck v. E. Thielmann, *1892;* 1—16 S. 4.
Kreuzburg O.-S., k. G, OP 1892 (190)

335 **Lorenz**, *Johannes*: Eine Aufgabe aus der analytischen Geometrie der Kegelschnitte. Saarlouis, F. Stein Nachf., 1892; 3—16 S. 4.
Saarlouis, PG, OP 1892 (457)

336 [J.] **Lorenz**, Wilhelm [Dir.]: Festbericht über die Feier des 350jährigen Jubiläums des Kgl. Gymnasiums zu Meldorf am 2. und 3. Juli 1891 ... Meldorf, Buchdr. v. P. Bundies Nachf., *1892;* 36 S. 4.
Meldorf, k. G, OP 1892 (281)

337 **Lübke**, Hermann [Dr.]: Menander und seine Kunst ... Berlin, R. Gaertner, 1892; 38 S. 4.
Berlin, Lessing-G, OP 1892 (62)

338 **Lyon**, *Paul* Otto [Oberl. Dr.]: *Gedicht zur Vermählung des Prinzen und der Prinzessin Friedrich August von Sachsen.* Dresden, Druck v. B. G. Teubner, 1892; S. 34. 4.
Dresden-Altstadt, Annen-S '(RG)', OP 1892 (550)

339 **Märkel**, Paul [Dr.]: Theorie der Schulandacht an höheren Lehranstalten. Tl 1: Grundlegung. Berlin, R. Gaertner, 1892; 40 S. 4.
Berlin, Dorntheenst. RG, OP 1892 (94)

340 [J. u. Ant.] **Mahn**, Paul [Rekt.]: Schulrede zur Erinnerung an den 300jährigen Geburtstag des Joh. Amos Comenius geh. am 28. März. Kempen, gedr. in P. Amulongs Buchdr., *1892*; 1—7 S. 4.
Kempen (Posen), st. PG, OP 1892 (154)

341 **Martin**, Johannes [Dr.]: Die Proverbes au Conte de Bretaigne nebst Belegen aus germanischen und romanischen Sprachen. Erlangen, k. b. Hof- u. Univ.-Buchdr. v. F. Junge, 1892; 37 S. 8.
Erlangen, k. StA, P 1892*

342 **Marx**, *Eugen* [Konrekt.]: Einiges aus dem mathematischen Unterrichte in Prima. Friedland i. M., Druck v. W. Walther, 1892; 1—19 S. 4.
Friedland (i. M.), G, P 1892 (658)

343 **Matthes**, Isolin [Dr.]: Die Volksdichte und die Zunahme der Bevölkerung im Ostkreise des Herzogtums Sachsen-Altenburg in dem Zeitraume 1837—1890. Altenburg i. S.-A., Pierer'sche Hofbuchdr., 1892; 21 S. 4.
Altenburg, herz. RPG, OP 1892 (683)

344 **Matsinger**, Sebastian [Dr., Gymn.-Assist.]: Des hl. Thascius Caecilius Cyprianus Tractat: „De bono pudicitiae". (= Inaug.-Diss. München 1892.) Nürnberg, gedr. bei U. E. Sebald, 1892; 1 Bl., 47 S. 8.
Nürnberg, k. Altes G, P 1892*

345 [J.] **Maurer**, Theodor [Dr.]: Die Cantica der Antigone krit.-exeget. revidiert. Worms, Druck v. E. Kranzbühler, 1892; 1—22 S. 4.
Worms, grossh. G u. R, OP 1892 (629)

346 **May**, Joseph [Prof. Dr.]: Lessings Hamburger Dramaturgie im Unterricht der Prima. Offenburg, Druck v. A. Reiff & C., 1892; 17 S. 4.
Offenburg, grossh. G, MP 1892 (607)

347 **May**, Oswald [Dr.]: Die früher dem Seneca zugeschriebene Abhandlung: „de quattuor virtutibus cardinalibus" aus e. Hs. d. Neisser Gymn. veröffentl. Neisse, Druck v. F. Bär, 1892; 1—10 S. 4.
Neisse, k. kath. G, OP 1892 (195)

348 **Mayer**, Emil W. [Dr.]: Die christliche Moral in ihrem Verhältnis zum '(staatlichen)' Recht. Berlin, Druck v. A. W. Hayns Erben, *1892*; 3—31 S. 4.
Berlin, k. Friedrich-Wilhelms-G u. k. VS, OP 1892 (50)

349 [J.] **Mehner,** Bruno [Dr., Oberl.]: Die geologischen Verhältnisse der Umgebung von Freiberg im Anschl. an d. Unterr. in d. allgem. Geologie. 2. Tl. (Forts. d. P-Beil. 1891.) Freiberg, Gerlachsche Buchdr., *1892;* 1 Bl., 43—74 S. 4.
Freiberg, st. RG, OP 1892 (552)

350 **Meinhold,** Paul [Dr.]: Prophetie und Schwärmerei. Stettin, Druck v. Herrcke & Lebeling, 1892; 1—23 S. 4.
Stettin, König-Wilhelms-G, OP 1892 (143)

351 [J.] **Meissel,** Ernst [Dr., Dir.]: Über die absoluten Maxima der Bessel'schen Funktionen. (Th 1.) Kiel, Druck v. A. F. Jensen, 1892; 1—11 S. 4.
Kiel, OR, OP 1892 (280)

352 **Meissner,** *Otto* [Oberl.]: Einleitung in den Galvanismus nach induktiver Methode. Königsberg i. Pr., Hartungsche Buchdr., *1892;* 1—23 S., 1 Taf. 4.
Pillau, st. RPG, OP 1892 (24)

353 **Menden,** Theodor [Oberl. Dr.]: Ueber die Aufgabe des Gymnasiums gegenüber den sozialen Irrungen der heutigen Zeit ... Köln a. Rh., Druck v. J. P. Bachem, 1892; 3—15 S. 4.
Köln, k. kath. G an Marzellen, P 1892 (430)

354 **Menge,** Hermann [Prof. Dr., Dir.]: Probe einer Bearbeitung der Oden und Epoden des Horaz f. Freunde klass. Bildg, bes. f. d. Primaner unserer Gymnasien. Sangerhausen, Druck v. A. Schneider, 1892; 3—24 S. 4.
Sangerhausen, G, P 1892 (249)

355 [J.] **Merian-Genast,** *H.* (in s. Diss.: Johann Wilhelm Julius) [Dr.]: Ausführungen zum Lehrplan. '(Forts.)' D. Lehrstoffe d. Quarta im Lichte d. Konzentration. (Forts. d. P-Beil. 1891.) Jena, Druck v. G. Neuenhahn, *1892;* 11—21 S. 4.
Jena, G Carolo-Alexandrinum, OP 1892 (672)

Metz, Adolf [Vorr.]
s. **Bintz,** Julius: Der Einfluss der ars poetica des Horaz ...

356 **Metz,** Adolf: Nachruf am Grabe des Directors Dr. Julius Bintz, *gest. am 20. Sept. 1891.* Hamburg, gedr. bei Lütcke & Wulff, 1892; 8—9 S. 4.
Hamburg, Gelehrten-S d. Johanneums, P 1892 (729)

357 **Metzner,** O. [Zeichenl.]: Gedächtnisrede auf den Zeichenlehrer Dr. Hermann Berge, geb. am 25. Nov. 1891. Berlin, Druck v. C. H. Müller, 1892; 28—30 S. 4.
Berlin, Luisenst. OR, OP 1892 (101)

358 **Meuser,** Wilhelm [Oberl.]: Analyse et critique de l'Art poétique de Boileau ... Bad-Ems, Druck v. H. Ch. Sommer, 1892; 3—16 S. 4.
Bad-Ems, RPG, P 1892**

359 [J.] **Meyer,** Friedrich [Oberl.]: Welchen Wert hat für uns noch jetzt die klassische Tragödie der Franzosen? Breslau, Druck v. Grass, Barth & C., *1892*; 17 S. 8.
Breslau, RG z. heiligen Geist, OP 1892 (211)

360 **Meyer,** *Theodor* [Prof. Dr.]: Das Kirchenlied. E. ästhet. Untersuchg ... Heilbronn, Druck d. Schell'schen Buchdr., 1892; 1—28 S. 4.
Schönthal, k. ev.-theol. Sm, P 1892 (579)

361 **Michaëlis,** Carl Theodor [Dr.]: Zur Entstehung von Kants Kritik der Urteilskraft. Tl 1. Berlin, R. Gaertner, 1892; 22 S. 4.
Berlin, VII. st. HB, OP 1892 (114)

362 **Miedel,** Julius [Dr.]: De anachronismo, qui est in P. Papinii Statii Thebaide et Achilleide. Passaviae, typ. F. W. Keppleri, *1892*; 63 S. 8.
Passau, G, P 1892*

363 [J.] **v. Mittelstaedt,** Adolf [Rekt.]: Zur Geschichte der deutschen höheren Mädchenschule. Charlottenburg, Druck v. C. J. Neubelt, 1891; 3—30 S. 4.
Charlottenburg, st. HM, P 1891**

364 **Moecke,** Eugen: Über zweiachsig-symmetrische Kurven 4. O. mit zwei Doppelpunkten. '(Forts. u. Schluss [d. P-Beil. 1891].)' Gross-Strehlitz, Druck v. M. verw. Hübner, *1892*; 1—16 S., 1 Taf. 4.
Gross-Strehlitz, k. G, OP 1892 (206)

365 [J.] **Müller,** Carl Theodor [Dr.]: Der deutsche Unterricht auf Realschulen. Emden, Druck v. Th. Hahn Wwe, 1892; 3—11 S. 4.
Emden, Kaiser-Friedrichs-S '(HB)', OP 1892 (332)

366 [J.] **Müller,** Reinhold [Oberl.]: Bemerkungen über Pierre Loti und seine Stellung in der Litteratur. Sondershausen, gedr. in d. Buchdr. des „Deutschen", 1892; 1—24 S. 4.
Sondershausen, fürstl. R, OP 1892 (720)

367 **Myska,** Ludwig Gustav [Dr.]: Über das Verhältnis des von Plato im Politikos entwickelten Staatsbegriffes zu der Darstellung desselben in der Politeia und den Nomoi. Allenstein, Druck v. A. Harich, 1892; III—XVI S. 4.
Allenstein, k. G, P 1892 (1)

368 **Nagel,** Louis [Dr.]: Der deutsche Unterricht in den unteren Klassen der Höheren Bürgerschule. Berlin, R. Gaertner, 1892; 34 S. 4.
Berlin, V. st. HB, OP 1892 (112)

369 **Nagel,** Rud. [Prof. Dr. Dir.]: Bericht über die Feier des 50jährigen Bestehens des Elbinger Realgymnasiums. Elbing, Buchdr. R. Kühn, 1892; 3—19 S. 4.
Elbing, st. RG, OP 1892 (45)

370 **von Napolski**, Stanislaus [Dr.]: Höfische Erziehung und höfisches Wesen im Mittelalter. E. Beitr. z. Kulturgesch. Südfrankreichs, gewonnen aus Zeugnissen provenzal. Dichtgn. Charlottenburg, Druck v. A. Gertz, 1892; 3—30 S. 4.
Charlottenburg, st. HM, P 1892**

371 **Nauck** [Oberbaurat]: Mitteilungen über den Neubau der Fürsten- und Landesschule in Grimma. Grimma, Druck v. J. Schiertz, 1892; 31—41 S. 4.
Grimma, Fürsten- u. Landes-S, P 1892 (536)

372 [J.] **Neufert**, Hermann [Dr.]: Der Weg der Nibelungen. Charlottenburg, Buchdr. v. A. Gertz, *1892*; 32 S. 4.
Charlottenburg, st. HB, OP 1892 (116)

373 **Neuss**, Jos. [Dir., Dr.]: Das Schulfest beim Einzuge in das neue Anstaltsgebäude. (Umschlagt.: Bericht über ...) Aachen, Druck v. A. Jacobi & C., 1892; 1—11 S. 4.
Aachen, st. RG, OP 1892 (467)

374 **Niemeyer**, Max [Dr., Oberl.]: Plautinische Studien. Potsdam, Druck d. Krämer'schen Buchdr., 1892; 1—16 S. 4.
Potsdam, Victoria-G, OP 1892 (84)

375 [Kopft.:] **Nietsche**, Benno: Die lateinische Schule des Cistercienser-Klosters Rauden 1744—1816, e. Vorläuferin d. kath. Gymnasiums zu Gleiwitz. II. Tl. (I: P-Beil. 1891.) *Gleiwitz, Neumann's Stadtbuchdr., 1892*; 3—26 S. 4.
Gleiwitz, k. kath. G, OP 1892 (182)

376 [J.] **Nitzsch**, *Otto* [Dir.]: Übersetzung des Sophokleischen Philoktet, Tl II. (Schluss d. P-Beil. 1891.) Bielefeld, Druck v. Velhagen & Klasing, 1892; 3—13 S. 4.
Bielefeld, G u. RG, P 1892 (319)

377 **Nürnberger**, *August* [Dr.]: Disquisitiones criticae in Willibaldi Vitam S. Bonifatii. (Forts. folgt an and. Stelle.) Breslau, Druck v. R. Nischkowsky, 1892; I—XVII S. 4.
Breslau, k. kath. St. Matthias-G, OP 1892 (176)

378 **Oesterheld**, August: Luthers Schriften in der Carl Alexander-Bibliothek zu Eisenach. (Th. 1.) Eisenach, Hofbuchdr., *1892*; 24 S., 1 Bl. 4.
Eisenach, Carl Friedrich-G, OP 1892 (670)

379 **Otto**, Adolf [Dr.]: Aus der Friedericianischen Verwaltung Westpreussens. II. Tl. (Forts. d. P-Beil. 1887.) Conitz, F. W. Gebauer Nachfl., 1892; 3—22 S. 4.
Conitz, k. G, P 1892 (33)

380 **Overbeck**, *Rudolf* [Oberl. Dr.]: Untersuchungen über den Einfluss der Belastung und Erwärmung auf die elastische Nachwirkung von Silberdrähten. Döbeln, Druck v. J. W. Thallwitz, 1892; I—XX S. 4.
Döbeln, k. RG u. Landwirtschafts-S, OP 1892 (540)

381 **Paehler,** *Robert* [Dir. Dr.]: Kritische und erklärende Bemerkungen zu Sophokles' Aias. (Vgl. P-Beil. 1885 u. Fleckeisens Jahrb. Bd 135. 1887.) Wiesbaden, L. Schellenberg'sche Hof-Buchdr., 1892; 3—42 S. 4.
Wiesbaden, k. G, OP 1892 (390)

382 **Paeprer,** *Martin*: Über den naturwissenschaftlichen Unterricht am Gymnasium. Seehausen i. d. A., Druck d. R. Schröterschen Buchdr., 1892; 3—14 S. 4.
Seehausen i. d. A., G, OP 1892 (251)

383 **Pannenborg,** Albertus [Dr. Oberl.]: Das Carmen de bello Saxonico Lamberts von Hersfeld hrsg. Göttingen, Druck d. Dieterich'schen Univ.-Buchdr., 1892; VIII, 58 S. 8.
Göttingen, k. G u. RG, OP 1892 (301)

384 **Panzerbieter,** Wilhelm: Über einige Lösungen des Trisektionsproblems mittelst fester Kegelschnitte. M. 2 Taf. (Forts. in Grunert-Hoppes Arch. d. Math. u. Phys. u. d. T.: Dreiteilg jedes belieb. Winkels mittelst e. festen Hyperbel.) Berlin, R. Gaertner, 1892; 25 S., 2 Taf. 4.
Berlin, Falk-RG, OP 1892 (95)

385 **Patin,** *Alois* [Prof.]: Heraklitische Beispiele. '(1. Hälfte.)' Neuburg a. D., Griessmayersche Buchdr., *1892;* 108 S. 8.
Neuburg a. D., k. humanist. G, P 1892*

386 **Patzig,** Edwin [Oberl. Dr.]: Johannes Antiochenus und Johannes Malalas. (Forts. d. P-Beil. 1891.) Leipzig, Druck v. A. Edelmann, 1892; 1 Bl., 32 S. 4.
Leipzig, Thomas-S, OP 1892 (530)

387 **Paul,** *August* [Dir. i. V. Prof. Dr.]: *Direktor Dr. Julius Bintz, gest. am 20. Sept. 1891.* Hamburg, gedr. bei Lütcke & Wulff, 1892; 1—11 S. 4.
Hamburg, Wilhelm-G, P 1892 (730)

Paul, August [Hrsg.]
s. **Bintz,** Julius: Der Einfluss der ars poetica des Horaz ...

388 **Paur,** Hermann: Observationes et adnotationes ad Flavii Josephi elocutionem. *Nürnberg, 1892;* 32 S. 8.
Nürnberg, RG, P 1892**

Peine, Heinrich [Mitarb.]
s. **Geyer,** Moritz: Geschichte des Friedrichsgymnasiums zu Altenburg seit 1789.

389 **Peter,** Hermannus [Dr., Rekt. u. 1. Prof.]: Georgii Fabricii ad Andream fratrem epistolae ex autographis primum editae. P. 2. (Schluss d. P-Beil. 1891.) Meissen, gedr. bei C. E. Klinkicht & Sohn, 1892; 1—31 S. 4.
Meissen, Fürsten- u. Landes-S St. Afra, MP 1892 (540)

390 [Ꝟ.] **Petri,** Hermann [Dir.]: Jahrbücher über die ersten 25 Jahre des König Wilhelms-Gymnasiums zu Höxter a. Weser. Höxter, Druck v. C. D. Flotho, 1892; VI, 37 S. 8.
Höxter, König Wilhelms-G, OP 1892 (356)

391 **Petzold,** Karl [Dr.]: Materialien für den Unterricht in der Anatomie und Physiologie der Pflanzen. Zerbst, gedr. bei O. Schnee, 1892; 1 Bl., 16 S. 4.
Zerbst, herz. Francisceum, OP 1892 (681)

392 **Pevelling,** Joseph [kommiss. Lehrer]: Das System konfokaler Parabeln, die eine Strecke harmonisch teilen. (= Inaug.-Diss. Tübingen 1891.) *Aachen, 1892;* III—XXI S. 4.
Aachen, R m. Fachkl. '(früh. k. GwS)', OP 1892 (468)

Pfeifer, Martin [Mitarb.]
s. **Geyer,** Moritz: Geschichte des Friedrichsgymnasiums zu Altenburg seit 1789.

393 **Pichlmayr,** Franciscus [Dr.]: Sexti Aurelii Victoris de Caesaribus liber. Ad fidem cod. Bruxellensis et Oxoniensis rec. Monachii, typ. cur. F. Straub, *1892;* VIII, 59 S. 8.
München, Ludwigs-G, P 1892*

Plaehn, Gustav [Mitarb.]
s. **Geyer,** Moritz: Geschichte des Friedrichsgymnasiums zu Altenburg seit 1789.

394 **Ploettner,** Heinrich Wilhelm [Oberl.]: Welches diplomatisch-parlamentarische Treiben der französischen Regierung ging dem französisch-deutschen Kriege voraus? Rede, geh. am Sedantage 1890. Langensalza, Druck v. Wendt & Klauwell, 1892; 3—10 S. 4.
Langensalza, RPG, P 1892 (271)

395 **Pöppelmann,** Ludwig [Dr., Oberl.]: Bemerkungen zu Dillenburgers Horaz-Ausgabe letzter Hand. Tl III. (Forts. d. P-Beil. Münstereifel 1885. 88.) Trier, F. Lintz'sche Buchdr., 1892; 1—28 S. 4.
Trier, k. G, P 1892 (402)

396 **Pohl,** Iosephus [Dir. Dr.]: Lectionum Catullianarum specimen III. (I: Inaug.-Diss. Münster 1860; II: P-Beil. Hedingen 1866.) Kempen, Buch- u. Steindr. v. A. Wefe s., *1892;* III—XVI S. 4.
Kempen '(Rhein)', k. G Thomaeum, OP 1892 (445)

397 **Preiß,** Hermann [Oberl. Dr.]: Zum Deuteronomium. E. Beitr. z. Kritik d. Pentateuchs. Berlin, R. Gaertner, 1892; 28 S. 4.
Berlin, Friedrichs-Werdersches G, OP 1892 (53)

398 [Ꝟ.] **Pressel,** *Friedrich* [Rekt. Dr.]: Rede bei der Trauerfeier für König Karl 17. Okt. 1891. Heilbronn, Druck v. Brok & Feierabend, 1892; 1—4 S. 4.
Heilbronn, k. Karls-G, P 1892 (584)

399 **Prestel,** Franz: Das Aoristsystem der lateinisch-keltischen Sprachen. Kaiserslautern, *Druck v. E. Th. Jacob in Erlangen,* 1892; 51 S. 8.
Kaiserslautern, k. Humanist. G, P 1892*

400 [J.] **Procksch,** *August* [Prof. Dr., Dir.]: *Bericht über die Feier des 50jährigen Erinnerungstages an die Einweihung des Josephinums und Nachträge zu: Mor. Geyer, Verzeichn. d. Abiturienten* ... (Vgl. No 160.) Altenburg, Druck v. O. Bonde, *1892;* 5—7 S. 4.
Altenburg, Friedrichs-G, OP 1892 (682)

401 [J.] **Queck,** Gustav [Dir. Prof. Dr.]: Ausgeführter Lehrgang für den Geschichtsunterricht in den Klassen Sexta bis Unter-Sekunda. Dramburg, Druck v. W. Schade & C., 1892; 3—16 S. 4.
Dramburg, k. G, P 1892 (133)

402 **Rambeau,** Theodor [Oberl.]: Charakteristik der historischen Darstellung des Sallustius '(II. Tl)'. (Forts. d. P-Beil. 1879.) Burg, Druck v. A. Hopfer, 1892; 3—18 S. 4.
Burg, k. Victoria-G, P 1892 (225 [vielm. 229])

403 **Rebmann,** *Edmund* [Dir.]: Die Feier des 50jährigen Bestehens der Realschule in Freiburg. Freiburg i. B., Buchdr. v. H. Epstein, 1892; 6—13 S. 4.
Freiburg i. B., R '(vorm. HB)', MP 1892 (613)

404 **Rebmann,** *Edmund* [Dir.]: Verzeichnis der Lehrer der höheren Bürgerschule und späteren Realschule während der ersten 50 Jahre ihres Bestehens. 1841—1891. Freiburg i. B., Buchdr. v. H. Epstein, 1892; 14—19 S. 4.
Freiburg i. B., R '(vorm. HB)', MP 1892 (613)

405 **Reclam,** Franz [Prof.]: Beiträge zum Unterricht in der mathematischen Erdkunde. Neustettin, Druck v. R. G. Hertzberg, 1892; 1—28 S., 2 Taf. 4.
Neustettin, k. Fürstin-Hedwig-G, OP 1892 (137)

406 [J.] **Reden** bei der Einführung des Direktors. Emden, Druck v. C. Zorn, 1892; 1—11 S. 4.
Emden, k. Wilhelms-G, P 1892 (300)

407 **Redlich,** Carl *Christian* [Dir. Dr.]: Lessing's Briefe. Neue Nachtr. u. Berichtiggn. Hrsg. u. m. Anm. begleitet. (Forts. v.: 'Lessings Briefe, Nachtr. ... v. ... Redlich. Berlin 1886.') Hamburg, gedr. bei Lütcke & Wulff, 1892; 4 Bl., 33 S. 4.
Hamburg, HB vor d. Holstenthore, OP 1892 (732)

408 [J. u. Ant.] **Regel,** *Heinrich Max:* Christians des Zweiten von Anhalt Gesandtschaftsreise nach Savoyen '(1617.)'. E. Beitr. z. Vorgesch. d. dreissigj. Krieges. Bernburg, A. Meyers Buchdr., 1892; 1 Bl., 25 S. 4.
Bernburg, herz. Karls-RG u. VS d. Carolinums, OP 1892 (676)

409 [J. u. Ant.] **Rehmann,** *Max* [Oberl. Dr.]: Zur Geschichte der Pfalzgräfin Elisabeth Charlotte, Herzogin von Orleans. (Th. 1.) Friedeberg Nm., Druck v. E. Eisermann, *1892;* 1 Bl., 19 S. 4.
Friedeberg Nm., k. G, OP 1892 (76)

410 **Reichenbach,** Heinrich [Dr., Oberl.]: Ziele und Wege des naturwissenschaftlichen Unterrichts. Frankfurt a. M., Druck v. C. Adelmann, 1892; 3—50 S. 4.
Frankfurt a. M., Adlerflycht-S (R m. VS), OP 1892 (407)

411 [J.] **Reincke,** *Ernst* [Oberl.]: Ueber cyclische Curven, dargestellt als geometrischer Ort des Mittelpunktes derjenigen Geraden, welche zwei auf zwei concentrischen Kreisen gleichförmig bewegte Punkte in jedem Moment verbindet. Malchin, Druck v. C. H. Heese, 1892; 3—34 S. 4.
Malchin, RG, OP 1892 (655)

412 **Reinhardt,** *Wilhelm Gustav* [Dr.]: Der Perserkrieg des Kaisers Julian. (Im Anschl. an: Der Tod d. Kais. Julian. Köthen 1891.) Dessau, Druck v. L. Reiter, Herz. Hofbuchdr., 1892; 1—45 S. 4.
Dessau, herz. Friedrichs-RG u. VS d. Fridericianum, P 1892 (680)

413 **v. Renesse,** Emil: Διδαχὴ τῶν δώδεκα ἀποστόλων. II. Tl. Erörtergn. (I: P-Beil. 1891.) Lauban, Druck v. A. Ludwig, 1892; 1—22 S. 4.
Lauban, k. G, P 1892 (161)

414 **Rentzsch,** Oskar [Oberl.]: Herodots Stellung zum alten Mythus. Dresden, Druck v. B. G. Teubner, 1892; 1—23 S. 4.
Dresden-Altstadt, Annen-S (RG), OP 1892 (550)

415 **Reuscher,** Arnold [Dr., Dir.]: Reden und Ansprachen. Stolp, W. Delmanzosche Buchdr., 1892; 19 S. 8.
Stolp, st. G u. RPG, P 1892 (144)

416 **Rhodius,** Bruno [Oberl.]: Beiträge zur Lebensgeschichte und zu den Briefen des Psellos. Plauen i. V., gedr. bei M. Wieprecht, 1892; 1 Bl., 26 S. 4.
Plauen i. V., k. G, OP 1892 (541)

417 **Richter,** Arwed [Dr.]: Das hamburgische Amt Ritzebüttel und die Elbmündung in den Jahren 1795—1814 hauptsächl. auf Grund v. Archivalien dargest. Cuxhaven, gedr. bei G. Rauschenplat, 1892; 2 Bl., 1—66 S. 4.
Cuxhaven, staatl. HB m. Latein-Abtlgn, P 1892 (728)

418 **Richter,** J. W. Otto [Prof. Dr.]: Die bevorstehende Umgestaltung unserer Anstalt. Eisleben, Druck v. E. Schneider, *1892;* 1 Bl. 4.
Eisleben, st. RPG (künftige R), OP 1892 (268)

419 **Richter,** Otto [Dir. Prof. Dr.]: *Bericht über die feierliche Grundsteinlegung zum neuen Gymnasialgebäude.* Berlin, Druck v. A. W. Hayn's Erben, 1892; 15—17 S. 4.
Schöneberg-Berlin W., k. G (k. West-G), P 1892 (67)

420 **Rieder,** Adolf [Oberl. Prof. Dr.]: Blätter, der Erinnerung an die Schulzeit gewidmet. (Tl I u. II.) Gumbinnen, 1892; 1—50 S. 4.
Gumbinnen, k. Friedrichs-G, OP 1892 (4)

421 **Rieger,** *Hermann* [Lehramtsprakt. Dr.]: Die konzessive Hypotaxe in den Tragödien des L. A. Seneca. Tauberbischofsheim, Druck v. J. Lang's Buchdr., 1892; 19 S. 4.
Tauberbischofsheim, grossh. G, MP 1892 (610)

422 **Röhl,** *Hermann* [Dr., Dir.]: Über die praktische Brauchbarkeit der wichtigsten modernen Sprachen, speziell der deutschen. (Th. 1.) Naumburg a. S., Druck v. H. Sieling, *1892;* 1—46 S. 4.
Naumburg a. S., Dom-G, OP 1892 (242)

423 **Roemer,** Adolph [Rekt.]: Beiträge zur Kritik und Exegese griechischer Schriftsteller. Kempten, Buchdr. d. J. Kösel'schen Buchh., 1892; 28 S. 8.
Kempten, k. Humanist. G, P 1892*

424 **Roessner,** Bruno: Bemerkungen über die dem Andronikos von Rhodos mit Unrecht zugewiesenen Schriften, III. Tl. (Forts. d. P-Beil. 1890. 91.) Schweidnitz, Buchdr. v. O. Maisel, 1892; 26 S. 4.
Schweidnitz, ev. G, OP 1892 (204 [viehn. 204])

425 [Ant. u. J.] **Rötter,** Eduard [Dr.]: De Heautontimorumeno Terentiana. Bayreuth, gedr. bei Th. Burger, 1892; 29 S. 8.
Bayreuth, k. Humanist. G, P 1892*

426 **Rohde,** *Johann Dietrich* [Dir. Prof.]: Zur Geschichte der Gründung der Schule *und Bericht über die Eröffnungsfeier.* Cuxhaven, gedr. bei G. Rauschenplat, 1892; 3—19 S. 4.
Cuxhaven, staatl. HB m. Latein-Abtlgn, P 1892 (728)

427 **Rosenow,** Hugo [Dr., Oberl.]: Die Normalformen für die 472 verschiedenen Typen eigentlicher bilinearer Formen von 10 Variabelnpaaren bei kongruenter Transformation der Variabeln. Berlin, R. Gaertner, 1892; 21 S. 4.
Berlin, IV. st. HB, OP 1892 (111)

428 **Rosikat,** *Karl* August: Über das Wesen der Schicksalstragödie. Tl 2. (Forts. d. P-Beil. 1891.) Königsberg, Hartungsche Buchdr., 1892; 3—31 S. 4.
Königsberg i. Pr., st. RG, OP 1892 (19)

429 **Roth,** *Walther* [wiss. Hilfsl.]: *Ansprache bei der Gedenkfeier für Kaiser Wilhelm I.* Wilhelmshaven, Druck v. Th. Süss, *1892;* 13—14 S. 4.
Wilhelmshaven, k. G, OP 1892 (318)

430 **Rothmund,** *Ferdinand* [Prof.]: Festgruss zum 29. April 1852/1892. (Gedicht z. 40jähr. Reg.-Jub. d. Grosshzgs Friedrich v. Baden.) Karlsruhe, Buchdr. v. Malsch & Vogel, 1892; S. 4. 4.
Karlsruhe, R m. Fachkl. f. Kaufleute, MP 1892 (616)

431 **Rucktäschel,** *Karl Theodor* [Oberl. Dr.]: Die Grafschaft Devon. Chemnitz, Druck v. J. C. F. Pickenhahn & Sohn, 1892; 28 S. 4.
Chemnitz, RG m. Realschulkl., OP 1892 (546 [vielm. 548])

432 **Ruhe,** *Alfred* [Prof. Dr.]: Schillers Einfluss auf die Entwickelung des deutschen Nationalgefühls. III. Tl. (Forts. d. P-Beil. 1887. 89.) Meppen, Druck v. H. Wegener, 1892; 3—19 S. 4.
Meppen, k. G, OP 1892 (312)

433 **Rummel,** Eduard Julius Paul: Horatius quid de Pindaro iudicaverit et quomodo carmina eius suum in usum converterit. Rawitsch, Druck v. R. F. Frank, 1892; 17 S. 4.
Rawitsch, k. RG, OP 1892 (170)

434 **Rummler,** Emil [Dr. Oberl.]: Die Schulzen der deutschrechtlichen Dörfer Grosspolens im 13. und 14. Jahrhundert. II. Tl. (Forts. d. P-Beil. 1891. — Schluss in: Zeitschr. d. hist. Ges. f. d. Prov. Posen. 6. Jg. 1891.) Posen, Merzbach'sche Buchdr., 1892; 16 S. 4.
Posen, k. Friedrich-Wilhelms-G, OP 1892 (160)

435 **Rumpe,** Paul [Oberl.]: Über die sogenannten protestantischen Prinzipien. Meseritz, Buchdr. v. P. Matthias, 1892; 1 Bl., 23 S. 4.
Meseritz, k. G, OP 1892 (157)

436 [J. u. Ant.] **Ruschhaupt,** *George* [Dr.]: Wechselbeziehungen zwischen dem Darwinismus und der landwirtschaftlichen Tier- und Pflanzenzüchtung. Helmstedt, Druck v. J. C. Schmidt, 1892; 51 S. 8.
Helmstedt, landwirtschaftl. S Marienberg, OP 1891 (688)

437 [J.] **Sach,** August [Prof. Dr.]: Der Ursprung der Stadt Hadersleben und die Verleihung des Stadtrechts durch Herzog Waldemar IV. im J. 1292 ... (Erschien vollst. im Verl. v. J. Dreesen, Hadersl. 1892.) Hadersleben, gedr. in d. Buchdr. v. W. L. Schütze, 1892; 25 S. 4.
Hadersleben, k. G u. RPG, OP 1892 (278)

438 **Sadowski,** Arno: Die österreichische Rechenmethode in pädagogischer und historischer Beleuchtung. Königsberg, Hartungsche Buchdr., 1892; 3—17 S. 4.
Königsberg in Pr., Altstädt. G, OP 1892 (9)

439 [J.] **Salomon,** Hugo: Die Grundlehren der Mathematischen Geographie für die mittleren Klassen höherer Lehranstalten. Holzminden, Druck v. J. H. Stocks Buchdr., 1892; 28 S., 1 Taf. 8.
Holzminden, herz. G, P 1892 (603)

440 **Sander,** Ferd. [Dir. Reg.- u. Schulr.]: Drei Festreden geh. am Sedantage 1889, 1890, 1891. Bunzlau, C. A. Voigt's Buchdr., 1892; 1 Bl., 21 S. 4.
Bunzlau, k. Waisen- u. Schul-A (G), OP 1892 (179)

441 **Sauter,** *Eduard Gustav Fr.* [Prof.]: Ueber Kugelblitze. II. Tl: Beispiele v. Kugelblitzen. (Forts. d. P-Beil. 1890.) Ulm, gedr. bei Gebr. Nübling, 1892; 1 Bl., 37 S. 4.
Ulm, k. RG u. k. RA, P 1892 (595)

442 [J.] **Schaefer,** Curt [Oberl. Dr.]: Der französische Unterricht an unserer Schule und seine Stellung zur Reformbewegung. *Hamburg,* gedr. bei Lütcke & Wulff, *1892;* 4—33 S. 4.
Hamburg, Unterr.-A d. Klost. St. Johannis, HM u. Sm f. Lehrerinnen an HM, OP 1892**

443 **Scharschmidt,** Emil [Oberl. Dr.]: Estienne Pasquiers Thätigkeit auf dem Gebiete der französischen Sprachgeschichte und Grammatik. Bautzen, Druck v. E. M. Monse, *1892;* 1 Bl., 34 S. 4.
Bautzen, G, OP 1892 (529)

444 **Schaube,** Kolmar: Zur Entstehung der Stadtverfassung von Worms, Speier und Mainz. Breslau, Druck v. Grass, Barth & C., *1892;* 72 S. 8.
Breslau, st. ev. G zu St. Elisabet, OP 1892 (172)

445 **Scheibe,** *Ludwig* [Dir. Prof.]: *Ansprache beim Sommerfeste über das Zusammenwirken von Haus und Schule bei der Jugenderziehung.* Elberfeld, gedr. bei S. Lucas, 1892; 26—27 S. 4.
Elberfeld, G, P 1892 (434 [vielm. 437])

446 **Schemmel,** *Joh. Richard Alfred* [Oberl.]: Thomas Moore und seine Rhymes on the Road. *Meerane, Druck v. C. Otto, 1892;* 1—8 S. 4.
Meerane i/S., R, OP 1892 (570)

447 **Schenk,** R*ichard* [Oberl. Dr.]: De dativi possessivi usu Ciceroniano p. I. Jena, Frommannsche Buchdr., 1892; 3—25 S. 4.
Bergedorf bei Hamburg, Hansa-S, OP 1892 (127 [vielm. 727])

448 **Schilling,** Georg [Oberl.]: Die Tmesis bei Euripides. Zu d. griech. Tragikern II. (Forts. d. P-Beil. Oppeln 1884.) Gross-Glogau, Druck v. C. Flemming, *1892:* 34 S. 8.
Gross-Glogau, k. Kath. G, OP 1892 (184)

449 **Schilling,** Oskar: Das Reich Monomotapa, s. erstes Bekanntwerden, s. Name u. s. Darstellg auf d. Karten d. 16. bis 19. Jahrh. ... Dresden, Rammingsche Buchdr., *1892;* 3—54 S., 1 Doppeltaf., 4 Kt. 4.
Dresden-Friedrichstadt, R m. PG, OP 1892 (550)

450 **Schilling,** *Otto* Bernardus: De scholiis Bobiensibus. (= Inaug.-Diss. Leipzig 1892.) Dresden, Druck v. B. G. Teubner, 1892; 3—32 S. 4.
Dresden, Vitzthumsches G, OP 1892 (532)

451 **Schimberg,** Adolf [Dr.]: Zur handschriftlichen Ueberlieferung der scholia Didymi. I—III. Th. (I in: Philologus XLIX (N. F. III) 1891. — II: P-Beil. 1891. — III erschien 1892 in Dieterich's Verl., Götting.) Göttingen, Druck d. Dieterich'schen Univ.-Buchdr., 1892; 35 S. 8.
Ratibor, k. Ev. G, OP 1892 (202)

452 **Schimmelpfeng,** Gustav [Dir. Prof. Dr.]: Erziehliche Horazlektüre. Nordhausen, Druck v. C. Kirchner's Buchdr., 1892; 1—32 S. 4.
Ilfeld, k. Kloster-S, OP 1892 (308)

453 **Schinck,** *Hermann: Ansprache an die abgehenden Schülerinnen über Psalm 23.* Berlin, Druck v. A. Haack, 1892; 15—18 S. 4.
Berlin, Charlotten-S, OP 1892**

454 **Schirmacher,** Ernst [Dr.]: Über die Säuren des Phosphors und deren Verbindungen. Königsberg, Hartungsche Buchdr., 1892; 1—42 S. 4.
Königsberg in Pr., Kneiphöfisches Stadt-G, OP 1892 (10)

455 **Schleussinger,** August [Prof.]: Deutsch-Griechische Übersetzungsproben für Sekunda. Ansbach, Druck v. C. Brügel & Sohn, 1892; 1 Bl., 55 S. 8.
Ansbach, k. G, P 1892*

456 [F.] **Schlitsberger,** S.: Untersuchungen über die inneren Beziehungen der „imponderabeln Kräfte." E. Beitr. z. Reform d. physikal.-chem. Unterr. Cassel, Druck v. J. Has, 1892; 3—13 S. 4.
Cassel, st. Mädchen-Mittel-S, P 1892**

457 **Schmalz,** Carl: Die Grundbegriffe des ersten Buches der Ethik Spinoza's. Berlin, Druck v. M. Oldenbourg, 1892 1 Bl., 42 S. 4.
Berlin, k. Joachimsthalsches G, P 1892 (58)

458 [F.] **Schmidt,** Karl [Oberl.]: Gedanken über Goethes Faust. Breslau, Druck v. Grass, Barth & C., 1892; 3—19 S. 4.
Breslau, RG am Zwinger, OP 1892 (210)

459 **Schmidt,** Karl [Prof.]: Der deutsche Unterricht in der Obersekunda. Borna, Druck v. R. Noske, 1892; 3—24 S. 4.
Borna, st. RG, OP 1892 (517)

460 **Schmidt,** Friedrich [Prof.]: Zur Kritik und Erklärung der Briefe Ciceros an Atticus. Würzburg, Druck d. kgl. Universitätsdr. v. H. Stürtz, 1892; 33 S. 8.
Würzburg, k. altes G, P 1892*

461 **Schmidt,** *Friedrich Wilhelm* [Dr., Oberschulr.]: Kritische Nachlese zum Texte Griechischer Dichter. (Nachtr. zu: Krit. Stud. z. d. griech. Dramatikern. Bd 1—3. Berl. 1886. 87.) Neu-Strelitz, Druck d. Hellwig'schen Hofbuchdr., 1892; 1—15 S. 4.
Neu-Strelitz, G Carolinum, OP 1892 [illegible]

462 **Schmidt,** Johannes [Oberl. Dr.]: Der Sklave bei Euripides. (Forts. u. Schluss d. Festschr. 1891.) Grimma, Druck v. J. Schiertz, 1892; 1—37 S. 4.
Grimma, Fürsten- u. Landes-S, P 1892 (530)

463 [F.] **Schmidt,** Paul [Dr.]: Rede zur Feier des Geburtstages Sr. Majestät des Kaisers Wilhelm II. am 27. Jan. 1891 geh. Spremberg, Druck v. C. F. Saebisch, 1891; 3—6 S. 4.
Spremberg, RPG, OP 1891 (123)

464 **Schmidt,** Reinhold *Gustav Adolf*: Zur Charakteristik der Baustile. Chemnitz, Druck v. J. C. F. Pickenhahn & Sohn, *1892*; 3—15 S. 4.
Chemnitz, techn. Staatslehr-A, OP 1892**

465 **Schmidt,** Rudolf [Oberl. Dr.]: Ein Kalvinist als kaiserlicher Feldmarschall im dreissigjährigen Kriege. '(Schluss [d. P-Beil. d. Sophien-S 1890. Charlotten-S 1891].)' Berlin, R. Gaertner, 1892; 24 S. 4.
Berlin, Charlotten-S, OP 1892**

466 **Schnaase,** Leopold: Gilberts Physiologia nova de magnete. (Umschlagt.: . . . '(Tl I).') Pr. Stargard, Druck v. W. Dupont, Konitz Westpr., 1892; 3—16 S. 4.
Pr. Stargard, k. Friedrichs-G, OP 1892 (40)

467 **Schneider,** Konrad: Der Fischer in der antiken Litteratur. I. Aachen, Druck v. C. H. Georgi, 1892; III—X S. 4.
Aachen, k. Kaiser-Wilhelms-G, P 1892 (421)

468 **Schneider,** Engelbert [Dr.]: Über den Ausdruck der Gefühle. (Umschlagt.: Semasiologische Beiträge I.) Mainz, Buchdr. v. H. Prickarts, 1892; 3—29 S. 4.
Mainz, grossh. G, P 1892 (628)

469 **Schnippel,** Emil [Dr., Oberl.]: Zur Dispositionslehre. III. (Schluss d. P-Beil. 1886. 88.) Osterode Ostpr., Buchdr. v. C. E. Salewski, 1892; 1 Bl., 55—84 S. 4.
Osterode in Ostpr., st. RG, OP 1892 (20)

470 **Schoeler,** *Albrecht* [Past.]: Über Kant's philosophischen Entwurf „Zum ewigen Frieden“ . . . Münster, Druck d. Coppenrathschen Buchdr., 1892; 15—28 S. 4.
Münster i/W., k. Paulinisches G, P 1892 (358)

471 **Schoeler,** *Albrecht* [Past.]: Die induktive Methode in der Erforschung des Sittlichen mit Bezug auf Kant's „Kritik der praktischen Vernunft“. Münster, Druck d. Coppenrathschen Buchdr., 1892; 1—14 S. 4.
Münster i/W., Paulinisches G, P 1892 (358)

472 **Schoell,** *Jeremias* [Dr.]: Die religiöse Anlage und ihre Entfaltung. Ulm, Wagnersche Buchdr., 1892; 1 Bl., 18 S. 4.
Ulm, k. G, P 1892 (591)

473 **Schönn**, Joh. Ludwig [Prof. Dr.]: Über Idealismus, Realismus und Naturwahrheit in der bildenden Kunst. I. Stettin, Druck v. R. Grassmann, 1892; 1—12 S. 4.
Stettin, Friedrich-Wilhelms-S '(RG nebst VS)', OP 1892 (167 [vielm. 147])

474 [J.] **Scholz**, Paul [Oberl. Dr.]: Karl Ernst Schubarth. E. Beitr. z. Litteraturgesch. d. 19. Jhs. M. e. Anh. bisher ungedr. Briefe August Hagens, Alexanders v. Humboldt, Friedrich Eichhorns. Hirschberg i. Schl., Druck v. Geisler & Ike, 1892; 1—20 S. 4.
Hirschberg i. Schl., k. G, OP 1892 (186)

475 [J. u. Ant.] **Schröder**, Ferd. [kommiss. Lehrer Dr.]: Catulliana. Cleve, Druck d. Koch'schen Buchdr., 1892; 3—12 S. 4.
Cleve, k. G, P 1892 (427)

476 **Schuberth**, Gustav [Dr., Dir.]: *Über den Religionsunterricht in der Realschule.* Grossenhain, Druck v. H. Starke, *1892*; 3—4 S. 4.
Grossenhain, R m. PG, P 1892 (564)

477 [Umschlagt.:] **Schubring**, Julius [Dr., Dir. u. Prof.]: Bemerkungen über den Neubau und die Schulbänke. Lübeck, Druck v. Gebr. Borchers, 1892; 78—82 S., 1 Doppeltaf. 4.
Lübeck, Katharineum, OP 1892 (738)

478 **Schüller**, Johann [Oberl. Dr.]: Versuche über die Spannkraft der Dämpfe einiger Salzlösungen. II. Tl. (Forts. d. P-Beil. 1890.) Aachen, Druck v. F. N. Palm, *1892*; 3—22 S. 4.
Aachen, Kaiser-Karls-G, P 1892 (420)

479 **Schütze**, *Carl*: Untersuchungen an Wurzeln der gemeinen Fichte oder Rottanne '(Pinus Abies L.)'. (Umschlagt.: Untersuchgn an Koniferenwurzeln.) Blankenburg a. H., W. Kircher's Wwe, 1892; 1—26 S. 4.
Blankenburg a. H., herz. G, OP 1892 (685)

480 [J.] **Schul-Ordnung** der Höheren Bürgerschule zu Graudenz. Graudenz, Druck v. G. Röthe's Buchdr., 1892; 2 Bl. 4.
Graudenz, st. HB, OP 1892 (48)

481 **Schulte-Tigges**, *August*: Die Bedeutung der schriftlichen Arbeiten für den physikalischen Unterricht. Barmen, Druck v. Steinborn & C., *1892*; 29 S. 4.
Barmen, st. RG, OP 1892 (460)

482 **Schultess**, *Friedrich* [Dir.]: *Direktor Dr. Julius Bintz, gest. am 20. Sept. 1891.* Hamburg, gedr. bei Lütcke & Wulff, 1892; 4—6 S. 4.
Hamburg, Gelehrten-S d. Johanneums, P 1892 (729)

Schultz, Oskar [Mitarb.]
s. **Geyer**, Moritz: Geschichte des Friedrichsgymnasiums zu Altenburg seit 1789.

483 **Schulz**, Paul [Dr.]: Über die in historischer Zeit ausgestorbenen Tiere. M. 5 Fig. Berlin, R. Gaertner, 1892; 35 S. 4.
Berlin, II. st. HB, OP 1892 (100)

484 **Schumann**, Colmar [Oberl.]: Die Flur- oder Koppelnamen des Lübecker Staatsgebietes. Lübeck, Druck v. Gebr. Borchers, 1892; 1—47 S. 4.
Lübeck, Katharineum, OP 1892 (738)

485 [F.] **Schunck**, Egon: Goethes „Iphigenie auf Tauris" und das gleichnamige Euripideische Stück. Tl 2: Goethes Iphigenie auf Tauris. (Forts. d. P-Beil. 1891.) Paderborn, Junfermannsche Buchdr., 1892; 3—31 S. 4.
Paderborn, k. G Theodorianum, P 1892 (359)

486 **Schwartz**, Elimar [Dr.]: De numerorum usu Euripideo capita selecta. (Schluss d. P-Beil. 1891.) Kiliae, typ. Schmidt & Klaunig, 1892; 1 Bl., 25—47 S. 4.
Kiel, Gelehrten-S, OP 1892 (280)

487 **Schwartz**, *Wilhelm* [Prof. Dr., Dir.]: *Rückblick auf die Entwickelung der Anstalt.* Berlin, Druck v. W. Pormetter, 1892; 20—22 S. 4.
Berlin, k. Luisen-G, P 1892 (63)

488 **Schwarzenberg**, Adolf [Oberl. Dr.]: Das Leben und Wirken Johann Michael Dilherrs. E. Beitr. z. Gesch. d. Pädagogik d. 17. Jhs. Dresden, Druck v. C. Heinrich, *1892*; 1—41 S. 4
Dresden-Neustadt, Drei-König-S '(RG)', OP 1892 (551)

489 **Schwertzell**, *Gotthold* [Oberl. Dr.]: Festgedicht *zur Einweihungsfeier des neuen Gymnasialgebäudes.* Bonn, Univ.-Buchdr. v. C. Georgi, 1892; 17—21 S. 4.
Bonn, k. G, P 1892 (425)

490 **Scotland**, *Alfred* [Dir.]: Die Odyssee in der Schule. Forts. (d. P-Beil. Neumark 1885. Strasburg W.-Pr. 1888.) Strasburg W.-Pr., Buchdr. v. A. Fuhrich, *1892*; 46 S. 4.
Strasburg W.-Pr., k. G, OP 1892 (41)

491 **Seeger**, *Heinrich* [Dir.]: Lehrplan der Anstalt. Güstrow, Druck d. C. Waltenberg'schen Ratsbuchdr., *1892*; 3—13 S. 4.
Güstrow, RG, OP 1892 (653)

492 **Seelisch**, *Georg Adolf* [Dr.]: *Festrede, geh. am Geburtstage Sr. Majestät des Kaisers 1892.* (Rückblick auf d. letzte Jahrh. d. deutsch. Gesch. u. daraus sich ergebende Mahngn.) Hagenau, F. Gilardone'sche Buchdr., *1892*; 21—26 S. 4.
Hagenau, G u. R, MP 1892 (507)

493 **Seidenadel**, Karl [Dr., Prof.]: Altgriechische Epigramme, Tisch- und Volkslieder deutsch nach der Urschrift und in freien Nachbildungen. Rastatt, Buchdr. v. J. G. Vogel, 1892; 17 S. 4.
Rastatt, grossh. G, MP 1892 (600)

494 [J.] **Seitz**, *Karl* [Prof. Dr., Rekt.]: Aktenstücke zur Geschichte der früheren lateinischen Schule zu Itzehoe IV. (Forts. d. P-Beil. 1888—90.) Itzehoe, Druck v. G. J. Pfingsten, 1892; 39 S. 8.
Itzehoe, RPG, OP 1892 (201)

495 **Siokel**, *Wilhelm* [Dr.]: Liste der Primaner von 1803 bis 1836 ... vervollständigt v. Berichterstatter (Dir. *Gottl.* Stier) ... (Vgl. P 1887 S. 1—16 '(1836—1886)'.) Zerbst, Druck v. O. Schnee, 1892; I—VI S. 4.
Zerbst, herz. Francisceum, OP 1892 (681)

496 **Sickenberger**, Adolf [Prof. u. Rekt.]: Die Königliche Luitpold-Kreisrealschule in München. Nach Mitteilgn d. Bauleitg u. d. Fachlehrer zsgest. München, k. Hof- u. Univ.-Buchdr. v. C. Wolf & Sohn, 1892; 31 S., 6 Pl., 4 Taf. 8.
München, k. Luitpold-Kreis-R, P 1892*

497 **Simon**, Otto [Dir. Dr.]: *Prof. Amand Zauritz, gest. am 22. Mai 1891.* Berlin, Druck v. A. W. Hayn's Erben, *1892:* 53—54 S. 4.
Berlin, k. RG, OP 1892 (92)

498 **Skerlo**, *Julius Hermann* [Prof.]: Einiges über den Gebrauch von ἀνά bei Homer. Graudenz, Druck v. G. Röthe's Buchdr., 1892; 1 Bl., 16 S. 4.
Graudenz, k. ev. G, OP 1892 (32)

499 **Sperling**, Oskar: Herzog Albrecht der Beherzte von Sachsen als Gubernator Frieslands. (= Inaug.-Diss. Leipzig 1892.) Leipzig, Druck v. A. Edelmann, 1892; 1—52 S. 4.
Leipzig, k. G, OP 1892 (537)

500 [J.] **Spiegel**, Nic. [Dr.]: Die Vaganten und ihr ‚Orden'. Speyer, Druck d. Jäger'schen Buchdr., 1892; 2 Bl., 73 S. 8.
Speyer, k. humanist. G, P 1892*

501 **Spiess**, Julius [Dr.]: Das Verhältnis von Apostelgesch. 15 zu Gal. 2, e. Beitr. z. Gesch. d. Parteiverhältnisse im Urchristentum. Crefeld, Druck v. Kramer & Baum, *1892;* 3—12 S. 4.
Crefeld, G, OP 1892 (433)

502 [J.] **Statut** der Lehrer-Witwen- und Waisen-Unterstützungskasse des Falk-Realgymnasiums zu Berlin. Berlin, Druck v. C. H. Müller, 1892; 21—22 S. 4.
Berlin, Falk-RG, P 1892 (95)

503 **Statut** der Dr. Walther Simon-Stiftung für die weiblichen Hinterbliebenen des Lehrer-Kollegiums des Altstädtischen Gymnasiums zu Königsberg i. Pr. Königsberg, Hartungsche Buchdr., 1892; 35—37 S. 4.
Königsberg in Pr., Altstädt. G, OP 1892 (10)

504 **Stein,** *Alexander* [Dr.]: Schillers Demetrius-Fragment und seine Fortsetzungen. I. Tl: Das Fragment. Mülhausen, Druck v. Veuve Bader & C., 1891; 23 S. 4.
Mülhausen, GwS, MP 1891 (521)

Steinacker, Eduard [Vorr.]
s. **Feist,** August: Verzeichnis der naturgeschichtlichen Sammlung des Herzogl. Realgymnasiums.

505 **Stekker,** Heinrich: Der Versbau im niederdeutschen Narrenschiff. E. Beitr. z. mittelniederdeutsch. Metrik. Schwerin, Druck d. Bärensprungschen Hofbuchdr., 1892; 64 S. 8.
Schwerin i. M., grossh. G Fridericianum, OP 1892 (640)

506 **Stels,** *Ludwig* [Oberl.]: Pflanzenhefte, ein Hilfsmittel für den Unterricht in der Botanik. Bockenheim, Druck v. F. Kaufmann & C., 1892; 3—8 S. 4.
Bockenheim, st. R, P 1892 (400)

507 **Stels,** *Ludwig* [Oberl.]: Versuch, den Knabenhandarbeits-Unterricht schulgemäſs zu gestalten. (Umschlagt.: Über den schulmäſsigen Betrieb des Handfertigkeitsunterrichts.) Bockenheim, Druck v. F. Kaufmann & C., 1892; 9—17 S. 4.
Bockenheim, st. R, P 1892 (400)

508 **Stephan,** *Ernst:* Geographischer Anschauungsunterricht in der obersten Vorschulklasse. Hamburg, gedr. bei Lütcke & Wulff, 1892; 3—8 S. 4.
Hamburg, Stiftungs-S v. 1815, P 1892 (735)

Stier, Gottl. [Hrsg.]
s. **Sickel,** Wilhelm: Liste der Primaner von 1803 bis 1836.

509 **Strathmann,** *Gustav Eggert Friedrich:* De hiatus fuga quam invenimus apud Philodemum Epicureum. Viersen, Druck v. M. Stoffels, 1892; 1—28 S. 4.
Viersen, RPG, P 1892 (468)

510 [J. u. Ant.] **Strauch,** Ernst: Vergleichung von Sibotes „Vrouwenzuht" mit den andern mittelhochdeutschen Darstellungen derselben Geschichte sowie dem Fabliau „de la male dame" und dem Märchen des Italieners Straparola. Breslau, Druck v. O. Gutsmann, *1892;* 1—11 S. 4.
Breslau, k. König-Wilhelms-G, P 1892 (177)

511 **Streifinger,** Jos. [Dr.]: Der Stil des Satirikers Juvenalis. Regensburg, Buchdr. M. Wasner, 1892; 48 S. 8.
Regensburg, k. neues G, P 1892*

512 **Stützle,** *K.* [Prof.]: Das griechische Orakelwesen, und besonders die Orakelstätten Delphi und Dodona. '(II. Abt.)' (Forts. d. P-Beil. 1887.) Ellwangen, Druck v. L. Weil, *1891;* 1 Bl., 83 S. 4.
Ellwangen, k. G, P 1891 (570)

513 **Süss,** Heinrich [Oberl.]: Questionnaire sur la vie et les oeuvres de Molière. Introd. à la lecture de ce poète, d'après l'éd. des oeuvres complètes de Molière p. Moland. P. 1. Strehlen, T. Erler's Buchdr., *1892;* 20 S. 4.
Strehlen, k. G, P 1892 (205)

514 **Sumpff,** Otto: Cäsars Beurteilung seiner Offiziere in den Commentarien vom gallischen Kriege. (Th. 1.) Quedlinburg. Druck v. C. Voges, 1892; 1—26 S. 4.
Quedlinburg, k. G, OP 1892 (246)

515 **Switalski,** Martin [Oberl.]: 50 stereometrische Aufgaben aus der Optik für Ober-Prima. Braunsberg, Heyne's Buchdr., *1892;* 1—26 S. 4.
Braunsberg, k. G, OP 1892 (3)

516 **Tesdorpf,** *Wilhelm* [Dr., Oberl.]: John von Collas ein preussischer Ingenieur und Baumeister des 18. Jahrhunderts und seine Zeichnungen von Schlössern des Deutschen Ordens im Samlande. E. Beitr. z. Baugesch. d. Prov. Ostpreussen. M. 10 Taf. in Autotyp. Königsberg i. Pr., in Komm. bei W. Koch, 1892; 74 S., 1 Tab., 2 Bl., 10 Taf. 8.
Königsberg i. Pr., Luisen-S, OP 1892**

517 **Thaer,** *Albrecht* [Dir. Dr.]: Kennzeichen der Entartung einer Fläche zweiter Ordnung. *Halle a. S., 1892;* 29—40 S. 4.
Halle a. S., st. R, P 1892 (262)

518 [Umschlagt.:] **Thalheim,** *Theodor* [Dir.]: Zu den griechischen Rechtsaltertümern. Schneidemühl, Druck v. G. Eichstädt, *1892;* 3—14 S. 4.
Schneidemühl, k. G, OP 1892 (163)

519 **Thiemann,** Karl [Oberl. Dr.]: Die Platonische Eschatologie in ihrer genetischen Entwicklung. Berlin, R. Gaertner, 1892; 28 S. 4.
Berlin, Leibniz-G, OP 1892 (61)

520 **Thomas,** *Friedrich* [Prof. Dr.]: Beobachtungen über Mückengallen. (Forts. an and. Stelle.) Gotha, Druck d. Engelhard-Reyherschen Hofbuchdr., 1892; 3—16 S. 4.
Ohrdruf, gräfl. Gleichensches G (RPG u. PG), OP 1892 (702)

Tigges, Schulte-
s. **Schulte.**

521 **Toeppen,** Max [Dr., Dir.]: Die preussischen Landtage während der Regentschaft der brandenburgischen Kurfürsten Joachim Friedrich und Johann Sigismund 1603—1619. Nach d. Landtagsacten dargest. Abth. 2. (Forts. d. P-Beil. 1891.) Elbing, Buchdr. R. Kühn, 1892; 1 Bl., 37—74 S. 4.
Elbing, k. G, OP 1892 (31 [vielm. 30])

522 [Ü.] **Toews**, Heinrich [Oberl. Dr.]: Katalog der Schüler-Bibliothek '(Prima—Tertia.)' des Kgl. Gymnasiums in Insterburg. Insterburg, Druck v. C. R. Wilhelmi, 1892; 50 S. 8.
Insterburg, k. G u. RG, OP 1892 (6)

523 **Tramm**, *August* [Prof. Dr.]: Ein Fundamentalfall der Dreiecksberechnung. Anklam, gedr. bei G. Kleese, *1892*; 1 Bl., 29 S. 4.
Anklam, G, OP 1892 (124 [vielm. 128])

524 **Treu**, Maximilianus: Nicephori Chrysobergae ad Angelos orationes tres edidit. Breslau, Druck v. O. Gutsmann, *1892*; 2 Bl., 50 S. 8.
Breslau, k. Friedrichs-G, P 1892 (173)

525 **Tröger**, Julius [Dr.]: Der geschichtliche Christus und die Ritschlsche Theologie in der Schule. Breslau, Druck v. Grass, Barth & C., *1892*; 3—16 S. 4.
Breslau, st. ev. G zu St. Maria-Magdalena, OP 1892 (175)

526 **Troost**, Karl [Dr.]: Seebilder aus Vergil. Versuch e. im Goethischen Sinne „identischen" Uebs. Frankenstein, H. Lonsky's Buchdr., 1892; 19 S. 4.
Frankenstein in Schl., kath. PG, OP 1892 (180)

527 **Trump**, Friedrich [Dr.]: Zur historischen Behandlung der neuhochdeutschen Grammatik. Waldenburg i. Schl., P. Schmidt's Druckerei, *1892*; 29 S. 8.
Waldenburg in Schl., st. Ev. G, OP 1892 (208)

528 [Umschlagt.:] **Tücking**, Karl [Dr. Dir.]: Neuss auf der Höhe der Macht und in ihrer Wende. (= Gesch. d. Stadt N. Th. 2: 1474 bis 1577. — Ersch. vollst. Düsseldorf 1891.) Neuss, Buchdr. v. L. Schwann, 1892; 63—96 S. 8.
Neuss, k. G, P 1892 (452)

529 **Ubbelohde**, Karl [Dir.]: Theodor Körner. Rede z. Entlassg d. Abitur. d. 25. Sept. 1891 geh. Friedland i. M., Druck v. W. Walther, 1892; 1—8 S. 4.
Friedland (i. M.), G, P 1892 (658)

530 **Uckermann**, Wilhelm [Dr.]: Über den Artikel bei Eigennamen in den Komödien des Aristophanes. (Forts. folgt an and. Stelle.) Berlin, R. Gaertner, 1892; 23 S. 4.
Berlin, Sophien-G, OP 1892 (65)

531 **Ullmann**, *Carolus Theodorus* [Prof.]: Proprietates sermonis Aeschylei quatenus e diverbio perspectae sunt enumeravit et iudicavit. P. 4. (Forts. d. P-Beil. Baden 1881. Donaueschingen 1890. 91.) Tübingen, Druck v. H. Laupp jr., 1892; 16 S. 4.
Donaueschingen, grossh. PG, MP 1892 (508)

532 **Ungemach**, Heinrich [Dr.]: La Guera de Parma. E. italien. Gedicht auf d. Schlacht bei Fornuovo 1495, nach e. alten Drucke hrsg. Schweinfurt, Druck v. F. J. Reichardt, 1892; 52 S. 8.
Schweinfurt, k. humanist. G, P 1892*

533 **Urban**, Karl [Propst u. Dir. Prof. Dr.]: Die Einweihung und Wiedereröffnung der Klosterkirche. Magdeburg, Druck v. E. Baensch jun., 1892; 51—62 S. 4.
Magdeburg, Pd z. Kloster Unser Lieben Frauen, OP 1892 (238)

534 **Varges**, Willi [Dr.]: Der Lauf der Elbe im norddeutschen Flachlande (Tl 2.)'. (Forts. d. P-Beil. 1891.) Ruhrort, Druck v. J. Brendow & Sohn, 1892; 26 S., 1 Bl. 4.
Ruhrort, RG, OP 1892 (485)

Vasen, Jakob: Festgedichte
s. **Diehl**, Josef August, u. Vasen, J.: Festgedichte.

Verzeichnis der Abiturienten des Herzogl. Friedrichsgymnasiums zu Altenburg ...
s. **Geyer**, Moritz [Vf.]

535 **Verzeichnis** der regelmässig in jedem Kursus auswendig zu lernenden französischen und englischen Gedichte, *der ... einzuübenden Choralmelodien* ... (Vgl. P 1891 S. 33—34.) Oldenburg i./Gr., Druck v. A. Littmann, 1892; 33—35 S. 4.
Oldenburg, st. OR u. VS, P 1892 (669)

536 [Umschlagt.:] **Vielau**, *Hermann* [Dr]: Katalog der Lehrer-Bibliothek. 3. Tl. (Forts. d. P-Beil. 1890. 91.) Bonn, Hauptmann'sche Buchdr., 1892; 49—72 S. 8.
Münstereifel, k. G, P 1892 (451)

537 **Völcker**, *Gustav* [Dir. Dr.]: I. Aufgaben des zu verstärkenden deutschen Unterrichts der unteren Klassen. II. Klassen-Arbeiten über durchgenommene Abschnitte aus der Naturkunde, Geographie, Geschichte, Religion. Schönebeck a. E., Druck v. C. Hirschfelder, *1892;* 79 S. 8.
Schönebeck a. E., RPG, OP 1892 (274)

538 [U.] [Kopft.:] **Völker**, Karl [Dr.]: Die Centralbewegung. Entwickelg d. einschlägigen Gesetze u. Zsstellg d. auf ihnen beruhenden Versuche u. Erscheingn. *Cassel, 1892;* 9—43 S. 4.
Cassel, R in d. Hedwigstr., OP 1892 (402)

539 **Völler**, Wilhelm [Oberl.]: Über den Zusammenhang der physikalischen Eigenschaften der Krystalle mit ihrer Krystallform. Cassel, Druck v. Lorenz, 1892; 23 S. 4.
Cassel, st. RG, OP 1892 (401)

540 **Vogt**, *Wilhelm* [Prof. Dr.]: Die Bodenseebauern und ihr Hauptmann Junker Dietrich Hurlewagen im grossen Bauernkrieg. E. Beitr. z. Gesch. d. Bauernkrieges. Augsburg, Druck d. Literar. Inst. v. Haas & Grabherr, 1892; 36 S. 8.
Augsburg, k. RG, P 1892*

541 **Voigt,** Alwin [Oberl. Dr.]: Anleitung zum Studium der Vogelstimmen. Leipzig, Druck v. C. G. Naumann, *1892;* 1—21 S. 4.
Leipzig, I. st. R, OP 1892 (505)

542 **Voigt,** Hugo: Über das Lehrverfahren und den Lehrgang des botanischen Unterrichts an Gymnasien. Wandsbeck, Druck v. F. Puvogel, 1892; I—XIV S. 4.
Wandsbeck, Matthias Claudius-G m. RPG, OP 1892 (287)

543 **Voigt,** Robert [Dr.]: Über die Polymorphie im Englischen. (Th. 1.) Berlin, R. Gaertner, 1892; 23 S. 4.
Berlin, Sophien-RG, OP 1892 (99)

544 [F.] **Volger,** Hermann [wiss. Hilfsl.]: Die Lehre von den Seelenteilen in der alten Philosophie. 1. Tl. Ploen, S. W. Hirt's Buchdr., *1892;* 1 Bl., 28 S. 4.
Ploen, k. G, OP 1892 (283)

545 **Waag,** Albert [Prof. Dr.]: Über Herders Übertragungen Englischer Gedichte. Heidelberg, Universitätsbuchdr. v. J. Hörning, 1892; 1 Bl., 51 S. 8.
Heidelberg, HM. P 1892**

546 [Ant. u. F.] **Wahl,** Georg: Hans Sachs und Goethe. (Umschlagt.: ... 1. Tl.) Coblenz, Buchdr. v. H. L. Scheid, 1892; 3—24 S. 4.
Coblenz, st. RG, P 1892 (472)

547 **Wahnschaffe,** Urban [Oberl. Dr.]: Das Turnen am Wolfenbütteler Gymnasium '(1828—1892)'. Wolfenbüttel, gedr. bei O. Wollermann, 1892; 36 S. 4.
Wolfenbüttel, herz. G, OP 1892 (696)

548 [Ant. u. F.] **Warnke,** *Carl* [Oberl. Dr.]: Marie de France und die anonymen Lais ... Coburg, Druck d. Dietz'schen Hofbuchdr., *1892;* 1—24 S. 4.
Coburg, G Casimirianum, OP 1892 (646)

549 **Weber,** Ernst [Dr.]: Bemerkungen über den Anfangsunterricht im Französischen. Berlin, Druck von A. Haack, 1892; 23 S. 4.
Berlin, Collège royal franç., P 1892 (53)

550 **Weckesser,** *Albert* [Prof. Dr.]: *Festrede am 29. April 1892 zum 40jährigen Regierungs-Jubiläum des Grossherz. Friedrich von Baden.* Karlsruhe, Buchdr. v. Malsch & Vogel, 1892; 4—9 S. 4.
Karlsruhe, R m. Fachkl. f. Kaufleute, MP 1892 (616)

551 **Wehner,** Otto [wiss. Hilfsl. Dr.]: Carl Johann und Bülow in den ersten Tagen nach der Schlacht bei Grossbeeren. (Umschlagt.: ... '(E. Beitr. z. Gesch. d. Nordarmee i. J. 1813.)') Greifswald, Druck d. Buch- u. Steindr. v. F. W. Kunike, *1892;* 3—18 S. 4.
Greifswald, st. G u. RPG, P 1892 (135)

552 **Weidgen,** *Josef* [Dir. Dr.]: Die Einweihung des neuen Gymnasialgebäudes. Düren, Hamel'sche Buchdr., 1892; 3—14 S. 4.
Düren, G, P 1892 (435)

553 **Weihenmajer,** *Eduard* [Prof. Dr.]: Zur Geschichte des absoluten Partizips im Lateinischen. ⸗ Reutlingen, Buchdr. v. C. Rupp, 1891; 1 Bl., 1—42 S. 4.
Reutlingen, k. G, P 1891 (583)

554 [J.] **Weise,** *Oskar* [Prof. Dr.]: Kultureinflüsse des Orients auf Europa. Vortrag, geh. in d. Erholgsges. zu Eisenberg. Eisenberg, P. Kaltenbach, 1892; 16 S. 4.
Eisenberg, herz. Christians-G, OP 1892 (684)

555 **Weiske,** Alexander [Prof.]: Bemerkungen zu dem Handwörterbuche der griechischen Sprache begründet von Franz Passow. Fünfte Aufl. Halle a. S., Druck d. Buchdr. d. Waisenhauses, 1892; 24 S. 4.
Halle, Latein. Haupt-S, OP 1892 (234)

556 **Weissenhorn,** Johann: Cornelius Nepos in seiner Bedeutung für den Unterricht gewürdigt. Aschaffenburg, Druck d. Wailandt'schen Druckerei, 1892; 38 S. 8.
Aschaffenburg, k. Humanist. G, P 1892*

557 **Weisweiler,** Joseph [Dr. Oberl.]: Über das Wesen und die Bedeutung der Chrie im deutschen Unterrichte. Krit. Bemerkgn z. Aufsatzlehre. Posen, Merzbach'sche Buchdr., 1892; 23 S. 4.
Posen, k. Marien-G, P 1892 (161)

558 **Weltzien,** Carl [Dr.]: Über die Bedingungen, unter denen eine ganze rationale Funktion von mehreren Veränderlichen die vollständige Potenz einer andern darstellt. Berlin, R. Gaertner, 1892; 23 S. 4.
Berlin, Friedrichs-Werdersche OR, OP 1892 (100)

559 **Wendland,** Paul [Dr.]: Die philosophischen Quellen des Philo von Alexandria in seiner Schrift über die Vorsehung. Berlin, R. Gaertner, 1892; 27 S. 4.
Berlin, Köllnisches G, OP 1892 (59)

560 **Wendt,** Gustav [Dir. Dr.]: Beitrag zur Geschichte der badischen Gymnasien seit vierzig Jahren. Z. 29. Apr. 1892. Karlsruhe, Druck d. G. Braun'schen Hofbuchdr., 1892; 16 S. 4.
Karlsruhe, grossh. G, Festschr. 1892 (602)

561 **Weniger,** Ludwig [Dir. Dr.]: Bericht über ein Urkundenbuch des Gymnasiums aus dem XVII. Jahrhundert. Weimar, Druck d. Hof-Buchdr., 1892; 5—9 S. 4.
Weimar, Wilhelm-Ernstisches G, OP 1892 (673)

562 [F.] **Wentzel**, Emil [Oberl.]: Die Schulfragen und der altsprachliche Unterricht. Landeshut, Schnellpressendr. v. Th. Schimoneck, 1892; 3—19 S. 4.
Landeshut, RG, OP 1892 (215)

563 [F.] **Wernicke**, *Adolf* [Dir.]: *Bericht über die Hegenscheidt-Wernicke-Stiftung und Lebensabriss Wilhelm Hegenscheidts.* Gleiwitz, Neumann's Stadtbuchdr., *1892*; 28—30 S. 4.
Gleiwitz O/S., k. OR u. techn. Fach-S, OP 1892 (213)

564 **Wernicke**, Alex. [Dr. Oberl. Prof.]: Beiträge zur Theorie der centro-dynamischen Körper. Braunschweig, Druck v. J. H. Meyer, 1892; 36 S. 4.
Braunschweig, herz. neues G, OP 1892 (687)

565 [F.] **Wetzstein**, *Otto Heinrich Robert* [Prof. Dr.]: Die Wandlung der stoischen Lehre unter ihren späteren Vertretern. (Umschlagt.: ... '(Tl 1.)') Neustrelitz, Druck v. G. F. Spalding & Sohn, 1892; 3—17 S. 4.
Neustrelitz, grossh. R, OP 1892 (661)

566 [Umschlagt.:] **Wichern**, J. [Dir.]: Rückblick auf die 40jährige Entwickelung des Paulinum. Hamburg, gedr. bei Lütcke & Wulff, 1892; 1—21 S. 4.
Horn bei Hamburg, Paulinum (PG u. HB), P 1892 (737)

567 [Ant. u. F.] **Wilhelm**, Ottomar [Dr.]: Beiträge zur Motion der Adjektiva im Griechischen. II. D. Sprachgebr. d. Lukianos hinsichtl. d. sog. Adjektiva dreier Endgn auf —ος. (Forts. d. P-Beil. 1886.) Coburg, Druck d. Dietz'schen Hofbuchdr., *1892*; 1—44 S. 4.
Coburg, herz. Ernestinum '(R)', OP 1892 (700)

568 **Willert**, Hans [Dr.]: Anmerkungen zur Englischen Grammatik. Berlin, R. Gaertner, 1892; 24 S. 4.
Berlin, Margarethen-S, OP 1892**

569 **Willig**, Hermann [Dr.]: Einfache Konstruktionen der rationalen Kurven dritter Ordnung. 1. Tl. '(Text u. Fig. 1.—16).' Mainz, Druck v. H. Prickarts, 1892; 23 S., 4 Taf. 4.
Mainz, grossh. RG u. R, OP 1892 (636)

570 [F.] **Willmann**, *Hermann* [Oberl., Prof. Dr.]: *Direktor Dr. Gustav Schmidt, gest. d. 2. Jan. 1892.* Halberstadt, Druck v. C. Doelle & Sohn, *1892*; 4—5 S. 4.
Halberstadt, k. Dom-G, OP 1892 (235)

571 **Winkler**, Heinrich [Dr.]: Zur indogermanischen Syntax. (Ausz. aus e. gröss. Arbeit.) Breslau, Druck v. Grass, Barth & C., 1892; 3—31 S. 4.
Breslau, st. Johannes-G, OP 1892 (171)

572 [F.] **Winkler**, Ph.: Grundzüge einer Parallele zwischen Shakespeare's „Hamlet" und Goethe's „Faust". Strassburg, Druck v. M. DuMont-Schauberg, 1892; 3—21 S. 4.
Wasselnheim i. E., R, P 1892 (528)

573 **Witte,** *Ferdinand:* Geschichte des Domgymnasiums zu Merseburg. III. Tl, 2. Hälfte. Die Stiftsschule am Dom zu Merseburg zu Kursächs. Zeit. 1738—1815. (Forts. d. Festschr. 1875 u. 1876 u. d. P-Beil. 1891.) Merseburg, Druck v. F. Stollberg, 1892; 48 S. 8.
Merseburg, Dom-G, OP 1892 (240)

574 **Witte,** Leopold [Geistl. Insp. Prof. D. theol.]: Friedrich der Große und die Jesuiten. Naumburg a. S., Druck v. H. Sieling, 1892; 1 Bl., 51 S. 4.
Pforta, k. Landes-S, P 1892 (245)

575 [J.] **Wöboken,** *Karl* [Dir.]: Die Städtische Cäcilienschule in fünfundzwanzig Jahren des Lehrens und Lernens. Oldenburg, Schulzesche Hof-Buchdr., 1892; 2 Bl., 56 S. 8.
Oldenburg, Cäcilien-S, Festschr. 1892**

576 [J. u. Ant.] **Wolf,** Rudolf: Ueber den evangelischen Religionsunterricht auf Gymnasien, im Anschl. an d. Lehrpläne u. Lehraufgaben f. d. höh. Schulen. Rastenburg, Druck v. Kowalski, *1892:* 20 S. 4.
Rastenburg, k. G, OP 1892 (14)

577 [J.] **Wolff,** Reinhard [Oberl.]: Zur Geschichte der Stadt Zittau im 14. Jahrhundert. Zittau, Druck v. R. Menzel, 1892; 1 Bl., 38 S. 4.
Zittau, G, OP 1892 (544)

578 **Wolff,** Waldemar [Oberl. Dr.]: Über Charakterbildung der Schüler höherer Lehranstalten. Kattowitz, Druck v. L. Neumann, 1892; 3—9 S. 4.
Kattowitz, st. G. OP 1892 (188)

579 **Wollner,** David: Die auf das Kriegswesen bezüglichen Stellen bei Plautus und Terentius. E. Beitr. z. Beurteilg d. Plautus als Dichter. 1. Tl. Landau, Buchdr. K. & A. Kaussler, 1892; 58 S. 8.
Landau, k. StA. P 1892*

580 **Wüllenweber,** Franz [Oberl.]: Beiträge zur Geschichte der englischen Grammatik. '(17. Jh.)' Berlin, R. Gaertner, 1892; 27 S. 4.
Berlin, III. st. HB, OP 1892 (110)

581 [J.] **Wüseke,** Wilhelm [Dr.]: Grundzüge der deutschen Grammatik. F. d. Schüler d. Gymn. zu Recklinghausen nach d. Bestimmgn d. neuen Lehrpläne bearb. Recklinghausen, Druck v. F. Drecker, *1892:* VIII, 55 S. 8.
Recklinghausen, G. OP 1892 (380)

582 [J.] ***Zahn,** G. [Dr., Dir.]:* Dr. Valent. Noodt und sein Erziehungsplan. *Hamburg,* gedr. bei Lütcke & Wulff, *1892;* 1—3 S. 4.
Hamburg, Unterr.-A d. Klost. St. Johannis. HM u. Sm f. Lehrerinnen an HM, OP 1892**

583 [F.] **Zange,** *Friedrich E. M.* [Dir. Prof. Dr.]: Lehrplan für den evangelischen Religions-Unterricht. 4. f. Unter-Tertia. (Forts. d. P-Beil. 1890. 91.) Erfurt, Druck v. F. Bartholomäus, 1892; 14 S. 4.
Erfurt, k. RG, P 1892 (258)

584 [F.] **Zange,** *Friedrich E. M.* [Dir. Prof. Dr.]: Otto Schlapp, *gest. am 24. Jan. 1892.* Erfurt, Druck v. F. Bartholomäus, 1892; 12—13 S. 4.
Erfurt, k. RG, P 1892 (258)

585 [F.] **Zeisiger,** Max: Leben und Wirken des Abtes Odo von Cluni. Sorau, Druck v. J. D. Rauert, 1892; 17 S. 4.
Sorau, k. G, P 1892 (87)

586 **Ziegler,** *Bened.* [Vorst. Dr.]: Die fünfzigjährige Jubelfeier im Jahre 1891. Überlingen, Buchdr. A. Feyel, 1892; 3—5 S. 4.
Überlingen, HB '(m. freigest. Lat.)', MP 1892 (621)

587 [F.] **Zimmermann,** J. [Professoratskand.]: Kartenzeichnen mit Benützung gleicher Entfernungen. Verwertg d. Methode z. gedächtnismäss. Skizzieren d. Kt. v. Württemberg. *Stuttgart, Druck v. Ch. Scheufele, 1892;* 30—36 S. 4.
Kornthal, Latein- u. Real-S, OP 1892**

588 **Zimmermann,** Robert [Oberl.]: Analytische Geometrie der Ebene in leichteren Aufgaben dargest. (Th. 1.) Fürstenwalde, Spree, Druck v. H. Richter, *1892;* 55 S. 8.
Fürstenwalde, st. G, OP 1892 (77)

589 [F.] **Zinsow,** Adolf [Dir. Dr.]: Die Hohenzollern und das deutsche Reich. Festrede am 2. Sept. 1891. Pyritz, Druck d. Bake'schen Buchdr., 1892; 1—8 S. 4.
Pyritz, k. Bismarck-G, OP 1892 (139)

590 [F.] **Zinsow,** Adolf [Dir. Dr.]: Zur Mirmannsage. (Nachtr. z. P-Beil. 1891.) Pyritz, Druck der Bake'schen Buchdr., 1892; 9—16 S. 4.
Pyritz, k. Bismarck-G, OP 1892 (130)

591 **Zitscher,** Ferdinand [Dr., Rekt.]: Einheitsgymnasium und Realschule. Bericht an d. Patronatsbehörde üb. d. schwebenden Fragen d. Schulreform nebst zwei Beil. u. e. Nachw. üb. d. neuen Lehrpläne u. üb. d. Versuchsgymnasium in Frankfurt a. M. Forst i. L., Druck v. E. Hoene, 1892; 3—13 S. 4.
Forst i. L., RPG u. PG Georgianum, OP 1892 (110)

1. Sachregister

Accius, L. . . . . No 174
Accusativ, absoluter, im Griechischen 322
Acta apostolorum 72. 501
Adjectiv, attributives, im Altfranz. u.
  Spaetlateinischen 74
  im Griechischen, Motion 567
Aeschylus 284. 531
Aesop 216
Aesthetik 123
Agricola jun., Rud. 21
Alamannenschlacht d. J. 357 42
Albrecht d. Beherzte v. Sachsen . 499
Algebra 93. 266. 427. 558
Altenburg bei Arnstadt 61
Alterthuemer, vorgeschichtliche 26. 245
Amerika, Entdeckung 125
Analysis 142. 223. 351
Andronicus v. Rhodus 424
Anfangsunterricht, botanischer . . . 38
  im Franzoesischen 549
Anlage, religioese 472
Anschauungsunterricht, geographischer 508
Antiphon 196
Antonius Placentinus 161
Aoristsystem d. latein.-kelt. Sprachen 399
Apollinaris Sidonius 184
Apostelgeschichte s. Acta apostolorum
Apostellehre s. Didache
Appian 333
Arbeiten, schriftl., im physik. Unterr. 461
Arbeitstheilung im Pflanzenleben . . 267
Aristophanes 530
Aristoteles 171
v. Arnim, Bettina 300
Astronomie 538
Aufgaben, stereometrische 515
  d. deutschen Unterrichts 537
Aufsatzbildung 239
Aufsatzlehre, deutsche 557

Babylonien nach Herodot 395
Bacon 141
Baden, Gymnasien 500
Baeume, Krankheiten 240
Bauernkrieg 540
Baustile, Charakteristik 464
Bayern, Mittelschulwesen 120
  altklass. u. deutsch. Unterricht . 177
Beispiele z. griech. Grammatik . . 186
Bender, Ferd. 33
Berge, Herm. 357
Berlin, Wittwenkasse d. Falk-RG . 503
Bernau, Hussitenschlacht 173
Bernhardt, Eman. . . . . . No 325
Berthold v. Regensburg 176
Bessel, Functionen 351
Beten u. Arbeiten 250
Bewegungen, harmonische 226
Bibliotheken:
  Annaberg, RG 172
  Eisenach, Carl Alexander-Bibl. . 378
  Glatz, G 22
  Goslar, RG 321
  Insterburg, G 522
  Koeln, HB 195
  Koenigsberg i. Pr., HB 113
  Krotoschin, G 185
  Muenstereifel, G 536
  Thorn, G 76
  Tilsit, G 304
  Wismar, Gr. Stadt-S 307
Bildung, humanistische 83
Binz, Jul. 356. 387. 482
Blondus, Flavius 330
Bluethenpflanzen im Kgr. Sachsen . 287
Bodenseebauern 540
Boethius 25
Boileau 99. 358
Botanik 9. 240. 267. 479. 520; siehe
  auch Flora
Brant, Sebast. 505
Braunschweig, naturgeschichtl. Sammlg
  d. RG 122
Bremen, Weserpolitik 115
Buchen, Mundart 51
Buchwesen, antikes 64
Buecherwesen, antikes 77
v. Buelow, General 551
Bujack, Georg 8
Burchard II. v. Halberstadt 516
Burghausen, Studienwesen 120

Caesar 73. 231. 514
Caesarius v. Arelate 152
Caricaturen, politische 133
Carl, Koenig v. Wuerttemberg . . . 308
Carl Johann v. Schweden 551
Carmen de bello Saxonico 383
Cartesius 289
Catull 306. 475
Centralbewegung 538
Charakterbildung d. Schueler . . . 578
Chariten v. Orchomenos 104
Chemie 454. 456. 478
Chrie, Wesen u. Bedeutung im Unterr. 557

Prinzenraub, saechsischer . . . . No 135
Priscian 285
Projektionsapparat 129
Prophetie 350
Proverbes au Conte de Bretaigne . . 341
Pruefungsordnungen, neue 36. 189. 209
Psalm 23 453
Psalter 416

Qu in d. germanischen Sprachen . . . 7

Randen, Cistercienserkloster 375
Realschulen 82. 164. 591
Rechenmethode, oesterreichische . . . 438
Rechenunterricht an d. Maedchenschule 10
Rechtfertigung nach d. Roemerbrief 299
Rechtsaltertuemer, griechische . . . 518
Rechtschreibung, deutsche 63
Reinfried 103
Religionskriege, franzoesische 191
Religionsunterricht auf Gymnasien . 576
Ritschl, Theologie 535
Ritzebuettel in d. J. 1795—1814 . 417
Rom, Topographie 232
Roth, Frdr. 188
Rotrou, Jean 137. 165

Sachs, Hans 546
Sachsen, Kgr., Bluetenpflanzen . . . 287
Sachsen-Altenburg, Volksdichte . . . 343
Sallust 157. 402
Salzloesungen, Daempfe 478
Salzwedel im 30j. Kriege 145
Samos 62
Schicksalstragoedie 428
Schiller . . 24. 39. 136. 224. 432. 504
Schimpfwoerter d. Griechen u. Roemer 236
Schlapp, Otto 584
Schlegel, Shakespeare-Uebersetzung . 238
Schleswig, Herzogth., Anfaenge . . . 170
Schmidt, Gust. 570
Schoenecken, Burg 97
Scholia Bobiensia 450
Schopenhauer 318
Schreib- u. Druckschrift, deutsche . 56
Schriftsteller, griechische 423
Schubarth, Karl Ernst 474
Schulandacht an hoeh. Lehranstalten 339
Schulaufsicht 89
Schulbaenke 477
Schulbibelfrage 11
Schule u. Familie 182
Schulen, Geschichte:
Aachen, RG 313. 373
Altenburg, Friedr.-G . 159. 160. 400
Alzey, R 155. 156
Baden, Gymnasien 560
Bedburg, RAk 90. 329
Berlin, Joachimsth. G 19
Berlin, Luisen-G 487
Berlin, Victoria-S 241
Bonn, G 66. 314. 489
Bremen, R v. C. W. Debbe . . . 80
Charlottenburg, HB 48
Schulen, Geschichte:
Cuxhaven, HB . . . . No 426
Dortmund, GwS 27
Dueren, G 552
Duesseldorf, G 270
Eisleben, RPG 418
Elbing, RG 369
Freiburg i. B., R 403. 404
Gleiwitz, G 375
Glueckstadt, G 86
Graudenz, G 5
Grimma, Fuersten- u. Landes-S 30. 371
Helmstedt, landw. S Marienberg 296
Hoexter, Koenig Wilh.-G 390
Horn b. Hamb., Paulinum 566
Itzehoe, latein. S 494
Koenigsberg i. d. N., G 88
Luebeck, Katharineum 477
Magdeburg, Klosterkirche 531
Malchow, Lateinschule 233
Marburg, RPG 207
Meldorf, G 336
Memel, Luisen-G 303
Merseburg, Dom-G 573
Muenchen, Luitpold-Kreis-R . . 496
Muenden i. H., RPG 18
Neisse, RG 148
Nordhausen, G 179
Oldenburg, Caecilien-S 575
Otterndorf, RPG 302
Roessel, G 58
Saarbruecken, G 50. 281
Schoeneberg, G 167
Schoeneberg-Berlin W., G 419
Schwerin i. M., G Fridericianum 311
Solingen, RPG 201. 202
Sondershausen, G 180
Ueberlingen, HB 586
Weimar, Wilhelm-Ernstisches G 561
Weissenburg i. E., G 297
Wismar, Gr. Stadt-S 41
Zerbst, Francisceum 495
Zweibruecken, G 263
Schulen mit u. ohne Latein 13
Schulfragen u. altsprachl. Unterricht 562
Schulgeschichte 81
Schullaboratorium, chemisches . . . 47
Schulleben, moderne Bestrebungen . 81
Schulordnung d. HB Graudenz . . . 180
Schulreden 169. 406. 415
Schulreform 591
Schulwesen in England 147
im Herzogth. Zweibruecken . . . 263
Schulzeit, Erinnerungen 420
Schulzen, deutschrechtl., Polens . . 434
Schwaermerei 350
Schwerin, See, Biologie 96
Sedanfeier, Festreden 440
Seelentheile in d. alten Philosophie 544
Semasiologie 468
Seneca, L. A. 347. 421
Shakespeare 54. 238. 327. 572
Sheridan, Rich. Brinsl. 271
Sibote 510

2. Orts- und Anstaltenverzeichniss

Aachen, Kaiser-Karls-G . . . No 478
k. Kaiser-Wilhelms-G 467
st. RG 313. 373
R m. Fachkl. 392
Allenstein, k. G 367
Altenburg, Friedrichs-G . 159. 160. 400
herz. RPG 131. 343
Altkirch i. E., G 168
Altona, k. Christianeum 170
Alzey, grossh. R u. PG . . . 155. 156
Amberg, k. humanist. G 62
Anklam, G 523
Annaberg, k. RG m. PG 172
Ansbach, k. G 455
Arnstadt, fuerstl. G 61
fuerstl. R 250
Arolsen, RPG 130
Aschaffenburg, k. humanist. G . . . 556
Aschersleben, G m. RPG 47
Attendorn, G 55. 220
Augsburg, k. humanist. G bei St. Anna 161
k. humanist. G St. Stephan . . . 104
k. RG 540
Aurich, k. G 85

Baden, grossh. G u. HB . . . 144. 217
Bamberg, k. altes G 216
neues G 243
Barmen, G 208. 209
st. RG 481
GwS 7
Ober-B., st. HM 6
Bartenstein, k. G 284
Bautzen, G 443
Bayreuth, k. humanist. G 425
Bedburg, Rheinische RAk . . 90. 329
Belgard, st. G 205
Berent, k. PG 182
Bergedorf b. Hamb., Hansa-S . . . 447
Berlin, Askanisches G 4
Collège royal français 549
Friedrichs-G 67
Friedrichs-Werdersches G 397
k. Friedrich-Wilhelms-G 348
Humboldts-G 214
k. Joachimsth. G 10. 457
G z. grauen Kloster 123
Koellnisches G 559
Koenigst. G 28
Berlin, Leibniz-G . . . . No 519
Lessing-G 337
k. Luisen-G 20. 487
Luisenst. G 318
Sophien-G 530
k. Wilhelms-G 301
k. RG 268. 497
Andreas-RG 157
Dorotheenst. RG 339
Falk-RG 151. 384. 502
Friedrichs-RG 236
Koenigst. RG 111
Luisenst. RG 40
Sophien-RG 543
Friedrichs-Werdersche OR . . . 558
Luisenst. OR 226. 357
I. st. HB 223
II. st. HB 483
III. st. HB 580
IV. st. HB 437
V. st. HB 368
VI. st. HB 16
VII. st. HB 361
VIII. st. HB 196
Charlotten-S 453. 465
k. Elisabeth-S 10
Luisen-S 173
Margarethen-S 568
Victoria-S 241
Bernburg, herz. Karls-RG . . . 242. 408
Beuthen O.-S., k. G 237
Bielefeld, G u. RG 376
Blankenburg a. H., herz. G 479
Bockenheim, st. R 506. 507
Bonn, k. G 66. 314. 489
Borna, st. RG 450
Braunsberg, k. G 515
Braunschweig, herz. G Martino-Katharineum 283
herz. neues G 504
herz. RG 122
st. OR 324
Bremen, R v. C. W. Debbe 79. 80. 81. 82
R b. Doventhor 33. 56
Breslau, st. ev. G zu St. Elisabet . 444
k. Friedrichs-G 524
st. Johannes-G 571
k. Koenig-Wilhelms-G 510
st. ev. G zu St. Maria-Magdalena 525

Breslau, k. kath. St. Matthias-G . . No 377
RG z. heil. Geist 359
RG am Zwinger 458
k. OR u. Baugewerk-S 146
st. ev. HB II 21
Brieg, k. G 269
Bromberg, k. RG 299
Buedingen, grossh. G 286
Bunzlau, k. Waisen- u. Schul-A . . 440
Burg, k. Victoria-G 402
Burghausen, k. humanist. G 120
Buxtehude, RPG 188

Cassel, k. Wilhelms-G 225
st. RG 539
R in d. Hedwigstr. 324. 538
st. HM 300
st. Maedchen-Mittel-S 456
Celle, k. G 280
Charlottenburg, st. RG 264
st. HB 48. 372
st. HM 363. 370
Chemnitz, k. G 124
RG m. R-Kl 431
techn. Staatslehr-A 464
Cleve, k. G 475
Coblenz, st. RG 546
Coburg, G Casimirianum 348
herz. Ernestinum (R) 567
Coesfeld, k. G Nepomucenianum . . 235
Coeslin, k. G 232
Conitz, k. G 379
Crefeld, G 501
RG 267
R 256
Cuestrin, k. G 238
Culm, k. RPG 129
Cuxhaven, staatl. HB m. Latein-Abt. 417
426

Danzig, k. G 17
st. G 77
RG u. HB zu St. Petri u. Pauli 118
Darmstadt, Ludwig-Georgs-G . . . 23
Dessau, herz. Friedrichs-RG 412
Diedenhofen, G 110
Dillingen, k. humanist. G 109
Dirschau, RPG 266. 319
Doebeln, k. RG u. Landw.-S 380
Donaueschingen, grossh. PG 531
Dortmund, st. GwS (HB) 27
Dramburg, k. G 401
Dresden, G z. heil. Kreuz 330
Vitzthumsches G 450
Wettiner G 191
R v. Dr. Zeidler 253
-Altstadt, Annen-S (RG) . . 338. 414
-Friedrichstadt, R m. PG 449
-Neustadt, k. G 287
Drei-Koenig-S (RG) 488
Dueren, G 552
Duesseldorf, k. G 276

Eichstaett, k. G 101
Eisenach, Carl-Friedrich-G . . . No 378
grossh. RG 340
Schullehrer-Sem 169
Eisenberg, herz. Christians-G . . . 554
Eisleben, k. G 316
st. RPG (kuenftige R) . . . 321. 418
Elberfeld, G 445
R 271
Elbing, k. G 521
st. RG 187. 369
Ellwangen, k. G 512
Emden, k. Wilhelms-G 406
Kaiser-Friedrich-S (HB) 365
Ems, Bad-, RPG 358
Erfurt, k. G 46. 261
k. RG 583. 584
Erlangen, k. StA 341
Essen a. d. R., RG u. HB 135
verein. st. HT 312
Ettenheim, grossh. RPG 233
Eupen, PG m. R-Kl. 125
Euskirchen, PG 141
Eutin, grossh. G 190

Forst i. L., RPG u. PG Georgianum 591
Frankenstein i. Schl., kath. PG . . 526
Frankfurt a. M., k. Kaiser-Friedrichs-G 285
Muster-S (RG) 255
Adlerflycht-S (R) 410
R d. isr. Gem. (Philanthropin) 13. 14
292
Frankfurt a. O., Ober-S (RG) . . . 12
Fraustadt, k. G (m. RG) 34
Freiberg, G Albertinum 39
st. RG 349
Freiburg i. B., R 403. 404
Freising, G 186
Friedeberg Nm., k. G 409
Friedland (i. M.), G 342. 529
Fuerstenwalde, st. G 588

Geestemuende, HB 115
Gera, fuerstl. G Rutheneum 183
Giessen, grossh. G 94
grossh. RG u. R 112
Glatz, k. kath. G 22
Gleiwitz O.-S., k. kath. G 375
k. OR u. techn. Fach-S . . 197. 563
Glueckstadt, k. G 86
Goerlitz, st. G u. RG 59
Goettingen, k. G u. RG 383
Goslar, RG u. G 320. 321
Gotha, herz. G Ernestinum 102
Graudenz, k. ev. G 5. 498
st. HB 480
Greifenberg i. P., k. Friedr.-Wilh.-G 128
Greifswald, st. G u. RPG 551
Greiz, st. G m. Realabt. 219
Grimma, Fuersten- u. Landes-S 30. 371
462
Grossenhain, R m. PG 476
Gross-Glogau, k. ev. G 11
k. kath. G 448
Gross-Lichterfelde, PG 206

Gross-Strehlitz, k. G . . . . . . No 364
Gruenberg i. Schl., Friedr.-Wilh.-RG 315
Guben, G u. RG 245
Guestrow, RG 491
Gumbinnen, k. Friedrichs-G 420
st. RPG 68

Hadersleben, k. G u. RPG 437
Hagen, RG u. G 210
Hagenau, G u. R 143. 159. 492
Halberstadt, k. Dom-G 570
RG 136
Schwaeb. Hall, k. G 251
Halle a. S., Latein. Haupt-S . . . 555
st. R 517
Hamburg, Gelehrten-S d. Johanneums 274
356. 482
Wilhelm-G 37. 387
RG d. Johanneums 100. 293
HB vor d. Holstenth. 407
HB vor d. Luebeckerth. 262
Stiftungs-S v. 1815 508
Unterr.-A d. Klost. St. Johannis,
HM 442. 581
Hechingen, k. R (HB) 332
Heidelberg, G 323
R 158
HM 545
Heilbronn, k. Karls-G 310. 398
Helmstedt, herz. G 78
landw. S Marienberg 296. 436
Heppenheim a. d. Bergstr., grossh. R 193
Hersfeld, k. G u. RPG 273
Hildesheim, k. Andreas-RG 132
Hirschberg i. Schl., k. G 474
Hoexter, Koenig-Wilhelms-G . . . 390
Hof, k. humanist. G 177
Holzminden, herz. G 439
Homburg v. d. H., RPG u. PG . . 165
Horn b. Hamb., Paulinum (PG u.
HB) 566

Jauer, k. G 305
Jena, G Carolo-Alexandrinum . . . 355
Jenkau b. Danzig, RPG (v. Conradisches
Schul- u. Erz.-Inst.) 231. 278
Jever, grossh. Marien-G . . . 277. 291
Ilfeld, k. Kloster-S 452
Inowrazlaw, k. G 116
Insterburg, k. G u. RG 522
Itzehoe, RPG 494

Kaiserslautern, k. humanist. G . . . 399
Karlsruhe, grossh. G 265. 560
R m. Fachkl. f. Kaufl. 83. 430. 550
Kattowitz, st. G 578
Kempen (Posen), st. PG 340
Kempen (Rhein), k. G Thomaeum . 396
Kempten, k. humanist. G 423
Kiel, Gelehrten-S 486
OR 351
Koeln, k. kath. G an Aposteln . . 70
k. Friedrich-Wilhelms-G 108
k. Kaiser Wilhelm-G 75

Koeln, k. kath. G an Marzellen No 353
RG 116
OR u. Fortbild.-S 270
HB u. Handelskl. 195
HM u. Lehrerinnen-Bild.-A . . 54
Koenigsberg i. d. N., Friedr.-Wilh.-G 88
Koenigsberg i. Pr., Altstaedt. G 8. 438. 503
k. Friedrichs-K 107
Kneiphoefisches Stadt-G 454
k. Wilhelms-G 181
PG d. k. Waisenhauses 218
st. RG 428
k. RG auf d. Burg 108
Loebenichtsche HB 113
Luisen-S 516
Koenigshuette O.-S., k. G 52
Korntal, Latein- u. Real-S 587
Kreuzburg O.-S., k. G 334
Kreuznach, k. G 288
Krotoschin, k. Wilhelms-G 185

Landau, k. StA 579
Landeshut, RG 562
Landsberg a. d. W., k. G u. RG . 71
Landshut, k. humanist. G 248
Langensalza, RPG 394
Laubach, grossh. G Fridericianum . 309
Lauban, k. G 413
Leipzig, k. G 499
Nicolai-G 257. 258. 282
Thomas-S 386
st. RG 152. 163
I. st. R 541
Leobschuetz, k. kath. G 203
Liegnitz, st. ev. G 260
k. RAk 230
Lingen, k. G Georgianum 177
Loebau i. S., R 164
Luebeck, Katharineum 477. 484
Lueneburg, Johanneum 84

Magdeburg, k. Dom-G 222
Pd z. Kloster U. L. Frauen 229. 533
st. Koenig Wilh.-G 92
RG 294
Guericke-S (OR u. RG) 213
st. HB 254
Mainz, grossh. G 468
grossh. RG u. R 560
Malchin, RG 411
Malmedy, PG 63
Marburg, RPG 40. 207
Marienburg, k. G 45
Meerane i. S., R 446
Meiningen, G Bernhardinum . . . 103
Meissen, Fuersten- u. Landes-S . . 389
Meldorf, k. G 336
Memel, k. Luisen-G 303
Meppen, k. G 432
Merseburg, Dom-G 573
Meseritz, k. G 435
Metten, humanist. G 328
Metz, L 138
R 60

Jahres-Verzeichniss

der

an den Deutschen Schulanstalten erschienenen Abhandlungen

V

1893

BERLIN

Verlag von A. Asher & Co.

1894

Abkürzungen

A — Anstalt
G — Gymnasium
GwS — Gewerbeschule
h. — höhere
HB — Höhere Bürgerschule
HM — Höhere Mädchenschule
HT — Höhere Töchterschule
K — Kollegium
k. — königlich
kais. — kaiserlich
L — Lyceum
LS — Lateinschule
MP — Michaelis-Programm
OP — Oster-Programm
OR — Ober-Realschule
P — Programm
Pd — Paedagogium
PG — Progymnasium
R — Realschule
RA — Real-Anstalt
RAk — Ritter-Akademie
RG — Real-Gymnasium
RPG — Real-Progymnasium
S — Schule
Sm — Seminar
st. — städtisch
StA — Studien-Anstalt
VS — Vorschule

* ist den Programmen der bayerischen Anstalten,

** den nicht durch den Tauschverkehr eingegangenen Abhandlungen nachgesetzt.

[F.] oder [F. u. Ant.] ist den in Fractur bezw. in Fractur und Antiqua gedruckten Titeln vorgesetzt.

Abhandlungen

der

Deutschen Schulschriften

1893

1 [J.] **Abert,** Alfons [P. Prof.]: Franken. E. kulturgeschichtl. Skizze. Münnerstadt, Druck v. G. Blatz, 1893; 106 S. 8.
Münnerstadt, k. humanist. G, P 1893*

2 [J.] **Ackermann,** Karl [Dir. Dr.]: Berechtigungen, welche durch den Besuch der Oberrealschule auf den verschiedenen Klassenstufen erworben werden. Kassel, Druck v. L. Döll, 1893; 11—12 S. 4.
Kassel, R '(OR in d. Entwicklung)' '(Hedwigstr.)', P 1893 (414)

3 [J.] **Ackermann,** Karl [Dr., Dir.]: Statistische Rückschau auf 100 Semester der Realschule in der Hedwigstrasse zu Kassel. Kassel, Druck v. L. Döll, 1893; 1 Bl., 58 S., 1 Taf. 4.
Kassel, R '(OR in d. Entwicklung)' '(Hedwigstr.)', P 1893 (414)

4 [Ant. u. J.] **Adam,** Johannes [Dr.]: Interpretation des Eingangs von Wolframs Parzival. Schwedt a. O., Druck v. F. Freyhoff, 1893; 22 S. 4.
Schwedt a. O., st. Hohenzollern-G, P 1893 (86)

5 **Adenaw,** Eduard [Architekt]: Beschreibung des neuen Schulgebäudes. Hierzu 3 Bildtaf. (Umschlagt.: Beschreibung des nach d. Plänen d. Herrn Stadtbaurath Joseph Laurent entworfenen u. ausgeführten neuen Anstaltsgebäudes.) *Aachen, 1893;* III—VII S., 3 Taf. 4.
Aachen, R m. Fachkl. '(frühere k. GwS)', OP 1893 (491)

6 [Kopft.:] **Ahlheim,** August [Dr.]: Die Schriftstellerlektüre der Ober-Sekunda nach den Grundsätzen der Konzentration. 1. Tl. *Bensheim, 1893;* 23 S. 4.
Bensheim, grossh. G, OP 1893 (623)

7 **Ahrens,** Ernst: Tabellen zur Bestimmung der in der Umgegend von Burg wachsenden zweisamlappigen Blütenpflanzen und der nacktsamigen Pflanzen. (Umschlagt.: Tabellen ... von Burg wildwachsenden Phanerogamen, 1. Tl.) Burg, Druck v. A. Hopfer, 1893; 1—18 S. 4.
Burg, k. Victoria-G, P 1893 (232)

8 **Ahrens,** *Hermann* [Dir.]: Die Einweihungsfeier des neuen Schulgebäudes. Göttingen, Druck v. L. Hofer, 1893; 8—15 S., 2 Taf. 4.
Göttingen, Kaiser Wilhelm II. R, OP 1893 (343)

9 **Ahrens,** *Hermann* [Dir.]: Geschichte der Entstehung der Anstalt und ihre Entwicklung in den ersten zwei Jahren. Göttingen, Druck v. L. Hofer, 1893; 3—7 S. 4.
Göttingen, Kaiser Wilhelm II. R, OP 1893 (343)

10 [J.] **Albrecht,** *Ernst Emil* [Dir.]: *Bericht über die Feier des 25jährigen Bestehens der Anstalt. Crimmitschau, Druck v. R. Raab, 1893;* 4—5 S. 4.
Crimmitschau, R, OP 1893 (558)

11 **Altenburg,** Oskar [Dr., Dir.]: Winke zur Schulauslegung des Horaz. 1. Unser Leseplan aus d. dritten Buche d. Lieder. Wohlau, Buchdr. „Schles. Dorf-Ztg". (Dr. Schulze.)', 1893; 20 S. 4.
Wohlau, k. G, P 1893 (212)

12 **Amdohr,** *Otto* [Dr.]: Compte-rendu adressé au Ministère royal de l'Instruction publique au sujet du séjour à Paris pendant l'hiver de 1891 à 92. Frankfurt a. O., kgl. Hofbuchdr. Trowitzsch & Sohn, 1893; 1—4 S. 4.
Frankfurt a. d. O., k. Friedrichs-G, OP 1893 (75 [vielm. 74])

13 [J.] **Amelungk,** Wilhelm [Rekt.]: Über das Mädchenturnen. E. Wort z. Beherzigg f. d. Eltern unserer Schülerinnen. Cassel, Druck v. W. Schlemmlng, Hofbuchdr., 1893; 3—16 S. 4.
Cassel, st. Mädchen-Mittel-S, P 1893**

14 **Amend,** Andreas [Dr.]: Über die Bedeutung von μειράκιον und ἀντίπαις. [= Inaug.-Diss. v. Würzburg 1893.] Dillingen, Druck v. J. Keller, 1893; 1 Bl., 74 S. 8.
Dillingen, k. humanist. G, P 1893*

15 **Amersbach,** Karl [Prof.]: Aberglaube, Sage und Märchen bei Grimmelshausen. II. Tl. [Forts. d. P-Beil. 1891.] Baden-Baden, E. Kölblin, Hof-Buchdr., 1893; 1 Bl., 33—81 S. 4.
Baden, grossh. G u. RPG, MP 1893 (598)

16 **Angermann,** *Konstantin* [Prof. Dr.]: Beiträge zur griechischen Onomatologie. Meissen, gedr. bei C. E. Klinkicht & Sohn, 1893; 1—25 S. 4.
Meissen, Fürsten- u. Landes-S St. Afra, MP 1893 (541)

Ansprache, geh. bei der Einführung des Rektors Dr. Hellmann ... Görlitz 1893
s. **v. Witzleben,** Arthur [Vf.]

17 **Anweisung** zur Verhütung der Übertragung ansteckender Krankheiten durch die Schulen. (Ministerial-Erlass v. 14. Juli 1892.) Berlin, Druck v. C. H. Müller, 1893; S. 17. 4.
Berlin, Sophien-S, P 1893**

18 [J.] **Armstroff** [Rekt.]: Ansprache gehalten beim Eltern-Abend in der Mittelschule zu Duisburg am 22. Dez. 1892 *über das Zusammenwirken von Schule und Elternhaus.* Duisburg, Druck v. J. Ewich, 1893; 13—22 S. 8.
Duisburg, st. Mittel-S, OP 1893**

19 [Ant. u. J.] **Arndt,** Otto [Dr.]: Friedrich Rückert. E. Beitr. z. Feier deutscher Dichter. Gleiwitz, Neumann's Stadtbuchdr., *1893;* 2 Bl., 29 S. 4.
Gleiwitz O/S., k. OR u. techn. Fach-S, OP 1893 (228)

20 **Arnoldt,** *Richard* [Dr., Dir.]: *Ansprache an die Schüler beim Abschiede des Prof. Fedor Lessing.* Prenzlau, Druck v. A. Miecks Buchdr., 1893; 20—22 S. 4.
Prenzlau, G, OP 1893 (85)

21 **Arras,** Paul [Dr. phil.]: Regestenbeiträge zur Geschichte König Ludwigs II. von Ungarn und Böhmen, zsgest. auf Grund d. Urkunden, welche sich im Bautzner Ratsarchive vorfinden. Bautzen, Druck v. E. M. Monse, *1893;* 25 S. 4.
Bautzen, G, OP 1893 (530)

22 **Asbach,** *Julius* [Dr., Dir.]: Bericht über eine Schulfeier *zu seiner Einführung als Director des neuen Gymnasiums.* Prüm, P. Plaum'sche Buchdr., 1893; 3—9 S. 4.
Prüm, G, P 1893 (450)

23 **Auerbach,** Heinrich Berthold [Oberl. u. P. coll.]: Quellensätze zur Kirchengeschichte. Stück 1: Alte Kirche. Gera, Druck v. Th. Hofmann, 1893; 48 S. 8.
Gera, fürstl. G Rutheneum u. VS, OP 1893 (712)

24 [J.] **Auswahl** der im Gymnasium zu Stendal zu erlernenden Geschichtszahlen. Stendal, Druck v. Franzen & Grosses Verl., *1893;* 28 S. 8.
Stendal, G, OP 1893 (255)

25 **Autenrieth,** *Georg* [Dr., Rekt.]: Entwickelung der Relativsätze im Indogermanischen. Nürnberg, U. E. Sebalds Buchdr., 1893; 1 Bl., 67 S. 8.
Nürnberg, k. Altes G, P 1893*

26 **Babl,** Johann [Dr.]: De epistularum latinarum formulis. [= Inaug.-Diss. v. Erlangen 1893.] Bamberg, W. Gärtner's Buchdr., 1893; 40 S. 8.
Bamberg, k. altes G, P 1893*

27 [J.] **Back,** Friedrich [Dir.]: Römische Spuren und Überreste im oberen Nahgebiete. 1. Abt., Schluss. Nebst e. Kt. [Forts. d. P-Beil. 1891.] Birkenfeld, Druck v. W. M. Hoestermann, 1893; 1 Bl., 93—131 S., 1 Kt. 8.
Birkenfeld, grossh. G m. Realabt., OP 1893 (662)

28 [J.] **Bader,** Franz [Prof. Dr., Oberl.]: Oedipus in Kolonos. Tragödie von Sophokles in deutscher Nachbildung. Jever, Druck v. C. L. Mettcker & Söhne, 1893; 1 Bl., 72 S. 8.
Jever, grossh. Marien-G, P 1893 (664)

29 **Baier,** Christian [Dr.]: Tacitus und Plutarch. Frankfurt a. M., Druck v. Enz & Rudolph, 1893; 1—30 S. 4.
Frankfurt a. M., st. G, OP 1893 (389)

30 [F.] **Ballauff,** Friedrich: Die psychologische Grundlage von Herbarts praktischer Philosophie. Aurich, Druck v. H. W. H. Tapper & Sohn, 1893; 47 S. 8.
Aurich, k. G, OP 1893 (300)

31 **Baltzer,** *Martin* [Dr.]: Zur Geschichte des Danziger Kriegswesens im 14. und 15. Jahrhundert. E. Beitr. z. Säcularfeier d. Vereinigung Danzigs m. d. preuss. Monarchie. Danzig, A. Müller, 1893; 33 S. 4.
Danzig, k. G, OP 1893 (28)

32 [F.] **Bangert,** Friedrich [Dir. Dr.]: Die Sachsengrenze im Gebiete der Trave. Oldesloe, Druck v. J. Schüthe, 1893; 3—35 S., 1 Kt. 4.
Oldesloe, RPG, OP 1893 (205)

33 **Barlen,** *Karl* [Dr., Dir.]: Verzeichnis der Schüler, welche die Anstalt seit ihrer Verstaatlichung Ostern 1888 bis jetzt besucht haben. Trarbach, Ph. Ropp, Buchdr., 1893; 15—17 S. 4.
Trarbach, k. PG, P 1893 (463)

34 [F.] **Bauer,** Ludwig [Dr., Prof.]: Handschriftliche und kritisch-exegetische Erörterungen zu den Punica des Silius Italicus. Augsburg, Druck v. Ph. J. Pfeiffer, 1893; 55 S. 8.
Augsburg, k. h. G bei St. Anna, P 1893*

35 **Baur,** Friedrich [Dir. Dr.]: Zusammenstellung der hauptsächlichsten Berechtigungen, welche durch den Besuch des Gymnasiums und der Realschule erworben werden können. Colmar, Buchdr. Decker, 1893; 36—37 S. 4.
Colmar, L, MP 1893 (506)

36 **Beau,** Otto [Dr.]: Einige Mitteilungen aus dem Gebiete der trigonometrischen Reihen und der Fourierschen Integrale. (Ergänzungen zu des Vfs: Analyt. Untersuchgn im Gebiete d. trigonometr. Reihen ... Halle 1885.) Sorau, Druck v. E. Karras in Halle a. S., 1893; 22 S. 4.
Sorau, k. G, P 1893 (87)

37 [F.] **Becher,** Ferd. [Dr., Rekt. u. Kondir. d. Franckeschen Stiftungen]: *Bericht über die Einführung des Rectors Dr. Wilh. Fries als Director der Franckeschen Stiftungen und über seine eigene Einführung als Rector und Condirector der Franckeschen Stiftungen.* Halle a. S., Druck d. Buchdr. d. Waisenhauses, 1893; 20—21 S. 4.
Halle, Latein. Haupt-S, P 1893 (237)

38 **Beck,** Emil: Handschriften und Wiegendrucke der Gymnasial-Bibliothek in Glatz. II. Tl. '(Schauspiele des Glatzer Jesuitenkollegs.)' [Forts. d. P-Beil. 1892.] Glatz, Druck v. L. Schirmer, 1893; 36 S. 4.
Glatz, k. Kath. G, OP 1893 (184)

39 **Beck**, Richard *Gustav* [Dr.]: M. Christian Daums Beziehungen zur Leipziger gelehrten Welt während der sechziger Jahre des XVII. Jahrhunderts. Zwickau, Druck v. R. Zückler, 1893; 1—16 S. 4.
Zwickau, G, OP 1893 (546)

40 [J.] **Becker**, *Adalbert* [Dir. Dr.]: *Hofrath Dr. Franz Gottlieb Lucas Bender, gest. am 15. Sept. 1892.* Darmstadt, C. F. Winter'sche Buchdr., 1893; 19—20 S. 4.
Darmstadt, grossh. Ludwig-Georgs-G u. VS, OP 1893 (625)

41 [J.] **Becker**, Karl: Die Hauptregeln der lateinischen Syntax zsgest. Duisburg, gedr. bei F. H. Nieten, *1893*; 24 S. 8.
Duisburg, st. RG, OP 1893 (475)

42 **Becker**, *Eduard* [Dir. Dr.]: Berechtigungen, welche der Besuch der Anstalt verleiht. Thann, *M. DuMont-Schauberg, Strassburg*, 1893; S. 2. 4.
Thann, PG, MP 1893 (520)

43 **Becker**, Franz [Dr.]: Die sittlichen Grundanschauungen Senecas. E. Beitr. z. Würdigung d. stoischen Ethik. *Bonn, Univ.-Buchdr. v. C. Georgi, 1893*; 21 S. 4.
Köln, k. Friedrich-Wilhelms-G, P 1893 (433)

44 **Belger**, Christian [Dr.]: Die mykenische Lokalsage von den Gräbern Agamemnons und der Seinen im Zusammenhange der griechischen Sagenentwickelung. M. e. Rekonstruktion d. Schliemannschen Gräberrundes u. 7 Plänen. Berlin, R. Gaertner, 1893; 42 S. 4.
Berlin, Friedrichs-G, OP 1893 (54)

45 **Bellermann**, Ludwig [Dr. Dir.]: *Paul Heucke, gest. am 3. März 1893.* Berlin, Druck v. M. Driesner, *1893*; 23—24 S. 4.
Berlin, Königstädt. G, OP 1893 (60)

46 **Beltz**, Robert [Dr.]: Zur ältesten Geschichte Mecklenburgs. Zwei Vorträge, geh. in d. Aula d. Gymn. I. Die Wenden in Mecklenburg. II. Wie wurde Mecklenburg ein deutsches Land? Schwerin i. M., gedr. in d. Bärensprungschen Hofbuchdr., 1893; 31 S. 4.
Schwerin, grossh. G Fridericianum, OP 1893 (649)

47 **Bender**, Otto [Lehramtsprakt. Dr. phil.]: Die Analogie. Ihr Wesen u. Wirken in d. deutschen Flexion. (Wird fortgesetzt.) Überlingen, Druck v. A. Feyel, 1893; 74 S. 8.
Meersburg, grossh. Lehrer-Sem, OP 1893''

48 **Bensemann**, Hermann: Die konstruktive Methode im planimetrischen Unterricht. Cöthen, Druck v. P. Schettlers Erben, *1893*; 3—25 S. 4.
Cöthen, herz. Ludwigs-G, OP 1893 (670)

49 **Berbig**, *Friedrich* [Dr., Dir.]: Berechtigungen der Anstalt. Crossen a. O., Buchdr. v. R. Zeidler, *1893*; 22—23 S. 4.
Crossen a. O., RPG u. PG nebst VS-Klasse, OP 1893 (102)

50 **Bergmann,** *Alwin Bruno* [Dr.]: Einleitung in Ciceros Rede für L. Valerius Flaccus. Schneeberg, Druck v. C. M. Gärtner, 1893; 1—21 S. 4.
Schneeberg, k. G m. Realkl, OP 1893 (513)

51 **Bergmann,** Ernst: Beiträge zur Kenntnis des Urkunden- und Kanzleiwesens Ottos des Kindes. 1. Innere Merkmale. Braunschweig, Druck v. J. H. Meyer, 1893; 15 S. 4.
Braunschweig, herz. Neues G, OP 1893 (686)

52 [F.] **Bertling,** *Oscar* [Prof. Dr.]: Lektionarium für das Schuljahr 1893/94. Torgau, Druck v. C. O. Apponius, 1893; 29—30 S. 4.
Torgau, G, OP 1893 (256)

53 **Bertram,** Heinrich: Die Bildersprache Platons. E. Beitr. z. Würdigung d. schriftstellerischen Kunst d. Philosophen. Naumburg a. S., Druck v. H. Sieling, 1893; 1—14 S. 4.
Pforta, k. Landes-S, Festschr. 1893 (248)

54 [F.] **Besser,** *Matthias:* Paedagogische Brosamen, gesammelt in langjähriger Amtserfahrung. '(Beitrag z. method. Behandlung d. deutschen Aufsatzunterrichtes)'. Apolda, Druck v. R. Birkner, *1893;* 1—14 S. 4.
Apolda, grossh. W. & L. Zimmermann's R, OP 1893**

55 **Bestimmungen,** betreffend den Wirtshaus-Besuch und dergleichen der Schüler. — Verordnung, den Verkehr der Schüler in öffentlichen Lokalen betreffend. (Unterzeichnet: Herz. Anhalt. Regierung ... Oelze.) Cöthen, Druck v. P. Schettlers Erben, *1893;* 51—52 S. 4.
Cöthen, herz. Ludwigs-G, OP 1893 (676)

56 [Umschlagt.:] **Beyer,** Theodor [Prof.]: Die ältesten Schüler und Gönner des Neustettiner Gymnasiums. Tl 1. Neustettin, Druck v. R. G. Hertzberg, 1893; 1—30 S. 4.
Neustettin, k. Fürstin-Hedwig-G, OP 1893 (130)

57 **Biesenthal,** Normann: Die urchristliche Kirche in Lehre und Leben nach der Διδαχὴ τῶν δώδεκα ἀποστόλων. Insterburg, Druck v. C. R. Wilhelmi, 1893; 27 S. 4.
Insterburg, k. G u. RG, P 1893 (6)

58 **Bissinger,** *Karl:* Der Bronzefund von Ackenbach beschrieben. Karlsruhe, Druck d. G. Braun'schen Hofbuchdr., 1893; 18 S., 1 Taf. 4.
Donaueschingen, grossh. PG, MP 1893 (600)

59 **Blaschke,** Sigismund [Dr.]: Der Zusammenhang der Familien- und Gütergemeinschaft des platonischen „Staates" mit dem politischen und philosophischen System Platos. Berlin, R. Gaertner, 1893; 23 S. 4.
Berlin, Sophien-RG, OP 1893 (90)

60 **Boeck,** *Maximilian* [Oberl.]: Der deutsche Aufsatz in der höheren Mädchenschule. *Hamburg*, gedr. bei Lütcke & Wulff, *1893*; 1—14 S. 4.
Hamburg, Unterr.-A d. Klost. St. Johannis HM u. Sm f. Lehrerinnen an HM, OP 1893**

61 **Böhme,** *Walther* [Oberl. Dr.]: Katalog der Schulbibliothek des fürstlichen Gymnasiums zu Schleiz. Schleiz, fürstl. Hofbuchdr.: R. Rosenthal [!], *1893*; 1 Bl, IV, 165 S. 8.
Schleiz, fürstl. G, OP 1893 (714)

62 **Boettcher,** Carl [Dr., Dir.]: Die Bildung der Zeiten in der französischen Konjugation. Für d. Elementarunterr. Königsberg, Hartungsche Buchdr., *1893*; 69 S. 8.
Königsberg i. Pr., k. RG auf d. Burg, OP 1893 (10)

63 **Boettcher,** Carl [Dr., Dir.]: Die Umwandlung des Realgymnasiums in eine Oberrealschule. Königsberg i. Pr., Hartungsche Buchdr., 1893; 21—24 S. 4.
Königsberg i. Pr., k. RG auf d. Burg, OP 1893 (10)

64 **Böttcher,** *Johannes Eduard* [Prof. Dr., Rekt.]: *Bericht über seine Einführung als Rector.* Leipzig, in Komm. d. J. C. Hinrichsschen Buchh., 1893; 31—33 S. 4.
Leipzig, st. RG, OP 1893 (554)

65 **Böttcher,** *Johannes Eduard* [Prof. Dr., Rekt.]: Rede zum Antritt des Rektorates, Dienst. d. 24. Mai 1892. Leipzig, in Komm. d. J. C. Hinrichsschen Buchh., 1893; 36—41 S. 4.
Leipzig, st. RG, OP 1893 (554)

66 **Böttger,** Moritz [Prof. Dr., Dir.]: *Bericht über die Feier des 75jährigen Bestehens der Anstalt.* Königsberg Nm., Druck v. J. G. Striese, 1893; 17—19 S. 4.
Königsberg i. d. N., Friedrich-Wilhelms-G, OP 1893 (80)

67 **Bohne,** Richard: Wie gelangt Plato zur Aufstellung seines Staatsideals, und wie erklärt sich sein Urteil über die Poesie in demselben? Berlin, Druck v. A. W. Hayns Erben, *1893*: 3—41 S. 4.
Berlin, k. Friedrich-Wilhelms-G u. k. VS, OP 1893 (59)

68 **Bohse,** Paul: Die Moira bei Homer. Berlin, Druck v. A. W. Hayn's Erben, 1893; 23 S. 4.
Berlin, k. West-G, P 1893 (67)

69 **Bonstedt,** Ernst [Dir. Dr.]: Die Berechtigungen, welche durch die Schulzeugnisse unserer Anstalt im Zivil- und Militärdienste erworben werden können. Danzig, Druck v. E. Groening, 1893; 30—31 S. 4.
Jenkau b. Danzig, RPG (v. Conradisches Prov.-Schul- u. Erz.-Inst.), OP 1893 (48)

70 **Bonstedt,** Ernst [Dir. Dr.]: *Die Familie Conradi und die Stiftung des v. Conradischen Schulinstituts.* Danzig, Druck v. E. Groening, 1893; 20—22 S. 4.
Jenkau b. Danzig, RPG (v. Conradisches Prov.-Schul- u. Erz.-Inst.), OP 1893 (48)

71 **Bonstedt,** Ernst [Dir. Dr.]: *Karl von Groddeck.* Danzig, Druck v. E. Groening, 1893; S. 19. 4.
Jenkau b. Danzig, RPG (v. Conradisches Prov.-Schul- u. Erz.-Inst.), OP 1893 (48)

72 **Borchardt,** *Friedrich* [Dr.]: Katalog der griechischen und römischen Münzen der Sammlung des Städtischen Gymnasiums zu Danzig. Danzig, Druck v. E. Groening, 1893; 3 Bl., 170 S. 8.
Danzig, st. G, OP 1893 (29)

73 **Borgius,** *Eugen* [Konsistorialr. D. in Posen]: *Festpredigt zur Comenius-Feier am 28. März 1893.* Lissa, Druck v. A. Schmädicke, 1893; 21—26 S. 4.
Lissa i. P., k. G, OP 1893 (150)

74 [℥.] **Borkowsky,** Ernst [Dr.]: Aus der Vergangenheit der Stadt Naumburg. (Soll fortges. werden.) Naumburg a/S., Druck v. A. Rietz & Sohn, *1893;* 2 Bl., 60 S., 1 Bl. 8.
Naumburg a S., st. R, RPG u. VS, OP 1893 (270)

75 **Bornemann,** Wilhelm [Prof.]: Zur katechetischen Behandlung des ersten Artikels im Lutherischen Katechismus. Magdeburg, Druck v. E. Baensch jun., 1893; 1—57 S. 4.
Magdeburg, Pd z. Kloster Unser Lieben Frauen, OP 1893 (241)

76 **Braam,** August [Dr.]: Welche Anforderungen sind an eine lateinische Schulgrammatik zu stellen? Crefeld, Druck v. Kramer & Baum, *1893;* 3—18 S. 4.
Crefeld, G, OP 1893 (435)

77 [Umschlagt.:] [℥.] **Brägelmann,** *Bernhard* [Dr.]: Die von dem Mittelalter zur Neuzeit überleitenden Ereignisse, betrachtet in ihren weiter umgestaltenden Wirkungen. II. Die Seeschiffahrt. (Vort.: Die Geschichte der Seeschiffahrt. 3. Tl. '(E. Hülfsmittel b. Geschichtsunterr.)') [Forts. d. P-Beil. 1885. 90. 91.] Vechta, Druck v. C. H. Fauvel, *1893;* 69 S. 8.
Vechta, G, P 1893 (668)

78 **Bräter,** *Franz Edm.* [Stadtbaurat]: Der Bau des neuen Hauses. Dresden, Druck v. C. Heinrich, 1892; 51—56 S., 2 Taf. 4.
Dresden-Neustadt, Drei-König-S '(RG)', Festschr. 1892

79 [℥.] **Brand,** August: Bericht über das fünfundzwanzigjährige Bestehen der Anstalt. '(Mich. 1867—1892.)' Dramburg, Druck v. W. Schade & C., 1893; 3—17 S. 4.
Dramburg, k. G, P 1893 (135)

80 **Brandis,** Eduard: Zur Lautlehre der Erfurter Mundart. II. (Forts. d. P-Beil. 1892.) Erfurt, Druck v. F. Bartholomäus, 1893; 16 S. 4.
Erfurt, k. G, OP 1893 (234)

81 **Brandl,** Josephus: Qui loci Georgicis a Vergilio post a. 725 sint additi. Wirceburgi, typ. H. Stuertz univ. typogr., *1893;* 22 S. 8.
Aschaffenburg, k. G, P 1893'

82 **Brandt,** Paul [Dr.]: Zu Schillers „Wilhelm Tell" IV, 1. M.Gladbach, Komm.-V. v. R. Hoster, 1892; 78—81 S. 8.
M.Gladbach, G, Festschr. 1892

83 **Brandt,** *Samuel* [Prof. Dr.]: Ansprache zur Erinnerung an den verstorbenen Professor D. Dr. Karl Hartfelder geh. am 12. Juni 1893. Heidelberg, Buchdr. v. A. Emmerling & Sohn, 1893; 1—4 S. 4.
Heidelberg, G, MP 1893 (603)

84 **Braumann,** *Gustav* [Prof. Dr., Dir.]: *Rückblick auf die Geschichte der Anstalt bei der Feier des 25jährigen Bestehens.* Freienwalde a. O., Buchdr. v. E. Pilger, 1893; II—VIII S. 4.
Freienwalde a. O., k. G, OP 1893 (76 [vielm. 75])

85 **Breunig,** Hermann [Prof.]: Über den Wert und die Verteilung der Liviuslektüre für Gymnasien. Rastatt, Buchdr. v. J. G. Vogel, 1893; 21 S. 4.
Rastatt, grossh. G, MP 1893 (611)

86 **Breyer,** Robert [Dr.]: Die Legation des Kardinalbischofs Nikolaus von Albano in Skandinavien. *Halle (Saale), Gebauer-Schwetschke'sche Buchdr., 1893;* 25—47 S. 4.
Halle a. S., st. R, OP 1893 (275)

87 **Bricke,** Friedrich: Die kürzeste Linie auf dem einschaligen Hyperboloid. Grünberg i. Schl., Druck v. W. Levysohn, 1893; 16 S. 4.
Grünberg i. Schl., Friedrich-Wilhelms-RG u. VS, OP 1893 (210)

88 **Brieger,** Adolf [Dr.]: Epikur's Lehre von der Seele. Grundlinien. Halle a. S., Druck v. E. Karras, 1893; 21 S. 4.
Halle a. S., Stadt-G, OP 1893 (238)

89 **Briegleb,** *Eugen* [Dir. Dr.]: Zur griechischen Lektüre, besonders in Prima. Magdeburg, kgl. Hofbuchdr. v. C. Friese, 1893; 1 Bl., 31 S. 4.
Magdeburg, k. Dom-G, OP 1893 (240)

90 **Bruchmann,** *Carl Friedrich Heinrich* [Dr.]: Beiträge zur Ephoros-Kritik. II. (Forts. d. P-Beil. 1890.) Breslau, Druck v. O. Gutsmann, *1893;* 3—25 S. 4.
Breslau, k. König-Wilhelms-G, P 1893 (180)

91 [J.] **Bruchmann,** *Hellmuth Carl Gustav* [Prof. Dr.]: Die elektrische Beleuchtungsanlage des städtischen Schlachthofs zu Gotha. Gotha, Druck d. Engelhard-Reyherschen Hofbuchdr., 1893; 3—28 S. 4.
Gotha, st. R, OP 1893 (701)

92 **Brüll,** Felix [Dir. Dr.]: Zur Behandlung der Kasuslehre im altsprachlichen Unterricht. Andernach, K. Isbert'sche Buchdr., 1893; 1—20 S. 4.
Andernach, PG, P 1893 (424)

93 **Brünnert,** *Gustav* [Dr.]: Über Turnspiele. Erfurt, Druck v. F. Bartholomäus, 1893: 27—28 S. 4.
Erfurt, k. G, OP 1893 (234)

94 Nachtrag zum **Bücherverzeichnis** der Anstaltsbibliotheken. [Forts. d. P-Beil. 1879—92.] Karlsruhe, Buchdr. v. Malsch & Vogel, 1893: 51—56 S. 4.
Karlsruhe, OR m. Fachkl. f. Kaufleute, MP 1893 (618)

95 **Bückmann,** Ludwig: Der Vers von sieben Hebungen im deutschen Strophenbau. Lüneburg, Druck d. v. Stern'schen Buchdr., 1893: 3—38 S. 4.
Lüneburg, Johanneum, OP 1893 (314)

Bünger, Emil [Dr., w. Hilfsl.]: Neuer Katalog des Gymnasial-Museums zu Wittstock
s. **Grofser,** Richard, & Bünger, E.: Neuer Katalog ...

96 **Bullrich,** Georg: Über Charles d'Orléans und die ihm zugeschriebene englische Übersetzung seiner Gedichte. Berlin, R. Gaertner, 1893: 23 S. 4.
Berlin, Zweite R '(HB)', OP 1893 (110)

97 **Bunkofer,** Wilhelm [Prof.]: Vektorenquadrate im ebenen, stetigen Gebilde. Geometr. Abhandlg. M. e. Taf. in Steindr. Wertheim a. M., E. Bechstein's Buch- u. Steindr., 1893: 21 S., 1 Taf. 4.
Wertheim a. M., grossh. G, MP 1893 (613)

98 [Ji.] **Busch,** Julius [Dr.]: Vorbereitender physikalischer Lehrgang. Tl 2. Nach d. Bestimmgn d. neuen Lehrpläne. [Forts. d. P-Beil. 1892.] Mülheim '(Ruhr)', Druck v. H. Blech, *1893;* 1 Bl., 25—56 S. 8.
Mülheim '(Ruhr)', G u. R, P 1893 (452)

99 **Buschmann,** Jos. [Dir. Dr.]: Zur Geschichte des Bonner Gymnasiums. Tl 2. Das höhere Schulwesen Bonns zur Zeit der Fremdherrschaft. [Forts. d. P-Beil. 1891.] Bonn, Univ.-Buchdr. v. C. Georgi, 1893: 1—40 S. 4.
Bonn, k. G, P 1893 (427)

100 **Busello,** *Justus* [Dr.]: Bedeutung und Stellung des deutschen Unterrichts an der Realschule. Magdeburg, Druck v. E. Baensch jun., 1893: 1 Bl., 18 S. 4.
Magdeburg, st. R, OP 1893 (277)

101 [Kopft.:] **Caesar,** Hermann: Wie bewegt sich ein materieller Punkt in einer Ebene, wenn er von einer ausserhalb liegenden konstanten Centralkraft angezogen wird? *Havelberg, Druck v. J. Hintze, 1893:* 36 S., 1 Taf. 4.
Havelberg, RPG, OP 1893 (105)

102 [J.] **Christ** [Dr.]: Die meteorologische Beobachtungsstation. Wiesbaden, Druck v. R. Bechtold & C., 1893: 80—84 S. 8.
Geisenheim a. Rh., k. Lehr-A f. Obst- u. Weinbau '(k. Gärtnerlehr-A)', P 1893[?]

103 **Clemen,** August [Prof. Lic. theol. Dr.]: *Rector Prof. Dr. Kurt Bernhardi, gest. am 17. Oct. 1892.* Grimma, Druck v. J. Schiertz, 1893: 17—21 S. 4.
Grimma, Fürsten- u. Landes-S, P 1893 (537)

104 **Clemen,** August [Prof. Lic. theol. Dr.]: Der Gebrauch des Alten Testamentes im Neuen Testamente: a) in den Reden Jesu '(Forts.)' b) bei den Evangelisten. (Forts. d. Festschr. 1891.) Grimma, Druck v. J. Schiertz, 1893: 1—39 S. 4.
Grimma, Fürsten- u. Landes-S, P 1893 (537)

105 [F.] **Como,** *Franz Anton:* Zunft und Gewerbe der Schneider im alten Strassburg. (1. Tl.) Einleitung. Strassburg, Buchdr. v. Müller, Herrmann & C., 1893: 3—52 S. 4.
Strassburg, bischöfl. G an St. Stephan, P 1893 (510)

106 **Cramer,** Adolf [Dr.]: Über die ältesten Ausgaben von Manilius' Astronomica. Ratibor, Riedingers Buch- u. Steindr., 1893: 30 S. 4.
Ratibor, k. Ev. G, P 1893 (205)

107 **Czwalina,** Gustav: Neues Verzeichnis der Fliegen Ost- und Westpreussens. Königsberg i. Pr., Hartungsche Buchdr., *1893:* 2 Bl., 34 S. 8.
Königsberg i. Pr., Altstädt. G, OP 1893 (9)

108 **Czygan,** Paul: Die Publikanda des Magistrats zu Königsberg die Kriegs-Contribution im Jahre 1807 betreffend, nebst ihrer Entstehungsgeschichte nach d. Akten d. städt. Archivs dargest. 1. Königsberg in Pr., Druck v. R. Leupold, 1893: 3—31 S. 4.
Königsberg in Pr., st. R, P 1893 (23)

109 **Dalmer,** Moritz: Die neueren Versuche eine allgemeine Morphologie der Pflanzen zu begründen. Weimar, Druck d. Hof-Buchdr., 1893: 1 Bl., 12 S. 4.
Weimar, Wilhelm-Ernstisches G, OP 1893 (672)

110 **Damköhler,** Eduard [Oberl.]: Probe eines nordostharzischen Idiotikons. Blankenburg a. H., gedr. bei O. Kircher, 1893: 30 S. 4.
Blankenburg a. H., herz. G, OP 1893 (684)

111 **Dannig,** *Ernst Emil* [Dr.]: Übungsstoff zur Auflösung planimetrischer Konstruktions-Aufgaben mittelst algebraischer Analysis. Leipzig, G. Fock, 1893: 79 S. 8.
Rochlitz, R m. PG, OP 1893 (577)

112 [F.] **Darpe,** Franz [Prof. Dr.]: Geschichte der Stadt Bochum. II. Bochum in der Neuzeit. B. 1618—1740. Beigefügt ist e. Ansicht d. Stadt Bochum aus d. Zeit um 1700. [I: Bochum im Mittelalter = P-Beil. 1888; II: B. in d. Neuzeit. A. 1517—1618 = P-Beil. 1891; III: Urkundenbuch = P-Beil. 1889. 90.] Bochum, Druck v. W. Stumpf, 1893: 2 Bl., 229—368 S., 1 Taf. 8.
Bochum, st. G, P 1893 (340)

113 [?.] **Dauber,** *Adolf* [Prof. Dr., Oberl.]: Leitfaden der analytischen Geometrie. Helmstedt, Druck v. J. C. Schmidt, 1893 35 S. 8.
Helmstedt, herz. G. OP 1893 (691)

114 **Dauber,** *Karl* [Dir. Prof.]: *Professor Leopold Poppendieck, gest. am 13. Febr. 1893.* Wolfenbüttel, Druck v. G. Wollermann, 1893; 10—11 S. 4.
Wolfenbüttel, herz. G. OP 1893 (695)

115 **Depène,** *Robert* [Dr.]: Ueber die einem Dreieck ein- und umgeschriebenen Kegelschnitte. Breslau, Druck v. Graas, Barth & C., 1893; 3—14 S. 4.
Breslau, st. Johannes-G. OP 1893 (177)

116 **Deskau,** *Hermann:* Der Lehrerkursus für Knabenhandarbeit an der Realschule zu Bockenheim im Sommerhalbjahr 1892. Bockenheim, Druck v. F. Kaufmann & C., 1893; 35—38 S. 4.
Bockenheim, st. R. P 1893 (413)

117 **Dette,** *Wilhelm:* Einleitung in die analytische Geometrie der Ebene. Elberfeld, gedr. bei S. Lucas, *1893;* 76 S., 4 Taf. 8.
Elberfeld, RG. OP 1893 (479)

118 **Devantier,** Franz [Dir.]: *Direktor Prof. Dr. Johannes Theodor Werther, gest. am 8. Apr. 1892.* Eutin, G. Struve's Buchdr., 1893; 13—15 S. 4.
Eutin, grossh. G. OP 1893 (663)

119 **Dickmann,** *Otto Emil August* [Dir.]: Die Berechtigungen der Ober-Realschule. Oldenburg i. Gr., Druck v. A. Littmann, 1893; 24—26 S. 4.
Oldenburg, st. OR u. VS. P 1893 (667)

120 **Diebler,** Arthur *Richard* [Phil. Dr.]: Holland's Buke of the Houlate published from the Bannatyne Ms. with Studies in the Plot, Age and Structure of the Poem. Chemnitz, Druck v. J. C. F. Pickenhahn & Sohn, 1893; 52 S. 4.
Chemnitz, RG m. Realschulkl. OP 1893 (540)

121 **Diehl,** Josef August [Dir. Dr.]: Das fünfzigjährige Jubiläum der Rheinischen Ritter-Akademie am 18. Mai 1892. Düsseldorf, Buchdr. v. L. Schwann, 1893; 3—26 S. 4.
Bedburg, Rheinische RAk. P 1893 (420)

122 **Dietterle,** *Johannes August* [cand. rev. min.]: Die franziskanischen „Summae confessorum“ und ihre Bestimmungen über den Ablass. (Wird fortgesetzt.) Döbeln, Druck v. J. W. Thallwitz, 1893; I—XXXVIII S., 1 Bl. 4.
Döbeln, k. RG m. Landwirtschafts-S. OP 1893 (550)

123 **Dittmar,** Hermannus [Dr.]: Horati libri II satiram VI interpretatus est. P. II. [Forts. d. P-Beil. 1892.] (Forts. folgt an and. Stelle.) Magdeburg, Druck v. E. Baensch jun., 1893; 1 Bl., 15 S. 4.
Magdeburg, "stst." König Wilhelms-G. OP 1893 (242)

124 **Doeberl,** *Michael* [Dr.]: Regesten und Urkunden zur Geschichte der Dipoldinger Markgrafen auf dem Nordgau. München, Buchdr. J. Gotteswinter, 1893; 4 Bl., 60 S. 8.
München, k. Ludwigs-G, P 1893*

125 **Dohmen,** *Heinrich* [wiss. Hilfsl.]: Akamas und Demophon. Duisburg, Buchdr. v. J. Ewich, 1893; III—XVI S. 4.
Duisburg, k. G u. VS, P 1893 (436)

126 [B.] **Dombart,** Bernhard [Dr., Rekt.]: Die Ansbacher Gymnasialbibliothek im 18. Jahrhundert. Ansbach, Druck v. C. Brügel & Sohn, 1893; 1 Bl., 46 S. 8.
Ansbach, k. humanist. G, P 1893*

127 **Dombrowski,** *Eugen* [Dr.]: Die Anfänge des Turnunterrichts in Braunsberg. Braunsberg, Heyne'sche Buchdr., *1893;* 23—43 S. 4.
Braunsberg, k. G, OP 1893 (3)

128 **Dorr,** Robert [Prof. Dr.]: Uebersicht über die prähistorischen Funde im Stadt- und Landkreise Elbing '(Reg.-Bez. Danzig, Provinz Westpreussen)'. M. e. Fundkt. u. e. Ktnsk. d. muthmasslichen Völkerschiebungen im Mündungsgebiet d. Weichsel '(400 v. Chr. — 900 n. Chr.)'. (Th. 1.) Elbing, Buchdr. R. Kühn, 1893; 42 S., 1 Kt. 4.
Elbing, st. RG, OP 1893 (47)

129 **Dränert,** *Oskar* [Dr.]: Dr. Anton Rée im Kampfe um die allgemeine Volksschule. (Umschlagt.: ... m. e. Bilde „Die Vorkämpfer der allgemeinen Volksschule", gez. v. Karl Müller.) Hamburg, gedr. bei Lütcke & Wulff, 1893; 1—32 S., 1 Taf. 4.
Hamburg, Stiftungs-S v. 1815 '(R)', P 1893 (737)

130 **Draheim,** Ioannes [Dr.]: Aesopus Latinus. Praefatus est recensuit. Berlin, Buchdr. v. Trowitzsch & Sohn, 1893; 1—36 S. 4.
Berlin, k. Wilhelms-G, P 1893 (66)

131 **Drescher,** Joh.: Solebat oder Solitus est? E. Beitr. z. latein. Tempuslehre. (Th. 1.) Amberg, Druck v. H. Böes, *1893;* 32 S. 8.
Amberg, k. humanist. G, P 1893*

132 **Dressler,** *Friedrich Reinhold* [Prof. Dr.]: Triton und die Tritonen in der Litteratur und Kunst der Griechen und Römer. II. Tl. [Forts. d. P-Beil. 1892.] Wurzen, Druck v. G. Jacob, *1893;* 1 Bl., 1—47 S. 4.
Wurzen, k. G, OP 1893 (514)

133 **Dreyer,** Karl [Dr.]: Hartmanns von Aue Erec und seine altfranzösische Quelle. Königsberg, Hartungsche Buchdr., 1893; 1—33 S. 4.
Königsberg i. Pr., st. RG, OP 1893 (20)

134 [J.] **Dronke,** Adolf [Dir. Dr.]: Besondere und allgemeine physikalische Erdkunde von Deutschland '(gemäss d. neuen Lehrplänen f. Quinta u. Obertertia)'. (Umschlagt.: Physikal. Geographie Deutschlands.) Trier, F. Lintz'sche Buchdr., 1893; 2 Bl., 51 S. 8.
Trier, st. RG, OP 1893 (486)

135 **Duncker,** Richard: Die Ode des Horaz an Phidyle. Kolberg, Druck v. R. Knobloch, 1893; 3—8 S. 4.
Kolberg, k. Dom-G u. k. RG, P 1893 (133)

136 **Duvinage,** Ernst: Zur Reform des französischen Unterrichts. Tilsit, gedr. bei H. Post, 1893; 3—22 S. 4.
Tilsit, k. RG, OP 1893 (23)

137 **Eccardt,** Bruno Otto: Grundzüge der physikalischen Geographie von Island. Rawitsch, R. F. Frank'sche Buchdr., 1893; 19 S., 1 Kt. 4.
Rawitsch, k. RG, OP 1893 (173)

138 **Ehrich,** *Heinrich: Festlied und Prolog zur Feier des Geburtstages S. M. des Kaisers 1893.* Hamburg, gedr. bei Lütcke & Wulff, 1893; 23—24 S. 4.
Hamburg, RG d. Johanneums, OP 1893 (731)

139 **Ehwald,** *Rudolf* [Prof. Dr.]: Vier Briefe (Umschlagt.: von Eobanus Hessus, Melanchthon und Niclas von Amsdorff) aus der Sammlung des Gymnasium Ernestinum. Gotha, Druck d. Engelhard-Reyherschen Hofbuchdr., 1893; 15—20 S. 4.
Gotha, herz. G Ernestinum, OP 1893 (700)

140 **Ehwald,** *Rudolf* [Prof. Dr.]: Die Handschriften und Inkunabeln der Herzogl. Gymnasialbibliothek zu Gotha. Gotha, Druck d. Engelhard-Reyherschen Hofbuchdr., 1893; 3—14 S. 4.
Gotha, herz. G Ernestinum, OP 1893 (700)

141 **Eibel,** Jacobus: De vocativi usu apud decem oratores Atticos. Würzburg, k. bayer. Hofbuchdr. v. Bonitas-Bauer, 1893; 62 S. 8.
Würzburg, k. neues G, P 1893*

142 **Elias,** Samuel [Dr. phil.]: Vor- und Gleichzeitigkeit bei Caesar. t. Bedingungs- und Folgesätze. Berlin, R. Gaertner, 1893; 18 S. 4.
Berlin, Leibniz-G, OP 1893 (61)

143 **Ellendt,** *Georg Albrecht Bernhard* [Prof. Dr., Dir.]: *Bericht über die Feier der Einweihung des neuen Schulgebäudes.* Königsberg Pr., Hartungsche Buchdr., 1893; 22—25 S. 4.
Königsberg Pr., k. Friedrichs-K, P 1893 (7)

144 **Engel,** *Moritz Robert:* Biblische Lesestücke am Anfang und Schluss der Wochen von Ostern 1892 bis dahin 1893. Zsgest. Greiz, Druck d. Fürstl. Hofbuchdr. v. O. Henning, 1893; S. 7. 4.
Greiz, st. G m. Realabt. u. VS, OP 1893 (711)

145 **Entwurf** zu einem Lehrplan für das Königstädtische Realgymnasium in Berlin. Tl II. [Forts. d. P-Beil. 1892.] Berlin, R. Gaertner, 1893; 26 S. 4.
Berlin, Königstädt. RG, OP 1893 (107)

146 [F.] **Erckmann,** Gottfried: Atom und Molekül im chemischen Unterricht. *Bingen, Druck v. A. J. Pennrich, 1893;* 8—13 S. 4.
Bingen a. Rh., grossh. R, P 1893 (633)

Erfordernisse für die Erteilung des Zeugnisses der Reife. Bützow 1893
s. **Winckler,** Wilhelm Carl August Th.

147 [F.] Allerhöchster **Erlass** vom 28. Juli 1892, betreffend die Neuordnung der Titel- und Rangverhältnisse der Leiter und Lehrer an den höheren Unterrichtsanstalten. Köln, Druck, Gebr. Brocker, 1893; 38—39 S. 4.
Köln, OR u. VS sowie Fortbildungs-S, P 1893 (404)

148 **Esser,** *Peter* (wiss. Hülfsl. Dr.]: Das Pflanzenmaterial für den botanischen Unterricht. Seine Anzucht u. d. an demselb. anzustell. Beobachtgn in biolog., anatom. u. physiolog. Hinsicht. (Umschlagt.: ... II. Tl.) [Schluss d. P-Beil. 1892.] Köln, Druck v. J. P. Bachem, *1893;* 1 Bl., IV, 81—180 S. 8.
Köln, st. RG m. Gymn.-Parallelkl. u. VS, P 1893 (473)

149 [F.] **Fabricius,** Gustav: Die Aufgaben des deutschen Unterrichts an unserm Realgymnasium. (Umschlagt.: ... Vorschläge u. Entwürfe.) Bützow, Druck d. Ratsbuchdr. v. C. Huhr, *1893;* 3—32 S. 4.
Bützow, RG, OP 1893 (652)

150 [F.] **Feist,** Sigmund [Dr.]: Die Sage vom Binger Mäuseturm in ihren geschichtlichen, litterarhistorischen und mythischen Beziehungen. 1. Geschichtl. Tl. *Bingen, Druck v. A. J. Pennrich, 1893;* 13—22 S. 4.
Bingen a. Rh., grossh. R, P 1893 (633)

151 **Festbericht** *über die Feier des 50jährigen Amtsjubiläums des Dir. Dr. Eduard Schauenburg* '(aus der Feder eines Kollegen)'. Crefeld, Druck v. G. A. Hohns, *1893;* 57—59 S. 4.
Crefeld, RG, P 1893 (474)

152 ***Festgedicht*** *zur Feier des Geburtstages Sr. Maj. des Kaisers 1893.* (Unterzeichnet: H. B.) Königsberg i. Pr., Hartungsche Buchdr., 1893; S. 24. 4.
Königsberg i. Pr., k. Wilhelms-G, P 1893 (8)

153 [F.] **Fickel,** Johannes *Friedrich* [Dr.]: Die Litteratur über die Tierwelt des Königreichs Sachsen. Dresden, Ramming-sche Buchdr., 1893; 3—44 S. 4.
Dresden, Wettiner G, OP 1893 (534)

154 **Fielitz,** *Wilhelm* [Prof. Dr.]: Eine Untersuchung zu Goethes Gedicht „Ilmenau". Pless, Druck v. A. Krummer, 1893; 1 Bl., 1—13 S. 4.
Pless O.S., ev. Fürsten-S. OP 1893 (204)

155 **Finsterbusch,** Johannes: Beitrag zur synthetischen Geometrie ebener Kreissysteme und damit im Zusammenhange stehender höherer Kurven: '(Forts. d. Programme No. 548 v. J. 1888 u. No. 570 v. J. 1890.)' m. Die Cartesischen Ovale und ihre konfokalen Büschel m. bes. Berücks. d. dabei auftretenden Konfigurationen u. involutorischen Gebilde. Werdau, J. Booch, *1892;* 1 Bl., 77—122 S. 8.
Werdau, R. P 1892 (578)

156 **Firnhaber,** *Friedrich* [Dir. Dr.]: Berechtigungen, welche der Besuch der Anstalt verleiht. Karlsruhe, Buchdr. v. Malsch & Vogel, 1893; 3—4 S. 4.
Karlsruhe, OR m. Fachkl. f. Kaufleute, MP 1893 (618)

157 [F. u. Ant.] **Fischer,** Klemens [Dr.]: Über Montchrestien's Tragödien. Tl 1. Rheine, Druck v. J. Altmeppen [?], 1893; 3—32 S. 4.
Rheine, G Dionysianum, P 1893 (363)

158 **Fischer,** Franz *Hermann Gustav* [Dir.]: Ausgewählte Abschnitte aus einer synthetischen Geometrie der Kegelschnitte. Leipzig, Druck v. C. G. Naumann, *1893;* 1 Bl., 24 S. 4.
Leipzig, m. st. R, OP 1893 (508)

159 [Kopft.:] [Ant. u. F.] **Fischer,** *Georg Otto* [Dir.]: Zur Geschichte des Königl. Realgymnasiums während der 25 Jahre seines Bestehens. *Osnabrück, Druck v. A. Liesecke, 1893;* 13 S. 4.
Osnabrück, k. RG, P 1893 (335)

160 **Fischer,** Hermann: Über einige Gegenstände der alten Geographie bei Strabo, als Beitrag z. Gesch. d. alten Geographie. Tl 2. (Forts. d. P-Beil. 1879.) Wernigerode, Druck v. B. Angerstein, *1893;* 1 Bl., 11 S. 4.
Wernigerode, Fürstlich Stolberg'sches G, P 1893 (258)

161 **Fischer,** Paul: Zur Entwicklung der Wortarten in den indogermanischen Sprachen. Stettin, Druck v. R. Grassmann, 1893; 1—26 S. 4.
Stettin, Friedrich-Wilhelms-S '(RG nebst VS)', OP 1893 (150)

162 [F.] **Flex,** Rudolf: Beiträge zur Erforschung der Eisenacher Mundart. (Erscheint vollst. an and. Stelle.) Eisenach, Hofbuchdr., *1893;* 16 S. 4.
Eisenach, Carl Friedrich-G, OP 1893 (660)

163 **Flörke,** Thomas: Das Französische als Grundlage des fremdsprachlichen Unterrichts. Hildesheim, Druck v. Gebr. Gerstenberg, 1893; 3—17 S. 4.
Hildesheim, k. Andreas-RG, OP 1893 (330)

164 [Ant. u. F.] **Florax,** Ludwig: Französische Elemente in der Volkssprache des nördlichen Roergebietes. Viersen, Druck v. J. H. Meyer, 1893; 3—28 S. 4.
Viersen, RPG, P 1893 (490)

165 **Forbach,** *Gustav* [Dr.]: Die Pflege der alten Kunst auf dem Gymnasium. Darmstadt, Druck v. G. Otto's Hof-Buchdr., 1893; 1—21 S. 4.
Darmstadt, grossh. Neues G, P 1893 (626)

166 **Fofs,** Rudolf [Prof. Dr., Dir.]: I. Kirchen-reformatorische Bestrebungen im 9. Jahrhundert. (Claudius v. Turin.) II. Zur Reformationsgeschichte von Genf. Berlin, R. Gaertner, 1893; 26 S. 4.
Berlin, Luisenstädt. RG, OP 1893 (98)

167 [F.] **Francke,** *Friedrich* [Rekt.]: Vorbemerkungen über die Umwandlung des Realprogymnasiums in eine lateinlose Realschule. Gardelegen, Druck v. J. Könecke, *1893;* 3—4 S. 4.
Gardelegen, RPG, OP 1893 (265)

168 **Franz,** Friedrich [Dr.]: Die Schlacht bei Montlhéry. E. Beitr. z. Gesch. Karls d. Kühnen. Berlin, R. Gaertner, 1893; 16 S. 4.
Berlin, Luisenstädt. OR, OP 1893 (117)

169 [F.] **Franz,** Rudolf [Dir. Dr.]: Gesichtspunkte und Materialien zur Behandlung von Schillers Demetrius. '(Schluss.)' [Schluss d. P-Beil. 1892.] Halberstadt, Druck v. C. Doelle & Sohn, *1893;* 3—24 S. 4.
Halberstadt, RG, P 1893 (266)

170 **Frederking,** Arthur: Beiträge zur Kritik und Exegese der Sophokleischen Antigone. Mainz, Druck v. H. Prickarts, 1893; 33 S. 4.
Mainz, grossh. G, P 1893 (626)

171 **Freyer,** Paul [Prof. Dr.]: Programme und Schulreden des Mag. J. E. Scheibel, weil. 1759—1809 Lehrer und Rektor am Elisabetgymnasium in Breslau, nebst e. histor. Einleitg. Nordhausen, Druck v. C. Kirchner's Buchdr., 1893; 1—46 S. 4.
Ilfeld, k. Kloster-S, OP 1893 (311)

172 **Friebe,** Karl [Dr.]: Christian Hofman von Hofmanswaldaus Grabschriften. Greifswald, Druck d. Buch- u. Steindr. v. F. W. Kunike, *1893:* III—XXXV S. 4.
Greifswald, st. G u. RPG, P 1893 (137)

173 [F.] **Gebhard,** Ignaz: Friedrich Spe von Langenfeld. Sein Leben u. Wirken, insbes. seine dichter. Thätigkeit. Hildesheim, Druck d. A. Lax'schen Buchdr., 1893; 3—24 S. 4.
Hildesheim, bischöfl. G Josephinum u. RPG, OP 1893 (310)

174 **Gedichtkanon** für die einzelnen Klassen. Coesfeld, Buchdr. v. J. Fleissig, *1893;* S. 15. 4.
Coesfeld, k. G Nepomucenianum, OP 1893 (352)

175 **Geiger,** Philipp [Turnl.]: Entwickelung der Turnkunst in Bayern. Stadtamhof, Druck v. J. & K. Mayr, 1893; VIII. 55 S. 8.
Regensburg, k. altes G, P 1893*

176 [F. u. Ant.] **Geissler,** *Paul Hermann:* Is Robinson Crusoe an Allegory? . . . *Pirna, Druck v. F. J. Eberlein, 1893;* 1—26 S. 4.
Pirna, st. R, P 1893 (374)

177 [J. u. Ant.] **Geist,** August: Studien über Alfred de Musset nebst e. erstmaligen metr. Uebs. d. Epistel Lettre à Lamartine. Eichstätt, Ph. Brönner'sche Buchdr., 1893; 1 Bl., 64 S., 1 Bl. 8.
Eichstätt, k. G, P 1893*

178 **Gellert,** Bruno Fürchtegott: Caesarius von Arelate. II. Seine Schriften. [Forts. d. P-Beil. 1892.] Leipzig, in Komm. d. J. C. Hinrichssschen Buchh., 1893; 3—30 S. 4.
Leipzig, st. RG, OP 1893 (554)

179 **Georgii,** Heinrich [Prof. Dr.]: Die antike Äneiskritik im Kommentar des Tiberius Claudius Donatus. (Nachtr. zu: Die antike Äneiskritik aus d. Scholien u. anderen Quellen hergest. Stuttg. 1891.) Stuttgart, Druck d. K. Hofbuchdr. Zu Guttenberg '(C. Grüninger)', 1893; 3—43 S. 4.
Stuttgart, k. RG, P 1893 (595)

180 **Gerber,** Paul: Die kritische Temperatur. Stargard, gedr. bei F. Hendess, 1893; 1—22 S. 4.
Stargard i. Pomm., st. RPG, P 1893**

181 **Gerstenberg,** Carl [Dr. phil., Dir.]: Ist Sallust ein Parteischriftsteller? Berlin, R. Gaertner, 1893; 20 S. 4.
Berlin, Friedrichs-RG, OP 1893 (96)

182 **Gidionsen,** Wilhelm [Dir. Hofr. Dr.]: Studien zu den Litteraturbriefen des Horaz. Schleswig, Buchdr. d. Taubstummen-Anst. '(J. Bergas)', 1893; 14 S. 4.
Schleswig, k. Dom-S, OP 1893 (280)

183 **Gilbert,** Walther [Rekt. Prof. Dr.]: *Professor Dr. Kurt Bernhardi, Rector der Kgl. Landes- und Fürstenschule zu Grimma, gest. am 17. Oct. 1892.* Schneeberg, Druck v. C. M. Gärtner, 1893; 22—24 S. 4.
Schneeberg, k. G m. Realkl., OP 1893 (543)

184 **Gilles,** Josef [Prof.]: Der Unterricht in der Volkswirtschaft an den höheren Schulen. Leipzig, Druck v. Hesse & Becker, 1893; 3—40 S. 4.
Essen, k. G, P 1893 (442)

185 **Gilow,** Hermann [Dr.]: Die Grundgedanken in Heinrich von Kleists „Prinz Friedrich von Homburg". Berlin, R. Gaertner, 1893; 25 S. 4.
Berlin, Königstädt. G, OP 1893 (60)

186 **v. Gimborn,** Ernst [Prof. Dr.]: Bemerkungen zum Prooëmium der Theogonie des Hesiod, anknüpfend an die Zerlegung desselben durch Gerhard. Sigmaringen, M. Liehner'sche Hofbuchdr., 1893; 1—14 S. 4.
Sigmaringen, k. kath. G, P 1893 (401)

187 **Glass,** Richard [Dr.]: Die Grundzüge der Witterungskunde unter steter Berücksichtigung Sachsens zsgest. f. d. sächsischen Realschulen. Leipzig-Reudnitz, Druck v. M. Hoffmann, 1893; 1—38 S. 4.
Leipzig, II. St. R, OP 1893 (567)

188 · **Glass,** Robert: Abriss der Meteorologie und der Elektricitätslehre. (Für Realschulen bearb.) Plauen i. V., Druck v. F. E. Neupert, 1893; 1 Bl., 48 S. 4.
Plauen i. V., st. R. OP 1893 (575)

189 **Glatzel,** Emanuel [Dr.]: Über normale Sulfophosphate. *Breslau, Druck v. M. Kornicker, 1893;* 32 S. 4.
Breslau, k. OR u. Baugewerk-S. OP 1893 (224)

190 [Umschlagt.:] **Goebel,** Eduard [Dr., Dir.]: Homerische Blätter II. Lexilogische, kritische und exegetische Beiträge zu Homer. (Forts. d. P-Beil. 1891.) Würzburg, Druck d. Kgl. Universitätsdr. v. H. Stürtz, 1893; 20 S. 4.
Fulda, k. G, OP 1893 (300)

191 [J.] **Goethe,** *Rudolf* [Dir., Kgl. Oekonomierat]: Thätigkeit der Anstalt nach Innen. (A. Obstbau. B. Versuchsstation für Obstverwertung. C. Weinbau. D. Rebenveredlungsstation zu Eibingen. E. Gartenbau.) Wiesbaden, Druck v. R. Bechtold & C., 1893; 9—60 S. 8.
Geisenheim a. Rh., k. Lehr-A f. Obst- u. Weinbau (Kgl. Gärtner-lehr-A), P 1893**

192 **Goldscheider,** *Paul* [Dr.]: Offene Fragen: Nachtrag zur „Erklärung deutscher Schriftwerke in den oberen Klassen [Berlin 1889]". Elberfeld, gedr. bei S. Lucas, 1893; 3—38 S. 4.
Elberfeld, G, P 1893 (450)

193 **Gombert,** Albert [Prof. Dr.]: Weitere Beiträge zur Altersbestimmung neuhochdeutscher Wortformen, m. besonderer Berücks. d. Heynischen deutschen Wörterbuches. [Forts. d. P-Beil. 1889.] Gross-Strehlitz, Druck v. G. Hübner, *1893;* 1—20 S. 4.
Gross-Strehlitz, k. G, OP 1893 (200)

194 **Goossens,** *Heinrich* [Dr.]: Zur Gründungsgeschichte der Abtei M.Gladbach. M.Gladbach, Komm.-V. v. R. Hoster, 1892; 23—57 S. 8.
M.Gladbach, G, Festschr. 1892

195 **Gottschalk,** Franz: Senarius, qui vocatur, Terentianus comparatur cum trimetro Graecorum '(comoediae novae.)' Patschkau, Druck v. E. Hertwig, 1893; I—XXXIV S. 4.
Patschkau, st. Kath. G, OP 1893 (203)

196 **Grasshof,** Max [Dr., Dir.]: Das historische Pensum der Unter-Prima in tabellarischer Form. Linden, Druck v. Gebr. Wengler, 1893; 46 S. 8.
Linden, k. Kaiserin Auguste Victoria-G, P 1893 (312)

197 **Graßmann,** Hermann: Anwendung der Ausdehnungslehre auf die allgemeine Theorie der Raumkurven und krummen Flächen. III. Tl: Krumme Flächen. Zweite Hälfte. [= Inaug.-Diss. v. Halle 1893; Forts. d. P-Beil. 1886. 88.] Halle a. S., Buchdr. d. Waisenhauses, 1893; 1 Bl., 59—89 S. 4.
Halle, Latein. Haupt-S. OP 1893 (237)

198 **Grimsehl,** *Carl Ernst Heinrich* [Oberl.]: Die magnetischen Kraftlinien und ihre schulgemässe Behandlung zur Erklärung der Induktionsströme. Cuxhaven, gedr. bei G. Rauschenplat & Sohn, 1893; 23 S., 3 Taf. 4.
Cuxhaven, staatl. R m. Latein-Abtlgn. P 1893 (728)

199 **Gronau,** Arthur [Dir. Dr.]: Ein Versuch zur Änderung des griechischen Unterrichts. 1. Schwetz, gedr. bei G. Büchner. 1893; 16 S. 8.
Schwetz a. W., k. PG, OP 1893 (30)

200 **Grosch,** Gustav [Dir. Dr.]: *Rede bei der Trauer- und Gedenkfeier für Dr. Bruno Arnold, gest. am 23. Jan. 1893.* Nordhausen, Druck v. C. Kirchner's Buchdr., *1893:* 46- 50 S. 4.
Nordhausen, k. G, P 1893 (247)

201 [J.] **Grosse,** *Bernhard* [Prof. Dr.]: Lateinische Formenlehre für den Anfangsunterricht. Arnstadt, fürstl. Hofbuchdr. v. E. Frotscher, 1893; 48 S. 8.
Arnstadt, fürstl. G, OP 1893 (717)

202 **Grofser,** Richard [Prof. Dr., Dir.]. **Polthier,** Conrad, und **Bünger,** Emil [Dr., w. Hilfsl.]: Neuer Katalog des Gymnasial-Museums zu Wittstock. *Wittstock, Druck v. O. Wessoly, 1893;* 2 Bl., 34 S. 4.
Wittstock, k. G, OP 1893 (60)

203 **Gruber,** Carl: Die Salzburger Emigranten. Marienburg, Druck v. L. Giesow, *1893;* 71 S. 8.
Marienburg, k. G, OP 1893 (35)

204 **Grünwald,** Eugen [Dr.]: Sprichwörter und sprichwörtliche Redensarten bei Plato … Berlin, Druck v. A. Haack, 1893; 15 S. 4.
Berlin, Collège royal français, P 1893 (53)

205 **Grumme,** Albertus [Phil. Dr. Dir.]: Index locorum zur vierten Auflage von Dr. Eugen Frohweins Hauptregeln der griechischen Syntax. (Umschlagt.: Index locorum ad Eugenii Frohweinii syntaxis Graecae editionem quartam conscriptus.) Gerae, ex typogr. Hofmanniana, 1893; 3—15 S. 8.
Gera, fürstl. G Rutheneum u. VS. Einladungsschr. 1893**

206 **Grundlehrplan** der Anstalt auf Grund d. neuen Lehrpläne '(Berlin 1892)' u. der durch d. Kgl. Prov.-Schul-Kollegium genehmigten Festsetzgn d. Fachlehrerkonferenzen. Berlin, Buchdr. O. Lange, 1893; 8—14 S. 4.
Berlin, Friedrichs-G, P 1893 (54)

207 **Günther,** Berthold [Prof. Dr.]: Kgl. Wilhelms-Gymn. zu Krotoschin. Verzeichnis der Bücher der Lehrerbibliothek. Tl II. [Forts. d. P-Beil. 1892.] Krotoschin, Druck v. F. A. Kosmäl, *1893;* 1 Bl., 33—38 S. 8.
Krotoschin, k. Wilhelms-G, OP 1893 (158)

208 **Güntsche,** Richard [Dr.]: Beitrag zur Integration der Differentialgleichung $\frac{dy}{dx} = p_0 + p_1 y + p_2 y^2 + p_3 y^3$. Berlin, R. Gaertner, 1893; 32 S. 4.
Berlin, III. R '(HB)', OP 1893 (120)

209 **Günsel,** Georg: Über die Ortsbewegung der Tiere. Berlin, R. Gaertner, 1893; 23 S. 4.
Berlin, Achte R '(HB)', OP 1893 (125)

210 [J.] **Güssow:** Ueber den Zusammenhang, welchen bei den Blütenpflanzen Farbe, Geruch und Gestaltung von Kelch und Blumenkrone mit den Verrichtungen dieser Blütenteile haben. Wollin, Dampfschnellpressendr. v. P. Lipski, 1893; 3—15 S. 4.
Wollin i. Pomm., st. RPG u. HT, P 1893**

211 **Gumprecht,** Otto [Dr.]: Die geographische Verbreitung einiger Charakterpflanzen der Flora von Leipzig. Leipzig, Druck v. A. Edelmann, Univ.-Buchdr., 1892; 1—46 S. 4.
Leipzig, k. G, OP 1893 (538)

212 **Gutersohn,** *Julius* [Prof.]: '(Friedrichs des Grossen Thätigkeit für Unterricht und Bildung.)' (Festrede.) Karlsruhe, Buchdr. v. Malsch & Vogel, 1893; 6—14 S. 4.
Karlsruhe, OR m. Fachkl. f. Kaufleute, MP 1893 (618)

213 **Guttmann,** *Wilhelm* [Dr., Dir.]: *Bericht über die Feier des 75jährigen Bestehens der Anstalt.* Bromberg, Buchdr. v. A. Dittmann, 1893; 19—22 S. 4.
Bromberg, k. G, P 1893 (153)

214 **Haack,** Franz: Beiträge zu einem Lehrplan für den grammatischen Unterricht im Deutschen. Köln, Buchdr. v. J. B. Heimann, 1893; 3—28 S. 4.
Köln, HB u. Handelskl., OP 1893 (193)

215 [J.] **Haberland,** Fritz: Krieg im Frieden, eine etymologische Plauderei über unsere militärische Terminologie. 1. Tl. Lüdenscheid, Druck v. W. Crone jr., 1893; 50 S. 8.
Lüdenscheid, RPG, OP 1893 (375)

216 **Habersang,** Ottomar [Oberl. Dr.]: Nicholas Udall's Ralph Royster Doyster, die erste englische Komödie um 1540. 1. Tl. (Erweiterte Bearbeitg d. P-Beil. 1875. — Einl. zu e. deutschen Ausg.) Bückeburg, Druck d. Grimmeschen Hofbuchdr., *1893*; 1—24 S. 4.
Bückeburg, fürstl. Adolfinum (G u. RPG), P 1893 (710)

217 **Haedicke,** *Hugo:* Über einige Ländernamen im Französischen. Naumburg a. S., Druck v. H. Sieling, 1893; 15—28 S. 4.
Pforta, k. Landess., Festschr. 1893 (248)

218 **Haemmerle,** Alois [Gymnasialassist.]: Studien zu Salvian, Priester von Massilia. 1. Tl. [= Inaug.-Diss. v. Erlangen 1893.] Landshut, Druck d. J. Thomann'schen Buchdr., *1893*; 41 S., 1 Bl. 8.
Landshut, k. Humanist. G, P 1893*

219 **Hahn,** Hermann: Die Brechung des Lichtes in einer Ebene. Berlin, R. Gaertner, 1893; 3—10 S. 4.
Berlin, Margarethen-S, OP 1893**

220 **Halboth,** Wilhelm [Gymnasialassist.]: Anwendung der Tangential- und Schmiegungs-Bewegung auf einige Bewegungen des Punktes. Augsburg, Druck d. Literar. Inst. v. Haas & Grabherr, 1893: 33 S. 8.
Augsburg, k. RG, P 1893*

221 **Hamann,** Karl [Prof. Dr.]: Bruchstuecke einer Sallust-Handschrift in der Dombibliothek zu Trier. Hamburg, gedr. bei Lütcke & Wulff, 1893; 2 Bl., IV, 10 S. 4.
Hamburg, RG d. Johanneums, OP 1893 (731)

222 **Hammer,** *Caspar* [Prof.]: Beiträge zu den 19 grösseren quintilianischen Deklamationen. München, Druck v. H. Kutzner, 1893; 58 S. 8.
München, k. Wilhelms-G, P 1893*

223 [J.] **Hanncke,** Rudolf [Dr., Prof.]: Cöslin im 15. Jahrhundert. Cöslin, gedr. bei C. G. Hendess, 1893; 28 S. 8.
Cöslin, k. G, OP 1893 (132)

224 **Harder,** Franz: Astrognostische Bemerkungen zu den römischen Dichtern. Berlin, R. Gaertner, 1893; 26 S. 4.
Berlin, Luisenstädt. G, OP 1893 (64)

225 [J.] **Harster,** *Wilhelm* [Dr., Prof.]: Der Güterbesitz des Klosters Weissenburg i. E. 1. Tl. Speier, Druck d. Dr. Jäger'schen Buchdr., 1893; 2 Bl., 117 S. 8.
Speier, k. Humanist. G, P 1893*

226 **Hauck,** Georg [Dr.]: Plutarch von Chaeronea, der Verfasser des Gastmahls der 7 Weisen. [= Inaug.-Diss. v. Würzburg 1893.] Burghausen, Druck d. L. Russy'schen Buchdr., *1893*; 2 Bl., 63 S. 8.
Burghausen, k. humanist. G, P 1893*

227 **Haury,** *Jakob* [Dr.]: Procopiana. '(II. Tl.)' (Forts. d. P-Beil. Augsburg, RG 1891.) München, J. G. Weiss'sche Buchdr., 1893; 43 S. 8.
München, k. RG, P 1893*

228 [J.] **Haus-** und Klassen**ordnung** der Cäcilienschule. Oldenburg, Schulzesche Hof-Buchdr., 1893; 72—76 S. 8.
Oldenburg, Cäcilien-S, P 1893**

229 **Hausser,** Emil: Das Bergbaugebiet von Markirch ... Markirch, Buchdr. v. D. Cellarius, 1893; 1 Bl., 19 S. [ohne d. dazu gehörige Kt.] 4.
Markirch, R (m. Lateinschulkl.), P 1893 (524)

230 [J.] **Hausknecht,** *Otto* [Prof. Dr., Vertr. d. Dir.]: Berechtigungen der Ober-Realschüler auf Grund erlangter Zeugnisse. — Berechtigung der Fachschüler, insofern dieselben im Besitz des Berechtigungsscheines für den einjährig-freiwilligen Militärdienst sind. Gleiwitz, Neumanns Stadtbuchdr., *1893*: 37—39 S. 4.
Gleiwitz O S., k. OR u. techn. Fach-S, OP 1893 (228)

231 **Heesch,** Gustav: Beispiele zur Etymologie des Englischen. Jena, Frommannsche Hofbuchdr., 1893; 3—22 S. 4.
Bergedorf bei Hamburg, Hansa-S, OP 1893 (727)

232 **Heldt,** Carl *Heinrich:* Goethes älteste Bearbeitungen des Götz von Berlichingen. (Umschlagt.: „Die älteste Fassung v. Goethes „Götz“ u. d. Umarbeitg v. J. 1773“.) Trier, F. Lintz'sche Buchdr., 1893; 1—22 S. 4.
Trier, K. G, P 1893 (404)

233 **Heilermann,** Hermann [Dir. Dr.]: Bemerkungen über die Verwendung der einfachsten Reihen bei der Begründung der algebraischen Regeln. Essen, Druck v. G. D. Baedeker, 1893; 3—11 S. 4.
Essen, RG m. HB (R), OP 1893 (480)

234 [J.] **Hellmann,** *Johannes August* [Rekt. Prof. Dr.]: Antrittsrede *über die Principien seiner Amtsführung.* Görlitz, Druck d. Akt.-Ges. Görl. Nachr. u. Anzeiger, 1893; 7—13 S. 4.
Rossleben, Kloster-S, P 1893 (250)

235 **Heinitz,** *Georg:* [Dr.]: Eine neue Bestimmung des quadratischen Restcharakters. [= Inaug.-Diss. v. Göttingen 1893: Elementare Berechng d. Zahl μ, welche den quadrat. Restcharakter bestimmt.] Göttingen, Druck d. Dieterich'schen Univ.-Buchdr., 1893; 47 S. 8.
Seesen a. H., Jacobson-S, OP 1893 (664)

236 **Hellmuth,** Ernst: Beiträge zur lyrischen Technik Platens, gewonnen aus d. Umarbeitungen seiner Gedichte ... Crefeld, Druck v. G. A. Hohns, *1893;* 3—40 S. 4.
Crefeld, RG, Festschr. 1893 = P 1893 (474)

237 [J.] **Hellwig,** Carl [Prof.]: Berechnung der Wurzeln kubischer und biquadratischer Gleichungen. (Ergänzung zu: Über die quadratischen u. kubischen Gleichungen ... = P-Beil. 1884.) Erfurt, Druck v. F. Bartholomäus, *1893:* 28 S. 8.
Erfurt, K. RG, P 1893 (264)

238 [J.] **Hemme,** *Adolf* [Prof. Dr., Dir.]: *Über die Änderungen in dem Berechtigungswesen der höheren preussischen Lehranstalten.* Hannover, Druck v. W. Riemschneider, 1893; 28 29 S. 4.
Hannover, R I., P 1893 (344)

239 [J.] **Hempel,** *Friedrich* Wilhelm: Über das apologetische Element im Religionsunterrichte. (1. Tl.) Freiberg, Gerlach'sche Buchdr., *1893;* 24 S. 4.
Freiberg, st. RG, OP 1893 (553)

240 [J.] **Hempfing,** Christoph *Jak.* [Dir. Dr.]: *Die Feier seines 25jährigen Amtsjubiläums.* Marburg, Univ.-Buchdr. '(C. L. Pfeil)', *1893;* 14—24 S. 4.
Marburg, RPG m. d. in Entwickelg begriff. R, OP 1893 (409)

241 [J.] **Hempfing,** Christoph *Jak.* [Dir. Dr.]: *Die Feier des 25jährigen Bestehens der Anstalt.* Marburg, Univ.-Buchdr. '(C. L. Pfeil)', *1893:* 3—12 S. 4.
Marburg, RPG m. d. in Entwickelg begriff. R, OP 1893 (406)

242 **Henke,** *Oskar* [Dir. Dr.]: *Festrede zur Feier des Sedantages 1892.* Barmen, Druck v. Steinborn & C., 1893; 3—7 S. 4.
Barmen, G, P 1893 (425)

243 **Henke,** Oskar [Dr., Dir.]: Die Lehrpläne des Gymnasiums in Barmen, hrsg. Besondere Abt.: Die Einzelpläne. II. Tl. Syntax der griechischen Grammatik für die Oberklassen, auf Grund d. Unterrichtserfahrg u. der U. P. O. vom 6. Jan. 1892 bearb. (Forts. d. P-Beil. 1892.) Barmen, Steinborn & C., 1893; VIII, 31 S. 8.
Barmen, G, P 1893 (425)

244 **Henkel,** *Ludwig:* Über die Beziehungen zwischen der Gröfse zweier Dreieckswinkel und ihrer Halbierungslinien. Naumburg a. S., Druck v. H. Sieling, 1893; 29—33 S. 4.
Pforta, k. Landes-S, Festschr. 1893 (248)

245 [J.] **Hennig,** Karl: Beiträge zur Methodik des naturwissenschaftlichen Unterrichts in den unteren Klassen höherer Lehranstalten. Siegen, Druck v. W. Vorländer, 1893; 3—10 S. 4.
Siegen, RG, P 1893 (370)

246 **Henschke,** Ernst [Dr., Assist.]: Über das Leben und die Schriften Kaspar Poggels. München, Druck d. C. Gerber'schen Buchdr., 1893; IV, 48 S. 8.
München, k. Ludwigs-Kreis-R, P 1893**

247 **Hense,** Andreas: Das Klima von Arnsberg. Arnsberg, Druck v. F. W. Becker, kgl. Hofbuchdr., 1893; III—XXIII S. 4.
Arnsberg, k. Laurentianum, P 1893 (346)

248 **Herford,** Eugen: Fr. Rückert und seine Bedeutung als Jugenddichter. Thorn, gedr. bei C. Dombrowski, 1893; 1 Bl., 33—52 S. 4.
Thorn, k. G m. RG, P 1893 (42)

249 [Umschlagt.:] [J.] **Hersel,** Paul: Die Methoden zur Bestimmung der Oberflächenspannung. Iserlohn, Druck v. F. Dossmann, 1893; 89 S., 2 Taf. 8.
Iserlohn, RG, P 1893 (373)

250 **Herter,** *Jos.* [Prof. Dr.]: Welt- und Lebensanschauung Wolframs von Eschenbach. Stuttgart, J. B. Metzlersche Buchdr., 1893; 3—33 S. 4.
Ehingen, k. G, P 1893 (583)

251 **Herwig,** *Martin* [Dr.]: Idiotismen aus Westthüringen. (Umschlagt.: Idiot. a. Thüringen.) Eisleben, Druck v. E. Schneider, *1893;* 1—32 S. 4.
Eisleben, st. RPG (künftig RP), OP 1893 (203)

252 [J.] **Herz,** Walter [Dr.]: Zum Unterricht in der lateinischen Grammatik auf der Mittelstufe. Berlin, R. Gaertner, 1893; 23 S. 4.
Berlin, Falk-RG, OP 1893 (95)

253 **Herzog,** August [Dr.]: Der Anschauungs-Unterricht auf dem Gymnasium. Einleitende Bemerkgn. Tauberbischofsheim, Druck v. J. Lang's Buchdr., 1893; 1 Bl., 8 S. 4.
Tauberbischofsheim, grossh. G, MP 1893 (612)

254 [J.] **Heynacher,** *Max* [Prof. Dr., Dir.]: Ansprache am 9. Juli 1892 *bei seiner Einführung als Director.* Aurich, Druck v. H. W. H. Tapper & Sohn, 1893; 3—5 S. 4.
Aurich, k. G, P 1893 (300)

255 **Hillebrand,** Joseph [Prof.]: Zur Geschichte der Stadt und Herrschaft Limburg a. d. Lahn. IV. Tl. [Forts. d. P-Beil. 1883. 87. 89.] Limburg a. d. Lahn, Druck v. Gebr. Goerlach, 1893; 1 Bl., 22 S., 1 Tab. 4.
Hadamar, k. G, P 1893 (301)

256 [J.] **Hirschberg,** Carl [Dr.]: Geschichte der Grafschaft Moers. Moers, Druck u. Komm.-V. v. J. W. Spaarmann, 1893; 2 Bl., 123 S. 8.
Mörs, G Adolfinum, OP 1893 (431)

257 [J.] **Hochheim,** *Adolf* [Dir. Prof. Dr.]: Berechtigungen des Realgymnasiums. Brandenburg a. d. H., J. Wiesike's Buchdr., 1893; S. 20. 4.
Brandenburg a. d. H., v. Saldernsches RG, OP 1893 (100)

258 **Hochhuth,** *Ludwig:* Die sozialen Fragen der Gegenwart im evangelischen Religionsunterricht höherer Schulen. Wiesbaden, Buchdr. v. C. Ritter, 1893; 47 S. 8.
Wiesbaden, k. RG, P 1893 (412)

259 **Hockenbeck,** *Heinrich* [Prof. Dr.]: Kosten einer Reise von Köln nach Breslau und zurück im Jahre 1562. Wongrowitz, Druck v. P. Schwarz, 1893; 1—13 S. 4.
Wongrowitz, k. G, P 1893 (170)

260 **Höfker,** *Hinrich* [Dr.]: Über die Wärmeleitung der Dämpfe von Aminbasen. [= Inaug.-Diss. v. Jena 1892.] Wattenscheid, 1893; 30 S., 1 Taf. 4.
Wattenscheid, PG, P 1893 (368)

261 **Höhnen,** August [Dr., Dir.]: Für die Grammatikstunde. Breslau, Druck v. Grass, Barth & C., 1893; 21—36 S. 4.
Breslau, st. kath. R, OP 1893 (227)

262 **Höhnen,** August [Dr., Dir.]: 25 Jahre! Breslau, Druck v. Grass, Barth & C., 1893; 3—4 S. 4.
Breslau, st. kath. R, OP 1893 (227)

263 **Hoelzer,** *Maximilianus:* Carmen ad sollemnia gymnasii viginti quinque abhinc annos instaurati celebranda. Freienwalde a. O., Buchdr. v. E. Pilger, 1893; S. 1. 4.
Freienwalde a. O., k. G, OP 1893 (70 [vielm. 75])

264 **Hollaender,** Ludwig [Dr.]: Kunaxa. Histor.-kritische Beitr. z. Erklärung v. Xenophons Anabasis. Naumburg a. S., Druck v. H. Sieling, 1893; 36 S. 4.
Naumburg a. S., Dom-G, OP 1893 (245)

265 **Holstein,** Hugo [Dir. Prof. Dr.]: Zur Gelehrtengeschichte Heidelbergs beim Ausgang des Mittelalters. Wilhelmshaven, Druck v. Th. Süss, *1893*: 3–26 S. 4.
Wilhelmshaven, k. G, OP 1893 (321)

266 **Holtz,** *Max* [Dr.]: Das Nachspiel der Bopparder Fehde. Darstellung d. Streitigkeiten im Erzstift Trier bei Gelegenheit d. Coadjutorwahl d. Markgrafen Jacob '(n.)' v. Baden. Stralsund, Druck d. kgl. Regierungs-Buchdr., 1893; 7–20 S., 1 Bl. 4.
Stralsund, RG, OP 1893 (152)

267 [Z. u. Ant.] **Horneber,** *Ferdinand*: Über King Hart und Testament of the Papyngo. Straubing, C. Attenkofersche Buchdr., 1893; 38 S. 8.
Straubing, k. G, P 1893*

268 **Huebner,** Bernhard [Dr.]: Die kleineren Dichtungen und Dramen des Prodromus Poeticus von Aug. Ad. von Haugwitz. E. Beitr. z. Gesch. d. Kunstdramas im XVII. Jh. (Umschlagt.: Zum Kunstdrama d. 16. Jhs.) Neuwied, L. Heusers Buchdr., 1893; 35 S. 4.
Neuwied, k. G m. RPG, OP 1893 (455)

269 **Huellemann,** Karl [Dr.]: Valentin Andreae als Paedagog. II. Tl. [Forts. d. P-Beil. 1884.] Leipzig, Druck v. A. Edelmann, 1893; 1 Bl., 28 S. 4.
Leipzig, Thomas-G, OP 1893 (540)

Hülsse, Judenfeind-
s. **Judenfeind.**

270 [Ant. u. Z.] **Hüser,** Balthasar [Dir. Dr.]: Beiträge zur Volkskunde. Brilon, M. Friedländer's Buchdr., 1893; 3–28 S. 4.
Brilon, G Petrinum, P 1893 (350)

271 [Umschlagt.:] [Z.] **Hüttig,** *Karl Heinrich* [Prof.]: Über die Einwirkung der deutschen Geistesarbeit auf die Entwickelung der Physik. Rede z. Geburtstagsfeier Sr. Maj. d. Kaisers am 27. Jan. 1892. Zeitz, Druck v. C. Brendel, 1893; 3–16 S. 4.
Zeitz, k. Stifts-G, P 1893 (254 [Übergekl. 260])

272 [Z. u. Ant.] **Hundeck,** Paul: Quaestiones Lysiacae. Luckau, Druck d. Entleutnerschen Buchdr., 1893; 1–9 S. 4.
Luckau, k. G, P 1893 (82)

273 **Huth,** *Karl* Moritz: Über Kurven von konstanter Steigung auf gegebenen Flächen. Stollberg, Druck v. E. F. Kellers Wwe, *1893*: 22 S. 4.
Stollberg, Erzgeb., R m. PG, OP 1893 (578)

274 **Huther,** August [Dr.]: Goethes Götz von Berlichingen und Shakespeares historische Dramen. Cottbus. Druck v. A. Heine. 1893: 3—22 S. 4.
Cottbus, k. Friedrich-Wilhelms-G, P 1893 (71)

275 **Jackwitz,** *Ernst:* Ueber den allgemeinen geometrischen Satz des Cavalieri. (Umschlagt.: Der Satz d. Cavalieri im mathemat. Unterricht d. Gymnasiums.) Schrimm, Druck v. H. Schwantes, *1893:* 1—8 S., 1 Taf. 4.
Schrimm, k. G, OP 1893 (107)

276 **Jacobi,** Georg Heinrich [Dr. phil., Dir.]: *Bericht über seine Einführung als Director der Anstalt.* Reichenbach i. V., Buchdr. v. J. G. Koch, 1893: 5—7 S. 4.
Reichenbach i. V., R m. PG, P 1893 (570)

277 **Jaerisch,** *Paul* [Dr.]: Zur Theorie der elastischen Kugelwellen mit Anwendung auf die Reflexion und Brechung des Lichts. Hamburg, gedr. bei Lütcke & Wulff, 1893: 1 Bl., 45 S. 4.
Hamburg, R am Eilbeckerwege, P 1893 (735)

278 **Imelmann,** *Johannes* [Prof. Dr.]: Herder und Schillers Wallenstein. Berlin, Druck v. M. Oldenbourg, 1893; 16 S. 4.
Berlin, k. Joachimsthalsches G, P 1893 (58)

279 **Jordan,** Karl *Friedrich* [Dr.]: Das Verhältnis von Naturwissenschaft und Religion im Unterricht. Berlin, R. Gaertner, 1893: 29 S. 4.
Berlin, Luisen-S, OP 1893[**]

280 [J.] **Jost,** Walter [Zeichenl.]: Die Entwicklungsphasen der geometrisch-ornamentalen Urtypen im Vergleich mit der jetzigen Verzierungskunst der Bewohner des Südseearchipels. M. 30 in d. Text gedr. Fig. u. 3 v. Vf. gezeichn. Taf. Düsseldorf, gedr. bei L. Voss & C., Kgl. Hofbuchdr., 1893; 32 S., 3 Taf. 8.
Düsseldorf, st. RG u. G, OP 1893 (478)

281 [J.] **Josupeit,** Otto: Der französische Unterricht im Gymnasium nach der Schulreform von 1892. 1. Der grammat. Unterr. 2. Der method. Unterr. in Quarta. Rastenburg, Druck v. W. Kowalski, *1893;* 35 S. 8.
Rastenburg, k. G, OP 1893 (15 [vielm. 14])

282 [J.] **Irmscher,** Emil: Vergils Aeneide, Buch IV. Stanze 1—133. [Forts. d. P-Beil. 1887—92.] Dresden, Gutzmann'sche Buchdr., *1893:* 2—9 S. 4.
Dresden, R m. Gymn.- u. Elem.-Kl. v. Dr. Zeidler, OP 1893 (550)

283 [J.] **Irmscher,** Emil: Sachsentreue, Gedicht, gespr. z. Nachfeier d. Geburtst. Sr. Maj. d. Königs Albert v. Sachsen, am 30. Apr. 1893. Dresden, Gutzmann'sche Buchdr., *1893:* 9—11 S. 4.
Dresden, R m. Gymn.- u. Elem.-Kl. v. Dr. Zeidler, OP 1893 (550)

284 [J.] **Isensee,** Otto [Prof. Dr., Dir.]: Berechtigungen der Guerickeschule '(Oberrealschule und Realgymnasium auf lateinlosem Unterbau)'. Magdeburg, Druck v. E. Baensch jun., 1893: 32—33 S. 4.
Magdeburg, Guericke-S '(OR u. RG)', P 1893 (270)

285 [J.] **Isensee,** Otto [Prof. Dr., Dir.]: *Realgymnasialdirector Karl Paulsiek, gest. am 24. Apr. 1892.* Magdeburg, Druck v. E. Baensch jun., 1893; S. 21. 4.
Magdeburg, Guericke-S '(OR u. RG)', P 1893 (270)

286 [J.] **Judenfeind-Hülsse,** *Georg* Heinrich [Prof. Dr.]: Die fehlerfrei definirten Erfindungen der Klasse 42 der Deutschen Patente. Chemnitz, Druck v. J. C. F. Pickenhahn & Sohn, *1893*; 3—66 S. 4.
Chemnitz, techn. Staatslehr-A. OP 1893"

287 **Junge,** Friedrich [Dir. Prof. Dr.]: Berechtigungen des Realgymnasiums. Magdeburg, Druck v. E. Baensch jun., 1893: 36—37 S. 4.
Magdeburg, RG, OP 1893 (266)

288 **Junge,** Friedrich [Prof. Dr., Dir.]: Quellen und Hilfsmittel zur deutschen Geschichte. E. Ergänzg zu David Müllers Gesch. d. deutschen Volkes. Magdeburg, Druck v. E. Baensch jun., 1893; 1 Bl., 24 S. 4.
Magdeburg, RG, OP 1893 (266)

289 [J.] **Jungels,** Johann Peter [Dir.]: Abriss der lateinischen Formenlehre. Tl 1. Gross-Glogau, Druck v. C. Flemming, *1893*; 30 S. 8.
Gross-Glogau, k. Kath. G, OP 1893 (187)

290 **Junker,** Heinr. *Paul* [Dr.]: Lehrversuch im Englischen nach der neuen Methode von Ostern 1890 bis Ostern 1893. Bockenheim, Druck v. F. Kaufmann & C., 1893; 3—34 S. 4.
Bockenheim, st. R, P 1893 (413)

291 **Kalkoff,** Georg [Dr.]: Zur Quellenkritik des Richterbuches. Aschersleben, Lithogr. Anst., Buch- u. Steindr. v. K. Wedel, *1893*: 37 S. 4.
Aschersleben, G m. RPG, OP 1893 (231)

292 **Kalthoff,** Emil: Erklärung der Erscheinungen der Lichtbeugung und mathematische Behandlung einer Reihe gleichartiger Beispiele. Elberfeld, Druck v. A. Martini & Grüttefien, *1893*; 22 S., 1 Taf. 4.
Elberfeld, R '(OR)', P 1893 (408)

293 **Kappes,** *Karl* [Dir.]: *Rückblick auf die ersten 25 Jahre der Anstalt und Nachträge zu dem 1883 mitgetheilten Verzeichniss der Lehrer.* (Nachtr. z. P-Beil. 1883.) Karlsruhe, Buchdr. v. Malsch & Vogel, 1893; 3—7 S. 4.
Karlsruhe, RG, MP 1893 (612)

294 **Karstens,** Johann [Dr.]: Rede zur ersten Luisenfeier unseres Luisen-Gymnasiums. Memel, gedr. bei F. W. Siebert, 1893; 3—11 S. 4.
Memel, k. Luisen-G, P 1893 (13)

295 **von Karwowski,** Stanislaus [Prof. Dr.]: Verhältnis der Reichsgrafen v. Oppersdorff auf Oberglogau zu den Königen von Polen. Leobschütz, Druck v. J. Gomolka, *1893;* I—X S. 4.
Leobschütz, k. kath. G, OP 1893 (105)

296 **Kaufmann,** August [wiss. Hilfsl.]: Bestimmung der Constanten der Sonnenrefraction aus Heliometerbeobachtungen. Altkirch i. E., Buchdr. E. Masson, 1893; 44 S. 4.
Altkirch, G, MP 1893 (503)

297 [J.] **Kelper,** Philipp [Dr. Prof.]: Neue urkundliche Beiträge zur Geschichte des gelehrten Schulwesens im früheren Herzogtum Zweibrücken insbes. d. Zweibrücker Gymnasiums. II. Tl. [Forts. d. P-Beil. 1892.] Zweibrücken, Buchdr. v. A. Kranzbühler, 1893; 24 S. 8.
Zweibrücken, k. Humanist. G, P 1893'

298 **Keller,** Clemens: Hauptregeln der lateinischen Syntax für Quarta und Quinta. Unter Berücks. der an d. sächsischen Gymnasien u. Progymn. eingeführten Übungsbücher zsgest. Frankenberg, Druck v. C. G. Rossberg, *1893;* 40 S. 8.
Frankenberg i. S., R m. PG, OP 1893 (502)

299 **Kemper,** Wilhelm: Die Inschriften des Klosters Oliva. Neustadt Westpr., Druck v. E. H. Brandenburg & C., 1893; 16 S. 4.
Neustadt in Wpr., k. G, OP 1893 (38)

300 **Kern,** Franz [Prof. u. Dir.]: *Dr. Paul Hermanowski, gest. am 29. Juli 1892.* Berlin, Nauck'sche Buchdr., 1893; 20—23 S. 4.
Berlin, Köllnisches G, P 1893 (50)

301 **Kern,** Franz [Prof. u. Dir.]: Schulreden bei der Entlassung von Abiturienten '(Ostern 1891 bis Michaelis 1892)' und Ansprache an die Schüler am 27. Januar 1892. Berlin, R. Gaertner, 1893; 17 S. 4.
Berlin, Köllnisches G, OP 1893 (50)

302 **Kerschensteiner,** Georg [Dr.]: Die Resultate der zweiten Gepatschfernervermessung. Schweinfurt, Druck v. F. J. Reichardt, 1893; 30 S., 1 Kt. 8.
Schweinfurt, k. humanist. G, P 1893'

303 **Keseberg,** August [Dr.]: Ἀριστοτέλους [!] Ἀθηναίων πολιτεία [!]. Deutsche Übs. Eupen, Druck v. C. J. Mayer, 1893; 3—45 S. 4.
Eupen, PG m. Realparallelkl., P 1893 (443)

304 **Kessler,** Karl [Dr.]: Die Entwickelung der niederländischen Kolonialmacht. '(I. Tl.)' Solingen, Druck v. B. Boll, 1893; 30 S. 4.
Solingen, st. RPG '(R u. PG)', OP 1893 (488)

305 **Kettner,** Gustav: Schillers Warbeck. Naumburg a. S., Druck v. H. Sieling, 1893; 35—62 S. 4.
Porta, k. Landes-S, Festschr. 1893 (248)

306 **Keup,** *Wilhelm:* Das französische en '(inde)'. E. Untersuchg über seinen Laut- u. Bedeutungswandel. Berent, gedr. in d. Buchdr. v. A. Schueler, 1893; 3—14 S. 4.
Berent, k. PG, OP 1893 (25)

307 [J.] **Kiehl,** *Heinrich* [Dir. Dr.]: *Bericht über die Einweihung der neuen Turnhalle.* Bromberg, Gruenauersche Buchdr., 1893; 32—33 S. 4.
Bromberg, k. RG, OP 1893 (171)

308 **Kippenberg,** Karl: Katalog der Lehrer-Bibliothek der Realschule in der Altstadt zu Bremen. Bremen, Druck v. A. Guthe, 1893; 59 S. 8.
Bremen, R in d. Altstadt, OP 1893 (724)

309 Die an der Anstalt zu lernenden **Kirchenlieder** und Psalmen nach der Ordnung des Kirchenjahrs. Berlin, Hofbuchdr. Gebr. Radetzki, *1893;* 1 Doppelbl. 4.
Gross-Lichterfelde, PG, P 1893 (78)

310 **Kirchner,** Hans [Dr.]: Die verschiedenen Auffassungen des platonischen Dialogs Kratylus. (Umschlagt.: ... II. Inhaltsangabe d. Dialogs. III. Die verschiedenen Auffassungen d. Dialogs.) [Forts. d. P-Beil. 1892.] *Brieg, Buchdr. E. Kirchner, 1893;* 3—21 S. 4.
Brieg, k. G, P 1893 (181)

311 [J.] **Kirschten,** Walther [Dr.]: Der französische Anfangsunterricht. E. Lehrprobe. Eisenberg, P. Kaltenbach, 1893; 23 S. 4.
Eisenberg, herz. Christians-G, OP 1893 (683)

312 **Klaas,** Heinrich: Beiträge zum mathematischen Unterricht. Rheydt, Druck v. H. Leuchtenrath, 1893; 1—10 S. 4.
Rheydt, OR u. PG, P 1893 (501)

313 **Klämbt,** *Gustav: Aus der Gedächtnissrede für Dr. Paul Jahn, gest. am 24. Mai 1892.* Berlin, Druck v. C. H. Müller, 1893; 17—20 S. 4.
Berlin, Margarethen-S, P 1893

314 **Klapp,** Hermann [Dr., Dir.]: *Verzeichniss der seit dem Bestehen der Anstalt den Jahresberichten beigegebenen Abhandlungen.* Wandsbek, Druck v. F. Puvogel, 1893; 1 S. 4.
Wandsbek, Matthias Claudius-G m. R u. VS, OP 1893 (290)

315 **Klaus,** *Karl Paul:* Lehrplan und Methode des botanischen Unterrichts an Realschulen. Reichenbach i. V., Buchdr. v. J. G. Koch, 1893; 39 S. 4.
Reichenbach i. V., R m. PG, P 1893 (576)

316 **Klausing,** *Friedrich* [Dir. Dr.]: Einweihung des neuen Realschulgebäudes am 12. und 13. Oktober 1892. M.Gladbach, Druck v. W. Hütter, *1893;* 8—19 S. 4.
M.Gladbach, st. R. P 1893 (469)

317 **Klein,** Johannes [Dir. Dr.]: Die Mythopöie des Sophokles in seinen Thebanischen Tragödien. II. Oedipus auf Kolonos. [I: P-Beil. 1890.] Eberswalde, C. Müllers Buchdr., 1893; 1—33 S. 4.
Eberswalde, Wilhelms-G, P 1893 (73)

318 [J.] **Kleist,** Heinrich [Dir. Prof. Dr.]: Jubiläumsfeier des Gymnasiums und des Direktors Prof. Dr. *Gustav* Queck. (Umschlagt.: Bericht über d. Feier d. fünfundzwanzigjährigen Bestehens.) Dramburg, Druck v. W. Schade & C., 1893; 17—24 S. 4.
Dramburg, k. G, P 1893 (135)

319 [J.] **Kleist,** Heinrich [Prof. Dr., Dir.]: Verzeichnis der seit dem Michaelis-Termine 1872 mit dem Reife-Zeugnis entlassenen Abiturienten des Gymnasiums zu Dramburg. Dramburg, Druck v. W. Schade & C., 1893; 24—25 S. 4.
Dramburg, k. G, P 1893 (135)

320 **Klett,** Theodor [Prof. Dr.]: Sokrates nach den Xenophontischen Memorabilien. Cannstatt, Druck d. G. Rapp'schen Buchdr., 1893; 55 S. 4.
Cannstatt, k. G, P 1893 (582)

321 **Klingberg,** *Adolf Heinrich Leonhard:* Beiträge zur Dioptrik der Augen einiger Hausthiere. Th. 3. [Forts. d. P-Beil. 1888. 89.] Güstrow, Druck d. Rathsbuchdr., 1892; 18 S. 4.
Güstrow, Dom-S, P 1892 (640)

322 **Klotz,** Richard [Dr.]: Animadversiones ad veteres Vergilii interpretes. Treptow a. R., Druck v. R. Marg, 1893; 1—14 S. 4.
Treptow a. R., k. Bugenhagen-G, P 1893 (140)

323 [J.] **Knapp,** *Friedrich* [Dr., Landwirtschaftsl.]: Der Buchführungs-Unterricht an Landwirtschaftsschulen. *Gross-Umstadt, Druck v. G. Lindauer, 1893;* III X S. 4.
Gross-Umstadt, grossh. R m. VS, fakult. Lat. u. Griech., sowie grossh. Landwirtschafts-S, OP 1893 (643)

324 [J.] **Knöpfel,** *Ludwig:* Ueber die Verwertung des geschichtlichen Elements im chemischen Unterricht. (Erscheint vollst.) Worms, Druck v. A. K. Boeninger, *1893;* 3—22 S. 4.
Worms, grossh. G u. grossh. R, OP 1893 (630)

325 **Knörk,** Ferdinand: Die räumlichen Künste in der Schule ... Frankfurt a. M., Druck v. Mahlau & Waldschmidt, 1893; 1—24 S. 4.
Frankfurt a. M., Wöhler-S '(RG nebst Handels-S)', OP 1893 (400)

326 **Knuth,** Oskar [Dr.]: Zum Betriebe des Französischen Unterrichts auf Gymnasien '(nach den neuen Lehrplänen)'. Steglitz, *Druck v. J. Becker, Berlin,* 1893; 31 S. 4.
Steglitz, G, OP 1893 (80)

327 **Koch,** Franz [Dir. Dr.]: Mitteilungen aus den Lehrplänen des Progymnasiums. 1. Lehrplan für den deutschen Unterricht. 1. Tl. St. Wendel, Buchdr. v. K. Müller, 1893; 3—20 S. 4.
St. Wendel, k. Kronprinz Friedrich Wilhelms-PG, P 1893 (465)

328 [J. u. Ant.] **Koch,** *Theodor:* Bestimmung der parallelen konjugierten Durchmesser zweier Ellipsoide. Siegburg, Druck v. Gebr. Daemisch, *1893;* 3—18 S. 4.
Siegburg, k. G, P 1893 (460)

329 **Köberlin,** Alfred [Dr.]: Zur historischen Gestaltung des Landschaftsbildes um Bamberg. Bamberg, F. Humann'sche Buchdr., 1893; VII, 129 S. 8.
Bamberg, neues G, P 1893*

330 **Köhler,** F.: Geschichte des Fürstlich Lippischen Wappens. '(Das beigefügte Wappenbild ist v. Frh. A. v. Dachenhausen gezeichnet.)' Detmold, Meyersche Hofbuchdr., 1893; 16 S., 1 Taf. 8.
Detmold, G Leopoldinum u. RPG, P 1893 (708)

331 **Köhler,** Richard: Über die Darstellung und Verwendbarkeit des Aluminiums. Altenburg i. S.-A., Pierer'sche Hofbuchdr., 1893; 22 S. 4.
Altenburg, herz. RG, OP 1893 (682)

332 [J.] **Köhnke,** Ludwig: Ein Beitrag zur Reptilien- und Amphibienfauna der Umgebung Salzwedels. Salzwedel, A. Menzels Buchdr., *1893;* 12 S. 4.
Salzwedel, k. G, OP 1893 (251)

333 **Kolwe,** Hermann: Der lateinische Unterricht in der Quarta des Realgymnasiums. (Darin m. Sondert.: Regeln aus d. latein. Syntax.) *Charlottenburg, A. Gertz, 1893;* 21, 10 S. 8.
Charlottenburg, st. RG, OP 1893 (101)

334 **Koppe,** Max: Die Behandlung der Logarithmen und der Sinus im Unterricht. M. 5 Fig. Berlin, R. Gaertner, 1893; 34 S. 4.
Berlin, Andreas-RG, OP 1893 (93)

335 [J.] **Kost,** *Karl* [Dr.]: Der logische Zusammenhang in der Physik. Büdingen, A. Heller'sche Hofbuchdr., *1893;* 3—20 S. 4.
Büdingen, grossh. G, OP 1893 (624)

336 **Kraenkel,** Franz H. [Dir.]: Hermann der Befreier. E. vaterländ. Festspiel f. d. deutsche Jugend. Lahr, Druck v. J. H. Geiger, 1893; 44 S. 4.
Lahr, grossh. G, MP 1893 (606)

337 **Krah,** Franz: Der Reformversuch des Tiberius Gracchus im Lichte alter und neuer Geschichtschreibung. Düsseldorf, gedr. bei L. Voss & C., Kgl. Hofbuchdr., 1893; 11 S. 4.
Düsseldorf, k. G, P 1893 (438)

338 **Krause,** Anton [Dr.]: Über Anlage und Einrichtung botanischer Schulgärten. Gleiwitz, Neumanns Stadtbuchdr., *1893;* 28 S. 4.
Gleiwitz, k. kath. G, OP 1893 (185)

339 **Krause**, Karl [Dr.]: Der Gebrauch der Präpositionen bei dem Historiker Herodian. 1. Tl: Frequenz. σύν u. μετά c. genit. '(statist.-lexikal. Studie)'. Breslau, Druck v. A. Stenzel, 1893; 12 S. 8.
Strehlen, k. G, P 1893 (208)

340 **Kreis**, Anton [Gesangl.]: Stimm- und Gehörübungen beim Gesang-Unterricht auf höheren Schulen oder Einführung in d. mehrstimmigen Chorgesang. *Ratibor, 1893;* 31 S. 8.
Ratibor, RPG, OP 1893 (220)

341 [J.] **Kremp**, *Heinrich* [Dir. Dr.]: Einweihung des neuen Schulgebäudes. Helmstedt, Druck v. J. C. Schmidt, 1893; 6—12 S. 4.
Helmstedt '(Herzogt. Braunschw.)', landwirtschaftl. S Marienberg, OP 1893 (603)

342 **Kriegsmann**, *Georg* [Dr.]: Voltaires Beziehungen zu Turgot. Wandsbek, Druck v. F. Puvogel, 1893; I—XVII S. 4.
Wandsbek, Matthias Claudius-G m. R u. VS, OP 1893 (300)

343 [J.] **Krimphoff**, Wilhelm [Dr.]: Der Koordinatenbegriff und die Kegelschnitte in elementarer Behandlung. E. Beitr. z. Einführg d. neuen Lehrpläne. (Th. 1.) Paderborn, Junfermannsche Buchdr., 1893; 32 S. 8.
Paderborn, k. G Theodorianum, P 1893 (361)

344 **Krollick**, Hermann [Dr.]: Grenzen und Gliederung der Alpen. Berlin, R. Gaertner, 1893; 33 S. 4.
Berlin, Fünfte St. R '(HB)', OP 1893 (122)

345 **Kruspe**, Julius [Prof. Dr.]: Zum Kunstunterricht (Umschlagt.: Zum kunstgeschichtl. Unterr.) auf dem Gymnasium. Hagenau, F. Gilardone'sche Buchdr., *1893;* 1 Bl., 1—27 S. 4.
Hagenau, G u. R, P 1893 (510)

346 **Kümpel**, Eduard: Die Quellen zur Geschichte des Krieges der Römer gegen Antiochus III. Hamburg, gedr. bei Lütcke & Wulff, 1893; 1 Bl., 32 S. 4.
Hamburg, R an d. Weidenallee, P 1893 (734)

347 **Künstler**, *Julius Edmund* Paul [Dr.]: Das Gemeinsame in den sogenannten Aeolischen Mundarten. E. Beitr. z. Beurteilung d. äolischen Frage. Grossenhain, Starke & Sachse, *1893;* 40 S., 1 Bl. 4.
Grossenhain, R m. PG, P 1893 (565)

348 [J.] **Kulisch**, *Paul* [Dr.]: Bericht über die Thätigkeit des chemischen Laboratoriums. Wiesbaden, Druck v. R. Bechtold & C., 1893; 69—80 S. 8.
Geisenheim a. Rh., k. Lehr-A f. Obst- u. Weinbau '(h. Gärtnerlehr-A)', P 1893**

349 **Kummerow**, Heinrich: Zur Grundlegung des erkenntnistheoretischen Monismus. Bromberg, Buchdr. v. A. Dittmann, 1893; 12 S. 4.
Bromberg, k. G, OP 1893 (153)

350 **Kunert**, Rudolf [Dr.]: Die doppelte Recension des Platonischen Staates. *Spandau, Hopf'sche Buchdr., 1893:* 18 S., 1 Bl. 8.
Spandau, k. G u. VS, P 1893 (88)

351 **Kunz**, Wilhelm: Über die Abhängigkeit der magnetischen Hysteresis, der Magnetisierbarkeit und des elektrischen Leitungsvermögens des Eisens und des Nickels von der Temperatur. [= Inaug.-Diss. v. Tübingen 1893.] Darmstadt, C. F. Winter'sche Buchdr., 1893: 43 S., 1 Taf. 4.
Darmstadt, grossh. Ludwig-Georgs-G u. VS, OP 1893 (625)

352 [Umschlagt.:] [J.] **Kurth**, Otto: „Beitrag zur Erklärung der Farben von Krystallplatten im polarisierten Licht." 2. Tl. (Forts. d. P-Beil. 1892.) Jauer, Druck d. Opitz'schen Buchdr., 1893: 1 Bl., 17—30 S., 1 Taf. 4.
Jauer, k. G. OP 1893 (190)

353 **Kuthe**, *Anton* [Dr.]: III. [I] Nachtrag zum Katalog der Bibliothek. '(1891. 1892.)' [Forts. d. P-Beil. 1890—92.] Wismar, Druck d. Eberhardt'schen Hof- u. Ratsbuchdr., 1893: 8—12 S. 4.
Wismar, Grosze Stadt-S (G u. R), OP 1893 (651)

354 [J.] **Lambert**, *Friedrich:* Studien zu J. J. Rousseaus Emil. 1. Die Abhängigkeit J. J. Rousseaus in seiner Erziehungslehre von J. Locke. Halle a. S., Druck d. Buchdr. d. Waisenhauses, 1893: 34 S. 4.
Halle a. S., RG u. R d. Franckeschen Stiftungen, OP 1893 (267)

355 **Lange**, *Ernst Julius Martin* [Dr.]: Zeichnung des neunten Schnittpunktes zweier Kurven dritter Ordnung. Wismar, Druck d. Eberhardt'schen Hof- u. Ratsbuchdr., 1893: 20 S., 4 Taf. 4.
Wismar, Grosze Stadt-S (G u. R), OP 1893 (651)

356 **Langer**, *Paul:* Psychophysische Streitfragen. (Ergänzung zu: Die Grundlagen d. Psychophysik. E. krit. Untersuchg. Jena 1876.) Ohrdruf, Druck d. Engelhard-Reyherschen Hofbuchdr. in Gotha, 1893: 3—21 S. 4.
Ohrdruf, gräfl. Gleichensches G '(RPG u. PG)'. OP 1893 (702)

357 **Langrehr**, *Georg* [Subrekt.]: De Plauti Curculione. (Umschlagt.: Plautina.) Friedland i. M., Druck v. W. Walther, 1893: 1—9 S. 4.
Friedland, G, P 1893 (657)

358 **Latendorf**, *Friedrich* [Oberl. a. D. Dr.]: Nekrologium *für 1892/93.* [Forts. d. P-Beil. 1892.] Schwerin i. M., gedr. in d. Bärensprungschen Hofbuchdr., 1893: 11—12 S. 4.
Schwerin, grossh. G Fridericianum, OP 1893 (640)

359 **Laves**, *Hermann:* Vergils Eklogen in ihren Beziehungen zu Daphnis. Lyck, Druck v. A. Glanert, 1893: 8 S. 4.
Lyck, k. G. P 1893 (12)

360 **Lehmann**, Otto [Dr.]: Der städtische Pflanzengarten und der Schulgarten des Realgymnasiums zu Altona und ihre Verwendung im Unterricht. Altona, Druck v. P. Meyer, *1893;* 12 S., 1 Taf. 4.
Altona, RG u. R, OP 1893 (201)

361 **Lehnerdt**, Max [Dr.]: Zur Biographie des Giovanni di Conversino von Ravenna. E. Beitr. z. Gesch. d. Humanismus in Italien. Königsberg, Hartungsche Buchdr., 1893; 1—10 S. 4.
Königsberg in Pr., Kneiphöfisches Stadt-G, P 1893 (10)

362 **Lehrplan** der Gymnasien nach d. Lehrplänen u. Lehraufgaben f. d. höheren Schulen v. 6. Jan. 1892 nebst Erläutergn u. Ausführungsbestimmgn. Berlin 1891 ... Eisleben, Druck v. E. Schneider, 1893; 1—21 S. 4.
Eisleben, k. G, OP 1893 (233)

363 [J.] **Lehrplan** des Herzoglichen Gymnasiums Martino-Katharineum zu Braunschweig. Genehmigt mittelst Verfügg d. Herzogl. Ober-Schul-Kommission v. 8. Febr. 1893 Nr. 916. Braunschweig, Druck v. J. H. Meyer, 1893; 47 S. 8.
Braunschweig, herz. G Martino-Katharineum, P 1893**

364 **Lehrplan** *des grossherzogl. Gymnasium Friderico-Francisceum in Doberan.* Doberan, Druck v. H. Rehse & C., 1893; 6—14 S. 4.
Doberan, grossh. G Friderico-Francisceum, OP 1893 (645)

365 **Lehrplan** *des grossherzogl. Gymnasiums in Karlsruhe.* Karlsruhe, Druck d. G. Braun'schen Hofbuchdr., 1893; 7—11 S. 4.
Karlsruhe, grossh. G, MP 1893 (604)

366 [J.] **Lehrplan** *der städtischen Handwerker-Fortbildungsschule in Duisburg.* Duisburg, Druck v. M. Mendelssohn, 1893; 3—13 S. 8.
Duisburg, st. Handwerker-Fortbildungs-S, P 1893**

367 **Lehrplan** der Jacobson-Schule von Ostern 1893 an. Göttingen, Druck d. Dieterichschen Univ.-Buchdr., 1893; 2—18 S. 4.
Seesen a. H., Jacobson-S, OP 1893 (684)

368 **Lehrplan** *der städtischen höheren Mädchenschule in Aschersleben.* Aschersleben, Druck v. F. Hofmann, *1893;* 25—31 S. 8.
Aschersleben, st. HM, OP 1893**

369 [J.] **Lehrplan** für das Realgymnasium. Darmstadt, Druck v. H. Brill, 1893; 1—11 S. 4.
Darmstadt, grossh. RG, OP 1893 (635)

370 **Lehrplan** *des Realgymnasiums des Johanneums in Hamburg.* Hamburg, gedr. bei Lütcke & Wulff, 1893; 1—14 S. 4.
Hamburg, RG d. Johanneums, OP 1893 (731)

371 **Lehrplan** *der Realschule beim Doventhor in Bremen.* Bremen, Druck v. A. Guthe, 1893; 3—10 S. 4.
Bremen, R beim Doventhor, OP 1893 (723)

372 [F.] **Lehrplan** *der Realschule in Düsseldorf.* Düsseldorf, gedr. bei A. Bagel, *1893;* 6—21 S. 4.
Düsseldorf, R, OP 1893 (497)

373 ***Lehrplan*** *der Realschule und Vorschule.* Hamburg, F. Rommerdt, 1893; 4—11 S. 4.
Hamburg, R d. Ev.-Reform. Gemeinde, OP 1893 (730)

374 [Umschlagt.:] [F.] Der **Lehrplan** und die Schulordnung des Gymnasiums. Jena, G. Neuenhahn Univ.-Buchdr., *1893;* 13—31 S. 4.
Jena, G Carolo-Alexandrinum, OP 1893 (671)

375 [F.] Ausführlicher **Lehrplan** für die städtische höhere Töchterschule zu Essen. Essen, Druck v. G. D. Bädeker, 1893; 3—29 S. 4.
Essen a. d. R., vereinigte st. HT, P 1893**

376 [F.] **Lehrplan** für das Turnen. (Ausgearb. von d. Turnlehrern.) Frankfurt a. O., kgl. Hofbuchdr. Trowitzsch & Sohn, 1893; I—VI S. 4.
Frankfurt a. d. O., Ober-S '(RG)', OP 1893 (104)

377 **Lehrplan** für den Turnunterricht. Berlin, Druck v. W. Pormetter, 1893; 15—17 S. 4.
Berlin, Askanisches G, OP 1893 (51)

378 **Lehrplan** für den fakultativen lateinischen Unterricht. Jena, G. Neuenhahn Univ.-Buchdr., 1893; 1 S. 4.
Jena, Peiffer'sche Lehr- u. Erziehungs-A, OP 1893**

379 **Lehrstoff** für den naturwissenschaftlichen Unterricht der unteren und mittleren Klassen '(der Unterstufe)' des Gymnasiums. Von d. Fachlehrern d. Gymn. zu Wetzlar zsgest. Wetzlar, Druck v. F. Schnitzler, 1893; 1—14 S. 4.
Wetzlar, k. G, OP 1893 (467)

380 [F.] **Lehrziele** in den einzelnen Fächern und Klassen. Bützow, Druck d. Ratsbuchdr. v. C. Huhr, *1893;* 34—47 S. 4.
Bützow, RG, OP 1893 (652)

381 **Leja,** Paul: Der Sophist Hippias. Sagan, Druck v. P. Mertsching, 1893; 3—18 S. 4.
Sagan, k. kath. G, OP 1893 (206)

382 [Umschlagt.:] [F.] **Leimbach,** *A. L. Gotthelf* [Prof. Dr., Dir.]: Beiträge zur Geschichte der Botanik in Thüringen: a) Über die ältesten Nachrichten, welche Thüringer Pflanzen betreffen, b) die älteste Flora von Arnstadt. (Th. 1.) Arnstadt, fürstl. Hofbuchdr. v. A. Bussjaeger, 1893; 3—16 S., 1 kl. Bl. 4.
Arnstadt, fürstl. R, OP 1893 (718)

383 [Umschlagt.:] **Lemcke,** Hugo [Dir.]: Beiträge zur Geschichte der Stettiner Ratsschule in fünf Jahrhunderten. Tl 1: Urkunden. Erste Abt. bis zum Jahre 1650. Stettin, Druck v. Herrcke & Lebeling, 1893; 1—24 S. 4.
Stettin, Stadt-G, OP 1893 (145)

384 [Ant. u. J.] **Lemcke,** Hugo [Prof., Dir.]: Chronik der Schule. 1868—1893. (Darin: Leiter und Lehrer. Die Programm-Abhandlungen.) Stettin, Druck v. Herrcke & Lebeling, 1893; 31—38 S. 4.
Stettin, Stadt-G, OP 1893 (145)

385 [Ant. u. J.] **Lemcke,** Hugo [Prof., Dir.]: Übersicht der *seit Ostern 1875* mit dem Zeugnis der Reife entlassenen Schüler. — Frequenzen. 1868—1893. Stettin, Druck v. Herrcke & Lebeling, 1893; 39—49 S. 4.
Stettin, Stadt-G, OP 1893 (145)

386 **Leuchtenberger,** Gottlieb [Dir.]: Idee und Ideal. E. Stück philosophischer Propädeutik. Posen, Merzbach'sche Buchdr., 1893; 34 S. 8.
Posen, k. Friedrich-Wilhelms-G, OP 1893 (163)

387 [Umschlagt.:] **Lewin,** Herman [Dr.]: Die Benutzung kulturgeschichtlicher Bilder im neusprachlichen Unterricht. Biebrich a. Rh., Lewalter'sche Buchdr., 1893; 3—36 S. 4.
Biebrich a. Rh., RPG, OP 1893**

388 **Liebhold,** *Wilhelm* [Dir.]: Berechtigungen, welche seit Ostern 1892 mit dem Besuche der Oberrealschule verknüpft sind. Bochum, Druck v. W. Stumpf, 1893; 35—36 S. 4.
Bochum, in d. Entwicklg begriff. St. OR, P 1893 (381)

389 [J.] **Liederkanon.** Oldenburg, Schulzesche Hof-Buchdr., 1893; 14—15 S. 8.
Oldenburg, Cäcilien-S, P 1893**

390 **Liers,** Hugo [Dr.]: Annahme und Verweigerung der Schlacht im Altertum. Waldenburg i. Schl., P. Schmidt's Druckerei, 1893; 1 Bl., 16 S. 4.
Waldenburg in Schl., st. Ev. G, OP 1893 (211)

391 [J.] **Liersemann,** Karl Heinrich [Dr., Dir.]: *Beschreibung der neuen Schuluhr.* Rawitsch, Druck v. R. F. Frank, 1893; 22—23 S. 4.
Rawitsch, k. RG, OP 1893 (173)

392 **Linderbauer,** Benno [P., O. S. B., Prof.]: De verborum mutuatorum et peregrinorum apud Ciceronem usu et compensatione. P. posterior. [Forts. d. P-Beil. 1892.] *Metten, 1893;* 64 S. 8.
Metten, humanist. G, P 1893*

393 **Lippold,** Gottlob Friedrich [Rekt. Prof. Dr.]: Bemerkungen zu Corneilles Cinna (Tl 1). Zwickau, Druck v. R. Zückler, 1893; 1 Bl., 19 S. 4.
Zwickau, RG, OP 1893 (550)

394 **Loebe,** *Viktor* [Prof.]: *Geh. Regierungs- und Provinzial-Schulrath Dr. Theodor Wehrmann, gest. am 28. Nov. 1892.* Putbus, Druck v. A. Dose, 1893; 14—15 S. 4.
Putbus, k. Pd, OP 1893 (140)

395 [Umschlagt.:] **Lorenz,** Karl [Dr.]: Klopstocks und Goethes Lyrik. E. Beitr. z. Behandlg d. Klassenlektüre. Tl 2: Goethe. [Forts. d. P-Beil. 1892.] Kreuzburg O.-S., Druck v. E. Thielmann, *1893;* 1—23 S. 4.
Kreuzburg O.-S., k. G, OP 1893 (103)

396 **Lottich,** *Otto* [Dr.]: Statius' Trostgedicht an den Claudius Etruscus '(silv. III 3)' m. sachl. u. krit. Erklärungen. Hamburg, gedr. bei Lütcke & Wulff, 1893; 1 Bl., 34 S. 4.
Hamburg, Gelehrten-S d. Johanneums, P 1893 (720)

397 **Lüder,** Albrecht [Dr.]: Lord Byrons Urteile über Italien und seine Bewohner, ihre Sprache, Litteratur und Kunst. Dresden, Druck v. C. Heinrich, *1893;* 3—27 S. 4.
Dresden-Neustadt, Drei-König-S '(RG)', OP 1893 (552)

398 **Lüke,** Heinrich: Die natürliche Erkenntnis Gottes. E. Beitr. z. Religionsunterr. in d. Prima d. Gymnasien. Konitz, F. W. Gebauer Nf., 1893; 3—34 S. 4.
Konitz, k. G, P 1893 (33)

399 [F.] **Lüngen,** Richard: Ueber die Behandlung der neueren Kirchengeschichte an den höheren Lehranstalten nach Massgabe d. Lehrplanes f. d. evangel. Religionslehre v. 6. Jan. 1892. Köln, Druck, Gebr. Brocker, 1893; 3—14 S. 4.
Köln, OR u. VS sowie Fortbildungs-S, P 1893 (494)

400 [Umschlagt.:] **Luther,** Hans: „Das Pflanzenleben als Unterrichtsgegenstand auf dem Gymnasium". Osterode Ostpr., gedr. in d. F. Albrecht'schen Buchdr., 1893; 3—16 S. 4.
Hohenstein in Ostpr., k. G, P 1893 (5)

401 **Lutsch,** Otto [Dir.]: Der lateinische Unterricht am Gymnasium nach den neuen preussischen Lehrplänen. Kreuznach, Buchdr. F. Wohlleben, 1893; 53 S. 8.
Kreuznach, k. G, OP 1893 (448)

402 **Lutze,** *Günther:* Die Vegetation Nordthüringens in ihrer Beziehung zu Boden und Klima, als Einleitung zu seinem Buche: Flora v. Nordthüringen [Sondershausen 1892]. Sondershausen, Hofbuchdr. v. F. A. Eupel, 1893; 26 S. 8.
Sondershausen, fürstl. R, OP 1893 (720)

403 [F.] **Macke,** Reinhold: Die römischen Eigennamen bei Tacitus. IV. (Forts. d. P-Beil. 1886. 88. 89.) Hadersleben, gedr. in W. L. Schütze's Buchdr., 1893; 18 S. 4.
Hadersleben, k. G u. RPG, OP 1893 (281)

404 **Märkel,** Paul [Dr.]: Theorie der Schulandacht an höheren Lehranstalten. Tl 2: Einige Proben von Andachten. [Schluss d. P-Beil. 1892.] Berlin, R. Gaertner, 1893: 23 S. 4.
Berlin, Dorotheenstädt. RG, OP 1893 (94)

405 **Magnus,** Hugo [Dr.]: Studien zur Überlieferung und Kritik der Metamorphosen Ovids. Tl 5: Liber XV. (I in: N. Jahrb. f. Phil. 1891; II—IV sind noch nicht erschienen.) Berlin, R. Gaertner, 1893; 29 S. 4.
Berlin, Sophien-G, OP 1893 (65)

406 [J.] **Maier**, August Ferdinand [Prof., derz. Vorstand]: Geschichte der Gr. Höh. Bürgerschule Schwetzingen. E. Festschr. z. Feier d. 25j. Bestehens d. Neueren Höh. Bürgerschule; zugl. e. Beitr. z. Gesch. d. städt. Schulwesens. M. e. Abb. d. Schulgebäudes ... Schwetzingen, M. Pichler, 1893; 3 Bl., 90 S., 1 Taf. 8.
Schwetzingen, grossh. HB m. d. Lehrpl. d. RG. Festschr. 1893**

407 **Maier**, Aug. Ferd. [derz. Vorstand, Prof.]: *Professor Joseph Stöckle, gest. am 27. Mai 1893.* Schwetzingen, R. Küenzlen, Buchdr., 1893; 3—4 S. 4.
Schwetzingen, grossh. HB m. d. Lehrpl. d. RG. MP 1893**

408 **Mangold**, Wilhelm [Dr.]: Archivalische Notizen zur französischen Litteratur- und Kulturgeschichte des siebzehnten Jahrhunderts. Berlin, R. Gaertner, 1893; 25 S. 4.
Berlin, Askanisches G, OP 1893 (51)

409 [J.] **Manns**, Peter: Der Bauernkrieg in der Herrschaft Zimmern. Hechingen, Riblersche Hofbuchdr., 1893; 3—18 S. 4.
Hechingen, k. R, P 1893 (500)

410 [J.] **Marbach**, Osw. [Dr.]: Grundtafeln für Sterbe- und Krankenkassen berechnet. Potsdam, Druck v. E. Stein, 1893; 1 Bl., 18 S. 4.
Potsdam, st. R, OP 1893 (120)

411 **Marquardt**, *Hans Friedrich Joachim* [Oberl. Dr.]: Alphabetisches Verzeichnis der Mecklenburgica der Domschulbibliothek zu Güstrow. II. Tl. [Forts. d. P-Beil. 1890.] Güstrow, Druck d. Ratsbuchdr. v. C. Michaal & A. Schuster, *1893*; 1 Bl., 1—16 S. 4.
Güstrow, Dom-S. OP 1893 (646)

412 [J.] **Martin**, Richard [Dir. Dr.]: Organisation der Realschule mit Handelsabteilung. — Der zukünftige Beruf unserer Realschüler. — Die Vorkenntnisse *für die Aufnahme in die einzelnen Klassen.* Sonneberg, Gräbe & Hetzer, 1893; 1—5 S. 4.
Sonneberg, herz. R m. Handelsabt., OP 1893 (707)

413 [J.] **Martin**, Richard [Dir. Dr.]: Verzeichnis der bisher mit dem Zeugnis der Reife von hier entlassenen Schüler. Sonneberg, Gräbe & Hetzer, 1893; 26—28 S. 4.
Sonneberg, herz. R m. Handelsabt., OP 1893 (707)

414 **Martus**, *Hermann* [Dir. Prof.]: Rückblick auf das 25jährige Bestehen der Schule. Berlin, Druck v. C. H. Müller, 1893; 27—31 S. 4.
Berlin, Sophien-RG, OP 1893 (90)

415 **Mathi**, Joseph [Dir.]: Die Ilias im deutschen Unterrichte der Realanstalten. Hoechst a. M., Buchdr. A. A. Wagner, *1893*; 22 S. 4.
Höchst a. M., st. RPG u. PG, OP 1893 (304)

416 [J.] **Matthes,** *Carl Christian August* [Klosterpfarrer Dr.]: Rede am Sarge des verstorbenen Rektors Prof. *Julius* Neumann, geh. am 21. Aug. 1892 ... Görlitz, Druck d. Akt.-Ges. Görl. Nachr. u. Anzeiger, 1893; 3—5 S. 4.
Rossleben, Kloster-S, P 1893 (250)

417 [J.] **Matthes,** *Georg* [Dr., Dir.]: *Bericht über seine Einführung als Director.* Witten, Druck v. C. L. Krüger, 1893; 17—21 S. 4.
Witten, RG, P 1893 (380)

418 [J.] **Matthes,** *Georg* [Dr., Dir.]: Kurze Mitteilungen über die Ordnung der Reifeprüfungen und der Abschlussprüfungen. Witten, Druck v. C. L. Krüger, 1893; 28—30 S. 4.
Witten, RG, P 1893 (380)

419 **Matthias,** Theodor [Dr.]: Zur Stellung der griechischen Frau in der klassischen Zeit ... [Forts. in Fleckeisens Jahrb. f. Phil. u. Pädag. Bd 147 Heft 4 5 u. d. T.: Urteile griech. Prosaiker d. class. Zeit über d. Stellg d. griech. Frau.] Zittau, Druck v. M. Böhme, 1893; 1—28 S. 4.
Zittau, k. RG m. h. Handels-S, OP 1893 (555)

420 **Matsdorff,** Carl [Dr.]: Über lebende Anschauungsmittel im naturwissenschaftlichen Unterricht. Berlin, R. Gaertner, 1893; 30 S. 4.
Berlin, Lessing-G, OP 1893 (62)

421 **Mausbach,** Joseph [Dr.]: Ein missverstandenes Wort des hl. Augustinus. M.Gladbach, Komm.-V. v. R. Hoster, 1892; 58—68 S. 8.
M.Gladbach, G. Festschr. 1892

422 [J.] **Mayr,** Hans [Turnl.]: Unterrichtspläne für den Turnbetrieb an den bayerischen Mittelschulen. II. Tl. '(6—9. Klasse d. Humanist. u. Realgymnasiums.)' [Forts. d. P-Beil. 1888.] Kaiserslautern, *Druck d. Kayser'schen Hofbuchdr.*, 1893; 75 S. 8.
Kaiserslautern, k. Humanist. G, P 1893'

423 **Merschberger,** *Georg Friedrich* [Prof.]: *Professor Dr. Hermann Karl Lorenz Richard, gest. am 31. Aug. 1892.* Hamburg, gedr. bei Lütcke & Wulff, 1893; 28—31 S. 4.
Hamburg, RG d. Johanneums, OP 1893 (731)

424 **Mertens,** *Martin* [Dr.]: Nachtrag VIII *zu dem 1882 erschienenen Katalog der Bibliothek des Realgymnasiums.* [Nachtr. I—VII: P-Beil. 1886—92.] Köln, Druck v. J. P. Bachem, 1893; 23 26 S. 4.
Köln, st. RG m. Gymn.-Parallelkl. u. VS, P 1893 (473)

425 **Meyer,** Albert [Oberl.]: Die Grundlehren der ebenen Trigonometrie nach den neuen preussischen Lehrplänen. Cöthen, Druck v. P. Schettlers Erben, *1893*; 3—21 S., 2 Taf. 4.
Cöthen, herz. Friedrichs-R nebst VS, OP 1893 (677)

426 **Meyer,** Edm. [Dr., Prof.]: Untersuchungen über die Schlacht im Teutoburger Walde. I. [Erschien vollst. im gl. Verl. 1893.] Berlin, R. Gaertner, 1893; 55 S. 8.
Berlin, k. Luisen-G, OP 1893 (63)

427 **Meyer,** Ernst [Prof.]: Philologische Miscellen. I. Herford, Buchdr. Gebr. Heidemann, 1893; 26 S. 8.
Herford, ev. Friedrichs-G, OP 1893 (357)

428 **Meyer,** Peter [Dr.]: Bemerkungen zu Friedrichs des Grossen Schrift de la littérature allemande. M.Gladbach, Komm.-V. v. R. Hoster, 1892; 69—77 S. 8.
M.Gladbach, G, Festschr. 1892

429 [F.] **Michael,** *Hugo* [Dr., Dir.]: *Direktor Dr. Richard Volkmann, gest. am 23. Apr. 1892.* Jauer, Druck d. Opitz'schen Buchdr., 1893; 6—11 S. 4.
Jauer, k. G, OP 1893 (100)

430 **Michaëlis,** Carolus Theodorus [Dr.]: De Plutarchi codice manuscripto Matritensi. (Enth.: Plutarchea. Fasc. III.) [Fasc. I. II — P-Beil. d. Charlottenschule in Berlin 1885. 86.] Berlin, R. Gaertner, 1893; 49 S. 4.
Berlin, Siebente R (HB)', OP 1893 (124)

431 **Michaelis,** Gerhard [Dr.]: Die Entwicklungsstufen in Platos Tugendlehre. Barmen, Druck v. Steinborn & C., *1893;* 15 S. 4.
Barmen, st. RG, P 1893 (470)

432 **Mielke,** Georg [Dr. phil.]: Über die Stellung der Gerbsäuren im Stoffwechsel der Pflanzen. Hamburg, gedr. bei Lütcke & Wulff, 1893; 2 Bl., 38 S. 4.
Hamburg, R vor d. Holstenthore, OP 1893 (732)

433 [Ant. u. F.] **Moldaenke,** Carl: Drei Schulreden. (I. Zum Sedantage 1891. II. Zur Gedenkfeier für Kaiser Friedrich am 14. Juni 1890. III. Zum Sedantage 1889.) Wehlau, Druck v. M. Schlamm, 1893; 32 S. 8.
Wehlau, k. G, OP 1893 (17)

434 [F.] **Most,** *Robert* [Dir. Dr.]: Berechtigung des Real-Gymnasiums. Coblenz, Buchdr. v. H. L. Scheid, 1893; 25—28 S. 4.
Coblenz, st. RG, P 1893 (472)

435 **Mucke,** *Carolus* Ernestus [Dr. phil.]: De consonarum in Graeca lingua praeter Asiaticorum dialectum Aeolicam geminatione. Partic. II. (Forts. d. P-Beil. Bautzen, G 1883.) Fribergae, typ. expr. H. Gerlach, 1893; 1 Bl., 48 S. 4.
Freiberg, G Albertinum, OP 1893 (530)

436 **Mührer,** Albert: Materialien für den chemischen Unterricht. Stettin, Druck v. Herrcke & Lebeling, 1893; 1—18 S. 4.
Stettin, König-Wilhelms-G, OP 1893 (140)

437 [Umschlagt.:] [F.] **Müller,** Albert [Dir. Dr.]: Rede zum Gedächtnis des Professor Dr. *Heinrich Wilhelm* Schaefer, geb. am 2. Apr. 1892. Flensburg, gedr. in d. Buchdr. v. Gebr. Funke, 1893; 3—7 S. 4.
Flensburg, k. G u. RG, P 1893 (270)

438 **Müller**, Carl Heinr. [Dr.]: Stereometrische Konstruktionen. Projektions-Lehre f. d. Prima d. Gymnasiums. Frankfurt a. M., Druck v. Enz & Rudolph, 1893; 2—32 S., 6 Taf. 4.
Frankfurt a. M., k. Kaiser-Friedrichs-G, OP 1893 (388)

439 [J.] **Muthesius**, *Carl*: Über die Stellung des Rechenunterrichts im Lehrplan der Volksschule. Weimar, Druck d. Hof-Buchdr., 1893; 3—59 S. 8.
Weimar, Schullehrer-Sm, OP 1893**

440 [J.] **Nägele**, Eugen [Prof.]: Beiträge zu Uhland. Uhlands Jugenddichtung. Tübingen, Buchdr. v. W. Armbruster & O. Riecker, 1893; 1 Bl., 1—48 S. 4.
Tübingen, k. G, P 1893 (592)

441 **Nagel**, Rud. [Prof. Dr. Dir.]: Die Lehraufgaben des Realgymnasiums und der Oberrealschule. Elbing, Buchdr. R. Kühn, 1893; IX—XXIII S. 4.
Elbing, st. RG, OP 1893 (47)

442 **Nast**, Louis: Die Volkslieder der Litauer (Dainos) inhaltlich und musikalisch. Tilsit, gedr. bei O. v. Mauderode, 1893; 1 Bl., 52 S. 4.
Tilsit, k. G, OP 1893 (10)

443 **Nathan**, *Simson Philipp* [Dr.]: Die Tonzeichen in der Bibel. Hamburg, Druck v. S. Nissensohn, 1893; 3—42 S. 4.
Hamburg, Talmud Tora (R), P 1893 (738)

444 [J.] **Naumann**, *Julius* [Dir. Dr.]: Berechtigungen der Anstalt. Osterode a. H., gedr. bei Giebel & Oehlschlägel, 1893; 30—32 S. 4.
Osterode a. H., RG, P 1893 (330)

445 **Nehry**, *Julius* [Rekt.]: Fifteen translations. (Enth. englische Übersetzungen deutscher Gedichte.) Aschersleben, Druck v. F. Hofmann, *1898*; 3—21 S. 8.
Aschersleben, st. HM, OP 1895**

446 **Neidhardt**, Robertus: De Justi Lipsi vita Jenensi orationibusque ab eo habitis. Passaviae, typ. expr. Passaviae consortium, 1893; 41 S. 8.
Passau, G, P 1893*

447 **Neubner**, Eduard [Dr.]: Untersuchungen über den Thallus und die Fruchtanfänge der Calycieen. E. Beitr. z. Kenntnis d. krustig-staubartigen Flechten. M. e. kolor. Taf. Plauen i. V., gedr. bei M. Wieprecht, 1893; 1 Bl., 12 S., 1 Taf. 4.
Plauen i. V., k. G, OP 1893 (542)

448 [J. u. Ant.] **Neuhöffer**, Rudolf [Hilfsl.]: Schiller als Übersetzer des Vergil. Warendorf, gedr. in der J. Schnell'schen Buchdr., 1893; 1—41 S. 4.
Warendorf, k. G Laurentianum, P 1893 (367)

449 [Ŋ.] **Neumann,** Julius: Menelaos und Helena in den Dramen des Euripides. Zittau, Druck v. R. Menzel, 1893; 1 Bl., 24 S. 4.
Zittau, G. OP 1893 (545)

450 [Ŋ. u. Ant.] **Neumann,** Walther [Prof.]: Die Entwickelung des Philoktet-Mythos m. bes. Berücks. seiner Behandlg durch Sophokles. Coburg, Druck d. Dietz'schen Hofbuchdr., *1893;* 1—44 S. 4.
Coburg, G Casimirianum. OP 1893 (668)

451 [Umschlagt.:] **Nieländer,** Franz [Prof.]: Der factitive Dativ bei lateinischen Prosaikern und Dichtern. Tl III, 1. E. Beitr. z. histor. Syntax d. latein. Sprache u. z. latein. Lexikographie. (Forts. d. P-Beil. Krotoschin 1874 u. Schneidemühl 1877.) Schneidemühl, Druck v. G. Eichstädt, *1893;* 1—23 S. 4.
Schneidemühl, k. G. OP 1893 (162 [vielm. 160])

452 [Ŋ.] **Niemeyer,** Johannes [Dr.]: Urkundliche Beiträge zur Geschichte Dithmarschens aus den Jahren 1658 bis 1660. Meldorf, Buchdr. v. P. Bundies Nf., *1893;* 3—21 S. 4.
Meldorf, k. G. OP 1893 (284)

453 **Nikel,** Johannes [Dr. theol.]: Der Monotheismus Israels in der vorexilischen Zeit. E. Beitr. z. alttestamentl. Religionsgesch. Neisse, Druck v. F. Bär, 1893; 60 S. 8.
Neisse, k. kath. G. OP 1893 (198)

454 **Nindel,** Otto: Kritische Bemerkungen zu Euripides. '(Alcestis.)' Bernburg, Druck v. O. Dornblüth, 1893; 20 S. 4.
Bernburg, herz. Karls-G. OP 1893 (674)

455 **Noelle,** *August Hermann* [Oberl.]: Beiträge zum Studium der Fabel m. bes. Berücks. Jean de La Fontaine's. Nebst vergl. Texten u. metr. Verdeutschgn. Cuxhaven, gedr. bei G. Rauschenplat & Sohn, 1893; 1 Bl., 57 S. 4.
Cuxhaven, staatl. R m. Latein-Abtlgn. P 1893 (728)

456 **Nölle,** Georg [Dr. phil.]: Ueber die kleine St. Lorenz-Kirche in Wriezen. Wriezen, Druck v. A. Settekorn, *1893;* I—VIII S. 4.
Wriezen, RPG, OP 1893 (114)

457 **Oberdick,** Johannes [Dir. Dr.]: De inscriptione Palmyrena Vog. duodetricesima commentatio. Breslau, Druck v. R. Nischkowsky, 1893; I—VII S. 4.
Breslau, k. kath. St. Matthias-G. OP 1893 (170)

458 **Olbricht,** *Emil* Richard [Dr.]: Über die Lösung aller Aufgaben der einfachen und zusammengesetzen Regeldetri, der Prozent-, Zins- u. Diskontrechnung vermittelst einer einheitlichen, neuen Behandlung der Ansätze. [Ergänzung zu: Etwas Neues z. Lehre d. bürgerlichen Rechnungsarten, in: Zeitschr. f. mathem. u. naturw. Unterr. Jg. 21 Heft 7.] Leisnig, Druck v. H. Ulrich, *1893;* 1—26 S. 4.
Leisnig, R m. PG. OP 1893 (560)

459 [F.] **Ordnung** der nach dem 6. Jahreskursus '(Unterprima)' abzuhaltenden Abschluss- bezw. Versetzungsprüfung an den Fürstlichen Realschulen zu Sondershausen und Arnstadt. Sondershausen, Hofbuchdr. v. F. A. Eupel, 1893; 8–13 S. 4.
Sondershausen, fürstl. R, OP 1893 (720)

460 [F.] **Ordnung** der Abschluss-, bezw. Versetzungsprüfung für die Schüler der Unterprima. Arnstadt, fürstl. Hofbuchdr. v. A. Bussjaeger, 1893; 5–6 S. 4.
Arnstadt, fürstl. R, OP 1893 (718)

461 **Ordnung** der Abschlussprüfung nach dem sechsten Jahrgange neunstufiger höherer Schulen. Eisenach, Hofbuchdr., 1893; 5–6 S. 4.
Eisenach, Carl Friedrich-G, OP 1893 (660)

462 **Ortjohann,** Ferd.: Die Vornamen der Schuljugend des Kantons Rappoltsweiler. E. Beitr. z. deutschen Namenkunde. Rappoltsweiler, Buchdr. v. S. Brunschweig, 1893; 3–8 S. 4.
Rappoltsweiler, R, MP 1893 (527)

463 **Ortsstatut** über das Schulwesen *in Karlsruhe*. Karlsruhe, Buchdr. v. Malsch & Vogel, 1893; 15–17 S. 4.
Karlsruhe, OR m. Fachkl. f. Kaufleute, MP 1893 (618)

464 **Osterhage,** Georg: Erläuterungen zu den sagenhaften Teilen in Tassos Befreitem Jerusalem. Berlin, R. Gaertner, 1893; 22 S. 4.
Berlin, Humboldts-G, OP 1893 (57)

465 **Ott,** *Arthur* [Dr.]: Die Determinanten, ein unentbehrliches Hilfsmittel bei Auflösung der Gleichungen ersten Grades mit mehreren Unbekannten und der Gleichungen zweiten Grades mit zwei Unbekannten. Weimar, Druck d. Hof-Buchdr., 1893; 3–26 S. 4.
Weimar, RG, OP 1893 (673)

466 [F.] **Ottens,** Julius: Lehrplan für den deutschen Unterricht. Kiel, Druck v. A. F. Jensen, 1893; 1–13 S. 4.
Kiel, OR, OP 1893 (268)

467 [F.] **Pachaly,** *Richard Gustav* [Prof., Rekt.]: Berechtigungen *des Realgymnasiums*. Freiberg, Gerlachsche Buchdr., *1893*; 24–25 S. 4.
Freiberg, st. RG, OP 1893 (553)

468 **Parow,** Walter [Dr.]: Reiseeindrücke aus England. Berlin, R. Gaertner, 1893; 29 S. 4.
Berlin, Friedrichs-Werdersche OR, OP 1893 (116)

469 **Patin,** *Alois* [Prof.]: Heraklitische Beispiele. '(2. Hälfte.)' [Forts. d. P-Beil. 1892.] Neuburg a. D., Griessmayersche Buchdr., *1893*; 93 S. 8.
Neuburg a. D., k. humanist. G, P 1893*

470 **Paul,** *August* [Dir. Prof. Dr.]: Die Gründung der Schule. Hamburg, gedr. bei Lütcke & Wulff, 1893; 1–6 S. 4.
Hamburg, R an d. Weidenallee, P 1893 (734)

471 **Peine,** Heinrich [Dr.]: Die Altenburgischen Gymnasialprogramme des 17. Jahrhunderts. I. Altenburg, Druck v. O. Bonde, *1893*; 1 Bl., 1—30 S. 4.
Altenburg, Friedrichs-G, OP 1893 (681)

472 **Peppmüller,** Rudolf [Dir. Dr.]: Variationen im pseudohesiodeischen Herakleasschilde. Stralsund, Druck d. kgl. Regierungs-Buchdr., 1893; 1—39 S. 4.
Stralsund, G, OP 1893 (148)

473 **Peters,** *Heinrich* [Dr.]: Einiges über unsern Handfertigkeits-Unterricht. Cassel, Buchdr. v. Gebr. Schneider, 1893; 34—35 S. 4.
Cassel, st. RG, OP 1893 (404)

474 **Petri,** *Ernst Albert Theod. Berth.*: Bulwers 'Falkland'. (1. Tl.) Glauchau, Druck v. R. Dulce, *1893*; 3—19 S. 4.
Glauchau, R m. PG, OP 1893 (563)

475 **Petri,** *Hermann* [Dir.]: *Bericht über die Feier des 25jährigen Bestehens der Anstalt.* Höxter, Druck v. C. D. Flotho, 1893; 12—13 S. 4.
Höxter a. d. Weser, König Wilhelms-G, OP 1893 (358)

476 **Petri,** Hermann: Wittenberger Stammbuchblätter aus dem 16. Jahrhundert mitgeteilt. Naumburg a. S., Druck v. H. Sieling, 1893; 63—80 S. 4.
Pforta, k. Landes-S, Festschr. 1893 (248)

477 **Pfaff,** Karl [Prof. Dr.]: Zur Geschichte des Heidelberger Gymnasiums. Verzeichnis der Abiturienten des Heidelberger Gymnasiums aus den Jahren 1844—1893 m. biograph. u. bibliograph. Bemerkgn zsgest. Heidelberg, Buchdr. v. A. Emmerling & Sohn, 1893; 1—43 S. 4.
Heidelberg, G, MP 1893 (603)

478 **Pfaff,** Karl [Prof. Dr.]: Rede zur Feier des Geburtstages S. M. des deutschen Kaisers, am 26. Jan. 1893 geh. *über Karl Friedrich von Baden.* Heidelberg, Buchdr. v. A. Emmerling & Sohn, 1893; 1—12 S. 4.
Heidelberg, G, MP 1893 (603)

479 **Pfuhl,** Fritz [Dr.]: Welche Aufgaben hat das Lehrbuch beim naturkundlichen Unterricht zu lösen? — Der gegenwärtige Bestand des Pflanzengartens am königlichen Marien-Gymnasium. Posen, Merzbach'sche Buchdr., 1893; 60 S. 4.
Posen, k. Marien-G, P 1893 (164)

480 [Ant. u. J.] **Pietsch,** Paul: Beiträge zur Geschichte der Stadt Kempen in Posen. Tl 2. (Forts. d. P-Beil. 1891.) *Kempen*, 1893; 18 S. 4.
Kempen (Posen), st. PG, OP 1893 (157)

481 **Pilts,** Ernst: Geschichte der von Professor Dr. Herzog errichteten, gegenwärtig von Direktor Pfeiffer geleiteten Lehr- und Erziehungsanstalt zu Jena. Jena, G. Neuenhahn Univ.-Buchdr., *1893*; 55—105 S. 8.
Jena, Pfeiffer'sche Lehr- u. Erziehungs-A, Festschr. 1893**

482 [F.] **Pinsger,** *Paul* [Prof. Dr., Dir.]: Brunnenwässer aus der Umgebung Saalfelds. *Saalfeld, 1893;* 17 S. 8.
Saalfeld, herz. RG, OP 1893 (706)

483 **Pischinger,** Arnold [Dr.]: De arbitris Atheniensium publicis. [= Inaug.-Diss. v. München 1893.] München, Buchdr. v. J. B. Lindl, 1893; 50 S. 8.
München, k. Luitpold-G, P 1893'

484 **Pistor,** Julius [Dr.]: Untersuchungen über den Chronisten Johannes Nuhn von Hersfeld. Cassel, Druck v. L. Döll, 1893; 1 Bl., 74 S. 8.
Cassel, k. Friedrichs-G, OP 1893 (382 [vielm. 383])

485 **Planer,** Hermann [Dr. phil.]: Geschichte des höheren Schulwesens im Grossherzogtum Sachsen. (Soll ausführlicher behandelt werden.) Jena, G. Neuenhahn Univ.-Buchdr., *1893;* 3—53 S. 8.
Jena, Pfeiffer'sche Lehr- u. Erziehungs-A, Festschr. 1893**

Polthier, Conrad: Neuer Katalog des Gymnasial-Museums zu Wittstock
s. **Grofser,** Richard, & Polthier, C.: Neuer Katalog ...

486 **Pontani,** Bernhard [Dr.]: Vergleichende Zusammenstellungen über die Schüler der ersten fünfzig Jahre des Bestehens der Anstalt. (Forts. d. Festschr. 1890.) Eschwege, Druck v. A. Rossbachs Buchdr., 1893; 3—19 S. 4.
Eschwege, Friedrich-Wilhelms-S (PG m. RPG bzw. RP), OP 1893 (387)

487 **Popp,** Ernestus: De Ciceronis de officiis librorum codicibus Vossiano Q. 71 et Parisino 6601. Hof, Druck d. Mintzel'schen Buchdr., 1893; 24 S. 8.
Hof, k. humanist. G, P 1893'

488 **Priess,** Hermann: Über den Unterricht in der Erdkunde an höheren Schulen. Geestemünde, Druck v. Remmler & v. Vangerow, 1893; 30 S. 8.
Geestemünde, R, OP 1893 (342)

489 **Pützer,** Joseph [Dir.]: Berechtigungen *der Realschule mit Fachklassen. Aachen, 1893;* 31—33 S. 4.
Aachen, R m. Fachkl. (frühere k. GwS), OP 1893 (401)

490 **Pützer,** Joseph [Dir.]: Die Einzugsfeier am 26. April 1892. *Aachen, 1893;* VIII—XVI S. 4.
Aachen, R m. Fachkl. (frühere k. GwS), OP 1893 (401)

491 **Pullig,** Ernst August: Χριστὸς πάσχων. Der leidende Christus. Christliche Tragödie, als deren Verfasser lange Zeit Gregor von Nazianz gegolten hat. Übersetzt im Versmasse d. Urschrift m. e. Einl. u. Bemerkgn. *Bonn, Univ.-Buchdr. v. C. Georgi, 1893;* 51 S. 4.
Bonn, OR m. gymnasialem Unterbau, OP 1893 (471)

492 **Radtke,** *Gustav Adolf* [Prof. Dr., Dir.]: *Bericht über seine Einführung als Director.* Ratibor, Riedingers Buch- u. Steindr., 1893; 25—26 S. 4.
Ratibor, k. Ev. G. P 1893 (205)

493 **Rangen,** Joseph [Dr.]: Phönizien. Nach den neueren Forschungen. Land u. Volk, Kunst, Religion. *Ostrowo, Th. Hoffmanns Buchdr., 1893;* 27 S. 4.
Ostrowo, k. G, OP 1893 (162)

494 **von Raumer,** Sigmund: Die Metapher bei Lucrez. Erlangen, Druck d. Univ.-Buchdr. v. E. Th. Jacob, 1893; VI, 129 S. 8.
Erlangen, k. G, P 1893*

495 **Rautenberg,** *Ernst* [Dir.]: Das Schulgebäude als Krankenhaus vom 28. August—17. Oktober. Hamburg, gedr. bei Lütcke & Wulff, 1893; 41—42 S. 4.
Hamburg, R vor d. Lübeckerthore, P 1893 (733)

496 [J.] **Raydt,** *Hermann* [kommiss. Dir.]: *Über die Leibesübungen an der Albinus-Schule.* Lauenburg, Druck v. Gebr. Borchers, 1893; 17—18 S. 4.
Lauenburg a. d. E., Albinus-S '(RPG u. R)', OP 1893 (293)

497 [Umschlagt.:] [J. u. Ant.] **Regell,** Paul [Dr.]: Commentarii in librorum auguralium fragmenta specimen. (Commentar zu: Fragmenta auguralia = P-Beil. 1882.) Hirschberg, Druck v. Geisler & Ike, 1893; 3—22 S. 4.
Hirschberg, k. G, OP 1893 (189)

498 **Reichel,** Fedor: Die Beobachtung der Regel von den Einheiten bei Racine. Löwenberg i. Schl., Druck v. P. Müller, 1893; 3—19 S. 4.
Löwenberg i. Schl., RPG, OP 1893 (118 [vielm. 218])

499 **Reichelt,** Carl: De dativis in οις et ῃς '(αις)' exeuntibus. Breslau, Druck v. Grass, Barth & C., *1893;* 22 S. 8.
Breslau, st. ev. G zu St. Elisabet, OP 1893 (175)

500 **Reinhardt,** Karl [Dir. Dr.]: *Professor Dr. Friedrich Karl Noll, gest. am 11. Jan. 1893.* Frankfurt a. M., Druck v. Enz & Rudolph, 1893; 72—73 S. 4.
Frankfurt a. M., st. G, OP 1893 (389)

501 **Reinhardt,** Karl [Dir. Dr.]: Die neue Organisation der Anstalt. Frankfurt a. M., Druck v. Enz & Rudolph, 1893; 68—70 S. 4.
Frankfurt a. M., st. G, OP 1893 (389)

502 [J.] **Reinhardt,** Leopold [Dr.]: Untersuchungen über Ciceros Offizien '(m. e. Einleitg über d. Mangel an Idealismus bei d. Römern)'. Oels, Druck v. A. Ludwig, 1893; 18 S. 4.
Oels, k. G, P 1893 (200)

503 **Rettelbusch,** Georg [Elementar- u. Turnl.]: Die in den Anlagen und einigen Gärten Merseburgs angepflanzten auffälligsten Ziersträucher und Bäume. Merseburg, Druck v. F. Stollberg, *1893;* 1 Bl., 20 S. 4.
Merseburg, Dom-G, OP 1893 (243)

504 **Rettinger,** *Kasp. Lud.* [Prof.]: Zur Geschichte des Problems der Gleichgewichtsfiguren, die eine homogene, um eine feste Axe mit konstanter Winkelgeschwindigkeit rotierende Flüssigkeitsmasse unter dem Einfluss ihrer eigenen Anziehung annehmen kann. (Umschlagt.: Problem der Gleichgewichtsfigur einer rotierenden Flüssigkeitsmasse.) Rottweil, M. Rothschild's Buchdr., 1893; 1—76 S., 1 kl. Bl. 4.
Rottweil, k. G, P 1893 (586)

505 **Reuscher,** Arnold [Dr., Dir.]: Ansprachen. Stolp, F. W. Feige's Buchdr., 1893; 23 S. 8.
Stolp, st. G u. RPG, P 1893 (147)

506 **Reuter,** Friedrich: Die Erlanger Freunde F. Rückert und J. Kopp in den Jahren 1834—1836. (Forts. d. P-Beil. 1888: Fr. Rückert in Erlangen.) Altona, Druck v. P. Meyer, 1893; 1—80 Sp. 4.
Altona, k. Christianeum, P 1893 (278)

507 **Rieder,** Adolf [Prof. Dr.]: Blätter, der Erinnerung an die Schulzeit gewidmet. Tl 3. [Forts. d. P-Beil. 1892.] Gumbinnen, 1893; 1—34 S. 4.
Gumbinnen, k. Friedrichs-G, OP 1893 (4)

508 **Riese,** Julius [Oberl. Dr.]: Goethes italienische Reise. Rudolstadt, Druck der Fürstl. priv. Hofbuchdr. F. Mitzlaff, 1893; 23 S. 4.
Rudolstadt, fürstl. G u. RPG, OP 1893 (716)

509 **Riessen,** *Peter:* Ein ungedrucktes Rechenbuch aus dem Jahre 1676. (Th. 1.) Glückstadt, Druck v. J. J. Augustin, 1893; 26 S. 4.
Glückstadt, k. G, OP 1893 (280)

510 **Rische,** *Alfred:* Geschichte der Grafschaft Schwerin bis zum Jahre 1358. E. Studie z. mecklenburg. Geschichte. 1. Ludwigslust, Buchdr. v. C. Kober, 1893; 2 Bl., 64 S. 8.
Ludwigslust, grossh. RG, OP 1893 (654)

511 [ij.] **Ritgen,** August [Prof.]: Untersuchungen über Ringschnitte. Strassburg, Univ.-Buchdr. v. J. H. E. Heitz, 1893; 66 S., 3 Taf. 4.
Schlettstadt, G, MP 1893 (530)

512 [ij.] **Röckl,** *Sebastian:* Quellenbeiträge zur Geschichte der kriegerischen Thätigkeit Pappenheims von 1627 bis zur Schlacht bei Breitenfeld. III. Tl. [I: ... v. d. Schlacht bei Breitenfeld bis ... Lützen = P-Beil. 1889; II: ... v. 1619 bis 1626 = P-Beil. 1891.] München, Druck d. Akad. Buchdr. v. F. Straub, 1893; 2 Bl., 72 S. 8.
München, k. Maximilians-G, P 1893*

513 [ij.] **Röhr,** *Friedrich* Wilh. [Dir. Prof.]: Berechtigungen der Realschule. Hechingen, Riblersche Hofbuchdr., 1893; 36 37 S. 4.
Hechingen, k. R, P 1893 (500)

514 **Röhrich,** Wilh. [Dir.]: Check und Wechsel und der Entwurf eines Checkgesetzes. Görlitz, Druck v. Hoffmann & Reiber, 1893; 3—30 S. 8.
Görlitz, Handels-Lehr-A d. Kaufmänn. Vereins, P 1893**

515 **Röhrich,** Wilh. [Dir.]: Einiges über Handelsschulen. Görlitz, Druck v. Hoffmann & Reiber, 1893; 31—36 S. 8.
Görlitz, Handels-Lehr-A d. Kaufmänn. Vereins, P 1893**

516 **Röhrich,** Wilh. [Dir.]: Die neue Gesellschaft mit beschränkter Haftung verglichen mit den bisherigen Handels-Gesellschaften nach den wesentlich in Betracht kommenden gesetzlichen Bestimmungen. Görlitz, Druck v. Hoffmann & Reiber, 1892; 3—33 S. 8.
Görlitz, Handels-Lehr-A d. Kaufmänn. Vereins, P 1892**

517 **Röhrich,** Wilh. [Dir.]: Welthandel und Handelsbilanz. E. volkswirthschaftl.-polit. Skizze. Görlitz, Druck v. Hoffmann & Reiber, 1891; 3—24 S. 8.
Görlitz, Handels-Lehr-A d. Kaufmänn. Vereins, OP 1891**

518 **Röhricht,** *Ioannes* Alexander [P.]: De Clemente Alexandrino Arnobii in irridendo gentilium cultu deorum auctore. [= Inaug.-Diss. v. Kiel 1892.] Hamburgi, typ. Lütcke & Wulff, 1893; 38 S. 8.
Horn bei Hamburg, Paulinum (PG u. R). P 1893 (730)

519 **Roemer,** Adolphus [Dr.]: Homeri Ilias. Editionis prodromus. Campoduni, ex typogr. J. Koeseliana, 1893; 15 S. 4.
Kempten, k. humanist. G, P 1893*

520 **Roessner,** Bruno: Bemerkungen über die dem Andronikos von Rhodos mit Unrecht zugewiesenen Schriften, IV. Tl. [Forts. d. P-Beil. 1890—92.] Schweidnitz, Buchdr. v. L. Heege, 1893; 31 S. 4.
Schweidnitz, ev. G, OP 1893 (207)

521 **Roessner,** Bruno: Etwas von den Bolkonen. Tl [1]—3. Schweidnitz, Druck v. L. Heege, 1893; [1.] (17 S.) 2. (43 S.) 3. (68 S.) 4.
Schweidnitz, ev. G, OP 1893 (207)

522 **Rohde,** *Johann Diedrich* [Dir. Prof.]: Die Dr. Reinecke-Sammlung ... Cuxhaven, gedr. bei G. Rauschenplat & Sohn, 1893; 23—25 S. 4.
Cuxhaven, staatl. R m. Latein-Abtlgn, P 1893 (728)

523 [Kopft.:] **Rosen,** Wilhelm: Reichsreformbestrebungen am Ausgange des Mittelalters. *Emmerich, 1893;* 21 S. 4.
Emmerich, k. G, P 1893 (430)

524 **Rosenstock,** Paul *Eduard* [Dr.]: Platos Kratylos und die Sprachphilosophie der Neuzeit. 1. Tl: Platos Kratylos u. d. Sprachphilosophie bis zum Tode Wilhelm v. Humboldts. Strasburg W.-Pr., Buchdr. v. A. Fuhrich, *1893;* 41 S. 4.
Strasburg W.-Pr., k. G, OP 1893 (41)

525 [𝔉.] **Roudolf,** Wilhelm [Prof. Dr.]: Die Verteilung des mathematischen Lehrstoffes auf die einzelnen Klassen des Gymnasiums. Neuss, Buchdr. v. L. Schwann, 1893; 3—8 S. 4.
Neuss, k. G, P 1893 (454)

526 [𝔉.] **Rudow,** *Ferdinand* [Dr.]: Ueber die Kunstfertigkeit einiger Hautflügler. Perleberg, Druck v. F. Jacobson, 1893; 1—24 S. 4.
Perleberg, k. RG, OP 1893 (100)

527 **Rühlmann,** Richard [Prof. Dr., Rekt.]: *Rector emer. Prof. Dr. Eduard Stössner, gest. am 5. Mai 1892.* Döbeln, Druck v. J. W. Thallwitz, 1893; 1—5 S. 4.
Döbeln, k. RG u. Landwirtschafts-S. OP 1893 (550)

528 [Ant. u. 𝔉.] **Rummler,** Ludwig [Prof. Dr.]: Die Ansiedlungen der Normannen im westlichen und südlichen Europa. Rogasen, Druck v. J. Alexanders Wwe, 1893; 25 S., 1 kl. Bl. 4.
Rogasen, k. G, OP 1893 (165)

529 **Sahre,** *Karl* Rudolf: Der Liturgiker Amalarius. Dresden, Lehmannsche Buchdr., 1893; III—LII S. 4.
Dresden, G z. heiligen Kreuz, OP 1893 (532)

530 **Sander,** *Ferdinand* [Dir. Reg.- u. Schulr.]: Über die Platonische Insel Atlantis. Bunzlau, C. A. Voigt's Buchdr., 1893; 1 Bl., 40 S. 4.
Bunzlau, k. Waisen- u. Schul-A (G), OP 1893 (182)

531 **Sander,** Julius: Alkmäon von Kroton. Wittenberg, *Druck v. C. H. Schulze & C. in Gräfenhainichen,* 1893; 32 S. 4.
Wittenberg, G, OP 1893 (259)

532 [𝔉.] ***Satzungen*** *der Carl Sölling-Stiftung für die Fortbildungsschule in Essen.* Essen, Druck v. H. L. Geck, 1893; 13—14 S. 4.
Essen, Fortbildungs-S. OP 1893**

533 **Satzungen** der Witwen- und Waisen-Kasse der Lehrer an der Realschule vor dem Holstenthore in Hamburg. Hamburg, gedr. bei Lütcke & Wulff, 1893; 28—30 S. 4.
Hamburg, R vor d. Holstenthore, OP 1893 (732)

534 **Sauer,** *K. Wilh.* [Prof.]: Mahabhârata und Wate. (Umschlagt.: ... e. indogerman. Studie.) Stuttgart, k. Hofbuchdr. C. Liebich, 1893; 1—73 S. 4.
Stuttgart, Eberhard-Ludwigs-G, P 1893 (500)

535 [𝔉.] **Schäfer,** *Christian Wilhelm Julius* [Dir.]: *Rede zur Nachfeier des Geburtstages Sr. Maj. des Königs 1892 über Kurfürst Moritz von Sachsen.* Rochlitz, Druck v. M. Bode, *1893;* 6—12 S. 4.
Rochlitz, R m. PG, P 1893 (577)

536 **Schäfer,** Hermann: Byron's Childe Harold Canto IV und Rogers' Italy. Görlitz, Druck d. Akt.-Ges. Görl. Nachr. u. Anzeiger, 1893; 18 S. 4.
Görlitz, st. R, OP 1893 (220)

537 **Schäfer,** Oskar [Dr.]: Die geschichtlichen Grundzüge des Verhältnisses zwischen Kaisertum und Papsttum im Mittelalter. Tl 1: Die Vorgeschichte dieses Verhältnisses. (Erscheint vollst. in Buchform.) Dresden, Druck v. B. G. Teubner, 1893; 3—31 S. 4.
Dresden. Vitzthumsches G, OP 1893 (533)

538 **Schaeffer,** Andreas [Dr.]: Beiträge z. mathemat. Didaktik. Der geometrische Unterricht auf psychologischer Grundlage. Strassburg, Druck v. M. DuMont-Schauberg, 1893; 28 S. 4.
Buchsweiler, G, MP 1893 (505)

539 **von Schaewen,** *Hermann*: Das Potential zweier getrennt liegender Ellipsoide. Leipzig, Druck v. B. G. Teubner, 1893; 23 S. 4.
Marienwerder, k. G, P 1893 (36)

540 [Umschlagt.:] **Schanzenbach,** *Otto* [Prof. Dr.]: Nachträge zur Geschichte des Eberhard-Ludwigs-Gymnasiums. Folge 2 '(vgl. Progr. v. 1887)'. [Nachtr. 2 zu: Aus d. Geschichte d. Eberh.-Ludw.-Gymn. = Festschr. 1886.] Stuttgart, k. Hofbuchdr. C. Liebich, 1893; 73—76 S. 4.
Stuttgart, Eberhard-Ludwigs-G, P 1893 (590)

541 **Schaper,** Friedrich [Dir. Dr.]: Schellings Philosophie der Mythologie. Nauen, Druck d. C. E. Freyhoff'schen Buchdr., 1893; 29 S. 4.
Nauen, RPG, P 1893 (108)

542 [Ŋ.] **Schapler,** Julius: Chamissos Peter Schlemihl. [= Inaug.-Diss. v. Leipzig 1893.] Deutsch-Krone, Druck v. F. Garms, *1893*; 45 S. 8.
Deutsch-Krone, k. G, OP 1893 (26)

543 **Scheftlein,** Johannes [Dr.]: De praepositionum usu Procopiano. [= Inaug.-Diss. v. Erlangen 1893.] Regensburg, Buchdr. M. Wasner, 1893; 63 S. 8.
Regensburg, k. neues G, P 1893*

544 **Scheibe,** *Ludwig* [Dir. Prof.]: *Bericht über die Feier des 300jährigen Bestehens der Anstalt.* Elberfeld, gedr. bei S. Lucas, 1893; 64—68 S. 4.
Elberfeld, G, P 1893 (430)

545 [Ŋ. u. Ant.] **Scheidemantel,** Georg: Der Anfangsunterricht in der Planimetrie. Das Pensum d. Quarta u. Untertertia. Torgau, Druck v. E. O. Apponius, 1893; 1—20 S., 2 Taf. 4.
Torgau, G, OP 1893 (250)

546 **Schermann,** *Joh.* [Prof. Dr.]: Zu Vergils Vorstellungen vom Jenseits. Ravensburg, Buchdr. v. Dr. B. Kah, *1893*; 1 Bl., 23 S. 4.
Ravensburg, k. G, P 1893 (587)

547 **Schladebach,** Hugo [Ph. D.]: Longfellow's 'New-England Tragedies'. Dresden, Druck v. B. G. Teubner, 1893; 3—23 S. 4.
Dresden-Altstadt, Annen-S '(RG)', OP 1893 (551)

548 **Schlüter,** Heinrich: Über Jugendlektüre. Buxtehude, Druck v. J. Vetterli, 1893; 33 S. 4.
Buxtehude, RPG, P 1893 (322)

549 **Schmidt,** *Gustav Adolf* [Stadtbaurat]: Beschreibung des Gymnasial-Erweiterungsbaues. M.Gladbach, Komm.-V. v. R. Hoster, 1892; 3—7 S., 2 Taf. 8.
M.Gladbach, G, Festschr. 1892

550 **Schmidt,** *Gustav Adolf* [Stadtbaurat]: Beschreibung des neuen Realschulgebäudes. M.Gladbach, Druck v. W. Hütter, *1893;* 3—7 S. 4.
M.Gladbach, st. R, P 1893 (400)

551 **Schmidt,** Oskar [Dr.]: Die Gesundheitslehre als Lehrgegenstand an der höheren Mädchenschule. Charlottenburg, Druck v. A. Gertz, 1893; 3—37 S. 4.
Charlottenburg, st. HM, P 1893**

552 **Schmidt,** Philipp: Die Syntax des Historikers Herodian. E. Beitr. z. griech. Grammatik. Tl 2. Die Rection der Casus. [Forts. d. P-Beil. 1891.] Gütersloh, gedr. bei C. Bertelsmann, 1893; 28 S. 4.
Gütersloh, ev. G, P 1893 (355)

553 [Kopft.:] **Schmitt,** Franz [Dr.]: Der Unterricht in Quinta nach dem Concentrationsprincip. 1. Sprachlich-grammat. Tl. *Giessen, W. Keller'sche Druckerei, 1893;* 18 S. 4.
Giessen, grossh. G, OP 1893 (627)

554 **Schmitz,** Maximilian [Dr.]: Die politischen Ideen des Thomas Becket. Crefeld, J. B. Klein'sche Buchdr., *1893;* 3—19 S. 4.
Crefeld, R '(in Umwandlg z. OR)', P 1893 (406)

555 **Schneider,** *Georg* [Dr.]: Beiträge zur homerischen Wortforschung und Textkritik. 1. Görlitz, Görl. Nachr. u. Anzeiger, 1893; 3—31 S. 4.
Görlitz, st. G u. RG, P 1893 (187 [vielm. 188])

556 **Schneider,** Gustav [Dr.]: Über das Wesen und den Entwicklungsgang der Idylle. Hamburg, gedr. bei Lütcke & Wulff, 1893; 1 Bl., 36 S. 4.
Hamburg, Wilhelm-G, OP 1893 (730)

557 [Umschlagt.:] **Schneider,** Johannes [Dr.]: Der Türkenzugskongreſs zu Rom. '(3. Juni bis 30. Juli 1490)'. Nach archival. Quellen dargest. Gumbinnen, gedr. bei W. Krausenock, 1893; 1—13 S. 4.
Gumbinnen, st. RPG, OP 1893 (18)

558 [J.] **Schneider,** Wilhelm [Dir.]: *Professor Dr. Hermann Franck, gest. am 4. Juni 1892.* Demmin, gedr. bei W. Gesellius, 1893; 20—22 S. 4.
Demmin, k. G, OP 1893 (134)

559 **Schneidewin,** *Max* [Prof. Dr.]: Ein zusammenfassender und metakritischer Rückblick auf Cicero's Beurteilung der Epikureischen Ethik in seinem zweiten Buche de finibus. (Umschlagt.: Studien zu Ciceros philosophischen Schriften.) Hameln, Buchdr. v. C. W. Niemeyer, 1893; 3—24 S. 4.
Hameln, st. G u. RPG, OP 1893 (305)

560 **Schönemann,** Julius [Dr.]: Inwiefern lassen sich Victor Hehns Schriften zur Belebung und Vertiefung des Gymnasial-Unterrichts verwerten? Schlawe, Druck v. H. Moldenhauer & Sohn, 1893; 3—27 S. 4.
Schlawe, st. PG, P 1893 (130a [übergedr. 142])

561 **Schoepke,** *Otto* [Dr.]: Der französische und englische Unterricht im Dienste des Deutschen. Dresden-Johannstadt, Druck v. G. Nössler, *1893;* 3—23 S. 4.
Dresden-Johannstadt, st. R, OP 1893 (561)

562 **Scholz,** Joseph [Dr.]: Wie ist das Zeichnen im geographischen Unterrichte zu verwerten? Beitrag z. Methodik d. geograph. Unterrichts in Mittelschulen. Neustadt O.-S., Raupach'sche Buchdr., *1893;* 3—13 S. 4.
Neustadt Ob.-Schl., k. G, OP 1893 (190)

563 **Schrammen,** Johann: Die deutsche Götter- und Heldensage im Dienste der Jugendbildung. Köln, gedr. bei J. P. Bachem, 1893; 3—24 S. 4.
Köln, k. Kaiser Wilhelm-G, OP 1893 (434)

564 **Schroeder,** Friedrich [Dr.]: Zur griechischen Bedeutungslehre. Gebweiler, Buchdr. v. J. Dreyfus, 1893; 36 S. 4.
Gebweiler, G, MP 1893 (509)

565 **Schubring,** Julius [Dr., Dir. u. Prof.]: *Oberlehrer Dr. Heinrich Hupe, gest. am 24. Dec. 1892.* Lübeck, Druck v. Gebr. Borchers, 1893; 87—89 S. 4.
Lübeck, Katharineum, OP 1893 (740)

566 [J.] **Schürmann,** Jos. [Dr.]: Ausgewählte Stücke aus Alexander Freiherrn von Hübner's „Durch das Britische Reich“. Zum Übersetzen in d. Engl. f. d. oberen Klassen höherer Schulen eingerichtet. Lippstadt, Druck: A. Staats, *1893;* 1—21 S. 4.
Lippstadt, RG, OP 1893 (374)

567 [J.] **Schulenburg,** *Friedrich Conrad* Th. [Kondir.]: *Nachruf für Director Dr. Karl Ernst Hermann Krause, gest. am 28. Mai 1892.* Rostock, Druck v. Adler's Erben, *1893;* 11—13 S. 4.
Rostock, G u. RG, OP 1893 (648)

568 **Schulgesetze** betr. das äussere Verhalten der Schüler. Doberan, Druck v. H. Rehse & C., 1893; 22—23 S. 4.
Doberan, grossh. G Friderico-Francisceum, OP 1893 (645)

569 **Schulordnung** für die Ober-Real- und Vorschule zu Oldenburg. Oldenburg i. Gr., Druck v. A. Littmann, 1893; 28—31 S. 4.
Oldenburg, st. OR u. VS, P 1893 ([illegible]7)

570 **Schultess**, *Friedrich* [Dir.]: *Professor Dr. Ernst Reinstorff, gest. am 6. Febr. 1893.* Hamburg, gedr. bei Lütcke & Wulff, 1893; 6—7 S. 4.
Hamburg, Gelehrten-S d. Johanneums, P 1893 (720)

571 **Schulze**, Karl Paul [Dr.]: Beiträge zur Erklärung der römischen Elegiker. Berlin, R. Gaertner, 1893; 31 S. 4.
Berlin, Friedrichs-Werdersches G, OP 1893 (55)

572 **Schulze**, Ernst [Dr., Dir.]: *Zum Andenken an Kaiser Friedrich.* (Gedicht.) Homburg v. d. H., Schudt's Buchdr. d. Taunusboten, 1893; S. 20. 4.
Homburg v. d. H., RPG u. PG u. in Entwicklg begriff. R, OP 1893 (395)

573 [Kopft.:] **Schulze**, *Georg* [Dr., Dir.]: An die Eltern unserer Schüler und deren Stellvertreter *über die Veränderungen in der Lehrverfassung der Anstalt. Berlin, 1893;* 4 S. 4.
Berlin, Collège royal français, P 1893 (53)

574 **Schulze**, Hermann: Verzeichnis der Lehrerbibliothek der Realschule. [s. d. folg. No.] Barmen, Druck v. W. Wandt, *1892;* 57 S. 8.
Barmen-Wupperfeld, R, P 1892**

575 ***Schulze**, Hermann:* Verzeichnis der Lehrerbibliothek. Nachtrag 1. [s. d. vorh. No.] Barmen, Buchdr. v. W. Wandt, *1893;* 27—28 S. 4.
Barmen-Wupperfeld, R, P 1893 (403)

576 **Schulze**, *Otto* [Oberl. Dr.]: Beiträge zur Feststellung des modernen englischen Sprachgebrauches und Bemerkungen zu der Grammatik und dem Elementarbuche der englischen Sprache von Gesenius. Tl 1. Gera, Druck v. Th. Hofmann, 1893; 3—22 S. 4.
Gera, st. RG m. VS, OP 1893 (713)

577 **Schumann**, Colmar: Nachtrag zu den Flur- oder Koppelnamen des Lübecker Staatsgebietes. (Nachtr. z. P-Beil. 1892.) Lübeck, Druck v. Gebr. Borchers, 1893; 61—69 S. 4.
Lübeck, Katharineum, OP 1893 (740)

578 [J.] **Schumann**, *Eduard* [Rekt.]: *Rückblick auf die Entwickelung der Anstalt und Vergleichung des Lehrplanes von 1818/19 mit dem von 1892/93.* Stuttgart, Buchdr. d. Paulinenpflege, *1893;* 18—19 S. 4.
Stuttgart, k. RA, P 1893 (5[illegible])

579 **Schwartz**, Paul [Dr.]: Zur Geschichte der Neumark während des siebenjährigen Krieges. Berlin, R. Gaertner, 1893; 28 S. 4.
Berlin, Sechste St. R '(HB)', OP 1893 (123)

580 **Schwarze,** Rud. [Prof.]: Verzeichnis der von dem verstorbenen Oberlehrer Franz Hermes dem Gymnasium letztwillig überwiesenen Bibliothek. Frankfurt a. O., kgl. Hofbuchdr. Trowitzsch & Sohn, 1893; 5—17 S. 4.
Frankfurt a. d. O., k. Friedrichs-G, OP 1893 (75 [vielm. 74])

581 **Schweikert,** *Ernst* [Dr.]: Beiträge zur Geschichte des Gymnasiums zu M.Gladbach. M.Gladbach, Komm.-V. v. R. Hoster, 1892; 8—22 S. 8.
M.Gladbach, G. Festschr. 1892

582 **Schweikert,** Ernst [Dr., Dir.]: Bericht über die Einweihung des neuen Schulgebäudes. M.Gladbach, Druck v. F. van Oberger, 1893; 3—9 S. 4.
M.Gladbach, G, OP 1893 (445)

583 **Schwering,** *Karl* [Dir. Prof. Dr.]: *Bericht über seine Einführung als Director der Anstalt.* Düren, Hamel'sche Buchdr., 1893; 9—10 S. 4.
Düren, G, P 1893 (437)

584 **Schwering,** Karl [Dir. Prof. Dr.]: Woinarowski. Erzählendes Gedicht von K. Th. Rylejeff. Aus d. Russischen übs. Düren, Hamel'sche Buchdr., 1893; 19 S. 4.
Düren, G, P 1893 (437)

585 **Seeger,** *Heinrich* [Dir.]: Über die Stellung des hiesigen Realgymnasiums zu dem Erlass des Preussischen Unterrichtsministeriums vom 6. Januar 1892. Güstrow, Druck d. Ratsbuchdr., *1893;* 2 Bl., 40 S. 8.
Güstrow, RG, OP 1893 (653)

586 **Seiffert,** Otto [wiss. Hilfsl. Dr.]: Der Einfluss der formalsprachlichen Bildung auf das menschliche Denken. (Th. 1.) Lauban, Druck v. A. Ludwig, 1893; 1—26 S. 4.
• Lauban, k. G, P 1893 (194)

587 **Seiller,** Bernardus [Dr. P., O. S. B.]: De sermone Minuciano. [= Inaug.-Diss. v. Würzburg 1893.] Augustae Vind., typ. Ph. J. Pfeiffert, 1893; 54 S. 8.
Augsburg, G bei St. Stephan, P 1893*

588 [J.] **Seitz,** *Karl* [Prof. Dr., Dir.]: Aktenstücke zur Geschichte der früheren lateinischen Schule zu Itzehoe. v. [Forts. d. P-Beil. 1888—90. 92.] Itzehoe, Druck v. G. J. Pfingsten, 1893; 44 S. 8.
Itzehoe, st. RPG, OP 1893 (292)

589 **Sellenthin,** *Rudolf Friedrich Bernhard* [Dr.]: Ueber die Influenz einer homogenen elektrischen Kreisscheibe auf einen umhüllenden ellipsoidischen Konduktor. [= Inaug.-Diss. v. Greifswald 1893.] Greifswald, Druck v. F. W. Kunike, 1893; 1 Bl., 19 S. 8.
Gartz a. O., G, OP 1893**

590 [Ant. u. J.] **Semisch,** Franz [Dr.]: Leben und Dichten des Horaz. I. Der Dichter der Epoden und Satiren. Friedeberg Nm., Druck v. E. Eisermann, *1893;* 26 S. 4.
Friedeberg Nm., k. G, OP 1893 (76)

591 **Sepp,** Simon [Dr.]: (Pyrrhonëische Studien '(Πυρρώνεια λόγοι)'. [1:]) Die philosophische Richtung des Cornelius Celsus. E. Kapitel aus d. Gesch. d. pyrrhonischen Skepsis. — ([Folgt:] Pyrrhonëische Studien ... [II:] Untersuchungen auf dem Gebiete der Skepsis ...) [= Inaug.-Diss. v. Erlangen 1893.] Freising, Buchdr. v. A. Fellerer, 1893; 149 S. 8.
Freising, k. Humanist. G, P 1893*

592 **Sickinger,** Anton [Dr., Prof.]: Beitrag zum Verständnis der Xenophontischen Anabasis und der altgriechischen Elementartaktik. Bruchsal, Druck v. D. Weber, 1893; 1 Bl., 19 S. 4.
Bruchsal, grossh. G, MP 1893 (599)

593 **Simon,** Konrad [Dr.]: Die Hauptreihe der Blattstellungs-Divergenzen mathematisch betrachtet. M. 3 Fig. Berlin, R. Gaertner, 1893; 29 S. 4.
Berlin, Berlinisches G z. grauen Kloster, OP 1893 (52)

594 **Simon,** *Moritz* [Dir. Prof. Dr.]: *Die Berechtigungen der Anstalt.* Frankfurt a. M., Druck v. Krebs-Schmitt Nf., 1893; 25—27 S. 4.
Frankfurt a. M., Klinger-S (OR), OP 1893 (416)

595 [Umschlagt.:] **Simon,** Otto [Dir. Dr.]: Die Königliche Realschule und die Militärzeugnisse. A. 1814—1834. B. 1834—1892. Berlin, Druck v. A. W. Hayn's Erben, *1893;* 3—24 S. 4.
Berlin, k. RG, OP 1893 (92)

596 **Simon,** Otto [Dir. Dr.]: Unterrichts-Verteilung in Unter-Sekunda während der Jahre 1862—92. Berlin, Druck v. A. W. Hayn's Erben, *1893;* 25—27 S. 4.
Berlin, k. RG, OP 1893 (92)

597 **Simon,** Otto [Dir. Dr.]: Verzeichnis der Schüler der Königlichen Realschule und des Königlichen Realgymnasiums zu Berlin, welche in den Jahren 1861 bis 1892 das Schulzeugnis der Befähigung zum einjährig freiwilligen Militärdienst erhalten haben. Berlin, Druck v. A. W. Hayn's Erben, *1893;* I—XXIV S. 4.
Berlin, k. RG, OP 1893 (92)

598 [Umschlagt.:] **Smolka,** Heinrich: Zum Betriebe des lateinisch-grammatischen Unterrichtes in der Untersekunda der Gymnasien. Tremessen, gedr. bei L. Marten, 1893; 1—19 S. 4.
Tremessen, k. PG, OP 1893 (169)

599 **Spanuth,** Johannes [Dr.]: Zacharias Rhetor: das Leben des Severus von Antiochien in syrischer Uebersetzung, hrsg. Göttingen, Druck d. Dieterichschen Univ.-Buchdr., 1893; 1 Bl., 31 S. 4.
Kiel, k. G, OP 1893 (283)

600 **Speyer,** Friedrich: Die Texte der Gedichte in unsern deutschen Lesebüchern. (Th. 1.) Berlin, Druck v. A. W. Hayn's Erben, 1893; 3—17 S. 4.
Berlin, k. Elisabeth-S, OP 1893**

601 **Sporleder,** Carl: Über die „Escossoise" von Antoine de Montchrestien. *Düsseldorf, gedr. bei A. Bagel, 1893;* 22 S. 4.
Düsseldorf, R, OP 1893 (497)

602 **Sprotte,** Franz [Dr.]: Zur Geschichte des hl. Karl Borromäus. Convivium noctium Vaticanarum. Oppeln, Druck v. E. Raabe, 1893; 1—8 S. 4.
Oppeln, k. kath. G, OP 1893 (202)

603 [Umschlagt.:] Der neue **Spruch-** und Lieder**kanon.** Dirschau, Druck v. C. Hopp, 1893; 3—6 S. 4.
Dirschau, RPG, P 1893 (46)

604 **Stache,** Emil: Das Verhältnis von Shakespeare's Troilus und Cressida zu Chaucer's gleichnamigem Gedichte. Nordhausen, Druck v. C. Kirchner's Buchdr., 1893; 1—14 S. 4.
Nordhausen, k. RG, OP 1893 (271)

605 **Staedler,** Karl: Von Horaz-Verdeutschungen. Berlin, R. Gaertner, 1893; 11—28 S. 4.
Berlin, Margarethen-S, OP 1893**

606 **Staeger,** *Paul* [stellvertr. Dir.]: Kurze Zusammenstellung der wichtigsten Berechtigungen der Anstalt. Eisleben, Druck v. E. Schneider, *1893;* S. 50. 4.
Eisleben, st. RPG '(künftige „R")', OP 1893 (263)

607 **Staehle,** *Wilhelm* [Dr., Oberl.]: *Director Dr. Heinrich Theodor Adam, gest. am 5. Febr. 1893.* Schwerin, G. Hilb's Buchdr., 1893; 18—20 S. 4.
Schwerin, grossh. RG, OP 1893 (656)

608 **Stange,** Carolus [dr. phil.]: De Arnobii oratione. I. De verbis ex vetusto et vulgari sermone depromptis. II. De clausula Arnobiana. Saargemünd, Strassburger Druckerei u. Verl.-Anst. '(Filiale Saargem.)', 1893; 36 S. 4.
Saargemünd, G, P 1893 (515)

609 ***Statut*** *der Caesar Butschke-Stiftung am Carl Friedrich-Gymnasium in Eisenach.* Eisenach, Hofbuchdr., 1893; 6—7 S. 4.
Eisenach, Carl Friedrich-G, OP 1893 (660)

610 [Ü.] **Statut** der Hegenscheidt-Wernicke-Stiftung an der Kgl. Ober-Realschule zu Gleiwitz. Gleiwitz, Neumanns Stadtbuchdr., *1893;* 28—30 S. 4.
Gleiwitz OS., k. OR u. techn. Fach-S, OP 1893 (228)

611 ***Statut*** *der Jubiläums-Stipendien-Stiftung.* Beuthen O.-S., Druck v. Haenel & Stratmann, 1893; S. 22. 4.
Beuthen O.-S., k. G, OP 1893 (174)

612 **Statut** der Planck-Stiftung am Karls-Gymnasium zu Stuttgart. Stuttgart, k. Hofbuchdr. C. Liebich, 1893; S. 4. 4.
Stuttgart, Karls-G, P 1893 (501)

613 [J. u. Ant.] **Stechele,** *Ulrich* [Prof. Dr.]: Grossh. Realgymnasium zu Eisenach. Kleine Beiträge zur Geschichte der Schule. Eisenach, Hofbuchdr. '(H. Kahle)'. *1893;* 1 Bl., 32 S. 8.
Eisenach, grossh. RG, OP 1893 (670)

614 **Stein,** Adolf: Der Stamm des Hithpael im Hebräischen. Tl 1. Leipzig, Druck v. W. Drugulin, 1893; IV, 26 S. 4.
Schwerin, grossh. RG, OP 1893 (656)

615 **Stein,** *Heinrich* [Dir. Dr.]: Stücke aus Thukydides. Deutsch. M. Anmerkgn. 1. 1. Die Grabrede des Perikles, 2. Beschreibung der Seuche in Athen. Oldenburg, Druck v. G. Stalling, 1893; 1—22 S. 4.
Oldenburg, grossh. G, OP 1893 (666)

616 [J.] **Steinbart,** *Quintin* [Dr., Dir.]: Rede bei dem Jubiläum des Herrn Professor Dr. *Otto Hermann Friedrich* Schmeding. Duisburg, gedr. bei F. H. Nieten, *1893;* 10—12 S. 4.
Duisburg, st. RG, OP 1893 (475)

617 [Umschlagt.:] [J.] **Steinbrinck,** *Karl Wilhelm* [Dr. in Lippstadt]: Nachtrag zu *Ferd. Gumpert: Friedr.* Roths Leben und Schriften. (Nachtr. z. P-Beil. 1892.) Buxtehude, Druck v. J. Vetterli, 1893; S. 16. 4.
Buxtehude, RPG, P 1893 (322)

618 **Steinmüller,** Georg [Dr.]: Auswahl französischer Gedichte für den Schulgebrauch zsgest. u. erl. Würzburg, Druck d. kgl. Universitätsdr. v. H. Stürtz. 1893; 1 Bl., 72 S. 8.
Würzburg, k. altes G, P 1893*

619 **Stern,** Julius: Homerstudien der Stoiker. Lörrach, Buchdr. v. C. R. Gutsch, 1893; 52 S. 4.
Lörrach, grossh. G u. RPG, MP 1893 (607)

620 **Stern,** Paul: Ergebnisse zwanzigjähriger meteorologischer Beobachtungen der Station Nordhausen a. Harz. Nordhausen, Druck v. C. Kirchner's Buchdr., *1893;* 1—27 S. 4.
Nordhausen, k. G, P 1893 (247)

621 **Stichert,** August: Nikolaus II. von Werle. Tl 2. (Forts. d. P-Beil. 1891.) Rostock, Druck v. Adlers Erben, 1893; 32 S. 4.
Rostock, G u. RG, OP 1893 (648)

622 [Umschlagt.:] [J.] **Stieff,** Ludwig: P. Corneilles, seiner Vorgänger und Zeitgenossen Stellung zu Aristoteles und den drei Einheiten, und Corneille als Theoretiker bis zum Erscheinen seiner drei Discours im Jahre 1660. 1. Tl. Breslau, Druck v. Grass, Barth & C., 1893; 3—39 S. 4.
Breslau, RG z. heiligen Geist, P 1893 (214)

623 **Stiehl,** Carl [Prof., Gesangl.]: Katalog der Musik-Sammlung auf der Stadtbibliothek zu Lübeck. Lübeck, Druck v. Gebr. Borchers, 1893; 1—59 S. 4.
Lübeck, Katharineum, OP 1893 (740)

624 [R.] **Stötzer,** *Oskar Glorius* [Oberl. Dr.]: Uebersicht der Berechtigungen, welche mit der Absolvierung der einzelnen Klassen eines Realgymnasiums gesetzlich verknüpft sind. Bützow, Druck d. Ratsbuchdr. v. C. Huhr, *1893:* 53—55 S. 4.
Bützow, RG, OP 1893 (652)

625 **Strehl,** Karl [Gymnasialassist.]: Die Grundlagen der Theorie der Lichtbeugung im Fernrohr. (Abschn. 1—3. — Erscheint vollst. in Buchform.) Landau, Buchdr. K. & A. Kaussler, 1893; 42 S., 1 Taf. 8.
Landau, k. humanist. G, P 1893*

626 **Strien,** Gustav [Prof. Dr., Oberl.]: Der französische Anfangsunterricht am Gymnasium nach den preussischen Lehrplänen. (E. Begleitwort zu d. „Elementarbuch d. französ. Sprache, Ausg. B: f. Gymnasien u. Realgymnasien".) Dessau, Druck v. L. Reiter, Herzogl. Hofbuchdr., 1893; 1 Bl., 15 S. 4.
Dessau, herz. Friedrichs-G, OP 1893 (678)

627 **Stritter,** L. [Dir.]: Umwandlung der Schule in eine Realschule mit wahlfreiem Unterricht im Latein. Biebrich a. Rh., Lewalter'sche Buchdr., 1893; 58—59 S. 4.
Biebrich a. Rh., RPG, OP 1893**

628 **Suhle,** Eugen [Dr.]: Barbarossas constitutio de regalibus vom November 1158 und ihre Durchführung. [= Inaug.-Diss. v. Rostock 1893.] Berlin, R. Gaertner, 1893; 22 S. 4.
Berlin, Sophien-S, OP 1893**

629 **Suhle,** *Hermann* [Dir. Prof. Dr.]: Über imaginäre Punkte ebener Kurven. (Soll fortges. werden.) Dessau, Druck v. L. Reiter, Herzogl. Hofbuchdr., 1893; 1- 28 S. 4.
Dessau, herz. Friedrichs-RG u. VS d. Fridericianum, P 1893 (679)

630 **Sumpff,** Otto: Cäsars Beurteilung seiner Offiziere in den Commentarien vom gallischen Kriege. II. [Forts. d. P-Beil. 1892.] Quedlinburg, Druck v. K. Voges, 1893; 1—33 S. 4.
Quedlinburg, k. G, OP 1893 (249)

631 **Tebbe,** Heinrich: Hamerlings Dichtung „Der König von Sion" und ihre geschichtliche Grundlage. Münster, Druck d. Aschendorffschen Buchdr., 1893; 1—20 S. 4.
Münster i W., k. Paulinisches G, P 1893 (360)

632 **Teets,** *Louis Alexius Ferdinand* [Dr.]: A. Beiträge zur rhythmopoiie des Sophokles. 1. Die kolometrie in den cantica der Antigone. B. Kritische Bemerkungen zu Soph. Ant. v. 1156—1157 und Caes. b. g. I, 8, 1 und b. g. IV, 17, 9. Bremerhaven, Nordsee-Zeitg '(Krah, Hoeck & C.)', 1893; 1 Bl., 91 S., 1 Bl. 8.
Bremerhaven, G u. R, OP 1893 (725)

633 **Teusch,** Jakob [Dr.]: Zur Geschichte der schwäbischen und elsässischen Reichs-Landvogteien im dreizehnten Jahrhundert. Tl 2. [Schluss d. P-Beil. 1890.] Köln, gedr. bei J. P. Bachem, 1893; 3 17 S. 4.
Köln, k. kath. G an Apostein, P 1893 (431)

634 [Umschlagt.:] **Thamhayn,** *Willy Ernst* [Dr.]: Aus neueren französischen Lyrikern. Metrische Übertragungen. Seehausen i. d. A., Druck d. R. Schröterschen Buchdr., 1893; 3—12 S. 4.
Seehausen i. d. A., G, OP 1893 (254)

635 **Thiele,** *Richard* [Dir. Dr.]: *Bericht über seine Einführung als Director.* Erfurt, Druck v. F. Bartholomäus, 1893; 16—20 S. 4.
Erfurt, k. G, OP 1893 (234)

636 [Umschlagt.:] **Thümen,** *Friedrich* [Dir. Prof. Dr.]: Antrittsrede *über die Realgymnasien.* Stralsund, Druck d. kgl. Regierungs-Buchdr., 1893; 1—6 S. 4.
Stralsund, RG, OP 1893 (152)

637 **Thümen,** *Friedrich* [Prof. Dr., Dir.]: *Bericht über seine Einführung als Director.* Stralsund, Druck d. kgl. Regierungs-Buchdr., 1893; 12—14 S. 4.
Stralsund, RG, OP 1893 (152)

638 **Timm,** *Rudolf* [Dr.]: Der Wert des naturgeschichtlichen Unterrichts für die formale Bildung an Beispielen dargest. Hamburg, gedr. bei Lütcke & Wulff, 1893; 1 Bl., 24 S. 4.
Hamburg, R vor d. Lübeckerthore, P 1893 (733)

639 [Ü.] **Tobien,** Wilhelm [Dr., Dir.]: Geschichte der lateinischen Schule in Schwelm. (Forts.) (Forts. d. P-Beil. 1888. 91.) Schwelm, Druck v. M. Scherz, 1893; 1—8 S. 4.
Schwelm, RPG, P 1893 (378)

640 **Toeppen,** *Max* [Dr., Dir.]: Die preussischen Landtage während der Regentschaft der brandenburgischen Kurfürsten Joachim Friedrich und Johann Sigismund 1603—1619. Nach d. Landtagsacten dargest. Abth. 3. [Forts. d. P-Beil. 1891. 92.] Elbing, Buchdr. R. Kühn, 1893; 1 Bl., 75—115 S. 4.
Elbing, k. G, OP 1893 (30)

641 **Treu,** Maximilianus: Eustathii Macrembolitae quae feruntur aenigmata edidit. Breslau, Druck v. O. Gutsmann, 1893; 2 Bl., 47 S. 8.
Breslau, k. Friedrichs-G, P 1893 (170)

642 [Umschlagt.:] **Triemel,** Ludwig [Dr.]: Die Aufgabe der Kantschen Metaphysik und deren Lösung innerhalb der Kritik der reinen Vernunft. Coblenz, Krabben'sche Buchdr., 1893; 1—17 S. 4.
Coblenz, k. G, P 1893 (430)

643 [Umschlagt.:] **Tschiersch,** *Otto* [Dir. Dr.]: Zur Geschichte des Küstriner Gymnasiums. Küstrin, C. Nigmann's Buch- u. Steindr., 1893; 1—19 S. 4.
Küstrin, k. G m. st. VS, P 1893 (72)

644 **Tschirch,** Otto [Dr.]: Urkunden zur ältern Geschichte der Saldernschen Schule. Hrsg. Brandenburg a. d. H., J. Wiesikes Buchdr., 1893; 27 S. 8.
Brandenburg a. d. H., v. Saldernsches RG, OP 1893 (100)

645 **Ubbelohde,** Karl [Dir.]: Dic, cur hic! Rede z. Entlassung d. Abiturienten d. 23. Sept. 1892. Friedland i. M., Druck v. W. Walther, 1893; 5—8 S. 4.
Friedland, G, P 1893 (657)

646 **Ubbelohde,** Karl [Dir.]: Wollt ihr Mietlinge sein? Rede z. Entlassung d. Abiturienten d. 8. Apr. 1892. Friedland i. M., Druck v. W. Walther, 1893; 1—4 S. 4.
Friedland, G, P 1893 (657)

647 **Übersicht** über die Lehraufgaben genau entsprechend den neuen Lehrplänen vom 6. Januar 1892. Strehlen, T. Erler's Buchdr., 1893; 5—17 S. 4.
Strehlen, k. G, P 1893 (208)

648 **Uhlig,** *Gustav* [Dr.]: *Professor D. Dr. Karl Hartfelder, gest. im Juni 1893.* Heidelberg, Buchdr. v. G. Geisendörfer, 1893; 3—5 S. 4.
Heidelberg, G, MP 1893 (603)

649 **Ulbricht,** Edmund [Dr.]: Über die Verwertung des Geschichtsunterrichts auf Gymnasien zur politischen Erziehung unseres Volkes. Dresden, Druck v. B. G. Teubner, 1893; 32 S. 4.
Dresden-Neustadt, k. G, OP 1893 (535)

650 **Ullrich,** Johannes B.: De Salviani scripturae sacrae versionibus. Neustadt a. Hdt., Aktiendr., 1892; 52 S., 1 Bl. 8.
Neustadt a/H., k. StA, P 1893*

651 [ß. u. Ant.] **Vaders,** Joseph [Dr.]: De alis exercitus Romani, quales erant imperatorum temporibus. Münster, Westfäl. Vereinsdr. vorm. Coppenrath'sche Buchdr., 1893; 3—18 S. 4.
Münster i. W., RG, P 1893 (376)

652 **Veil,** *Heinrich* [Dr., Dir.]: Justins, des Philosophen und Märtyrers, Rechtfertigung des Christentums '(Apologie I u. II)' verdeutscht. Strassburg, J. H. E. Heitz, 1893; VIII, 64 S. 8.
Strassburg, prot. G, MP 1893 (518)

653 [ß.] **Venediger,** *Edmund* [Dr., Leiter d. Realsch.]: *Bericht über seine Einführung als Anstaltsleiter.* Erfurt, Ohlenroth'sche Buchdr., 1893; 13—19 S. 4.
Erfurt, st. R, P 1893 (273)

654 [ß.] **Verordnung,** betreffend die Abänderung und Ergänzung des Regulativs für die höheren Schulen in Elsass-Lothringen vom 20. Juni 1883. (Unterzeichnet: Der Kais. Statthalter ... Fürst v. Hohenlohe.) Strassburg, Druck v. M. DuMont-Schauberg, 1893; 19—21 S. 4.
Strassburg i. E., R bei St. Johann, P 1893 (528)

655 [ß.] **Verzeichnis** der in den einzelnen Klassen für die Deklamation zu lernenden deutschen Gedichte. Siegen, Druck v. W. Vorländer, 1893; 15—16 S. 4.
Attendorn, G, P 1893 (347)

Verzeichnis der Lehrerbibliothek. Nachtrag 1 ... Barmen 1893
s. **Schulze,** Hermann [Vf.]

656 [S.] **Vespermann,** Hermann: Wie ist der Lehrstoff in der Erdkunde auf Grund der Lehrpläne von 1892 auf die Klassen Sexta bis Untersekunda der höheren Schulen zu verteilen? (Th. 1.) Hagen, Buchdr. v. G. Butz, 1893; 1 Bl., 12 S. 4.
Hagen, RG u. G, P 1893 (372)

657 **Viedt,** Ernst: Über Konzentration im Unterricht. Gnesen, gedr. bei Baensch & Wnukowski, *1893*; 1 Bl., 19 S. 4.
Gnesen, k. G, P 1893 (155)

658 [Umschlagt.:] **Vielau,** *Hermann* [Dr.]: Katalog der Lehrer-Bibliothek. 4. Tl. [Forts. d. P-Beil. 1890—92.] Bonn, Hauptmann'sche Buchdr., 1893; 73—128 S. 8.
Münstereifel, k. G, P 1893 (453)

659 **Vogel,** *Theodor* [Prof. Dr., Rekt.]: *Bericht über die Feier des Umzuges in das neue Schulgebäude.* Dresden, Druck v. C. Heinrich, *1893*; 29—34 S. 4.
Dresden-Neustadt, Drei-König-S '(RG)', OP 1893 (552)

660 **Vogel,** Theodor [Prof. Dr., Rekt.]: Die Schule im Hause an der Königstrafse. '(1854—1892.)' (Unter Mitwirkung v. Kollegen zsgest.) Dresden, Druck v. C. Heinrich, 1892; 3—30 S., 1 Taf. 4.
Dresden-Neustadt, Drei-König-S '(RG)', Festschr. 1892

661 **Voigt,** Hans [Dr. phil.]: Zur Geschichte der Nicolaischule im achtzehnten Jahrhundert. (Soll fortges. werden.) Leipzig, Druck v. O. Dürr, 1893; 1 Bl., 34 S. 4.
Leipzig, Nicolai-G, OP 1893 (539)

662 [S.] **Volger,** Hermann [wiss. Hilfsl.]: Die Lehre von den Seelenteilen in der alten Philosophie. II. Tl. (I: P-Beil. 1892. — Forts. folgt an and. Stelle.) Ploen, S. W. Hirt's Buchdr., *1893*; 1 Bl., 17 S. 4.
Ploen, k. G, OP 1893 (286)

663 **Volkmann,** Didericvs: Ad Itinerarivm Alexandri adnotationes criticae. Naumburg a. S., Druck v. H. Sieling, 1893; 81—93 S. 4.
Pforta, k. Landes-S, Festschr. 1893 (248)

664 **Votsch,** Wilh. [Dr.]: Der Anfangsunterricht im Lateinischen auf Realgymnasien mit lateinlosem Unterbau '(Altonaer System)'. Magdeburg, Druck v. E. Baensch Jun., 1893; 26 S. 8.
Magdeburg, Guericke-S '(OR u. RG)', P 1893 (276)

665 **Waehmer,** Walter: Über ἦ, ὡς φάτο, ὡς εἰπών und verwandte epische Formeln. 1. Göttingen, Druck v. L. Hofer, 1893; 30 S. 4.
Göttingen, k. G u. RG, OP 1893 (304)

666 **Wäntig,** *Paul Ottomar* Richard [Dr.]: Haine und Gärten im griechischen Altertum. Chemnitz, Druck v. J. C. F. Pickenhahn & Sohn. 1893; 32 S. 4.
Chemnitz, k. G. OP 1893 (531)

667 **Wagner,** Ernst [Dr]: Bericht über den Kursus der Betrachtung antiker Kunst in Italien für deutsche Gymnasiallehrer im Herbst 1892, erstattet auf d. Wunsch eines Kreises v. Freunden d. Altertumswiss., die sich zu Mitteilgn über Studien aus d. Gebiete d. klass. Altertums monatl. einmal hier zusammenfinden. Königsberg i. Pr., Hartungsche Buchdr., 1893; 1—8 S. 4.
Königsberg i. Pr., k. Wilhelms-G, P 1893 (8)

668 **Wagner,** Hermann [Dr.]: Die Belagerung von Plataeae. [Forts. s. d. folg. No.] Doberan, Druck v. H. Rehse & C., 1892; 32 S. 4.
Doberan, grossh. G Friderico-Francisceum, OP 1892 (645)

669 **Wagner,** Hermann [Dr.]: Die Belagerung von Plataeae. '(Schluss.)' [Forts. d. vorh. No.] Doberan, Druck v. H. Rehse & C., 1893; 1 Bl., 33—53 S., 1 Kt. 4.
Doberan, grossh. G Friderico-Francisceum, OP 1893 (645)

670 **Wahl,** Georg: Hans Sachs und Goethe. II. Tl. [Forts. d. P-Beil. 1892.] Coblenz, Buchdr. v. H. L. Scheid, 1893; 3—24 S. 4.
Coblenz, st. RG, P 1893 (472)

671 [F.] **Walter,** Theodor [Dir. Dr.]: Zur algebraischen Methodik. III. Note über weitere Vereinfachungen in der Methode der Bewegungsaufgaben. [Forts. d. P-Beil. 1890. 91.] *Bingen, Druck v. A. J. Pennrich, 1893;* 6—8 S. 4.
Bingen a. Rh., grossh. R, P 1893 (633)

672 **Wangemann,** Paul: Bemerkungen zum chemischen Unterricht nach Arendtscher Methode. Sprottau, Druck v. L. Wildner, *1893;* 3—9 S. 4.
Sprottau, RG, OP 1893 (222)

673 [F.] **Warth,** *Sigm. Fr. Alfred* [Prof.]: Aus dem ABC der lateinischen Exposition. *Zuffenhausen, Druck v. F. Traunecker, 1893;* 32—36 S. 4.
Korntal, Latein- u. Real-S, OP 1893**

674 [F.] **Warth,** *Sigm. Fr. Alfred* [Prof.]: *Bericht über die Feier der Einweihung des neuen Schulgebäudes. Zuffenhausen, Druck v. F. Traunecker, 1893;* 3—5 S., 1 Taf. 4.
Korntal, Latein- u. Real-S, OP 1893**

675 **Wedekind,** Peter: Die Auflösung der algebraischen Gleichungen des zweiten, dritten und vierten Grades mit Hülfe der Theorie der symmetrischen Funktionen. Köln a. Rh., Druck v. J. P. Bachem, *1893;* 1—20 S. 4.
Köln, k. kath. G an Marzellen, P 1893 (432)

676 **Wegehaupt,** *Wilhelm* [Dir. Prof.]: *Professor Dr. Ernst Reinstorff, gest. am 6. Febr. 1893.* Hamburg, gedr. bei Lütcke & Wulff, 1893; 1—2 S. 4.
Hamburg, Wilhelm-G, P 1893 (730)

677 [ʒ.] **Wehrmann,** *Karl Peter Theodor* [Dir. Dr.]: Antrittsrede *über die Grundsätze der Führung seines Amtes.* Pyritz, Druck d. Backe'schen Buchdr., 1893; 6—11 S. 4.
Pyritz, k. Bismarck-G, OP 1893 (141)

678 [ʒ.] **Wehrmann,** *Theodor* [Geh. Reg.- u. Prov.-Schulr. Dr.]: Rede zur Einführung des Direktors Wehrmann *über die Aufgabe des Gymnasiums.* Pyritz, Druck d. Backe'schen Buchdr., 1893; 4—5 S. 4.
Pyritz, k. Bismarck-G, OP 1893 (141)

679 **Weidinger,** Anton [Dr.]: Die Schäferlyrik der französischen Vorrenaissance. [= Inaug.-Diss. v. München 1893.] München, kgl. Hof- u. Univ.-Buchdr. v. Dr. C. Wolf & Sohn, *1893;* 1 Bl., 72 S. 8.
München, k. Luitpold-Kreis-R, P 1893*

680 **Weissenborn,** Edmund [Prof. Dr.]: Bemerkungen zu Xenophons Memorabilien I, 4. Mühlhausen i. Th., Druck v. G. Danner, 1893; 27 S. 8.
Mühlhausen i. Th., G u. RPG, OP 1893 (244)

681 **Wendelborn,** *Friedrich* [Dr.]: Zur Theorie und Praxis des Unterrichts in den fremden Sprachen ... Barmen, L. Langewiesche Buchdr., 1893; 5—24 S. 4.
Unter-Barmen, st. HM, P 1893**

682 [Ant. u. ʒ.] **Wendt,** Georg [Dr.]: Geschichte der Königlichen Ritter-Akademie zu Liegnitz. Tl 1. 1708—1840. Liegnitz, Druck v. O. Heinze, *1893;* 79 S. 4.
Liegnitz, k. RAk, OP 1893 (197)

683 [ʒ.] **Werle,** Josef: Grundzüge der englischen Grammatik an Realprogymnasien m. Berücks. d. neuen Lehrpläne. 1. Tl. Oberlahnstein, F. Schickel, 1893; 25—42 S. 4.
Oberlahnstein, st. RPG, OP 1893 (410)

684 **Werner,** Ernst: Die Schulreformprojekte der französischen Revolution. Pforzheim, Druck v. F. Hamberger, 1893; 15 S. 4.
Pforzheim, G, MP 1893 (010)

685 **Wertheim,** Gustav: Die Arithmetik des Elia Misrachi. E. Beitr. z. Gesch. d. Mathematik. Frankfurt a. M., Druck v. Kumpf & Reis, 1893; 3—32 S. 4.
Frankfurt a. M., R d. israelit. Gemeinde '(Philanthropin)', OP 1893 (410)

686 [ʒ.] **Wetzstein,** *Otto Heinrich Robert* [Prof. Dr.]: Die Wandlung der stoischen Lehre unter ihren späteren Vertretern. '(Forts.)' (Forts. d. P-Beil. 1892.) Neustrelitz, Druck v. G. F. Spalding & Sohn, 1893; 3—20 S. 4.
Neustrelitz, grossh. R, OP 1893 (640)

687 [Umschlagt.:] **Wichmann,** Joh. [Dr.]: Katalog der Schüler-bibliothek. Zuerst zsgest. v. Dr Herm. Zurborg 1880, nunmehr erneut u. vervollst. [Neubearb. d. P-Beil. 1880.] Zerbst, Druck v. O. Schnee, 1893; I—XIX S. 4.
Zerbst, herz. Francisceum, OP 1893 (680)

688 **Wickel,** Eduard [Dr.]: Über die Entwicklung des chemischen Unterrichts. Wiesbaden, Buchdr. v. W. Zimmet, 1893; 3—24 S. 4.
Wiesbaden, st. OR, P 1893 (421)

689 **Wienhold,** *Friedrich Albert:* Der Katechismusunterricht in Sexta. Borna, Druck v. R. Noske, 1893; 3—39 S. 4.
Borna, st. RG, OP 1893 (548)

690 [Umschlagt.:] [J.] **Wilbrand,** Julius [Dr.]: Über den Wert der Mineralogie und Geologie als Unterrichtsfach. Bielefeld, Druck v. Velhagen & Klasing, 1893; 3—8 S. 4.
Bielefeld, G u. RG, P 1893 (348)

691 **Wildenhahn,** Julius [Prof. Dr.]: Gedächtnisrede auf Herrn Rektor Professor *Bruno* Berlet, *gest. am 30. Nov. 1892.* Annaberg, Druck v. C. E. Kästner, 1893; 7—13 S. 4.
Annaberg, k. RG nebst PG, OP 1893 (547)

692 **Willig,** Hermann [Dr.]: Einfache Konstruktionen der rationalen Kurven dritter Ordnung. II. Tl. '(Schluss d. Textes u. Fig. 17—38.)' [Schluss d. P-Beil. 1892.] Mainz, Druck v. H. Prickarts, 1893; 7 S., 6 Taf. 4.
Mainz, grossh. RG u. R, OP 1893 (639)

693 **Willms,** *Emil* [Dir.]: Die Einrichtungen einer öffentlichen Höheren Mädchenschule. Tilsit, gedr. bei H. Post, 1893; 1—40 S. 8.
Tilsit, St. HM, OP 1893**

694 [J.] ***Winckler,*** *Wilhelm Carl August Th. [Dir. Dr.]:* Erfordernisse für die Erteilung des Zeugnisses der Reife. Bützow, Druck d. Ratsbuchdr. v. C. Huhr, *1893;* 48—50 S. 4.
Bützow, RG, OP 1893 (652)

695 **Winkelmann,** *Johannes* [Prof. Dr.]: Die Moosflora der Umgegend von Stettin. Stettin, Druck v. F. Hessenland, 1893; 1—18 S. 4.
Stettin, Schiller-RG, OP 1893 (151)

696 [J.] **Wirth,** *Christian* [Prof.]: Die Ansicht des modernen Pessimismus über den Ursprung der Übel dieser Welt. Dargest. u. beurt. (Theil e. gröss. Arbeit.) Bayreuth, Druck v. L. Ellwanger, 1893; 41 S. 8.
Bayreuth, k. Humanist. G, P 1893*

697 [J.] ***von Witzleben,*** *Arthur* [Erbadministrator d. Klostersch.]: Ansprache, gehalten bei der Einführung des Rektors Dr. Heilmann am 18. Okt. 1892. Görlitz, Druck d. Akt.-Ges. Görl. Nachr. u. Anzeiger, 1893; 6—7 S. 4.
Rossleben, Kloster-S, P 1893 (250)

698 **Wolper,** *Wilhelm* [Dr., Dir.]: Berechtigungen der Realprogymnasien und Realgymnasien. Frankenhausen, Druck v. E. Krebs, *1893;* 15—16 S. 4.
Frankenhausen, st. RPG, OP 1893 (715)

699 **Wolter,** Eugen [Dr.]: Zum französischen Unterricht. Kritische Bemerkgn u. prakt. Erfahrgn. Berlin, R. Gaertner, 1893; 31 S. 4.
Berlin, Erste R, OP 1893 (118)

700 [J.] **Wortmann,** Julius [Dr., Dirigent d. Versuchsstat.]: Bericht über die Thätigkeit der pflanzenphysiologischen Versuchsstation. Wiesbaden, Druck v. R. Bechtold & C., 1893; 61—69 S. 8.
Geisenheim a. Rh., k. Lehr-A f. Obst- u. Weinbau '(h. Gärtnerlehr-A)', P 1893**

701 **Wunschmann,** Ernst [Dr.]: Carl Wilhelm von Naegeli. Berlin, R. Gaertner, 1893; 31 S. 4.
Berlin, Charlotten-S, OP 1893**

702 **Zache,** Eduard [Dr.]: Geognostische Skizze des Berliner Untergrundes. M. 4 Abb. Berlin, R. Gaertner, 1893; 25 S. 4.
Berlin, Neunte St. R '(HB)', OP 1893 (126)

703 **Zéliqzon,** Leo: Aus der Wallonie. Metz, Druckerei d. Lothr. Zeitg, *1893;* 28 S. 4.
Metz, L, MP 1893 (511)

704 [J.] **Zelle,** Friedrich [Dr., Prof.]: Joh. Phil. Förtsch. Dritter Beitr. z. Gesch. d. ältesten deutschen Oper. [Forts. d. P-Beil. 1889. 91.] Berlin, R. Gaertner, 1893; 24 S. 4.
Berlin, Vierte St. R '(HB)', OP 1893 (121)

705 **Zergiebel,** Emil Hermann: Grammatik und natürliche Spracherlernung. Cassel, Druck v. L. Döll, 1893; 1 Bl., 19 S. 4.
Cassel, Neue R, OP 1893 (415)

706 [J.] **Zieken,** August [Dir. Dr.]: Die den Schülern der Ober-Realschule zustehenden Berechtigungen. Köln, Druck, Gebr. Brocker, 1893; 48—50 S. 4.
Köln, OR u. VS sowie Fortbildungs-S, P 1893 (404)

707 **Ziller,** Fritz [Dr.]: Über planmäfsige Anleitung zur Aufsatzbildung m. bes. Berücks. d. neuen Lehrpläne. Osnabrück, Druck v. J. G. Kisling, 1893; 1—35 S. 4.
Osnabrück, Rats-G, OP 1893 (318)

708 **Zillgens,** Gerhard [Oberl. Dr.]: Rheinische Eigentümlichkeiten in Heines Schriften. E. mundartliche Plauderei. Waren, Druck v. C. Quandt, *1893;* 1—17 S. 4.
Waren, st. G, P 1893 (650)

709 **Zimmermann,** August [Prof.]: Etymologische Versuche. II. (Forts. d. P-Beil. Posen, Marien-G 1891.) Celle, Druck v. W. Grofsgebauer, 1893; 3—19 S. 4.
Celle, k. G, OP 1893 (301)

710 [J.] **Zink,** Karl [Dr.]: Beiträge zur Erklärung der pseudodemosthenischen Rede gegen Polykles '(50)'. Nürnberg, Buchdr. v. J. L. Stich, 1893; 53 S. 8.
Nürnberg, k. Neues G, P 1893*

711 [J.] **Zinsow,** *Adolf* [Dir. Dr.]: Abschiedswort bei Entlassung der Reifeprüflinge am 26. September 1892 *über ideale Jugendbildung.* Pyritz, Druck d. Backe'schen Buchdr., 1893; 1—3 S. 4.
Pyritz, k. Bismarck-G, OP 1893 (141)

712 **Zschech,** *Franz Emil Bruno* [Dir.]: Errichtung und Eröffnung der Höheren Bürgerschule '(jetzigen Realschule)' am Eilbeckerwege. Hamburg, gedr. bei Lütcke & Wulff, 1893; 1—2 S. 4.
Hamburg, R am Eilbeckerwege, P 1893 (735)

713 [Umschlagt.:] **zur Nieden,** Eugen: Der Beweis in der Geometrie. E. Beitr. z. Reform d. geometr. Unterrichts. Wesel, Buchdr. v. C. Kühler, 1893; 32 S., 1 Taf. 8.
Wesel, k. G, OP 1893 (466)

I. Sachregister

Luebeck, Flurnamen . . . . . No 577
Luise, Koenigin 294
Luther, Katechismus, Behandlung . 75
Lyndesay, Dav. 267
Lyriker, neuere franzoesische . . . 634
Lysias 272

Maedchenschule, hoeh., Einrichtgn . 693
Maedchenturnen 13
Magnetismus 198. 351
Mahâbhârata 534
Manilius 106
Markirch, Bergbaugebiet 229
Materialien f. d. chem. Unterricht . 436
Mathematik, Geschichte 685
Mechanik . . . 101. 220. 249. 504. 539
Mecklenburg, aelteste Geschichte . 46
Meirakion 14
Melanchthon 139
Menelaus bei Euripides 449
Merseburg, Zierstraeucher 503
Metaphysik Kants 642
Meteorologie . . . 102. 187. 247. 620
Abriss 188
Methode d. botanischen Unterrichts 315
d. naturwiss. Unterrichts 245
Mineralogie als Unterrichtsfach . . 690
Minucius Felix 587
Miscellen, philologische 427
Mizrachi, Elia 685
Moers, Grafschaft, Geschichte . . . 256
Moira bei Homer 68
Molekuel im Unterricht 146
Monismus, erkenntnisstheoretischer . 349
Monotheismus Israels 453
Montchrestien, Antoine de . . 157. 601
Montlhéry, Schlacht 168
Moosflora v. Stettin 695
Moritz v. Sachsen 535
Mueller, Dav., Gesch. d. deutsch. Volkes 288
M.Gladbach, Abtei, Gruendgsgesch. . 194
Muenzen, griech. u. roem., in Danzig 72
Mundart, Eisenacher 162
Erfurter 80
d. Nordostharzes 110
d. Roergebietes 164
thueringische 251
Mundarten, aeolische 347
Musset, Alfr. de 177
Mycenae, Sage v. Grabe Agamemnons 44
Mythologie, Philosophie 541

Naegeli, Carl Wilh. v. 701
Nahegebiet, roemische Spuren . . . 27
Namenkunde, deutsche 462
Naturwissenschaft u. Religion im Unterricht 279
Naumburg a. S., Vergangenheit . . 74
Neumann, Jul. 416
Neumark im siebenj. Kriege . . . 579
Neuzeit, einleitende Ereignisse . . . 77
Nickel, magnetische Hysteresis . . . 351
Nicolaus v. Albano, Legation in Skandinavien 86
Nicolaus II. v. Werle . . . . . No 621
Niederlande, Colonialmacht 304
Noll, Frdr. Karl 507
Nordhausen, meteorolog. Beobachtungen 620
Nordostharz, Idiotikon 110
Nordthueringen, Vegetation 402
Normannen in West- u. Sued-Europa 528
Nuhn, Joh. 484

Oberflaechenspannung 249
Oberrealschule, Lehraufgaben . . . 441
Obstbau in Geisenheim 191
Oldenburg, Hausordnung d. Caecilienschule 228
Oliva, Kloster, Inschriften 299
Onomatologie, griechische 16
Oper, aelteste deutsche 704
Oppersdorff, Reichsgrafen v., u. d. Koenige v. Polen 295
Optik 219. 277. 292. 352. 625
Orléans, Charl. d' 96
Ostpreussen, Fliegen 107
Otto d. Kind, Urkundenwesen . . . 51
Ovale, Cartesische 155
Ovid 405

Paedagogik 6. 13. 18. 54. 55. 65. 73. 76 93. 116. 159. 165. 175. 212. 228. 234 238. 254. 269. 279. 325. 354. 380. 404 412. 441. 496. 501. 507. 509. 548. 551 553. 560. 563. 568. 573. 585. 596. 600 636. 647. 654. 657. 677. 678. 684. 690 693. 694. 697. 711; siehe auch Abschlusspruefung, Berechtigungen, Lehrplaene, Lehrplan, Schulordnung, Schulreden, Schulwesen, Unterricht
Palmyra, Inschrift 457
Pappenheim, kriegerische Thaetigkeit 512
Paris, Studienreise 12
Patente, deutsche, Klasse 42 . . . 286
Paulsiek, Karl 285
Pensum, histor., d. Unterprima . . 196
Pessimismus, Ansicht v. Ursprung d. Uebel 696
Pflanzen, Morphologie 109
Pflanzenleben als Unterrichtsgegenstand 410
Pflanzenmaterial f. d. botan. Unterr. 148
Philoktet-Mythus 450
Philosophie 30. 43. 59. 67. 88. 310. 320 335. 349. 356. 386. 398. 421. 431. 453 469. 524. 541. 559. 586. 591. 619. 642 662. 686. 696
Phoenicien 493
Physik 180. 188. 260; siehe auch Elektricitaet, Magnetismus, Mechanik, Optik
Entwickelung 271
logischer Zusammenhang 335
Planimetrie, Anfangsunterricht . . . 545
Plataeae, Belagerung 668. 669
Platen 236

Plato No 53. 59. 67. 204. 310. 350. 431. 524. 530
Plautus 337
Plutarch 89. 226
codex Matritensis 430
Poggel, Kasp. 246
Polen, Koenige, u. Reichsgrafen v. Oppersdorff 295
Poppendieck, Leop. 114
Posen, Pflanzengarten d. Marien-G . 479
Potential v. Ellipsoiden 539
Procentrechnung 458
Procop 287. 543
Programme d. G Altenburg 471
d. G Wandsbek 314
Projectionslehre 438
Psalmen, zu lernende 309
Psychophysik, Streitfragen 356
Punkt, Bewegung 101. 220
Pyrrho 591

Quech, Gust. 318
Quellen z. deutschen Geschichte . . 288
Quintilian 222

Racine 498
Rappoltsweiler, Vornamen d. Schuljugend 462
Raumcurven 197
Rawitsch, Schuljahr d. RG 391
Realgymnasien 636
Realgymnasium, Lehraufgaben . . . 441
Realschueler, zukuenftiger Beruf . . 412
Rechenbuch v. 1676 509
Rechenunterricht in d. Volksschule . 439
Rée, Ant., u. d. Volksschule 129
Regeldetri 458
Reichslandvogteien, schwaebische . . 633
Reichsreformbestrebungen im Mittelalter 523
Reifepruefung 418
Reifezeugnis, Erfordernisse 694
Reihen, algebraische 233
trigonometrische 36
Reinstorff, Ernst 570. 676
Reisekosten v. 1562 259
Relativsaetze im Indogermanischen . 25
Religion u. Naturwissenschaft im Unterricht 279
Religionsgeschichte, alttestamentliche 453
Reptilienfauna v. Salzwedel 332
Restcharakter, quadratischer 235
Richard, Herm. Karl Lor. 423
Ringschnitte 511
Robinson Crusoe 176
Roemer, Krieg gegen Antiochus III. 346
Mangel an Idealismus 502
Roergebiet, Volkssprache 164
Roger, Sam. 536
Rom, Tuerkenzugscongress 557
Roth, Frdr. 617
Rousseau 354
Rueckert, Frdr. 19. 248. 506
Rylejeff, K. Th. 584

Saalfeld, Brunnenwasser . . . . No 482
Sachs, Hans 670
Sachsen, Grossh., Schulwesen . . . 485
Sachsen, Kgr., Thierwelt 153
Sachsengrenze im Travegebiet . . . 32
Sachsentreue (Gedicht) 283
Sallust 181. 221
Salvianus 218. 650
Salzwedel, Reptilienfauna 332
Schaefer, Hnr. Wilh. 437
Schaeferlyrik, franzoesische 679
Scheibel, J. E. 171
Schelling, Frdr. Wilh. Jos. v. . . . 541
Schiller 82. 169. 278. 305. 448
Schlacht im Alterthum 300
bei Montlhéry 168
im Teutoburger Walde 426
Schmeding, Otto Herm. Frdr. . . . 616
Schmiegungsbewegung 220
Scholiasten zu Vergil 323
Schriftstellerlectuere d. Obersecunda 6
Schriftwerke, deutsche, Erklaerung . 192
Schulandacht an hoeh. Lehranstalten 404
Schule und Elternhaus 18
Schulen, Geschichte:
Aachen, R 5. 490
Bedburg, RAk 121
Berlin, h. RG 595. 596. 597
Berlin, Sophien-RG 414
Biebrich a. Rh., RPG 627
Bonn, G 99
Brandenburg a. d. H., RG 644
Breslau, kath. R 262
Bromberg, G 213
Bromberg, RG 307
Cassel, R (Hedwigstr.) 3
Crefeld, RG 151
Crimmitschau, R 710
Cuestrin, G 643
Dramburg, G 79. 318. 319
Dresden-Neustadt, Drei Koenig-S 78. 659. 660
Dueren, G 583
Eisenach, RG 613
Elberfeld, G 544
Erfurt, G 635
Erfurt, R 653
Eschwege, Friedr.-Wilh.-S 486
Freienwalde a. O., G 84. 263
Gardelegen, RPG 167
Goettingen, R 8. 9
Halle a. S., latein. Haupt-S . . . 37
Hamburg, R am Eilbeckerwege 712
Hamburg, R vor d. Luebeckerth. 495
Hamburg, R an d. Weidenallee 470
Heidelberg, G 477
Helmstedt, landw. S Marienberg 341
Hoexter, G 475
Jena, Pfeiffer'sche Lehr-A 481
Jenkau b. Danzig, RPG 70
Itzehoe, latein. S 588
Karlsruhe, RG 293
Koenigsberg i. d. N., G 66
Koenigsberg i. Pr., Friedrichs-K 143

Schulen, Geschichte: No
  Koenigsberg i. Pr., RG auf d. Burg 63
  Kornthal, Latein- u. Real-S 674
  Leipzig, Nicolai-G 661
  Leipzig, RG 64
  Liegnitz, RAh 682
  Marburg, RPG 240. 241
  M.Gladbach, G 549. 581. 582
  M.Gladbach, R 516. 550
  Neustettin, G 56
  Osnabrueck, RG 159
  Prenzlau, G 22
  Ratibor, G 492
  Reichenbach i. V., R 276
  Schwelm, latein. S 639
  Schwerin, G 358
  Schwetzingen, HB 406
  Sonneberg, R 413
  Stettin, Stadt-G 383. 384. 385
  Stralsund, RG 637
  Stuttgart, Eberhard-Ludwigs-G 540
  Stuttgart, RA 578
  Trarbach, PG 33
  Witten, RG 417
Schulgarten, botanische 338
Schulgesetze ueb. Verhalten d. Schueler 568
Schulgrammatik, latein., Anforderungen 76
Schulordnung d. G Jena 374
  d. OR Oldenburg 569
Schulreden 301. 433. 505. 645. 646
Schulreformprojecte d. franzoes. Revolution 684
Schulwesen in Bern 99
  in Karlsruhe 463
  im Grossh. Sachsen 485
  im Herzogth. Zweibruecken 297
Schulzeit, Erinnerungen 507
Schwerin, Grafsch., Geschichte 510
Sedanfeier, Festreden 242. 433
Seelenlehre Epikurs 88
Seelentheile in d. alten Philosophie 662
Seeschiffahrt 77
Semasiologie, griechische 564
Senar, jambischer, bei Terenz 195
Seneca, L. A. 43
Shakespeare 274. 629
Silius Italicus 34
Sinus im Unterricht 334
Skepsis, pyrrhonische 591
Socrates 320
Solchat oder solitus est? 131
Sondershausen, Realsch., Abschlusspruefung 459
Sonneberg, Organisation d. Realsch. 412
Sonnenrefraction, Constanten 296
Sophocles 28. 170. 317. 450. 632
Spe, Frdr. 173
Spracherlernung, natuerliche 705
Sprachgebrauch, moderner englischer 576
Sprachphilosophie d. Neuzeit 524
Sprichwoerter bei Plato 204
Spruchkanon 603
Staatsideal Platos 67
Stammbuchblaetter, Wittenberger 476
Statius, P. Papin. No 396
Sterbekassen, Grundtafeln 410
Stereometrie 438
Stettin, Moosflora 695
Stimmuebungen b. Gesangunterr. 340
Stoeckle, Jos. 407
Stommer, Ed. 527
Stoiker, Ethik 43
  Homerstudien 619
  Lehre 686
Strabo 160
Strassburg i. E., Zunft d. Schneider 105
Strien, Elementarb. d. franz. Sprache 626
Stuttgart, Planck-Stiftg d. Karls-G 612
Sulfophosphate 189
Summae confessorum 122
Syntax, griechische 243
  lateinische, Hauptregeln 41. 298
    historische 451
    Regeln 333
Tacitus 29. 403
Tangentialbewegung 220
Tasso 464
Temperatur, kritische 180
Terenz 195
Terminologie, militaerische 215
Testament, altes, Gebrauch im neuen 104
Testament of the Papyngo s. Lyndesay, Dav.
Theologie 23. 52. 57. 104. 122. 144. 166. 178. 218. 291. 398. 404. 443. 453. 491. 518. 529. 587. 602. 608. 650. 652
Thiere, Ortsbewegung 209
Thierwelt d. Kgr. Sachsen 153
Thucydides 615
Thueringen, Botanik, Geschichte 382
Titelverhaeltnisse d. Lehrer an d. hoeh. Unterr.-Anstalten 147
Tonzeichen in d. Bibel 443
Travegebiet, Sachsengrenze 52
Trier, Erzstift, Streitigkeiten 266
Trigonometrie, ebene, Grundlehren 425
Trimeter, jambischer, d. Griechen 195
Triton in d. Litteratur u. Kunst 132
Tuberkulosecongress in Rom 557
Tugendlehre Platos 431
Turgot 342
Turnkunst in Bayern 175
Turnspiele 93
Turnunterricht in Braunsberg 127
Udall, Nicholas 216
Uhland 440
Unterricht, altsprachlicher 92
  Anschauungs-U. 253
  botanischer 148. 315. 338. 360. 400. 479
  Buchfuehrungs-U. 323
  chemischer 146. 324. 436. 672. 688
  deutscher 54. 60. 100. 149. 169. 174. 192. 214. 327. 395. 415. 466. 655. 707
  englischer 290. 561. 566. 683
  franzoesischer 62. 136. 281. 311. 326. 561. 618. 626. 699

Unterricht, fremdsprachlicher No 163. 681
geographischer . 134. 188. 562. 656
geometrischer 48. 275. 343. 338. 545. 713
Gesang-U. 340
Geschichts-U. . . . 24. 77. 196. 649
grammatischer 261
griechischer 69. 199
Handfertigkeits-U. 473
Kunst-U. 345
lateinischer . 11. 85. 201. 252. 298
333. 378. 401. 598. 664. 673
mathematischer 312. 334. 425. 438. 525
naturwissenschaftlicher 245. 379. 420
479. 638
neusprachlicher 387
physikalischer 98. 198
planimetrischer 48. 111. 545
Rechen-U. 439
Religions-U. 75. 239. 258. 309
389. 398. 399. 603. 689
Turn-U. 127. 376. 377. 422
in d. Volkswirthschaft 184
Unterrichtsplaene s. Lehrplaene
Urtypen, geometrisch-ornamentale . 280

Valerio, Cardinal 602
Vectorenquadrate 97
Vegetation Nordthueringens 402
Vergil . . 81. 179. 282. 359. 448. 546
Scholiasten 322
Vers v. sieben Hebungen 95
Versuchsstation, pflanzenphysiolog., in Geisenheim 700
Vocativ bei d. attischen Rednern . 141
Volkmann, Rich. 429
Volkskunde 370
Volkslieder d. Litauer 442
Volkssprache d. Romgebietes . No 164
Volkswirthschaft im Unterricht . . 184
Voltaire 342
Vorkenntnisse f. d. Klassen d. Realschule 412

Wald, Teutoburger, Schlacht . . . 426
Wallonie 703
Wandsbek, Programmabhandlungen . 314
Wate 534
Wechsel 514
Wehrmann, Theod. 394
Weinbau in Geisenheim 191
Weissenburg i. E., Kloster, Gueterbesitz 225
Welthandel 517
Wenden in Mecklenburg 46
Werther, Joh. Theod. 118
Westthueringen, Idiotismen 251
Wilhelm II. 138. 152
Wirthshausbesuch d. Schueler . . . 55
Witterungskunde, Grundzuege . . . 187
Wittstock, Gymnasialmuseum . . . 202
Wolfram v. Eschenbach 4. 250
Wortarten in d. indogerman. Sprachen 161
Wortformen, ahd., Altersbestimmung 193
Wriezen, St. Lorenz-Kirche 456

Xenophon 264. 320. 592. 680

Zacharias Rhetor 599
Zeichnen im geograph. Unterricht . 562
Zeiten in d. franzoes. Conjugation . 62
Zierstraeucher in Merseburg 503
Zinsrechnung 458
Zoologie 209. 321. 526; siehe auch Fauna
Zweibruecken, Herzogth., Schulwesen 297

2. Orts- und Anstaltenverzeichniss

Breslau, k. kath. St. Matthias-G No 457
RG z. heil. Geist 622
k. OR u. Baugewerk-S 189
st. kath. R 261. 262
Brieg, k. G 310
Brilon, G Petrinum 170
Bromberg, k. G 213. 349
k. RG 307
Bruchsal, grossh. G 592
Buchsweiler, G 538
Bueckeburg, fuerstl. Adolfinum (G u. RPG) 216
Buedingen, grossh. G 335
Buetzow, RG 149. 380. 624. 694
Bunzlau, k. Waisen- u. Schul-A (G) 530
Burg, k. Victoria-G 7
Burghausen, k. humanist. G 226
Buxtehude, RPG 548. 617

Cannstatt, k. G 320
Cassel, k. Friedrichs-G 484
st. RG 473
R (OR in d. Entwickl.)(Hedwigstr.) 2. 3
neue R 705
st. Maedchen-Mittel-S 13
Celle, k. G 709
Charlottenburg, st. RG 333
st. HM 551
Chemnitz, k. G 666
RG m. Realschulkl. 120
techn. Staatslehr-A 286
Coblenz, k. G 642
st. RG 434. 670
Coburg, G Casimirianum 450
Coesfeld, k. G Nepomucenianum 274
Coeslin, k. G 223
Coethen, herz. Ludwigs-G 48. 55
herz. Friedrichs-R 425
Colberg, k. Dom-G u. RG 135
Colmar, L 35
Conitz, k. G 398
Cottbus, k. Friedrich-Wilhelms-G 274
Crefeld, G 76
RG 151. 236
R (in Umwandl. z. OR) 554
Crimmitschau, R 20
Crossen a. O., RPG u. PG 49
Cuestrin, k. G 643
Cuxhaven, staatl. R m. Latein-Abt. 198
455. 522

Danzig, k. G 31
st. G 72
Darmstadt, grossh. Ludw.-Georgs-G 40. 351
grossh. neues G 165
grossh. RG 369
Demmin, k. G 558
Dessau, herz. Friedrichs-G 626
herz. Friedrichs-RG 629
Detmold, G Leopoldinum u. RPG 330
Deutsch-Krone, k. G 542
Dillingen, k. humanist. G 14
Dirschau, RPG 603
Doberan, grossh. G Friderico-Francisceum No 364. 568. 668. 669
Doebeln, k. RG u. Landw.-S 122. 527
Donaueschingen, grossh. PG 58
Dramburg, k. G 79. 318. 319
Dresden, G z. heil. Kreuz 529
Vitzthumsches G 537
Wettiner G 153
R v. Dr. Zeidler 282. 283
-Altstadt, Annen-S (RG) 547
-Johannstadt, st. R 561
-Neustadt, k. G 649
Drei-Koenig-S (RG) 78. 307. 659. 660
Dueren, G 583. 584
Duesseldorf, k. G 337
st. RG u. G 280
R 372. 601
Duisburg, k. G 125
st. RG 41. 616
st. Mittel-S 18
st. Handwerker-Fortbild.-S 566

Eberswalde, Wilhelms-G 317
Ehingen, k. G 250
Eichstaett, k. G 177
Eisenach, Carl-Friedrich-G 162. 461. 609
grossh. RG 613
Eisenberg, herz. Christians-G 311
Eisleben, k. G 362
st. RPG (kuenftige R) 251. 606
Elberfeld, G 198. 544
RG 117
R (OR) 292
Elbing, k. G 640
st. RG 128. 441
Emmerich, k. G 523
Erfurt, k. G 80. 93. 635
k. RG 237
st. R 653
Erlangen, k. G 494
Eschwege, Friedr.-Wilh.-S (PG m. RPG bzw. R) 486
Essen a. d. R., k. G 184
RG m. HB (R) 233
verein. st. HT 375
Fortbild.-S 532
Eupen, PG m. Realparallelkl. 303
Eutin, grossh. G 118

Flensburg, k. G u. RG 437
Frankenberg i. S., R m. PG 298
Frankenhausen, st. RPG 698
Frankfurt a. M., k. Kaiser-Friedrichs-G 438
st. G 29. 500. 501
Woehler-S (RG u. Handels-S) 325
Klinger-S (OR) 594
R d. isr. Gem. (Philanthropin) 685
Frankfurt a. O., k. Friedrichs-G 12. 580
Ober-S (RG) 376
Freiberg, G Albertinum 435
st. RG 239. 467
Freienwalde a. O., k. G 84. 263
Freising, k. humanist. G 591
Friedeberg Nm., k. G 590

Friedland i. M., G . . No 357. 645. 646
Fulda, k. G 190

Gardelegen, RPG 167
Gartz a. O., G 589
Gebweiler, G 564
Geestemuende, R 488
Geisenheim a. Rh., k. Lehr-A. f. Obst- u. Weinbau (k. Gaertnerlehr-A) 100
191. 348. 700
Gera, fuerstl. G Rutheneum . . . 23. 205
st. RG 576
Giessen, grossh. G 553
Glatz, k. kath. G 38
Glauchau, R m. PG 474
Gleiwitz, k. kath. G 338
k. OR u. techn. Fach-S 19. 230. 610
Glueckstadt, k. G 509
Gnesen, k. G 657
Goerlitz, st. G u. RG 555
st. R 536
Handels-Lehr-A d. Kaufmann. Ver. 514. 515. 516. 517
Goettingen, k. G u. RG 665
Kaiser Wilhelm II. R 8. 9
Gotha, herz. G Ernestinum . . 139. 140
st. R 91
Greifswald, st. G u. RPG 172
Greiz, st. G m. Realabt. 144
Grimma, Fuersten- u. Landes-S 103. 104
Grossenhain, R m. PG 347
Gross-Glogau, k. kath. G 289
Gross-Lichterfelde, PG 309
Gross-Strehlitz, k. G 193
Gross-Umstadt, grossh. R m. Landw.-S 323
Gruenberg i. Schl., Friedr.-Wilh.-RG 87
Guestrow, Dom-S 321. 411
RG 585
Guetersloh, ev. G 552
Gumbinnen, k. Friedrichs-G 507
st. RPG 557

Hadamar, k. G 255
Hadersleben, k. G u. RPG 403
Hagen, RG u. G 656
Hagenau, G u. R 345
Halberstadt, RG 169
Halle a. S., latein. Haupt-S . . 37. 197
Stadt-G 88
RG u. R d. Franckeschen Stiftgn 354
st. R 86
Hamburg, Gelehrten-S d. Johanneums 396
570
Wilhelm-G 556. 676
RG d. Johanneums 138. 321. 370. 423
R am Eilbeckerwege 277. 712
R d. Ev.-Reform. Gemeinde . . 373
R vor d. Holstenth. 432. 533
R vor d. Luebeckerth. . . . 495. 638
Stiftungs-S v. 1815 (R) 139
Talmud Tora (R) 443
R an d. Weidenallee . . . 346. 470
Unterr.-A d. Klost. St. Johannis, HM 60
Hameln, st. G u. RPG . . . . . No 559
Hannover, R I. 238
Havelberg, RPG 101
Hechingen, k. R 409. 513
Heidelberg, G 83. 477. 478. 648
Helmstedt, herz. G 113
landw. S Marienberg 341
Herford, ev. Friedrichs-G 437
Hildesheim, bischoefl. G Josephinum u. RPG 173
k. Andreas-RG 163
Hirschberg, k. G 497
Hoechst a. M., st. RPG u. PG . . 415
Hoexter a. d. W., Koenig Wilhelms-G 475
Hof, k. humanist. G 487
Hohenstein i. OPr., k. G 400
Homburg v. d. H., RPG u. PG u. in Entwickelg begriff. R 572
Horn b. Hamb., Paulinum (PG u. R) 518

Jauer, k. G 352. 429
Jena, G Carolo-Alexandrinum . . . 374
Pfeiffer'sche Lehr- u. Erzieh.-A . 378
481. 485
Jenkau b. Danzig, RPG (v. Conradischen Schul- u. Erz.-Inst.) . . . 69. 70. 71
Jever, grossh. Marien-G 28
Ilfeld, k. Kloster-S 171
Insterburg, k. G u. RG 57
Iserlohn, RG 349
Itzehoe, st. RPG 588

Kaiserslautern, k. humanist. G . . . 433
Karlsruhe, grossh. G 365
RG 293
OR m. Fachkl. f. Kauft. 94. 156. 218. 463
Kempen (Posen), st. PG 480
Kempten, k. humanist. G 519
Kiel, k. G 599
OR 466
Koeln, k. kath. G an Aposteln . . 633
k. Friedrich-Wilhelms-G 43
k. Kaiser Wilhelm-G 563
k. kath. G an Marzellen 675
st. RG m. Gymn.-Parallelkl. 148. 424
OR u. Fortbild.-S . . . 147. 399. 706
HB u. Handelskl.. 314
Koenigsberg i. d. N., Friedrich-Wilhelms-G 66
Koenigsberg i. Pr., Altstaedt. G . . 107
k. Friedrichs-K 143
Kneiphoefschen Stadt-G 361
k. Wilhelms-G 152. 667
st. RG 133
k. RG auf d. Burg 62. 63
st. R 108
Korntbal, Latein- u. Real-S . . 673. 674
Kreuzburg O.-S., k. G 395
Kreuznach, k. G 401
Krotoschin, k. Wilhelms-G 307

Lahr, grossh. G 336
Landau, k. humanist. G 635
Landshut, k. humanist. G 318

Rochlitz, R m. PG . . . No 111. 555
Rogasen, k. G . . . 528
Rossleben, Kloster-S . . . 234. 416. 697
Rostock, G u. RG . . . 567. 621
Rottweil, k. G . . . 504
Rudolstadt, fuerstl. G u. RPG . . . 508

Saalfeld, herz. RG . . . 482
Saargemuend, G . . . 608
Sagan, k. kath. G . . . 381
Salzwedel, k. G . . . 332
St. Wendel, k. Kronprinz Friedr. Wilh.-PG . . . 327
Schlawe, st. PG . . . 560
Schleiz, fuerstl. G . . . 61
Schleswig, k. Dom-S . . . 182
Schlettstadt, G . . . 511
Schneeberg, k. G m. Realkl. . . . 50. 183
Schneidemuehl, k. G . . . 451
Schrimm, k. G . . . 275
Schwedt a. O., st. Hohenzollern-G . . . 4
Schweidnitz, ev. G . . . 520. 521
Schweinfurt, k. humanist. G . . . 302
Schwelm, RPG . . . 639
Schwerin i. M., grossh. G Fridericianum . . . 46. 358
grossh. RG . . . 607. 614
Schwetz a. W., k. PG . . . 199
Schwetzingen, grossh. HB . . . 406. 407
Seehausen i. d. A., G . . . 634
Seesen a. H., Jacobson-S . . . 235. 367
Siegburg, k. G . . . 328
Siegen, RG . . . 245
Sigmaringen, k. kath. G . . . 186
Solingen, st. RPG (R u. PG) . . . 304
Sondershausen, fuerstl. R . . . 402. 459
Sonneberg, herz. R m. Handelsabt. 412. 413
Sorau, k. G . . . 36
Spandau, k. G . . . 350
Speier, k. humanist. G . . . 225
Sprottau, RG . . . 672
Stargard i. P., st. RPG . . . 180
Steglitz, G . . . 326
Stendal, G . . . 24
Stettin, Koenig-Wilhelms-G . . . 436
Stadt-G . . . 383. 384. 385
Friedr.-Wilh.-S (RG) . . . 161
Schiller-RG . . . 695
Stollberg i. E., R m. PG . . . 273
Stolp, st. G u. RPG . . . 505
Stralsund, G . . . 472
RG . . . 266. 636. 637
Strasburg W.-Pr., k. G . . . 524
Strassburg i. E., bischoefl. G an St. Stephan . . . 105
prot. G . . . 652
R bei St. Johann . . . 654
Straubing, k. G . . . 267
Strehlen, k. G . . . 339. 647
Stuttgart, Eberhard-Ludwigs-G No 534. 540
Karls-G . . . 612
k. RG . . . 179
k. RA . . . 578

Tauberbischofsheim, grossh. G . . . 253
Thann, PG . . . 42
Thorn, k. G m. RG . . . 248
Tilsit, k. G . . . 442
k. RG . . . 136
st. HM . . . 693
Torgau, G . . . 52. 545
Trarbach, k. PG . . . 33
Tremessen, k. PG . . . 598
Treptow a. R., k. Bugenhagen-G . . . 322
Trier, k. G . . . 232
st. RG . . . 134
Tuebingen, k. G . . . 440

Vechta, G . . . 77
Viersen, RPG . . . 164

Waldenburg i. Schl., st. ev. G . . . 390
Wandsbek, Matth.-Claudius-G m. R 314. 342
Waren, st. G . . . 708
Warendorf, k. G Laurentianum . . . 448
Wattenscheid, PG . . . 360
Wehlau, k. G . . . 433
Weimar, Wilhelm-Ernstisches G . . . 109
RG . . . 465
Schullehrer-Sm . . . 439
Werdau, R . . . 155
Wernigerode, fuerstl. Stolberg'sches G 160
Wertheim a. M., grossh. G . . . 97
Wesel, k. G . . . 713
Wetzlar, k. G . . . 379
Wiesbaden, k. RG . . . 258
st. OR . . . 688
Wilhelmshaven, k. G . . . 265
Wismar, Grosse Stadt-S (G u. R) 353. 355
Witten, RG . . . 417. 418
Wittenberg, G . . . 531
Wittstock, k. G . . . 202
Wohlau, k. G . . . 11
Wolfenbuettel, herz. G . . . 114
Wollin i. P., st. RPG u. HT . . . 210
Wongrowitz, k. G . . . 259
Worms, grossh. G u. R . . . 324
Wriezen, RPG . . . 456
Wuerzburg, k. altes G . . . 618
k. neues G . . . 141
Wurzen, k. G . . . 132

Zeitz, k. Stifts-G . . . 371
Zerbst, herz. Francisceum . . . 687
Zittau, G . . . 449
k. RG m. k. Handels-S . . . 419
Zweibruecken, k. humanist. G . . . 297
Zwickau, G . . . 39
RG . . . 393

Jahres-Verzeichniss

der

an den Deutschen Schulanstalten erschienenen Abhandlungen

VI

1894

BERLIN

Verlag von A. Asher & Co.

1895

Druck von A. Hopfer in Burg b. Magdeburg

Abkürzungen

A = Anstalt
G = Gymnasium
GwS = Gewerbeschule
h. = höhere
HB = Höhere Bürgerschule
HM = Höhere Mädchenschule
HT = Höhere Töchterschule
K = Kollegium
k. = königlich
kais. = kaiserlich
L = Lyceum
LS = Lateinschule
MP = Michaelis-Programm
OP = Oster-Programm
OR = Ober-Realschule
P = Programm
Pd = Paedagogium
PG = Progymnasium
R = Realschule
RA = Real-Anstalt
RAk = Ritter-Akademie
RG = Real-Gymnasium
RPG = Real-Progymnasium
S = Schule
Sm = Seminar
st. = städtisch
StA = Studien-Anstalt
VS = Vorschule

* ist den Programmen der bayerischen Anstalten,

** den nicht durch den Tauschverkehr eingegangenen Abhandlungen nachgesetzt.

[F.] oder [F. u. Ant.] ist den in Fractur bezw. in Fractur und Antiqua gedruckten Titeln vorgesetzt.

Abhandlungen

der

Deutschen Schulschriften

1894

1 [J.] **Ackermann,** Karl [Dir. Dr.]: *Bericht über die Feier des 50-jährigen Bestehens der Anstalt.* Kassel, Druck v. L. Döll, 1894; 17—25 S. 4.
Kassel, OR, P 1894 (413)

2 [J.] **Ackermann,** Karl [Dir. Dr.]: *Die Jubiläumsstiftung der Oberrealschule in Kassel.* Kassel, Druck v. L. Döll, 1894; 33—35 S. 4.
Kassel, OR, P 1894 (413)

3 **Adenauer,** *Johann:* Nachtrag IX *zu dem 1882 erschienenen Kataloge der Bibliothek des Realgymnasiums.* [Nachtr. I—VIII: P-Beil. 1886—93.] Köln, Druck v. J. P. Bachem, 1894; 24—25 S. 4.
Köln, st. RG m. Gymn.-Parallelkl. u. VS. P 1894 (472)

4 [Kopft.:] **Ahlheim,** August [Dr.]: Die Schriftstellerlektüre der Ober-Sekunda nach den Grundsätzen der Konzentration. II. Tl. (Forts. d. P-Beil. 1893.) *Darmstadt, G. Otto's Hof-Buchdr., 1894;* 23 S. 4.
Bensheim, grossh. G, OP 1894 (628)

5 [Umschlagt.:] **Ahrens,** Ernst: Tabellen zur Bestimmung der in der Umgebung von Burg wildwachsenden Phanerogamen. II. Tl. [Forts. d. P-Beil. 1893.] Burg, Druck v. A. Hopfer, 1894; 1—16 S. 4.
Burg, k. Victoria-G, P 1894 (231)

6 **Albers,** *Johann Heinrich* [Dr.]: Die Kaiserliche Besitzung Urville in Lothringen. E. Beitr. z. Gesch. d. alten Niedgaus. Metz, Druckerei d. Lothr. Zeitg, 1894; 64 S., 1 Kt. 4.
Metz, OR, MP 1894 (528)

7 **Albrecht,** Karl [Dr.]: Johann Georg Pfranger. Sein Leben u. seine Werke dargest. Wismar, Druck d. Eberhardt'schen Hof- u. Ratsbuchdr., 1894; 28 S. 4.
Wismar, Grosze Stadt-S (G u. R), OP 1894 (656)

8 **Albrecht,** Emil [Dr.]: Zur Vereinfachung der griechischen Schulgrammatik. Berlin, R. Gaertner, 1894; 28 S. 4.
Berlin, Friedrichs-G, OP 1894 (54)

9 **Algenstaedt,** Wilhelm: Beiträge zur Determination der Elemente des Dreiecks. (Umschlagt.: Ueber Determinationen.) 1. Tl. Doberan, Druck v. H. Rehse & C., 1894; 1 Bl., 24 S. 4.
Doberan, grossh. G Friderico-Francisceum, OP 1894 (650)

10 **Altenburg,** Oskar [Dr., Dir.]: Winke zur Schulauslegung der Lieder des Horaz. III. Unser Leseplan aus d. ersten Buch u. d. Epoden. (1 = P-Beil. 1893; II: Leseplan aus d. vierten Buch u. d. Carmen saeculare, in: Lehrproben u. Lehrgänge ... hrsg. v. Fries u. Meier, Heft 36. 1893.) Wohlau, Buchdr. „Schles. Dorfzeitg", 1894; 24 S. 4.
Wohlau, k. G, P 1894 (211)

11 **Altmann,** Paul [Dr.]: Flora von Wriezen und Umgegend. (1. Tl.) Wriezen, Druck v. W. Hintze & Sohn, *1894;* 1 Bl., 1—30 S. 4.
Wriezen, RPG, OP 1894 (113)

12 **Amdohr,** *Otto* [Prof. Dr.]: Zwei Elegien des Frankfurter Rektors Georg Sabinus, übs. u. m. e. histor. Abhandlg vers. Frankfurt a. O., kgl. Hofbuchdr. Trowitzsch & Sohn, 1894; 129—153 S. 8.
Frankfurt a. O., k. Friedrichs-G, Festschr. 1894

13 **Amend,** Michael [Assist.]: Studien zu den Gedichten des Papstes Damasus. Nebst e. Anh.: Damasi carmina. Würzburg, k. bayer. Hofbuchdr. v. Bonitas-Bauer, 1894; 39 S. 8.
Würzburg, k. neues G, P 1894*

14 [G. u. Ant.] **Amhof,** Robert: Anwendung des Princips der conformen Abbildung auf ein Problem der Elasticität. Coburg, Druck d. Dietz'schen Hofbuchdr., *1894:* 1—21 S., 2 Taf. 4.
Coburg, herz. Ernestinum (RG), OP 1894 (704)

15 **Amsdorf,** Josephus [Dr.]: Symbolae ad Aristotelis politicorum crisin spectantes. Pars prior. Landshut, Druck d. J. Thomann'schen Buchdr., *1894;* 37 S. 8.
Landshut, k. Humanist. G, P 1894*

16 [G.] **André,** *Wilhelm* [Oberbürgerm. Dr.]: Ansprache *bei der Einweihung der Realschule.* (Umschlagt.: Die bei der Einweihung des Hauses gehaltenen Reden. 1. ...) Chemnitz, Druck v. J. C. F. Pickenhahn & Sohn, 1894; 6—7 S. 4.
Chemnitz, st. R, OP 1894 (552 [vielm. 561])

17 [Umschlagt.:] **Angermann,** *Konstantin* [Prof. Dr.]: Beschreibung des 350jährigen Jubiläums der Schule. Meissen, gedr. bei C. E. Klinkicht & Sohn, 1894; 1—42 S. 4.
Meissen, Fürsten- u. Landesschule St. Afra, MP 1894 (544)

18 **Arnold,** *Albert* Bernhard [Prof. Dr., Rekt.]: *Bericht über die Feier des 25 jährigen Bestehens der Anstalt.* Chemnitz, Druck v. J. C. F. Pickenhahn & Sohn, 1894; 31—32 S. 4.
Chemnitz, k. G. OP 1894 (534)

19 [F.] **Arnoldt,** Richard [Dir. Dr.]: Bericht über die Feier des 350jährigen Bestehens des Gymnasiums zu Prenzlau am 17., 18. und 19. Mai 1893. Prenzlau, Druck d. C. Vincentschen Buchdr., 1894; 76 S. 8.
Prenzlau. G, OP 1894 (85)

20 **Augustin,** Oscar: Der Eid im griechischen Volksglauben und in der Platonischen Ethik. Elbing. Buchdr. R. Kühn, 1894; 47 S. 8.
Elbing, k. G, OP 1894 (30)

21 **Ausfeld,** Adolf [Prof. Dr.]: Zur Kritik des griechischen Alexanderromans. Untersuchgn über d. unechten Teile d. ältesten Überlieferg. Karlsruhe, Druck d. G. Braun'schen Hofbuchdr., 1894; 1 Bl., 37 S. 4.
Bruchsal, grossh. G, MP 1894 (603)

22 **Backhaus,** August [Prof.]: Der Gedankengang im ersten Buche des platonischen Staates. *Bonn, Univ.-Buchdr. v. C. Georgi. 1894;* 28 S. 4.
Köln, k. Friedrich-Wilhelms-G, P 1894 (433)

23 **Baerwald,** *Hermann* [Dir. Dr.]: *Bericht über die Feier seines 25 jährigen Jubiläums als Direktor der Anstalt.* Frankfurt a. M., Druck v. Kumpf & Reis, 1894; 22—28 S. 4.
Frankfurt a. M., R d. israelit. Gemeinde '(Philanthropin)', OP 1894 (418)

24 **Bahlsen,** Leo [Dr.]: Eine Komödie Fletcher's, ihre spanische Quelle und die Schicksale jenes Cervantesschen Novellenstoffes in der Weltlitteratur. Berlin, R. Gaertner, 1894; 27 S. 4.
Berlin, Sechste St. R '(HB)', OP 1894 (121)

25 **Ball,** *Theodor* [Prof. Dr., Stellvertr. Dir.]: Rede zur Erinnerung an unseren verstorbenen Herrn Director Dr. *Emil Wilhelm Franz* Panten. Danzig, A. Müller vorm. Wedel'sche Hofbuchdr., 1894; 16—18 S. 4.
Danzig. RG zu St. Johann, OP 1894 (44)

26 **Ballauff,** *Gustav* [Prof.]: Einige Hauptsätze aus der Lehre von den Kegelschnitten in elementarer Behandlung. Tl 1. Für Schüler d. oberen Gymnasialklassen bearb. Gebweiler. Buchdr. v. J. Dreyfus, 1894; 3—23 S., 1 Taf. 4.
Gebweiler, G. MP 1894 (512)

27 **Ballin,** Fritz [Dr., Prof.]: Das amöbäische Hochzeitslied des Catull. Dessau, Druck v. C. Dünnhaupt, Herz. Hofbuchdr., 1894; 39 S. 4.
Dessau, herz. Friedrichs-G, OP 1894 (683)

28 [Umschlagt.:] **Baumm,** *Wilhelm:* Die Freiheit des Menschen. Tl 1: Willensfreiheit. Kreuzburg O.-S., Druck v. E. Thielmann, *1894;* 2 Bl., 1—41 S. 4.
Kreuzburg O.-S., k. G. OP 1894 (102)

29 **Baur,** Friedrich [Dir. Dr.]: Zusammenstellung der hauptsächlichsten Berechtigungen, welche durch den Besuch des Gymnasiums und der Realschule erworben werden können. [= P-Beil. 1893.] Colmar, Buchdr. Decker, 1894; 34—35 S. 4.
Colmar, L. MP 1894 (500)

30 **Beck,** Richard *Gustav* [Dr.]: M. Christian Daums Beziehungen zur Leipziger gelehrten Welt während der sechziger Jahre des XVII. Jahrhunderts. II. Tl. [Forts. d. P-Beil. 1893.] Zwickau, Druck v. R. Zückler, 1894; 1—39 S. 4.
Zwickau, G. OP 1894 (540)

31 **Becker,** Heinrich [Dr.]: Zur Alexandersage. Alexanders Brief über die Wunder Indiens. Königsberg, Hartungsche Buchdr., 1894; 3—26 S. 4.
Königsberg Pr., k. Friedrichs-K, P 1894 (7)

32 **Becker,** Hermann: Die geometrische Entwickelung des Infinitesimalbegriffs im Exhaustionsbeweise bei Archimed und ihre Bedeutung für die Differentialgeometrie und die Schule. Leipzig, Druck v. B. G. Teubner, 1894; 26 S. 4.
Insterburg, k. G u. RG, P 1894 (6)

33 **Becker,** Hermann [Dr.]: Goethe als Geograph. Berlin, R. Gaertner, 1894; 30 S. 4.
Berlin, Margarethen-S, OP 1894**

34 **Becker,** Joseph [Dr.]: Die Landvögte des Elsass und ihre Wirksamkeit von Heinrich VII. 1308 bis zur Verpfändung der Reichslandvogtei an die Kurfürsten der Rheinpfalz 1408. (1. Tl.) [= Inaug.-Diss. v. Strassburg 1894.] Strassburg, Buchdr. Müller, Herrmann & C., 1894; 1—48 S. 4.
Strassburg, bischöfl. G an St. Stephan, P 1894 (522)

35 **Becker,** *Theodor* [Prof. Dr.]: Das Deutsche im altsprachlichen Unterricht. Neu-Strelitz, Druck d. Hellwig'schen Hofbuchdr., 1894; 1 Bl., 28 S. 4.
Neu-Strelitz, G Carolinum, OP 1894 (664)

36 **Behse,** *Wilhelm Hermann* [Dir. Dr.]: *Abschiedswort an die Schüler und Eltern.* Dortmund, Druck v. W. Crüwell, 1894; 28—30 S. 4.
Dortmund, st. R. P 1894 (381)

37 **Bellermann,** Ludwig [Dr. Dir.]: *Lebensabriss des Direktors Dr. Friedrich Hofmann.* Berlin, Druck v. M. Driesner, 1894; 17—18 S. 4.
Berlin, Berlinisches G z. grauen Kloster, OP 1894 (52)

38 **Belling,** Henricus: Quaestiones Tibullianae. Berlin, R. Gaertner, 1894; 26 S. 4.
Berlin, Askanisches G. OP 1894 (51)

39 **Bender,** Otto [Lehramtsprakt. Dr.]: Die Analogie. Ihr Wesen u. Wirken in d. deutschen Flexion. II. Tl. [Forts. d. P-Beil. 1893.] *Überlingen, Druck v. A. Feyel, 1894;* 99 S. 8.
Meersburg, grossh. Lehrer-Sm, OP 1894**

40 **Berbig,** Friedrich [Dir. Dr.]: Nachrichten und Urkunden der Lateinischen Schule zu Crossen. Tl 2. [Forts. d. P-Beil. 1889.] Crossen a. O., Buchdr. v. R. Zeidler, *1894;* 36 S. 4.
Crossen a. O., RPG u. PG nebst VS-Klasse, OP 1894 (102)

41 **Berdolt,** Wendelin: Zur Entwicklungsgeschichte der Konstruktionen mit ὥστε. Beitrag z. histor. Syntax d. Griechischen. Eichstätt, Druck v. M. Däntler, 1894; 43 S. 8.
Eichstätt, k. G, P 1894*

42 [ℌ.] **Berndt,** *Rudolf* [Regierungsr. Prof., Dir.]: *Geheimer Rath Eduard Theodor Böttcher, Abtheilungsdirektor im Kgl. Ministerium des Innern, gest. am 10. Mai 1893.* Chemnitz, Druck v. J. C. F. Pickenhahn & Sohn, *1894;* 17—20 S. 4.
Chemnitz, techn. Staatslehr-A, OP 1894**

43 [ℌ.] ***Bertling,*** *Oscar [Prof.]:* Lektionarium für das Schuljahr 1894/95. Torgau, Buchdr. d. Torg. Bank, 1894; 12—13 S. 4.
Torgau, G, OP 1894 (255)

44 [Umschlagt.:] **Beschreibung** des neuen Realschulgebäudes vom städtischen Hochbauamt. (Unterzeichnet: Uhlmann.) Mannheim, Druck v. F. Raisberger, 1894; 1—8 S., 1 Taf., 2 Pl. 4.
Mannheim, R '(m. Fachkl.)', MP 1894 (624)

Beschreibung des Realschulhauses. Chemnitz 1894
s. **Schaarschmidt,** Ulrich Constantin [Vf.]

45 Die **Besoldungsordnung** '(Normaletat)' für die höheren Knabenschulen *der Stadt Barmen.* Barmen, Druck v. Steinborn & C., 1894; 25—26 S. 4.
Barmen, G, P 1894 (424)

46 **Bestimmungen** über die Annahme der Supernumerare bei der Königlichen Verwaltung der indirekten Steuern. Breslau, Druck v. Grass, Barth & C., 1894; S. 20. 4.
Breslau, ev. R I, OP 1894 (224)

47 **Beyer,** Theodor [Prof.]: Die ältesten Schüler des Neustettiner Gymnasiums. Tl II. [Forts. d. P-Beil. 1893.] Neustettin, Druck v. R. G. Hertzberg, 1894; 1—32 S. 4.
Neustettin, k. Fürstin-Hedwig-G, OP 1894 (138)

48 **Beyse,** *Gustav* [Dr.]: Schul-Flora von Bochum. 1. Tl. Bochum, Druck v. W. Stumpf, 1894; 2 Bl., 37 S. 8.
Bochum, st. OR, P 1894 (380)

49 **Biedermann,** Paul [Dr.]: Die wissenschaftliche Bedeutung der Hypothese. Dresden, Druck v. B. G. Teubner, 1894; 3—40 S. 4.
Dresden-Altstadt, Annen-S '(RG)', OP 1894 (551)

50 **Bieler,** Johannes: Über die Echtheit der Lucianischen Schrift De Saltatione. Halle a. S., Druck d. Buchdr. d. Waisenhauses, 1894; 1 Bl., 24 S. 8.
Wilhelmshaven, k. G, OP 1894 (321)

51 [F.] **von Bismarck,** *Otto* Fürst: *Ansprachen an die Lehrer und Schüler des Gymnasiums zu Ploen am 18. Mai 1893.* Ploen, S. W. Hirt's Buchdr., 1894; 18—19 S. 4.
Ploen, k. G, OP 1894 (285)

52 **Bisslinger,** *Karl:* Beschreibung einiger im Gebiete des Grossherzogtums Baden entdeckten Münzfunde '(aus dem 13ten bis 17ten Jahrhundert)'. Donaueschingen, Druck d. A. Willibald'schen Hofbuchdr., 1894; 12 S. 4.
Donaueschingen, grossh. PG, MP 1894 (604)

53 **Bithorn,** Wilhelm [Dom-Diakonus]: Die Lehrweise Jesu nach den Synoptikern. Merseburg, Druck v. F. Stollberg, *1894;* 16 S. 4.
Merseburg, Dom-G, OP 1894 (242)

54 **Blind,** August [Prof. Dr.]: Einleitung in die Handelsgeographie. Köln, Buchdr. v. J. B. Heimann, 1894; 3—44 S. 4.
Köln, R '(HB)' u. Handelskl., OP 1894 (405)

55 [F.] **Blumschein,** Gustav [Dr.]: Ueber die Germanisierung der Länder zwischen Elbe und Oder. Köln, Druck: Gebr. Brocker, 1894; 3—16 S. 4.
Köln, OR u. VS sowie Fortbildungs-S. P 1894 (404)

56 **Bockwoldt,** *Georg* [Dr.]: Die analytische Geometrie in der Prima des Gymnasiums. '(Tl 1.)' Neustadt Westpr., Druck v. E. H. Brandenburg & C., 1894; 16 S., 4 Taf. 8.
Neustadt in Wpr., k. G, OP 1894 (38)

57 [F.] **Bodewig,** Robert [Dr.]: Lahnstein im dreissigjährigen Kriege. (Soll fortges. werden.) Oberlahnstein, Buchdr. v. F. Schickel, 1894; 51 S. 8.
Oberlahnstein, st. RPG, OP 1894 (400)

58 **Böklen,** *Otto* [Rekt. Dr.]: Die Methode des Unterrichts in der projektiven Geometrie an der Oberrealschule. Reutlingen, C. Rupp'sche Buchdr., 1894; 36 S. 8.
Reutlingen, k. RA, P 1894 (568)

59 **Boensel,** *Georg* Otto [Ph. D.]: English Idioms. A selected list of words and phrases occurring in every-day life. Hamburg, gedr. bei Lütcke & Wulff, 1894; 1 Bl., 25 S. 4.
Hamburg, R vor d. Lübeckerthore, P 1894 (738)

60 **Bösch,** Karl [Prof.]: Zur Erklärung von Römer 2, 14—16. Nordhausen, Druck v. C. Kirchner's Buchdr., 1894; 1—38 S. 4.
Ilfeld, k. Kloster-S, OP 1894 (311)

61 **Boettcher,** Carl [Dr., Dir.]: Die Umwandlung des Realgymnasiums in eine Oberrealschule. (Vgl. P 1893 S. 21—24.) Königsberg i. Pr., Hartungsche Buchdr., 1894; 10—11 S. 4.
Königsberg i. Pr., k. RG auf d. Burg, OP 1894 (10)

62 **Boetticher,** Carl: Eros und Erkenntnis bei Plato in ihrer gegenseitigen Förderung und Ergänzung. Berlin, R. Gaertner, 1894; 24 S. 4.
Berlin, Luisenstädt. G, OP 1894 (64)

63 **von Boltenstern,** Paul [Dr.]: Schillers Vergilstudien 1. Cöslin, gedr. bei C. G. Hendess, 1894; 1—23 S. 4.
Cöslin, k. G, OP 1894 (131)

64 **Bonstedt,** Ernst [Dir. Dr.]: Das von Conradische Schul- und Erziehungs-Institut und seine bisherigen Schulformen. Danzig, Druck v. E. Groening, 1894; 21—26 S. 4.
Jenkau b. Danzig, RPG (v. Conradisches Prov.-Schul- u. Erz.-Inst.), OP 1894 (48)

65 **Borbeck,** Max [Dr.]: Die Bedeutung von Römer V, 1—11 in sich und im Zusammenhange des Briefes. Waldenburg i. Schl., P. Schmidt's Druckerei, 1894; 13 S. 4.
Waldenburg i. Schl., st. Ev. G, OP 1894 (210)

66 [F.] **Borkowsky,** Ernst [Dr.]: Aus der Vergangenheit der Stadt Naumburg. (Forts. (d. P-Beil. 1893.))'. Die Stadt Naumburg im sechzehnten Jh. Naumburg a/S., Druck v. A. Rietz & Sohn, *1894;* 2 Bl., 39 S. 8.
Naumburg a/S., st. R, RPG u. VS, OP 1894 (268)

67 [F.] **Bouterwek,** *Rudolf* [Provinzialschulr. Dr.]: Rede zur Einführung des Direktors Haake. Treptow a. R., Druck v. R. Marg, *1894;* 1—3 S. 4.
Treptow a. R., k. Bugenhagen-G, P 1894 (148)

68 **Bouterwek,** *Rudolf* [Prov.-Schulr. Dr.]: Rede zur Einführung des Direktors Koppin. Stettin, Druck v. Herrcke & Lebeling, *1894;* 3—5 S. 4.
Stettin, König-Wilhelms-G, OP 1894 (145)

69 **Brandt,** *Franz Bernhard* [i. V. des Dir.]: *Oberlehrer Friedrich Louis Berthold, gest. am 8. Juni 1893.* Grimma, Druck v. F. Bode, 1894; 3—4 S. 4.
Grimma, R u. PG, P 1894 (508)

70 **Branscheid,** Paul [Dr.]: Ein Lebensbild von Charles Dickens. Meiningen, Druck d. Keyssnerschen Hofbuchdr., *1894;* 1—17 S. 4.
Schleusingen, k. Hennebergisches G, OP 1894 (252)

71 **Braun,** Hermann [Dr.]: Die Nachahmung Herodots durch Prokop. Nürnberg, k. bayer. Hof- u. Univ.-Buchdr. F. Junge, 1894; 47 S. 8.
Nürnberg, k. Altes G, P 1894*

72 **Braune,** Theodor [Dr.]: Beiträge zur germanischen und romanischen Etymologie. Berlin, Druck v. W. Pormetter, 1894; 32 S. 4.
Berlin, k. Luisen-G, OP 1894 (63)

73 **Breuer,** Peter Joseph [Dir.]: Die gemeinen Logarithmen. Leipzig, Druck v. B. G. Teubner, 1894; 20 S. 4.
Wipperfürth, PG, OP 1894 (468)

74 **Brinkmann,** Hermann: Die geologischen Verhältnisse Forbachs. Forbach, Buchdr. v. R. Hupfer, 1894; 15 S. 4.
Forbach (Lothr.), PG, P 1894 (511)

75 [G.] **Bröckerhoff,** Oswald [Prof. Dr.]: Lehrsätze und Aufgaben über Linien im Dreieck. *Beuthen O.-S., 1894*; 1 Bl., XVI S. 4.
Beuthen O.-S., k. G, OP 1894 (173)

76 **Brünnert,** Gustav [Prof. Dr.]: Sprachgebrauch des Dictys Cretensis. Tl 1. Syntax. Erfurt, Druck v. F. Bartholomäus, 1894; 27 S. 4.
Erfurt, k. G, OP 1894 (233)

77 **Buchenau,** Franz [Dir. Prof. Dr.]: Ueber Einheitlichkeit der botanischen Kunstausdrücke und Abkürzungen. Bremen, Druck v. A. Guthe, 1894; 36 S. 8.
Bremen, R beim Doventhor, OP 1894 (723 [vielm. 728])

78 Nachtrag zum **Bücherverzeichnis** der Anstaltsbibliotheken. [Forts. d. P-Beil. 1879—93.] Karlsruhe, Buchdr. v. Malsch & Vogel, 1894; 41—46 S. 4.
Karlsruhe, OR m. Fachkl. f. Kaufleute, MP 1894 (622)

79 **Büchle,** Adolf [Dir. Dr.]: Lysias' Rede gegen Philon. Durlach, *1894*: 16 S. 4.
Durlach, grossh. PG m. Realkl. MP 1894 (605)

80 **Büchner,** Wilhelm [Dr.]: Ueber den Aias des Sophokles. Offenbach a. M., Druck v. J. Rothschild, *1894*; 18 S. 4.
Offenbach a. M., grossh. G u. grossh. R. OP 1894 (635)

81 **Bühling,** Robert: Sur le Génie du Christianisme de Chateaubriand et son rôle dans l'histoire de la littérature française. Halberstadt, Druck v. C. Doelle & Sohn, *1894*; 3—14 S. 4.
Halberstadt, k. Dom-G, OP 1894 (235)

82 **Bühring,** Friedrich [wiss. Hilfsl.]: Verwendung des Prinzips der Erhaltung der Energie bei dem Unterrichte in der elementaren Mechanik der starren Körper. Wernigerode a. H., Druck v. B. Angerstein, *1894*; 35 S., 1 Taf. 8.
Wernigerode, Fürstlich Stolberg'sches G, P 1894 (257)

83 **Buka,** Felix [Prof. Dr., Docent an d. Kgl. Techn. Hochschule zu Berlin]: Grundzüge der darstellenden Geometrie für höhere Lehranstalten. Nebst 2 lithogr. Taf. Charlottenburg, *R. Münch*, 1894; XII, 24 S., 2 Taf. 4.
Charlottenburg, st. RG, OP 1894 (101)

84 **Bullinger,** Anton [Prof.]: Das Christentum im Lichte der deutschen Philosophie. Tl 1. Dillingen, Druck d. A. Kolb'schen Buchdr., 1894; 2 Bl., 43 S. 8.
Dillingen, k. G, P 1894

85 **Buning,** Gerhard [Prof.]: Zu Ciceros Briefen. Tl 1: Die beiden Gesetze des Publius Clodius gegen Marcus Tullius Cicero. Coesfeld, Buchdr. v. J. Fleissig, *1894*; 3—23 S. 4.
Coesfeld, k. G. Nepomucenianum. OP 1894 (351)

86 **Burger,** August [Lehramtsprakt.]: Die Wege zum Nordpol. Tauberbischofsheim, Druck v. J. Lang's Buchdr., 1894; 1 Bl., 18 S. 4.
Tauberbischofsheim, grossh. G. MP 1894 (616)

87 **Busch,** Wilhelm [Dr.]: Chlodwigs Alamannenschlacht. (1. Tl.) M.Gladbach, Druck v. E. Schellmann, 1894; 25 S. 4.
M.Gladbach, G. OP 1894 (445)

88 **Buschmann,** Josef [Dir. Dr.]: Zur Geschichte des Bonner Gymnasiums. Tl 3. Das Königlich preussische Gymnasium in der Übergangszeit und unter Nik. Jos. Biedermanns Leitung. [Forts. d. P-Beil. 1891. 93.] Bonn, Univ.-Buchdr. v. C. Georgi, 1894; 1—49 S. 4.
Bonn, k. G. P 1894 (426)

89 **Callenberg** [Kgl. Regierungsbaumeister]: Beschreibung des neuen Gymnasialgebäudes. Sigmaringen, M. Liehner'sche Hofbuchdr., 1894; 1—4 S. 4.
Sigmaringen, k. kath. G. MP 1894 (461)

90 **Contzen,** Leopold [Dir. Dr.]: *Die Stiftungen des Königlichen Gymnasiums zu Essen.* Leipzig, Druck v. Hesse & Becker, 1894; 31—34 S. 4.
Essen, k. G. P 1894 (442)

91 **Cremer,** Joseph: Ein Beitrag zur elementaren Theorie des Potentialbegriffes in der Elektricitätslehre. Tl 1: Elektrostatik. Cleve, Druck d. Koch'schen Buchdr., 1894; 1 Bl., 17 S. 4.
Cleve, k. G. OP 1894 (429)

92 **Czygan,** Paul: Zur Geschichte der französischen Kriegskontribution der Stadt Königsberg, ihrer später erfolgten Ermässigung und ihrer Übertragung auf die ganze Provinz. Nach d. Akten d. Stadtarchivs dargest. Königsberg i. Pr., Hartungsche Buchdr., *1894*; 19 S. 8.
Königsberg in Pr., st. R. OP 1894 (24)

93 **Dahl,** Karl [Dr.]: Demetrius περὶ ἑρμηνείας. E. Beitr. z. Bestimmg d. Abfassungszeit d. Schrift. 1. Tl. Zweibrücken, Buchdr. v. A. Kranzbühler, 1894; 1 Bl., 58 S. 8.
Zweibrücken, k. Humanist. G. P 1894*

94 [F.] **Darpe,** Franz [Prof. Dr.]: Geschichte der Stadt Bochum. II. Bochum in der Neuzeit. C. Geschichte der Stadt seit dem Regierungsantritt Friedrichs des Grossen. [I: Bochum im Mittelalter = P-Beil. 1888; II: Bochum in d. Neuzeit. A. 1517—1618 = P-Beil. 1891; B. 1618—1740 = P-Beil. 1893; III: Urkundenbuch = P-Beil. 1889. 90.] Bochum, Druck v. W. Stumpf, 1894; 2 Bl., 369—588 S. 8.
Bochum, st. G. P 1894 (348)

95 **Dau,** Albrecht [Dr.]: Die kulturgeschichtlich wichtigsten Romane des XVII. Jahrhunderts. 1. Der Simplicissimus und Chr. Weises drei ärgste Erznarren; e. Beitr. z. Feststellg d. Verwandschaftsverhältnisses beider Romane. Schwerin i. M., gedr. in d. Bärensprungschen Hofbuchdr., 1894: 3—33 S. 4.
Schwerin, grossh. G Fridericianum, OP 1894 (654)

96 **Dauber,** *Karl Wilhelm August Franz* [Dir. Prof.]: *Lebensabriss des Schulraths und Gymnasialdirektors Prof. Dr. Alfred Gustav Ludwig Leopold Eberhard.* Braunschweig, Druck v. J. H. Meyer, 1894: 12—13 S. 4.
Braunschweig, herz. Neues G, OP 1894 [illegible]

97 **Decker,** Friedrich [Prof. Dr.]: Die griechische Helena im Mythos und Epos. Magdeburg, Druck v. E. Baensch jun., 1894: 1—30 S. 4.
Magdeburg, Pd z. Kloster Unser Lieben Frauen, OP 1894 (249)

98 [Ant. u. J.] **Dembowski,** Johannes [Dr.]: Günther und Goethe. Ethische Studien z. lyr. Dichtg. Lyck, Druck v. A. Glanert, 1894: 34 S. 4.
Lyck, k. G, P 1894 (12)

99 [J.] **Dersch,** *Otto* [Dir. Dr.]: Geschichte der Grossherzoglichen Real- und Landwirtschaftsschule zu Gross-Umstadt in den 25 Jahren ihres Bestehens. *Gross-Umstadt, Druck v. G. Lindauer, 1894:* 3—10 S. 4.
Gross-Umstadt, grossh. Real- u. Landwirtschafts-S, OP 1894 (648)

100 **Deuerling,** *Andreas* [Dr., Rekt. u. Seminardir.]: Einige Bemerkungen zu Sophokles und Demosthenes. Burghausen, Druck d. L. Russy'schen Buchdr., *1894;* 39 S. 8.
Burghausen, k. humanist. G, P 1894*

101 **Devantier,** Franz [Dir.]: Die Spuren des anlautenden Digamma bei Hesiod. Tl 2. (Th. 1 in: Verhandlgn d. 40. Versammlg deutscher Philologen u. Schulmänner S. 409—428.) Eutin, G. Struve's Buchdr., 1894: 34 S. 4.
Eutin, grossh. G m. Realabt., OP 1894 (668)

102 **Dewald,** *Paul* [Regierungsbaumeister]: Beschreibung des (Umschlagt.: des neuen) Schulgebäudes (m. e. Lichtdr.). Elberfeld, gedr. bei A. Martini & Grüttefien, 1894: 3—5 S., 1 Taf. 4.
Elberfeld, R in d. Nordstadt, P 1894 (499)

103 **Dieck,** *Friedrich* [Dr., Dir.]: Hat Karl der Grosse wirklich bei Verden 4500 Sachsen hinrichten lassen? (Vortrag.) Verden, H. Söhl's Buchdr., 1894: 16 S. 4.
Verden, k. Dom-G, OP 1894 (320)

104 **Diez,** Max [Prof. Dr.]: Über den Unterschied von empirischer, mathematischer und philosophischer Erkenntnis. Stuttgart, Buchdr. d. Paulinenpflege, 1893: 80 S. 4.
Stuttgart, k. RA, P 1893 (560)

105 **Dittmar,** Otto [Dr.]: Potential und Attraction des homogenen materiellen Kreisbogens und Potential des Kreissectors auf einen beliebig gegebenen massiven Punkt (Umschlagt.: ... materiellen Punkt). Wimpfen, Buchdr. v. Ch. Elser, 1894; 13—22 S., 1 Bl. 4.
Wimpfen a. B. '(Neckar)', grossh. R, OP 1894 (640)

106 [Kopft.:] **Dittmar,** Peter [Lehramts-Assessor Dr.]: Der Ort der Brennpunkte eines Büschels von Kegelschnitten, das von einem Ebenenbüschel aus einem Kegel II. Ordnung ausgeschnitten wird. *Oppenheim a. Rh., 1894;* 26 S., 10 Taf. 4.
Oppenheim, grossh. R, OP 1894 (647)

107 **Doeberl,** *Michael* [Dr.]: Die Markgrafschaft und die Markgrafen auf dem bayerischen Nordgau. [= Hab.-Schr. v. München 1894.] (Fortges. in des Vfs II. Hab.-Schr.: Berthold v. Vohburg-Hohenburg, d. letzte Vorkämpfer d. deutschen Herrschaft im Kgr. Sizilien. E. Beitr. z. Gesch. d. letzten Staufer.) München, Buchdr. J. Gotteswinter, 1894; VI, 90 S. 8.
München, k. Ludwigs-G, P 1894*

108 [Umschlagt.:] **Dornheim,** *Fritz* [wiss. Hilfsl.]: Zur Anschaulichkeit im lateinischen Anfangsunterricht. Seehausen i. d. A., Druck d. R. Schröterschen Buchdr., 1894; 3—26 S. 4.
Seehausen i. d. A., G, OP 1894 (253)

109 **Dorr,** Robert [Prof. Dr.]: Uebersicht über die prähistorischen Funde im Stadt- und Landkreise Elbing '(Reg.-Bez. Danzig, Provinz Westpreussen)'. II. Th. M. e. Kartenskizze der muthmassl. Völkerschiebgn im Mündungsgebiet d. Weichsel '(400 v. Chr.—900 n. Chr.)'. [Forts. d. P-Beil. 1893.] Elbing, Buchdr. R. Kühn, 1894; 1 Bl., 43—90 S., 1 Kt. 4.
Elbing, st. RG, OP 1894 (37)

110 [J.] **Draschler,** Joseph [Prof.]: Rede zur Feier des Sedantages am 2. September 1893 geh. Spremberg, Druck v. C. F. Saebisch, 1894; 3—6 S. 4.
Spremberg, RPG, OP 1894 (112)

111 **Drenckhahn,** *Otto* [Dir.]: *Bericht über die Feier des 350-jährigen Bestehens der Anstalt.* Mühlhausen i. Th., Druck v. E. W. Röblings Buch- u. Steindr., *1894;* 21—23 S. 4.
Mühlhausen i. Th., G u. RPG, OP 1894 (243)

112 **Drenckhahn,** *Otto* [Dir.]: Bilder aus der Geschichte des Mühlhäuser Gymnasiums. Nach d. Festrede bei d. 350jähr. Jubiläum d. Anstalt am 28. Aug. 1893. Mühlhausen i. Th., Druck v. E. W. Röblings Buch- u. Steindr., *1894;* 3—15 S. 4.
Mühlhausen i. Th., G u. RPG, OP 1894 (243)

113 **Dressel,** Karl [Prof.]: Verzeichnis der Schüler-Bibliothek der Königlichen Ritter-Akademie zu Liegnitz, nach Klassenstufen und nach Unterrichtsfächern geordn. u. m. e. Vorwort vers. Liegnitz, Druck v. O. Heinze, 1894; XX, 63 S. 8.
Liegnitz, k. RAk, OP 1894 (190)

114 **Drück**, Th. [Prof. Dr.]: Die vaterländische Altertumskunde im Gymnasialunterricht. Ulm, Wagnersche Buchdr., 1894; 1 Bl., 20 S. 4.
Ulm. k. G. P 1894 (597)

115 **du Mesnil**, *Adolf* [Prof. Dr.]: Begriff der drei Kunstformen der Rede: Komma, Kolon, Periode, nach der Lehre der Alten. Frankfurt a. O., kgl. Hofbuchdr. Trowitzsch & Sohn, 1894; 32–121 S. 8.
Frankfurt a. O., k. Friedrichs-G. Festschr. 1894

116 **Durm**, Josef [Oberbaudir. Dr.]: Das neue Gymnasialgebäude in Heidelberg. (Aus d. Karlsruher Zeitg.) Heidelberg, Buchdr. v. G. Geisendörfer, 1894; 3–7 S. 4.
Heidelberg, G. MP 1894 (607)

117 **Eberhard**, *Joh. Bapt.* [Dir. Dr.]: Bericht über die Einweihung des neuen Schulgebäudes. Sigmaringen, M. Liehner'sche Hofbuchdr., 1894; 5–35 S. 4.
Sigmaringen, k. kath. G, MP 1894 (461)

118 [Ḟ.] **Eichler**, Gustav *Wilhelm* [Dr.]: Die Redebilder in den Schriften Xenophons. Dresden, Ramningsche Buchdr., 1894; 3–34 S. 4.
Dresden, Wettiner G. OP 1894 (537)

119 [Ant. u. Ḟ.] **Eichner**, Ernst [Dr., Dir.]: *Der Abschied des Professors Ferdinand Schmidt.* (Darin enthalten: Statut der Professor Schmidt-Stiftung des Königlichen Gymnasiums zu Inowrazlaw.) Inowrazlaw, Buchdr. v. H. Olawski, *1894*; 9–11 S. 4.
Inowrazlaw, k. G. OP 1894 (155)

120 [Ḟ.] **Eichner**, Max [Dr.]: Zur Belebung und Vertiefung des Unterrichts in der vaterländischen Geschichte. Meseritz, Buchdr. v. P. Matthias, 1894; 20 S. 4.
Meseritz, k. G. OP 1894 (150)

121 **Eickershoff**, *Eberhard* [stellv. Dir. Prof. Dr.]: Dr. Hermann Artopé Direktor der Oberrealschule zu Elberfeld, geb. d. 25. März 1827, gest. d. 16. November 1893. Elberfeld, Druck v. A. Martini & Grüttefien, *1894*; I–VI S. 4.
Elberfeld, OR. P 1894 (408)

122 **Eickershoff**, *Eberhard* [stellv. Dir. Prof. Dr.]: *Oberrealschullehrer Theodor Wallis, gest. am 21. Januar 1894.* Elberfeld, Druck v. A. Martini & Grüttefien, *1894*; 82–84 S. 4.
Elberfeld, OR. P 1894 (408)

Einwald, Grube-
s. **Grube**.

123 **Eiselen**, Friedrich [Dir. Dr.]: *Abschiedsworte an die Behörden, Lehrer, Eltern und Schüler.* Frankfurt a. M., Druck v. Mahlau & Waldschmidt, 1894; 33–34 S. 4.
Frankfurt a. M., Muster-S. RGY. OP 1894 (404)

124 **Eiselen,** Friedrich [Dir. Dr.]: Wesen und Wert der Ehre. Frankfurt a. M., Druck v. Mahlau & Waldschmidt, 1894; 1 Bl., 24 S. 4.
Frankfurt a. M., Muster-S '(RG)', OP 1894 (404)

125 **Engel,** *Moritz Robert:* Biblische Lesestücke am Anfang und Schluss der Wochen von Ostern 1893 bis dahin 1894. [Vgl. P-Beil. 1893.] Greiz, Druck v. Löffler & C., 1894; S. 7. 4.
Greiz, st. G m. Realabt. u. VS, OP 1894 (710)

126 **Engwer,** Theodor [Dr.]: Emile Zola als Kunstkritiker. Berlin, R. Gaertner, 1894; 36 S. 4.
Berlin, III. R '(HB)', OP 1894 (118)

127 **Entwurf** zu einem Lehrplan für das Königstädtische Realgymnasium in Berlin. Tl III. Naturbeschreibung. [Forts. d. P-Beil. 1892. 93.] Berlin, R. Gaertner, 1894; 32 S. 4.
Berlin, Königstädt. RG, OP 1894 (97)

128 **Ernst,** Heinr*ich* [Prof. Dr.]: Meklenburg im 13. Jahrhundert. Cap. 1. Die Vasallen. Langenberg, Druck v. A. Forsthoff, 1894; 3—33 S. 4.
Langenberg, RPG, P 1894 (480)

129 [F.] **Eskuche,** Gustav [Hülfsl. Dr.]: Zur Geschichte der deutschen Idyllendichtung. Eine Stunde Litteratur. Siegen, Druck v. W. Vorländer, 1894; 27 S. 8.
Siegen, RG, P 1894 (378)

130 **Evers,** *Justus Friedrich Karl Matthias* [Dir. Prof.]: I. Ansprache bei der Eröffnungs-Andacht, Dienstag d. 19. Sept. 1893, vormittags ¾9 Uhr. II. Ansprache bei der Amts-Einführung, Dienstag d. 19. Sept. 1893, vormittags 10 Uhr. Barmen, Druck v. Steinborn & C., 1894; 3—10 S. 4.
Barmen, G, P 1894 (424)

131 **Ewen,** Joseph [Prof.]: Zur Geschichte der trierischen höheren Schulen. 1. Trierische höhere Schulen im Altertum. Forts.: Kirchliche Schulen zu Trier. (Forts. d. P-Beil. 1884.) Trier, F. Lintz'sche Buchdr., 1894; 1 Bl., 1—21 S. 4.
Trier, k. G, P 1894 (404)

132 [F.] **Fahland,** Bernhard [Prof. Dr.]: Neunter Gesang der Odyssee. (Umschlagt.: Gereimte Übersetzung des neunten Gesanges der Odyssee.) Greifenberg i. Pomm., gedr. bei C. Lemcke, *1894;* 1—15 S. 4.
Greifenberg i. P., k. Friedrich-Wilhelms-G, OP 1894 (135)

133 [F.] **Falke,** *Heinrich* Jakob [Prof.]: Die Berechnung der Logarithmen nach einem einfachen elementaren Verfahren. Arnstadt, fürstl. Hofbuchdr. v. E. Frotscher, *1894;* 3—25 S. 4.
Arnstadt, fürstl. G, OP 1894 (722)

134 [Umschlagt.:] [F.] **Fehleisen** [Prof. Dr.]: Zur Odyssee. (Kopft.: Zur Nekyia.) Schwäb. Hall, Buchdr. v. E. Schwend, 1894; 1 Bl., 1—14 S. 4.
Schwäb. Hall, k. G, P 1894 (580)

135 **Feit,** *Paul* [Dr., Dir.]: *Gedächtnisrede auf Zeichenlehrer Wilhelm Förster, gest. am 6. April 1893.* Ohlau, Schnellpressendr. v. A. Bial, *1894;* 13—14 S. 4.
Ohlau, st. G, P 1894 (200)

136 **Fertig,** Joannes [Dr.]: De Philostratis sophistis. [= Inaug.-Diss. v. Würzburg 1894.] Bamberg, F. Humann'sche Buchdr., 1894; 54 S. 8.
Bamberg, k. neues G, P 1894*

Festbericht über die ... sechzigjährige Jubelfeier der „Erziehungsanstalt am Graben" ... Jena 1893
s. **Pfeiffer,** Ernst [Vf.]

137 ***Festgedicht*** *zur Feier des Geburtstages Sr. Maj. des Kaisers 1894.* (Unterzeichnet: H. B.) Königsberg i. Pr., Hartungsche Buchdr., 1894; S. 18. 4.
Königsberg i. Pr., k. Wilhelms-G, P 1894 (8)

138 **Fick,** Wilhelm *Georg* [Dr.]: Zur Methode des englischen Anfangsunterrichts. Hamburg, gedr. bei Lütcke & Wulff, 1894; 1 Bl., 24 S. 4.
Hamburg, R an d. Weidenallee, P 1894 (730)

139 **Fiebiger,** Ernst [Dr.]: Zur Erzielung einer guten Uebersetzung aus dem Französischen. *Brieg, 1894;* 3—22 S. 4.
Brieg, k. G, P 1894 (180)

140 [F.] **Fink,** *August* [Dir.]: I. Stiftung der Herzogin Dorothe Christine. II. Das Schnack'sche Legat. Ploen, S. W. Hirt's Buchdr., 1894; 24—27 S. 4.
Ploen, k. G, OP 1894 (285)

141 [F.] **Fischer,** Richard [Prof.]: Das Verhältnis Walthers von der Vogelweide zu Friedrich II. Hamm, Druck v. E. Griebsch, 1894; 36 S. 4.
Hamm, k. G, P 1894 (355)

142 [F.] **Flebbe,** *Karl* [Dir. Dr.]: Über Berufsbildung und Organisation des Handelsschulwesens. Flensburg, Druck v. Gebr. Funke, 1894; 3—16 S. 4.
Flensburg, st. R m. wahlfreiem Unterr. in d. Handelswissenschaft. P 1894 (297)

143 [F.] **Francke,** *Friedrich* [Dir.]: Vorbemerkungen über die Umwandlung des Realprogymnasiums zu einer lateinlosen Realschule. [= P-Beil. 1893.] Gardelegen, Druck v. J. Könecke, *1894;* 3—4 S. 4.
Gardelegen, RPG, OP 1894 (263)

144 Die **Freistellenordnung** für die höheren Knaben- und Mädchenschulen *der Stadt Barmen.* Barmen, Druck v. Steinborn & C., 1894; 26—27 S. 4.
Barmen, G, P 1894 (424)

145 **Frenkel,** Ernst *Eduard* [Dr.]: Gedächtnisrede auf Dr. Oskar Richard Enderlein '(† am 30. März 1893)' geh. am 13. Apr. in d. Aula. Dresden, Druck v. B. G. Teubner, 1894; 3—7 S. 4.
Dresden-Neustadt, k. G, OP 1894 (535)

146 **Frensel,** *Carl:* Die Durchführbarkeit der neuen Lehrpläne in der Mathematik bis zur Abschlussprüfung. Leipzig, G. Fock, 1894; 16 S., 1 Taf. 4.
Lauenburg i. P., PG, OP 1894 (137)

147 [J.] **Frerichs,** *Hermann* [Dir. Hofr. Dr.]: *Bericht über die Feier des 50jährigen Bestehens der Anstalt.* Eisenach, Hofbuchdr., 1894; 13—15 S. 4.
Eisenach, grossh. RG, OP 1894 (675)

148 [J.] **Frerichs,** *Hermann* [Dir. Hofr. Dr.]: Festrede zur Feier des 50jährigen Bestehens des Realgymnasiums. Eisenach, Hofbuchdr., 1894; 3—8 S. 4.
Eisenach, grossh. RG, OP 1894 (675)

149 **Fresdorf,** *Gustav* [Dr., Prof.]: Die Methoden zur Bestimmung der mittleren Dichte der Erde. Weissenburg i. E., Druck v. C. Burckardt's Nachf., 1894; 30 S. 4.
Weissenburg i. E., G, MP 1894 (524)

150 **Frey,** Josef [Dir. Dr.]: *Professor Dr. Anton Schnorbusch, gest. im Dezember 1893. — Professor Dr. Hubert Kreuzer, gest. am 25. Februar 1894.* Münster, Druck d. Aschendorffschen Buchdr., 1894; 43—44 S. 4.
Münster i W., k. Paulinisches G, P 1894 (359)

151 **Frey,** Josef [Dir. Dr.]: Schulen im heutigen Westfalen vor dem vierzehnten Jahrhundert. Münster, Druck d. Aschendorffschen Buchdr., 1894; 1—28 S. 4.
Münster i W., k. Paulinisches G, P 1894 (359)

152 **Frey,** Josef [Dir. Dr.]: *Provinzial-Schulrath a. D. Geh. Regierungsrath Prof. Dr. Ferdinand Schultz, gest. am 2. Dezember 1893.* Münster, Druck d. Aschendorffschen Buchdr., 1894; 42—43 S. 4.
Münster i W., k. Paulinisches G, P 1894 (359)

153 [J.] **Friebe,** Moritz [Dir. Dr.]: Geschichte der ehemaligen Lateinschulen Fraustadts. Fraustadt, L. S. Pucher's Buchdr., 1894; 54 S. 4.
Fraustadt, k. G, OP 1894 (153)

154 **Friedersdorff,** Franz [Dr., Dir.]: *Bericht über die Feier des 25jährigen Bestehens der Anstalt.* Halle a. S., Druck v. E. Karras, 1894; 13—16 S. 4.
Halle a. S., Stadt-G, OP 1894 (237)

155 **Friedlaender,** *Konrad Tobias Samuel Eberhard* [Dir. Dr.]: Ansprachen, gehalten bei der Entlassung von Abiturienten oder bei sonstigen Schulfeiern. Hamburg, gedr. bei Lütcke & Wulff, 1894; 38 S. 8.
Hamburg, RG d. Johanneums, OP 1894 (736)

156 **Fritsche,** *Hermann* [Dr., Dir.]: *Oberlehrer Prof. Dr. Johann Ludwig Schönn, gest. am 19. Februar 1894.* Stettin, Druck v. R. Grassmann, 1894; 14—15 S. 4.
Stettin, Friedrich-Wilhelms-S (RG nebst VS), P 1894 (149)

157 **Fritz**, Johannes [Dr.]: Deutsche Stadtanlagen. Strassburg, Univ.-Buchdr. v. J. H. E. Heitz, 1894; 46 S., 5 Taf. 4.
Strassburg i. E., L, P 1894 (580)

158 [J. u. Ant.] **Fröchtling**, Ludwig [Dr.]: L'emploi des temps dans la Chronique des Ducs de Normandie. '(Première Partie.)' Sondershausen, Hofbuchdr. v. F. A. Eupel, 1894: 3—21 S. 4.
Sondershausen, fürstl. G, OP 1894 (724)

159 **Frölich**, Karl [Dr.]: Adverbialsätze in Caesars b. Gall. V—VII. 1. Tl. Berlin, R. Gaertner, 1894: 23 S. 4.
Berlin, Falk-RG, OP 1894 (65)

160 **Froschmaier**, *Georg*: Quellenbeiträge zur Geschichte des Pfalzgrafen Wolfgang Wilhelm von Neuburg. Neuburg a. d. D., Griessmayersche Buchdr., 1894: 1 Bl., 8, III—XXXVII S. 8.
Neuburg a. D., k. humanist. G, P 1894*

161 **Fuhrmann**, Wilhelm [Prof.]: Sätze und Aufgaben aus der sphärischen Trigonometrie. '(Das sphärische Dreieck.)' Königsberg i. Pr., Hartungsche Buchdr., 1894; 38 S. 8.
Königsberg i. Pr., k. RG auf d. Burg, OP 1894 (10)

162 **Gassner**, Heinrich [Dr.]: Cornelia von Thomas Kyd. Nach d. Drucke v. J. 1594 hrsg. München, kgl. Hof- u. Univ.-Buchdr. v. Dr. C. Wolf & Sohn, 1894; VI, 74 S., 1 Bl. 8.
München, k. Luitpold-Kreis-R, P 1894*

163 **Gauger**, Franz [Dr.]: Über die Lösung von Gleichungen durch bestimmte Integrale. Stralsund, Druck d. kgl. Regierungs-Buchdr., 1894; 1—10 S. 4.
Stralsund, RG, OP 1894 (151)

164 **Gauss**, Fried*rich* [Prof.]: Über die pythagoreischen Zahlen. Bunzlau, C. A. Voigt's Buchdr., 1894; 16 S. 4.
Bunzlau, k. Waisen- u. Schul-A (G), OP 1894 (181)

165 [J.] **Gebler**, Heinrich: Die Kirchenordnung des Domstifts Ratzeburg. Ratzeburg, H. H. C. Freystatzky's Buchdr., 1894: 3—48 S. 4.
Ratzeburg, G, OP 1894 (286)

166 **Gebler**, Hermann: Von Regnard und seiner Behandlung des Verses. Magdeburg, Druck v. E. Baensch Jun., 1894; 1 Bl., 18 S. 4.
Magdeburg, '(st.)' König Wilhelms-G, OP 1894 (241)

167 [J.] **Geiger**, J. *Wilhelm*, und **Pitz**, *Heinrich* [Dr.]: Praktische Übungen zum mathematischen Unterrichte. Giessen, C. v. Münchow, Grossh. Hess. Hof- u. Univ.-Dr., 1894; 3—13 S., 1 Taf. 4.
Giessen, grossh. RG u. R, OP 1894 (643)

168 **Genest**, Otto: Bemerkungen zum erdkundlichen Unterricht auf höheren Lehranstalten nach den neuen Lehrplänen. Halle a. S., Druck v. E. Karras, 1894; 14 S. 4.
Halle a. S., Stadt-G, OP 1894 (237)

169 **Gent,** Richard [Prof.]: Ergebnisse zehnjähriger meteorologischer Beobachtungen zu Liegnitz. (Umschlagt.: Resultate der zehnjährigen ... Liegnitz, verglichen mit denen in Breslau, auf der Koppe und in Eichberg.) (Th. 1.—Th. 2 erscheint an and. Stelle.) Liegnitz, Druck v. C. Seyffarth, 1894; 28 S., 1 Taf. 4.
Liegnitz, st. Ev. G, P 1894 (105)

170 **Gerlach,** Hermann [Oberl. Dr.]: Elemente der Himmelskunde und mathematischen Geographie. (Umschlagt.: Himmelskunde ... Geographie.) Parchim, Druck v. G. Gerlach, 1894; 2 Bl., 42 S. 8.
Parchim, grossh. Friedrich-Franz-G u. RPG, OP 1894 (652)

Gerlach, O. [Dr.]: Erziehungs-Anstalten und Handfertigkeits-Unterricht
s. **Plähn,** Rudolf, & Gerlach, O.: Erziehungs-Anstalten ...

Gerloff, Kienitz-
s. **Kienitz.**

171 **Gerschmann,** Hans: Studien über den modernen Roman. Königsberg, Hartungsche Buchdr., 1894; 120 S. 8.
Königsberg i. Pr., st. RG, OP 1894 (20)

172 **Giesing,** *Karl Julius* [Dir. Dr.]: Geschichte der Stadtbibliothek in Löbau. Löbau i. S., Druck v. Hohlfeld & Witte, *1894*; 3—19 S. 4.
Löbau i. S., R m. PG, OP 1894 (574)

173 **Glaser,** Wilhelm [Prof. Dr.]: Ueber die Bestimmung (Umschlagt.: Über [!] die Abteilung [!]) der Elemente eines Kegelschnitts aus den Koefficienten der homogenen Gleichung zweiten Grades. (Th. 1.) Homburg v. d. H., Schudt's Buchdr. d. Taunusboten, 1894; 1—15 S. 4.
Homburg v. d. H., RPG u. PG u. in Entwicklg begriff. R, OP 1894 (364)

174 **Goltz,** Gustav [Dr.]: Beiträge zur Quellenkritik der Alexanderhistoriker. Allenstein, Druck v. A. Harich, 1894; I—XIV S. 4.
Allenstein, k. G, P 1894 (1)

175 **Gotthold,** Christian [Prof. Dr.]: Die Schweden in Frankfurt am Main. IV. Bis zum Eingreifen Axel Oxenstiernas in die Verhandlungen. [Forts. d. P-Beil. 1885. 88. 91.] Frankfurt a. M., Druck v. Krebs-Schmitt Nachf., 1894; 1—40 S. 4.
Frankfurt a. M., Klinger-S (OR), OP 1894 (415)

176 **Gottschalk,** Adolf [Wiss. Hülfsl. Dr.]: Conjugierte Poinsot-Bewegungen. Herford, Buchdr. v. Gebr. Heidemann, 1894; 1 Bl., 29 S. 8.
Herford, ev. Friedrichs-G, OP 1894 (350)

177 **Grabendörfer,** *Josef* [Dr. Prof.]: Beiträge zur Orographie und Geognosie der Gegend von Pforzheim. Pforzheim, Druck v. H. Ruf, 1894; 31 S. 4.
Pforzheim, R, MP 1894 (625)

178 **Graf**, Ernst [Dr.]: Die Theorie der Akustik im griechischen Altertum. Gumbinnen, *Königsberg, Hartung'sche Buchdr.*, 1894; 3—16 S. 4.
Gumbinnen, k. Friedrichs-G. OP 1894 (4)

179 **Gressler**, Emil: Die Aussenfabel der Ecbasis captivi, der ältesten Dichtung der Tiersage im Mittelalter. Im Versmass d. Urschrift übs. Erfurt, Druck v. F. Bartholomäus, 1894; 1 Bl., 1—13 S. 8.
Erfurt, k. RG. Festschr. 1894 (262)

180 **Greve**, Theodor [Prof. Dr.]: Die Gestaltung der durch die neuen Lehrpläne geforderten Belehrungen über unsere gesellschaftliche und wirtschaftliche Entwicklung. Aachen, Druck v. A. Jacobi & C., 1894; 1—27 S. 4.
Aachen, st. RG m. h. Handels-S. OP 1894 (469)

181 [F.] **Griesmann**, *Gottfried* [Prof. Dr.]: Unsere Ursaale und die durch eine weitere Entwicklung derselben hervorgerufene Bildung des jetzigen Saalthales. *Saalfeld, 1894*; 20 S. 4.
Saalfeld, herz. RG. OP 1894 (711)

182 **Grimme**, *Fritz* [Dr.]: Zur Geschichte des Minnesingers Gotfried von Neifen und seines Geschlechtes. Metz, Druckerei d. Lothr. Zeitg. *1894*; 23 S. 4.
Metz, L. MP 1894 (514)

183 **Grimsehl**, *Carl Ernst Heinrich* [Oberl.]: Die Vorgänge beim elektrischen Strome, veranschaulicht durch Flüssigkeitsströme. Cuxhaven, gedr. bei G. Rauschenplat & Sohn, 1894; 18 S. 4.
Cuxhaven, staatl. R m. Latein-Abtlgn. P 1894 (733)

184 **Gropius**, Richard [Prof.]: Das Verhältnis des Codex Weilburgensis No. 3 der Etymologiae des Isidorus Hispalensis zu den Bernenses 101, 224, 36 und 291. Weilburg, Druck v. A. Cramer, *1894*; 1—9 S. 4.
Weilburg, k. G. P 1894 (390)

185 **Grosch**, Gustav [Dir. Dr.]: *Gedächtnisrede auf Gesanglehrer Musikdirektor Armin Früh, gest. am 8. Januar 1894.* Nordhausen, Druck v. C. Kirchner's Buchdr., 1894; 36—41 S. 4.
Nordhausen, k. G. OP 1894 (246)

186 **Grosse**, Emil [Prof. Dr., Dir.]: *Verzeichnis der den früheren Programmen der Anstalt beigegebenen Abhandlungen.* Königsberg i. Pr., Hartungsche Buchdr., 1894; 1 S. 4.
Königsberg i. Pr., k. Wilhelms-G. P 1894 (8)

187 [Ant. u. F.] **Grosser**, Richard [Dir. Prof. Dr.]: Überblick über die ersten fünfundzwanzig Jahre des Gymnasiums. *Wittstock, Druck v. O. Wessoly, 1894*; 3—19 S. 4.
Wittstock, k. G. OP 1894 (90)

188 **Grossmann**, *Wilhelm* [Dr., Dir.]: *Bericht über seine Einführung als Direktor der Anstalt.* Rastenburg, Druck v. W. Kowalski, *1894*; 19—23 S. 4.
Rastenburg, k. G. P 1894 (15 (vielm. 14))

189 **Grube-Einwald**, L. [Dr.]: Geognostisch-geologische Exkursionen in der Umgebung Frankenhausens. 1. Tl. Frankenhausen a. Kyffh., Druck v. E. Krebs, *1894;* 58 S. 8.
Frankenhausen, st. RPG, OP 1894 (720)

190 **Grumme**, Albertus [Dr. Dir.]: Dispositiones Horatianae. Gerae, ex typogr. Hofmanniana, 1894: 3—15 S. 8.
Gera, fürstl. G Rutheneum u. VS, Einladungsschr. 1894**

191 **Guba**, Paul [Dr.]: Der Kurfürstentag zu Fulda im Jahre 1568. Dresden, Druck v. C. Heinrich, *1894;* 3—18 S. 4.
Dresden-Neustadt, Drei-König-S '(RG)', OP 1894 (555)

192 **Günther**, Carolus [Dr.]: De Claudii Claudiani comparationibus. [= Inaug.-Diss. v. Erlangen 1894.] Stadtamhof, Druck v. J. & K. Mayr, 1894; 37 S. 8.
Regensburg, k. Altes G, P 1894*

193 **Gürsching**, Mauritius: Alberti Kuni Leonbergensis Ἐπεοστεψίας libros I, II, IV e codice Tubingensi edidit. Bayreuth, Buchdr. v. E. Mühl, 1894; 52 S. 8.
Bayreuth, k. Humanist. G, P 1894*

194 **Guhrauer**, Heinrich [Dir.]: Das Wandgemälde in der Aula des Gymnasiums zu Wittenberg. Festrede geh. am 10. Nov. 1893. Wittenberg, Buchdr. v. F. Wattrodt, 1894; 14 S., 1 Taf. 4.
Wittenberg, G, OP 1894 (258)

195 [F.] **Guiard**, Paul: Der botanische Unterricht auf dem Gymnasium. Dramburg, Druck v. W. Schade & C., 1894; 3—20 S. 4.
Dramburg, k. G, P 1894 (134)

196 **Haage**, *Rudolf* [Dir.]: Rede *über die Bedeutung des Johann Amos Comenius*, geh. am 22. März 1892. Lüneburg, Druck d. v. Stern'schen Buchdr., 1894; 3—8 S. 4.
Lüneburg, Johanneum, OP 1894 (314)

197 [F.] **Haake**, *Albert* [Prof., Dir.]: Antrittsrede *über das Zusammenwirken von Schule und Haus bei der Erziehung.* Treptow a. R., Druck v. R. Marg, *1894;* 4—10 S. 4.
Treptow a. R., k. Bugenhagen-G, P 1894 (148)

198 [F.] **Haake**, *Albert* [Prof., Dir.]: *Direktor Prof. Lic. Dr. Alexander Kolbe, gest. am 22. Mai 1893.* Treptow a. R., Druck v. R. Marg, *1894;* 27—28 S. 4.
Treptow a. R., k. Bugenhagen-G, P 1894 (148)

199 **von Hagen**, *Theodor* [Prof. Dr.]: Erklärung und Kritik einiger Stellen aus griechischen Schriftstellern. Sangerhausen, Buchdr. v. A. Schneider, 1894; I—XI S. 4.
Sangerhausen, G, P 1894 (251)

200 **Hammer**, Wilhelm [Dr.]: Ortsnamen der Provinz Brandenburg. 1. Tl. Berlin, R. Gaertner, 1894; 32 S. 4.
Berlin, Neunte St. R '(HB)', OP 1894 (124)

201 [F.] **Hammerschmidt,** *Franz* [Dr.]: Über Jugendspiele. Halle a. S., Druck d. Buchdr. d. Waisenhauses, 1894; 18 S. 4.
Halle a. S., RG u. R d. Franckeschen Stiftungen, OP 1894 (265)

202 [F. u. Ant.] **Harder,** Christian [Dr.]: Die Accentlehre (Umschlagt.: Der Accent) als Gegenstand des griechischen Unterrichts. Neumünster, R. Hieronymus' Buchdr., 1894; 3—20 S. 4.
Neumünster, PG u. RPG, P 1894 (284)

203 [F.] **Harster,** *Wilhelm* [Dr., Prof.]: Der Güterbesitz des Klosters Weissenburg i. E. II. Tl. [Forts. d. P-Beil. 1893.] Speier, Druck d. Dr. Jäger'schen Buchdr., 1894; 90 S. 8.
Speier, k. Humanist. G, P 1894*

204 [Umschlagt.:] **Hartmann,** *Karl August* Martin: Chénier-Studien. Nebst e. Abdr. v. Chénier's Bataille d'Arminius. Leipzig, Druck v. A. Edelmann, Univ.-Buchdr., 1894; 1—60 S. 4.
Leipzig, k. G, OP 1894 (541)

205 [Umschlagt.:] [F.] **Hartwig,** *Wilhelm:* Der Sklavenkrieg des Spartakus. (Th. 1.) Meiningen, Druck d. Keyssner'schen Hofbuchdr., 1894; 3—15 S. 4.
Meiningen, G Bernhardinum, OP 1894 (700)

206 **Hassebrauk,** Gustav: Zur Geschichte des Kaisers Theodosius I. Arbogastes. Blankenburg Harz, O. Kirchner, 1894; 24 S. 4.
Blankenburg a. H., herz. G, OP 1894 (680)

207 **Hausknecht,** Emil [Prof. Dr.]: Amerikanisches Bildungswesen. Berlin, R. Gaertner, 1894; 29 S. 4.
Berlin, Zweite R (HB), OP 1894 (117)

208 **Heege,** *Friedrich* [Prof. Dr.]: Der Elegiker Maximianus. Blaubeuren, Druck d. F. Mangoldschen Buchh., 1893; 1 Bl., 45 S. 4.
Blaubeuren, k. ev.-theol. Sm, P 1893 (580)

209 **Heidenhain,** Friedrich [Prof. Dr.]: Zu den Apologi Aviani. Strasburg W.-Pr., Buchdr. v. A. Fuhrich, *1894;* 15 S. 4.
Strasburg W.-Pr., k. G, OP 1894 (41)

210 [F.] **Heidrich,** *Rudolf* [Prof., Dir.]: Lehrplan für den evangelischen Religionsunterricht in Sexta. Nakel, Druck v. R. Giroud, *1894;* 20 S. 8.
Nakel, k. G, P 1894 (160)

211 **Heilig,** Otto: Beiträge zu einem Wörterbuch der ostfränkischen Mundart des Taubergrundes. Leipzig, Druck v. Breitkopf & Härtel, 1894; 20 S. 4.
Heidelberg, R, MP 1894 (620)

212 **Heine,** Otto [Dir. Prof. Dr., Domherr]: *Karl Emil Friedrich Ferdinand Hermann Graf von Bredow-Friesack, Kurator der Ritterakademie, gest. am 7. Februar 1893.* Brandenburg a. d. H., Druck v. G. Matthes, *1894;* S. 19. 4.
Brandenburg a. H., RAk, OP 1894 (68)

213 [𝔉.] **Heine,** Wilhelm [Dir. Prof. Dr.]: Die staatlichen, gesellschaftlichen und wirtschaftlichen Bestandteile des geschichtlichen Lehrstoffes in Untersekunda. Solingen, Druck v. A. Pfeiffer, 1894: 20 S. 4.
Solingen, st. RPG (R u. PG), OP 1894 (487)

214 **Heinrich,** Arthur [Geistl. Rat Prof.]: Geschichtliche Nachrichten über das Saganer Schloss ... 1. Tl. Bis zum Tode Wallensteins. Sagan, Druck v. P. Mertsching's Nachf., 1894: 3—14 S., 1 Taf. 4.
Sagan, k. kath. G, OP 1894 (205)

215 **Heinsch,** Joseph [Dr.]: Reiseskizzen aus der Türkei und aus Griechenland, Tl *1.* Leobschütz, Druck v. W. Witke, *1894;* 15 S. 4.
Leobschütz, k. kath. G, OP 1894 (194)

216 **Heisenberg,** Aug*ust* [Assist.]: Studien zur Textgeschichte des Georgios Akropolites. [= Inaug.-Diss. v. München 1894.] (Theil e. gröss. Arb.) Landau, Buchdr. K. & A. Kaussler, 1894; 55 S. 8.
Landau, k. humanist. G, P 1894*

217 **Hellwig,** Carl [Prof.]: Über den Dualismus in der Geometrie. Erfurt, Druck v. F. Bartholomäus, 1894; 1 Bl., 1—14 S. 8.
Erfurt, k. RG, Festschr. 1894 (262)

218 [𝔉.] **Hempel,** *Friedrich* Wilhelm: Über das apologetische Element im Religionsunterrichte. '(Schluss vom vorigen Jahresbericht [1893].)' Freiberg, Gerlach'sche Buchdr., *1894;* 20 S. 4.
Freiberg, st. RG, OP 1894 (550)

219 **Hempel,** Otto [Dr.]: De Agesilao qui fertur Xenophontis quaestiones. Berlin, Druck v. A. W. Hayns Erben, *1894;* 3—18 S. 4.
Berlin, k. Friedrich-Wilhelms-G u. k. VS, OP 1894 (56)

220 **Hempel,** Otto [Dr., Dir.]: Feier der Vervollständigung des Gymnasiums zu Gross-Lichterfelde am 8. Juli 1893. Berlin, Hofbuchdr. Gebr. Radetzki, *1894;* 3—21 S. 4.
Gross-Lichterfelde, G, P 1894 (78)

221 [Ant. u. 𝔎.] **Hempel,** Otto [Dr., Dir.]: Dr. Gustav Adolf Klix, Königl. Provinzial-Schulrat und Geheimer Regierungsrat, geb. am 5. Okt. 1822 in Libbenichen im Kreise Lebus '(Oderland)', gest. am 5. Febr. 1894, abends 8½ Uhr, in Berlin. Berlin, Hofbuchdr. Gebr. Radetzki, *1894:* 2 Bl. 4.
Gross-Lichterfelde, G, P 1894 (78)

222 [𝔎.] **Hengstenberg,** Johann Friedrich Heinrich [Prof.]: Geschichte des Deutschtums in der Provinz Posen vor ihrem ersten Anfall an Preussen. Für d. deutsche Jugend d. Provinz dargest. Rawitsch, Druck v. R. F. Frank, 1894; V S., 1 Bl., 91 S., 1 Pl. 8.
Rawitsch, k. RG, OP 1894 (172)

223 **Henke,** Oskar [Dir. Prof. Dr.]: Lehrplan für die Lektüre des Horaz nebst e. kurzgefafsten Metrik f. Primaner. (And. Tit.: Aus den Lehrplänen des Gymnasiums in Bremen. 1. Heft ...) Bremen, A. Guthe, Buchdr., 1894; 16 S. 4.
Bremen, G, P 1894 (720)

224 [F.] **Hense,** *Joseph* [Dir. Prof. Dr.]: *Bericht über seine Einführung als Direktor der Anstalt.* Paderborn, Junfermannsche Buchdr., 1891; 32—34 S. 4.
Paderborn, k. G Theodorianum, P 1894 (360)

225 **Hermes,** Oswald [Prof. Dr.]: Über Anzahl und Form von Vielflachen. M. 2 Figurentaf. Berlin, R. Gaertner, 1894; 30 S., 2 Taf. 4.
Berlin, Köllnisches G, OP 1894 (59)

226 **Herrmann,** *Ernst:* Bemerkungen zum Geschichtsunterricht in den oberen Gymnasialklassen. Freienwalde a. O., Buchdr. v. E. Pilger, 1894; 3—46 S. 4.
Freienwalde a. O., k. G, OP 1894 (75)

227 **Herwig,** Martin [Prof. Dr.]: Über den lateinischen Nebenunterricht unserer Anstalt. (Umschlagt.: Über den künftigen lateinischen ...) Eisleben, Druck v. E. Schneider, *1894;* 23—24 S. 4.
Eisleben, st. RPG (künftige „RG"), OP 1894 (261)

228 [F.] **Heussner,** Friedrich [Dir. Dr.]: *Die Gideon-Vogt-Stiftung des Friedrichs-Gymnasiums zu Cassel.* Cassel, Druck v. L. Döll, 1894; 14—16 S. 4.
Cassel, k. Friedrichs-G, P 1894 (382)

229 **Hirzel** [Prof.]: K. Ch. Planck's Ideen über Deutschlands geschichtlichen Beruf. Urach, Druck d. F. Bühler'schen Buchdr., 1894; 3—68 S. 4.
Urach, k. ev.-theol. Sem, P 1894 (585)

230 **Hoehn,** Paul: Beiträge zur Auslegung Horazischer Oden. Weimar, Druck d. Hof-Buchdr., 1894; 1 Bl., 16 S. 4.
Weimar, Wilhelm-Ernstisches G, OP 1894 (677)

231 **Hölscher,** Franz: Genealogische Tafeln für den Geschichtsunterricht. Siegen, Druck v. W. Vorländer, 1894; 20 Bl. 4.
Attendorn, G, P 1894 (340)

232 **Hölzl,** Max *Eduard Vincenz* [Dr.]: Bedeutung und Gebrauch des Wortes actio bei den lateinischen Schriftstellern. Dresden, Druck v. B. G. Teubner, 1894; 44 S. 4.
Dresden-Neustadt, k. G, OP 1894 (538)

233 [Umschlagt.:] [F.] **Höpken,** Julius [Dr.]: Über die Entwickelung des christlichen Kirchenbaues, e. Skizze. Emden, Druck v. C. Zorn, 1894; 3—11 S. 4.
Emden, k. Wilhelms-G, P 1894 (303)

234 [Umschlagt.:] **Hoffmann**, Bernhard [Dr.]: (I.) Die geodätischen Konstanten eines Punktes (Kopft.: des Nullpunkts) im physikalischen Lehrzimmer. (II.) Die magnetischen Konstanten für Nordhausen und die Epoche 1894,0. Nordhausen, Druck v. C. Kirchner's Buchdr., 1894; 1—18 S. 4.
Nordhausen, k. RG, OP 1894 (260)

235 [F.] **Hoffmann**, *Johannes Friedrich* [Pastor Dr.]: Gebet, gesprochen *bei der Einweihung der Realschule.* (Umschlagt.: Die bei der Einweihung des Hauses gehaltenen Reden ... 3. ...) Chemnitz, Druck v. J. C. F. Pickenhahn & Sohn, 1894; 12—13 S. 4.
Chemnitz, st. R, OP 1894 (552 [vielm. 561])

236 **Hoffmann**, Max [Prof. Dr.]: Zur Erinnerung an August Böckh. Lübeck, Druck v. Gebr. Borchers, 1894; 1—44 S. 4.
Lübeck, Katharineum, OP 1894 (745)

237 **Hoffmann**, Otto [Dr.]: Die neuere Systematik der natürlichen Pflanzenfamilie der Compositen. Berlin, R. Gaertner, 1894; 34 S. 4.
Berlin, Friedrichs-Werdersches G, OP 1894 (55)

238 [F. u. Ant.] **Hoffschulte**, Heinrich [wiss. Hülfsl. Dr.]: Über Ben Jonsons ältere Lustspiele. Münster, Westfäl. Vereinsdr. vorm. Coppenrathsche Buchdr., 1894; 3—37 S. 4.
Münster i. W., RG, P 1894 (375)

239 [F.] **Hofmann**, Friedrich [Assist.]: Kritische Untersuchungen zu Lucian. Nürnberg, Buchdr. v. J. L. Stich, 1894; 49 S. 8.
Nürnberg, k. Neues G, P 1894*

240 **Hofmeister**, Richard [Dr.]: Ein noch ungedrucktes altfranzösisches Gedicht über die Griseldissage. Erfurt, Druck v. F. Bartholomäus, 1894; 1 Bl., 1—18 S. 8.
Erfurt, k. RG, Festschr. 1894 (262)

241 **Holle**, Carl [Dir.]: Kurzer Rückblick auf den 25jährigen Bestand des Gymnasiums. Waren, Druck v. C. Quandt, *1894*; 1—10 S. 4.
Waren, st. G, P 1894 (655)

242 **Holtze**, Alfred: Kleine mathematische Abhandlungen. Naumburg a. S., Druck v. H. Sieling, 1894; 27—44 S., 1 Taf. 4.
Naumburg a. S., Dom-G, OP 1894 (244)

243 **Homfeld**, *Hopke:* Die Bäume der Elbchaussee. Altona, Druck v. P. Meyer, *1894*; 36 S. 8.
Altona, k. Christianeum, OP 1894 (277)

244 **Houben**, Heinrich [Prof.]: Der Chor in den Tragödien des Racine. Düsseldorf, gedr. bei L. Voss & C., Kgl. Hofbuchdr., 1894; 28 S. 4.
Düsseldorf, k. G, P 1894 (438)

245 [F.] **Hüniger**, Hermann: Der Philosoph Karl Christian Friedrich Krause als Mathematiker. Eisenberg, P. Kaltenbach, 1894; 32 S. 4.
Eisenberg, herz. Christians-G, OP 1894 (688)

246 **Hupe**, Albert: Bolometrische Arbeiten. Die Rotationsdispersion ultraroter Strahlen im Quarz. Charlottenburg, Druck v. R. Münch, 1894; 48 S., 1 Taf. 8.
Charlottenburg, st. R, OP 1894 (126)

247 [J.] **Jaeger**, Julius [Prof. Dr.]: Beiträge zur Geschichte des Erzstifts Mainz unter Diether von Isenburg und Adolf II. von Nassau. Osnabrück, Buchdr. v. A. Liesecke, 1894; 3—42 S. 4.
Osnabrück, k. G Carolinum, OP 1894 (317)

248 **Jahnow**, Alfred [Dr.]: Beobachtungen über la Fontaine's Fabeln m. bes. Berücks. seines Verfahrens bei Verwertg entlehnter Stoffe. Tl 1. Strehlen, T. Erler's Buchdr., 1894; 15 S. 4.
Strehlen, k. G, P 1894 (207)

249 [J.] **Jansen**, Karl [Dir. Prof. Dr.]: *Bericht über seine Einführung als Direktor der Anstalt.* Münster, Westfäl. Vereinsdr. vorm. Coppenrathsche Buchdr., 1894; 52—53 S. 4.
Münster i. W., RG, P 1894 (375)

250 [J.] **Jansen**, Karl [Dir. Prof. Dr.]: *Lebensabriss des Direktors Geh. Regierungsrath Dr. Peter Münch.* Münster, Westfäl. Vereinsdr. vorm. Coppenrathsche Buchdr., 1894; 50—51 S. 4.
Münster i. W., RG, P 1894 (375)

251 **Jellinek**, Julius: Das Englische auf dem Gymnasium. Breslau, Druck v. Grass, Barth & C., *1894;* 3—18 S. 4.
Breslau, st. ev. G zu St. Maria-Magdalena, OP 1894 (177)

252 **Jellinghaus**, *Hermann* [Dir. Dr.]: Kanon der zu lernenden Gesänge und Gedichte. [Vgl. P-Beil. 1892.] Segeberg, Druck v. C. H. Wäser, 1894; 7—8 S. 4.
Segeberg, RPG (Wilhelms-S), P 1894 (295)

253 **Ilsig**, Carl: Das Trostbuch des Deuterojesaja. Berlin, R. Gaertner, 1894; 27 S. 4.
Berlin, Sophien-G, OP 1894 (65)

254 **Jörgensen**, Paul [Prof. Dr.]: Der Geschichtsunterricht auf dem Realgymnasium. Beiträge z. Methodik. Berlin, R. Gaertner, 1894; 23 S. 4.
Berlin, Friedrichs-RG, OP 1894 (90)

255 [Ant. u. J.] **Jonas**, Richard [Dir. Prof. Dr.]: Ansprache bei Entlassung der 21 für reif erklärten Oberprimaner am 16. März 1893. (Umschlagt.: Zwei Schulreden ... 2. ...) *Krotoschin, Druck v. Kosmals Druckerei, 1894;* 12—18 S. 8.
Krotoschin, k. Wilhelms-G, OP 1894 (157)

256 **Jorns**, Christian *Franz Johannes August:* The London School Board. Lübeck, Druck v. M. Schmidt, 1894; 2—23 S. 4.
Lübeck, K, OP 1894 (749)

257 [J.] **Irmscher**, Emil: Vergils Aeneide, Buch VIII, Stanze 1—134. [Forts. d. P-Beil. 1887—93.] Dresden, Gutzmann'sche Buchdr., *1894;* 2—9 S. 4.
Dresden, R m. Gymn.- u. Elem.-Kl v. Dr Zeidler, OP 1894 (563)

258 [J.] **Isensee,** Otto [Dir. Prof. Dr.]: Die Guerickeschule in den ersten fünfundzwanzig Jahren ihres Bestehens. Magdeburg. Druck v. E. Baensch jun., 1894; 1 Bl., 34 S. 4.
Magdeburg. Guericke-S (OR u. RG), P 1894 (275)

259 **Iwanowius,** Heinrich: Die Vernichtung des ständischen Einflusses und die Reorganisation der Verwaltung in Ostpreussen durch Friedrich Wilhelm I. (I.) (Umschlagt.: Die Verdienste Friedrich Wilhelms I. um Ostpreussen.) Königsberg i. Pr., Hartungsche Buchdr., *1894;* 42 S. 8.
Königsberg i. Pr., Altstädt. G. OP 1894 (9)

260 **Kamp,** Heinrich [Prof. Dr.]: Ciceros Rede de imperio Cn. Pompei als specimen einer Schulausgabe. Linden, Druck v. Gebr. Wengler, 1894; 42 S. 8.
Linden, k. Kaiserin Auguste-Victoria-G. P 1894 (312)

261 **Kanter,** *Hermann* [Dr.]: Bericht über die von ihm geleitete Schülerfahrt nach der Hohen Tatra. Danzig, A. Müller vorm. Wedel'sche Hofbuchdr., 1894; 8—10 S. 4.
Danzig, k. G, OP 1894 (28)

262 *Nachtrag zu dem 1893 erschienenen Neuen* ***Kataloge*** *des Gymnasial-Museums zu Wittstock.* [Nachtr. z. P-Beil. 1893.] *Wittstock, Druck v. O. Wessoly, 1894;* 1—8 S. 4.
Wittstock, k. G. OP 1894 (80)

263 **Kaufmann,** *Adolf* [Dr.]: Die Entstehung der Stadt Mülhausen und ihre Entwickelung zur Reichsstadt. Mülhausen i. E., Druck d. Buchdr. v. Wenz & Peters, 1894; 2 Bl., 44 S., 1 Bl. 8.
Mülhausen i. E., G, MP 1894 (515)

264 **Keesebiter,** Oskar [Dr.]: Zur Hygieine unserer Jugend in Schule und Haus. Berlin, R. Gaertner, 1894; 3—20 S. 4.
Berlin, Vierte St. R (HB), OP 1894 (119)

265 **Keller,** *Julius* [Prof.]: Karl Friedrich, *gest. am 7. Juli 1893.* (Aus: Südwestdeutsche Schulblätter, 1893 No 8.) Karlsruhe, Buchdr. v. Malsch & Vogel, 1894; 3—4 S. 4.
Karlsruhe, RG, MP 1894 (621)

266 **Kelleter,** Fritz [wiss. Hülfsl. Dr.]: Ein Beitrag zur Sprache des Venezianer Roland V4 (Umschlagt.: ... des venezianischen Roland-Manuskriptes V4). Aachen, Druck v. C. H. Georgi, 1894; III—XXIV S. 4.
Aachen, k. Kaiser-Wilhelms-G, OP 1894 (422)

267 **Kerckhoff,** Paul [Dr.]: Reiseerinnerungen aus Sicilien. Berlin, R. Gaertner, 1894; 30 S. 4.
Berlin, Berlinisches G z. grauen Kloster, OP 1894 (52)

268 **Kern,** *Franz: Professor Dr. August Lorenz, gest. am 14. Februar 1894.* Berlin, Nauck'sche Buchdr., 1894; 21—25 S. 4.
Berlin, Köllnisches G, P 1894 (59)

269 **Kern,** Georg: *Der Abschied des Professors Rudolf Schwarze.* Frankfurt a. O., kgl. Hofbuchdr. Trowitzsch & Sohn, 1894; XVII—XVIII S. 4.
Frankfurt a. d. O., k. Friedrichs-G, OP 1894 (74)

270 **Kern**, Georg [Dir.]: Im Dionysostheater zu Athen. E. Versuch. Frankfurt a. O., kgl. Hofbuchdr. Trowitzsch & Sohn, 1894; 15—31 S. 8.
Frankfurt a. O., k. Friedrichs-G. Festschr. 1894

271 [H.] **Kertelhein**, *Johannes Friedrich Detlef*: Über Gräcismen in Ciceros Reden. Jena, Frommannsche Hofbuchdr., 1894; 1—24 S. 4.
Bergedorf bei Hamburg, Hansa-S. OP 1894 (732)

272 **Kessler**, Oscar [Prof. Dr.]: Über die Behandlung von Krystallformen beim stereometrischen Unterricht. Breslau, Druck v. Grass, Barth & C., *1894*; XXV S. 4.
Breslau, k. OR u. Baugewerk-S. OP 1894 (223)

273 **Kettner**, Gustav: Schillerstudien. Naumburg a. S., Druck v. H. Sieling, 1894; 1 Bl., 53 S. 4.
Pforta, k. Landes-S. P 1894 (247)

274 **Kienitz-Gerloff**, Felix [Dr.]: Zur Methodik des pflanzenphysiologischen Unterrichts. Weilburg, Druck v. A. Cramer, 1894; 1—10 S. 4.
Weilburg a. d. L., Landwirtschafts-S. OP 1894**

275 **Kiessler**, Reinhold [Dir. Schulr. Dr.]: *Bericht über die Feier der Grundsteinlegung des neuen Schulgebäudes.* Gera, Druck v. Th. Hofmann, 1894; 17 18 S. 4.
Gera, st. RG m. VS. OP 1894 (718)

276 [J.] **Klammer**, Hermann [Dr.]: Vergils Äneis Gesang I. Tibull Ausgewählte Elegien. Übersetzt. (Umschlagt.: Übersetzungsproben zu Vergil und Tibull.) Elberfeld, gedr. bei S. Lucas, 1894; 65 S. 8.
Elberfeld, G. P 1894 (430)

277 **Klein**, *Adolf* [Dr.]: Über den Turnunterricht an sechsklassigen höheren Lehranstalten. Dirschau, Buchdr. Kriesel & Monath, 1894; 3—30 S. 4.
Dirschau, RPG, OP 1894 (16)

278 **Kleinschmit**, Max *Ernst Bernhard* [Dr.]: Kritische Untersuchungen zur Geschichte von Sybaris. Hamburg, gedr. bei Lütcke & Wulff, 1894; 1 Bl., 26 S. 4.
Hamburg, Wilhelm-G. OP 1894 (735)

279 **Klemenz**, Paul [Dr.]: Les Petites Poésies de Pierre Corneille. Partie première. Kattowitz, Buchdr. v. G. Siwinna, 1894; 16 S. 4.
Kattowitz, st. G, OP 1894 (190)

280 [Kopft.:] [J.] **Knabe**, Karl *August Fürchtegott* [Dr.]: Über Schulmünzen im ehemaligen Kurhessen. *Kassel, 1894*; 11—28 S. 4.
Kassel, OR, OP 1894 (415)

281 **Knabe**, Karl *August Fürchtegott* [Dr.]: Vorgeschichte und Entwicklung der Oberrealschule '(in der Hedwigstrasse)' zu Kassel '(1812 bis 1893)'. Kassel, Druck v. L. Döll, 1893; V S., 1 Bl., 175 S. 8.
Kassel, OR, Festschr. 1893

282 [F.] **Knapp,** Theodor [Prof.]: Über die vier Dörfer der Reichsstadt Heilbronn. (Umschlagt.: ... A. Leibeigenschaft. B. Gemeindeverfassung und landesherrliche Regierung.) E. Beitr. z. Rechtsgesch. d. deutschen Bauernstandes v. d. Mitte d. 16. bis z. Anfang d. 19. Jhs. Heilbronn, Druck d. Schell'schen Buchdr., 1894; 1—46 S. 4.
Heilbronn, k. Karls-G, P 1894 (590)

283 **Knauth,** Paul *Heinrich* [Dr.]: Von Goethes Sprache und Stil im Alter. (= S. 1—37 d. Inaug.-Diss. v. Leipzig 1894.) Freiberg, Gerlach'sche Buchdr., 1894; 1 Bl., 37 S. 4.
Freiberg, G Albertinum, P 1894 (530)

284 [Umschlagt.:] **Kniepen,** *Hermann:* Katalog der Lehrer-Bibliothek. 5. Tl '(Schluss)'. [1—4 von Hermann Vielau = P-Beil. 1890—93.] Bonn, Hauptmann'sche Buchdr., 1894; 129—207 S., 1 Bl. 8.
Münstereifel, k. G, P 1894 (453)

285 [F.] **Knötel,** Paul [wiss. Hilfsl. Dr.]: Die Städtewappen Oberschlesiens. M. 61 Abb. Tarnowitz, Ch. Reimann'sche Buchdr., 1894; 31 S. 8.
Tarnowitz, k. RG, OP 1894 (222)

286 **Knoll,** *Paul* [Dr.]: Katalog der Schüler-Bibliothek des Real-Gymnasiums zu Potsdam '(Abteilung für Prima, Sekunda und Tertia)'. Nach d. Bestande zu Ostern 1894 aufgenommen. Potsdam, Druck v. E. Stein, 1894; 40 S. 8.
Potsdam, RG, P 1894 (110)

287 **Knops,** Karl [Dr.]: Die wichtigeren Pflanzenkrankheiten. Für d. Unterr. bearb. Essen, Druck v. G. D. Baedeker, 1894; 3—22 S. 4.
Essen, RG, OP 1894 (479)

288 **Koch,** Aemilius: De Atheniensium logistis euthynis synegoris. (Th. 1.) Zittau, Druck v. R. Menzel, 1894; 1 Bl., 20 S. 4.
Zittau, G, OP 1894 (548)

289 **Koch,** Franz [Dir. Dr.]: Mitteilungen aus den Lehrplänen des Progymnasiums. 1. Lehrplan für den deutschen Unterricht. 2. Tl. [Forts. d. P-Beil. 1893.] St. Wendel, Buchdr. v. F. Maurer, 1894; 3—20 S. 4.
St. Wendel, k. Kronprinz Friedrich Wilhelms-PG, P 1894 (465)

290 **Koch,** Günther [Dr.]: Gleims scherzhafte Lieder und die sogenannten Anakreonteen. E. Beitr. zu ihrer Charakteristik. Jena, Univ.-Buchdr. G. Neuenhahn, 1894; 3—19 S. 4.
Jena, Pfeiffer'sche Lehr- u. Erziehungs-A, OP 1894**

291 **Koch,** John [Dr.]: Die ehemalige Berlinische Gesellschaft für deutsche Sprache und ihre Büchersammlung. (Umschlagt.: Mitteilungen über die dem Dorotheenstädtischen Realgymnasium geschenkte Büchersammlung der ehemaligen Berliner Gesellschaft für deutsche Sprache.) Berlin, R. Gaertner, 1894; 32 S. 4.
Berlin, Dorotheenstädt. RG, OP 1894 (94)

292 **Köbert,** Hermann [Dr.]: Der Zahme Oelbaum in der religiösen Vorstellung der Griechen. München, Druck d. Akad. Buchdr. v. F. Straub, 1894; VIII, 48 S. 8.
München, k. Maximilians-G, P 1894*

293 [F.] **Koehler,** Heinrich [Dr.]: Überblick über die Kasus-Syntax im Lateinischen. Sorau, Druck v. J. D. Rauert, *1894*; 1 Bl., 26 S. 4.
Sorau, k. G, P 1894 (87)

294 **Köbler,** *Heinrich Louis Gustav Richard* [Dr.]: Technologische Processe für den chemischen Unterricht. Hamburg, gedr. bei Lütcke & Wulff, 1894; 2 Bl., 30 S. 4.
Hamburg, R vor d. Holstenthore, OP 1894 (737)

295 **Kölmel,** Friedrich [Dr., Prof.]: Ableitung der verschiedenen Formen der Kurven dritter Ordnung durch Projektion und Klassifikation derselben. 1. Ettenheim, Druck v. F. X. Leibold, 1894; 12 S., 4 Taf. 4.
Ettenheim, grossh. RPG, P 1894 (614 [viehn. 618])

296 [J.] **Koldewey,** Friedrich [Dir. Prof. D. Dr.]: Verzeichnis der Direktoren und Lehrer des Gymnasiums Martino-Katharineum zu Braunschweig seit dem Jahre 1828. Biographisch u. bibliographisch zsgest. Braunschweig, Druck v. J. H. Meyer, 1894; IV, 56 S. 4.
Braunschweig, herz. G Martino-Katharineum, OP 1894 ([illegible])

297 [J.] **Kollert,** *Julius August* [Dr.]: Die elektrotechnischen Abtheilungen und das elektrotechnische Laboratorium an den Technischen Staatslehranstalten in Chemnitz. Chemnitz, Druck v. J. C. F. Pickenhahn & Sohn, *1894*; 3—16 S., 5 Taf. 4.
Chemnitz, techn. Staatslehr-A, OP 1894**

298 [J.] **Koppelmann,** Wilh*elm* [Lic. Dr.]: Versuch einer Darstellung der Sittenlehre Jesu auf Grund der synoptischen Evangelien für die Prima. Lippstadt, E. Hegener, *1894*; 2—20 S. 4.
Lippstadt, RG, OP 1894 (373)

299 **Koppin,** *Karl Friedrich Julius* [Dir. Dr.]: Antrittsrede. Stettin, Druck v. Herrcke & Lebeling, *1894*; 5—11 S. 4.
Stettin, König-Wilhelms-G, OP 1894 (145)

300 [J.] **Kraft,** Gustav: Klingers „Zwillinge", Leisewitz' „Julius von Tarent" und Schillers „Braut von Messina". E. vergleich. Betrachtg m. bes. Rücks. auf ihre Verwertg beim Unterr. Altenburg, Druck v. O. Bonde, *1894*; 1 Bl., 1—20 S. 4.
Altenburg, Friedrichs-G, OP 1894 (680)

301 [Ant. u. F.] **Krankenhagen,** *Friedrich* [Prof. Dr.]: Katalog der Lehrer-Bibliothek des Schiller-Realgymnasiums zu Stettin. *Stettin, Druck v. F. Hessenland, 1894*; 33 S. 8.
Stettin, Schiller-RG, OP 1894 (150)

302 **Krauth**, Carl [Dr.]: Die „sieben Flüsse" Skythiens nach Herodots Bericht dargest. Erfurt, Druck v. F. Bartholomäus, 1894; 1 Bl., 1—9 S. 8.
Erfurt, k. RG, Festschr. 1894 (262)

303 **Kressner**, Adolf [Dr.]: Rustebuef, e. französ. Dichter d. XIII. Jhs." Cassel, Druck v. L. Döll, 1894; 1 Bl., 24 S. 4.
Cassel, Neue R, OP 1894 (414)

304 **Kretschmann**, *Heinrich* [Dr., Dir.]: Deutsche Aufsätze in Unter-Secunda. Danzig, A. Müller vorm. Wedel'sche Hofbuchdr., 1894; 25 S. 4.
Danzig, k. G, OP 1894 (28)

305 **Kreutzberg**, *Peter:* Brutus in Shakespeares Julius Caesar. Neisse, Druck v. F. Bär, 1894; 16 S. 4.
Neisse, RG, OP 1894 (218)

306 **Krickau**, Karl [Prof. Dr.]: Über den dramatischen Wert von Uhlands Ernst, Herzog von Schwaben. Hofgeismar, Druck d. Hof-Buchdr. v. L. Keseberg, Kgl. Hoflief., 1894; 1—22 S. 4.
Hofgeismar, PG m. Realabt., OP 1894**

307 **Krieger**, Richard [Dr.]: Ein Beitrag zur Kenntnis der Hymenopterenfauna des Königreichs Sachsen. Leipzig, Druck v. O. Dürr, 1894; 1 Bl., 50 S. 4.
Leipzig, Nicolai-G, OP 1894 (542)

308 [F.] **Krimphoff**, Wilhelm [Dr.]: Der Koordinatenbegriff und die Kegelschnitte in elementarer Behandlung. [Th. 2.— Forts. d. P-Beil. 1893.] Paderborn, Junfermannsche Buchdr., 1894; 3—11 S. 4.
Paderborn, k. G Theodorianum, P 1894 (360)

309 **Kröger**, Johannes [Dr.]: Niederlothringen im zwölften Jahrhundert. Elberfeld, Druck v. A. Martini & Grüttefien, *1894;* 60 S. 4..
Elberfeld, OR, P 1894 (498)

310 **Kron**, Rich*ard* [Dr.]: Dialogische Besprechung Hölzelscher Wandbilder in französischer Sprache. Stadt. M. e. Anschauungsbilde. Französ. Sprechübgn f. Klassen- u. Selbstunterr. (Umschlagt.: Dialogische ... Wandbilder, in franz. und engl. Sprache. 1. Tl. Ville. — City.) M.Gladbach, E. Schellmann, 1894; VIII, 51 S. 8.
M.Gladbach, st. R, P 1894 (501)

311 **Krüger**, *Gustav* [Dir. Oberschulr. Dr.]: *Ansprache an die Schüler bei der Eröffnung des neuen Turnspielplatzes.* Dessau, Hofbuchdr. v. C. Dünnhaupt, 1894; 29—30 S. 4.
Dessau, herz. Friedrichs-G, OP 1894 (683)

312 **Kühne**, *Wilhelm* [Dr., Dir.]: *Gymnasiallehrer Richard Hauch, gest. am 14. November 1893.* Doberan, Druck v. H. Rehse & C., 1894; 5—6 S. 4.
Doberan, grossh. G Friderico-Francisceum, OP 1894 (650)

313 **Kühne**, *Wilhelm* [Dr., Dir.]: *Oberlehrer Dr. Karl Foth, gest. am 22. Februar 1893.* Doberan, Druck v. H. Rehse & C., 1894; 6—7 S. 4.
Doberan, grossh. G Friderico-Francisceum. OP 1894 (650)

314 **Küster**, Hugo: De A. Persii Flacci elocutione quaestiones. Pars I. Löbau Westpr., M. Hoffmann's Buchdr.; 1894; 24 S. 8.
Löbau Wpr., k. PG. OP 1894 (34)

315 [J.] **Kuhfahl**, Heinrich: Zur Behandlung der Gleichungen, insbesondere der gebrochenen und der irrationalen. Landsberg a. d. W., Druck v. Dermietzel & Schmidt, 1894; 12 S. 4.
Landsberg a. d. W., k. G u. RG. OP 1894 (80)

316 [J.] **Kuhl**, *Joseph* [Prof. Dr., Dir.]: Geschichte der Stadt Jülich, insbesondere des früheren Gymnasiums zu Jülich. III. Tl: 1742—1815. (Umschlagt.: Probe aus d. III. Teile d. „Geschichte ...") [Erschien vollst. 1891—94 im gl. Verl. — I = P-Beil. 1891 u. d. T.: Gesch. d. früheren Gymn. zu Jülich ...] Jülich, J. Fischer, 1894; VIII, 147—169. 339—341 S. 8.
Jülich, st. PG m. K. Kompatronat. P 1894 (440)

317 **Kusch**, Ernst: Schwingungen parabolisch begrenzter Membranen. Potsdam, Druck d. Krämer'schen Buchdr., 1894; 1—30 S. 4.
Potsdam, Victoria-G. OP 1894 (84)

318 **Kuthe**, *Anton* [Dr.]: IV. Nachtrag zum Katalog der Bibliothek '(1893)'. [Forts. d. P-Beil. 1890—93.] Wismar, Druck d. Eberhardt'schen Hof- u. Ratsbuchdr., 1894; 14—15 S. 4.
Wismar, Grosze Stadt-S (G u. R). OP 1894 (656)

319 **Lahnor**, *Hugo* [Dr.]: Goethes Faust als weltliche Bibel betrachtet. Wolfenbüttel, Druck v. O. Wollermann, 1894; 35 S. 4.
Wolfenbüttel, herz. G. OP 1894 (700)

320 [J.] **Lange**, Ewald: Deutsche Stilübungen in den mittleren Klassen höherer Lehranstalten. Salzwedel, A. Menzels Buchdr., *1894*; 14 S. 4.
Salzwedel, k. G. OP 1894 (230)

321 **Lange**, Julius [Prof. Dr.]: Geschichte des Feuerbachschen Kreises. M. 2 Figurentaf. Berlin, R. Gaertner, 1894; 34 S., 2 Taf. 4.
Berlin, Friedrichs-Werdersche OR. OP 1894 (114)

322 **Langen**, *Arnold* [Prof. Dr., Dir.]: *Professor Dr. Ernst Meves, gest. am 28. November 1893.* Gross-Glogau, Druck d. Glog. Druckerei-Ver., *1894*; S. 16. 4.
Gross-Glogau, k. Ev. G. P 1894 (185)

323 **Langrehr**, *Georg* [Subrekt.]: De Plauti Asinaria. (Umschlagt.: Plautina.) [Vgl. P-Beil. 1893.] Friedland i. M., Druck v. W. Walther, 1894; 1—12 S. 4.
Friedland, G. P 1894 (662)

324 [Umschlagt.:] **Larisch,** Bruno [Dir. Dr.]: Die Gründung und die bisherige Entwickelung der Anstalt, aus Anlass ihres 25jährigen Bestehens dargest. Gross-Strehlitz, Druck v. G. Hübner, *1894*: 1—16 S. 4.
Gross-Strehlitz, k. G, OP 1894 (208)

325 **Leers,** Rudolf [Dr.]: Burchard II., Bischof von Halberstadt, als Führer des Sachsenaufstandes. 1073—1088. (Umschlagt.: Burchard ... Halberstadt. II. Tl.) (Forts. d. P-Beil. 1892.) Eisleben, Druck v. E. Schneider, 1894: 1—31 S. 4.
Eisleben, k. G, OP 1894 (232)

326 **Lehraufgaben** für die Realschule. Hamburg, gedr. bei Lütcke & Wulff, 1894: 2—14 S. 4.
Hamburg, R am Eilbeckerwege, P 1894 (740)

327 **Lehrpensa** *der Oberrealschule mit Fachklasse für Kaufleute zu Karlsruhe.* Karlsruhe, Buchdr. v. Malsch & Vogel, 1894: 9—16 S. 4.
Karlsruhe, OR m. Fachkl. f. Kaufleute, MP 1894 (622)

328 [T.] **Lehrpläne** und Lehraufgaben für das städtische Gymnasium und Realgymnasium zu Düsseldorf nebst Tertiallehrplänen von Sexta bis Quarta und anderen Einzelausführungen. (Th. 1.) Düsseldorf, gedr. bei L. Voss & C., Kgl. Hofbuchdr., 1894: 65 S. 8.
Düsseldorf, st. RG u. G, OP 1894 (477)

329 **Lehrpläne** *der Stiftungsschule von 1815.* Hamburg, gedr. bei Lütcke & Wulff, 1894: 30—36 S. 4.
Hamburg, Stiftungs-S v. 1815 '(R)', P 1894 (742)

330 [Umschlagt.:] [T.] **Lehrplan** der Anstalt. Samter, M. Krügers Buch- u. Steindr., 1894: 8—16 S. 4.
Samter, Landwirthschafts-S, OP 1894**

331 [T.] **Lehrplan** *der Baugewerkschule zu Nienburg a. d. W.* Nienburg, Druck v. J. Hoffmann & C., 1894: 6—7 S. 4.
Nienburg a. d. W., k. Baugewerk-S, P 1894**

332 [T.] ***Lehrplan*** *der Landwirtschaftsschule zu Weilburg a. d. L.* Weilburg, Druck v. A. Cramer, 1894: 12—23 S. 4.
Weilburg a. d. L., Landwirtschafts-S, OP 1894**

333 Specieller **Lehrplan** *des Realprogymnasium und Progymnasium Georgianum zu Forst i. L.* Forst i. L., Druck v. E. Hoene, 1894: 5—18 S. 4.
Forst i. L., RPG u. PG Georgianum, OP 1894 (103)

334 **Lehrplan** *der Grossen Stadtschule zu Wismar.* Wismar, Druck d. Eberhardt'schen Hof- u. Ratsbuchdr., 1894: 3—10 S. 4.
Wismar, Grosze Stadt-S (G u. R), OP 1894 (656)

335 [T.] **Lehrplan** *der Technischen Winterschule in Strassburg.* Strassburg, Strassb. Druckerei u. Verlagsanst. vorm. R. Schultz & C., 1894: 7—12 S. 8.
Strassburg, techn. Winter-S, OP 1894**

336 [J. u. Ant.] **Leimbach**, *A. L. Gotthelf* [Prof. Dr. Dir.]: Florula Arnstadiensis. Die älteste Flora von Arnstadt. Von Lic. Joh. Conr. Axt Stadtphysikus und Konsul zu Arnstadt. 1701. Hrsg. u. m. Anm. vers. Arnstadt, Druck d. Bussjaeger'schen Hofbuchdr., 1894; 40 S. 8.
Arnstadt, fürstl. R, OP 1894 (723)

337 **Leithaeuser**, *Julius*: Gallicismen in niederrheinischen Mundarten. II. (Forts. d. P-Beil. 1891.) Barmen, Druck v. Steinborn & C., *1894*; 25 S. 4.
Barmen, st. RG, OP 1894 (470)

Lektionarium für das Schuljahr 1894 95. Torgau 1894 s. **Bertling**, Oscar [Vf.]

338 [Ant. u. F.] **Lemcke**, Hugo [Prof., Dir.]: Das 25jährige Jubiläum des Stadtgymnasiums. Stettin, Druck v. Herrcke & Lebeling, 1894; S. 26. 4.
Stettin, Stadt-G, OP 1894 (144)

339 [Ant. u. F.] **Lemcke**, Hugo [Prof., Dir.]: Urkunden zur Geschichte der Stettiner Ratsschule in fünf Jahrhunderten. Abt. 2. Die allgemeinen gesetzl. Bestimmgn f. d. höhere Schulwesen Pommerns in d. Kirchenordngn v. 1535 u. 1563. (Umschlagt.: Beiträge zur Geschichte ... Jahrhunderten. Tl 1: Urkunden. Abt. 2.) [Forts. d. P-Beil. 1893.] Stettin, Druck v. Herrcke & Lebeling, 1894; 3—17 S. 4.
Stettin, Stadt-G, OP 1894 (144)

340 **Lemmen**, Albert [Dr.]: Das niedere Schulwesen im Erzstift Trier, bes. während d. 17. u. 18. Jhs. 1. Tl. Prüm, P. Plaum'sche Buchdr., 1894; 40 S. 8.
Prüm, G, OP 1894 (456)

341 **Lentz**, Hermann [Prof. Dr., Dir.]: Album des Herzoglichen Gymnasiums zu Holzminden von Michaelis 1826—Ostern 1894 im Verein m. d. Lehrer-Kollegium zsgest. u. im Namen dess. veröffentl. Holzminden, J. H. Stocks Buchdr., 1894; 3 Bl., 119 S. 8.
Holzminden, herz. G, P 1894 (667)

342 [J.] **Linke**, Otto [Dr.]: Zur Geschichte Breslaus in den Jahren 1807 und 1808. Breslau, Druck v. Grass, Barth & C., 1894; 3—12 S. 4.
Breslau, RG am Zwinger, OP 1894 (212)

343 **Lippold**, Gottlob Friedrich [Rekt. Prof. Dr.]: *Bericht über die Feier des 25jährigen Bestehens der Anstalt.* Zwickau, Druck v. R. Zückler, 1894; 3—4 S. 4.
Zwickau, RG, OP 1894 (530)

344 **Littig**, Friedrich [Dr.]: Andronikos von Rhodos. II. Tl. [Forts. d. P-Beil. München, Maximilians-G 1890.] Erlangen, k. b. Hof- u. Univ.-Buchdr. v. F. Junge, 1894; 32 S. 8.
Erlangen, k. humanist. G, P 1894*

345 [J.] **Lommer,** Franz Xaver: Geschichte der oberpfälzischen Grenzstadt Waldmünchen. II. Tl: Innere Geschichte, 2. Hälfte A. [Forts. d. P-Beil. 1888. 90.] Amberg, E. Pohl'sche Buchdr., 1894; 1 Bl., 83 S. 8.
Amberg, k. humanist. G, P 1894*

346 **Looser,** *Gustav* [Prof. Dr.]: Ein neues Thermoskop m. Abbildgn. Essen, Druck v. G. D. Baedeker, 1894; 19 S. 4.
Essen, R, OP 1894 (500)

347 **Lorenz,** *Bernhard:* Die Holzpflanzen der Südlausitz und des nördlichsten Böhmens, m. Berücks. d. Ziergehölze in d. Anlagen d. Stadt Zittau. II. Tl. Die Choripetalen. (Forts. d. P-Beil. 1891.) Zittau, Druck v. M. Böhme, 1894; 1—30 S. 4.
Zittau, k. RG m. h. Handels-S, OP 1894 (558)

348 **Lückerath,** Wilhelm [Rekt.]: Die Höhere Stadtschule zu Heinsberg. (1843–1893.) ... E. Erinnerungsblatt, den ehemaligen Schülern d. Anstalt gewidm. Heinsberg, Druck v. P. W. Joppen, *1893;* 1 Bl., II S., 1 Bl., 64 S. 8.
Heinsberg, h. Stadt-S, Festschr. 1893**

349 **Lüttich,** Selmar [Prof.]: Der „Püstrich" zu Sondershausen, e. Beitr. z. deutschen Altertumskunde. Naumburg a. S., Druck v. H. Sieling, 1894; 1—26 S. 4.
Naumburg a. S., Dom-G, OP 1894 (244)

350 **Lullies,** *Hans* [Dr.]: Studien über Seen. Königsberg i. Pr., Hartungsche Buchdr., *1894;* 32 S. 8.
Königsberg i. Pr., k. Wilhelms-G, OP 1894 (8)

351 [J.] **Mackel,** *Emil* [Dr.]: Die Metapher im Unterricht. Perleberg, Druck v. F. Jacobson, 1894; 3—15 S. 4.
Perleberg, k. RG, P 1894 (100)

352 **Mädler,** Heinrich [Dr.]: Theodora, Michael Stratiotikos, Isaak Komnenos. E. Stück byzantin. Kaisergeschichte. [= Inaug.-Diss. v. Leipzig 1894.] Plauen i. V., gedr. bei M. Wieprecht, 1894; 1 Bl., 51 S. 4.
Plauen i. V., k. G, OP 1894 (545)

353 **Maerker,** Julius [Prof.]: Klimatologische Betrachtungen über die heisse Zone. Konstanz, Druck v. F. Stadler, 1894; 25 S. 4.
Konstanz, grossh. G, P 1894 (600)

354 [J.] **Maisel,** Hanns [Dr.]: Beiträge zur Würdigung der Handschriften des Cassius Dio. Augsburg, Druck v. Ph. J. Pfeiffer, 1894; 35 S. 8.
Augsburg, k. h. G bei St. Anna, P 1894*

355 [J.] **Mangold,** *Bernhard* [Dir. Dr.]: Nachricht über die Einführung der Steilschrift. Worms, Druck v. A. K. Boeninger, 1894; S. 12. 4.
Worms, grossh. G u. grossh. R, OP 1894 (636)

356 [J.] **Markscheffel**, Karl [Dr.]: Berthold Sigismund. Sein Leben und Schaffen als Arzt, Pädagog, Dichter und Volksschriftsteller. Weimar, Druck d. Hof-Buchdr., 1894; 54 S., 1 kl. Bl. 8.
Weimar, RG, OP 1894 (678)

357 **Martens**, Karl [Dr.]: Die Fürsorge des Erfurter Rates für das Dorfschulwesen während des dreissigjährigen Krieges. Erfurt, Druck v. F. Bartholomäus, 1894; 1 Bl., 1—10 S. 8.
Erfurt, k. RG, Festschr. 1894 (262)

358 **Martens**, Richard [Dr., Dir.]: *Direktor Dr. Max Töppen, gest. am 3. December 1893.* Elbing, Buchdr. R. Kühn, 1894; 18—20 S. 4.
Elbing, k. G, OP 1894 (30)

359 ***Martens***, *Wilhelm [Prof. Dr.]: Verzeichnis der seit Fertigstellung des neuen Bücherkatalogs für die Anstaltsbibliothek erworbenen Werke.* Konstanz, Druck v. F. Stadler, 1894; 6—12 S. 4.
Konstanz, grossh. G, P 1894 (600)

360 **Marx**, August [Lehramtsprakt. Dr.]: Turnen und Bewegungsspiel am Karlsruher Gymnasium. Karlsruhe, Druck d. G. Braun'schen Hofbuchdr., 1894; 30 S. 4.
Karlsruhe, grossh. G, MP 1894 (608)

361 [J.] **Matthes**, *Carl Christian August* [Dr., Klosterpfarrer]: Aktenstücke zur Geschichte der Schule und Kirche Kloster Rossleben. 1. Aus d. Superintendenturarchiv zu Sangerhausen. Hrsg. Görlitz, Druck d. Akt.-Ges. Görl. Nachr. u. Anzeiger, 1894; 3—17 S. 4.
Rossleben, Kloster-S, P 1894 (240)

362 **Matthes**, Gustav: Über den erdkundlichen Unterricht in der Sexta. Magdeburg, Druck v. F. Baensch jun., 1894; 1 Bl., 12 S. 4.
Magdeburg, st. R, OP 1894 (270)

363 **Matthes**, Isolin [Dr.]: Die Volksdichte und die Zunahme der Bevölkerung im Westkreise des Herzogtums Sachsen-Altenburg in dem Zeitraume 1837—1890. [Vgl. P-Bell. 1892.] Altenburg i. S.-A., Pierer'sche Hofbuchdr., 1894; 17 S. 4.
Altenburg, herz. RG, OP 1894 (687)

364 **Mauritius**, Richard [Prof. Dr.]: Beschreibung einiger neuen physikalischen Apparate. M. 2 Figurentaf. Coburg, Druck d. Dietz'schen Hofbuchdr., *1891*; 1—7 S., 2 Taf. 4.
Coburg, G Casimirianum, OP 1894 (703)

365 **Mauritius**, Richard [Prof. Dr.]: Festrede gehalten am Gymnasiumsfest (Umschlagt.: am Stiftungsfeste des Gymnasiums) den 5. Juli 1892. Coburg, Druck d. Dietz'schen Hofbuchdr., *1891*; 8—17 S. 4.
Coburg, G Casimirianum, OP 1894 (703)

366 [Umschlagt.:] **Mauss,** Franz [Dr.]: Du nouvel enseignement de la langue française dans nos «gymnases»; sa valeur pédagogique. Wesel, Buchdr. v. C. Kühler, 1894; 25 S. 8.
Wesel, k. G, OP 1894 (466)

367 **May,** *Josef Adam* [Dr., Prof.]: Zur Kritik der Reden des Demosthenes. Erste Rede gegen Philippos '(§ 1—33)'. Leipzig, G. Fock, 1894; 21 S. 4.
Offenburg, grossh. G, MP 1894 (613)

368 [F.] **Mayer,** *Anton:* Über die Gütererwerbungen des Klosters Oberaltach bis zum Jahre 1247. (Soll fortges. werden.) Straubing, C. Attenkofersche Buchdr., 1894; 38 S. 8.
Straubing, k. G, P 1894*

369 **Mayr,** Albert: Die antiken Münzen der Inseln Malta, Gozzo und Pantelleria. München, Druck v. H. Kutzner, 1894; 40 S., 1 Taf. 8.
München, k. Wilhelms-G, P 1894*

370 **Mechling,** *Otto* [Praktikant]: *Bericht über die Feier des 25-jährigen Bestehens der Anstalt.* Schwetzingen, M. Pichler'sche Buchdr., 1894; 8—13 S. 4.
Schwetzingen, grossh. HB m. d. Lehrpl. d. RG, MP 1894**

371 **Mehlis,** *Christian* [Dr.]: Der Drachenfels bei Dürkheim a. d. H. Beitrag z. pfälz. Landeskunde. 1. Abt. m. e. topograph. Plane d. Drachenfels. Neustadt a. d. H., *Buchdr. J. H. Ziegler,* 1894; 1 Bl., 32 S., 1 Bl., 1 Pl. 8.
Neustadt a. d. H., k. humanist. G, P 1894*

372 [J.] **Meissel,** Ernst [Dr., Dir.]: Entwurf einer Tafel, aus welcher die sechs Elemente einer beliebigen Menge sphärischer Dreiecke sofort entnommen werden können. Kiel, Druck v. A. F. Jensen, 1894; 1—7 S. 4.
Kiel, OR, OP 1894 (268)

373 **Mette,** Alexander [Prof.]: Geschichte des Gymnasiums zu Dortmund. (Darin m. bes. Seitenzählung: Urkundenbuch.) Dortmund, Druck v. H. Meyer, 1893; 103, LXVII S., 4 Taf. 8.
Dortmund, G, Festschr. 1893

374 **Metz,** *Gustav* Adolf [Prof. Lic.]: Nochmals die „Geschichte in Sessenheim". Hamburg, gedr. bei Lütcke & Wulff, 1894; 1 Bl., 32 S. 4.
Hamburg, Gelehrten-S d. Johanneums, P 1894 (731)

375 **Metzger,** Karl [Prof.]: Vier Sprachwurzeln. E. Beitr. z. griech. Etymologie u. z. Sprachvergleichg. Schweinfurt, Druck v. F. J. Reichardt, 1894; 29 S. 8.
Schweinfurt, k. G, P 1894*

376 **Meutzner,** Paul [Prof. Dr. Rekt.]: *Bericht über die Feier des 50jährigen Bestehens der Anstalt.* Annaberg, Buchdr. v. C. O. Schreiber, 1894; 36—39 S. 4.
Annaberg, k. RG nebst PG, OP 1894 (550)

377 **Meutzner**, Paul [Prof. Dr. Rekt.]: Rede zur Feier des fünfzigjährigen Bestehens der Schule am 23. September 1893. Annaberg, Buchdr. v. C. O. Schreiber, 1894: 3—13 S. 4.
Annaberg, k. RG nebst PG, OP 1894 (550)

378 **Meybrinck**, *Ernst* [Dr.]: Auswahl französischer Synonyma für die höhere Mädchenschule. Kiel, Druck v. H. Fiencke, 1894: 1—28 S. 4.
Kiel, st. HM, P 1894**

379 **Miething**, Ernst [Dr.]: Leonhard Eulers Lehre vom Äther. Berlin, R. Gaertner, 1894: 30 S. 4.
Berlin, Königstädt. G, OP 1894 (60)

380 [F.] **v. Mittelstaedt**, Adolf [Rekt.]: Warum soll und in welcher Weise kann die Erziehung zur praktischen Hausfrau durch den Unterricht in der höheren Mädchenschule gefördert werden? Charlottenburg, Druck v. R. Münch, 1894: 3—19 S. 4.
Charlottenburg, st. HM, P 1894**

381 **Moller**, *Adolf* [Prof. Dr., Dir.]: *Bericht über die Feier des 250jährigen Bestehens der Anstalt.* Breslau, Druck v. Grass, Barth & C., *1894;* 38—40 S. 4.
Breslau, st. ev. G zu St. Maria-Magdalena, OP 1894 (177)

382 **Mollmann**, Ernst [Dr., Prof.]: Die Bibliothek des Kneiphöfischen Stadt-Gymnasiums zu Königsberg i. Pr., ein Gedenkblatt ihres 250jährigen Bestehens. Königsberg i. Pr., Hartungsche Buchdr., *1894;* 52 S. 8.
Königsberg in Pr., Kneiphöfisches Stadt-G, OP 1894 (10)

383 [F.] **Morgenroth**, *Hermann:* Die Anfänge der heutigen Chemie. *Quakenbrück, Druck v. H. Buddenberg, 1894;* 3—17 S. 4.
Quakenbrück, RG, OP 1894 (330)

384 **Morgenstern**, Otto: Curae Catullianae. Berlin, Hofbuchdr. Gebr. Radetzki, *1894;* I—XX S. 4.
Gross-Lichterfelde, G, P 1894 (78)

385 **Much**, August [Prof.]: Über die Bewegung zweier Massenpunkte (Umschlagt.: Massen), die sich auf zwei Graden (Umschlagt.: Geraden im Raume) so bewegen, dass ihre Entfernung stets dieselbe bleibt. Erste Hälfte. Leipzig, Druck v. B. G. Teubner, 1894; 17 S. 4.
Kreuznach, k. G, OP 1894 (448)

386 [F.] **Mülder**, Dietrich [wiss. Hülfl. [!]]: Albrecht von Johannsdorf. E. Beitr. z. mittelhochdeutschen Metrik. Osnabrück, Druck v. J. G. Kisling, 1894; 1 Bl., 33 S. 8.
Osnabrück, k. RG, P 1894 (335)

387 **Müller**, Karl Eugen [Dr., Lehramtsprakt.]: Über die algebraischen Integralfunktionen von Systemen algebraischer Differentialgleichungen. Die Reduktion d. algebraischen Integralfunktionen auf d. Form d. rechten Seiten ihrer normalen algebraischen Differentialgleichungssysteme. Lahr, Druck v. J. H. Geiger, 1894; 15 S. 4.
Lahr, grossh. G, MP 1894 (610)

388 **Müller,** *Karl Friedrich* [Prof.]: Karl Kappes. *gest. am 14. Dezember 1893.* (Aus: Karlsruher Zeitg. 1894 Beil. zu No 88.) Karlsruhe, Buchdr. v. Malsch & Vogel, 1894; 5—7 S. 4.
Karlsruhe, RG, MP 1894 (621)

389 **Müller,** *Gustav Adolf* [Prof.]: Die Phraseologie des Sallust. III. [Forts. d. P-Beil. 1880. 90.] Cöthen, Druck v. P. Schettler's Erben, *1894*; 3—27 S. 4.
Cöthen, herz. Ludwigs-G, OP 1894 (668 [übergeklebt 681])

390 **Münster,** Karl [Dr.]: Die Lautverhältnisse in der mittelenglischen Übersetzung der Gedichte des Herzogs Karl von Orléans. Berlin, R. Gaertner, 1894; 22 S. 4.
Berlin, Siebente R '(HB)', OP 1894 (122)

391 **Muff,** *Christian Fürchtegott* [Dir. Prof. Dr.]: *Bericht über seine Einführung als Direktor der Anstalt.* Cassel, Druck v. Baier & Lewalter, 1894; 22—24 S. 4.
Cassel, k. Wilhelms-G, OP 1894 (385)

392 **Nanke,** *Walter* [Dr.]: Die Kohlehydrate m. bes. Berücks. ihrer physiolog. Bedeutg u. d. landwirtschaftlich-techn. Gewerbe. (E. Ergänzg z. chem. Lehrbuch.) *Samter, Druck v. M. Krueger, 1894*; 27—53 S. 8.
Samter, Landwirthschafts-S, OP 1893**

393 **Nehry,** *Julius* [Rekt.]: Aus den Jahresberichten. Aschersleben, Druck v. F. Hofmann, *1894*; 3—13 S. 8.
Aschersleben, st. HM, OP 1894**

394 **Nesemann,** Franz [Prof. Dr.]: Comenii Lesnae excidium und Vindicationis famae et conscientiae calumniae tertia et quarta hrsg. Lissa i. P., Buchdr. v. O. Eisermann, 1894; 1 Bl., IV, 32 S. 4.
Lissa i. P., k. G, OP 1894 (158)

395 **Neu,** Wilhelm [Prof.]: Apparate und Versuche zur induktiven Behandlung der Statik. Augsburg, Druck d. Literar. Instit. v. Haas & Grabherr, 1894; 42 S., 1 Bl. 8.
Augsburg, k. RG, P 1894*

396 **Neubauer,** Friedrich [Dr.]: Volkswirtschaftliches im Geschichtsunterricht. Halle a. S., Druck d. Buchdr. d. Waisenhauses, 1894; 30 S. 4.
Halle, Latein. Haupt-S, OP 1894 (236)

397 **Neumann,** Richard [Dr.]: Die Entstehung und die gegenwärtige Bedeutung des neugriechischen Volkes. Weissenfels, Buchdr. v. L. Kell, 1894; 1—25 S. 4.
Weissenfels, PG, OP 1894 (250)

398 [Umschlagt.:] **Nieländer,** Franz [Prof.]: Der factitive Dativ bei lateinischen Prosaikern und Dichtern. Tl III, 2. E. Beitr. z. histor. Syntax d. latein. Sprache u. z. latein. Lexikographie. [Forts. d. P-Beil. Krotoschin 1874 u. Schneidemühl 1877. 93.] Schneidemühl, Druck v. G. Eichstädt, 1894; 3—25 S. 4.
Schneidemühl, k. G, OP 1894 (165)

399 **Niemöller,** Friedrich [Dr.]: Apparate und Versuche für physikalische Schülerübungen. Osnabrück, Druck v. J. G. Kisling. 1894; 1—22 S. 4.
Osnabrück, Rats-G, OP 1894 (318)

400 [U.] **Oberbeck,** *Hermann:* Über elektrische Figuren. Bernburg, A. Meyer's Buchdr., 1894; 1 Bl., 25 S. 4.
Bernburg, herz. Karls-RG u. VS d. Carolinums, OP 1894 (680)

401 **Oberdick,** Johannes [Dir. Dr.]: Studien zur lateinischen Orthographie. IV. [Forts. d. P-Beil. Münster 1879. Breslau 1886. 91.] Breslau, Druck v. R. Nischkowsky, 1894; I—VIII S. 4.
Breslau, k. kath. St. Matthias-G, OP 1894 (178)

402 **Oehme,** *Bernardus* Arno: De parodo Acharnensium quaestiones scaenicae. (= Inaug.-Diss. v. Leipzig 1894.) Wurzen, Druck v. G. Jacob, *1894;* I—XXII S. 4.
Wurzen, k. G, OP 1894 (547)

403 **Oertel,** Ernst Georg Julius [Dr.]: König Friedrich August von Sachsen im Jahre 1813. Leipzig, in Komm. d. J. C. Hinrichsschen Buchh., 1894: 3—27 S. 4.
Leipzig, st. RG, OP 1894 (557)

404 **Ohmann,** Otto: I. Das Schicksal des chemisch-mineralogischen Unterrichts der Gymnasien nach der Einführung der neuen Lehrpläne. II. Ein Plan zur Beschaffung von Mineralien. Berlin, R. Gaertner, 1894; 28 S. 4.
Berlin, Humboldts-G, OP 1894 (57)

405 [Umschlagt.:] **Olsen,** Waldemar [Dr.]: Bemerkungen zum Sprachgebrauch Xenophons. Greifswald, Druck d. Buch- u. Steindr. v. F. W. Kunike, *1894;* III—XVIII S. 4.
Greifswald, st. G u. RPG, P 1894 (136)

406 **Ondrusch,** Karl [Prof.]: Die Familiennamen in Neustadt O.-S. (Tl 1.) Neustadt O.-S., R. Reichelt, *1894;* 3—31 S. 4.
Neustadt Ob.-Schl., k. G, OP 1894 (198)

407 [U.] **Ordnung** für die Abgangsprüfung an der Landwirtschaftsschule. Helmstedt, Druck v. J. C. Schmidt, 1894; 29—30 S. 4.
Helmstedt (Herzogt. Braunschw.), landwirtschaftl. S Marienberg, OP 1894 (698)

408 **Ortner,** Heinrich [Dr.]: Bemerkungen zu Heinrich v. Kleists Hermannsschlacht. E. Beitr. z. Kapitel d. Schullektüre. Regensburg, Druck v. M. Wasner, 1894; 1 Bl., 32 S. 8.
Regensburg, k. neues G, P 1894*

409 [Umschlagt.:] **Oxé,** *August* [Dr.]: Victorini Versus de lege domini. Ein unedierter Cento aus dem Carmen aduersus Marcionitas. Crefeld, Druck v. Kramer & Baum, *1894;* 3—20 S. 4.
Crefeld, G, OP 1894 (435)

410 **Pallmann**, Reinhold [Prof. u. Dr.]: Der historische Götz von Berlichingen mit der eisernen Hand und Goethe's Schauspiel über ihn. E. Quellenstudie. Berlin, R. Gaertner, 1894; 44 S. 4.
Berlin, Luisenstädt. OR, OP 1894 (115)

411 **Panten**, Emil [Dir. Dr. † 21. Mai 1893]: Abschieds-Reden an die Abiturienten. Danzig, A. Müller vorm. Wedel'sche Hofbuchdr., 1894; 20 S. 4.
Danzig, RG zu St. Johann, OP 1894 (44)

412 **Peter**, Hermann [Oberschulr. Dr., Rekt. u. erster Prof.]: *Bericht über die Enthüllungsfeier der Standbilder des Stifters und des jetzigen Schirmherrn der Anstalt, Herzogs Moritz und Königs Albert von Sachsen.* Meissen, gedr. bei C. E. Klinkicht & Sohn, 1894; 53—55 S. 4.
Meissen, Fürsten- u. Landes-S, MP 1894 (544)

413 **Petri**, *Ernst Albert Theodor Berth.*: Bulwers 'Falkland'. II. Tl. [Forts. d. P-Beil. 1893.] Glauchau, Druck v. R. Dulce, *1894*; 3—27 S. 4.
Glauchau, R m. PG, OP 1894 (507)

414 [J.] **Pfeiffer**, *Ernst* [Dir.]: Festbericht über die am 19., 20. und 21. Mai 1893 abgehaltene sechzigjährige Jubelfeier der „Erziehungsanstalt am Graben" '(Pfeiffersches Institut)' zu Jena. (Daran m. bes. Seitenzählg: Mitteilung.) Jena, G. Neuenhahn Univ.-Buchdr., 1893; VI, 34, 12 S. 8.
Jena, Pfeiffer'sche Lehr- u. Erziehungs-A. P 1893**

415 **Pfisner**, *Joseph*: Elementare Unterweisungen über die Pflanze und ihre Teile als Einführg in d. botan. Unterr. an d. humanist. Gymnasien. Kaiserslautern, *Hofbuchdr. H. Kayser*, 1894; 68 S. 8.
Kaiserslautern, k. humanist. G, P 1894*

416 [Ant. u. J.] **Pietsch**, Paul: Beiträge zur Geschichte der Stadt Kempen in Posen. Tl 3: Geschichte d. evangel. Gemeinde. I. [Forts. d. P-Beil. 1891. 93.] *Kempen*, 1894; 18 S. 4.
Kempen (Posen), st. PG, OP 1894 (156)

417 **Pietsker**, Friedrich [Prof.]: Das humanistische Element im exaktwissenschaftlichen Unterricht. Nordhausen, Druck v. C. Kirchner's Buchdr., 1894; 1—16 S. 4.
Nordhausen, k. G, OP 1894 (246)

418 **Pietzsch**, *Friedrich* Wilhelm [Konrekt. Prof.]: Bericht über Die Neugestaltung des Geschichtsunterrichts seit der Berliner Dezemberkonferenz. Zwickau, Druck v. R. Zückler, 1894; 1 Bl., 18 S. 4.
Zwickau, RG, OP 1894 (550)

419 **Pillet**, André [Prof.]: Essai sur les Pensées de Pascal. (Th. 1.) Breslau, Druck v. Grass, Barth & C., *1894*; XXXV S. 4.
Breslau, ev. R I. OP 1894 (224)

Pitz, *Heinrich* [Dr.]: Praktische Übungen zum mathematischen Unterrichte
s. **Geiger**, J. Wilhelm, & Pitz, Heinrich: Praktische Übungen ...

420 [Umschlagt.:] **Plähn**, *Rudolf* [Dr.], und **Gerlach**, O. [Dr.]: Erziehungs-Anstalten und Handfertigkeits-Unterricht. Freiburg i. Br., F. Wagner'sche Buchdr., 1894; 17 S. 4.
Waldkirch i. Br., R (Erziehungs-A v. Dr. Plähn), P 1894 (627)

421 **Plattner**, Philipp [Dir.]: Spécimen d'un Dictionnaire de la prononciation française. Berlin, R. Gaertner, 1894; 21—31 S. 4.
Berlin, Vierte St. R '(IIB)', OP 1894 (110)

422 **Plew**, Julius: Der Bartensteiner Vertrag zwischen Preussen und Russland vom 26. April 1807. Bartenstein, gedr. bei Gebr. Kraemer, 1894; 36 S. 4.
Bartenstein, k. G, OP 1894 (2)

423 **Ploss**, *Friedrich*: Der Sprachgebrauch des Minucius Felix. Borna, Druck v. R. Noske, 1894; 3—27 S. 4.
Borna, st. RG, OP 1894 (551)

424 **Podlaski**, Otto [Dr.]: Die trochäischen Septenare des Terenz, m. bes. Berücks. d. Hecyra. Berlin, R. Gaertner, 1894; 27 S. 4.
Berlin, Lessing-G, OP 1894 (62)

425 **Poetsch**, *O.* [Bauinspektor]: Baubeschreibung *des Königlichen Prinz Heinrichs-Gymnasiums*. Berlin, Druck v. A. W. Hayn's Erben, 1894; 16—20 S., 2 Taf., 2 Pl. 4.
Berlin, k. Prinz Heinrichs-G. P 1894 (67)

426 **Pohl**, Joseph [Dir. Dr.]: Thomas von Kempen ist der Verfasser der Bücher De imitatione Christi. Kempen, Buch- u. Steindr. v. A. Wefers, *1894*; III XXVIII S. 4.
Kempen '(Rhein)', k. G Thomaeum, OP 1894 (447)

427 **Polle**, Friedrich [Prof. Dr.]: Über den Schulunterricht in der Philosophie. Dresden, Druck v. B. G. Teubner, 1894; 3—42 S. 4.
Dresden, Vitzthumsches G, OP 1894 (550)

428 [J. u. Ant.] **Porrath**, *Otto* [Dr.]: Die Züge der Dänenkönige gegen Julin nach Saxo Grammatikus. 1. Tl. Wollin, Druck v. P. Lipski, 1894; 3—17 S. 4.
Wollin i. P., st. RPG u. HT, P 1894**

429 **Praetorius**, Ignaz [Prof. Dr.]: Der Koordinatenbegriff und einige Grundlehren von den Kegelschnitten. Konitz, F. W. Gebauer Nachf., 1894; 3—25 S., 2 Taf. 4.
Konitz, k. G, P 1894 (33)

430 **Preuss**, Alfred: Die Metaphorische Kunst Vergils in der Aeneis. Graudenz, Druck v. G. Röthe's Buchdr., 1894; 1 Bl., 29 S. 4.
Graudenz, k. ev. G, OP 1894 (32)

431 **Preuss,** Karl Friedrich August [Cand. rev. min.]: Ad Maximi Confessoris de Deo hominisque deificatione doctrinam adnotationum pars 1. Schneeberg, Druck v. C. M. Gärtner, 1894; 1 Bl., 23 S. 4.
Schneeberg, k. G, P 1894 (546)

432 **Preuss,** *Friedrich* [Dr., Dir.]: Die Feier des 25jährigen Jubiläums der Anstalt. Neumark, Druck v. J. Koepke, 1894; 7—11 S. 4.
Neumark W.-Pr., k. PG m. '(st.)' VS, P 1894 (37)

433 **Preuss,** Friedrich [Dr., Dir.]: Geschichte des Königlichen Progymnasiums zu Neumark Westpr. von seiner Entstehung bis auf die Gegenwart. Neumark, Druck v. J. Koepke, 1893; 42 S. 4.
Neumark Westpr., k. PG, P 1893 (37)

434 **Primer,** Paul [Dr., Prof.]: Die Heilung des Orest in Goethes Iphigenie auf Tauris. Frankfurt a. M., Druck v. Enz & Rudolph, 1894; 3—20 S. 4.
Frankfurt a. M., k. Kaiser-Friedrichs-G, OP 1894 (387)

435 [Ant. u. J.] **Puhl,** Max [Dr.]: Festrede, gehalten am Geburtstage Sr. Maj. des Kaisers, 27. Jan. 1893. (Umschlagt.: Zwei Schulreden: 1. ...) *Krotoschin, Druck v. Kosmäls Druckerei, 1893;* 1—11 S. 8.
Krotoschin, k. Wilhelms-G, OP 1893 (157)

436 [J.] **Pusch,** Karl: Über Sebastian Francks Sprichwörtersammlung vom Jahre 1541. (Th. 1.) Hildburghausen, herz. Hofbuchdr. v. F. W. Gadow & Sohn, 1894; 1—42 S. 4.
Hildburghausen, G Georgianum, OP 1894 (708)

437 [J.] **Quensell,** *Hugo* [wiss. Lehrer]: Über die Methodik des fremdsprachlichen Unterrichts auf der höheren Mädchenschule. Essen, Druck v. G. D. Bädeker, 1894; 3—9 S. 4.
Essen a. d. R., vereinigte st. HT, P 1894**

438 **Rautenberg,** *Ernst Theodor* [Dir.]: *Das neue Schulgebäude der Realschule vor dem Lübeckerthore und Bericht über die Einweihung desselben.* Hamburg, gedr. bei Lütcke & Wulff, 1894; 1—5 S. 4.
Hamburg, R vor d. Lübeckerthore, P 1894 (738)

439 **Rebmann,** *Edmund* [Dir.]: Gedächtnisrede bei der Trauerfeier für den † Prof. E*mil* Reichert. Freiburg i. Br., Buchdr. v. H. Epstein, 1894; 6—12 S. 4.
Freiburg i. Br., R '(Vormalige HB)', MP 1894 (610)

440 [Kopft.:] **Recht,** Heinrich [Dr.]: Nachtrag zu Dr. *Wilhelm* Petzold's Verzeichnis der in der Umgegend von Weissenburg i. E. wildwachsenden und häufiger kultivierten Gefässpflanzen. [Nachtr. zur P-Beil. 1879.] *Weissenburg, C. Burckardt's Nflg., 1894;* 4 S. 4.
Weissenburg i. E., G, MP 1894 (524)

441 **Reffel,** Heinrich: Ueber den Sprachgebrauch des Agathias. Kempten, Buchdr. d. J. Kösel'schen Buchh., 1894; 34 S. 8.
Kempten, k. humanist. G, P 1894*

442 [J.] **Reglement,** Lehrplan und Prüfungsordnung für die Landwirthschafts-Schulen nach den Aenderungen vom 15. November 1892. Samter, M. Krügers Buch- u. Steindr., 1894; 1—8 S. 4.
Samter, Landwirthschafts-S, OP 1894**

443 **Reinhardt,** Karl [Dir. Dr.]: Die Durchführung der Frankfurter Lehrpläne. Frankfurt a. M., Druck v. Enz & Rudolph, 1894; 46—49 S. 4.
Frankfurt a. M., st. G, OP 1894 (388)

444 **Reinhold,** Hugo [Dr.]: Griechische Oertlichkeiten bei Pindaros. Quedlinburg, Druck v. C. Voges, 1894; 30 S. 4.
Quedlinburg, k. G, OP 1894 (248)

445 **Reinitz,** Ernst: Schillers Gedankendichtung in ihrem Verhältnisse zur Lehre Kants. (Umschlagt.: „Schillers Verhältnis zu Kant, bes. in seinen philosoph. Dichtgn“.) Ratibor, Riedinger's Buch- u. Steindr., 1894; 18 S. 4.
Ratibor, k. Ev. G, P 1894 (204)

446 **Reinkens,** Joseph *Martin* [Prof.]: Berechtigung und Ziel des griechischen Unterrichts. Köln a. Rh., Druck v. J. P. Bachem, Verlagsbuchh. u. Buchdr., *1894*; 1—29 S. 4.
Köln, k. kath. G an Marzellen, P 1894 (432)

447 **Reishaus,** Theodor [Prof. Dr.]: Zur Parallelenfrage. Stralsund, Druck d. kgl. Regierungs-Buchdr., 1894; 1—14 S. 4.
Stralsund, G, OP 1894 (147)

448 [J.] **Retslaff,** Otto: Über den Unterricht in der Gesundheitspflege an Gymnasien. Pyritz, Druck d. Backe'schen Buchdr., 1894; 1—13 S. 4.
Pyritz, k. Bismarck-G, OP 1894 (140)

449 **Reum,** *August* [Prof. Dr.]: Der mathematische Lehrstoff für den Quartaner der höheren Lehranstalten, in entwickelnder Lehrweise bearb. (Umschlagt.: Der Unterricht in der Planimetrie '(I. Tl)', wie er nach d. Vorlage d. Oberl. Prof. Dr. Reum von d. Fachkonferenz durchberaten wurde.) Barmen, Druck v. W. Wandt, 1894; 35 S. 8.
Barmen-Wupperfeld, OR, P 1894 (402)

450 **Reuscher,** Arnold [Dr., Dir.]: Reden und Ansprachen. Stolp, W. Delmanzosche Buchdr., 1894; 23 S. 8.
Stolp, st. G u. RPG, P 1894 (140)

451 **Reuss,** Friedrich [Prof. Dr.]: Isokrates Panegyrikus und der kyprische Krieg. Leipzig, G. Fock, 1894; 15 S. 4.
Trarbach, k. G, P 1894 (403)

452 **Rhodius,** August: De syntaxi Planciana (Cic. ad fam. x). (Th. 1.) Bautzen, Druck v. E. M. Monse, *1894*; 1 Bl., 32 S. 4.
Bautzen, G, OP 1894 (533)

453 **Richter,** *Albert* [Dr., Prof.]: Der Einfluſs, welchen der lateinische Gymnasialunterricht auf den mathematischen vermittelst der Hypothese von der formalen Bildung ausgeübt hat. E. geschichtl. Untersuchg. Wandsbek, Druck v. F. Puvogel, 1894; I—XXI S. 4.
Wandsbek, Matthias Claudius-G m. R u. VS, OP 1894 (280)

454 **Richter,** *Gustavus* [Dir. Dr.]: Symbola doctorum Ienensis gymnasii in honorem gymnasii Isenacensis collecta edidit. Partic. prior. (Enth.: Gust. Richter, De corruptis quibusdam Senecae tragoediarum locis.) Jena, Univ.-Buchdr. G. Neuenhahn, 1894; 2 Bl., 38 S. 4.
Jena, G Carolo-Alexandrinum, OP 1894 (676)

455 **Richter,** *Oswald* [Konrekt. Prof. Dr.]: Ansprache *bei der Einführung des Rektors Prof. Dr. Wilhelm Heinrich Roscher.* Wurzen, Druck v. G. Jacob, *1891;* 11—13 S. 4.
Wurzen, k. G, OP 1894 (547)

456 **Richter,** Otto [Dir. Prof. Dr.]: Gründung und Einweihung des Königlichen Prinz Heinrichs-Gymnasiums. Berlin, Druck v. A. W. Hayn's Erben, 1894; 3—15 S., 1 Taf. 4.
Berlin, k. Prinz Heinrichs-G, P 1894 (67)

457 **Richter,** Otto [Dir. Prof. Dr.]: Trauerfeier für den am 5. Februar 1894 verstorbenen Geheimen Regierungsrat Dr. *Adolf* Kilx. Berlin, Druck v. A. W. Hayn's Erben, 1894; 21—27 S. 4.
Berlin, k. Prinz Heinrichs-G, P 1894 (67)

458 **Rief** [Prof.]: Wert der Ilias lektüre für die Jugendbildung. (Th. 1.) Ellwangen, Druck v. L. Weil, 1894; 1—49 S. 4.
Ellwangen, k. G, P 1894 (588)

459 **Riessen,** *Peter:* Ein ungedrucktes Rechenbuch aus dem Jahre 1676. '(Schluſs [d. P-Beil. 1893].)' Glückstadt, Druck v. J. J. Augustin, 1894; 24 S. 4.
Glückstadt, k. G, OP 1894 (270)

460 **Ritter,** Julius [Prof. Dr., Dir.]: Buchhändler Bernhard Müller'sche Stiftung *des Fürstlichen Gymnasiums in Rudolstadt.* Rudolstadt, Druck d. Fürstl. priv. Hofbuchdr. F. Mitzlaff, 1894; S. 14. 4.
Rudolstadt, fürstl. G u. RPG, OP 1894 (721)

461 **Robel,** Ernst [Dr.]: Die Sirenen. E. Beitr. z. Entwickelungsgesch. d. Akustik. Tl II. Die Arbeiten deutscher Physiker über d. Sirene in d. Zeitraume v. 1830 bis 1856. (Forts. d. P-Beil. 1891.) Berlin, R. Gaertner, 1894; 31 S. 4.
Berlin, Luisenstädt. RG, OP 1894 (98)

462 **Röhrich,** Victor [Dr.]: Ein Bauernaufruhr im Ermlande '(1440—1442)'. Rössel, Buchdr. v. B. Kruttke, 1894; I—XVI S. 4.
Rössel, k. G, OP 1894 (15)

463 **Roeser,** Carl: In welcher Weise vermag die Jugend durch Thun und Lassen praktisch zum Schutz der Tierwelt beizutragen? E. Mahnwort an d. Jugend u. deren Erzieher. Magdeburg, kgl. Hofbuchdr. v. C. Friese, 1894; 16 S. 4.
Magdeburg, k. Dom-G, OP 1894 (239)

464 **Roman,** Viktor: Von Karlsruhe nach Konstantinopel. Reisebilder. (Dazu e. Lichtdr.-Blatt nach Aquarellen v. V. Roman.) Karlsruhe, Buchdr. v. Malsch & Vogel, 1894; 33 S., 1 Taf. 4.
Karlsruhe, RG, MP 1894 (621)

465 **Roppenecker,** *Hermann:* De emendatione metrica canticorum Plautinorum. (Soll fortges. werden.) Freising, Buchdr. v. A. Fellerer, 1894; 41 S. 8.
Freising, k. Humanist. G, P 1894*

466 **Roquette,** Otto: Festgrusz eines ehemaligen Abiturienten an das Friedrichs-Gymnasium zu Frankfurt a. O. zum Juli 1894. Frankfurt a. O., kgl. Hofbuchdr. Trowitzsch & Sohn, 1894; 1 Bl. 8.
Frankfurt a. O., k. Friedrichs-G, Festschr. 1894

467 **Roscher,** Wilhelm *Heinrich* [Rekt. Dr., Prof.]: Antrittsrede *über die leitenden Grundanschauungen bei Führung seines Amtes,* geh. am 8. Jan. 1894 im Anschl. an d. Morgenandacht. Wurzen, Druck v. G. Jacob, *1894;* 1—11 S. 4.
Wurzen, k. G, OP 1894 (547)

468 [J.] **Rosenkranz,** *Carl:* Zur Methodik des naturgeschichtlichen Unterrichtes. Cassel, Hof-Buchdr. v. W. Schlemming, 1894; 3—14 S. 4.
Cassel, st. HM, P 1894**

469 **Rothe,** *Carl* [Dr.]: Die Bedeutung der Widersprüche für die Homerische Frage. Berlin, Druck v. A. Haack, 1894; 36 S. 4.
Berlin, Collège royal français, P 1894 (53)

470 **Rothkegel,** Franz [Prof.]: Die Regierung des Kaisers Gallienus von 253 bis 268 n. Chr. Tl 1. Glatz, Druck v. L. Schirmer, 1894; 28 S. 4.
Glatz, k. Kath. G, OP 1894 (183)

471 **Rudershausen,** *Adam:* Pretiöse Charactere und Wendungen in Corneilles Tragödien. Mainz, Druck v. H. Prickarts, 1894; 35 S. 4.
Mainz, grossh. G, P 1894 (633)

472 **Sachse,** *Richard* [Prof. Dr.]: Jakob Thomasius, Rektor der Thomasschule. Leipzig, Druck v. A. Edelmann, Univ.-Buchdr., 1894; 1 Bl., 34 S. 4.
Leipzig, Thomas-G, OP 1894 (543)

473 **Särchinger,** Ernst: Beitrag zur Theorie der Funktionen des elliptischen Cylinders. Chemnitz, Druck v. J. C. F. Pickenhahn & Sohn, 1894; 3—28 S. 4.
Chemnitz, k. G, OP 1894 (531)

474 **von Sanden**, Alfred [Prof.]: Lessings Abhandlung Wie die Alten den Tod gebildet, analysiert u. erweitert. E. Beitr. z. deutschen Unterr. im Ober-Gymnasium. Posen, Merzbach'sche Buchdr., 1894; 28 S. 4.
Posen, k. Friedrich-Wilhelms-G, OP 1894 (102)

475 ***Satzungen** der Höheren Bürgerschule in Schwetzingen.* Schwetzingen, M. Pichler'sche Buchdr., 1894; 3—6 S. 4.
Schwetzingen, grossh. HB m. d. Lehrpl. d. RG, MP 1894**

476 ***Satzungen** der Hermann-Grosse-Stiftung des Friedrichs-Gymnasiums.* Berlin, Buchdr. O. Lange, 1894; 23—24 S. 4.
Berlin, Friedrichs-G, P 1894 (54)

477 **Satzungen** der Hochschulstiftung der Drei-König-Schule zu Dresden-Neustadt. Dresden, Druck v. C. Heinrich, *1894;* 33—34 S. 4.
Dresden-Neustadt, Drei-König-S '(RG)', OP 1894 (555)

478 ***Satzungen** der Jubiläumsstiftung der Höheren Bürgerschule in Schwetzingen.* Schwetzingen, M. Pichler'sche Buchdr., 1894; S. 15. 4.
Schwetzingen, grossh. HB m. d. Lehrpl. d. RG, MP 1894**

479 **Satzungen,** betreffend die Karl Sölling-Stiftung für das Realgymnasium in der Stadt Essen. Essen, Druck v. G. D. Baedeker, 1894; 38—39 S. 4.
Essen, RG, OP 1894 (479)

480 **Satzungen** für das Realgymnasium in Karlsruhe. Karlsruhe, Buchdr. v. Malsch & Vogel, 1894; 9—13 S. 4.
Karlsruhe, RG, MP 1894 (621)

481 [J.] **Schaarschmidt,** *Ulrich Constantin* [Dr., Dir.]: *Bericht über die Eröffnung und Einweihung der Realschule.* Chemnitz, Druck v. J. C. F. Pickenhahn & Sohn, 1894; 3—7 S. 4.
Chemnitz, st. R, OP 1894 (501)

482 [J.] ***Schaarschmidt,** Ulrich Constantin [Dr., Dir.]:* Beschreibung des Realschulhauses (Umschlagt.: ... des neuen Schulhauses). (Darin enth. ein Bericht des Architekten Eckardt.) Chemnitz, Druck v. J. C. F. Pickenhahn & Sohn, 1894; 3—5 S., 1 Taf. 4.
Chemnitz, st. R, OP 1894 (552 [vielm. 501])

483 [J.] **Schaarschmidt,** *Ulrich Constantin* [Dr., Dir.]: Festrede *bei der Einweihung der Realschule.* (Umschlagt.: Die bei der Einweihung des Hauses gehaltenen Reden ... 2. ...) Chemnitz, Druck v. J. C. F. Pickenhahn & Sohn, 1894; 7—12 S. 4.
Chemnitz, st. R, OP 1894 (552 [vielm. 501])

484 **Schäfer,** Philipp [Dr.]: Das Particip des Aoristes bei den Tragikern. Fulda, Druck d. Fuldaer Actiendr., 1894; 1 Bl., 18 S. 4.
Fulda, k. G, OP 1894 (389)

485 **Schaper,** Friedrich [Dir. Dr.]: Schellings Philosophie der Offenbarung. Nauen, Druck d. C. E. Freyhoffschen Buchdr., 1894; 40 S. 4.
Nauen, RPG, OP 1894 (108)

486 **Schaumkell,** *Ernst Ludwig August Carl* [Lic. theol.]: Der Rechtsgelehrte Franciskus Balduinus als Ireniker und Historiker. Güstrow, Druck d. Ratsbuchdr. v. C. Michaal & A. Schuster, *1894*; 1—34 S. 4.
Güstrow, Dom-S. OP 1894 (651)

487 **Schaunsland,** Max [Prof. Dr.]: Kritische Bemerkungen zu einigen Oden des Horaz. Bielefeld, Druck v. Velhagen & Klasing, 1894; 3—31 S. 4.
Bielefeld, G u. RG, P 1894 (347)

488 **Scheele,** *Ludwig* [Dr.]: Versuch einer parallelen Darstellung der lateinischen und griechischen Moduslehre. Strassburg i. Els., Druck v. M. DuMont-Schauberg, 1894; 1 Bl., II, 73 S. 8.
Thann, PG, MP 1894 (523)

489 **Scheibe,** *Ludwig Friedrich* [Dir. Prof.]: *Die Weihnachtsfeier des Gymnasiums in Elberfeld.* Elberfeld, gedr. bei S. Lucas, 1894; 28—31 S. 4.
Elberfeld, G, P 1894 (430)

490 **Scherer,** *Franz Joseph* [Dir. Dr.]: Bericht über die Feier des 250jährigen Bestehens des Gymnasium Laurentianum am 18. October 1893. Arnsberg, Druck v. F. W. Becker, kgl. Hofbuchdr., 1894; III—X S. 4.
Arnsberg, k. Laurentianum, P 1894 (345)

491 [J.] **Schilling,** Georg [Prof. Dr.]: Dramaturgische Propädeutik im Anschlusse an Lessings „Hamburgische Dramaturgie“ für d. Unterr. in Gymn.-Prima bearb. (1. Tl.) Züllichau, Druck v. H. Hampel, 1894; 1—42 S. 4.
Züllichau, k. Pd u. Waisenhaus (Steinbartsche Erz.- u. Unt.-A), OP 1894 (91)

492 [J.] **Schirlitz,** *Louis Paul* [Oberl. Dr.]: Der naturkundliche Unterricht an höheren Mädchenschulen und Lehrerinnenseminaren. *Hamburg*, gedr. bei Lütcke & Wulff, *1894*; 1—25 S. 4.
Hamburg, Unterr.-A d. Klost. St. Johannis, HM u. Sm f. Lehrerinnen an HM, OP 1894**

493 [Kopft.:] **Schlee,** *Ernst* [Dir. Dr.]: Das öffentliche Schulwesen in den Vereinigten Staaten von Nordamerika. „Knowledge and Liberty!“ *Altona, P. Meyer, Buchdr., 1894*; 16 S. 4.
Altona, RG u. R, OP 1894 (260)

494 **Schlesinger,** Paul [Adjunkt]: Ein Beitrag zur Lösung der Frage nach der ursprünglichen Anordnung von Freidanks Bescheidenheit. Berlin, Druck v. M. Oldenbourg, 1894; 30 S. 4.
Berlin, k. Joachimsthalsches G, P 1894 (58)

495 **Schlicht,** Conrad: Die Behandlung der Logarithmen im Gymnasium. Rastenburg, Druck v. W. Kowalski, 1894; 1 Bl., 39 S. 8.
Rastenburg, k. G, P 1894 (14)

496 [Ꝥ.] **Schmaus,** Johann [Dr.]: Aufsatzstoffe und Aufsatzproben für die Mittelstufe des humanistischen Gymnasiums. Bamberg, W. Gärtner's Buchdr., 1894; 84 S. 8.
Bamberg, k. altes G, P 1894*

497 **Schmid,** Joseph: Ueber den gnomischen Aorist der Griechen. E. Beitr. z. griech. Grammatik. Passau, Druck v. A. Liesecke, 1894; 1 Bl., 65 S. 8.
Passau, k. G, P 1894*

498 **Schmidt,** Ad*olph:* Über die Verwendung trigonometrischer Reihen in der Meteorologie. Gotha, Druck d. Engelhard-Reyherschen Hofbuchdr., 1894; 3—24 S. 4.
Gotha, herz. G Ernestinum, OP 1894 (705)

499 **Schmidt,** Karl [Dr.]: Die Gründe des Bedeutungswandels. E. semasiolog. Versuch. Berlin, Druck v. A. W. Hayn's Erben, *1894;* 3—44 S. 4.
Berlin, k. RG, OP 1894 (92)

500 **Schmidt,** Leonhard [Prof.]: Mnemosyne. E. psycholog. Dichtg über d. Gedächtniskraft. Bromberg, Gruenauersche Buchdr., 1894; 32 S. 8.
Bromberg, k. G, OP 1894 (152)

501 **Schmidt,** Wilhelm [Dr.]: Das Prooemium der Pneumatik des Heron von Alexandria in lateinischer Übersetzung. Aus e. Münchener u. zwei Mailänder Handschr. hrsg. Braunschweig, Druck v. J. H. Meyer, 1894; 38 S. 4.
Braunschweig, herz. RG, OP 1894 (682)

502 **Schmieder,** Paul [Dr., Dir.]: *Bericht über die Feier zum Andenken an die Einführung der Reformation in der Grafschaft Henneberg.* Meiningen, Druck d. Keyssnerschen Hofbuchdr., *1894;* 28—30 S. 4.
Schleusingen, k. Hennebergisches G, OP 1894 (252)

503 [Kopft.:] **Schmitt,** Franz [prov. Gymnasiall. Lehramtsassessor Dr.]: Der Unterricht in Quinta nach dem Concentrationsprincip. II. Sachlich-histor. Th. [Forts. d. P-Beil. 1893.] *Giessen, 1894;* 23 S. 4.
Giessen, grossh. G, OP 1894 (632)

504 **Schmitz,** Arnold [Dr., Prof.]: Das Preziösentum im XVII. Jahrhundert. Erfurt, Druck v. F. Bartholomäus, 1894; 1 Bl., 1—12 S. 8.
Erfurt, k. RG, Festschr. 1894 (262)

505 **Schmitz,** Wilhelm [Dr., Dir.]: Die Feier des fünfundzwanzigjährigen Bestehens der Anstalt. Köln, gedr. bei J. P. Bachem, Verlagsbuchh. u. Buchdr., 1894; 1—13 S. 4.
Köln, k. Kaiser Wilhelm-G, OP 1894 (434)

506 **Schnaase**, Leopold: Gilberts Physiologia nova de magnete '(Forts. u. Schluss [d. P-Beil. 1892.])'. Pr. Stargard, Druck v. W. Dupont, Konitz Westpr., 1894; 3—12 S. 4.
Pr. Stargard, k. Friedrichs-G, OP 1894 (40)

507 **Schneider**, *Hermann*: Geschichte des Königl. Friedrich-Gymnasiums in den Jahren 1869 bis 1894. Frankfurt a. O., kgl. Hofbuchdr. Trowitzsch & Sohn, 1894; 1—14 S. 8.
Frankfurt a. O., k. Friedrichs-G, Festschr. 1894

508 **Schneider**, Richardus [Dir. Dr.]: Excerptum περὶ διαλέκτων. E codicibus Baroccianis LXXII et CIII bibliothecae Bodleianae Oxoniensis edidit. Leipzig, Druck v. B. G. Teubner, 1891; 16 S. 8.
Duisburg, k. G u. VS, P 1894 (430)

509 [Umschlagt.:] [Tit.] **Schöber**, *Ludwig* [Dir. Prof.]: Geschichte der Schule von 1869—1894. Uelzen, C. Beckers Buchdr., 1894; 3—10 S. 4.
Uelzen, RPG, OP 1894 (340)

510 **Schoepke**, Otto [Dr., Dir.]: *Bericht über seine Einführung als Direktor der Anstalt.* Dresden-Neustadt, Druck v. A. Hille, *1894*; 4—11 S. 4.
Dresden-Johannstadt, st. R, OP 1894 (565)

511 **Scholtze**, *Christian Achmed* [Prof. Dr., Dir.]: Humanismus und Realismus im höhern Schulwesen Sachsens während der Jahre 1831—1851. I. Plauen i. V., Druck v. F. E. Neupert, 1894; 1 Bl., 38 S. 4.
Plauen i. V., st. R, OP 1894 (570)

512 [Kopft.:] [Tit.] **Schopp**, *Heinrich* [Prof. Dr.]: Das Rotliegende in der Umgebung von Fürfeld in Rheinhessen. '(M. e. Kt.)' *Darmstadt, 1894*; 12 S., 1 Kt. 4.
Darmstadt, grossh. Ludwig-Georgs-G u. VS, OP 1894 (630)

513 **Schroeder**, Hermann: J.-J. Rousseau's Brief über die Schauspiele. Berlin, R. Gaertner, 1894; 16 S. 4.
Berlin, Erste R, OP 1894 (116)

514 **Schuberth**, Gustav [Dr., Dir.]: Allgemeines *über die Realschule.* Grossenhain, Druck v. H. Starke, *1894*; 3—5 S. 4.
Grossenhain, R m. PG, P 1894 (560)

515 **Schubring**, Gustav [Prof.]: Der Anfangs-Unterricht in der Trigonometrie gegründet auf praktische Aufgaben. E. Beitr. z. Methodik d. mathemat. Unterr. Erfurt, Druck v. F. Bartholomäus, 1894; 1 Bl., 1—12 S. 8.
Erfurt, k. RG, Festschr. 1894 (262)

516 **Schultess**, *Hermann Friedrich Albert* [Dir.]: *Professor Dr. Adolph Kiessling, gest. am 3. Mai 1893.* Hamburg, gedr. bei Lütcke & Wulff, 1894; 2—3 S. 4.
Hamburg, Gelehrten-S d. Johanneums, P 1894 (734)

517 **Schulz**, Gustav [Prof.]: Katalog der Schülerbibliothek. Neu-Ruppin, Druck v. E. Buchbinder, 1894; 2 Bl., 39 S. 8.
Neu-Ruppin, Friedrich-Wilhelms-G, P 1894 (83)

518 [Umschlagt.:] [Ant. u. Tf.] **Schulze**, Karl [Dr.]: „Die bisherige Verwertung der Anschauung im Unterricht des humanistischen Gymnasiums, insbes. f. die sprachlich-geschichtl. Fächer.“ Tl 1. Inowrazlaw, Buchdr. v. H. Olawski, *1894;* 1—23 S. 4.
Inowrazlaw, k. G, OP 1894 (155)

519 *Schulze, Hermann:* Verzeichnis der Lehrerbibliothek. Nachtrag 2. [Nachtr. 1 = P-Beil. 1893.] Barmen, Buchdr. v. W. Wandt, *1894;* 23—24 S. 4.
Barmen-Wupperfeld, OR, P 1894 (492)

520 **Schulze**, *Ludwig Rudolf* [Konrekt. Prof. Dr.]: Entwickelungsgang des Königlichen Realgymnasiums und der Landwirtschaftsschule zu Döbeln in den ersten fünfundzwanzig Jahren ihres Bestehens. Döbeln, Druck v. J. W. Thallwitz, 1894; I—XXIV S., 1 Taf., 1 Pl. 4.
Döbeln, k. RG u. Landwirtschafts-S, P 1894 (553)

521 [Tf.] **Schumann**, Wil*helm* [Dr.]: Sammlung von Beispielen für den propädeutischen Unterricht in der französischen Aussprache. Saarbrücken, Druck v. Gebr. Hofer, 1894; 27 S. 8.
Saarbrücken, k. G u. VS, P 1894 (458)

522 **Schumm**, Konrad: Die Bedeutung des Pathetischen in der griechischen Plastik und bei den griechischen Tragikern. Hof, Druck d. Mintzel'schen Buchdr., 1894; 23 S. 8.
Hof, k. humanist. G, P 1894*

523 **Schuster**, Paul [Dr.]: Sammlung von geometrischen Oertern als Uebungsbeispiele für die analytische Geometrie der Ebene. Gross-Glogau, Druck v. C. Flemming, *1894;* 22 S. 8.
Gross-Glogau, k. Kath. G, OP 1894 (186)

524 **Schwalbe**, *Bernhard* [Dir. Prof. Dr.]: *Lebensabriss des Professors Dr. John William Pierson.* Berlin, Buchdr. O. Lange, 1894; 28—30 S. 4.
Berlin, Dorotheenstädt. RG, P 1894 (95 [vielm. 94])

525 **Schwarz**, *Karl:* Die Behandlung der Kryptogamen im Gymnasialunterricht. Charlottenburg, Buchdr. „Gutenberg“, 1894; 1 Bl., 21 S. 4.
Charlottenburg, k. Kaiserin Augusta-G, P 1894 (70)

526 [Tf.] **Schwidtal**, Albrecht: Ueber die Vorstellungen von der menschlichen Seele. Königshütte O.-S., Druck v. R. Giebler, 1894; 33 S. 8.
Königshütte O.-S., k. G, P 1894 (191)

527 [Tf.] **Seebeck**, *Johannes* [Dir. Prof. Dr.]: Der Unterricht in der alten Geschichte auf den Gymnasien. Clausthal, Druck v. E. Pieper, 1894; 3—15 S. 4.
Clausthal, k. G, OP 1894 (302)

528 **Seeger,** *Heinrich* [Dir.]: Bemerkungen über Abgrenzung und Verwertung des Unterrichts in den Elementen der Infinitesimalrechnung. Güstrow, Druck d. Ratsbuchdr., *1894*: 24 S. 8.
Güstrow, RG, OP 1894 (658)

529 **Seele,** Ferdinand: In wieweit hat die Forderung, Gesetzeskunde in der Schule zu betreiben, eine gewisse Berechtigung? Berlin, R. Gaertner, 1894: 23 S. 4.
Berlin, Charlotten-S, OP 1894**

530 **Seidel,** Otto [Dr.]: Die Methode des botanischen Unterrichts m. bes. Berücks. d. Unterrichtsmaterials. Frankenstein, Buchdr. v. F. Huch, 1894: 20 S. 4.
Frankenstein i Schl., kath. PG, OP 1894 (182)

531 [N.] **Seitz,** *Karl* [Prof. Dr., Dir.]: Aktenstücke zur Geschichte der früheren lateinischen Schule zu Itzehoe. VI. (Forts. d. P-Beil. 1888—90. 92. 93.) Itzehoe, Druck v. G. J. Pfingsten, 1894: 48 S. 8.
Itzehoe, st. RPG, OP 1894 (201)

532 [Ant. u. N.] **Semisch,** Franz [Prof. Dr.]: Leben und Dichten des Horaz. II. Der Dichter der Oden. (Forts. d. P-Beil. 1893.) Friedeberg Nm., Druck v. E. Eisermann, *1894*; 32 S. 4.
Friedeberg Nm., k. G, OP 1894 (76)

533 **Sepp,** *Bonifaz* [P., Prof.]: Lanx satura auctior. E. Sammlg v. latein. u. deutschen Versen, Sprüchen u. Redensarten. Augsburg, Druck v. Ph. J. Pfeiffer, 1894; 1 Bl., 200 S. 8.
Augsburg, k. humanist. G St. Stephan, P 1894*

534 [Umschlagt.:] **Sieroka,** Otto [Dr., Dir.]: Die sittlichen Grundlagen des Herrschertums nach Goethes „Iphigenie auf Tauris". Rede z. Einweihg d. Wandgemäldes in d. Aula bei d. öffentl. Schulfeier am Geburtst. Sr. Maj. d. Kaisers u. Königs. Allenstein, Druck v. A. Harich, 1894: 3—8 S. 4.
Allenstein, k. G, P 1894 (1)

535 **Simon,** Otto [Dir. Dr.]: *Professor Dr. August Ferdinand Voigt, gest. am 17. Juli 1893.* Berlin, Druck v. A. W. Hayn's Erben, *1894*: 63—66 S. 4.
Berlin, k. RG, OP 1894 (92)

536 **Soltau,** Wilhelm [Prof. Dr.]: Die Quellen des Livius im 21. und 22. Buch. *Zabern, Buchdr. Gilliot, 1894*; 3—23 S. 4.
Zabern, G, MP 1893 (525)

537 **Sommerbrodt,** *Ernst* [Dr., Dir.]: *Bericht über die Feier der Einweihung des neuen Gymnasialgebäudes.* Lauban, Druck v. M. Baumeister, 1894; 11—12 S. 4.
Lauban, k. G, P 1894 (193)

538 **Sommerbrodt,** *Ernst* [Dir. Dr.]: Rede bei der Einweihung des neuen Gymnasialgebäudes am 12. October 1893. (Dazu 2 Taf. in Lichtdr.) Lauban, Druck v. M. Baumeister, 1894; 1—7 S., 1 Taf., 1 Pl. 4.
Lauban, k. G, P 1894 (193)

539 **Sonnenburg,** *Rudolf* [Dr., Dir.]: Bericht über die Feier des 25jährigen Bestehens der Schule. (Darin: Verzeichnis d. Programm-Abhandlgn v. Ostern 1875 bis Ostern 1893. — Verzeichnis d. Abiturienten v. Ostern 1875 bis Ostern 1893.) Ludwigslust, Buchdr. v. C. Kober, 1894; I—II S. 4.
Ludwigslust, grossh. RG, OP 1894 (650)

540 **Sonntag,** *Max* [Prof.]: Vergil, Ecl. IX, 46—50. Frankfurt a. O., kgl. Hofbuchdr. Trowitzsch & Sohn, 1894; 122—128 S. 8.
Frankfurt a. O., k. Friedrichs-G, Festschr. 1894

541 **Spiess,** Moritz *Albert:* Die deutsche Reichsregierung unter Heinrich IV. '(1056—1072)'. Dresden, Lehmannsche Buchdr., 1894; III—XXVI S. 4.
Dresden, G z. heiligen Kreuz, OP 1894 (535)

542 **Spindeler,** Karl: Ein Beitrag zur Einführung in das Gebiet der räumlichen Configurationen. (Th. 1.) Diedenhofen, Buchdr. v. G. Hollinger, 1894; 31 S. 4.
Diedenhofen, G, MP 1894 (510)

543 **Spirgatis,** Eugen: Verlobung und Vermählung im altfranzösischen volkstümlichen Epos. Berlin, R. Gaertner, 1894; 27 S. 4.
Berlin, Leibniz-G, OP 1894 (61)

544 [Kopft.:] **Spreer,** Leopold [Dir.]: Ueber die Verteilung der Arbeit zwischen Lehrern und Schülern. *Putbus, Druck v. A. Dose, 1894;* 14 S. 4.
Putbus, k. Pd, OP 1894 (130)

545 **Staeger,** Paul [Prof.]: Über die durch die Gleichung $y = \frac{\lambda}{3r^2}(r^2-a^2)^{\frac{3}{2}}$ dargestellte Kurve. Eisleben, Druck v. E. Schneider, *1894;* 1—21 S. 4.
Eisleben, st. RPG '(künftige „R")', OP 1894 (261)

546 **Stangl,** *Thomas:* Bobiensia. Neue Beiträge z. Textkritik u. Sprache d. Bobienser Ciceroscholien. München, Buchdr. v. J. B. Lindl, 1894; 35 S. 8.
München, k. Luitpold-G, P 1894*

547 [T.] **Statut** für die bei dem Königlichen Gymnasium zu Quedlinburg für Schüler begründete Dihle-Stiftung. Quedlinburg, Druck v. K. Voges, 1894; 11—12 S. 4.
Quedlinburg, k. G, OP 1894 (248)

548 **Statut** der Fürsorge für die Witwen und Waisen der Lehrer an den höheren Knabenschulen *der Stadt Barmen.* Barmen, Druck v. Steinborn & C., 1894; 27—28 S. 4.
Barmen, G, P 1894 (424)

549 ***Statut** der Lehrer-Witwen- und Waisen-Unterstützungskasse des Realprogymnasium und Progymnasium Georgianum zu Forst i. L.* Forst i. L., Druck v. E. Hoene, 1894; 21—23 S. 4.
Forst i. L., RPG u. PG Georgianum, OP 1894 (103)

550 [J.] **Statut** *der Queck-Stiftung für Schüler des Königlichen Gymnasiums in Dramburg.* Dramburg, Druck v. W. Schade & C., 1894; 33—34 S. 4.
Dramburg, k. G, P 1894 (134)

551 **Stein,** *Alexander* [Dr.]: Schillers Demetrius-Fragment und seine Fortsetzungen '(Schluss [d. P-Beil. 1891.])'. Mülhausen, Druck v. Wwe Bader & C., 1894; 26 S., 1 Bl. 4.
Mülhausen, OR (GwS), MP 1894 (520)

552 **Stein,** Paul [Dr.]: Zur Geschichte der Piraterie im Altertum. '(Tl 2.)' (Forts. d. P-Beil. Cöthen, G 1891.) Bernburg, Druck v. O. Dornblüth, 1894; 16 S. 4.
Bernburg, herz. Karls-G, OP 1894 (670)

553 **Stemmler,** Hermann [Dr.]: Gedächtnisrede auf Herzog Ernst II. von Sachsen-Coburg und Gotha geh. in d. Aula d. Gräflich Gleichenschen Gymn. am 27. Sept. 1893. Ohrdruf, Druck v. H. Lucas, 1894; 3—11 S. 4.
Ohrdruf, gräfl. Gleichensches G '(RPG u. PG)', P 1894 (707)

554 [Umschlagt.:] [J.] **Steusloff,** *Bernhard* [Dir. Prof. Dr.]: Eine lateinische Schulordnung des Rektors Froböse aus dem Jahre 1585 nebst Uebersetzung. *Herford, Buchdr. Gebr. Heidemann, 1894;* 3—5 S. 4.
Herford, ev. Friedrichs-G, OP 1894 (356)

555 [J.] **Stier,** Hermann [Dir. Prof.]: Vorlagen zum Übersetzen ins Lateinische im Anschluss an Cicero nebst einigen Stücken zu Livius, Cäsar und Sallust. Belgard, Druck v. G. Klemp, *1894;* 23 S. 4.
Belgard, st. G, P 1894 (130)

556 [J.] **Stoll,** Adolf [Prof.]: Der Historiker Friedrich Wilken. (Abt. 1.) Cassel, Druck v. L. Döll, 1894; 1—34 S. 4.
Cassel, k. Friedrichs-G, P 1894 (382)

557 **Strassburger,** Emil [Dr.]: Heimatskunde von Aschersleben. Aschersleben, Lithogr. Anst., Buch- u. Steindr. v. K. Wedel, *1894;* 1 Bl., 16 S. 4.
Aschersleben, G m. RPG, OP 1894 (330 [vielm. 230])

558 **Straub,** Joh. *Bapt.* [Dr., Prof.]: Der teleologische Gottesbeweis und seine Gegner. Tl 1. Würzburg, Druck d. Kgl. Universitätsdr. v. H. Stürtz, 1894; 63 S. 8.
Aschaffenburg, k. humanist. G, P 1894*

559 **Strempel,** *Friedrich* [Dr.]: Über ein Näherungsverfahren zur Teilung von Kreisbögen. Rostock, Druck v. Adlers Erben, 1894; 16 S., 1 Taf. 4.
Rostock, G u. RG, OP 1894 (653)

560 [J.] **Strien,** *Gustav Adolf* [Dir. Prof. Dr.]: *Bericht über seine Einführung als Direktor der Anstalt.* Halle a. S., Druck d. Buchdr. d. Waisenhauses, 1894; 10—11 S. 4.
Halle a. S., RG u. R d. Franckeschen Stiftungen, OP 1894 (265)

561 [Ant. u. T.] **Struve,** *Kurt* [Dir.]: *Bericht der meteorologischen Station an der Landwirthschaftsschule für 1893.* Samter, M. Krügers Buch- u. Steindr., 1894; 21—23 S. 4.
Samter, Landwirthschafts-S, OP 1894**

562 **Struve,** *Kurt* [Dir.]: Entwurf einer Stereometrie für Landwirtschaftsschulen. *Samter, M. Krüger, 1893;* 1—16 S. 8.
Samter, Landwirthschafts-S, OP 1893**

563 **Struve,** *Kurt* [Dir.]: Vorschlaege zu Aenderungen in den „Elementen der Mathematik, Erster Theil, Geometrie [Berlin 1878].“ (Umschlagt.: »Zusätze zu den Elementen der Geometrie des Verfassers«.) *Samter, Druck v. M. Krueger, 1893;* 17—23 S. 8.
Samter, Landwirthschafts-S, OP 1893**

564 **Stutzer,** Emil [Prof.]: Lehr- und Lernstoff im Geschichtsunterricht (Umschlagt.: ... der höheren Schulen). Barmen, Druck v. Steinborn & C., 1894; 28 S. 4.
Barmen, G, P 1894 (424)

565 **Suhle,** *Hermann* [Dir. Prof. Dr.]: Über imaginäre Punkte ebener Kurven. II. (Forts. d. P-Beil. 1893.) Dessau, Druck v. C. Dünnhaupt, Herz. Hofbuchdr., 1894; 1—17 S. 4.
Dessau, herz. Friedrichs-RG u. VS d. Fridericianum, P 1894 (684)

566 **Teichmann,** Richard: Die beiden hervorragendsten Gestaltungen der Oedipus Sage im klassischen Drama der Franzosen. Grünberg i. Schl., Löbner & C., 1894; 23 S. 4.
Grünberg i. Schl., Friedrich-Wilhelms-RG u. VS. OP 1894 (215)

567 [T.] **Temme,** Josef [Dr., Prof.]: Grundlehren der analytischen Planimetrie. Warendorf, J. Schnell, *1894;* 43 S., 4 Taf. 8.
Warendorf, k. G Laurentianum, P 1894 (366)

568 **Tendering,** *Fritz* [Dir. Dr.]: Antrittsrede (Umschlagt.: Rede bei Eröffnung der Anstalt) *über seine Auffassung von den Aufgaben seines Amtes.* Elberfeld, gedr. bei A. Martini & Grüttefien, 1894; 6—11 S. 4.
Elberfeld, R in d. Nordstadt, P 1894 (400)

569 **Tendering,** *Fritz* [Dir. Dr.]: *Bericht über die Eröffnung der Anstalt.* Elberfeld, gedr. bei A. Martini & Grüttefien, 1894; 23—25 S. 4.
Elberfeld, R in d. Nordstadt, P 1894 (400)

570 **Tetzner,** *Franz* [Dr.]: Die Bildungsbestrebungen im Frankenreiche vor Karl dem Grossen. Leipzig, Druck v. C. G. Naumann, *1894;* 1 Bl., 11 S. 4.
Leipzig, I. st. R, OP 1894 (570)

571 [Umschlagt.:] [T.] **Thalheim,** *Theodor* [Dir.]: Zu den griechischen Rechtsalterthümern II. [Forts. d. P-Beil. Schneidemühl 1892.] Hirschberg, Druck v. Geisler & Ike, 1894; 3—18 S. 4.
Hirschberg, k. G, OP 1894 (188)

572 **Theis,** Johannes Andreas [Prof. Dr.]: Die notwendigsten Hauptregeln der Tempus- und Moduslehre im Griechischen. Düsseldorf, Buchdr. v. L. Schwann, 1894; 3—12 S. 4.
Bedburg, Rheinische RAk, P 1894 (425)

573 [Kopft.:] **Theissen,** Emil [Dr.]: Logischer Zusammenhang in Platos Dialog Meno. *Emmerich, 1894;* 20 S. 4.
Emmerich, k. G, P 1894 (440)

574 **Thiele,** Rudolf: Ergebnisse der Nordpolarforschung seit der Mitte des neunzehnten Jahrhunderts. Stettin, Druck v. R. Grassmann, *1894;* 27 S., 1 Kt. 4.
Stettin, Friedrich-Wilhelms-S '(RG nebst VS)', P 1894 (140)

575 **Thomaschky,** Paul [Dr.]: Zur geschichtlichen Entwickelung des Realschulwesens. Berlin, R. Gaertner, 1894; 28 S. 4.
Berlin, Fünfte st. R '(IIB)', OP 1894 (120)

576 [Ant. u. Ḟ.] **Thon,** *Wilhelm* [Dr.]: Die Stellung des Deutschen im Lehrplan der Realschule. Bitterfeld, Druck v. J. G. Schencke & Sohn, 1894; 15 S. 4.
Bitterfeld, R, P 1894 (271)

577 **Thurein,** *Hermann* [Prof.]: Gedächtnisrede für Herrn Professor Dr. *Johann Gottlob Friedrich Heinrich* Marthe, geh. in d. Aula am 21. Juni 1893. Berlin, Buchdr. O. Lange, 1894; 30—32 S. 4.
Berlin, Dorotheenstädt. RG, P 1894 (95 [vielm. 94])

578 **Tietzel,** Heinrich [Dr.]: Die Idee des Guten in Platos Staat und der Gottesbegriff. Wetzlar, Druck v. F. Schnitzler, 1894; 1—16 S. 4.
Wetzlar, k. G, OP 1894 (467)

579 [Ḟ.] **Tobien,** Wilhelm [Dr., Dir.]: Umwandlung der Schule in „ein Progymnasium mit wahlfreiem Englisch und eine Realschule". Schwelm, Druck v. M. Scherz, 1894; S. 7. 4.
Schwelm, RPG, P 1894 (377)

580 [Umschlagt.:] [Ḟ.] **Tolle,** Georg [Dr.]: Der Spruchdichter Boppe. Versuch einer krit. Ausgabe seiner Dichtgn. Sondershausen, Hofbuchdr. v. F. A. Eupel, 1894; 3—31 S., 1 Musikbeil. 4.
Sondershausen, fürstl. R, OP 1894 (725)

581 **Treu,** *Max: Bericht über seine Einführung als Direktor der Anstalt.* Potsdam, Druck d. Krämer'schen Buchdr., 1894; 47—48 S. 4.
Potsdam, Victoria-G, OP 1894 (84)

582 **Trümper,** *Karl:* Sammlung französischer Gedichte nebst kurzgefaſster Verslehre, litteraturgeschichtlichen Bemerkungen und Hilfe für die häusliche Vorbereitung '(1. Tl bes. für Tertia u. Sekunda)'. Duderstadt, Druck v. F. Wagner, 1894; 66 S., 1 Bl. 8.
Duderstadt, k. PG u. RPG, OP 1894 (321)

583 **Trümpert,** Rudolf [Prof.]: Die Grundzüge der religiösen und sittlichen Anschauung (Umschlagt.: Die Grundzüge der Anschauungen) der alttestamentlichen Propheten, aus ihren Schriften durch zahlreiche, z. T. wörtlich angeführte, Stellen nachgewiesen, nebst e. kurzen geschichtl. u. sachl. Einleitg. Darmstadt, Druck v. G. Otto's Hof-Buchdr., 1894; 1—22 S. 4.
Darmstadt, grossh. Neues G, P 1894 (631)

584 **Tschiersch,** *Otto* [Dir. Dr.]: *Bericht über die Feier des 25jährigen Bestehens der Anstalt.* Küstrin, C. Nigmann's Buch- u. Steindr., 1894; 13—15 S. 4.
Küstrin, k. G m. st. VS, P 1894 (72)

585 **Ubbelohde,** Karl [Dir.]: Akademische Freiheit. Eine Entlassungsrede. Friedland i. Mecklb., Druck v. W. Walther, 1894; 1—5 S. 4.
Friedland, G, P 1894 (662)

586 **Uhlig,** *Gustav* [Dr.]: Festakt in der Turnhalle *zur Einweihung des neuen Gymnasialgebäudes.* Heidelberg, Buchdr. v. G. Geisendörfer, 1894; 7—17 S. 4.
Heidelberg, G, MP 1894 (607)

587 **v. d. Velde,** Alfred [Prof. Dr.]: Englische Bühnenverhältnisse im sechzehnten und siebzehnten Jahrhundert. Görlitz, Druck v. H. Gretsel, 1894; 39 S. 4.
Görlitz, st. G u. RG, OP 1894 (187)

588 **Velde,** Wilhelm [Dr.]: Die magnetischen Kraftlinien im physikalischen Unterricht. M. 2 Figurentaf. Berlin, R. Gaertner, 1894; 19 S., 2 Taf. 4.
Berlin, Achte R '(HB)', OP 1894 (123)

589 **Velten,** Kaspar [Prof. Dr.]: Der naturwissenschaftliche Unterricht am Gymnasium. Köln, gedr. bei J. P. Bachem, Verlagsbuchh. u. Buchdr., 1894; 1—19 S. 4.
Köln, k. kath. G an Aposteln, P 1894 (431)

590 [F.] **Verzeichnis** der in den einzelnen Klassen für die Deklamation zu lernenden deutschen Gedichte. [Vgl. P-Beil. 1893.] Siegen, Druck v. W. Vorländer, 1894; 14—15 S. 4.
Attendorn, G, P 1894 (340)

Verzeichnis der Lehrerbibliothek. Nachtrag 2. Barmen 1894 s. **Schulze,** Hermann [Vf.]

591 [F.] **Vespermann,** Hermann: Wie ist der Lehrstoff in der Erdkunde auf Grund der Lehrpläne von 1892 auf die Klassen Sexta bis Untersekunda der höheren Schulen zu verteilen? Tl II. [Forts. d. P-Beil. 1893.] Hagen, Buchdr. v. G. Butz, 1894; 1 Bl., 12 S. 4.
Hagen, RG u. G, P 1894 (371)

592 **Vockeradt,** Heinrich [Dir. Dr.]: Schulreden. Recklinghausen, Druck v. F. Drecker, *1894;* 3—32 S. 4.
Recklinghausen, G, P 1894 (361)

593 [Kopft.:] [F.] **Völker,** Karl [Dr.]: Anschauliche Darstellung vom Bau und Laub der Holzgewächse. 1. *Kassel, 1894;* 10 S. 4.
Kassel, OR, OP 1894 (413)

594 **Votteler** [Prof.]: Johannes Schradin, der Genosse Matthäus Albers. E. Beitr. z. Reformationsgesch. Reutlingens. Reutlingen, C. Rupp'sche Buchdr., 1893; 21—71 S. 4.
Reutlingen, G, P 1893 (588)

595 **Waehmer,** Walter: Ueber ἤ, ὡς φάτο, ὡς εἰπών und verwandte epische Formeln. II. (Forts. d. P-Beil. 1893.) Göttingen, Druck d. Dieterich'schen Univ.-Buchdr., 1894; 24 S. 4.
Göttingen, k. G u. RG, OP 1894 (304)

596 **Wagner,** Karl: Sprichwörter und sprichwörtliche Redensarten in Rudolstadt und dessen nächster Umgegend. Gesammelt u. nach Stichwörtern alphabet. geordn. (Tl 2.) (Forts. d. P-Beil. 1882.) Rudolstadt, Druck d. Fürstl. priv Hofbuchdr. F. Mitzlaff. 1894; 43 S. 4.
Rudolstadt, fürstl. G u. RPG, OP 1894 (721)

597 [F.] **Wallat,** Gustav: Friedrichs des Grossen wechselnde Politik gegen Frankreich. Deutsch-Krone, Druck v. F. Garms, *1894;* 40 S. 8.
Deutsch-Krone, k. G, OP 1894 (26)

598 [Umschlagt.:] **Walleser,** *Martin:* Die Welttafel des Ravennaten. 1. Mannheim, Druck v. Gremm & Lorenz, 1894; 23 S., 2 Taf. 4.
Mannheim, HM, P 1894**

599 [F.] **Walliche,** *Adolf* [Dir. Prof. Dr.]: Einige Mitteilungen über den gegenwärtigen Stand des englischen (Umschlagt.: des englischen und schottischen) Schulwesens. Rendsburg, Druck v. D. J. Carstens, 1894; 3—33 S. 4.
Rendsburg, G u. RG, OP 1894 (287)

600 [F.] **Walter,** Theodor [Dir. Dr.]: Verzeichnis der Binger Realschüler von Ostern 1889 bis Ostern 1894. *Bingen a. Rh., Druck v. O. Boryszewski, 1894;* 7—12 S. 4.
Bingen a. Rh., grossh. R, P 1894 (630)

601 **Walther,** Erwin [Prof.]: Stoffsammlung für französische Dictate mit kurzer Einleitung. Ansbach, Druck v. C. Brügel & Sohn, 1894; 1 Bl., 40 S. 8.
Ansbach, k. humanist. G, P 1894*

602 **von Wangenheim,** Friedrich Frh. [Dr.]: Beitrag zur Beantwortung der Frage über die Eiszeit. Erfurt, Druck v. F. Bartholomäus, 1894; 1 Bl., 1—14 S. 8.
Erfurt, k. RG, Festschr. 1894 (262)

603 **Wasmer,** *August* [Dir.]: *Geheimer Hofrath Adolf Armbruster, gest. am 13. Dezember 1893.* Überlingen, Druck v. A. Feyel, 1894; 7—8 S. 8.
Meersburg, grossh. Lehrer-Sm, OP 1894**

604 **Weber**, Hugo: Lehr-Plan des Carl Friedrich-Gymnasiums zu Eisenach. Eisenach, Hofbuchdr., 1894; 24 S., 1 kl. Bl. 4.
Eisenach, Carl Friedrich-G, OP 1894 (674)

605 [F.] **Weck**, Gustav [Dir. Prof. Dr.]: *Bericht über die Feier des 25jährigen Bestehens der Anstalt.* Reichenbach i. Schl., Druck v. W. Milisch's Buchdr., *1894*; 24—25 S. 4.
Reichenbach i. Schl., König Wilhelms-S '(k. RG u. VS)', OP 1894 (220)

606 [F.] **Weck**, Gustav [Prof. Dr., Dir.]: Patriotische Schulreden. Leipzig, Druck v. B. G. Teubner, 1894; 81 S. 8.
Reichenbach i. Schl., König Wilhelms-S '(k. RG u. VS)', OP 1894 (220)

607 [F.] **Weckerling**, August [Prof. Dr.]: Johann Friedrich Seidenbender's (Umschlagt.: des Stättmeisters Seidenbender) Vorschläge für die Wiederaufrichtung der Stadt Worms nach der Zerstörung derselben durch die Franzosen i. J. 1689. Eingeleitet u. hrsg. Worms, Druck v. A. K. Boeninger, 1894; XI, 76 S. 8.
Worms, grossh. G u. grossh. R, OP 1894 (636)

608 **Wehrmann**, *Karl* [Dir. Dr.]: Allgemeines über die Realschule. Kreuznach, Buchdr. R. Voigtländer, 1894; 3—15 S. 4.
Kreuznach, st. R, P 1894 (503)

609 [F.] **Weichardt**, Julius: Friedrich von Hausen und der ältere deutsche Minnesang. Duisburg, gedr. bei F. H. Nieten, *1894*; 24 S. 8.
Duisburg, st. RG, OP 1894 (474)

610 **Weidlich**, Theodor [Prof. Dr.]: Die Sympathie in der antiken Litteratur. Stuttgart, k. Hofbuchdr. C. Liebich, 1894; 1—76 S. 4.
Stuttgart, Karls-G, P 1894 (595)

611 **Weidner**, *Gustav* [Dr.]: Englisch als erste Fremdsprache der Realschule. Hamburg, gedr. bei Lütcke & Wulff, 1894; 3—19 S. 4.
Hamburg, Stiftungs-S v. 1815 '(R)', P 1894 (742)

612 [F. u. Ant.] **Weingart**, Maurus [P., O. S. B., Prof.]: Statuta vel Praecepta scolarium. Schüler-Regeln aus dem Ende des 15. Jahrhunderts. Hrsg. u. erl. *Metten, 1894*; 31 S. 8.
Metten, humanist. G, P 1894*

613 **Weinhold**, *Alfred*: Bemerkungen zu Platons Gorgias als Schullektüre. Grimma, Druck v. J. Schiertz, 1894; 1 Bl., 19 S. 4.
Grimma, Fürsten- u. Landes-S, P 1894 (540)

614 **Welcker**, Hermann [Lehramtsprakt.]: Fricks Ansichten über Psychologie als Grundlage der Didaktik. Pforzheim, Druck v. F. Hamberger, 1894; 1 Bl., 19 S. 4.
Pforzheim, G, MP 1894 (614)

615 **Wendt,** *Gustav* [Dr.]: *Professor Friedrich Dürr, gest. am 2. Juli 1893.* Karlsruhe, Druck d. G. Braun'schen Hofbuchdr., 1894; S. 3. 4.
Karlsruhe, grossh. G, MP 1894 (608)

616 **Weniger,** Ludwig [Dir. Dr.]: Zur Erinnerung an Professor *Oskar* Schieck. Weimar, Druck d. Hof-Buchdr., 1894; 5—7 S. 4.
Weimar, Wilhelm-Ernstisches G, OP 1894 (677)

617 **Wenkel,** *Wilhelm* [Prof.]: *Direktor Dr. Gustav Adolf Völcker, gest. am 25. Januar 1894.* Schönebeck a. E., Druck v. C. Hirschfelder, *1894;* 14—17 S. 4.
Schönebeck a. E., RPG, OP 1894 (270)

618 **Wenzig,** Karl [Dr.]: Der Gedankenzusammenhang in Schillers „Lied von der Glocke". Breslau, Druck v. O. Gutsmann, *1894;* 3—19 S. 4.
Breslau, k. König-Wilhelms-G, P 1894 (179)

619 [Ant. u. J.] **Wernicke,** Adolf [Dir.]: Geschichte der Königlichen Oberrealschule und technischen Fachschule zu Gleiwitz, aus Veranlassg d. 25jähr. Bestehens d. Anstalt. Gleiwitz, Neumann's Stadtbuchdr., *1894;* 2 Bl., 46 S., 1 Tab. 4.
Gleiwitz O/S., k. OR u. techn. Fach-S, OP 1894 (227)

620 **Wernicke,** Alex. [Dr. Prof. extr. an d. Herz. Techn. Hochsch. Dozent am Herz. Pädagog. Sem. f. Kandidaten d. höh. Lehramtes Braunschw.]: Kant ... und kein Ende? Braunschweig, Druck v. J. H. Meyer, 1894; 36 S. 4.
Braunschweig, herz. Neues G, OP 1894 (691)

621 **Werther,** Max [Prof.]: Bestimmungen des theokratischen Gesetzes über den geschäftlichen Verkehr in Israel. Pless, Druck v. A. Krummer, 1894; 1 Bl., 1—10 S. 4.
Pless, ev. Fürsten-S, P 1894 (203)

622 **Wespy,** Paul *Moritz* [Dr.]: The historical Foundation of Walter Scott's Tale of „The Fair Maid of Perth". Chemnitz, Druck v. J. C. F. Pickenhahn & Sohn, 1894; 27 S. 4.
Chemnitz, RG, OP 1894 (552)

623 **Wessel,** *Paul Otto* [Prof. Dr.]: Die Religion der Griechen. Für d. Geschichtsunterr. d. Ober-Sekunda dargest. *Leipzig, Druck v. Ramm & Seemann, 1894;* 2 Bl., 20 S. 8.
Küstrin, k. G m. st. VS, P 1894 (72)

624 [J.] **Wetzstein,** *Otto Heinrich Robert* [Prof. Dr.]: Die Wandlung der stoischen Lehre unter ihren späteren Vertretern. '(Schluss [d. P-Beil. 1892. 93].)' Neustrelitz, Druck v. G. F. Spalding & Sohn, 1894; 3—21 S. 4.
Neustrelitz, grossh. R, OP 1894 (665)

625 **Wiese,** Berthold [Dr.]: Handschriftliches. I. Ein neues Tesorettobruchstück. II. Die lyrischen Gedichte in dem cod. 1069 fonds italien der Bibliothèque Nationale zu Paris. *Halle '(Saale)'. Gebauer-Schwetschke'sche Buchdr., 1894;* 33—47 S. 4.
Halle a. S., st. OR, OP 1894 (271)

626 **Wiesing,** Hermann [Dir. Dr.]: *Oberlehrer Prof. Dr. Friedrich Kötting, gest. am 9. September 1893.* Nordhausen, Druck v. C. Kirchner's Buchdr., 1894; 35—36 S. 4.
Nordhausen, k. RG, OP 1894 (260)

627 **Wiessner,** *Carl* [Prof. Dr.]: Über einige deutsche Rechtsaltertümer im Anschluss an Willems Gedicht van den vos Reinaerde. II. (Forts. d. P-Beil. 1891.) Breslau, Druck v. Grass, Barth & C., *1894;* 31 S. 8.
Breslau, st. ev. G zu St. Elisabet, OP 1894 (174)

628 [Ft.] **Wimmenauer,** *Theodor* [Prof. Dr.]: Die Grundbegriffe der Stereometrie. Mörs, Druck v. J. W. Spaarmann, 1894; 3—7 S. 4.
Mörs, k. G Adolfinum, OP 1894 (451)

629 **Winkler,** Heinrich [Dr.]: Zur indogermanischen Syntax. '(Forts. [d. P-Beil. 1892.])' Breslau, Druck v. Grass, Barth & C., 1894; 3—21 S. 4.
Breslau, st. Johannes-G, OP 1894 (176)

630 **Wirth,** Alexander [Dr.]: Die evangelische Schule des 16. und 17. Jahrhunderts. Mit Zugrundelegg v. Vormbaums evangel. Schulordngn. *Meerane, Druck v. C. Otto, 1894;* 3—26 S. 4.
Meerane i. S., R u. PG, OP 1894 (571 [vielm. 575])

631 **Wittenhaus,** *Carl August* [Dr., Dir.]: Die Entwicklung der höheren Lehranstalt zu Rheydt. Rheydt, Druck v. J. Kirschbaum, *1894;* 1—20 S. 4.
Rheydt, OR u. PG, P 1894 (504)

632 **Wittich,** Wilhelm [Dir. Dr.]: Rückschau auf die fünfundzwanzigjährige Geschichte des Casseler Realgymnasiums. Cassel, Buchdr. v. Gebr. Schneider, 1894; 63 S. 4.
Cassel, st. RG, OP 1894 (403)

633 **Wittrien,** *Otto* [Dir.]: *Bericht über seine Einführung als Direktor der Anstalt.* Königsberg, Hartungsche Buchdr., 1894; 15—17 S. 4.
Königsberg i. Pr., st. RG, OP 1894 (20)

634 [Ft.] **Wölfel,** *Egon Julius* [Dr.]: Kritische Bemerkungen zu etlichen geographischen und geschichtlichen Lehr- und Schulbüchern, Karten etc. (Soll fortges. werden.) *Crimmitschau, Druck v. Bötticher & Neumerkel, 1894;* 1—34 S. 4.
Crimmitschau, R, OP 1894 (562)

635 **Wolff,** Friedrich: Preufsen und die Protestanten in Polen 1724. Berlin, R. Gaertner, 1894; 30 S. 4.
Berlin, Andreas-RG, OP 1894 (93)

636 **Wolterstorff,** Hermann [Dr.]: Essai sur la vie et les oeuvres de Rodolphe Töpffer. I. Magdeburg, Druck v. E. Baensch jun., 1894; 1 Bl., 22 S. 4.
Magdeburg, RG, OP 1894 (267)

637 [Ant. u. F.] **Wüst,** *Ernst* [Dir. Dr.]: Die ältesten Handfesten der Stadt Osterode in Ostpreussen. Osterode Ostpr., gedr. in d. Buchdr. v. F. Albrecht, 1894; 3—8 S. 4.
Osterode in Ostpr., st. RG, OP 1894 (21)

638 **Wunderer,** Wilhelm [Dr.]: Manibiae Alexandrinae. E. Studie z. Gesch. d. röm. Kunstraubes. Würzburg, Druck d. kgl. Universitätsdr. v. H. Stürtz, 1894; 31 S. 8.
Würzburg, k. altes G. P 1894*

639 **Zange,** Friedrich [Prof. Dr., Dir.]: Geschichte des Erfurter Realgymnasiums. (Darin m. bes. Tit.: Verzeichnis derjenigen Schüler, welche das Zeugnis der Reife erworben haben.) Erfurt, Druck v. F. Bartholomäus, 1894; 1 Bl., 1—60 S. 8.
Erfurt, k. RG, Festschr. 1894 (202)

640 [Kopft.:] [F.] **Zart,** *Gustav* [Dr.]: Interpunktionslehre für den Unterricht im Deutschen. *Königsberg Nm., Druck v. J. G. Striese, 1894;* 2 Bl. 8.
Königsberg i. d. N., Friedrich-Wilhelms-G. OP 1894 (80)

641 [F.] **Zech,** Leonhard: Die geologischen Verhältnisse der nördlichen Umgebung von Halberstadt. Halberstadt, Druck v. F. Schilling, *1894;* 3—19 S. 4.
Halberstadt, OR, OP 1894 (273)

642 [F.] **Zelle,** Friedrich [Prof. Dr., Dir.]: Französische Repetitions-Grammatik. Berlin, R. Gaertner, 1894; 33 S. 4.
Berlin, Zehnte R '(HB)', OP 1894 (125)

643 **Zemlin,** Josef [Dr.]: Th. Moores Dichtungen. Berlin, R. Gaertner, 1894; 25 S. 4.
Berlin, Sophien-RG, OP 1894 (96)

644 **Zeppenfeld,** *Eduard* [Zeichenl.]: Planimetrische Konstruktion von Kugelschatten, Kugelperspektiven und orthographischen Ansichten des Erdgradnetzes. Elberfeld, gedr. bei S. Lucas, 1894; 3—14 S., 4 Taf. 4.
Elberfeld, RG, OP 1894 (478)

645 [Ant. u. F.] **Zigann,** Karl [techn. Gymnasiall.]: Die Wirbeltierfauna des Wehlauer Kreises. Tl 1. Säugetiere u. Vögel. Wehlau, Druck v. M. Schlamm, 1894; 31 S. 8.
Wehlau, k. G, OP 1894 (17)

646 **Zschech,** *Franz Emil Brunow* [Prof. Dr.]: Ugo Foscolos Brief an Goethe, Mailand, den 15. Januar 1802. '(Mitgeteilt im Goethe-Jahrbuch VIII. 1887.)' Hamburg, gedr. bei Lütcke & Wulff, 1894; 2 Bl., 26 S. 4.
Hamburg, R am Eilbeckerwege, P 1894 (740)

647 **Zutt,** *Gerhard* [Prof.]: Über den Katalog der Heroinen in der Nekyia. Leipzig, Druck v. B. G. Teubner, 1894; 23 S. 4.
Baden, grossh. G u. RPG, MP 1894 (602)

648 [F.] **Zweck,** Albert [Dr.]: Die Verkehrs- und Handelswege der Jetztzeit. E. Kapitel aus d. neuen Lehrplänen. Memel, gedr. bei F. W. Siebert, 1894; VI, 39 S. 8.
Memel, k. Luisen-G, OP 1894 (13)

1. Sachregister

Flora v. Bochum . . . . No 48
v. Boehmen 347
v. Burg 5
d. Suedlandes 347
v. Weissenburg i. E. 440
v. Wriezen 11
v. Zittau 347
Foerster, Wilh. 135
Forbach, geologische Verhaeltnisse . 74
Formeln, epische 595
Forst i. L., Statut d. Lehrer-Witwen-Unterstuetzungskasse d. HPG . . 549
Foscolo, Ugo 640
Foth, Karl 313
Franck, Sebast. 436
Frankenhausen, geognost.-geolog. Excursionen 189
Frankreich, Bildungsbestrebungen 570
Franzoesisch, Aussprache 421. 521
Fraustadt, ehemalige Lateinschulen . 153
Freidank 494
Freiheit, akademische 585
des Menschen 28
Frick, Otto, Ansichten geb. Psychologie 614
Friedrich August v. Sachsen i. J. 1813 403
Friedrich d. Gr., Politik gegen Frankreich 597
Friedrich v. Hausen 609
Friedrich Wilhelm I., Verdienste um Ostpreussen 259
Friedrich II. u. Walther v. d. Vogelweide 141
Friedrich, Karl 265
Frohnese, Hur., Schulordnung f. d. G Herford 554
Frosh, Armin 185
Fuerfeld in Rheinhessen, Rothliegendes 512
Fulda, Kurfuerstentag 1568 191
Functionentheorie 473

Gallicismen in niederrhein. Mundarten 337
Gallienus, Regierung 253—268 . . 470
Gedaechtniskraft, psycholog. Dichtg 500
Gedichte, deutsche, zu lernende 252. 590
franzoesische, Sammlung 582
lyrische, im cod. 1069 fonds ital. d. Biblioth. nation. zu Paris . 625
Gefaesspflanzen v. Weissenburg i. E. 440
Genealogie, Tabellen 231
Geographie 54. 86. 181. 301. 350. 372 444. 557. 574. 598
Lehrstoff 591
mathematische 234
Elemente 170
Geologie 149. 602
v. Forbach 74
v. Frankenhausen 189
v. Fuerfeld in Rheinhessen . . . 512
v. Halberstadt 641
v. Pforzheim 177
Geometrie 9. 14. 26. 32. 75. 106. 161. 173 225. 295. 308. 321. 429. 447. 541 545. 559. 563. 565. 567. 628. 644
analytische, in Prima 56
Geometrie, darstellende, Grundzuege No 83
Dualismus 217
d. Ebene, Uebungsbeispiele . . 523
projective, Unterricht 58
Georgios Akropolites 116
Germanisirung d. Laender zw. Elbe u. Oder 55
Gesaenge, zu lernende, Kanon . . . 252
Geschichte, alte, Unterricht 527
byzantinische 352
daenische 428
deutsche 6. 34. 55. 57. 66. 87. 92. 94 103. 107. 128. 157. 160. 175. 191 203. 214. 222. 229. 247. 259. 263 282. 285. 309. 316. 325. 341. 345 368. 403. 416. 421. 462. 501. 541 553. 594. 597. 607. 635. 637; siehe auch Wilhelm II.
griechische 278. 451
neu-gr. 397
roemische 85. 205. 206. 470
vaterlaendische, Unterricht . . . 120
Geschichtsunterricht, Belebung . . . 120
Lehrstoff 564
Neugestaltung 418
auf d. Realgymnasium 154
Volkswirthschaftliches 396
Gesellschaft, berlinische, f. deutsche Sprache 291
Gesellschaftswissenschaft, Belehrungen 180
im geschichtl. Lehrstoff 213
Gesetzeskunde in d. Schule 529
Gesundheitspflege d. Jugend 264
Unterricht 448
Gilbert, William 506
Gleichungen 163. 315
Differential-Gl. 387
Gleim, Joh. Wilh. Ludw. 290
Goethe 33. 98. 283. 319. 374. 410. 434 534. 646
Gotfried v. Neifen 182
Gottesbegriff 578
Gottesbeweis, teleologischer 558
Gotzo, antike Muenzen 369
Grammatik, deutsche 39. 72. 211. 283. 337 406
englische 59. 390
franzoesische 158. 421
griechische 8. 41. 101. 118. 375. 405 441. 484. 488. 497. 572. 595
indogermanische 629
italienische 266
lateinische 76. 159. 192. 252. 271. 293 314. 398. 401. 423. 452. 488
romanische 72
vergleichende 375. 499
Griechen, Religion 623
Griechenland, Reiseskizzen 215
Grimmelshausen 95
Griseldissage, altfranzoes. Gedicht . 240
Guenther, Joh. Chrn 98
Guten, Idee bei Plato 578

Halberstadt, geolog. Verhaeltnisse . 641

Lehrplan d. RPG u. PG Forst i. L. No 333
d. Landwirthschafts-Schulen . . 447
f. d. Lectuere d. Horaz 223
d. Baugewerk-S Nienburg a. W. 331
f. d. ev. Religionsunterricht . . 210
d. Landwirthschafts-S Samter . . 330
d. techn. Winter-S Strassburg i. E. 335
d. Landwirthschafts-S Weilburg . 332
d. Gr. Stadt-S Wismar 334
Lehrstoff, geschichtl., staatliche Bestandtheile 213
in d. Erdkunde 591
im Geschichtsunterricht 564
mathematischer 449
Lehrweise Jesu 53
Leisewitz, Joh. Ant. 300
Lesestuecke, biblische 125
Lessing 474. 491
Lexikographie, lateinische 398
Liegnitz, meteorolog. Beobachtungen 169
Livius 536. 555
Logarithmen 73. 133
Behandlung im Gymnasium . . 495
London School Board, the 256
Lorenz, Aug. 268
Lucian 50. 239
Ludwigslust, Programmabhandlungen d. RG 539
Lysias 79

Maedchenschulwesen, hoeheres . . 393
Magnetismus 506. 588
Mainz, Erzstift, Geschichte 247
Malta, antike Muenzen 369
Manibiae Alexandrinae 638
Mannheim, neues Realschulgebaeude 44
Marthe, Joh. Gottlob Frdr. Hnr. . 577
Massenpunkte, Bewegung 385
Mathematik, Abhandlungen 242
neue Lehrplaene, Durchfuehrung 146
Maximianus, Elegiker 208
Maximus Confessor 431
Mechanik . 82. 105. 176. 317. 385. 395
Mecklenburg im 13. Jh. 128
Membranen, Schwingungen 317
Metapher im Unterricht 351
Meteorologie 169. 561
trigonometr. Reihen 498
Methode d. engl. Anfangsunterrichts 138
d. botan. Unterrichts 530
d. Unterr. in d. projectiven Geometrie 58
Methodik d. fremdsprachl. Unterr. . 437
d. mathemat. Unterrichts 515
d. naturgeschichtl. Unterrichts . 468
d. pflanzenphysiolog. Unterr. . . . 274
Metrik, mittelhochdeutsche 386
f. Primaner 223
Meyer, Ernst 322
Michael Stratiotikos 352
Mineralien, Beschaffung 404
Minnesang, aelterer deutscher . . . 609
Minucius Felix 423
Mnemosyne 500
Modusiehre, griech., Hauptregeln No 572
latein. u. griech. 488
Moore, Thom. 643
Moritz, Herzog v. Sachsen 412
Muelhausen i. E., Entstehg u. Entwickelg 263
Muench, Pet. 250
Muenzfunde im Grossherzogth. Baden 52
Munatius Plancus, L. 452
Mundart d. Taubergrundes 211
Mundarten, niederrheinische, Gallicismen 337

Naumburg a. S., Vergangenheit . . 60
Nekyia 134
Katalog d. Heroinen 647
Neugriechen, Entstehung 397
Neustadt O.-S., Familiennamen . . 406
Niederlothringen im 12. Jh. . . . 309
Nietgau, Geschichte 6
Nordamerika, Schulwesen d. Ver. Staaten 493
Nordgau, bayerischer, Markgrafschaft 107
Nordhausen, geodaetische u. magnetische Constanten 234
Nordpol, Wege 86
Nordpolarforschung, Ergebnisse . . 574

Oberaltach, Kloster, Gueterenwerbungen 368
Oberschlesien, Staedtewappen . . . 285
Oedipussage im franzoes. Drama . . 566
Oelbaum in d. religioesen Vorstellg d. Griechen 292
Oerter, geometrische, Sammlung . . 525
Oertlichkeiten, griech., bei Pindar . 444
Optik 246
Orestes bei Goethe 434
Orléans, Charl. d' 390
Orographie v. Pforzheim 177
Orthographie, lateinische, Studien . 401
ὡς φάτο, ὡς εἰπὼν 595
ὥστε, Constructionen 41
Osterode i. OPr., aelteste Handfesten 637
Ostpreussen, Vernichtung d. staendischen Einfluesse 259

Paedagogik 4. 8. 29. 32. 139. 142. 180. 196. 197. 201. 207. 223. 251. 256. 261. 264. 280. 326. 327. 355. 360. 380. 393. 407. 420. 442. 458. 459. 463. 475. 480. 503. 511. 514. 518. 539. 544. 554. 570. 575. 576. 608. 611. 612. 614. 630. 634; siehe auch Lehrplaene, Lehrplan, Schulreden, Schulwesen, Unterricht
Pantelleria, antike Muenzen 369
Pasten, Em. Wilh. Fr 85
Parallelen 447
Partizip d. Aorists bei d. Tragikern 484
Pascal 419
Pathetische, d., in d. griech. Plastik 522
Paulus, Apostel 60. 65
Periode nach d. Lehre d. Alten . . 115
Persius Flaccus, A. 314
Petzold, Wilh. 440
Pflanze, elementare Unterweisungen. 415

Schulen, Geschichte:
- Dortmund, G . . . . . . No 373
- Dresden-Johannstadt, R . . . 510
- Eisenach, RG 147
- Elberfeld, G 489
  - R in d. Nordstadt 569
- Erfurt, RG 639
- Frankfurt a. M., R. d. isr. Gem. 33
- Frankfurt a. O., G . . 269. 466. 507
- Fraustadt, ehem. Lateinschulen . 153
- Gardelegen, RPG 143
- Gera, RG 275
- Gleiwitz, OR 619
- Gross-Lichterfelde, G 220
- Gross-Strehlitz, G 324
- Gross-Umstadt, R u. Landw.-S . 99
- Halle a. S., Stadt-G 154
  - RG d. Franckeschen Stiftgn 560
- Heidelberg, G 586
- Heinsberg, h. Stadt-S 348
- Holzminden, G 341
- Jena, Pfeiffer'sche Lehr- u. Erzieh.-A 414
- Jenkau b. Danzig, RPG 64
- Inowrazlaw, G 119
- Itzehoe, latein. S 531
- Juelich, G 316
- Koeln, Kaiser Wilhelm-G . . . 505
- Koenigsberg i. Pr., st. RG . . 633
  - RG auf d. Burg 61
- Lauban, G 537
- Ludwigslust, RG 539
- Magdeburg, Guericke-S 258
- Meissen, Fuersten- u. Landes-S 17. 412
- Muehlhausen i. Th., G . . 111. 112
- Muenster i. W., RG 249
- Neumark W.-Pr., PG . . . 432. 433
- Neustettin, G 47
- Paderborn, G 224
- Potsdam, G 581
- Prenzlau, G 19
- Rastenburg, G 188
- Reichenbach i. Schl., Koenig Wilhelms-S 605
- Rheydt, OR 631
- Rossleben, Kloster-S 361
- Schwelm, RPG 579
- Schwetzingen, HB 570
- Sigmaringen, G 117
- Stettin, Stadt-G (Rats-S) . . 338. 339
- Trier, hoehere Schulen 131
- Uelzen, RPG 519
- Waren, G 241
- Westfalen 151
- Wittstock, G 187
- Zwickau, RG 343
- siehe auch Schulreden

Schulen, kirchliche, in Trier . . . 131
- in Westfalen vor d. 14. Jh. . . 151

Schulflora v. Bochum 48
Schulgrammatik, griech., Vereinfachg 8
Schulmuenzen in Kurhessen 280
Schulordnung d. G Herford v. J. 1585 554
Schulreden No 16. 36. 51. 67. 68. 110. 123. 130. 148. 155. 194. 196. 197. 255. 299. 311. 365. 377. 411. 435. 450. 455. 467. 483. 534. 538. 553. 568. 585. 592. 606
Schultz, Ferd. 152
Schulwesen, englisches 599
- in Erfurt 357
- in Pommern 339
- im Kgr. Sachsen 511
- schottisches 599
- d. Ver. Staaten v. Nordamerika . 493
- im Erzstift Trier 340

Schwarze, Rud. 269
Schweden in Frankfurt a. M. . . . 173
Schwetzingen, Satzungen d. HB . . 475
- Satzungen d. Jubilaeumsstiftung d. HB 478

Scott, Walt. 622
Scythien, sieben Fluesse 302
Sedanfeier, Festrede 110
Seele, menschliche, Vorstellungen . 526
Seen, Studien 350
Seidenbender, Joh. Frdr., Vorschlaege f. d. Wiederaufrichtg v. Worms . 607
Semasiologie 499
Seneca, L. A. 454
Sesenheim, Goethe u. Friederike Brion 374
Shakespeare 305
Sicilien, Reiseerinnerungen 267
Sigismund, Berth. 356
Sigmaringen, neues Gymnasialgebaeude 89
Simplicissimus 95
Sirenen 461
Sittenlehre Jesu 298
Sklavenkrieg d. Spartacus 205
Sondershausen, Puesterich 349
Sophocles 80. 100
Spartacus, Sklavenkrieg 205
Sprachvergleichung 375
Sprachwurzeln, vier 375
Sprechuebungen, franzoesische . . . 310
Sprichwoerter in Rudolstadt 596
Sprueche, latein. u. deutsche, Sammlg 533
Staatswissenschaft im Unterricht . . 313
Stadtanlagen, deutsche 157
Staedtewappen Oberschlesiens . . . 285
Statik, inductive Behandlung . . . 395
Statuta scolarium 612
Steilschrift, Einfuehrung 355
Stereometrie 372
- Entwurf f. Landwirthschaftsschulen 562
- Grundbegriffe 628

Stiluebungen, deutsche 320
Stoiker, Lehre 624
Strahlen, ultrarothe, Rotationsdispersion 246
Strom, elektrischer, Vorgaenge . . 183
Strave, Kurt, Elemente d. Mathematik 563
Suedlaender, Holzpflanzen 347
Supernumerare, Annahme-Bestimmungen 46
Sybaris, Geschichte 278
Symbola doctorum Ienensis gymnasii 454
Sympathie in d. antiken Litteratur . 610
Synonyma, franzoesische, Auswahl . 378
Syntax, griechische 41

Syntax, indogermanische . . . No 629
lateinische 398

Taubergrund, ostfraenkische Mundart 211
Tempuslehre, griech., Hauptregeln . 572
Terenz 424
Testamentsbruchstueck, neues 625
Theodora, Kaiserin 352
Theodosius I. 306
Theologie 43. 53. 60. 65. 84. 185. 165
253. 298. 426. 583
Thermoskop, neues 346
Thierwelt, Schutz durch d. Jugend . 403
Thomas v. Kempen 426
Thomasius, Jak. 472
Tibull 38. 276
Toepffer, Rodolphe 636
Toeppen, Max 358
Trier, Erzstift, niederes Schulwesen 340
hoehere Schulen im Alterthum . 131
Trigonometrie, Anfangsunterricht . . 515
sphaerische, Saetze 161
Tuerkei, Reiseskizzen 215
Turnen am Karlsruher Gymnasium . 360
Turnunterricht an hoeh. Lehranstalten 277

Uebersetzen in d. Lateinische, Vorlagen 555
Uebersetzung aus d. Franzoesischen 139
Uhland 306
Unterricht, altsprachlicher 35
botanischer 195. 274. 287. 415. 525. 530
chemischer 294. 404
deutscher 129. 252. 300. 304. 320. 351
408. 474. 491. 496. 500. 640
englischer 138
exactwissenschaftlicher 417
franzoesischer 310. 366. 378. 521. 582
601. 641
fremdsprachlicher 437
geographischer . . 168. 362. 591. 648
geometrischer 26. 56. 58. 83. 308. 563
Geschichts-U. 114. 120. 226. 231. 254
396. 418. 527. 564
in d. Gesundheitspflege 448
griechischer . . 202. 446. 572. 613
Handfertigkeits-U. 420
lateinischer . 10. 108. 223. 227. 260
453. 555
mathematischer 167. 449. 453. 495. 515
528. 562
mineralogischer 404
naturwissenschaftlicher 468. 492. 589
Unterricht, philosophischer . . No 427
physikalischer 82. 399. 588
Religions-U. . . 210. 218. 252. 298
stereometrischer 272
Turn-U. 277
Urnaale a. Saalethal 181
Urville in Lothringen 6

Verden, Hinrichtung d. Sachsen . . 103
Vergil 257. 276. 430. 540
Verkehrswege d. Jetztzeit 648
Verlobung u. Vermaehlung im altfranzoes. Epos 543
Verse, latein. u. deutsche, Sammlg . 533
Verslehre, franzoesische, kurzgefasste 582
Victorinus, Versus de lege domini . 409
Vielflache, Anzahl u. Form 225
Voelcker, Gust. Ad. 617
Voigt, Aug. Ferd. 535
Volkswirthschaft im Geschichtsunterr. 396

Waldmuenchen, Geschichte 345
Wallis, Theod. 122
Walther v. d. Vogelweide 141
Wehlau, Kreis, Wirbelthierfauna . . 645
Weise, Chrn 95
Weissenburg i. E., Gefaesspflanzen . 440
Kloster, Gueterbesitz 203
Westfalen, Schulen vor d. 14. Jh. . 151
Widersprueche in d. homer. Frage . 469
Wilhelm II. 137. 435. 534
Wilken, Frdr. 556
Willem, van den vos Reinaerde . . 627
Willensfreiheit 28
Wirbelthierfauna d. Wehlauer Kreises 645
Wirthschaftswissenschaft, Belehrungen 180
im Unterricht 213
Wittenberg, Wandgemaelde in d. Aula d. Gymn. 194
Wolfgang Wilhelm, Pfalzgr. v. Neuburg 160
Worms, Wiederaufrichtung nach d. Zerstoerung 1689 617
Wriezen, Flora 11

Xenophon 118. 219. 405

Zahlen, pythagoreische 164
Zittau, Ziergehoelze 317
Zola, Em. 126
Zone, heisse, klimatolog. Betrachtgn 353
Zoologie 307. 645

2. Orts- und Anstaltenverzeichniss

Breslau, ev. R I . . . . . . No 46. 419
Brieg, k. G 139
Bromberg, k. G 500
Bruchsal, grossh. G 21
Bunzlau, k. Waisen- u. Schul-A (G) 164
Burg, k. Victoria-G 5
Burghausen, k. humanist. G 100

Cassel, k. Friedrichs-G 228. 556
  k. Wilhelms-G 391
  st. RG 632
  OR 1. 2. 280. 281. 593
  neue R 303
  st. HM 468
Charlottenburg, k. Kaiserin Augusta-G 525
  st. RG 83
  st. R 246
  st. HM 380
Chemnitz, k. G 18. 473
  RG 622
  st. R 16. 235. 481. 482. 483
  techn. Staatslehr-A 42. 297
Clausthal, k. G 527
Cleve, k. G 91
Coburg, G Casimirianum 364. 365
  herz. Ernestinum (R) 14
Coesfeld, k. G Nepomucenianum . . 85
Coeslin, k. G 63
Coethen, herz. Ludwigs-G 389
Colmar, L 29
Conitz, k. G 429
Crefeld, G 409
Crimmitschau, R 634
Crossen a. O., RPG u. PG 40
Cuestrin, k. G 584. 623
Cuxhaven, staatl. R m. Latein-Abt. . 183

Danzig, k. G 261. 304
  RG zu St. Johann 25. 411
Darmstadt, grossh. Ludw.-Georgs-G . 512
  grossh. neues G 583
Dessau, herz. Friedrichs-G . . . 27. 311
  herz. Friedrichs-RG 565
Deutsch-Krone, k. G 597
Diedenhofen, G 542
Dillingen, k. G 84
Dirschau, RPG 277
Doberan, grossh. G Friderico-Francisceum 9. 312. 313
Doebeln, k. RG u. Landw.-S 520
Donaueschingen, grossh. PG 52
Dortmund, G 373
  st. R 36
Dramburg, k. G 195. 550
Dresden, G z. heil. Kreuz 541
  Vitzthumsches G 427
  Wettiner G 118
  R v. Dr. Zeidler 257
  -Altstadt, Annen-S (RG) 49
  -Johannstadt, st. R 510
  -Neustadt, k. G 145. 232
    Drei-Koenig-S (RG) 191. 477
Duderstadt, k. PG u. RPG 582
Duesseldorf, k. G . . . . No 244
  st. RG u. G 328
Duisburg, k. G 508
  st. RG 609
Durlach, grossh. PG m. Realkl. . . 79

Eichstaett, k. G 41
Eisenach, Carl Friedrich-G 604
  grossh. RG 147. 148
Eisenberg, herz. Christians-G . . . 245
Eisleben, k. G 325
  st. RPG (kuenftige R) . . . 287. 545
Elberfeld, G 276. 489
  RG 644
  OR 121. 122. 309
  R in d. Nordstadt . . . 102. 568. 569
Elbing, k. G 30. 358
  st. RG 109
Ellwangen, k. G 458
Emden, k. Wilhelms-G 233
Emmerich, k. G 573
Erfurt, k. G 76
  k. RG 179. 217. 240. 302. 357. 504 515. 602. 639
Erlangen, k. humanist. G 344
Essen a. d. R., k. G 90
  RG 287. 479
  R 346
  verein. st. HT 437
Ettenheim, grossh. RPG 295
Eutin, grossh. G m. Realabt. . . . 101

Flensburg, st. R 142
Forbach (Lothr.), PG 74
Forst i. L., RPG u. PG Georgianum 333. 549
Frankenhausen, st. RPG 189
Frankenstein i. Schl., kath. PG . . 530
Frankfurt a. M., st. G 443
  k. Kaiser-Friedrichs-G 434
  Muster-S (RG) 123. 124
  Klinger-S (OR) 175
  R d. isr. Gem. (Philanthropin) . 23
Frankfurt a. O., k. Friedrichs-G 12. 115 269. 270. 466. 507. 540
Fraustadt, k. G 153
Freiberg, G Albertinum 283
  st. RG 218
Freiburg i. Br., R 439
Freienwalde a. O., k. G 236
Freising, k. humanist. G 465
Friedeberg Nm., k. G 532
Friedland i. M., G 333. 585
Fulda, k. G 484

Gardelegen, RPG 143
Gebweiler, G 20
Gera, fuerstl. G Rutheneum 190
  st. RG 275
Giessen, grossh. G 503
  grossh. RG u. R 167
Glatz, k. kath. G 470
Glauchau, R m. PG 413
Gleiwitz, k. OR u. techn. Fach-S . 619
Glueckstadt, k. G 459

Goerlitz, st. G u. RG . . . . . No 587
Goettingen, k. G u. RG 595
Gotha, herz. G Ernestinum 498
Graudenz, k. ev. G 430
Greifenberg i. P., k. Friedr.-Wilh.-G 132
Greifswald, st. G u. RPG 405
Greiz, st. G m. Realabt. 125
Grimma, Fuersten- u. Landes-S . . 613
R u. PG 69
Grossenhain, R m. PG 514
Gross-Glogau, k. ev. G 322
k. kath. G 523
Gross-Lichterfelde, G . . . 220. 221. 384
Gross-Strehlitz, k. G 324
Gross-Umstadt, grossh. Real- u. Landw.-S 99
Gruenberg i. Schl., Friedr.-Wilh.-RG 566
Guestrow, Dom-S 486
RG 528
Gumbinnen, k. Friedrichs-G 178

Hagen, RG u. G 501
Halberstadt, k. Dom-G 81
OR 641
Schwaeb. Hall, k. G 134
Halle a. S., latein. Haupt-S 396
Stadt-G 154. 168
RG u. R d. Franckeschen Stiftgn 201. 560
st. OR 625
Hamburg, Gelehrten-S d. Johanneums 374
516
Wilhelm-G 278
RG d. Johanneums 155
R am Eilbeckerwege . . . 326. 646
R vor d. Holstenth. 294
R vor d. Luebeckerth. . . 59. 438
Stiftungs-S v. 1815 (R) . . 329. 611
R an d. Weidenallee 138
Unterr.-A d. Klost. St. Johannis,
HM 492
Hamm, k. G 141
Heidelberg, G 116. 586
R 211
Heilbronn, k. Karls-G 282
Heinsberg, k. Stadt-S 348
Helmstedt, landw. S Marienberg . . 407
Herford, ev. Friedrichs-G . . . 176. 554
Hildburghausen, G 436
Hirschberg, k. G 571
Hof, k. humanist. G 522
Hofgeismar, PG m. Realabt. 306
Holzminden, herz. G 341
Homburg v. d. H., RPG u. PG u. in
Entwicklg begriff. R 173

Jena, G Carolo-Alexandrinum 454
Pfeiffer'sche Lehr- u. Erzieh.-A 290. 414
Jenkau b. Danzig, RPG (v. Conradischen
Schul- u. Erz.-Inst.) 64
Ilfeld, k. Kloster-S 60
Inowrazlaw, k. G 119. 518
Insterburg, k. G u. RG 32
Itzehoe, st. RPG 531
Juelich, st. PG m. K. Kompatronat 316

Kaiserslautern, k. humanist. G No 415
Karlsruhe, grossh. G 360. 615
RG 265. 388. 464. 480
OR m. Fachkl. f. Kand. . 78. 327
Kattowitz, st. G 279
Kempen (Posen), st. PG 416
Kempen (Rhein), k. G Thomaeum . 426
Kempten, k. humanist. G 441
Kiel, OR 372
st. HM 378
Koeln, k. kath. G an Aposteln . . 589
k. Friedrich-Wilhelms-G 22
k. Kaiser Wilhelm-G 505
k. kath. G an Marzellen 446
st. RG m. Gymn.-Parallelkl. . . 3
OR u. Fortbild.-S 55
R (HB) u. Handelskl. 54
Koenigsberg i. d. N., Friedrich-Wilhelms-G 640
Koenigsberg i. Pr., Altstaedt. G . . 259
k. Friedrichs-K 31
Kneiphoefischen Stadt-G 382
k. Wilhelms-G 137. 186. 350
st. RG 171. 633
k. RG auf d. Burg 61. 161
st. R 92
Koenigshuette O.-S., k. G 536
Konstanz, grossh. G 353. 359
Kreuzburg O.-S., k. G 28
Kreuznach, k. G 385
st. R 608
Krotoschin, k. Wilhelms-G . . 255. 435

Lahr, grossh. G 387
Landau, k. humanist. G 216
Landsberg a. d. W., k. G u. RG . 315
Landshut, k. humanist. G 15
Langenberg, RPG 128
Lauban, k. G 537. 538
Lauenburg i. P., PG 146
Leipzig, k. G 204
Nicolai-G 507
Thomas-G 472
st. RG 403
I. st. R 570
Leobschuetz, k. kath. G 215
Liegnitz, st. ev. G 169
k. RAk 113
Linden, k. Kaiserin Auguste-Victoria-G 360
Lippstadt, RG 298
Lissa i. P., k. G 374
Loebau i. S., R m. PG 172
Loebau Wpr., k. PG 314
Ludwigslust, grossh. RG 539
Luebeck, Katharineum 236
R 256
Lueneburg, Johanneum 196
Lyck, k. G 98

Magdeburg, k. Dom-G 463
Pd z. Kloster U. L. Frauen . . 97
(st.) Koenig Wilhelms-G . . . 166
RG 636
Guericke-S (OR u. RG) 258

www.ingramcontent.com/pod-product-compliance
Lightning Source LLC
Chambersburg PA
CBHW051239300426
44114CB00011B/812
* 9 7 8 3 7 4 1 1 7 9 2 3 5 *